民国四大家族全传系列

孔氏家族全传

陈廷一 著

中国青年出版社

（京）新登字 083 号

图书在版编目（CIP）数据

孔氏家族全传/陈廷一著. —北京：中国青年出版社，2013.5
（民国四大家族全传系列）
ISBN 978-7-5153-1552-2

Ⅰ.①孔… Ⅱ.①陈… Ⅲ.①孔祥熙（1880~1967）—家族—史料
Ⅳ.①K820.9

中国版本图书馆 CIP 数据核字（2013）第 070268 号

策　　划：王　瑞
责任编辑：王　瑞　王钦仁
装帧设计：瞿中华

出版发行：中国青年出版社
社　　址：北京东四 12 条 21 号
邮　　编：100708
网　　址：www. cyp. com. cn
编辑电话：010-57350507
门市电话：010-57350370
印　　刷：三河市世纪兴源印刷有限公司
经　　销：新华书店

开　　本：675×975　1/16
印　　张：33.25
插　　页：2
字　　数：505 千字
版　　次：2013 年 5 月北京第 1 版
印　　次：2013 年 11 月河北第 2 次印刷
印　　数：5001-7000 册
定　　价：49.80 元

序　言

陈廷一先生的《民国四大家族全传》，洋洋近二百万字，即将由中国青年出版社出版，作为老朋友，我首先表示祝贺。应当说这也是中国传记文学界的一大喜事、盛事。中国传记文学，经过党的十一届三中全会后30多年的发展、繁荣，很多作家的创作已经是硕果累累。陈廷一先生辛勤耕耘，更是著作等身。

陈廷一是中国传记文学学会的资深会员，早在上世纪八十年代初，他就完成《许世友传奇》三部曲创作，由中国青年出版社出版，在北京人民大会堂召开作品讨论会，轰动当时文坛。与会著名作家刘白羽、魏巍、王愿坚均对此书给予了很高的评价，并预示传记文学的春天即将到来。陈廷一先生传记创作也从此扬帆起步，疾飞奋蹄。

陈廷一先生慧眼独具，选材新颖。倘若说他的《许世友传奇》是在“活人不能立传”期完成，接下来他又在海峡两岸的“冰冻期”，适时拿出了一部记述风华绝代的宋美龄的传记，更引起了大陆同胞极大的阅读兴趣。此书像《许世友传奇》一样，先声夺人，畅销大江南北，发行百万，一版再版，成为领衔中国传记文学的畅销书，并创造了中国图书发行史上的奇迹。

《宋美龄传》写作的成功，给了陈先生更多的自信。同时，作者的名字也引起了出版界和广大读者的关注。上世纪九十年代初，他作为传记文学的畅销书作家，被全国最大的城市出版社——青岛出版社看好并买断，签订了十年的写作合同。值得一提的是，陈先生是中国出版界深化出版改革后，第一批被出版社买断的作家。应该说这十年开启了陈廷一先生传记文学创作的“黄金期”。军人出身的陈廷一先生非常珍惜这一机会，拿出了军人雷厉风行的作风，牺牲十年中所有的星期天、节假日，几乎以每年一部新作的速度，先后推出了《宋庆龄全传》《宋霭龄全传》《孙中山大传》《蒋介石传》《孔祥熙传》《宋子文传》《宋查理传》《陈氏兄弟》《张氏父子》，为青岛出版社带来了社会经济双效益，成为该社的一块金字招牌。

进入21世纪以来的十年，则是陈廷一创作的“钻石期”。陈先生的创作视野更为开阔，集中力量完成了《民国四大家族全传》这一宏大巨著。这也是了不起的成就。

应该说，讲共和国的历史，不讲民国的历史不行；讲社会主义的优越性，不讲民国的黑暗、腐败不行；讲中华民国的历史，绕不开以蒋介石为首的“四大家族”的历史。有言道：“蒋家天下陈家党，宋氏姐妹孔家财。”这是对民国历史最生动的诠释。

“四大家族”无疑是中华民国之谜。

“四大家族”的致富秘笈是以权谋钱，银行变私有，国产变家产。

“四大家族”的最大背叛是对孙中山的联俄、联共、扶助工农的背叛。

中华民国后来作为一个衰败落英的王朝，时间虽过去大半个世纪，但世人对它的兴趣仍然未减。应该说它的初创，颠覆封建专制的大清王朝，可歌可泣，可圈可点，可后来的蒋中正背叛孙中山，国将不国，山河破碎。研究中华民国之落英，不能不研究“四大家族”及其悲喜人生。

为对历史和读者负责，陈廷一先生多年潜心研究钩沉，采用最新史料和观点，多元呈现，解密释惑，融史料、故事、轶闻于一体，增加可读性、启迪性和真实性。剖析家族隐私，解读民国命运，史料全面权威，观点精辟深刻。相信这部巨著，会吸引人们的眼球，引起史学家的注意。

陈先生文风动人，笔功扎实，行文自然流畅，我想他吸引世人注目、成为畅销书大家的奥秘大概就在于此。

以上仅是我对陈先生和其书的印象，聊作他的《民国四大家族全传》的序言，也是对他的祝贺。

于友先

二〇一二年秋月

目 录

引　言

东方微明，一股夹带着太平洋海水咸味的暖风，登上海岸，越过丘陵，窜进里弗代尔一座林木参天的豪华别墅。

71 岁的孔祥熙从卧室里走出来。贪婪地呼吸了几口这春天的湿润空气，他微胖的身材穿着绸布暗花的长袍马褂，这种有些背时的衣服却让他感到宽松和舒坦，成为他居家的常服，尤其早上户外运动，更让他感到比板正的西装适宜得多。孔祥熙沿着花蕾初绽的曲曲幽径，来到一块林间草地，然后抬腿伸臂，吐纳呼吸，开始做他刚刚学会的鹤翔庄气功。一名侍卫把收音机音量调好，放在孔祥熙面前的石桌上，站在他的右后侧，也比划开了。慈眉善目的孔祥熙二目微闭，双手平伸，把一股浊气从丹田里吐出来……

一阵描绘黎明从万物静籁到勃勃生机的交响乐过后，播音员开始报告早间新闻。孔祥熙似乎并没有认真去听，依然提肛吸气，如双手抱持巨物，单腿独立，转身……

没有一点杂音的收音机在清晨的空气中扩散着圈圈声波。

忽然，主持人提高了音量：现在播送最新评选出的全世界前 50 名巨富排行榜……洛克菲勒……摩根……福特……世界第 43 名、中国首富孔祥熙先生，个人财产 20 亿美元……

孔祥熙先是像被施了定身法，盘起的左腿久久地悬起，接着，整个身体向旁边一歪，扑倒在草地上。

家人、佣人、保健医生一阵忙乱，孔祥熙被抬回卧室。呼吸已经匀称了。随身侍卫战战兢兢地向霭龄报告：“练着练着就倒了，好像是功法不到家，走火入魔……”

“好了，你们都下去吧。”霭龄打发走人，双手在老伴儿头上摩娑着。

孔祥熙睁了一下眼，随即又闭上，用手指了一下桌上的大收音机。其实霭龄已经猜到了八九分。

几天后，孔祥熙在希尔顿饭店召开了他寓居美国以来的第一次记者招待会。

记者们难得见到这位众说纷纭的神秘人物，一大早就来了一大批唧唧喳喳的男男女女。

9时整，精神焕发的孔祥熙准时出现在厅里。

记者们一阵雀跃，一个个高举话筒、相机抢了上来：

“孔先生新被聘为台湾‘总统’府资政，是否准备赴台就职？”

“是不是蒋介石授权你在这里宣布反攻大陆的具体时间？”

嘻嘻哈哈，刁钻古怪，调侃揶揄。号称“无冕之王”的美国记者们并不把这位旧中国的大人物看得多么神圣。

满面笑容的孔祥熙点头、招手，却不回答他们的任何一个问题。他挤开拦路的人群，站到了中间的麦克风前。

“诸位！美国参议院外交委员会昨天公布的华侨在美国银行存款数字，我想你们已经看到了吧？这份官方报告无疑最具有权威性。全部华侨连同各中国银行在美国银行的存款总数，不超过5000万元，其中最大存户，也只有100万美元，而且是久居美国经营工商业的侨民。这就说明，前些天某机构评选世界前50名巨富，让孔某忝列其间，实在是个不负责任的大笑话！当然，如果有人愿意按那个数字给我补上差额，孔某是感激不尽的！”

原来是这么个消息！

记者们有的感到无聊，有的感到愤怒。有的人也想就此跟老孔探讨一番：

“先生的财产数目，外人虽不能详知，但是必有相当大的数字，则是公众的共识。请问孔先生，你对此究竟怎么解释呢？”

“这个，”孔祥熙清清嗓子，以一种极真诚的样子说，“我家祖辈和父辈都经营商号、钱庄、票号，家产累以千万，曾是有名的山西省首富。可惜这几十年来，由于战乱频仍，通货膨胀，祖产大部分都损失了。本人投资于国内工商业的资本也荡然无存。全家目前生活仅靠一点剩下的积蓄维持，我是个穷人啊！"

一位金发碧眼的女记者听出了门道，凑过来问道："听孔先生的意思，就是说你家祖上已是巨富。你这一生虽多年在政府任职、主持财政，不仅没有增加一点家产，倒是还把一些祖产损失了，是这样的吗？"

"对对，对！这位小姐很聪明，有很强的理解力，把我没说清楚的意思，表述得更准确了！孔某一生信奉基督，信奉孙先生的三民主义，只知为强国富民奋斗不遗余力，不治私产。孔某半世从政，一贯清正廉明，死后虽愧见列祖列宗，生前却不愧对吾国吾民。此生所为，九死犹未悔也！"

"说得好！"有人喝彩。镁光灯曝起一片白光。

一位秃顶的老记者凑上来，狡黠地闪着眼睛："这么说，《镜报》布朗先生吁请孔先生先拿出3亿美元，以加强台湾防务的要求，不能得到孔先生响应了？"

"布朗！哼，这位布朗先生如果不是瞎起哄开玩笑，就是别有用心！"孔祥熙听到这个名字就怒气冲冲，转而昏花的眼睛里又流出了两行浊泪，"你们想啊，一个为了国家把自己的祖产都几乎赔光了的人，晚年流亡海外，靠一点点可怜的积蓄苟延残喘，在号称友好的国家里，竟然受到这样挤对，是不是有点太残酷、太不人道了呢？"

孔祥熙满脸委屈，用手绢去擦拭眼角。

记者们什么表情都有。

第二天，有几家报纸非常客观地报道了孔祥熙发布的消息，以及之后记者的提问和孔祥熙的回答，未加任何评论。

孔祥熙的祖上究竟是一种什么情况？他出生时家境如何？还是让我们从头讲起这段传奇吧。

第一章 “山西首富”

| “井儿院”主人传奇色彩的经商之路

从太原往南 90 华里，就到了太谷县城。

“太谷城，真有名，鼓楼盖在城当中。东寺园里游九曲，田儿后头绞活龙。”在老城，还可以看出这鼓楼乃是从前全城最高的建筑。以它为中心的十字街，纵横南北，两侧都是老式的店铺门面，述说着昔日的繁华。

出县城西关，约有 5 里地，有一个环境优美的村子，名为程家庄，这是孔祥熙的出生之地。

村子里有个远近闻名的“井儿院”，这是孔家的老宅，土地改革时分给了一户贫农。由于上面的政策，几十年来这里一直保持了宅院的原貌，乡亲们一直也都盼孔祥熙和宋霭龄以及他们的子女有一天能回到老院看看。然而孔祥熙和霭龄自 1947 年离开大陆，再也没有回来过。如今他们已经相继谢世，再也回不来了，有人说他的灵魂曾经回来过，毕竟这是生他养他的故乡啊！当然阳世之人难证阴间之事。但他们在太谷出生的大女儿令仪健在，还有小儿子令杰和他们的后代，总有一天会回到这里看看吧？

让我们仔细看看这座院子。

在黄土高原上，水是很宝贵的，并不是哪里都能打出有水的井。这个院里紧挨着北上房的前面，有一口甜水井，它给院子的主人带来极大的方便，特别让周围的邻居羡慕，因此远近的人都知道这个院子的特殊名字——“井儿院”，它的主人当年更是以此为自豪。这口普普通通的水井带来的不仅是生活的方便，更主要是一种象征。一种与众不同的福祉的象征。这口水井和当年霭龄的父亲宋嘉树在上海虹口郊区选择的“砂环水绕”的建房地址有一种异曲同工之妙。它的主人相信这福气总有一天会在他们出人头地的后代身上显现出来。

这座院子有两进，前院主要是农家必需的辅助生活设施，后院才是主人居住的地方。在北方农村，更多的建筑格局是人住的院子在前，那些辅助的设施放在后面，那样给外来人的视觉印象好一些。当然“井儿院”这种布局也是常见的。布局方式不能说明主人的主观意图，只能说明当时受到某种客观条件的制约，不得不这样安排而已。

在后院，北屋是上房，一明两暗。西屋是厢房，进深很小，窄窄的一溜儿。北头靠近水井的那间小屋里，朝东盘着一盘北方最普通的农家土炕。后来跻身于旧中国“四大家族”并成为中国首富的孔祥熙，1880 年就诞生在这里。

太谷地处黄土高原腹地，属内陆型高原气候，冬冷夏热，无霜期较短，传统的农业很难使人富足。改革开放后，经专家研究确定，这里特别适宜种植西瓜。这里出产的西瓜，可能与日照充足、昼夜温差大等因素有关，个大、皮薄、瓤甜、汁多，在北方城乡颇负盛名。石家庄、太原、郑州以至西安，天气转凉后的一个时期，太谷西瓜是很响亮的牌子。8 月初秋，只见满眼的土地都是瓜田。县城里西瓜价钱便宜得让人不安。在农村里，家家都有专门存放西瓜的屋子，从地面可堆到屋顶，煞是壮观。

在 20 世纪初，这里还没有铁路，地处偏僻，交通不便。但是这样一个地方，太谷却出现了一大批有名的富户。他们当然不是靠传统的农业，而是靠了经商。据县志记载，清代中叶，这里已是商贾辐辏，甲于三晋，以经营票号、典当、茶叶、绸缎、药材等大宗生意名传遐迩。经商者的足迹遍于全国，以致在边地也有“小北京”、“金太谷"之称。太谷县上庄的王氏、沟子村员氏、北勾村的曹氏等，都是山西有名的巨富。太谷人经商的传统就一直继承下来。到 1936 年日军入侵前，太谷县的商户共 2094 户，9031 人。而城关之内，从商者就有 6075 人，占总人数的 80%。孔家在这样一个环境中，投身于商业，并富裕起来，也就是顺理成章的事了。

但孔家走上经商道路过程中却浸染着不少传奇色彩。

据说孔祥熙的曾祖孔宪昌聪明过人，16 岁应童子试得了第一名。雄心勃勃要夺取拔贡，从而走上“学而优则仕”的道路，光宗耀祖。但偏偏当地又有一位才华横溢的秀才孟洋，也在觊觎这仅有的一个拔贡宝座，二人未上考场,就先展开了一场暗中较量。都在以对方为竞争对手,日夜用功苦读。孔宪昌自以为学问大进,比起孟秀才,要略胜一筹,因而上考场前,发出豪言壮语:“取此拔贡,已如探囊取物,等着听我的好消息吧!”三场考试下来,自我感觉良好,又把答卷默写出来,请高人过目,备受称赞,都说此等华章,分明东坡再生,韩愈转世,莫说考取拔贡,就是考进士也定能金榜高中,虽不敢说稳拿状元,探花榜眼怕是跑不了的。孔宪昌知道这些人多是逢场作戏,多说说拜年话而已,不过内心里也觉得把握不小。发榜那天,家里来了不少亲戚朋友,都等着祝贺。谁知皇榜一到,却是孟秀才独占鳌头,拔贡与自家无缘!孔宪昌当着众亲友的面,心里有些话又不好说,一口鲜血喷射而出,竟从此一病不起。孔宪昌临终之前,拉着9岁的儿子孔庆麟的手立下遗嘱说:“读书所以致用。凡我子孙,但求读书明理,经邦济世,便是孔家好子弟,千万不要再应科考试,重蹈我的覆辙,切记切记!”说罢撒手人寰,一家人好不痛苦!

埋葬了盛年而逝的孔宪昌,孔家族人聚在一起,慎重讨论家庭今后的发展方向。经过三天三夜的反思和争执,最后还是决定按照孔宪昌的遗训行事,“体弱莫争先,人穷莫做官”,子孙照样得读书明理,只是不许再进考场,去走那科举考试跻身仕途的独木桥,而要履行孔老夫子的另一条训诫:“学必先于治生”,老老实实自食其力,做一个平民百姓。孔家子孙果然从此谨遵先祖遗训,断了通过科举考试谋个一官半职的念头,转而在其他方面苦心经营,图谋发展。

孔家子弟本来个个精明过人,既不走科考道路,在其他方面发展起来,也是全力以赴。孔宪昌的弟弟孔宪仁,变卖了部分耕地房屋,凑起一笔资金,想加盟员志诚在县城创办的“志诚信票号”。票号这时顺应了商品经济发展的需要,方兴未艾。它主要办理汇兑和存放款,作用相当于现代的银行。用钱生钱,当然比用别的东西生钱更直接便当,利润来得快。可是员志诚的票号已有相当规模,不愿意让孔家来自家锅里捞现成肉。孔宪仁不慌不忙,讲出一番道理:“票号这行当,是钱越多越值得信任,别人把钱存你这里放心,来你这里贷款能得,钱当然赚得多。现在县城有几十家票号,规模都差不多。我这笔钱反正是要投资于票号,你如果接纳，志诚信票号因资金雄厚立即会鹤立鸡群，引来百鸟朝凤。我自然是走捷径得了便宜，但你从壮大业务中也绝不会吃亏。你如果不接纳，我或者自开一家票号，给你增加一个竞争对手，或者与别人合资，压你一头，哪个合算，你可以掂量！”

孔宪仁的话抓住了要害！

员志诚接纳了孔宪仁。

从此，志诚信票号不光是资金猛涨成了县城最大的票号，还因此得到了孔宪仁这个精明能干的经营人才。孔宪仁在经营上果有奇招，他一反以往票号只办理民间业务的老例，专在吸引官款上大做文章。他一身绸布长衫，文质彬彬，完全不像多数票号掌柜那样油嘴滑舌。他给人以干练可靠的印象。但他出入官府，却十分善于在那些外表道貌岸然、内心深处却极想捞钱的官吏身上做文章。不久他把省县两级衙门平时收缴的税捐、上面下拨的官府用项款、军协各饷等等，都吸引到了票号里，需要解送京城的，由他代办汇解；每月开支度用的，由他按时提送。这样一来，他的票号一是资金数额大增，从此实力雄厚，在山西全省成为数一数二的大买卖；二是票号从此也有了靠山。官员们把官款存到这里，吃到了利息，为了保证这笔收入长年不断，他们必然全力支持志诚信，绝不会坐视它被挤垮，或者横遭勒索敲诈。有了这两条，志诚信如日中天，分号遍布全国，甚至开到了日本、俄国、泰国、新加坡。

孔家弃儒经商，看似出于无奈，却因此带来大实惠，家道从此富足起来。钱袋子鼓了，便也处处受人尊敬，有人为了得到贷款，也不得不降尊纡贵，说话赔上笑脸，真比一些科考上来的穷官还风光体面。

孔宪仁为孔氏家族在经济上崛起立下了汗马功劳，成为孔家经商的开山祖师。

“首富”之子与教会姑娘夭折的爱情

俗话说，有心栽花花不发，无意插柳柳成荫。

孔宪昌聪明过人，本想踏上仕途，光宗耀祖，结果投身科考却落得个一事无成，吐血而亡；孔宪仁谨遵乃兄遗教，弃儒经商，本意不过想挣口饭吃，做一个衣食自足的小民，却反而腰缠万贯，风光无限。这真是树挪死、人挪活，山不转水转，运去黄金失色，时来铁也生辉。

又有一句话叫商场得意，情场失意，自古两难全。孔宪仁生钱有术，生子却无术：任凭他怎样殚精竭虑，老婆在生了两个如花似玉的女儿之后，肚子就再也鼓不起来了。眼看花甲将至，还是没有儿子。他为人耿直，不肯走那讨小纳妾的歪路，只好自叹无福。年大之后，便把一份票号事业，交给哥哥孔宪昌的长子孔庆麟继承。

孔庆麟，字瑞堂，同样是一位精明强干的实业家。俗话说，长袖善舞，多财善贾。在叔叔开创的基业基础上加上他自己的苦心经营，票号像一头精壮的母牛，“仔牛下仔牛，三年一大溜”，没多久又生出许多分理机构。太谷又开了“义盛源票号”，在北京设了“志一堂镖局”，还有做杂货生意的“会通盛”、“义合昌”，做绸布生意的“会通远”，在广州开了“广茂兴”，在沈阳开了“源泉博”，后来在太谷又盘下了别人的“三晋源”。据说还在日本的大阪、神户，越南的西贡等地开设了分理机构。孔家的金融业和商业，这时真是达到了全盛时期。

清朝末年，各省各县都有评选本省本县首富或首户的惯例。首户要从诸多方面衡量，比如德行、见识、人才等，因素多了，评选起来就麻烦些，而且见仁见智，别人也不见得服气。而首富当然就标准比较统一，也好衡量。孔家在那样的鼎盛时期，这“山西首富”自然当仁不让。

孔庆麟先生尽管忙于经商，却并没有丢掉孔家攻习诗书的传统，只不过他没有再走父亲的路，去进考场。生意场上，他知书达理，也算得上一位儒商。又乐善好施，时时周济朋友乡亲，尤其在社会公益事业上，舍得花钱，像修桥铺路的事，他都是愿意出资的。那个年代，修桥铺路，被认为是积阴德的事，会福荫子孙的。他的文化修养和慈善之举，在当地颇有口碑。人们不用世俗的“老板”来称呼他，而尊称他为“先生”，这在当时是为数不多的一种敬称。他也的确不愧此称谓，远不像有些人，一沾商字的边，就一头钻进钱眼，别说为他人着想，常常连自己的子孙也顾不上，往往弄得万贯家财，而子孙却只知玩乐，没有文化和道德修养。孔先生时时警戒这一条，为了避免因自己长年在外奔忙，孩子们荒废了学业，忘记了做人的要义，他特意亲手写下了一副对联，悬挂于上房中堂作为家规家训。这副对联是：

学做几件吃亏事以百世留用，

留一点善念心田使儿孙永耕。

横批是

虚心体味

孔庆麟共有五个儿子。这副对联的用意，其实还是教育他们做人处世的，至于对儿子的诗书学业上，他更不肯怠慢，专门延请了名师在家教授儿子，只是仍然要求他们记取祖训，不能应科考试。孔庆麟还立下家规，不许他们娶官宦人家的千金小姐为妻，以免官府衙门的官场陋习侵凌门户。这些规矩，有它朴实、积极的一面，但随着社会的不断发展，这些家规在一定程度上也限制了他儿子们的视野，使他们不能主动去迎接社会变革的大潮，难免显出一些迟迟暮暮的落伍之感。

且说孔三公子孔繁兹，生得一表人才，读书刻苦，学问有成，最受慈父孔庆麟老先生钟爱，他受到乃父格外栽培。十六七岁时，父亲把他派到了北京义合昌任总文书。在那天子脚下、人文荟萃之地，他愈发增长了见识，生意经更精了，还接受了社会改良思想，穿衣打扮上也洋派起来。几年之后，当他浑身洋溢着青春气息的时候，一位在教会工作的大家闺秀向他抛出了绣球。二人鸿雁传书不时约会，感情迅速发展。不意就在这时，孔老先生到北京巡察生意，破获了这个秘密。思想正统的孔老先生一是看不惯青年男女的自由来往，二是根本不能接受来自外国的宗教信仰。他不动声色，回山西的头天晚上，突然宣布孔繁兹结束义合昌的生意实习，回太谷去掌管三晋源和义盛源。

孔繁兹开始还想争取留在北京，但看到父亲那张铁青脸，就猜到了几分深层的原因。一贯以孝悌忠信为基本人生信条的孔家弟子，根本缺少与父辈对抗的基因，他默默收拾了东西，第二天一早就跟随父亲上了马车。他甚至没有跟要好的姑娘打个招呼——倒不是他薄情寡义，而是孔老先生雷厉风行，根本不给他留那个机会。孔繁兹满腹惆怅地离开京城，心中明白再不可能与那位温柔美丽的教会姑娘相聚了，但这一段经历却使他因一位姑娘在内心深处存下了对教会的好感。

门当户对的婚姻和难以为继的票号

回到太谷，孔老先生在程家庄选择了一块有水井的菜园子，盖起了著名的井儿院，作为三子孔繁兹娶亲的新房。这也是他对三公子的一片厚爱之心，当然也可能含有对割断儿子情丝补偿的意思。在建房的同时，孔庆麟赶紧为儿子物色对象，不久有媒人提起太谷东山底村庞先生的二姑娘。这庞家跟孔家家境相当，亦儒亦商，也算是太谷县的大户人家，加上庞二姑娘秀外慧中，能背些唐诗宋词，能绣些芍药牡丹，被孔家一眼相中，登时就下了聘礼。新房建成，选了个黄道吉日，在噼噼啪啪的鞭炮声中，伴着唢呐锣鼓的阵阵吹打，一乘花轿把新娘子抬进了家门。

孔繁兹虽还难舍那位教会姑娘，但已自知今生没有缘分了。到入了洞房，掀掉新娘子盖头一看，庞姑娘红唇白牙，杨柳细腰，水灵灵的大眼睛，含羞带娇，分明一枝带露鲜花，顿生怜爱。心里算计明白了，不能为那虚远缥缈的教会姑娘冷落了这位将伴自己终生的女子。同时再仔细看时，遂觉得庞姑娘是那种自己从小看惯了的、完全认同了的本地美人儿，骨子里透着一种亲情。也就对庞姑娘真心相待，在外面亲戚朋友的闹哄声中，二人在充满温馨的洞房里，开始了他们人生的新纪元。

看着儿子们一个个成家立业，孔老先生感到总算完成了自己挑着担子该走的那段人生道路，票号事业越来越难经营，自己已经力不从心，他干脆把家分了，让儿子们去各显其能。

孔先生生前，曾为自己人丁兴旺，有五虎上将般的五个儿子而骄傲。

孔先生死后，五个儿子分家单过，昔日由孔先生一人掌管的票号铺子，分别归到了五兄弟各自名下，从此孔家再不是一只能够昂天怒吼震动三晋的经济雄狮，虽说仍可称五匹骏马，但毕竟已是势单力薄。再加上19世纪后半期，太平天国起义、捻军起义，清朝社会更加动荡，许多商路不通，更有连年的水旱灾害，经济发展缓慢下来。后来李鸿章、张之洞等洋务派兴起，现代银行业已露端倪，那些先前小门小户私人经营的票号事业，在社会中就因所占份额太小。而显得微不足道了。

这弟兄五个中，除了老三孔繁兹外，不是膝下无子，就是儿子早夭。这在那个时代是很影响情绪的事。“不孝有三，无后为大”，常常困扰着他们，搞得无精打采。家庭人口真是个两刃剑式的怪物，儿子多了高兴，但家业一分开，势力减弱了；儿子少了或没有儿子，又成为心病，认为无人继承的财富，再多也没有意义，又不能带进棺材。孔家就走过这样一条曲曲折折的路。

孔庆麟的五个儿子，尽管在严格的教育下，都学有所成，在经商父亲的手把言教下，在事业上都有作为。但是从根本上说，他们已经开始落伍了，祖辈、父辈的事业在他们手上没有进一步发展，在周围新崛起力量的映衬下，他们变得黯淡无光了。

孔繁兹还算努力，他的三晋源和义盛源开始有过一个小小的冲刺式的发展，紧接着山西遭到连年旱灾，赤地千里。“光绪三年，谷穗朝天”，已经成了后世流传的民谣。连年的饥荒使人们为填饱肚子而奔忙，不少地方饿死人的事情连续发生，当地人不少到外地逃荒要饭。孔繁兹由于家底殷实，虽无饥寒之虞，可他的铺子却受到严重冲击，什么丝绸、皮货、茶叶，这都是富裕之年人们才有心享用的东西。饥荒之年，这些生意清淡如水，而票号更在银行业挤对下，一蹶不振。“井儿院”里，哪还有一丝“首富”人家的气象？

愚昧的“求雨”之后笼罩着神秘出生的胖小子

连年的干旱，迫使人们想尽一切办法改变命运。“求雨”成为一种普遍的活动。

一天，孔繁兹外出路过阳邑村，只见大群村民头戴柳条帽，光着脚丫子，捧着祭品，成群结队向禅房村走去。孔繁兹一问之下，才知道这是去请龙王娘娘回娘家降雨。孔繁兹摇摇头，正要返回，又见一大群人聚在龙王庙前，吵吵闹闹，不知何故，便又上前观看。原来这里也是香烟缭绕，前面一位老道，手执拂尘，闭目养神。孔繁兹正纳闷间，只见老道突然睁开双眼，断喝一声："上仙来临，还不跪迎！"孔繁兹待跪未跪之际，早被人扯了裤脚，只好随众人跪下。他人虽跪倒，毕竟不知这老道搞什么名堂，不时抬头偷看。只见那老道掣起旁边的签筒，已晃晃荡荡地摇起来。底下早已是寂静无声，光听得签筒里咣咣地响。孔繁兹再一次抬头之际，一支竹签早飞离签筒，直朝他面门飞来。孔繁兹一低头，竹签子已插入脖领。老道用手指住，大喝一声："有了！"跪倒的人纷纷起来，抬起孔繁兹就跑。孔繁兹还以为大祸临头，拼命喊叫挣扎，那些人哪肯放手。到了庙里，立即有人安排他沐浴薰香。原来刚才是要通过摇签选出一人作为龙王的武将，由此人到被妖魔镇守的尖山石洞里，取出一瓶圣水，送给龙王去遍地布洒。由于选出的人必须身强力壮，能够战胜镇住圣水的妖魔，所以这种求雨方式叫"武祈"，而刚才那些戴柳条帽的队伍，则是"文祈"。

孔繁兹本是生意人，不愿做这种事情。但这时已由不得他了。沐浴完毕，又在他脸上涂了凶神般的脸谱，身上也涂了五颜六色的铠甲——其实不着衣服，然后村民们擂鼓摇钹，簇拥着"武将"向尖山而去。孔繁兹走在前面，完全听从那些人的指挥，光着脚，右手持桃木剑，左手托着净瓶，呀呀唔唔地向圣水洞而去……

等一套仪式搞完，村民们仍不放孔繁兹走，说他祈雨有功，又强留他喝酒吃猪头，算是慰劳。孔繁兹被劝不过，三碗水酒下肚，早已是头昏脑涨，想着家中的妻子，谢过众人，踉踉跄跄就往回赶。

走不多远，天边已是乌云翻滚，紧接着凉风吹来。孔繁兹正被酒力烧得发热，看见云来风起，正觉痛快，哪里想到避雨？遂在醉眼蒙眬中趁机赶路。等大雨浇来，已经是前不着村、后不着店，孔繁兹只好冒雨前进。

想到几年不下这么大雨，本是好事，又兼此时年轻体壮，也不甚在意。待雨停时，已经走到离家不远的一个村子边上。太阳从云缝里透出金光，空气是少有的湿润清香。小孩子都跑出来蹚水嬉闹，成年人也来到街上看这雨后新景。孔繁兹正觉自己一身透湿，生怕被人见笑，刚想躲开。忽听有人喊：“快看，龙吸水！”孔繁兹抬头望时，只见一道鲜亮的彩虹升起在天际，那赤橙黄绿青蓝紫的七彩颜色，在雨后的碧空中显得那么清晰鲜艳。大家都抬头仰望，再没人注意这淋得透湿的人。大家看着看着，又有人说：“东虹（jiàng）日头西虹雨，北虹出来卖儿女，南虹出来换皇帝。看，这是南虹，看来灾荒就要过去，世道要变了！”

忽然又有人喊：“瞧，这虹的一头正在程家庄上，是不是这村里要出圣人啊？”众人又往前跑着看，有人手搭凉篷观望一会儿说：“嗨，那一头分明是在井儿院的位置，说不定这院里要出换代的圣人喽！”

孔繁兹害怕了，这话可不是随便说得的，传到朝廷里，说不定就得出人命。可又不好去堵人家嘴，只巴望着他们说说就算，可别再传。想着，低了头，往家就赶。一进家门，就听见屋里传出响亮的婴儿哭声。接生婆婆见他回来，拦住就贺喜说：“哎呀，少先生，你怎么才回来？少奶奶给你生了个大胖小子，你听听这哭声，是个龙种呢！恭喜恭喜呀！”孔繁兹可真乐了，家里添丁进口可是大喜，再加上这一天奇奇怪怪的经历，说不定这儿子将来真有造化。他顺手掏出一把刚讨账要回的银元，塞给了接生婆，就往屋里闯……

就是这一年，任山西巡抚的曾国荃兴高采烈地向清廷奏报说：“山西连年遭灾，晋南各郡人民大都外逃，去年夏天至今，风雨调和，流亡人员逐渐返回，筹备牛具籽种。开垦荒地。”

1880 年 9 月 11 日，是农历八月初七，对井儿院的人来说，这可是一个喜庆的日子，孔繁兹和庞氏的第一个孩子出生了。这也是孔繁兹弟兄五人中后来唯一长大成人的男孩子，此人就是后来在中国政治舞台上一度叱咤风云的孔祥熙。

第二章　孔圣裔孙

孔子第 75 代孙来历不凡的名和字

这个胖小子的诞生，给井儿院带来了少有的喜庆和热闹。

给这个男丁起名更成为一件大事。

要是普通人家，随便起个什么阿狗阿猫就可以了。当地还有种风俗，越是喜爱的孩子，父母越要给他起个不堪上口的名字，那种粗俗和不雅，足以使他成为人物后，当别人再提起时会满面羞红、讳莫如深。其动因据说是为了让这孩子长命，阎王拿人时会因为这粗俗的名字说不出口，或者前来索命的小鬼判官错理解成其他东西而完不成任务。那样这孩子自然会逃过阎罗的追索，顺利长大成人。但孔家可不是当地一般的小户人家，尤其孔繁兹饱读诗书，又自诩是孔圣人之后，当然不能仿效那些草民百姓的愚昧做法。他必须给这个老弟兄五人中最可宝贵的男孩取个响亮而有意义的名字，让他接续香火，继承事业，光耀门楣。

要起好这个名字，第一件事就是要查清辈分。

什么辈分？这就不能不从中国社会中的一个特有现象说起。

孔老夫子生前风尘仆仆周游列国，但他创立的儒家只不过是诸子百家中的一家，根本没有特别的地位，他的政治主张更不为各国诸侯所采纳，反而受到不少冷遇和嘲讽。直到他身后多年，人们才发现他的“仁义”治国主张，“三纲五常”理论，“中庸”处世之道等等，是那么符合中国国情，对于教化人民、维护封建统治极其有用。到了汉朝，董仲舒才向皇帝建议，来了个“罢黜百家，独尊儒术”，孔老夫子这才显赫起来。到唐开元二十七年，他第一次被加谥为“文宣王”。“王”在欧洲国家是最大的或最高的统治者，可在中国不行，中国最高的统治者是天子、皇帝。王还仅仅是某块土地或者某一领域的一把手而已。当然这对于生前门下仅有"弟子三千,贤人七十二"的孔子,已是很大的荣耀了。以后宋元明清,各代皇帝又不断加谥,到了清朝顺治年间,孔子的封号已有了一长串,成为"大成至圣文宣先师"。在中国历史上,大概除了叶赫那拉氏有一长串什么贤懿德之类读不通弄不懂仅仅尽是好字眼的封号外,没有谁比孔老先生的封号更长的了。慈禧为什么要那么长的封号?据说按照封建朝代的规矩,皇帝加封一个字,每年就是1万两银子的"政府津贴",这个称号值钱呢!但孔夫子生前穷困潦倒,饭都常常吃不饱,那些天子诸侯往往一个铜子都不肯给,后世皇帝加谥这么长的封号,看来是不吝金银的,只是先生已经作古,别说每个字1万两银子,就是10万两也没意义了。不过中国人有中国人的思维方式,在精神领域,他们敬仰的人物是永远不死的,即使死了,也还能享受供奉。这就有了历代皇帝规模盛大的祭孔大典。那祭品的丰盛和仪式的隆重,甚至超过祭祀皇帝自己的祖先。

这是孔子的荣耀,更是孔子后人的荣耀。

有了孔子的封王,接着也有了全国的孔姓联宗。不论现在住在何处,凡是孔姓,都一律从孔子算起,排出辈分,算是孔子的第多少多少代孙。

这是一件好事。孔子是世界级的伟大思想家、哲学家、教育家。最高统治者尊孔祭孔,自然希望全国的百姓都来实践孔子的理论,按老夫子的道德标准行事。既然愿意做孔子的裔孙,证明他们敬重孔子,会在推行孔子的思想道德伦理方面,行动更加自觉。于是皇帝推波助澜,向孔府子孙排辈姓名赐字。

明朝建文二年(公元1400年),皇帝朱允炆第一次向孔府御赐10字:

希言公承彦,宏闻贞尚衍

清朝乾隆五年(公元1740年),乾隆皇帝再御赐10字:

兴毓传继广,昭宪庆繁祥

清朝道光十九年(1839 年)道光皇帝又御赐 10 字:

令德维垂佑,钦绍念显扬

这 30 个字本是皇帝赐给孔家的,后来孟轲的后代、颜回的后代、曾参的后代,也一齐跟着孔家排起来,而且国内和海外的华人也完全一样,姓名用字和排辈都如出一辙。这自然是孟子、颜子、曾子都是孔门弟子,而且是儒家学派创立和形成的重要人物的缘故。

有了这样的御赐排名用字,就给家族的排辈认宗提供了极大方便。只要是孔姓子孙,不论流落世界何处,只要报出姓名,对方马上就可以知道是孔子的第几代孙;如果双方都是孔姓,对确立双方长幼关系也是一目了然。这在世界上大概也是独一无二的现象,充分显示着华人的内在亲和力以及中国人重视区分长幼的传统尊卑观念。

井儿院里新生的这个胖小子,很容易就查出了他是孔子的第 75 代孙,排名应该用“祥”字。父亲孔繁兹经过一番苦心琢磨,终于给他起定了名和字。名为祥熙,字庸之。可以看出,所谓起名,排辈的祥字已经铁定要用,实际只有一个字了。而这一个字,却是要大费脑筋的。父亲给他起的这个名字里,唯一由他确定的这个熙字大有讲究。从典籍上查。“熙”字共五解,一指光明,二指兴起,三指吉祥,四指曝晒,五指嬉戏。显然后两种意思不雅,舍弃不用,那么这个名就寓有了预示这孩子前程光明、孔家从此将要兴起、保佑全家平安吉祥的立意。有了名还要从名中切出字来,这字是对名的发挥、配合。“庸之”就是对祥熙的最好注释:孔夫子最推崇的为人处世态度就是中庸之道,这庸之就是取中庸的意思。待人接物要谦和,遇事不能偏颇过激,遇到矛盾要多调和,凡事适可而止。这胖小子长大后,果然处处按这个意思行事,带来了孔家的兴起和光明。

无微不至的母爱和博大精深的中国传统文化烙进幼年心灵

孔祥熙出生以后，虽说家境已大不如前，但仍算当地的富户，生活上还过得去。他在父母的爱抚下，度过了无忧无虑的幼年。

孔祥熙 3 岁时，母亲又生下一个妹妹孔祥贞。新生的妹妹没有影响母亲对孔祥熙的管教。从 4 岁开始，父母就对孔祥熙进行启蒙教育。

> 朱雀桥边野草花，乌衣巷口夕阳斜；
> 旧时王谢堂前燕，飞入寻常百姓家。

母亲庞氏能背诵不少唐诗宋词，还写得一手娟丽的蝇头小楷，她把知识的灌输融进她对儿子的母爱之中。夏日的树荫下，冬日的炉火旁，母亲一遍又一遍教孔祥熙背诵这些朗朗上口的古代诗词和一些华丽的骈文。孔祥熙虽无法理解它深奥的含义，却也背得滚瓜烂熟。

> 学而时习之，不亦说乎？有朋自远方来，不亦乐乎？

父亲孔繁兹始终不忘“半部论语治天下”的典故，他是带着他对儿子的殷切期望来对他进行潜移默化的。

又过了一年，父母看到小小年纪的孔祥熙聪明过人，认为再这样零打碎敲地教育有些耽误时光，便开始制订计划，让他系统地学习一些知识。

> 人之初，性本善，性相近，习相远……

《三字经》成了孔祥熙第一本启蒙读物，不仅是会背，而且要理解要义；要学写字，不仅是照抄，还要能够默写。

读完《三字经》接着就是《论语》。

可惜，孔祥熙还没学完《论语》的时候，母亲庞氏却患了重病。庞氏在程家庄以贤惠闻名。她从不搬弄是非、说些张家长李家短的闲话。对家里的佣人也不盛气凌人。她家里有一个帮她照顾孩子的丫头，有一次孔祥熙自己乱跑乱闯跌破了额头，家里其他人都很着急生气，纷纷指责小姑娘没尽到责任。这穷人家的孩子，小小年纪不能读书，因生活所迫到富人家里做侍女混口饭吃，本来就够可怜的，现在出了这样的事，她就是分辩也是没用的。小姑娘可怜巴巴，唯有流泪，等主人处置。倒是庞氏动了恻隐之心，在看了孔祥熙的伤势，确认并不算重之后，主动承担了责任，替小姑娘解了围，使她能够留下来。这件事使庞氏得了体恤下人的名声。现在庞氏患病，孔家一家上下无不痛心，想方设法给她延请名医医治。抓药煎汤更是不惜花钱。那时候医生看病往往看人下药，有钱的人家就开些名贵的药，贫穷的人家就只开些对症的药。庞氏龙髓凤脑吃了不少，怎奈病情却不见好转，几个月之后，她抛下了恩爱情深的丈夫和一双嗷嗷待哺的儿女，撒手人寰。当地有句俗话说“宁跟讨饭的娘，不跟做官的爹”，意思无非是说母亲心细，对儿女关照周到体贴；作为男人的父亲一般粗心，往往对孩子照顾不周。孔祥熙 6 岁失去母爱，本来会在他心理上造成缺陷，但他成年后自称对这一点感受不深。

因为父亲孔繁兹用格外的父爱填补了母爱的真空。

为呵护孩子父亲誓不再娶，却不幸染上了鸦片瘾

失去了女主人的井儿院，顿时失去了年轻女人的咯咯笑声，没有了带着对儿女一往情深的母亲的声声召唤，井儿院变得沉寂了。

受这件事打击最大的是孔繁兹。昔日天天同床共枕的妻子突然离去，剩下的尽是些人去房空、冷衾孤枕，还要为两个孩子操心吃穿，过去根本不用他过问的事情，现在必须由他样样亲办，精神上的打击加上日夜操劳，人日见消瘦。

还在庞氏刚刚去世时，就有人张罗着给孔繁兹续娶一房妻子，可孔繁兹由于对亡妻感情太深，无心操办。他觉得自己是一个不幸的人，第一个恋爱的姑娘因不容于老式的家庭，被生生拆散了，感情上始终像背着一个

包袱，欠着一笔债。好不容易和庞氏建立起了感情，竟又横遭如此变故，他已心灰意懒。当有人再提起此事时，他竟吟起了唐人元稹悼亡妻的诗句“曾经沧海难为水，除却巫山不是云”。别人看一时在他心中摆不上日程，只好由他先度过一段心理适应期再说。

孔繁兹亲自带两个孩子苦度日月的时候，又碰到一件事。一次他去拜访一个朋友，这个朋友也跟他一样，前两年妻子亡故，只是不久又续娶了一个太太。自从太太也生下自己的儿子以后，家里就再没了安宁。邻居不断给他说前妻生的孩子备受折磨，可回到家里，太太又不断向他告状，说原来的孩子多么不成器，成天孩子哭，大人闹。他不管不是，管又没法管，因为他毕竟不能整天守在家里。朋友给他诉苦之后，孔繁兹相信了当地人经常说的一些话：“门道底下的风，后老婆子的心”，“后娘打孩子，内里使劲”。要想让这两个孩子不受后娘欺负之苦，只好委屈自己，永不再娶。

但孔繁兹内心的苦处毕竟无法排遣，他不幸染上了鸦片瘾。

“咸丰坐了 11 年，口里口外种洋烟”，这是太谷流传的一首民谣。既然种植洋烟（鸦片），抽它的人就不在少数。“南庄的架火太谷的灯，徐家沟的铁棍爱煞人”，太谷的灯是什么灯？烟灯。这在当时也是太谷的一大名牌产品，连《老残游记》都载了进去。抽鸦片是当时社会的一大弊病，孔繁兹苦闷无聊，既染上它，人也憔悴，钱也去得快。烟瘾上来，对孩子也疏于管教。孔祥熙只好自己寻找孩童的乐趣。很快，他加入了村里孩子到县城拣煤渣的队伍。别看山西盛产煤炭，太谷一带却无煤矿。为了冬天取暖，孩子们到县里大户人家和饭馆里倒出的煤灰中筛筛拣拣，挑那些没烧透的煤核拣回来备用。对于孩子们来说，能够拣回多少有用的东西本在其次，主要因为可以以正当理由出去游逛，接触些新的环境，长些见识。但这样每次回来，孔祥熙总是弄得蓬头垢面、灰头土脸，天冷的时候，两股清鼻涕更是流得长长的，失尽了富家子弟的模样。

亲朋好友看这样下去不行，就力劝孔繁兹换个生活环境，免得在井儿院里进进出出，到处是旧物唤起旧人情，打不起精神。孔繁兹采纳大家意见，到城南 15 里远的南张村，当起了私塾教师。

孔祥熙也就跟随父亲，到那里上起了私塾。

环境所迫，父子同领“庸之”精微

孔祥熙上了私塾，就严格按照私塾里的规矩，扎扎实实学起了那套蒙学丛书，什么《千字文》、《百家姓》、《名贤集》、《神童诗》、《弟子规》，一本一本地啃。他最感兴趣的有两本书，一是《诗经》，因为那时最流行的说法是“不学诗无以言”，这涉及一个人的文化层次；学了《诗经》，说话作文才称得上文雅，“言而无文，行之不远”，这文就是文采。《诗经》里的比、兴、赋手法，自然是最有文采的。另一本是《礼记》，“不学礼无以立”，礼是人们做事做人的标准，懂得了礼才能立身做人。当然，这些道理都是父亲教他的，而有大志的他也认为这些至为重要。这两本书都不是一个几岁的孩子一下子能学懂的，他首先需要很好地背诵课文，父亲则尽力为他讲解要义。这两本书他学了多年，一直到他上了教会学校，回家时还要向父亲请教其中一些问题。

孔祥熙是南张村私塾里年纪最小的学生。而且先生是他的父亲，不过这并没有成为放松要求的理由。父亲对他寄予厚望，自然要求也更严格。下学以后，别的孩子去玩了，父亲总要督促再学一会儿。孔祥熙背书是一大拿手，他从小背诗背词打下了基础，比那些压根儿没接触过诗文的孩子自然多一些优势，课堂上孔祥熙总希望自己能露一手。每天一上课，先生让背诵昨天讲过的课文时，总有一些孩子吭哧吭哧地憋红脸，这时小祥熙总是把手举得高高的，希望由自己当众露个脸。可是孔繁兹却很少给他这个机会，挨个把学生叫完了，也不一定叫他起来。有一次孔祥熙真生气了，他一天闷闷不乐，留下的课文下学后他也不背，趁父亲没注意就一溜烟跑出去玩，直到掌灯时分才回来。父亲早做好了饭等他，看他玩得一身泥土，并未责怪。吃过饭，父亲督导功课时，孔祥熙气还未消，只气咻咻地说：“我不背了，背下背不下还不是一样！反正课堂上你也不叫我起来。”

知道了原委，孔繁兹心里又好笑又难受，小孩子好胜心强，这是好的，但还有深层的道理他就不一定能理解了。孔繁兹叹口气，给儿子讲起了道理："我在这里教书，任务是把人家的孩子教好，并不是只教好自己的孩子就行了，那样，人家还聘我这先生干什么？我在家里教你不得了？你比别的孩子聪明，这我心里清楚，可是课堂上总让你盖过别人家孩子。时间一长，对我不好，对你也不好。你可知道为什么给你起的字叫庸之？庸者，中庸也。遇事要把握分寸。中国历来的现象是，枪打出头鸟，出头的椽子先烂，所以圣贤都知道明哲保身，藏愚守拙，大智若愚。只要在最关键的时候露出峥嵘，就足够了。绝不能天天锋芒毕露……"这一番话，深深刻在了孔祥熙心里，也才第一次懂得了自己名字的含义，从此他努力克制自己事事争先的欲望，功课上总是"拉屎攥拳头——内里使劲"，每次考试，父亲总要格外严格要求，多扣他几分，让别的孩子争走班上的第一名。孔繁兹的这个算计的确像他经商一样精明，很快显出效果。他初来时，班上不过八九个孩子，后来村里人都说他教学有方，尤其每次考了第一的孩子家长，逢人就说孔先生学问大，自己的孩子才上几天学，就考了第一云云。这等于是无形的广告，这所私塾很快兴盛起来，不仅本村的 30 多个孩子都入了学，就连邻村的一些人家也愿意把孩子送到这里学习。

私塾的兴盛，给孔先生带来的不仅是束脩的增加，更重要的是名声。在乡下，世世代代生活在一起的人们，名声是非常重要的。它可以使人得到尊敬，遇到困难时得到帮助，它还是一个家庭可以遗传继承的一笔财富，让子孙后代受益。而孔祥熙也在父亲的熏陶下，逐渐形成了他性格的基础。充分发挥了自己名字中"庸之"的要义精微，他此后在政界立足，总是圆滑世故，不肯与人直接对抗，不肯将势使尽、便宜占尽，凡事总注意留有余地，颇得"好好先生"之名。有人曾评价他的庸之是平庸，却不知他是有意为之，深藏城府，练达老到，以使自己处于进退方便的有利地位。

从 6 岁到 10 岁，孔祥熙在父亲身边，扎扎实实地读了四年古书，打下了中国传统文化的厚实根基。

第三章 基督信徒

重病之下父亲带少年孔祥熙走进福音院

当一个古老的中国神圣家族的后代，拜倒在外来的耶和华面前时，在当地社会上引起的震动，不亚于一场地震。

基督教与佛教、伊斯兰教并称为世界三大宗教。它的教义认为上帝创造并管理世界，耶稣基督是上帝的儿子，降世成人，救赎人类。早期的基督教反映了当时贫民和奴隶对奴隶制度的憎恶，罗马帝国曾对该教残酷迫害，后于第 4 世纪定为国教。罗马帝国东西两部分裂后，基督教也于 1054 年分裂为罗马公教（即天主教）和东正教。16 世纪，罗马公教内发生了反对教皇封建统治的宗教改革运动，逐步产生了代表新兴资产阶级利益、脱离罗马公教的基督教新教各派。

唐朝初年，即公元 7 世纪，曾有基督教的一个派别传入中国，不过在中国的名称是“景教”。元朝时候，大约 13 世纪吧，又有一个派别传入中国，不过名字也变成了“也里可温教”。它们都没有流传下来。天主教曾于元代一度传入中国，后又于 16 世纪的明朝末年传入。而宗教改革后的基督教新教各派大规模传入，则是伴随着鸦片战争后中国通商口岸的开放开始的。

清朝光绪八年，也就是孔祥熙 3 岁时的 1883 年，美国在北京设立的华北基督教公理会董事部，派出了医士兼牧师的文阿德来到太谷，行医传教。中国人历来对外来的大鼻子洋人存有戒心，单纯传教困难重重。但是借着行医治病，就使传教变得容易了。因为他们带来的，毕竟是比较先进的现代西医，借助于科学的仪器，使诊病变得比较直观，不像中医的把脉那么玄奥。而且通过化学方法制成的西药针剂片剂，药效也来得快些。

容易取得信任。文阿德到太谷的第二年，即在里美庄设立了公理会。1888年，他购买了县城南街的一所院子，挂起了“福音院”的牌子，既是教徒做礼拜的地方，也是他行医治病的诊所。文阿德除看病外，还进行卫生宣传，搞一些流行病的防疫，帮助瘾君子们戒除鸦片，渐渐取得了一些人的信任。

1889年，正在南张村跟随父亲读私塾的孔祥熙突然患病，先是痄腮，伴着发烧，耳朵下面一边鼓起一个大包。这是当地俗称“蛤蟆瘟”的常见病，经当地老中医调治，很快见好。不料几天以后，孔祥熙的脖子里又生了疮，这次的情况就很不妙了，任凭老中医怎么换方换药，就是不见好转，这疮包眼看越长越大，亮晶晶的，顶部已开始溃烂，流出恶臭的脓水。

孔繁兹爱子心切，已经发誓为了儿子不再续娶，可如今儿子患病，眼看不治，自然心急如焚。当地名医已经请遍，竟无一人有回春妙手。走投无路之际，他想到了福音院。不过，一想到要去求助于洋人，孔繁兹被自己的想法也吓了一大跳。

不管怎么说，这之前到那里求医看病的，大都是当地穷苦人，他们在无钱求医的万般无奈之中，才试探着接近那些大鼻子洋人。看病之后，这些人不少都信了洋教。拖着长辫子的龙的传人，跪在外来的上帝面前，祈祷礼拜，这在当地大多数人看来，不仅是不伦不类，而简直是辱没先人。他们甚至传说，这些信了洋教的人，都是在看病时被洋人施了魔法，换了心。还有的说，这些人跟随洋人后，要给洋人偷中国小孩子，送到福音院里剖腹剜心，制作洋药。种种说法，不一而足，大都是敌视洋教，把接近传教士的人都看作异端的。在当地有钱有势的人家，一般还都不跟洋教来往。号称当地名门望族的孔家，要去福音院里看病，这可不是一个小动作，必然引起一场轩然大波。

这大那大，给儿子治好病为最大，孔繁兹顾不得许多了。他给私塾的孩子们放了假，带着孔祥熙回到了程家庄。

毕竟孔家进福音院是头一遭，孔繁兹必须给家族的人们通报一声。

井儿院北上房里坐满了人，族人们差不多都来了。虽然时鲜瓜果摆满了桌，但没有人去动，屋里只有嗞嗞的抽烟锅子声。

孔繁兹庄重地开了腔："刚才，祥熙的病你们都看了，脖子上一共多大的地方呀，长那么大疖子，我听有人说这叫砍头疮哩。再烂下去，怕脑袋要掉下来的。我已经遍请当地名医，都不见效，所以，所以，我想——"

"想咋着，你倒是说呀？"有人催促。

"只有一条路了，就是，就是……"孔繁兹感觉得到将出口的话的分量。

"你说吧，该咋治，娃娃都病成这样了，还犹豫个甚哩！"

"我仔细想过了，只有到福音院去，请那位洋大夫给诊治！"孔繁兹总算把最难出口的话讲了出来。

"啊？找洋人？"众人都张大了嘴巴。

传教士治好了病也俘获了孔祥熙的灵魂

经过了最初的惊愕之后，族人们开始叽叽咕咕。先是低声互相交换看法，接着话音就高了起来，几乎没有一个人是赞成的。

"繁兹，你咋不想想。我们孔家是甚人家哩？我们是孔圣裔孙哩！那福音院是甚地方？洋人传教做礼拜的地方呀！自古以来，我们信仰的只有先祖先师创立的儒教，咋能去信洋人的邪教咯？这背叛先人的事，在我们这一辈不能行！"孔繁兹的一位堂兄把烟袋敲得叭叭响。

"三哥，你弄错了，我是带孩子去看病，不是去信教！"

"噢，你说得好！那洋人给人看病为甚哩？为拉人入教哩，你不信教，他肯给咱娃看病？天底下哪有这种好事？"

"三哥，你不知道，我跟那文先生拉过话，看病归看病，信教归信教。他们看病是行善，看好了信不信在你，这个你还不放心我吗？"

"我不信有这种好事！"堂兄气呼呼的，不说话了。

"哎，我说，要是咱太谷的医生不行，还可以到太原嘛，干甚的非找洋人？那样咱孔家在当地，可是要栽威信咯！以后在别的大户人家面前，咱少不得要看白眼、矮半头的！"又一位族叔开了腔。"好我的叔哩！你看孩子的样儿，还能折腾到太原吗？这救人如救火哩。”

“哎，咱太谷的曹先生、周先生，可都是世代祖传的杏林高手，这病他们拿不住，我寻思着，说不定另有缘故哩。我可是听说，祥熙在南张村，登高下井，掏雀捉蛇，该不会是招惹了哪路仙家吧？北沟的李半仙，分明是张天师再生，画符念咒，捉鬼送神，百灵百验，咋不赶紧找他看看呢？”

孔繁兹看这样戗戗下去，到天亮也不会有个结果，要叫他们同意去福音院看病，眼下简直是墙上挂帘子——没门！任自己怎么解释，也是嘴上抹石灰——白说。自己的儿子，归根结底得自己拿主意。想到这儿，他清清嗓子站起来说：“孩子他娘已经殁了，这孩子我再也耽搁不起。如果你们看见我送孩子到福音院看病，或是听别人议论我，你们全当不知道，有什么后果，就让我一人担着吧！”

毕竟人命关天，人家的儿子，心里一百个不同意，也不好硬争强拦。众人站起身，陆续走出去，到了门口，有人故意高声说：“世道变哩！”孔繁兹心里明白，也不接腔，说什么让人家说吧。谁让孩子有病、躲不转呢。

生命垂危的孔祥熙被送进了福音院。

文阿德得知前来求医的是孔圣人的裔孙，又是当地财东之子，欣喜若狂。到太谷几年来，传教虽有成绩，但和当地上层人物却始终拉不上关系，常遭这些人暗中阻挠。这下好了，这是一个天赐良机，如果治好这孩子的病，必将给传教事业打开一个新的局面。他给上上下下都打了招呼，一定要全力以赴，像皇上一样把这个小病人侍候好。

文阿德亲自检查孔祥熙的病情，发现确实病得不轻，硕大的瘤子已经感染，细菌在里面像进了天堂般地纵情吃喝繁殖，如人体警察一般的白血球也进行了总动员，超出正常水平的几十倍，双方的战斗已经临近总决战，细菌攻势凌厉，如果不能及时投入新的灭菌力量，它们马上就要全面获胜。

文阿德进行了紧急处治后，要求孔祥熙留院治疗，以便全面检查和随时观察掌握病情。当然他也有另一层考虑，通过经常的接触以联络感情。但是孔繁兹不能同意。这样他的儿子就失控了——因为他自己不可能天天住在福音院里。文阿德又征求孔祥熙意见时，被高烧折腾得不时迷糊的他也心存害怕。因为这个人与他迄今所见的人完全不是一个模样，个子比他魁梧的父亲还高出半头，肚皮更大得出奇，他不理解那条裤带怎样在反斜坡上能把裤子系住而不脱落；尤其是那棕色的头发，让他怀疑是不是生锈的铁丝；那高大而微弯的鼻子，又让他老想起老鹰的铁喙；一双浅蓝色的眼睛，更觉捉摸不透蕴含的情感。孔祥熙怯怯地说了声："我要回家！"

文阿德按着额头想了一下，也只能这样，如果强留反倒会把他们吓跑。不过他用他那让人意想不到会在哪里抑扬变调的中国话告诉孔家父子：第一，必须每天上午准时来看；第二，特别注意保暖。防止再外感风寒，那样雪上加霜，可就爱莫能助了。

从此，每天一乘小巧的暖轿，从程家庄出来，进县城西关，穿过鼓楼下面，再折向南关。中午同样的路线再返回来。这样招摇过市，每次都引得两旁的人指指点点，说什么的都有。"瞧，孔家的人都不信先师，改信洋教了！""洋人的面包香着哩。卖了祖宗也值啊！"孔繁兹跟在轿子后头，听得脸红耳热。这里面还有不少熟人，他打招呼不是，不打招呼不是，只有低了头，匆匆地走。

几天以后，文阿德给孔祥熙脖子上开了刀，挤出了半碗脓血水，撒上药粉，敷了纱布胶带。他要求一定要在院里住几天，这时孔繁兹也不再坚持拒绝了，他听那些议论已经听怕了，没有轿子，起码不那么惹眼。而孔祥熙几天来跟这些外国男女接触多了，也换了看法，觉得这些人挺善良、挺会关心人的，这一次他点头了。

其实，孔祥熙的疮在开刀以后，更不需要住院了。但文阿德的目的很明显，时机也选得很有利，他成功了。孔祥熙住在福音院里，由美国小姐每天换一次药。小姐的动作是那么轻柔，笑靥是那么迷人，让孔祥熙感到熨帖。院里的厨师使出浑身解数，给孔祥熙做出了种种他从未品尝过的西餐美味。文阿德更是把许多时间花在小祥熙身上，给他讲圣母玛利亚，讲耶稣降生、最后的晚餐、叛变的犹大、受难的十字架、复活节，这些新奇的故事，深深刻进了孔祥熙心里。还有基督的品德。也让他感到符合孔学"仁"的本义。唱诗、讲经、忏悔，这些宗教仪式，也让孔祥熙感动。当他疮口平复、活蹦乱跳地回到程家庄时，已经是孔氏门里一个“上帝的子民”了。

不过他信教的事一直还是个秘密。

顶着孔氏宗族的巨大压力走进教会学校读书

1890年，孔祥熙四年私塾念完，自觉已经打下了牢固的国学根底，他渴望着新的知识。

这时的清王朝，正愈来愈走向衰弱积困。丧权辱国的不平等条约签订了一个又一个，西方列强的欲望却永无厌足。这一年英国又胁迫清朝政府签订了中英《藏印条约》，英帝国的势力开始向西藏扩张。紫禁城里，也在经历一场大的变化。上年，光绪皇帝大婚，表明他已经成年。荒淫昏庸的慈禧太后不得不结束垂帘听政，归政于光绪。但母子之间关于国家治理的主张并不相同，慈禧随时注视着光绪的一举一动。社会利用光绪亲政的时机，变法的呼声、维新的呐喊，在神州处处响起，到处是新思想与旧观念的碰撞、科学与愚昧的交锋。

少年的孔祥熙也有了对国家前途的忧患意识，感受到了变法维新的热浪，他不愿意像那些祖辈的儒生，只钻在故纸堆里寻章摘句、皓首穷经，而实际上对国家社稷、民生安危百无一用。他听到基督教在太谷开办的“华美公学”招生的消息，决心到那里开辟一个新视野，武装一些科学的知识。

孔祥熙要上教会学校，在基督教方面当然是求之不得的。正像他是第一个到福音院治病的名门子弟、给教会做了一次活广告、带来传教事业向社会上层发展一样，他们相信这又是教会扩大影响的一个大好时机。因为在此之前，到华美公学来的，大多是无力接受教育的贫民子弟，使学校的开办带有慈善机构的施舍性质。

最使孔祥熙感到难以把握的是家庭方面。父亲就是教授四书五经的先生，他能不能同意自己的儿子放弃儒家经典，而去学习外来的学说，他有些拿不准。一个红霞满天的傍晚，孔祥熙和父亲讨论了“达而相天下，穷则善其身”的儒家理想以后，借机提出了到华美公学读书的想法。

孔繁兹定定地望了儿子一会儿之后，陷入了长时间的沉默。孔祥熙惴惴不安地等待着父亲的反应。

“儿子。你得告诉我，你是不是已经暗中改变了信仰，准备为上帝献身，日后去做一名神职人员？”

“不！牧师甚至主教不是我的理想。我们的国家太落后，为强国富民去学习才是我的动机。”

“当真？”

“是的。”

孔繁兹站起身，背着两手，默默地向前走去。孔祥熙紧跟过去，拉住了父亲的后衣襟，“爹，你——”孔繁兹抚摸着儿子的手，重重地点了点头。

孔祥熙认为最难的关口已经闯过，他兴高采烈地到学校正式报上名，又到福音院找来浩德牧师夫妇。来浩德牧师夫妇到太谷以后，由于文阿德牧师的介绍，与孔祥熙很快就成了好朋友。孔祥熙向他们询问了上学的有关问题，开始四处张罗他的新学校必备文具。

华美公学把秋季招生的告示和报名者的名单一起贴到了县城最引人注目的地方，孔祥熙的名字被排在报名者的第一位。

这一下真正的麻烦来了。

孔氏家族的人几乎上下一腔，指责孔繁兹背弃祖宗。孔氏族长终于在众人的簇拥下，打进了井儿院。

族长拉一把太师椅，坐在堂屋正中，让孔繁兹站在面前听训。这位胡子花白的长者把手杖狠狠往下一戳，劈头问道：“你们究竟还是不是孔门子孙？”

不等孔繁兹辩解，接着又说：“以玄圣的后裔，竟降格以求，信奉洋教，这不仅是孔门的耻辱，更有失炎黄子孙的体面！如果小孩子不明事理，你身为家长怎么可以也如此糊涂，就答应他呢？”

孔繁兹当然不便硬顶，只得赔笑解释说：“你老人家有所不知，庸之进洋人学堂，只是学习他们的科学，并不是非信洋教不可的呀。”

“你说他不信洋教?”

“是的。”

“那好!”族长率众而去。

孔家父子以为风波就这样过去了,各自庆幸。谁知事情远没有这么简单,第二天晚上,有人来传孔繁兹父子到祠堂议事。平时族中有人犯了戒律,会在祠堂当着族人动用“家法”惩治,那是一种民间私刑,又是在祖宗牌位前的道德审判,足以叫犯事者伤筋动骨又丢尽脸面的。孔祥熙怯生生地叫了声“爹”,孔繁兹说:“自己的事情主意还得自己拿。”这既像是鼓励又像是安慰的话,给孔祥熙壮了胆。

祠堂里早点起几根大蜡烛,风吹过来,人影憧憧;孔子牌位两侧,两根贴字的黑杠子那么惹眼,显出一种阴森森的气氛。

祠堂里转圈已站满了人,孔繁兹父子是到得最晚的,他们只好站在中间,颇有一种公审的味道。

“繁兹,你不是说庸之只上洋学,不信洋教吗?”族长发问了。

“是的,我昨天就说过了。”

“嗯,这得他自己亲口作出保证。孔祥熙,对着祖宗牌位跪下,发出你的誓言吧! 只进教会学校读书,决不信奉洋教。一旦违反,甘受家法惩治!”

也许,孔祥熙信教的事还没有暴露;也许这是个阴谋,单待他发誓以后再实施惩罚。

孔祥熙头扭向一边,紧闭着嘴,不说也不动。

家族中的执事上来拉他:“去,向祖宗保证!”

孔祥熙没有动。

有人嚷起来:“瞧这样子,以后定是个叛卖祖宗的主儿,不动家法他怎听劝?”

就有人去拿杠子,孔繁兹威严地“嗯”了一声,那人缩脖退了回去。

孔祥熙依然是一动不动。

族长气得胡子直抖:“这头小倔驴!”

僵局。

要说这事别人本不好多管，只不过当初族人们以为摆这么个阵势能把孔祥熙镇住，使他不敢造次，哪知成了这种局面，一时让族长竟下不了台阶。

有人出来打圆场："孩子虽没点头，可也没有摇头，这不是说明他同意您老的意见吗？"

孔祥熙还是拧着脖子。族长只得顺水推舟，厉声训导了一通，让孔祥熙给孔子牌位磕过头收场。

父子俩取得了实质上的胜利。其他人则哀叹着"家门不幸，出了叛逆"。

孔繁兹所以能在太谷孔氏家族中第一个把孩子送进福音院治病，又同意儿子到教会学校读书，与他早年与那位教会姑娘的交往不无关系，但很少有人知道这一层。孔祥熙却成了父亲早年经历的受益者。

也就是这一年，中国近代史上的传奇人物宋查理和妻子生下了他们的第一个女儿。取名霭龄。小霭龄开始在与太谷孔家完全不同的环境中成长求学，若干年后与孔祥熙走到了一起，开始了他们你中有我、我中有你、共同创造一个孔家新神话的活动。

以日月风雨辩难传教士的优等生

华美公学设在太谷县城内，是由美国基督教会投资创办的。教学条件相当优越，比起旧式的中国私塾来，不知要强多少倍。而且它为学生免费提供膳食住宿，连学费、书本费都不收，一切由校方供给。它的目的是培养为教会服务的知识分子，并通过他们去打通社会上层人物。

秋天一个风和日丽的早晨，迎着初升的太阳，一辆马车从程家庄出来，驶上了通往县城的官道。车夫把长鞭一甩，叭叭地几响，如同晴空里的鞭炮。车轮辚辚，抱着大书包的孔祥熙只觉一腔亢奋，他深深吸了几口清新的空气，真想放声高歌一番。他张了张嘴，却不知该唱什么好。唱教会里的赞美诗？环境不对。唱乡间流传的《走西口》？气氛不对。他转了一圈头，发现了父亲庄重严肃的表情，抓住孔繁兹的手问："爹，你想什么呢？"

"为你到这里上学经了这么大风波，不易呀！我觉得你一定不要过分沉溺于宗教活动，要把读书求知放在第一位。还有，学新知识，也不能丢了咱们儒家文化的根……"

"嗯，我记心里了。"

学校的许多东西都让孔祥熙感到新鲜有趣。课程除了有一个刘凤池先生教授四书五经，用作点缀，以迎合中国传统外，其余课程都由美国传教士担任。开设的课程有天文、地理、英语、数学、化学、物理、音乐、哲学、体育以及神学课。体育课最使孔祥熙兴奋，打球、跳高、单双杠、赛跑，多么开心！这是私塾里整天哼哼唧唧背书写字所不能比的。教师讲课的方法也比较灵活，注重和学生交流，而且没有戒尺，不打手心。

学校当然不忘它是教会学校的性质，宗教仪式是天天都有的，早晨要做礼拜，星期三、六要开祈祷讲经会。孔祥熙对这些仪式非常虔诚，也非常积极，因为学校是把这作为品德标准的。但是有一次上神学课时，孔祥熙向牧师发出了驳难。

牧师这天讲的是圣经的创世纪。他说，上帝创造了天和地。第一天，上帝说，要有光，于是就有了光。第二天，上帝说，要有空气，于是就有了空气。他把水分开，一部分留在地上，一部分放在空气之上，以云和雨的形态留在天上。第三天，上帝把天下的水汇集在一起，汇集起的水叫做海，露出的陆地叫做地，并且让地上生长青草、蔬菜和树木。第四天，上帝在空中造了两个发光体，大一点的白昼发光的叫太阳，小一点的夜里发光，叫月亮。第五天，上帝说，水里要有鱼游，天上要有鸟飞翔，于是就有了鱼和鸟。第六天，上帝照着自己的身体形象，抟土造了人，让人管理地上的一切。天地万物造齐了，第七天，上帝就休息了。上帝赐福给第七天，定它为万世的节日……

这些故事是那样新鲜有趣，同学们闻所未闻，一个个听得全神贯注。但孔祥熙却觉得似乎有些不对劲，他举起了小手，但牧师为自己讲的故事情景所迷，没有看见。他仍滔滔不绝地讲下去——上帝在东方富饶的平原上，建造了一座美丽的花园，这就是著名的伊甸园。上帝把它造的人亚当安置在伊甸园里，叫他在那里耕作管理。后来上帝看到亚当一个人很孤独，就乘他睡着时，从他身上取下一根肋骨，造了一个女人，叫做夏娃。让夏娃做亚当的妻子。开始他们都赤身裸体，不知道害羞……

牧师偶然抬头，看到了孔祥熙倔犟地举着的小手，有些吃惊，于是停了下来。他问："你有什么事？难道要在讲经的时候出去上厕所吗？"

"不。老师，我有一个问题。"

"好的，有没听明白的地方，尽管提问。"

"上天文课的老师说，日出日落和一切风雨雷电都是自然现象，他说得对吗？"

牧师看了孔祥熙一眼："那是科学，不能怀疑。他讲的当然是对的。好，我们接着往下讲……"

"老师，我还有一个问题。你刚才说日月风雨都是上帝创造的，这对吗？"

"住口！这是圣经上说的，你怎么敢怀疑？用这样的口气提问是对上帝的亵渎和不敬！"

孔祥熙一股打破砂锅问到底的架势："老师，我只是要弄清楚，日出日落风雨雷电究竟是上帝操纵的结果呢，还是自然现象？"

"这——"，牧师变得口吃了，鼻子尖上冒出了汗珠，一时竟无法自圆其说。

孔祥熙在学生中成了敢于驳难老师的英雄，许多人主动来和他交朋友。学校方面也竭力给他多做工作，以免再出现让老师难堪的类似事情。他们经常给他提供出头露面的机会，利用他的影响力，带动其他学生按校方设定的路子发展。结果，5 年后，孔祥熙以"品学兼优"的成绩在华美公学毕业，并且成了教会重点跟踪培养的人才。

倔犟的选择带来真正的发祥

华美公学一毕业，教会方面立即把孔祥熙作为重点培养对象，准备送往设在京畿要地通州的“潞河书院”继续深造。那也是一所美国人开办的教会学校。

说来也是奇怪，按孔祥熙的家世，本来应该是像他的父辈一样，走读书经商的道路，可自从9岁那年一场大病，却把他推上了外来的教会方面，而且似乎是从进入福音院门的那一刻，上帝就给他安排好了一条阻力重重又不能回头的人生道路。现在，孔祥熙又一次面临着一个人生的十字路口。

华美公学毕业，孔祥熙已经15岁，长成一个小伙子了。孔家族人及时聚在一起，警告孔繁兹：行了，这小子在洋人跟前混得已经够久了！应该从此把他领回来经营钱庄当铺了？如果再让他跟洋人搅在一起，一是难免变成一个从思想到行为都洋化了的“二毛子”，二来也可能有性命之忧。

族人们的议论并非毫无道理。因为早在1891年初，长江流域就已经爆发过大规模的反洋教运动。成千上万的人把各地的教堂围住，向教堂吐唾沫，进行抗议的呼喊。花花绿绿的反洋教传单贴满大街小巷，在城市的街道上空飘飞。一些平时耀武扬威的传教士在街上一露头，就会遭到愤怒群众的追打。各地教堂被毁、传教士被杀的消息时有所闻。虽然朝廷应洋人的要求，每次都对反教的行动进行血腥镇压，但许多地方群众与教会的矛盾似乎越来越深，早晚难免闹出一场大风波。

父亲拿不定主意，孔祥熙只好在家待着。闲来无事，他开始到一些钱庄和百货铺走走，他对这些经营活动立即有了兴趣。看到一些店铺经营上存在缺陷，便很想接管过来展现一下自己在这方面的天才。这样一来，究竟是听从牧师们的建议，继续到外面读书，还是听从家族长辈的意见，从事经商赚钱的活动，他也没了主心骨，只好听天由命。

一天，孔祥熙正在家中思谋如何改进铺子里旧的经营方式，魏禄义牧师来到了井儿院。

魏禄义是基督教华北公理会派到太谷，继文阿德、来浩德之后的第三任牧师，他的妻子也跟他一起来到中国。他在华美公学兼课，对孔祥熙有着良好印象，认为是值得大力培养的人才。

他是专为孔祥熙进潞河书院读书的事而来的。孔氏父子坦率地谈了他们犹豫不决的原因，魏禄义认为他们的目光太短浅了些。他说，教会在美国有很大的势力，一个人投入教会，前程将更加远大。一方面教会为上帝工作是神圣的，一方面也将会对日后个人的发展提供广阔的天地。他举例说，上海有位查理宋先生，既是传教士，也是开办有印刷厂、面粉厂的大富翁。以孔家目前的经营规模，远远不能与之相比。如果孔祥熙继续到潞河书院深造，以后再到美国留学的话，以他的天赋和学问，定将超过查理宋……魏禄义牧师还说，潞河书院方面，他已经接洽好了。如果孔繁兹对路途上有什么不放心，他愿意亲自护送孔祥熙前往，并帮助办理一切手续。

孔家父子被说动了，但族中长辈又一次打上门来。这位长辈训斥孔繁兹说："祥熙已在本地教会念了 5 年书，我们都容忍了，可你们却想越走越远，居然还要让洋人把他带到通州去。'父母在，不远游'，老祖宗早有明训，你让这么大点的孩子跟上洋人背井离乡、千里远行，究竟是何居心？难道将来洋人要带他漂洋过海到外国去，我们也要准许吗？孔圣人的子孙为什么非要跟在洋人屁股后面不可，这不是给祖宗、给我们天朝上国丢脸吗？"

孔繁兹解释说，时代进步了，上新学是符合潮流的事。朝廷里一些有名的官也是学过新学的。庸之有远大志向，家族中人理应支持，而不是反对。

族人知道这父子俩像犟牛一样，很难说服，就去找"洋鬼子"魏禄义算账，要给他们父子来个釜底抽薪。

有人找到魏禄义说："孔祥熙的家世你总该是知道的，你用旁门左道把他们父子迷得晕头转向，上了 5 年华美公学不算，居然还想把他弄到通州再灌迷魂汤。你这种行为，等于拐带孔圣裔孙，别说孔氏家族和地方官府不许可，就是奏报朝廷，也会治你的罪。"

魏禄义知道孔家在当地的势力，生怕惹恼了他们自己无法立足，就推托说，到通州上学完全出于孔祥熙自愿，要解决这事应该去同他们父子商量。

但来人还是发出了警告:“倘若你胆敢带孔祥熙离开太谷一步,孔家和地方官府都不能容许,那时不论发生什么事情,一切后果都由你负责!”

魏禄义也想到了近来一些地方发生的教案,生怕由此给自己带来不测之祸,他准备放弃送孔祥熙到通州读书的计划。

谁知这一次倒是孔繁兹来求魏禄义了。他对那些人三番五次阻挠自己儿子的学业已经忍无可忍,他亲自来到城里,对魏禄义说:“从现在起,我要把儿子托付给你,你就是他的教父,他对你就跟对我一样尊敬和爱戴,你只管带他完成学业,至于有谁出来阻拦,自有我与他们算账,绝不会连累你。如果祥熙日后学业有成,他绝不忘记你的栽培之恩,我们说话是算数的!”

魏禄义还能说什么呢?受人之托,必忠人之事,更何况这事本起源于自己。于是,在潞河书院即将开学的日子,他和孔祥熙一路迤逦而行,奔通州而去。

对于孔祥熙日后崛起,真正发生作用的是他皈依基督这件事,靠在外国教会这条大船上。他受到了新式的教育,开阔了视野,并且能够同最有影响的宋氏家族长女喜结连理。从而同孙中山、蒋介石成为连襟。这些经历造就了日后跻身旧中国四大家族的孔祥熙,完全改变了他的祖辈们一直沿袭的那种人生道路。而“山西首富”、“孔圣裔孙”倒不过是他打出的金字招牌。随着年龄的增长和社会的变化,他改信基督这件事在他人生中的重要作用越来越显现出来。

不久,他就在处理义和团反洋教运动善后事宜时,扮演了一个重要角色,成了推动一桩秘密交易的神秘人物,同时得到了朝廷和教会两方面的奖赏。

第四章　反清志士

潞河书院作文得零分的学生

“列位请看，现在走上台的这位孔祥熙君，是大成至圣先师孔子的第75代裔孙、山西首富之后。这样在中国最受尊敬和最有体面的人物，现在都皈依了基督，可见基督的精神是多么，啊，多么地多么……”

在潞河书院，孔祥熙同样备受教会方面的器重，他们要把他作为一个样板，炫耀自己传教的成功，劝说更多的人投入教会的怀抱。每次教会外出传道，都要动员孔祥熙出马，而在他上台布道时，总是先进行这样肉麻的介绍。

但进入潞河书院后的孔祥熙，则用更多的眼光关注自己祖国的命运。

1894年，中日甲午战争爆发，结果中国战败！

同年底，孙中山在檀香山建立兴中会，提出“驱逐鞑虏、恢复中华”的反清爱国口号。

1895年，孙中山改组兴中会，在广州发动反清起义。

之后，李鸿章赴日本谈判订立两国停战协定，却在马关被日本浪人刺伤。有人劝李鸿章乘被刺之机回国，让日本在国际人士面前输理，以使其不能借战胜之势从中国攫取更多利益。但李鸿章深知中国之贫弱，难于以这样一个理由争到太多东西，仍带伤坚持与日本签订了丧权辱国的《马关条约》。这个条约规定清政府须承认日本对朝鲜的占领，中国割让辽东半岛、台湾及金门、澎湖列岛给日本，赔偿日本军费2万万两，中国政府不得逮捕惩罚为日本人服务的汉奸等等。这个条约引起中国各界人士普遍反对，首先是梁启超领衔广东、湖南举人反对，接着是康有为联合18省举人“公车上书”。在全国一片反对声中，腐败的清政府仍坚持批准了这个条约。

接着，康有为上书请求变法自强，随即又创办《中外纪闻》，鼓吹变法……

这些有关国家前途命运的大事，一件件撞击着孔祥熙的心。通州的地理位置和政治环境，使孔祥熙的眼界开阔了许多。这里是京杭大运河的起点，同治朝前，南方的粮食和给朝廷的贡品，都通过船运，送到这里，再由陆路运抵京城。这样一个重要交通枢纽，自然是人文荟萃，消息灵通。孔祥熙在这里经常可以听到朝廷腐败黑暗、帝国列强在中国横行霸道的议论，青年人尤易接受反帝反清的新思想，何况这个朝廷还是一个异族建立的政权。他的祖奶孔宏开之妻，就曾坚决反对两个儿子应清廷考试出仕为官。孔祥熙有时跑出去到客栈里听人带来的南方各省的情况，有时在学校里和同学们慷慨激昂讨论国家大事。“天下兴亡，匹夫有责”的意识，已经在他头脑里扎根。年轻人集会时常持续到深夜，甚至通宵达旦。

孔祥熙早忘记了名字里的“中庸”之意，他的反清思想时常透过激烈的言论迸发出来。

一次外出讲经会上，当牧师满怀希望地介绍过后，孔祥熙就乘机利用这些吹捧，把他对时局的见解，对朝廷的抨击，融进讲经之中：

“大清现在的政治，腐败不堪！王公亲贵执政，昧于事理，愚蠢万分。倘若再不进行革新变法、彻底改造，我们炎黄子孙，来日何以自拢？地大物博之中华，又如何立于世界？……”

孔祥熙时常完全离开教会规定的讲经内容，擅自生发。把他激烈的见解，向听众公开宣传。

组织传教的牧师大吃一惊，这些话传到朝廷耳目那里，不仅孔祥熙可能被杀头，就是教会方面，也难逃其责。牧师赶紧上前，阻止他继续讲下去。讲经会草草收场。

“祥熙同学，孔先生！你太鲁莽了！贵国正处于专制制度之下，你怎么可以如此公开抨击政府和权贵呢？你不怕惹事，我们还怕受到牵连呀！”

初生牛犊不怕虎的孔祥熙却耸耸肩：“老师不叫我往下说，我不是听从你的劝告，停止演讲了吗？”

回到书院，一直对孔祥熙格外关照的女传教士麦美德又把他找来。

“你在外面所讲的话我已经听说了，我的孩子。我以为这种行为很不好！宣传圣道，只可以讲解圣经，绝不许涉及朝政，更不得任意批评朝廷官吏。”

孔祥熙说：“但是，那些话如骨鲠在喉，不吐不快！一到联想起的时候，就不知不觉地冒了出来，我也没有办法。”

麦美德说：“孩子啊，你应该能够明白，你生长在一个不自由的国度，你必须为自己的安危着想。我懂得你不吐不快的心情，但是，万一有话觉得非说不可，你也应该讲究点技巧，不要让人抓住把柄。比如，你可以笼统地讲些道理，不要引证朝廷所作所为的事实。你一定要记住，我们登台演说，原意是为主作证，不需要批评政治，也无须跟谁作对。”

“你说得很对，我的牧师！你的话我记下了。”孔祥熙连连点头。结果下一次讲经时，他那些话又冒了出来，校方从此再不敢轻易让他上台了。

思想是掐不死、憋不住的。不能登台演说，孔祥熙有时就借助文字，把他胸中的块垒倾吐出来。1898 年寒假前考试中，国文老师出的作文题是《石蜡大义灭亲》，这是《春秋》里的一句，按八股文的要求，应该以此入题，起承转合，论述它的要义精微。可孔祥熙没有听这一课，他不知道石蜡大义灭亲，灭的是谁，为什么要灭，就干脆自定一个题目，写了篇《振兴教育为富国强兵之基础》，指斥朝廷不重视教育，使民智不能开通，导致本来站在世界前列的中国在近代落伍，遭受西方列强欺凌。国文老师阅卷时，认为都是统一的题目，就从正文看起，结果从头到尾，也没发现一句大义灭亲的话，而尽是些抨击时政之言。再看题目，才发现他自己定的是另一个题目，顿时十分恼火，红笔一挥，在卷头给孔祥熙打了一个大大的“0”。

校监会专门讨论孔祥熙的“品行问题”

1899 年冬季，潞河书院校监会开会，专题讨论孔祥熙的品行问题。

孔祥熙本是教会的宠儿，又受孔学影响很深，在同学印象中，立身做人都很严谨，会有什么品行问题值得校方如此小题大做呢？

当然，主要的还是他的反清言行，引起了当局的注意，学校生怕因此给书院招来祸端。这样做的目的，一是对孔祥熙有所儆戒，二来也是对他的一种预防性保护措施，其三也有万不得已时，能够洗清校方责任的意思。但还有一件近事，孔祥熙竟向校方要求师生平等，追求男女自由接触，在讲究"男女授受不亲"的封建制度下，这也是非常敏感的事情，学校当局不愿他在这方面走得太远，传出有伤风化的流言，毁掉他的前程。

原来，潞河书院是当时少有的男女同校的学校。随着年龄的增长，二十郎当岁的孔祥熙，体内荷尔蒙增长，就有了与女同学交流接触的愿望。学校的教师又大多来自西洋，结了婚的带着宝眷，出双入对；刚毕业的年轻教师，男女之间也是感情外露，来往甚密，互相拥抱的事经常闯入学生眼帘，有时甚至当众错开高鼻子，来一个长吻。这对情窦初开的中国学生，很是刺激，免不了有人想入非非。但考虑到中国国情，学校当局对学生却管教极严，严禁男女生之间自由来往。就是在教堂做礼拜时，也要男女分座，中间还要拉上一道布帘子。孔祥熙和一伙学生几次提出，要求取消那道既隔断视线、又有些对学生带屈辱性的帘子，都遭到了申斥。于是孔祥熙寻了一个机会，施展他的辩才，向学校发难了。

一次上历史课，老师在大讲了一通美国的《人权宣言》和西方的价值标准后，问大家还有什么问题，孔祥熙要求提问。被允许后，他站了起来，用洪亮的嗓门说："老师，你今天讲的都是自由、平等、博爱的道理，可是我发现本校就有极不平等、极不自由、违反人权的事实！"

"你指的什么？"

"比如说吧，我们每天看见老师们在花前月下，卿卿我我，或者并肩携手，去风景名胜之地遨游。像这样的幸福快乐，为什么我们就不能享有呢？"

老师做梦也没想到孔祥熙竟提这样的问题，一时瞠目结舌，不知该怎么回答。

课堂上却乱了起来，有的嘻嘻哈哈，有的随声附和："对呀，为什么你们能够享受，我们却不能？”

“这不是只许州官放火，不许百姓点灯吗？哪里能说得上平等？”

“还说什么人权，我们学生就不是人啦？”

孔祥熙怕大家吵乱了，老师以别的理由找茬儿，而不能再回答自己的问题，就示意大家安静。静等老师回答。

几十双眼睛紧盯着老师，他无法回避，吭哧了一会儿才说：“这个吗，嗯，谈不上什么平等不平等，主要是你们年纪太小，知识太浅，恐怕还不能很好地把握这种事情。哦，等到你们大学毕业时也许还差不多。”

孔祥熙马上说：“我们都已经过了 18 岁，是成人了呀！”

“嗯，即使是成人，也还是学生……”

“人里面不包括学生吗？”

“当然，还有一层主要的原因，以你们中国的政体和风俗习惯来讲，恐怕大学毕业也不能允许你们这样做。我告诉你吧。孔祥熙，我们西洋人所享有的自由平等，你们绝对谈不到，你们顶多只能享有基督徒享有的平等自由，那是心灵的享受，至于物质形体上的东西，我看，你们没有希望。”

“这么说来，根本的原因在于我们的社会制度。好，为了争取我们的平等自由权利，让我们共同努力，推翻封建制度吧！”孔祥熙激昂起来。

“对，推翻专制，争取自由！”许多学生一齐附和。

老师吓白了脸：“你们这是谋杀我！我并没有这样教你们呀！”

孔祥熙说：“我们听你今天讲课的意思就是这个结论。不过这个结论是我们自己作出的，你不必害怕。”

老师还是害怕了，他把这件事汇报了学校，要求对孔祥熙进行管教。

于是就有了这次的孔祥熙品行讨论会。

开会嘛，自然是各种意见都有。有人主张为了避免给学校招来麻烦，应让其退学；有的主张加强控制，派专人随时监视孔祥熙的行动；更多的人还是认为孔祥熙是教会学校的骄傲，是向中国人传教的旗帜，应该设法把他引入既定的道路，培养成日后在中国发挥作用的人才。

讨论的结果，校监会形成了三条决议：

第一，孔祥熙虽然聪明伶俐，逗人喜爱，但言行激烈，长此以往，恐招致政府迫害，一旦发生意外，对学校和他本人都不利，今后必须加强引导；

第二，目前的过激言行与年轻气盛有关，这里面有容易招祸的因素，但也有积极的因素，说明他胸有大志，敢作敢为，将来中国如发生社会革命，可能成为风云人物，校方不宜对他采取严厉措施；

第三，为进一步培养这个年轻人，利用他的家世让他在中国发挥更大作用，时机适宜时可考虑让他到美国接受教育。

三条结论对孔祥熙似乎都很有利，但在孔祥熙自己看来，许多人并不关注结论，而是对校方开会讨论了一个人的品行这件事本身感兴趣；这就足以对自己的形象造成损害，甚至使人对自己的品行产生误解。他经过一番自省之后，终于得出结论：若要真正推翻清朝统治，靠这样发几通过激言辞是无济于事的，必须联络更多的人，采取切实的实际行动。孙中山在檀香山创立兴中会，在香港、广州、日本横滨等地设立分会，并发动广州起义的消息他已经多次从南方客人那里听到，只是他得不到孙中山的确切消息，无法与之联系，也不知道兴中会的具体纲领。但他自己揣摩，兴中嘛，必是兴中华，除鞑虏，要干，就得照人家的样子，联络一批有志之士，共同行动。

从此以后，孔祥熙显得沉默寡言。效法孙中山，建立反清组织，这个想法在孔祥熙头脑里逐渐酝酿着……

谋刺慈禧——孔祥熙惊天动地的反清计划

经过一番痛苦的思索，孔祥熙决定把表面上反清的言论先收起来，暗中却准备着做一个千古留名、手刃暴君的侠客壮士。

1898 年，光绪皇帝下诏实行变法，引起顽固派的不满和反对。慈禧太后逼光绪帝下诏，把支持他变法的重臣翁同龢撵退。以后，顽固派主要人物怀塔布和荣禄等又密谋在光绪皇帝和慈禧太后到天津阅兵时发动政变，废除光绪。维新派听到消息，去拉拢袁世凯，请他在阅兵时救出光绪，杀死荣禄，然后兵围颐和园，逼慈禧今后不得干政。不料袁世凯向荣禄告密，出卖了光绪皇帝和维新派。结果是光绪皇帝被慈禧囚禁于中南海瀛台，康有为、梁启超外逃，一大批维新官员被撤职，谭嗣同等六君子在菜市口被杀。外患未除，又添内乱，国家更加岌岌可危，孔祥熙建立反清团体、挽救国家生民的愿望更强烈了。

在潞河书院，与孔祥熙最要好的朋友之一，是同学李进芳。他的年龄比孔祥熙稍大一点。也是位爱国忧民的热血青年。他和孔祥熙上课同班，居住同室，志趣相投。当孔祥熙把成立反清团体的想法第一个告诉李进芳时，李进芳高兴地跳了起来："太好了！孙中山有兴中会，文廷式有强学会，康有为有保国会，谭嗣同有南学会，林旭有闽学会，我们也应该建立一个什么会。这个想法我也早有了，只是没有来得及和你商量，既然你先提出来了，说明我们想到一起了。来，咱们商量一下，具体怎么干吧！"

当然，他们的想法与行动远不能和孙中山的相比。孙中山经过多年考察实践，已经形成比较成熟的反清建国思想，他创立的兴中会，在国内外已设立多处分会，有明确的斗争纲领，并且已经举行过武装起义。孔祥熙这时脑子里还只是有那么些自发的对清朝廷不满的意识，斗争目标和团体组织行动纲领都还懵懵懂懂。孔祥熙和李进芳商量，应该先写信给孙中山，请他对建会事宜给予明确指导。但孙中山究竟在哪里，信往哪儿发？再说像这样的事情，一旦被查出，脑袋肯定保不住。写信行不通，去人当面联系如何？商量半天，结果认为也不行。因为大家都还是学生，能否找着先不说，单是一走数月这一条学校就不能允许。后来他们决定，一是课余到水陆码头多方接触各界人士，探听消息；二是留心查阅书刊报纸，从上面发现线索。

还真是功夫不负有心人，不久他们从清朝缉捕孙中山的文告中发现了一条非常有价值的线索。文告中说，孙中山就是"洪秀全第二"，在到处鼓吹推翻朝廷。证据之一是孙中山的兴中会章程中有一条"四方有志之士，皆可就照章程随地立会，但需会员 15 人以上"而已。他们反面文章正面看，认为可以按照这一条意见，建立团体。于是他们暗中联络了十几位平时思想比较激进、感情又合得来的同学，在一个浓云密布的深夜，喝鸡血酒为盟，正式成立了"兴中会通州分会"。

兴中会是革命组织，只要与它有联系的必遭朝廷迫害。为了能够公开活动，孔祥熙又给它起了一个名字“文友会”。

团体建立了，但是干什么、怎么干，大家谁也没有谱，孔祥熙虽然有一定的反清思想，但驾驭一个团体则显得力不从心。他们开始寻找各种进步报刊和书籍，从理论上武装自己。很快，他们就找来了康有为的《新学伪经考》、《孔子改制考》、《大同书》，梁启超的《变法通义》、《说群》，谭嗣同的《仁学》，严复翻译的《天演论》等，一个个如饥似渴地阅读，努力从中汲取新思想。

历史有时爱开个小小玩笑。孔祥熙把他的团体命名为“兴中会通州分会”，显然本意是要效法孙中山，在天子脚下树一面反清的大旗。但阴差阳错，他找不到孙中山等人真正鼓吹革命的书籍，却把康梁保皇派的改良思想当成兴中会的革命思想来接受。一次集会上，大家高谈一通由于《辛丑条约》签订，中国将在 39 年内向 11 国赔款 4.5 亿两白银(加利息共 9.8 亿两)，中国从此国将不国的宏论后，没有认识到这是清朝腐朽统治的结果，像孙中山主张的那样从根本上推翻封建统治，却认为这是由于叶赫那拉氏昏聩荒淫的结果，他们设想只要把慈禧太后这个老妖婆干掉，国家形势就会好转。于是，这个团体第一个实际行动开始策划和实施。

这个计划就是刺杀慈禧！

不管怎么说，这对于一群手无寸铁的学生来说，都可称得上一个大胆的革命行动，因为这毕竟要冒杀头的巨大风险，但孔祥熙决定干了。这比汪精卫谋刺摄政王载沣要早 10 年，所以汪精卫要称反清元老，在孔祥熙面前还差一把火呢。

李进芳到京城活动了几天后，在一个月黑风高的夜晚回到了潞河书院。孔祥熙见他回来，急忙拉他到一个教室的后边，紧张地问：“怎么样？”李进芳兴奋地说：“我已经有了一个周密的计划，其他方面都无问题了，只是需要一笔钱，不太好办——”

“钱？杀人还需要钱？”孔祥熙有些不解。

“是这样。我在京城里结识了一个太监，这几天跟他混得很熟。我发现此人是个贪鄙小人，只要有利可图，他什么都肯干。我提出让他带我到紫禁城里玩玩，在暗处看看老佛爷。当然我说我是非常崇拜慈禧太后的，听说她美若天仙，虽然年纪老了，外间仍传说她像 20 来岁的小姑娘。我骗太监说，有人为此打赌，赌资很高。我是中人兼裁判，让我混进去在暗中看看，这场赌博就有了结果。赌金我可以分到一半，我答应送他一部分——300 大洋。这个太监对我编造的这个有关老佛爷的赌局和巨额赌金都很感兴趣，已经答应我了。约好 3 天后他到宫门口接我，只要进了皇宫，让我看到了那个妖婆，我就把一枚炸弹扔过去，轰的一声，哈哈……”

孔祥熙一掌拍在泥地上：“好计，真是绝妙好计！进芳，你真行！”

李进芳颓然坐在地上：“我编个话骗骗人行，为了国家送上这条命也行，唉，就是弄钱的本事不行！这 300 大洋我要不先交给他，怕这家伙是不肯带我进去的。可这钱到哪儿抓寻呢？”

孔祥熙沉默了一会儿说：“进芳，你这牛皮也吹得太大了点儿，你想想，300 大洋，这可不是一个小数目呀……”

“是不少。可你想想，太后跟前的太监，哪个不是炙手可热，仨瓜俩枣儿的能打动他的心吗？”

过了一会儿，李进芳又嗫嚅着说：“要不，咱们文友会开个会，发动大家都想想办法，凑点钱……”

“不行！绝对不行！”孔祥熙跳了起来，“一是说了这些人也凑不够这些钱，二是这件事绝不能让太多的人知道，万一有人嘴不稳，我们的脑袋就都没了。”

“完了！一点儿辙没了，我这趟算白忙乎了。”李进芳低下了头。

沉默。两个人都不说话了。只有风在尖厉地呼啸。

半天，孔祥熙终于抬起头来：“进芳，这 300 大洋我来筹集，两天内保证交到你手上！我们要做救国的英雄，难道能让这几个小钱憋死吗？”

“祥熙，你——”李进芳又惊又喜，随即又低下头说，“我难为你了！”

“不！为了社稷生民，你甘做悲歌渡易水的荆轲，我还在乎这几个钱吗？”孔祥熙也悲壮起来。

“性命虽然重于金钱，可性命毕竟操在我自己手上。而你家里的钱却并不由你掌握……”

孔祥熙嘻嘻笑了起来："你为了进宫能编出一套谎话，我就不如你吗？"

"你？"李进芳这才会意地大笑起来，两人抱成一团在地上滚来滚去。

孔祥熙到城里的自己家的"义合昌"票号，以学业需要为名，轻而易举地骗出了几百块大洋。他把300元包成一包，交给李进芳，准备贿赂太监，把其余的让李进芳去购买炸弹和其他物品。

一个风和日丽的上午，孔祥熙和李进芳悄悄离开学校，来到紫禁城下，躲在紫禁城北门附近。两人的心咚咚地跳着，等待那个太监的出现。只见便装的官员、推粮运炭的兵士络绎不绝地进进出出，但就是不见那个太监的影子。两人又累又心焦，还是一眼不眨地盯着门口进进出出的每一个人。孔祥熙跑去买了包子，两人一边吃一边探着头张望。眼看华灯初上，角楼上传出梆子声，守卫门口的兵将一声吆喝，钉着大铜钉的朱红大门咣当地关上，两人心也凉了，孔祥熙提议回去，李进芳还不死心，口里臭骂了一通那个太监，拉着孔祥熙顺着宫墙转悠，想找个什么缺口爬进去。可宫禁森严，几米高的宫墙外还隔着一条宽宽的护城河，就是飞檐走壁的江湖大侠也没有多少办法。两个手无缚鸡之力的学生能找出什么机会？两人绝望之极，双腿发软，竟连返回书院的力气也没有了。

一个惊天动地的宏伟计划就这样悄然无声地流产了。

但孔祥熙的反清思想并没有因此消失。及至若干年后从美国留学回国，创办了铭贤学校，仍联络一些人从事秘密反清活动。台湾出版的《中国国民党史稿》中这样记载着：

辛亥以前，山西革命运动虽在同盟会领导之下，然其内部运动，可分为文武两系。文系以孔祥熙、李歧山、景梅久、续西峰诸同志为主，而以孔同志创办之铭贤学校为总机关。当戊戌政变时，孔同志适在潞河学院肄业，愤清政不满，闻总理在粤创办兴中会，即纠合同志李进芳等，组织"文友会"于校内，实为兴中会，以从事革命运动。其后，姚以介、温寿泉、阎锡山诸同志，由日本归国训练新军，遂以陆军学堂为机关，鼓吹革命，是为武系。

第五章 协理教案

义和团运动兴起，被迫潜回老家

仿佛从地底下一下子冒出来似的铺天盖地的义和团，使潞河书院这所教会学校陷入了惊恐和混乱。孔祥熙从他的宗教情绪出发，大瞪着迷惑的眼睛，不明白这些人何以跟他心目中神圣的上帝过不去。

其实，自外国人进入中国传教一开始，就遭到不少群众的抵制和反对。外来的宗教带来的是与中国传统完全不同的习俗，尤其婚丧嫁娶中，两种习俗的不同是那么显眼。一些人也把那些同中国传统房屋完全不同的尖顶圆窗的教堂，想象成阴森可怖的地方，认为那些高鼻子蓝眼睛的洋人，一定在里面干着给中国人洗脑换心、把中国婴儿制成药粉的卑劣勾当。加上一些传教士刺探情报、掠夺文物，一些信了教的地痞流氓，借着洋人的势力，勾结官府、包揽词讼、欺凌人民、霸占民田等，更加重了普通老百姓对洋教的疑心和憎恶。因此从洋教进入中国的第一天起，就埋下了深深的矛盾，这里面既有大文化背景上的冲突，也有现实利益上的摩擦。这种矛盾的积累，后来就演化为一种激烈的对抗。一些地方杀死洋人、捣毁教堂的事时有发生。西方列强以保护传教为名，对人民群众的镇压，更加剧了这种矛盾。从 1856 年起至 1899 年，全国就先后发生教案 300 多起。较大的就有广西西林教案、台湾教案、四川酉阳教案、天津教案、云南浪穹教案、曹州教案等。1891 年前后，长江流域发生过大规模的反洋教运动，芜湖教案、武穴教案、宜昌教案相继发生，四川大足县更发生过反洋教起义。这些活动虽然被西方帝国主义与清政府联手残酷地镇压了下去，却在人们心中埋下了仇恨的种子。

这些年出现的义和团源自义和拳、梅花拳等民间秘密结社，同白莲教、八卦教有源流上的关系。最初流行于山东、直隶、河南等地，以设坛练拳吸引群众、组织群众，参加者主要是农民、手工业者。它没有统一的组织机构，坛口、拳厂是基本单位，各自独立，有事传帖相告，联合行动。妇女则组成红灯照、青灯照等团体，和义和团互相呼应。甲午战争以后，帝国主义掀起瓜分中国的狂潮，中华民族危机日益加深，腐败的清政府无力抵抗帝国主义的侵略，有意借助民间力量，对义和团的活动未加阻止。义和团乘机提出“扶清灭洋”的口号，华北、东北等地义和团力量迅速发展起来。北京、天津一带声势最为浩大，北京城内就有拳坛 800 多个。为镇压中国人民的反帝斗争，1900 年，英、法、德、美、日、俄、意、奥 8 国组成联军，向中国进攻。清政府利用义和团“抵御外侮”，向各国宣战。带有封建迷信色彩的义和团，请出了洪钧老祖、骊山圣母、关公、张飞、黄三泰、黄天霸等各路神仙和古代武士助威，并自称能通过画符念咒，使自己“刀枪不入”，他们用原始的大刀长矛，以一种泣天地、惊鬼神的无畏精神，先后在天津、廊坊、通州同装备着火枪火炮的外国军队浴血作战，打退了侵略者的一次次疯狂进攻。

潞河书院由于是教会办的学校，又地处通州战场，因此受到义和团的冲击，那些洋人教师和传教士纷纷四散逃避。孔祥熙因是教徒，也不敢在学校停留，为躲避战乱，星夜返回山西。

孔祥熙没想到，山西也是义和团运动发展声势浩大的地区。1900 年 5 月，太原在全省最早出现了义和团的揭帖。不几天，义和团就遍布各地。6 月 27 日，义和团在太原东夹巷教堂前示威时，教堂里竟有人开枪射击，当场打死群众 4 人，打伤 1 人。义和团大怒，立即冒着洋枪射击的子弹，向教堂发起进攻。洋人和一些教民打了一阵乱枪后，终于抵挡不住，弃教堂而逃。愤怒的群众一把火烧毁了教堂。

这些逃出来的洋人，跑到太平巷客馆躲了起来。被他们打死的那些人的亲族朋友，追到这里捉拿凶手，又遭到乱枪射击，不敢上前。这些群众便向山西巡抚毓贤请愿，要求严惩凶手。毓贤原本在山东任巡抚，帝国主义分子因嫌他镇压义和团不力，向清廷施加压力，朝廷一度将他革职查办，他对洋人怀恨在心。这时洋人又在他眼前行凶，他便想借机报仇。正赶上这时义和团提倡“扶清灭洋”，清朝政府想借义和团“抵御外侮”，时机十分有利，毓贤就放手跟洋人干了起来。7 月 9 日，他披甲跨马，亲率大兵，赶到太平巷客馆，把 44 名洋人连同追随作恶的 7 名教民，一起抓了起来，并在宣布他们罪行后，就地正法——给砍了脑袋。

孔祥熙回家途中走到榆次，从在那里任县令的五叔孔繁杏口里听到这个消息，对这些洋人的被杀好不伤心，他从反清的观念出发，对巡抚毓贤咬牙切齿，决心有朝一日同他算一算这笔账。

欲救洋人自己差点送命

孔祥熙一回到太谷，就赶到县城，去看望当年给他治病救命的恩人，在学校里教他知识的恩师，以及教会的朋友们。岂知太谷也同全国全省一样，义和团遍举义旗，洋人们不敢随意活动，无论是在华美公学任教的、巡回乡下宣教布道的，还是平时行医治病的，这时都躲进了南街的福音院，乞求基督保佑他们。孔祥熙赶到福音院时，这里已是大门紧闭，气氛紧张。孔祥熙喊了送他到通州上学的魏禄义，才给他打开一条门缝，赶紧闪了进去。

魏禄义一见孔祥熙，大叫着“No，No！”说，“孔，你不应该在这种时候到这样的地方，太危险了！”

孔祥熙慷慨激昂地说：“我专程从潞河书院返回，就是不放心各位老师的安全。北京，唉，不说也罢，想不到这样的偏远小县，也出现了义和团，搞成这样子。我这次来，就是想利用我们孔家在当地的影响，保护你们的安全，使你们不致遭受厄运！”

魏禄义不禁冷笑一声：“祥熙先生！不要忘了，在你们孔家，除了你们父子，全都是坚决反对基督的，就连你当初到教会学校上学，不也是阻力重重吗？恐怕你皈依基督这件事本身，你的家族至今还不知道，否则，你的安全都成问题，你怎么能说动你的家族解救我们呢？”

孔祥熙的脸红了，但他马上又说：“我的五叔现在在榆次任县令，他的思想很开明，我想如果我带你们转移到那里，他是有能力保护你们的……”

其他外国人一齐嚷了起来：“到榆次去？亏你想得出！且不说到了那里能不能保证安全，就是这几百里的路怎么走都成问题，半路上义和团围上来，还不把我们剁成肉酱？你的建议简直就像是诱杀我们！”

“那依你们该怎么办呢？”孔祥熙感到自己的好心不被理解，有些委屈。

魏禄义狡黠地笑笑说：“我们的八国联军已经兵临北京城下，很快就会生擒你们大清的皇帝太后，那时候，哈哈，根本用不着我们的洋枪队开到山西，你们大清的绿营兵就会乖乖听话，去杀退义和团，使我们脱离危险的。”

孔祥熙摇着头：“可眼下怎么办呢？”

“眼下？我们差不多人人都有洋枪，这可是远距离的杀伤武器。而那些义和团，有的只不过是冷兵器的大刀长矛，所以他们如果要来，不等他们靠近，我们的洋枪就会叫他们陈尸门前！只要我们坚守福音院一段时间，危险自然就会过去。”

孔祥熙想到那血淋淋的场面，不禁打个寒战：“魏老师，我可不希望那样的事情发生……”

“对这些义和团刁民，是不必怜悯的。他们是魔鬼撒旦的同伙，杀死他们，符合上帝的意愿……”

刚说到这里，有人进来报告说，义和团已经把福音院包围了。

魏禄义从腰间嗖地拔出一支毛瑟枪，转身就往外走，孔祥熙一把拉住他说：“魏老师，千万不要开枪，这些人根本不怕死，一开枪局面就难以收拾了。我愿意出去和他们谈判，双方互不侵犯。”

“谈判，你有这个把握？”

“为了保护你们，我是不怕死的！只要你们不开枪，我有办法叫他们今天暂时撤走！”孔祥熙眼里闪着光。

“好吧。”魏禄义点点头，回身招呼其他人，“占领制高点掩护！我不下令不准随便开枪！”

福音院内外，房顶上、墙头上是手拿洋枪的洋人，院外几十步，是手持明晃晃大刀的义和团，双方剑拔弩张，紧张地对峙着。

孔祥熙手持一块白布，从门缝里挤出来，他晃着白布说："义和团弟兄们，我有话跟你们说，请大师兄派个人过来。"

义和团人群里有人认出了孔祥熙，大声说："这是孔门的叛逆，早叫洋人换过心的，今天先把他宰了吧！"

孔祥熙还想说什么，墙头上早有人"叭"地放了一枪。这一下，义和团愤怒了，他们把衣服甩掉，口里念着"刀枪不入"的口诀，一窝蜂地扑了上来。

孔祥熙看谈判已经无望，再想进福音院时，大门早已关死，仗着对县城地形的熟悉，拐进福音院旁边的夹道，三踅两转，逃出县城西关，回到了程家庄上。

孔繁兹把儿子藏在家中的地窖里，不许他再出去惹是生非。义和团冲进福音院后，双方一阵混战，互有死伤。孔祥熙最敬重的魏禄义死于义和团乱刀之下。还有一些洋人被抓了起来，押在华美公学院内。

义和团没忘记那天和洋人在一起的孔祥熙，他们成群结队地来到程家庄搜查。孔繁兹又是谎称根本没见到儿子回来，又是暗中用钱疏通，义和团虽没在家里翻箱倒柜地搜查，但几乎天天来庄上问孔家要人，孔祥熙在地窖里哪里还敢露头？

孔繁兹看这样下去，儿子难免有一天被人发现抓走，只好派人找五弟孔繁杏，请他想法解救孔祥熙。孔繁杏到底有些办法，这天他托言回老家搬东西，带了一班衙役，鸣锣开道，后面两套马车，张张扬扬地回到程家庄，搬了些箱笼杂物。孔繁兹早把家里一只大木柜，让人打了些通气孔，要孔祥熙钻进去乘机逃走。谁知孔祥熙惦着关在华美公学的几个洋人，不肯自己逃生，非要一笔钱去买通看守，把这些人救出。孔繁杏费了好大劲，劝说犟侄子，先保住自己，才能救人。一直磨蹭到午后，才算把孔祥熙塞进大木柜，抬上马车，在义和团眼皮底下离开了太谷。

当年恩师到山西处理教案带来机会

孔祥熙在五叔的榆次官邸开始了他的避难生涯。

眼看八国联军要攻进北京，危急关头，清王朝又出卖了义和团，跟洋人议和。那些杀红了眼的洋鬼子，哪里肯罢休？义和团又把自己的口号改成了"反清灭洋"，跟八国联军和清军两面作战。腐败的清王朝，既不能剿灭义和团，更抵挡不住外国军队的炮火猛攻，北京防线一触即溃，慈禧太后只好裹挟光绪皇帝，出西直门狼狈逃难。李鸿章被任命为全权大臣，与洋人议和。攻进北京的侵略者，明火执仗地大肆抢掠，把个天子古都弄了个百孔千疮，面目全非。

德军统帅瓦德西担任了八国联军统帅，他不顾清政府屈辱的议和请求，洗劫了北京后，还扬言要向全国一切发生教案的地方进行报复。他们攻占了保定，设立了联军公所，成立了军法处，疯狂地要向中国人民全面清算。其实八国联军只有几千人的队伍，根本不可能向中国广大的地方全面进攻。但清政府被洋枪洋炮吓破了胆，一般百姓又不知道虚实，许多人被洋人的气势汹汹蒙蔽了。

孔祥熙听到了八国联军要向山西进攻的传言，他相信这是真的。他感到山西巡抚毓贤杀了洋人，太谷那样的小县也杀了洋人，洋人肯定要向山西报复。他既悲伤于曾经帮助他的魏禄义等人被杀，又不愿意豺狼般的八国联军去蹂躏他的家乡，便想凭借自己既是中国人又是基督徒的身份，从中进行斡旋，给外国人利益以补偿，换取他们放弃对山西的报复。

孔祥熙虽有此大志，但毕竟还只是一个20来岁的青年学生，会有人对他的想法给予关注吗？当然，这需要机会。不过，首先是要有这种想法，才能找到机会。

机会还真的来了！不久美国派出了曾在太谷担任牧师的文阿德来山西处理教案。文阿德就是当年给孔祥熙治病，并把他拉入教会的那一位，二人关系形同父子。听到文阿德来处理教案，孔祥熙高兴得发狂，他第一次提出要和五叔孔繁杏干一杯。

孔繁杏只比孔祥熙年长十几岁，二人思想接近，又有差不多相似的经历，早就过从甚密。孔繁杏当年步入官场，就遭到家族内一些人的干预，说是有违“孔门子孙永远不得出仕为官”的祖训，同遗老们闹过一场大别扭。与以后孔祥熙到教会医院看病、到教会学校上学所遭受阻挠的经历，如出一辙。这次孔祥熙在榆次县衙避难，叔侄朝夕相处，日日晤谈，感情和思想又接近了不少。孔繁杏当初就对巡抚毓贤亲自出面擒获洋人、就地杀头的做法不以为然，认为早晚会引起国际纠纷，现在时事已经验证了他的担心。他最怕八国联军进攻山西，因为联军如攻破娘子关，到太原必经他的地盘。无论联军是赶杀地方官还是荼毒百姓，他的日子都没法过。今天孔祥熙从外面回来，兴致勃勃地提出要和他喝一壶，孔繁杏想不出能有什么喜事值得这样高兴，依然忧心忡忡，但他还是命人准备了家乡的杏花村汾酒，切了猪头肉，蒸了米粉肉，准备了满满一桌下酒菜。

“五叔，我们大显身手、千古留名的机会来了！来，我先敬你一杯！”孔祥熙兴致勃勃。

“贤侄，究竟有什么喜事，你先说出来我听听。”

“当年给我治病的文阿德牧师受命到山西来办理教案了！”

“我不明白！”

“我们可以分头行动。我通过文牧师去说动外国人，请他们放弃对山西动武。你赶紧到省里活动，请我们山西籍的官员，都众口一词，把教案发生的责任，都推到毓贤头上，让他来承担一切。这样，山西就可以避免遭受战火，我们就可以为家乡做一件大事，这岂不是一件天大的功德？”

“嗯，倒是个好主意，只是对外国人的心思，我怕你难于把握。”

“我这几年在教会学校学习，跟洋人接触不少，对他们的思维方式还是有所了解的。他们并不像狭隘的乡下人，对一件事非钻牛角尖，他们是注重实际利益的，也是最善于在恰当的时候妥协的。对山西动武对他们并没有实际的好处，而只能结下新的冤仇。所以我感到我可以劝动他们，尤其是文阿德牧师前来，这样的机会更大了。”

“有道理！愿苍天保佑我们成功！干杯！”

“基督保佑！”

叔侄统一了思想，为他们的宏伟蓝图鼓舞，推杯换盏，喝了个星宿满天。

提出秘密条件使八国联军改变惩罚山西的措施

一辆帏幔拉得严严的马车，乘着黄昏的掩护，疾驰在太原市的街道上。嘚嘚的马蹄声，敲击着石板路面，里面的人听来，这像是一首进行曲，在为他的计划预祝成功。

孔祥熙没有在文阿德到达的时候去迎接他。一是他的身份不便在正式的场合出现，二来他不愿意过早地把自己的计划暴露于公众。他选择在文阿德安顿下来后，悄悄去会见，因为私下的窃窃私语比在众人面前大声叫嚷更容易让人注意和接受。

"啊，我的孩子！在这场灾难中，你没有遭到什么不测吧?"文阿德一见到孔祥熙，就张开双臂把他拥到自己怀里。

"教父，我自己很好。但是，你的继任者，把我送到潞河书院学习的魏禄义牧师却遭难了！愿他的灵魂升入天堂!"

"在世界已经跨入20世纪的时候，在中国竟然发生这样的事情，真是太悲哀了！那些乡野刁民竟然屠杀给他们带来基督福音的传教士，真是愚不可及！八国联军的军队马上就会从娘子关进入山西，你等着瞧吧，那些红腰带(义和团)会被一个个抓起来枭首示众，一个传教士的性命会用100个甚至1000个刁民的性命来折抵！我们会给他们一个永远的教训，让他们再也不敢如此……"

"我慈爱的教父！这些话你可以在同山西的满清官员谈话时宣布，但我今天不是来听这个的，我有一个比较实际的计划来同你商讨。"

"怎么，你怀疑我们不会报复，不会杀人？山西是全国杀戮传教士最多的省份，联军在这里的报复不会比北京差多少。虽然瓦德西统帅说过，北京此次所受之损失及抢劫之损失，其详数将永远不能查出，但为数必极大无疑。山西……"

"牧师，杀戮再多，也不能使一个传教士复活！这无论对于死者本人还是对于他们的家庭来说，都没有任何实际意义。相反，这会激起一般民众对外国人以至教会的仇恨，在外国军队撤出以后，很容易再发生类似的事件，传教活动将变得更加艰难。因此，我不认为这是一个好的主意。”

“啊，祥熙先生，看来你已经长大了，已经不再是那个脖子上生着大疮、性命危在旦夕的小孩子了！你在利用同我的旧日感情，为你的家乡说话！告诉你吧，我这次来，是受美国教会的委托，我不能辜负他们的期望！你的说词动摇不了我的决心，而且即使我对你的家乡动了恻隐之心，他们也会另派人来，山西是逃不脱惩罚的！”

“牧师，你误解我的意思了！我不是在这里为我的家乡向你求饶，我是向你提供一个更好的方式完成你的任务。扼要地说，我的计划有两点：第一，惩罚一个有影响的大人物比杀戮一千个无名百姓更能达到惩前毖后的目的；第二，接受送上的赔款和一个开放的市场，比放纵军队进行抢掠有更多的实惠和更好的名声！”

“什么什么？请你谈详细些，我愿意倾听！”

两个人坐了下来，开始了头抵头的密谈。

几天后，孔祥熙带着文阿德的信件进入北京。文阿德显然对孔祥熙的计划产生了兴趣，但是他不能自专。在北京，还有同清政府议和大臣直接谈判的八国总代表，他的计划付诸实施需要八国总代表处和清朝中央政府的同意。

孔祥熙凭着文阿德的信件，在北京会见了两位不同寻常的外国人。一个是在八国联军总部为西方列强工作的英国贵族叶守贞，一个是担任清朝议和大臣李鸿章顾问的英国传教士李提摩太。经过几次秘密接触，代表八国联军的一方和代表清政府的一方，都感到孔祥熙的建议是一个好的思路。西方列强从中看到的是可以攫取更多的实际利益，清政府从中发现的是可以保全“天朝上国”的面子。

在由八国联军提出、清政府照允的议和大纲 12 条里面，吸收了孔祥熙的建议。山西教案作为一个特例，单独处理。八国联军没有进入山西，这应该有多方面的原因，侵略军如果真的深入中国腹地，复杂的地形必然使他们先进的火器失去威力，同仇敌忾的人民群众会使他们陷入灭顶之灾。山西巡抚毓贤被指为“排外仇教”的祸首，他是外国列强坚持必须严惩的最高级别的官员，也是清政府愿意抛出的一只替罪羊。孔祥熙和孔繁杏笑嘻嘻地看着这个朝廷一品大员被打入囚车，充军新疆。走到途中，不知什么原因使朝廷又改变了主意，于兰州将他处死。这样，那些来办理教案的传教士就有了很好的交代。但义和团的主要骨干还是遭到了屠杀，不过那是由清政府的军队代为完成的。山西赔款的数字没有公布，那是一个秘密。而此后外国商业在山西的活跃则是人所共知的事实。

赴美签证和龙图勋章——教会与清政府的双重奖赏

中外双方都视孔祥熙为功臣。美国教会送他一本美国签证和一笔奖学金，邀请他到美国留学。李鸿章要封他一个“帮办洋务”的官衔，做自己同洋人打交道的助手。对于前者，孔祥熙接受了；对于后者，他却婉言辞谢了。因为他感到自己的学识、经验和关系都还远远不够，如果现在就出仕做官，将永远只能是一个小配角，休想成为国家重臣。而到美国留学，不仅可以充实知识，更可以借机结识一批有用的人物，在中国这样的社会里，关系有时比学问更重要。就拿这一次协理教案来说，如果不是碰巧非常熟悉的文阿德前来，他纵有再好的计划也没有路子上达，那当然更谈不上付诸实施了。

李鸿章破例会见了这个毛头小伙子，对他的见识表示赞赏。李鸿章没有再强留他做自己的助手，而是代表清政府授予他一枚龙图勋章，作为对他的奖励。不过对他赴美留学之事，李鸿章还是脸有愠色地问道：

“对于青年来说，继续读书确是好事，但何必漂洋过海到洋人之邦？是不是你认为是中国的书不够读，才要到美国去？”

孔祥熙想不到李中堂竟提出这样的问题，因为在此之前清政府已经派遣几批学生到外国留学了。对于政府这样的决策，孔祥熙认为这个一力支撑着清王朝摇摇欲坠大厦的中堂大人肯定是支持的。他顿了一下，回答说：“倒不是我国的书不够读，而是我想到外国去求些切合实用的学问。”

李鸿章又问:“什么是切合实用的学问?”

孔祥熙说:“我以为凡富国强兵之术,都是切合实用的。比如西人说,声光化电是发达实业之母,而发达实业又为富国强兵之基。研读声光化电,当然是到美国去合适一些。”

李鸿章这才连连点头:“你的见解,透辟得很!我们堂堂中华,泱泱大国,之所以被外人侵扰,疆土日蹙,权力外溢,实是因为我们的大刀长矛敌不过洋人的坚船利炮。这些年来我极力主办洋务,就是想把国家在技术上同洋人的差距缩小一些。你小小年纪,能够参透这层道理,又肯前去学习,将来必定前程远大!我今天送你一句话,叫做见闻宜广,学贵专一。老夫等你学成归来,报效朝廷!”

报效朝廷?孔祥熙心里说,“我学成归来,一定要推翻这个朝廷的。”不过这话他现在不能说。

李鸿章看他不说话,问道:“怎么,你认为我说得不对吗?”

孔祥熙一惊,急忙看着李鸿章,装出诚恳的样子说:“大人说得对极了,我在想怎样才能不负大人的知遇之恩呢!”

李鸿章高兴地说:“好好!我这里已经写下了一封信,到美国后面交我国政府驻美大使伍廷芳。有这封我的亲笔信,你在美国留学期间不论遇到什么困难,都会得到大使馆帮助的。”

孔祥熙要行跪拜礼谢恩。李鸿章一时兴起,又按住他说:“且慢!像你这样的人才,虽然不肯屈从我的帐下做助手,我还是要封你一个官衔,使你在美国能够享受政府官员的优待。也使你能在美国学成归国后,已经具备朝廷命官的任职资历。”

李鸿章略一思索,立即填写了一张“全权议和大臣一等肃毅伯随员”的委任状。孔祥熙不知道这算不算正式命官,属于几品,支不支薪俸,又不好相问,只得收下,认认真真地向这位中堂大人叩头谢了恩。

第六章　赴美留学

丨 赴美途中在横滨第一次求见孙中山

生于黄土高原腹地、从未见过大海的孔祥熙，从天津塘沽登上小火轮时，放眼无际的大海，不免有些胆战心惊。他紧张地问："这船要是翻了或者沉了，该怎么办呢？"被潞河书院保送与他一起赴美留学的同学费起鹤，故意装出认真的样子说："那太简单了，游到岸上就是了。"起伏不定的小火轮，本来就使孔祥熙有些晕船，有一种想呕吐的感觉。听了这话，他挣扎着要站起来："糟了，我还没学会游泳呢！"费起鹤把脸扭到一边掩口窃笑。在潞河书院一直对孔祥熙关怀备至，这次又亲自陪同他们前往美国的麦美德女士按住孔祥熙的肩膀，让他安静下来："我的孩子，不要忧虑太多！迄今为止，人类的环球旅行，都是通过乘船渡海实现的。在现今的一切交通工具中，轮船的安全系数最高。西方有一句谚语，该死在家里的人不会死在海上。如果你感到不安，就赶快祈求基督，他会保佑我们的。"

孔祥熙赶紧在胸前画个十字："阿门！"

小火轮到达上海，孔祥熙一行换上了豪华的国际邮轮。到底船大吃水深，驶出东海时，风平浪静，邮轮平稳地滑行，没有一点颠簸。解除了航行的恐惧，孔祥熙的思绪又张扬起来。

义和团事件平息了，各地教堂又开始了传教布道，对他这个基督教徒来说，应该感到高兴，但事实却并非如此。八国联军大规模的军事入侵，给国家带来深重的灾难。出兵的 8 国加上西班牙、荷兰、比利时，11 国最后强迫清政府签订的《辛丑条约》，使帝国主义从中国攫取了最多的赔款，对中国实行军火禁运，外国在中国长驻军队，中国人民不得成立或参加反对帝国主义的各种组织……这样的国家还是一个主权国家吗？作为中国人，孔祥熙感到痛心疾首。

他来到甲板上散心，听到一中年男子正在与几个人大声谈话，便上前倾听。这男子口才颇佳，正绘声绘色地讲述史坚如如何奉孙中山之命，变卖家产，准备武装起义。尤其是上年在广州，史坚如为配合惠州三洲田起义，掘地道于广州两广总督抚署，准备用炸药炸死总督德寿。谁知天不假便，德寿其时不在署内，谋刺未成。第二天，史坚如被捕，受尽酷刑，毫不屈服，英勇就义。男子称赞史坚如虽为千金之子，却能破产革命，又敢用奇谋，身体力行，“真乃天下第一豪杰”。众人啧啧称颂之余，中年男子又说，孙先生身边，现在聚集了一大批龙虎风云人物，个个敢作敢为，像这样干下去，大清朝没有几天寿数了！说完哈哈大笑。孔祥熙听到这里，不由脱口而出：“说话当心！”谁知此言一出，中年男子望了他一眼，一把抓住他的领子，恶狠狠地说：“小子！你是满清的密探？老子可不怕你，我现在就把你扔到海里喂鳖！”孔祥熙连忙解释：“大哥，你误会了！我是出国留学的学生。当年我在学校因发表反清言论，被学校当局讨论了品行问题，后来变得言语谨慎，我是怕大哥你这样说话招祸呀！”中年男子这才放手，向孔祥熙打躬说：“噢，得罪得罪，原来是一家人！不过，我告诉你，上了这艘邮轮，就不是大清朝的地盘了，我们怕他个鸟！孙先生现正在日本筹备纪念亡国 242 周年大会，要掀起一次新的革命高潮哩！出了中国国界，那太后皇上王爷们，是一点招也没有的！兄弟，放开心吧！”说完又笑了起来。孔祥熙心里一动，连忙把他拉到一边，悄悄问：“孙先生现在在日本吗？”“是啊，就在横滨。我这次出来就是要去见他的。”孔祥熙说：“哎，我不是向你自吹，我在学校就建立了兴中会分会，立志追随孙先生革命，还曾密谋进宫去刺杀慈禧呢。可是直到今天，我们还没跟孙先生联系上。到了横滨，你能不能带我去见他？”“你们一共几个人？”“我们一行共是三人，一位是同学，另一位是美国女教师。要见孙先生的，就我自己，他们是不会跟我去的。”中年男子打量了孔祥熙一会儿：“我看你长相忠厚，不像是满清的鹰犬，只要你愿意，我可以带你去。”

船到横滨，乘务员通知旅客，轮船将在这里加油加水，并进行检修，至少要停留 8 小时，旅客可以上岸观光。接着详细介绍了横滨的历史和名胜。原来这里是日本首都东京的外港，几十年前还是个小小的渔村。1854年美国的炮舰打开了日本闭关自守的铁门，1859年便成了自由贸易港。明治维新后，政府投入大量资金，填海筑港，建成了新港码头，接着又修通了东京到这里的铁路，便利的水陆交通使这里迅速繁荣起来。1889年这里正式建市，现在已经是日本数得着的现代化城市了。

横滨在孔祥熙一生的历史上有重要的地位。十几年后，他就是在这里结识了宋霭龄，并迅速同她结婚，奠定了他在国民政府中出任要职的基础。不过此时，他对此是毫无预感的。听到轮船将在这里停留一天之久的消息，他急忙感谢上帝，认为是上帝给了他机会，让他能够有时间上岸去拜见孙中山先生。他向麦美德牧师和费起鹤谎称有一点生意上的事情要办理，就甩下他们，跟那位中年男子匆匆上了岸。

横滨的确是座美丽的城市。商店林立，路面整洁，街道中间更支有不少五彩缤纷的太阳伞，下面有石桌石椅，可供游人休息。各种肤色的人摩肩接踵，尤其是身着艳丽的和服、脚蹬木屐的日本女子，和国内衣服臃肿、裹着小脚的女子全然不同，但孔祥熙顾不上多看一眼。那中年男子脚下生风，在都市中疾走如飞，孔祥熙只能紧紧追赶。

他们从一号街走到七号街，总算走过了这“步行的天国”，来到了孙中山先生居住的“中华街”。中华街是中国侨民聚居地，犹如美国的唐人街。它突出的特点是遍布着中国各省的风味小吃店铺，走在这里，就像身在中国的某地一样，令人备感亲切。

但这亲切之感很快就被水漉漉的失望打蔫了。当孔祥熙紧随中年男子之后，汗流浃背地敲开孙先生寓所的院门时，里面的人告诉他们：几天前孙先生已经离开这里去了欧洲。

中年男子在横滨有他要做的事情，而孔祥熙却不可能待在这里做长脖子老等，他得赶回船上继续上路。要见孙先生只能祈求上帝另给他机会了。真是乘兴而来，扫兴而归，孔祥熙再看横滨，竟没了一点点魅力。当他疲惫不堪地返回时，轮船已经鸣笛，就要向辽阔的太平洋进发了。

以教会名人欧柏林作为人生楷模

迎着太平洋的风浪，邮轮足足航行了一个月，才到达了美国旧金山。

看到旧金山的金门大桥，麦美德女士在甲板上高叫起来，她回到了她的故乡，她有她高兴的理由。孔祥熙受到感染，因在日本没见到孙中山的懊丧情绪也淡下去，想象着就要开始的新生活，他赶紧整理行李，准备登岸。但在通过海关时，孔祥熙却被单独留了下来。

被叫到另一间屋子，接受详细的查询。开始孔祥熙并不知道是什么原因，直到这些人绕着圈子问了许多问题后，他才渐渐明白，毛病原来出在他的“官衔”上。李鸿章授予他的“全权议和大臣肃毅伯随员”，被印在他的护照上，填写在行李单上。这些美国官员戴着他们的有色眼镜，把中国官员都想象成长袍马褂老态龙钟的样子，而孔祥熙仅 20 多岁，又是西装革履，一副洋派打扮，哪像是清朝官员？他们因此怀疑他是冒名顶替的偷渡分子。等麦美德赶来作了解释，这场误会才算解除。

当费起鹤拿这件事做笑料开孔祥熙的玩笑时，他那自尊的心再也受不了了。李鸿章授予他的这个官衔，没有带来任何实际利益，却惹出这样一场麻烦。他从这里既看到了美国人的傲慢，也看到了腐败的清政府在世界上没有任何地位和尊严，他后悔自己真不该接受这个没有意义的官衔，图了虚名，招了羞辱。一气之下，他一把撕掉了行李单上的官衔，再也不肯向人提起他这个“清朝官员”的身份了。

他们从旧金山乘火车，经西雅图，到达了美国中部的俄亥俄州。

孔祥熙进入的是欧柏林大学。入校第一课，学校首先向全体新生讲解的是欧柏林先生的光荣业绩。

留大胡子的校长在向新生致欢迎词，并阐述校方的教育目标后，一位年轻漂亮的女教师带领学生来到一间宽敞的展室，结合图片，用银铃般的声音开始了她抑扬顿挫的介绍：

欧柏林先生的祖上是德意志人，但他本人却生于法国。他在获得哲学博士学位后，又进修宗教课程，毕业后担任专职牧师，一生为传播基督的福音工作。

欧柏林先生曾在军队中做随军牧师。他把上帝的旨意传递给那些在前线浴血奋战的军人，鼓励他们一往无前，英勇杀敌。他给那些为国捐躯的勇士做祈祷，送他们的灵魂升入天堂。

鉴于家乡交通不便，文化落后，自然条件恶劣，数年后他回到故乡史特拉斯堡传教。瞧！这是当时法国这一带的自然景象。

欧柏林先生最大的特点在于，他不是要人们安贫乐道，只等待死后灵魂到天堂里占据一个位置。他深刻领会基督的精神，注重实际，注意把握今生，改造社会，改造自然，把基督的福音变成人们当世能够享受的福祉。

看，欧柏林先生一年四季都在到处奔波，向教民们大声疾呼，要求他们捐钱捐物，贡献劳力，用以修筑道路，建立学校，开垦荒地，改良农业。

上帝的旨意一旦变成教民的行动，立即显示出无比巨大的力量。若干年后，这里已是今非昔比：荒凉的山村变成了繁荣的市镇，贫瘠的土地上长出了丰收的庄稼，闭塞的乡间有了通衢大道，玩泥巴的孩子坐进了明亮的教室。乡民的生活大获改善，民智得以开通，风气为之一新！

女讲解员介绍完欧柏林的事迹，校长又讲了一通欧柏林事迹的重大意义。他说，“现在，欧柏林先生造福人群、服务大众的精神，已经变成基督教会的一笔精神财富，变成一种伟大的号召，借着这种精神的传播，基督教被更多的人接受。欧洲、美国到处都有人在宣传、效法欧柏林精神，欧柏林成为一面旗帜，成为许多人学习的榜样。我们的欧柏林大学，就是在欧柏林逝世5年后，由耶鲁大学一位教授和一位教会牧师，到处募资修建起来的。他们把学校以欧柏林先生的名字命名，就是让学校以弘扬欧柏林精神为宗旨的。你们每一个成为本校学生的人，都应该牢牢记住欧柏林精神，铭心刻骨地记住，并在一生中进一步去发扬光大，让欧柏林精神带着基督的教义，进军世界各地，占领每一块地盘！”

孔祥熙听得耳热心跳，他感到欧柏林真是太伟大了！他甚至认为过去崇敬的孙中山先生，是不是就是中国的欧柏林？他把欧柏林视为先贤，决心日后回到中国，自己就做一个欧柏林式的人物。果然，他毕业回国后，就以弘扬欧柏林精神为标榜，在太谷乡间建立了一所学校，他把它命名为“铭贤”，意思就是要学生铭记欧柏林这位教会中的贤人。

未学文化，先讲贤人，本着到美国学习富国强兵术的孔祥熙，上学第一天就在心里树立起了一位洋教士的形象，并铭记终身，这不能不说是这所学校教学的一大成功之处。

留学六年三改专业

踌躇满志的孔祥熙，自以为凭过去一贯学习优等、基础知识扎实的根底，和中国人肯吃苦舍得用功的精神，学好功课没什么问题，谁知，这出国留洋就是跟在国内上学不一样，单是个学什么专业的问题，就把他折腾苦了。

究竟什么是他心目中的富国强兵术，孔祥熙左思右想，拿不定主意。因为需要学的科目太多了，各有各的用处。所有这些他都想学，而都学又根本不可能。人没有选择自由时是痛苦的，而给了选择自由后又面临更大的痛苦。眼看就要分班上课了，孔祥熙还在犹豫徘徊，以致急得嘴上都烧出了水泡。最后他只好把决定权交给上帝，听任安排。他写了一把学校专业的条子，搓成团，装进衣服口袋，然后祷告，请上帝帮他决定什么是最合适的专业。祷告完毕，他伸手摸出一个条子，惴惴不安地打开，在电灯下一晃，啊，是"矿物学"。孔祥熙把条子一扔，躺在床上让烦躁的情绪慢慢平静下来。

既然上帝之手帮他作了选择，他相信这是最正确的。于是不再分心，专心致志地学习开矿、采矿、金属冶炼。他想象着中国地下到处都是丰富的矿藏，冶炼出成千上万吨合金钢材，造船造车造飞机，造枪造炮造军舰，那么一来，中国照样是坚船利炮，威力无比，外国军队再不能到中国逞凶；民众使用的各种器械样样称手，效率大增，于是工业发达、农业发展，真正是民富而国强……孔祥熙为自己心中的蓝图所鼓舞，学习十分刻苦，多次受到校方称赞。

然而，两年后，孔祥熙逐渐对这次选择是否是上帝帮他作出的产生了怀疑。因为学得越深，他越感到从采矿而强国这条路太遥远。地下确实有矿，要有人去勘探出来，要有人能够投资开采，要建工厂进行冶炼，要进行机械的设计制造……在西方，这行业是重工业，每一个环节都需要巨额资金的投入，而且是一个漫长的过程。单凭个人的努力实现太艰难了！于是他反思那天进行专业选择时的情景，认为那天肯定是自己心情过于急躁，祷告不够虔诚，以致上帝没有到来，自己信手抓了一个条子。因为这两年从国内传来的消息，都一再说明大清朝的腐败已经到了骨子里面，社会不改造，任何富国强兵的措施都是毫无意义的。在他离开国内的第二年，李鸿章就撒手归天，这个一力支撑大清最后日子的权臣，曾在孔祥熙心中留有一点希望，而现在的形势是，清王朝没有一个有远见的人物，所有的一切都是只顾自己的苟延残喘。这样的社会如不改造，纵然开出矿产，造出机器，国家也休想强盛，人民也无法富裕。于是孔祥熙中途掉头，从第三年起，转而学起了社会科学，想从美国的社会制度中寻找一条能够振兴祖国的道路。但是这一条路也没有能走到底，两年后，他又一次转移学习兴趣，因为他发现美国的社会制度与中国的国情相差甚远，那一套西方的什么议会呀、三权分立呀、普选呀、两党制呀等等，跟中国的情况差得太多了，这时中国还是皇权至上，要把那一套搬到中国，几乎没有什么可能。学得再好，等于是屠龙之技——技艺再高，可世界上根本没龙，到哪里去施展呢？所以当他在欧柏林学院毕业后，又转到耶鲁大学研究院进修经济学，获得了一个经济学硕士学位，这对他日后经商发财，以及在国民政府中出任财政部长倒是一个实实在在的帮助。

孔祥熙在美国留学 6 年，先后 3 次改变专业，往积极的方面说，是他能够及时调整，而实际上，也反映了他见事不明、遇事犹豫的弱点。学完归国后，当他自己办起学校时，他结合自己的经历给学生讲教训，要他们及早拿定主意，把专业选准。他说："一个人要学商便学商，要学工便学工。必须就个人兴趣之所在，早早拿定主意，万万不可脚踏两只船，犹豫不决。脚踏两只船的结果，一定是跌到河里成为落汤鸡。"孔祥熙给学生讲得明白，但他自己却始终未能从这种阴影下解脱出来，过分崇尚中庸，遇事三思后又再思，结果瞻前顾后，总是拿不定主意。比如他回国后办校经商，一直到 46 岁才去从政。虽然官做得不小，可又未能干到底，64 岁又去职。在任上时权倾一时,但在用人方面又是非常欣赏的人不能大胆提拔任用,非常憎恶的人又不能坚决拿掉。这使他显示了不把事做绝的精明,也成为别人攻击"庸"的口实。

孔祥熙在美国留学时,是那种好学上进的青年,不像后来一些纨绔子弟,只想混张文凭,回来唬人。但是语言给他开始的学习造成了很大障碍。虽然在潞河书院时,他的英语出类拔萃,可一到了美国,在国内学的那几句话就远远不够了。他的山西口音使他的发音总是不太准确,自以为说得很好了,但美国人瞪着蓝眼硬是听不懂。而人家说起来,也远不是以往课堂上老师说得那么一句一顿,嘟噜嘟噜一通之后,他也只有瞪眼的份儿。语言过不了关,其他课程就没法进行,他不得不加班加点,发挥中国人刻苦努力的精神,把其他同学娱乐消遣的时间都用来学习。20 多岁的小伙子,正是春心萌动、谈情说爱的时候,可孔祥熙没有那份闲心逸致,他把大部分时间泡在图书馆里,缠着老师要点偏饭,终于使英语水平大有长进,各门功课也都取得了优等成绩。他从小跟美国传教士接触,一直在教会学校上学,又在美国留学 6 年,应该说英语水平已相当高了,但就是这样,后来儿子孔令侃仍在背后讥笑他:"老爸的英语不行!"这是因为他对孩子是从小就在家庭里面教他们说英语,而他自己则是很晚才开始正式学习。有人说,人在 12 岁以前学外语,有一种天赋的灵气,容易过关,而年纪一大,这种能力就丧失了,变蠢了。尽管如此,孔祥熙总算度过英语关,完成了学业,他是付出了极大努力的。

在美国学校,孔祥熙时时感到一些人对他的歧视,这些人一是认为中国人穷,二是说中国人脏,这对他刺激很大。对于第二点,他认为主要是条件问题,很多地方没有浴池,到哪儿洗澡?只要有条件,谁不愿意自己清清爽爽?这种刺激使他从此养成了爱卫生的习惯,一日两浴,保持终生。而一旦有了卫生条件,他倒是认为中国人干净得多,那些人即使天天洗澡,但身体里总有一股让他闻起来不舒服的味道。所以他在美国多年,也不曾跟一位外国姑娘亲近,还是回国后到 30 岁才娶了一位中国女子。至于说中国人穷,这也很让他反感,从总体上说中国人穷是事实,但并不能因此就自以为优越傲慢。他认为美国同学中很多人还不如他的家庭条件，甚至就是美国的第一大都市纽约，建筑方面也有不如他家乡太谷的地方，有什么理由就小瞧别人呢？他心里憋着一股气，终于发明了他的独特见解“纽约不如太谷”论，作为一种心理宣泄，持续不断地讲了多年。

“抢新娘”捉住宋霭龄，慰渴慕初会孙中山

孔祥熙在美国留学，除了知识的学习外，还有一大收获，那就是结识了对他一生有重大影响的两个人。一个是他多年来一直慕名想见的孙中山先生，一个是日后成为他妻子的宋霭龄。宋霭龄 1904 年赴美留学，是有据可查的中国第一位留学美国的女子。她也在美国度过了 6 年的留学生涯，她学习的地方是乔治亚州的威斯里安女子学院。

第一次见面是 1906 年的暑假，他们同到美国首都华盛顿观光，那里的华侨为中国同学安排了一次大聚会。会上有人先谈了一阵大家关心的国内形势，接着安排了舞会。为了消除中国少年存在的和陌生人初次见面时的腼腆和羞涩，有人提议先做一个古老的中国游戏，以确定第一轮跳舞时的舞伴。这个游戏是《西游记》里的“猪八戒捉媳妇”，叫男同学都蒙上头，去抓女同学，抓住的就是第一轮跳舞的舞伴，以后再交换跳。当主持人宣布这个主意时，立即引起了一阵哄笑和掌声，给会场带来了活跃的气氛。孔祥熙本来对这不感兴趣，但也只好照要求去做。他把外衣脱下来，蒙在头上，往舞场中间蹭了几步就站住不动了，只伸出手来守株待兔。有些男学生却是兴致勃勃，循着女孩子们的笑声和叫声，在场里转着圈追逐。16 岁的霭龄轻盈地跳来跳去，不让人轻易抓住。当一个男学生直冲她扑过来时，她大步后退，不想却退到了孔祥熙怀里，让孔祥熙双手一抱，逮个正着。有人打趣说：“这真是无福之人跑断肠，有福之人不用忙。庸之兄站着不动，却抓住了一个最漂亮的小媳妇！”孔祥熙脸一下子红到耳朵根子。他跟霭龄简单交谈了几句，跳了一曲之后就分开了。这次大家都只当是逢场作戏，并没往心里去，事后不久也就忘记了。倒是此前和孙中山的见面使孔祥熙铭记在心，对他一生发生了比较大的影响。

前一年的秋天，孔祥熙已在耶鲁大学读研究生班，听说孙中山先生到了克利夫兰市，他立即丢下功课，乘火车赶往那里。

孔祥熙在火车上心情一直难于平静。为见到孙先生，他在横滨上岸扑过空，在欧柏林大学时又先后赶往纽约和芝加哥，两次又是他赶到了孙中山刚好离开。算起来，这已是第四次了，这次能不能见到也很难说，他忐忑不安地在通道上走来走去，引起不少人注视。他后来干脆把头伸出窗外，让凉风吹起长发给脑袋降温。“事不过三”，他突然想起了这句谚语，对，已经三次赶晚，这次上帝一定不会再辜负他的苦心了。张良拜师还三次才见到黄石公呢，要真正见到一个对自己有指导意义的人物，看来是得经历点磨难，这才考验一个人心诚不诚呢，心诚就一定能找到机会。

克利夫兰位于美国中北部，是一座重要的工业城市，为纪念城市的筹建者克利夫兰将军才取的这个名字。孔祥熙风尘仆仆赶到，又在别人指点下找到孙中山下榻的旅社时，反而犹豫了：孙中山会不会又是刚刚离去？他的心跳得厉害，觉得自己已经经不起再一次扑空的打击了。即使在里面，孙中山已是闻名中外的反清革命家，建立了庞大的组织机构，会不会带着众多警卫，那些人会不会让他这个冒冒失失闯来的小伙子进去？就是见着了，孙中山对他这个名不见经传的毛头小伙子会是什么态度？会拿出时间跟自己认真交谈吗？惯于遇事三思的孔祥熙在外面转来转去，脑袋又乱作一团。

突然，有个人匆匆跑过来，见到他时怔了一下，问：“喂，你是中国人吗？”孔祥熙赶紧回头，看出对方也是个中国人，便说：“是的，你……”那人说：“既然是中国人，你难道不知道孙中山来到了此地吗？他正在市议会大厅发表演说，你何不去听听？”孔祥熙来了精神，赶紧说：“我想去……”“那就快走！”说着那个人小跑着走了。孔祥熙也紧追而去。他们到达的时候，大厅里已是挤得满满当当，有华侨，有留学生，也有美国人。孙中山站在台上，正慷慨激昂地阐述他的用武力革命推翻清王朝、建立新的民主政府的主张，并号召大家给予这场革命道义上的支持和经济上的援助。孔祥熙听得聚精会神，感到孙中山说的每句话都那样精辟，充满鼓舞人的力量。可惜他刚到一会儿，讲演就结束了。紧接着有人抬出了捐款箱，孔祥熙为引起孙中山的注意，挤到跟前，把身上的钱都掏了出来，想了想，又数出几张，以留下饭费和回程车票钱，把其余的都递了上去。收款人问他名字，他大声喊："孔祥熙！山西来的留学生。"收款人于是接过钱大声唱道："中国留学生孔祥熙先生捐款137元！"这笔钱当时可是一个不小的数目，相当于他一年的生活费用，但他并不吝啬，他真心想帮助和参加孙中山领导的革命大业。

捐完钱，孔祥熙想去找孙中山交谈时，孙中山已经步出大厅，而一大群记者却紧追不舍地问这问那。孔祥熙望了望那些抢新闻劲头十足的记者们，自知不是他们的对手，无法挤进身去，只好先离开去填饥肠辘辘的肚子。

黄昏，孔祥熙赶到孙中山的寓所，毅然摁响了门铃。

并没有孔祥熙原来想象的那种情况。孙中山亲自开了门，热情地说："欢迎你！我是孙中山，你有什么事情要我帮助吗？"

孙中山的朴实和平易近人，让孔祥熙大受感动。但他还是毕恭毕敬地说："我久仰孙先生大名，一直想追随先生麾下，投身革命。今天是特地从康狄涅克州赶来聆听先生教诲的。"

"到底是青年人，可敬可敬！"孙中山把孔祥熙让到屋里沙发上坐下，"你能不能先谈谈你的情况？"

"我叫孔祥熙——"

"噢，就是下午捐了100多美元的留学生，谢谢你了！"孙中山热情地伸出了手，再次去握孔祥熙。

"啊，先生，你怎么知道？"孔祥熙感到有些惊奇。

"别看我当时被记者们缠着，但你的话和收款者唱报的话我都听到了，一个留学生能捐这么多钱是少有的。哎，这不会影响你的生活吧？可不能单凭一时冲动，搞得自己没得饭吃呀！"孙中山关心地说。

"不会不会！我家曾被评为山西首富，只可惜这次出来带钱不多，要不我还可以多捐的。"

"革命是需要钱的。我们要印制宣传品，要买枪买炮等等。"

"孙先生，我可以给家里写信，要他们直接在国内捐款，为了革命，就是倾家荡产也在所不惜!”孔祥熙慷慨激昂。

孙中山双手做向下按压状:“不不不!我感谢你这样的慷慨和豪情,但是我们革命的目的并不是要人破产,那就违背革命的初衷了。我主张的基本点是三民主义,民族、民生、民权,民族独立后,民生是要发展的重点,要让民众发更大的财,过更好的日子。将来,你这个山西首富的后代要在发展民族工商业方面带头啦!”

“是是是,先生。”孔祥熙心里热乎乎的,不知怎么一下子又想起了欧柏林,“先生,我在心里一直把你比作中国的欧柏林——”

“嗯,这恐怕不大妥当。我虽然是基督徒,也崇尚欧柏林先生为民众造福的精神,但现在我从事的事业和他的做法是根本不同的。他是在一种和平的环境中,用一种平和的方式。为所有的民众谋福利,而我们中国目前的情况根本不同。我们正处在腐朽的满清王朝统治下,这是一个异族建立的、灭我中华的、卖国的同时也是无能的政府,不首先把它推翻,一切民众的福祉都谈不上。所以,我的主张首先是借助于暴力的革命,把现在的一切皇亲国戚、贪官污吏打倒,为被他们统治和奴役的大多数人谋福祉。现在的中国莫说一个欧柏林,就是有一万个欧柏林,也毫无用处。募捐到再多的钱,还不是给了帝国列强做赔款?”

孔祥熙愧疚地说:“对不起,我对先生的主义了解不够……”

孙中山鼓励他:“你已经做了不少了。噢,你接着讲你的情况吧。”

孔祥熙精神倍增,把自己的家庭出身,在通州潞河书院因反清言论被讨论品行问题,成立“文友会”、谋刺慈禧,以及在横滨上岸寻找孙中山,前往纽约、芝加哥一次次拜会扑空,仍不堕志,终于在这里见到孙中山,得慰平生夙愿的经历和对国家前途的忧虑,以及早就下定的追随先生矢志革命的内心思想,统统倒了出来。孙中山认真倾听,不时点头或摇头。

孔祥熙讲完,请求孙中山给予指导。孙中山肯定了他能有自发的反清思想,又积极追求真理的可贵之处。接着介绍了目前的革命形势。兴中会、华兴会、光复会等反清革命团体已经组成了革命政党——同盟会,火种已经遍地布撒,一遇适当时机,就会掀起全国范围的起义,清王朝的覆灭已经为期不远。他鼓励孔祥熙今后关注形势发展,多做些实际工作。

孔祥熙乘机提出了加入同盟会的要求，孙中山当即照准。

孙中山问孔祥熙回国后有些什么打算，孔祥熙脱口而出："提倡教育，振兴实业。"

孙中山颔首称善，告诫说："不论办任何事情，都得从大处着眼，小处着手，持之以恒。才能有所成就。西北各省，风气开通较晚，振兴教育以启迪民智，实为革命之基础，从此入手，必有收获。"

孔祥熙感到这一夜的谈话，比十几年的读书收获更大，他向孙中山再一次表达了自己的决心后告辞出来，已是东方微明。果然，他在读完耶鲁大学研究生，取得经济学硕士学位后，就决心回国办学。途经日本时，专门对日本的教育进行了考察。回到国内，清政府聘请他到邮传部任职，他坚决辞谢，到太谷办起了铭贤学校，开始了他独特的经历。

这一次遇到孙中山，是他到美国留学最大的收获，由此开始了他人生的重大转机。

第七章 铭贤校长

留美的最大成功——用美国人的钱办一所培养中国人才的学校

孔祥熙在耶鲁大学的学习接近尾声，校方开始和各国留学生分批举行座谈会，探讨他们回国后能为传播美国文化和基督教义做些什么。

孔祥熙心里一直在琢磨着回国办教育的事，办教育是个投资很大的项目，家里虽然有些财产，但真正能由自己支配的并不多。况且办学只能博取名声，对民众子女有利，而经济收益却太少，要在国内拉钱办学困难很大。能否从富裕的美国人这里筹到一笔钱，他在寻找机会。

孔祥熙回欧柏林大学向原来的老师们辞行时，恰好听说到了一件事。一位义和团运动中被杀传教士的儿子，代表当地基督教会来到学校说，想出一笔款子，在山西为那些被杀的传教士们建立一座纪念馆或者纪念碑，托校方与孔祥熙商量，请他回国后费心办一办这件事。

孔祥熙听到消息，大喜过望，心想机会来了！他静下心来清理思路，搜集资料，准备了一番说辞。

当校方和孔祥熙正式商谈这件事时，孔祥熙施出了他的辩才："为那些殉道的教士们建立纪念物的主意太好了！他们漂洋过海到中国传播基督的福音，本身就具备了献身精神，但不料死于变乱，真是太令人伤感了！为援救他们，当年我也曾竭尽全力。现在，为他们建一座纪念物，我当然是义不容辞。但是，不知你们想过没有，修一座纪念碑或者纪念堂，那些产生过义和团地方的人们，会去经常参拜吗？那些还没有皈依基督的人们，对这种纪念传教士的建筑有多少兴趣？如果我们修建的纪念物无人问津，那些传教士的灵魂能够感知吗？我们的一片苦心不是白费了吗？"

一位学校牧师问孔祥熙："那依你的主意，这纪念物就不修了吗？"

孔祥熙恭恭敬敬地说："牧师，我已经说了，这纪念物的修建是非常有意义的，而且我将为此贡献一切力量。"

教务主任说："我不明白。"

孔祥熙说："我可以打个比方。大家都崇敬欧柏林先生为民众造福的精神，假如我们脚下的地方，不是一座学校，而是一座纪念碑，诸位是否能够常年待在这里？从世界各地来的留学生，是否会像现在这样对欧柏林先生的精神了解深刻、铭记在心？从这一个来比另一个，我的意思就是与其修一座死的纪念碑，不如建一所活生生的学校，更能使之传之久远。"

这位牧师高兴地说："孔，你有很深邃的思想，这的确是个更好的主意。"

教务主任站起来摊摊手："对此我有同感。但是，到底修建什么，并不是由我们这些人决定的，出钱人的意志比上帝的意志更管用。"

孔祥熙也站了起来："我愿意听到学校与投资者重新协商后的意见。"

与教会方面商讨后一致认为，修建学校是个可以接受的主意，但是他们各有各的考虑。经过义和团运动后，许多传教士心有余悸。不敢或不愿再来中国，教会的地盘正在缩小，现在他们急于重新回到中国，去开辟新的阵地；而学校方面，也希望借着这个机会，让遥远的东方能有一所欧柏林大学的分校，扩大学校在世界范围的知名度。

又一轮会商开始了，教会方面这一次派人参加了商谈。

"孔先生，作为出资方，本来我们的意见是不能更改的，鉴于你过去为教会方面所做的工作，因此我们愿意相信你提出建议的诚意，同意接受你把修建纪念堂改作学校的意见。但是，我们必须强调，用我们的钱修建的这所学校，必须是所教会学校。就是说，它应该隶属于当地教会领导，只接纳教徒及其子女。我想，作为基督徒的你，不会对此介意吧？"

这显然不是孔祥熙的本意，他略一思索说："尊敬的主教先生，你是否认为在中国的传教已经相当成功，不需要再作发展了？"

"当然不是！恰恰相反，我认为在中国的传教事业还需要有大的发展。嗯，你怎么会提出这样的问题？"

“我认为这里有一个谁为谁开路的问题。如果说我们的目的在于教育方面，需要以教会为开路先锋去发展教育，那么依你的意见是很好的，这所学校只为教徒服务。但如果说你们的目的是在传教方面，要通过办教育开通民智，从而让更多的人认识基督、皈依基督，那么这所学校就不应该是一所纯粹的教会学校，只为教徒服务。而应该是一所普通学校，不分现在的信仰如何，只要入校学习都应受到欢迎。”

“道理是对的，但让教会出钱却让不信仰基督甚至反对基督的人进去受益，享受教育，我感情上不好接受。”主教大人已经被孔祥熙说动，却还要再争一点什么。

孔祥熙大声地说：“基督的精神是仁爱，爱信仰上帝的人，更爱暂时未皈依上帝的人，而且要尽一切力量帮助他们。这一点，我想主教大人比我有更深的理解。”主教只好点头，不说话了。

一位副校长开口了：“孔祥熙同学，我们非常支持你回国后开办学校的想法，这说明你在欧柏林大学4年学习大有收获，当然啦，也说明我们这所学校的教学和教育都是成功的。你已经想到了把欧柏林大学的精神带回你的祖国去开花结果，校方董事会决定支持你。因为要办一所学校需要的经费是很多的，单凭教会目前筹到的款子并不够，学校准备同时追加一部分投资，让你把学校建得漂漂亮亮，气气派派。当然我们也是有条件的，就是你建的这所学校要作为欧柏林大学的分校，对它的最高管理机构要设在这里，至于学校的名字嘛，我们也已取好了，就是‘美国欧柏林大学中国分校’。这样你会高兴的吧？”

孔祥熙脸一下子涨红了，他腾地站起来，激动地说：“这个名字我不能接受！”

“噢，为什么？难道有什么不妥吗？”副校长很奇怪。

“你想想看，‘美国大学中国分校’，你把中国看成哪儿了？美国的一个州吗？要取这么一个名字，不仅我孔祥熙会被国人视为卖国贼，学校盖得再漂亮，也会被当地人砸个稀巴烂的。”

“有这么严重吗？”

“是的，有这么严重，甚至比这更严重。这关系到我国的地位和民众的感情。它可以在事实上作为欧柏林大学的分校，最高管理机构设在这里也是可以的，但是学校的名字，必须另取。否则……”

“好好好，我们可以让步，只要你承认事实上是欧柏林大学的分校就行。但我想问一下，你准备给它取什么名字？”

“我已经想了一个很有意义的名字，‘铭贤’。”

“铭贤？你这里的贤人是指谁？”

孔祥熙环视了一下在场所有的人，朗声说道：“指欧柏林先生，指在山西以身殉道的那些传教士们，还有，也指为这所学校捐款出力的所有各位！”

“啊！”在场的人都挺起了身子，有的眼睛里放出光芒，有的和邻座小声商量起来，看得出，他们对孔祥熙的解释似乎很感兴趣。

副校长却板起了面孔：“孔祥熙同学，我感觉你好像在用你们中国的文字要弄我们。一个贤字，能有这么大的容量吗？这么多人都可以称为贤人吗？”

孔祥熙微微一笑：“副校长先生！在我们的文字中，凡是明智豁达、对民众有所贡献的人，都可以称为贤人。仅在我的先祖孔子的门下，当时就有‘弟子三千，贤人七十’。以后历朝历代，被称为贤人的不胜其数。你说，欧柏林先生算不算贤人？那些传教士算不算贤人？今天在座的愿意为这所学校出钱出力的算不算贤人？”

副校长不再纠缠名字问题，却又提出学校应该建在北京，才会有更大的影响。对此，孔祥熙说：“这个问题，你可以和教会方面协商，人家的本意是要纪念在山西死去的传教士，建在北京怎么算呢？”

“那，起码也应该定在太原吧？”

“欧柏林先生立功扬名的地方是在哪里？不是首都，不是省会甚至不是通州大邑，而是在偏僻的乡下，这才更显出他的不计名利、重在务实的精神。这一点，我入校第一天就听到了，想来副校长先生比我更清楚。所以我的意见是同样建在乡下，就选在我的家乡太谷。”

在座的人鼓起了掌。他们为孔祥熙锋利的说辞击中了，各方都认为孔祥熙的打算适应了自己的要求，而且想得更深一些。

教会和学校都为能培养出孔祥熙这样的人才而高兴，75 万美元的建校巨款当天就敲定了。

黄土高原上的奇迹——一座中西合璧的新式学校

1907 年秋天，孔祥熙顺利拿到硕士学位后，即启程回国。船到横滨，孔祥熙照样又上岸走了一番，不过这一次已不像当年拜访孙中山，匆匆而上匆匆而返，他在东京、大阪、京都、名古屋等地，信马由缰地周游一趟，详细考察了日本学校的课程设置、师资配备、经费来源、人才目标等，从而为他的办学计划提供了借鉴。

当初，清朝派往国外的第一批留学生回国时，朝廷上下都觉着稀奇，不知这些人到外国几年，都学了些什么回来。连慈禧太后都雅兴大发，在颐和园兴致勃勃地接见了他们——其中包括后来的著名铁路工程师詹天佑等。那天的慈禧太后，望着一个个西装革履的精干小伙子，心情很好，就拉长声音问道："你们年纪轻轻就到外国住了几年，可开了眼了。快给我说说，你们都从洋人那儿学了些什么本事呀？"这些留学生因为互相之间并不熟悉，事先有关官员也没想到慈禧太后会问话，也就没有安排代表发言，这时听了太后的话，谁也不知道该由谁回答，再说谁跟谁学的东西也不一样，大家就都愣着。慈禧太后咕噜咕噜吸了一阵水烟袋后，见没人回话，以为一两句话说不清，就扬了扬手中的水烟袋说："好了，你们就说个简单的，告诉我这水烟袋 3 个字用外国话怎么说？"这些人洋话学了不少，可真没有学过外国人怎么叫中国的水烟袋，只好面面相觑，更无一人答言。慈禧太后执政多年，权倾天下，问什么人的话，也会立即听到回音，却想不到今天在留学生面前，连碰两次钉子，一时凤颜不悦，以为这些人什么也没学到，就挥挥手："都下去吧！"

结果这批人都没受到重用。直到这些人在实际事务中渐渐露出了才干，朝廷才对留学生重视起来。

孔祥熙回到国内时，已经是慈禧太后死的前一年，老佛爷自己病得不轻,也早没了对留学生的新鲜感,当然谈不上再接见他们了。不过孔祥熙倒是一回国,就接到邮传部的聘书,要他到京任职。当一个京官虽然也不错。但孔祥熙想到自己争取到的那75万美元办学经费,如果因到京任职而放弃,实在可惜,权衡再三,还是回绝了这项邀请,回到太谷去开办学校。

孔祥熙先在县城南街办了所小学,让美国人看到了他投身教育的决心和行动。于是办学经费源源汇到。有了那么大的一笔资财,他就在城东关外,选择了一大块北依象山、南傍凤山的水草丰茂之地,请人详加设计,盖起了一座黄土高原上绝无仅有的、可与欧柏林大学相媲美的花园洋房学校,座座西洋式的水泥楼房掩映于奇花异草之中,加上自来水和各种电气设备的使用,使它处处透出一股现代化的气息,让大清国的国民们大开眼界,耳目一新。不要说在当时的中国内地,就是在上海、天津资本主义发展较早的地区,这样精美的学校也难见到。仅仅这所学校的环境建筑,就让许多人叹为观止,使孔祥熙获得了很大名声。没有几个人知道学校经费的真正来源,他们把它当成孔祥熙的私产,在刚刚进入20世纪的中国,有实力建起这样一座学校的,不是山西首富能行吗?

学校本身的形象就是最好的广告。当地富家子弟纷纷报名,就连太原城里的官僚富商,也想方设法把子弟们送到这里。不过,当地一些豪绅开始并不买账。

一天,在太原通往太谷的大路上,担任大清山西省巡抚高级幕僚的赫胜强带一队车马风尘仆仆迤逦而来,太谷土豪熊员外望见,赶紧上前拜见:“赫先生,什么风把您吹到这穷乡僻壤的太谷来啦?”

赫先生打起轿帘:“啊呀,熊员外,你们太谷出了名人啦,居然办起了京津稀见的铭贤学校。你们当地人自然近水楼台,子弟上学不愁,我在太原城里,只好长途跋涉送孩子到这儿上学啦!”

熊员外大吃一惊:“怎么?您从太原赶来,竟是要送孩子到这儿上学?您知道那是什么学校?岂不误了公子前程?”

赫先生有些不解:“什么学校?不是铭贤嘛。”

熊员外挤挤眼:“嗨!什么铭贤,我们这儿人都叫它‘圈儿学校’,也有人干脆叫它‘零蛋学校’。你去看见就知了，人家的旗子上、校服上、运动员背心上。到处都印着大圆圈。教书的又都是些高鼻子蓝眼睛的洋人。你想，这样的学校，孩子能学好吗？”

赫先生疑窦丛生，赶到学校一看，果然到处都是大圆圈。他把孔祥熙拉到一边：“孔校长，学校画这么多圆圈是怎么回事？莫不是要孩子们到这里玩圆圈、考零蛋吧？”

孔祥熙哈哈一笑：“你且听我慢慢道来……”

原来，为塑造和树立起学校的形象，孔祥熙亲自设计了校旗校徽。因为他对美国人称，这所学校叫“Oberlin Shanxi Memorial School”，或者简称“Oberlin in China”，意为欧柏林大学在中国的纪念学校。孔祥熙把学校英文名字的第一个字母“O”，作为学校的特殊徽记，校旗印上一个大大的O，学生的校服上，前面有一个大O。学校运动员的背心上，更是一个大O。当地人不明白孔祥熙这校徽的含义，他们看见的只是一个个大圈儿，于是戏称这所学校为“圈儿学校”。更有人恶作剧，称学校是“零蛋学校”，说学生在这里学习，成绩零蛋才是好学生。

玩笑毕竟只是玩笑，孔祥熙为学校的教学质量提高还是煞费苦心的。他从美国在华的传教士中聘请了一批教师，这些人多是大学毕业生，教一所中学的课程自然不成问题。

欧柏林大学每年派男女各一名毕业生来学校任教，两年一轮换，这样学校就常年保持着4名美国刚毕业的大学生教师。不过这些教师不像在华的传教士能说汉语，他们只会讲英语，因此担任的课程就受到限制，孔祥熙就安排他们上英语、体育、音乐课。他自己则主讲理化矿物。为适应当时社会的需要，也请了一些国学先生，其中就包括他的父亲孔繁兹，主讲古文。为了把学校管理好，在美国欧柏林大学建立了铭贤托事部，托事部主席由欧柏林大学校长或副校长兼任，成员多为该校的教授或校友，在美国政府备案。铭贤在国内的管理机构为校董会，孔祥熙自任校长兼董事长，董事为本校毕业学生3人。欧柏林大学毕业生3人，社会名流4人。孔祥熙介绍完情况，又带赫先生到学校各处参观。赫先生见教室明亮，学生宿舍干净，更有当地几乎从没有过的抽水马桶、壁炉书橱等等设施，于是一百个放心地把孩子交给孔祥熙，回到太原还到处宣传铭贤学校的好处。

孔祥熙从这件事也感到了当地一些守旧人士的保守思想可能对学校造成伤害。以前他把注意力都放在了怎么争取国外经费、聘请洋人教师上，忽略了在当地争取人心的工作。从此，他经常不断地请当地一些头面人物和富商豪绅，到学校参观，请他们在这里享用味道精美的西餐糕点，给他们送一些精美的小礼品，渐渐地这些人也称赞起铭贤来了。

不久，一首民谣就在当地不胫而走，连几岁的小孩子也会唱诵：

说铭贤，道铭贤，
铭贤美名天下传。
自从来了孔校长，
太谷学生上了天。

这首似通非通的歌谣，倒是反映了一个事实：孔祥熙和他的铭贤学校，已经在当地站稳了脚跟。

教会孤女——孔祥熙的第一任妻子

孔祥熙在为建校跑前跑后到处奔忙的时候，几道细密的鱼尾纹已经悄然爬上了他的眼角。这天早上刮胡子时他在镜前多看了几眼，终于发现了这可恨的皱纹。当下孔祥熙大吃一惊，怎么？自己已经到了生出皱纹的年龄吗？当年他发现自己唇间悄悄生出的细密小黑胡子时，那是掺杂着一种喜悦的，因为胡子是男子汉的象征，是他从身体到思想走向成熟的标志。而这次的鱼尾纹却完全不同，它和成熟无关，却是衰老的开始。孔祥熙重重地坐在了椅子里，一时思绪万千。

多年来，他一直在为国家的命运担忧，在为自己如何能够出人头地，在社会生活中扮演更重要的角色谋划、奔忙。父亲孔繁兹几次催促他考虑婚姻大事，他都打着哈哈应付过去了，他一直认为自己青春年少，精力旺盛，来日方长。今天看到了鱼尾纹，他细细算来，自己已届而立之年。想想几个自己的同龄人，他们早已是子女成行，而自己……

一个推门而入的人把冥思苦想中的孔祥熙惊得一跃而起："谁？"他愣愣地望着头发花白的父亲，半晌脑子还没回过神来。"庸之，今天是什么日子你还记得吧？"孔繁兹望了一会儿发呆的儿子后才开口。

"什么日子？"孔祥熙疑疑惑惑。

"自打你从美国回来，今天起来是办校，明天起来是办校，整天忙得神魂颠倒的，别的什么都忘记了。现在学校办起来了，也算是事业有成了。你应该想想自己的事了，尤其是今天这个日子……"

"今天究竟是什么日子？"孔祥熙还是不能明白。

"30年前的今天，一个小生命呱呱坠地，给我孔家带来了希望和欢乐……"

"啊，今天是我的生日！《诗经》上说，'哀哀父母，生我劬劳'，今天我首先应该感谢父母对我的养育之恩。一会儿我要到母亲坟前给她老人家烧纸祭奠，现在请父亲先受我一拜吧！"孔祥熙请父亲坐好，虔诚地跪了下来。

孔繁兹没有像以往那样很快把儿子拉起来，他接受了儿子的跪拜后，仍旧没有让儿子起身的意思。他端坐在太师椅里，望着跪在面前的儿子又开了口："一个真正的有孝心的儿子，不光是在父亲面前俯身下拜，而是要能听进父亲的话。天下没有多少父亲是要把儿子往邪路上指吧？"

"祥熙能有今天，多亏父亲时时耳授面命。"孔祥熙仍然跪在地。

"那，今天我要正式和你商量一下你的婚姻大事。自古以来人丁旺才能家业盛，可现在，你看看我们这个家。进进出出就是我们父子两条光棍，你可以不想媳妇，可我一天天老了，却不能不想身边有个儿媳伺候。再说，不孝有三，无后为大。总不能从你这里断了我孔门香火呀。一个不肯传宗接代的人，就休想得到列祖列宗在天之灵的庇佑！"

跪着的人是不能争辩的。孔祥熙只好说："但凭父亲做主！"

"你同意了？"孔繁兹很高兴，儿子在这个问题上第一次没有漠视父亲的要求。

“父亲在上，儿子同意。”孔祥熙说得很认真。

孔繁兹赶紧俯下身去：“好儿子，起来起来，我们商量一下。”

孔繁兹烧了一个大烟泡，吸足之后精神大长：“这段时间前来提亲的，有县城曹家的二女儿，有太原王家的小女儿，有运城马家的独生女儿。这几家都是当地有名的大户人家，女儿都受过教育，又个个天生丽质，我看哪一个都行，你拿个意见，咱们就择日相亲，早定早办。再不能拖了。”

孔祥熙咽口唾沫：“爹，尽早完婚可以。但我出国留洋，回来又兴办新式学校，在社会上大小总是有些影响的人了。这婚事总不能再按多少年前的陈规旧习来办……”

孔繁兹瞪起了眼睛：“什么陈规旧习？”顿了一下又说，“好好，那依你想怎么办？”

“美国社会富足发达，和人家的风俗习惯不无关系。那里的人家讲究自由恋爱，爱情至上，最反对没有爱情基础而只注重门第的婚姻。所以，你老说的这几家，虽是有名人家，但他们的女儿我一眼没见过，根本不可能有什么感情基础，如果一定要定，我想还是自己来决定。”孔祥熙说。

“呀，你想娶个洋婆子？”孔繁兹一脸怒容。

“不不，没有的事。我身为孔圣之后，当然要恪守中国传统，岂能让孔子后裔变成不中不西的混血儿？”

“那你看上的是哪位姑娘？”

“这件事情还没有十分把握。只是我对人家有些好感.谈话还从没往这上边扯。不过今天说到完婚，我倒想在山西境内，大概非此人莫属。”

“啊，什么样的姑娘把你迷成这样，还‘非此人莫属’？”孔繁兹也来了兴致。

“是太原的一位教师。”

“这么说是一位有知识的女子了。她父亲是干什么的？家境如何？”

“她自幼父母双亡，是个孤儿。”

“那，是她舅舅或是叔叔收养了她？”

“她没有一个亲人，是个地地道道的孤女。”

“那她又靠什么生活，靠什么上学受到教育？难道她父亲留下大笔遗产？这样的人我从没听说过。”

“是太原教会收养了她，在教会学校读书长大。”

“这么说是位绝代佳人了？”孔繁兹摇摇头，“年轻人只重相貌，别的方面都不想，其实即使是女子，她的家庭背景也是很重要的。”

“也谈不上是绝代佳人，不过人倒也漂亮温柔，我为办学的事在太原活动时相识，她为我做过一些事，有情有义的，不提起倒罢了，提起娶亲，我想我动过一点情愫的人儿就是她了。”孔祥熙实实在在地说。

“庸之！虽然娶媳不同于嫁女，可这自古以来讲究的门当户对也并非毫无道理。你要干一番事业，总是需要外界帮助的。娶个大户人家的女儿，在你需要时，她的家庭总是能为你提供一些帮助，可这个孤女，除了对你好之外，还能为你做些什么呢？”

孔祥熙望着父亲：“您老想得很周到。但是一方面我注重的是自己的感情，另一方面嘛，她在教会长大，这教会也是一股很大的势力呢。我这些年的经历，想父亲也是知道的，得益于教会的方面不少啊！”

孔繁兹哈哈笑了起来：“好好。是不是还按‘陈规旧习’，我派人去正式提亲啊？”

“待我先和她商量过了，再劳父亲费心。”

孔祥熙相中的这位姑娘，芳名叫韩玉梅，虽是教会收养的孤女，却自小自尊自爱，学习努力，心地善良，乐意助人。孔祥熙父子一番忙活，这桩婚事终于顺利地定了下来。

金风送爽的季节，孔祥熙和韩玉梅按照基督教的礼节，举行了隆重的婚礼。太原教会方面尽力仿照中国的风俗，做了韩女士的娘家代表，他们为她置办了嫁妆，又出动了一批人物前来送亲，那阵容之庞大严整，丝毫不亚于当地的一般人家。谁说新娘子是孤女？她身后有着一个巨大的集团背景，迎亲队伍在街上走过的时候，令不少看热闹的人肃然起敬。

孔繁兹成了这场婚礼中最高兴的人。他就这一个儿子，多年来孔祥熙在外留学，到处奔波，里里外外他形单影只，就是孔祥熙回来办学，也是父子两人相聚时短，独处时长，现在儿子娶了亲，这就算有一个“家”了，没有女人，历来是不成其为家的啊。

新婚的孔祥熙备显精神。新娘子那娇小的身材和妩媚的面容，让他爱得心疼。韩玉梅得到孔祥熙的爱抚，也更显出了俏丽和干练。她细心料理孔家父子的日常生活，帮助孔祥熙管理学校，让孔祥熙在惬意之外，也感到了某种轻松，结婚不仅没有绊住他前进的脚步，反而使他切实感到有了更多的时间考虑学校建设的长远的大事。

学校校长兼商团顾问，亦文亦武的地方名人

孔祥熙当校长，吸收了一些西方现代教育方法，注意让学生的思想品德、文化成绩和体育三方面并重发展。

他给学生讲理化和矿物，也上体育课。理化和矿物课的反响一般，而他开始作为游戏性质的体育课却在太谷引起了一阵旋风。孔祥熙在美国学过步兵操典，在铭贤他依样画葫芦，叫木工做了 60 支榆木步枪，自备了一把指挥刀，上体育课时就带领学生枪上肩、正步走，然后散开刺，防左防右刺地练，也教他们徒手操。学生们感到新鲜，操练很认真。经过一段时间，他的学生军就能走出整齐的步伐，做出一致的持枪动作。在清朝末年的乡下，这事却非同小可。每次体育课，都吸引不少人前来观看。孔祥熙注意到了这一点，于是决定用这一着扩大学校的影响。

农历三月十八，是太谷传统的庙会。不仅有各种商品的交易，还有各村的社火班子、秧歌队、渔家乐，走街串巷，打摊摆擂，十分热闹。城里大街小巷到处是人山人海。孔祥熙相中了这个时机，把他的学生军带到城里，前面 10 面校旗迎风猎猎，后面洋鼓洋号吹吹打打，然后是肩扛木枪的学生军脚步嗵嗵，在城里主要街道上一圈周游，吸引了大批人跟随来看。接着，他在东关一处开阔的地方，扎下营盘，随着鼓声咚咚，130 多名学生军分成两队，一队徒手劈掌打拳，一队舞弄木枪，看起来就像一支训练有素的新式军队。而孔祥熙呢，更像一个经过沙场的青年将军。直看得有的人肃然起敬，有的人摩拳擦掌，叫好助威。铭贤中学一下子声名大振，

再没人开“圈儿学校”的玩笑了。

有心栽花花不发，无意插柳柳成荫。孔祥熙本是要用这种稀奇的形式，扩大铭贤学校的影响，让更多的人到这里读书。岂知天下将乱，人们格外注意军事武装。许多人竟把孔祥熙当成了一个真正的“军事家”。

这天，孔祥熙正想外出，却见太谷商会的老会长带着人进了学校。老会长一见孔祥熙，就双拳紧抱：“啊呀，孔将军！真是文武全才，咱们太谷商人的安全今后有保障啦！”

孔祥熙丈二金刚摸不着头脑：“老伯，我只是在办教育、当校长，什么时候成了将军啦，”老会长哈哈一笑：“贤侄！咱们都是世交，在老伯面前就别打花腔啦！庙会上你的学生军操练，我已经亲眼看到了。我今天是特意来聘请你把咱们的商团抓起来，由你出面把这支武装训练好，我这个老会长就可以高枕无忧啦！”

孔祥熙回国后，一直忙于他的办校事务，对其他方面的情况还不甚了了。于是忙请会长坐下：“愿闻其详。”

原来，太谷商会本有一支称为“商团”的武装，义和团运动中，一些地痞恶棍被义和团杀死，还有些人吓得四散逃匿。这商团便从此一蹶不振。太谷城里商号、票号千以计数，每天都有大宗的银子过手进出，商家富户们特别关心县城的安全。光绪皇帝和慈禧太后死后，3 岁的溥仪登基做了皇帝，南方革命党不时暴动起义，这里就有些人心惶惶。朝廷一腐朽，就有些日子过不下去的人啸聚山林，不时出来打家劫舍。商会担心一旦出些事情，外地商人不敢再来，这“金太谷”萧条下来，就无钱可赚了。商会的人看了那天挎着指挥刀的孔祥熙，居然能把一帮学生都练得进退有方，以为定是在外国学过军事的大行家，一致同意请孔祥熙出面来重振商团军威。

老会长说完，拿出一张大红聘书说：“贤侄，委屈你出任这商团团长，薪俸嘛，按每月 500 两白银……”

孔祥熙连忙摆手：“老伯，你弄错了。我只是个文人，并未学过什么军事。那些学生操练的，也只是体育课的花架子，不中用的。你还是另请……”

老会长把胡子一捋:“得,你这是嫌官小,或者嫌花红少了!”

孔祥熙急忙解释:“老伯在上,叫我干什么也不敢瞎争竞的。只是我这学校确实离不开呀!”

“那你就看着咱太谷商会的事不管?别忘了,你孔家也是第一富商哩,真要来了土匪,还不先收拾你孔家?”老会长生了气,话说得难听起来。

孔祥熙叹口气,做出无奈的样子说:“老伯,这团长我确实不能当。不过,你们一定要我出面,我就做商团的顾问吧。”

“顾问?”老会长还从未听过这洋名词,“顾问是干什么的?”

“噢,这顾问只管商团的一些大事,不每天去点卯坐班。”

“是不是只有来问你的时候你才顾一下,不问你就不顾啦?”

孔祥熙赶紧说:“不是的不是的。他们有重要的事情决定不下,来问我我必然要管。不问呢,我也要经常去看一看,对他们的训练、巡守提出我的意见。我保证尽心尽力,但凡我说了的,团长以下都得听,按我的意见办才行。”

“原来是这样。行行,顾问就顾问,反正你得多操操心。”老会长又乐了。

从此。孔祥熙果然兼起了商团顾问,对商团的招兵买马、操练守夜提出了不少意见,还给他们讲些保境安民的道理,使这支队伍很快像模像样起来。

真是有其一就有其二。没几天,太谷的警察局局长也找上门来,请孔祥熙对警察局的事也顾问顾问。孔祥熙感到这也是扩大自己知名度和在当地势力的好事,也就应承下来。每月对警察们训训话,既讲警察应有的除暴安良责任心,也讲些美国治安管理的有效做法,连局长每次都听得连连点头,私下和他称兄道弟。孔祥熙乘机和一些警察建立起了私人感情,不少人愿意听命于他。

从此,孔祥熙不时挎着洋刀,带着几个人在太谷城里巡视,不论是铭贤学生,还是商团警察,见了他都得立正敬礼。

亦文亦武,孔祥熙成了太谷城里跺一脚四角落土的大人物。

第八章　民军司令

发动兵不血刃的太谷起义

孔祥熙在革命事业上一帆风顺。然而正当他在太谷城炙手可热的时候，父亲孔繁兹却和他闹上了别扭。

原来，孔繁兹每餐必喝的杏花村汾酒，今天在餐桌上消失了。孔繁兹在学校讲授古文，他最欣赏的是《三国演义》开头的一句话："话说天下大势，分久必合，合久必分。"这句话他在课堂上讲，在书斋里会友时讲，而在餐桌上讲得却最多。不过，他讲出来时，已经变成了："天下大势，逢酒必喝，喝酒必汾。"他自称："吾是酒中仙，不喝难上天。"特别是孔祥熙在县里大力推行戒除鸦片烟，跟地方当局配合，把不少抽鸦片的人弄到戒烟所，强行戒烟，连老父的鸦片供应也控制到最低限度后，他更是顿顿必喝。今天大中午的，饭桌上竟然没酒，叫他怎么吃得下饭？

孔繁兹敲着碟子，大喊："拿酒来，拿酒来！"颇有武二郎在景阳冈下酒店里的豪气。

伺候他吃饭的小姐们知道他脾气大，吓得不敢上前。孔繁兹看平日里对自己毕恭毕敬的这些人。今天连喊几声竟没人出来，不由大动肝火，把一盘子最爱吃的素什锦"啪"地摔到了地上。食堂主任看孔繁兹真闹起来，只好硬着头皮走了出来："老先生，他们对您伺候不周，您别动怒，还是快坐下吃饭吧。"

"吃饭吃饭，没酒叫我怎么吃饭！为什么这半天还不拿酒上来？"孔繁兹情绪激动。

"啊，啊，是这样，到杏花村买酒的人还没回来，汾酒今天断顿了，我们知道别的酒您是不喝的，所以，所以，今天是不是，请老先生，啊……"

"好啊，连我的汾酒你都敢断顿，我看你这食堂主任是不想当了！你给我卷铺盖滚蛋吧，现在就走！"孔繁兹点着食堂主任的鼻子，步步紧逼。

食堂主任没有办法，只好说出了实话："唉，是孔校长吩咐今后不必为您每餐备酒的，老先生，这不关我的事啊！"

"好一个'不必备酒'，没有酒我还是什么老先生？我成后生了，成孙子了！你去把他找来，看看他是爹还是我是爹！"

孔祥熙来了。孔繁兹见面就嚷："好你个不孝之子！我把经济大权交给你几天，你就抠门抠到老爹头上了，我喝两杯酒能把你喝穷吗？"

"不是的，爹。你看咱这是学校，咱们得为人师表啊，您老每顿喝得醉醺醺的，影响不好啊！"

"醉？我从来没真醉过。任你说得老槐树上开玫瑰，我吃饭也得要那杯'醉翁之意不在'！"

孔祥熙慢慢地打开一瓶美国矿泉水，给老爹斟上："那东西喝多了对身体不好，你老还是喝杯'君子之交淡如'吧。"

"你少来这套！我抽点鸦片，你说对身体不好，我听你的，现在抽得少了。你又要断我的酒，这不是得寸进尺吗？你娘死得早，怕你受屈，我不给你找后娘。你现在又要戒我的烟又要断我的酒！没烟没酒没女人，我还活着干什么？你让我死了吧！"

人老了有时跟孩子似的。孔繁兹撒泼大闹，孔祥熙拉扯相劝，正难解难分，有人进来报告："校长，商会来人说有十万火急的事，请你快去！"

孔祥熙只好对父亲说："爹，今后您还是少喝点吧！"说完匆匆走了。

孔繁兹又有滋有味地当起了酒中仙，孔祥熙却遇到了大难题。

原来，1911 年 10 月 10 日，辛亥革命在武昌首义。接着遍布各地的同盟会员纷纷响应，在各地发动起义。

10 月 29 日凌晨，山西新军二营管带姚以介在狄村大操场集合 500 多名士兵，宣布起义，打响了向山西清兵进攻的枪声。经过一个早晨的战斗，已如惊弓之鸟的山西清军即告投降。当天上午，太原起义的主要领导人和山西同盟会人员以及社会名流，聚集省咨议局开会，推举阎锡山为山西军政府都督。他们拔掉大清帝国的黄龙旗，换上了八卦太极旗，并仿照武昌起义者的做法，采用黄帝纪年，称中华民国。

孔祥熙听到消息，决定在太谷也进行起义。因为他掌握着商团，跟警察局也是老关系，加上组织起来的学生军，在一个小小的县城，声势就很大了。清政府任命的县官手下没有几个清兵，孔祥熙派人跟县官一谈，连恫吓带劝说，要他参加起义。省里早宣布光复了，一个清政府的小县令，能保住脑袋就不错了，哪里还肯垂死挣扎，替清王朝做殉葬鬼？兵不血刃，拔掉黄龙旗，换上太极旗。太谷就算起义成功了。县官照做他的县官，只不过不再听从山西巡抚的调遣，等候山西军政府之令就是了。除了旗子和衣服，一切照旧，这也算是一场革命。

在许多地方，这场革命就这样完成了。它的不彻底性，留下了深深的后患。

孔祥熙回到校长室，一位商会会员急吼吼地说："孔校长，有一股溃兵正向太谷扑来，县城要遭大难了！请先生为民做主，快想退兵之计！"

"有多少人马？"孔祥熙大吃一惊。

"行不成行，伍不成伍，总有几百人吧。"

"糟糕！"孔祥熙额上的汗珠子已淌了下来。

初战告捷——3000两银子打跑攻城溃兵

孔祥熙脑子里急速盘算：不怕绿营兵，不怕黑脸将，溃兵狠过土匪王。这些人手里有家伙，却没有军纪约束，奸、抢、烧、杀样样敢来。太谷城里，有什么力量抵抗？学生们拿支木枪比划比划，那是花拳绣腿，中看不中用；商团虽有百把人，也只能吓唬些白吃白拿的地痞无赖；警察局的几十号人，说穿了对付良民百姓还行，碰上凶恶点的罪犯就躲得远远的。哪能靠他们真刀实枪地战场厮杀？刚刚反水过来的县太爷手下几十号清兵，更是不敢指望，他们不跟溃兵里应外合、劫掠县城就谢天谢地了……孔祥熙越想越急。可眼下怎么办，逃跑？可跑得了和尚跑不了庙，溃兵来此，瞄得的是富商们的财产，平日里自己挎洋刀耀武扬威，事到临头，只能出个逃跑的主意，那今后就休想在这里立足了！孔祥熙忽然想起一句土话：该死该活鸟朝上！事到如今，只能一拼了。

孔祥熙打定主意，立即行动。全体学生紧急集合，开上城墙。传令商团马上到城头，遍插旗帜。以壮声势。命令警察和反水的清兵，维持城中秩序，暗中却嘱咐警察局局长，看住清兵。不许他们到城头观望形势。接着，安排了一些有枪的商团团丁，埋伏到城外的一个险要去处，嘱咐他们如果溃兵攻城，就在他们背后放枪。如果他们不攻城，就不必轻举妄动。

这一下，城里人心稳定了些。孔祥熙也觉得凭这坚固的城墙兴许能抵挡一阵。他给商会的人们说："请父老兄弟们放心。那不过是一群乌合之众，我今天绝不让他们进到太谷城里！"

孔祥熙登上城头，传令紧闭四门、严阵以待。

时间不长，一批在太原被起义部队打散的清兵，就乱哄哄地拥了过来。溃兵们一看城门紧闭，城上遍插旌旗，人来人往，就发出了恫吓。一个军官高声叫道："城里的人听着！我们只不过在这里打打尖(吃饭喝水)，你们这样对待弟兄们，我可要下令攻城了！我们被请进城和自己攻进城，那结果可是不一样的！"说着，一些兵已经选择地形，架起了火炮。

孔祥熙在城头女墙上露出半个脑袋，对着下面喊上了："弟兄们，不要开炮，不要开炮！在下是太谷民军司令，你们有什么话请讲，请讲，什么事情都好商量嘛！"

溃兵头子嚷道："你什么鸟司令！好说就下来说，或者让我们进了城再说，我可没劲跟你这么城上城下地喊。我看还是让炮弹先上去带个信吧！"

说着，他就在那里举手比划，做出要下令开炮的样子。孔祥熙急了，这一开炮，城中就得乱，守兵也得散，局面就难收拾了。

孔祥熙挺起身子，做出一副视死如归的样子，对着下面说："老总，这一开炮就难免一场血战，我想这不符合弟兄们的本意。你们从太原赶来，人困马乏，眼下最需要的不是打仗而是休息和吃饭。只是因为太谷城小，难以歇马，加上这地方穷乡僻壤，妇孺无知，不善招待，你们进到城里也难满意。兄弟我的意见，是不是由这里给你们筹措一笔饷银盘川，你们到前面打尖如何?”

“不行!你有什么话我们进了城再谈。量你这小小县城有什么守备?竟敢阻拦我们行军!再不开门,叫你连人带城一起坐坐土飞机!”

溃兵一说县城无守备,才真一下子提醒了孔祥熙:“他说小小县城无守备,是猜着说的;那么我要说县城有守备,不也可以蒙着他说吗?古语说,兵不厌诈。我今天何不诈他一把?诈成了,脱一场灾难,成一世英雄;诈不成,无非还跟现在一样,死拼一场再说。”想好了,孔祥熙换过刚才紧张兮兮的样子,用调侃的轻松声调说:

“弟兄们,要说放炮玩,我看你们不一定占便宜。我这里的炮也很脆哩,数量还比你们多几门。况且我们好歹有城墙护着,你们可是无遮无拦,炮弹皮不长眼睛哩。嗯,还有,刚才太原来了电话,还有一支队伍已经出发,正要找你们哩,要我们拦住你们。嗯,说实在的,本司令和你们平日无仇,素日无冤,不想为难弟兄们。革命了嘛,大家都要有饭吃才好。所以,所以嘛,你们还是拿几个钱赶路去的好。嗯,怎样呀?”

老油条似的军官一听就知道孔祥熙在耍花招,马上喊道:“你给我少耍滑头!老子走南闯北,什么阵仗没见过?我今天不开几炮,你大概也不知道炮弹会开花儿!”他回头招呼那些溃兵:“弟兄们,预备!给我轰他娘!”

倒是那些士兵听了孔祥熙的话,心中有些嘀咕。人一吃过败仗,往往心虚胆怯,以致才有了风声鹤唳、草木皆兵的成语故事。他们现在并不要真的攻城打仗,而是在哪里能捞一把就捞一把,既然不用打仗就有人肯给钱,何必冒死命的危险?于是士兵们不再听军官招呼,乱哄哄地跟孔祥熙侃上了价:“孔司令,你给多少钱吧?多给点钱,我们不开炮也行。”

孔祥熙一看这骗招有效,立即来了信心:“弟兄们,给你们白花花的1000两银子,不少了吧?有了这银子,你们还愁没饭吃?要在往日,你们怕是打一个月仗也不见得有人给这么多钱吧?”

溃兵们私下嚷嚷上了:“1000两银子,每人能分好几两呢,顶咱半年的饷银!我看也行。”

军官一看这架势,知道孔祥熙的银弹果然厉害,再让士兵们开炮已经难了。只好就坡下驴，和孔祥熙讨价还价："孔司令，既然你不愿意挨炮，给钱也行。可谁不知道你太谷富甲三晋，弟兄们大老远赶来，给 1000 两银子，你拿得出手吗？"

见军官也参加了砍价，孔祥熙心想县城这一场血光之灾可以避免了。心一稳下来小花招就又来了。便说："老总，刚才本司令说的 1000 两是给弟兄们平分的，至于你老总，本司令愿意单独再给 1000 两啊！"

一听说当官的一人就要拿 1000 两，那些兵就乱了营，一齐嚷道："不行！凭什么他一人就拿 1000 两？现在大家都是逃兵散兵，他也管不着我们了，我们不干！"

军官看到这些人为没到手的东西先自己吵吵上了，恐怕为孔祥熙所乘，什么也得不到被乱枪打散，立即吼了起来："吵，吵他妈什么？谁拿着 1000 两了？现在连个屌毛也没见到，就乱成这样子，一会儿还不让人家把咱们给打跑了？快，把炮架好，把枪端平！看我再跟他们要！"说完又给孔祥熙喊："孔司令，你花花肠子不少啊！一两银子还没拿，就要让我们内讧！告诉你，今天少了 5000 两银子，太谷城休想看到明天日出！至于这银子怎么分，我看你就不必咸吃萝卜淡操心了！"

溃兵们一听还能要 5000 两，一下子又来了劲："对呀，刚才怎么就没想到多要点出来？"一齐又帮着军官吼，"对，5000 两，少一两也不行！"

孔祥熙听了，心中叫苦道："坏了，偷鸡不成要蚀把米了，刚才挑事没挑倒人家，反倒让这些人一齐来漫天要价了。不行，还得拿出点硬郎劲。"对这些人喊道："弟兄们，要是说一共要 3000 两，在下还可以想想办法。如果非要 5000 两，那就不用讲了，咱们就开战吧！"

城下的人又合计了一阵，能要出 3000 两银子已经是大丰年了，打一仗不定谁死谁活呢，于是说："好好好。给你面子，就 3000 两，不过要在一小时之内送出来，过了点，就休怪我们翻脸无情了！"

孔祥熙下城和商会商议了一番，决定还是破财消灾，给他们 3000 两银子，让他们拿上走路。真的交起火来，人家是光棍一条，自己这些有家有业的人。损失就大了。不一刻，城上坠下银子，溃兵们一哄而上，乱夺乱抢，谁还顾上点数？兵们用枪筒敲敲，确是叮当叮当的好银子。喊声

“多谢！”随即一股风卷地而去。

威风十足的山西中路民军司令

孔祥熙回到铭贤学校，才注意到浑身已是汗津津的。都是刚才紧张出的虚汗。想想今天的事情，还真是手榴弹擦屁股——后怕！在天下不宁的乱世，没有军事实力，说不定哪天就遭了殃。一个扩充军力的计划开始在他头脑中酝酿……

“孔校长，了不起啊！”“我们真得好好谢谢孔校长！”一片吵嚷声在外面响起来。孔祥熙出来一看，只见来了不少县城父老。他们听说孔祥熙带人守备。使县城避免了一场溃兵洗劫，说什么也要来当面致谢。这些人也有提瓶老酒的，也有拿张红纸写了吉言的。见孔祥熙出来，一齐打躬作揖，连连致谢。孔祥熙谦虚起来：“各位父老！祥熙蒙你们错爱了！今天的事，实在说有些对不住大家。大家推我任司令，本是要我保境安民的，结果反而破费了大家的银子，这不是我这司令无能吗？”

见孔祥熙这么谦恭，那些人更是感激感动，一位长髯过胸的老者说：“孔司令可不能这么想！今天的事情能这样和平解决最好不过，如果真打起来，就算能把他们打跑，我们还不得也伤几十号人？城里还不得落几十发炮弹？治伤号，修房舍，那也是钱哪！孙子兵法说得好，不战而屈人之兵者，上也！我们看孔校长办学是英才，论兵也是将才、帅才啊！”其他人一齐附和：“是啊是啊，孔司令是将才帅才呢！”

孔祥熙脸上浮起一阵苦笑：“莫说将呀帅呀的。要按咱县城的兵，我恐怕连个尉官也不够！唉，下次要再遇上这样的事，我大概只能舍身以报父老厚爱了！”

这些人听出了孔祥熙的弦外之音：“你是说，咱还得招兵？”“你们想想，这天下一时半晌能太平得了吗？古话说，百足之虫，死而不僵。这大清朝怎么说也坐了260年天下呢，哪里那么容易它就服服帖帖承认完蛋？这民国和大清要拉起锯来，今天我打过去，明天你打过来，谁可也就不替百姓着想了。咱太谷顶着个富有的名声，哪伙兵来了不得朝咱伸手？所以呀，我想，不养兵就得给人家的兵拿钱呀！”

有的人心中敲起了小鼓：养兵养兵，原来养了半天，到临了还是送钱解危。今天刚刚送走3000两，这扩兵还得出钱，扩了兵谁能保下次不是又要送钱退敌呢？

孔祥熙察言观色，对他们的心理猜个八九成，他缓缓地说：“要是咱们不增加兵力也行，我听说邻县都扩了兵，有了事咱们向他们借兵吧。”

几个有见识的人赶紧说：“这办法不行。一是真有了事远水解不了近渴；二是就算人家来了也不肯真替我们卖命；三是那兵是白借的吗？还不得照样花钱。干脆，咱们还是按孔司令的意见，把咱们的队伍拉起来，本乡本土的爷们，说什么也比外人强。”

众人想想也是这个理，只好同意。孔祥熙又说：“如果觉得这办法行，你们就多鼓吹鼓吹，我就是要个大家支持。钱的方面，我准备破家招兵，不给乡亲增加负担。”

这些人听了，好像刚才自己太小肚鸡肠了，人家孔祥熙一片真心为大家，破家都舍得，自己分摊点钱算什么？那些富户商行出钱时心里倒顺了。

没几天，孔祥熙就以太谷的商团、警察和铭贤学生为骨干。招募了一些乡勇，重新编排，设立了3个营，分别委任了营长、营副。指挥部称为“太谷营务处”，依旧自任司令。购买了4门大炮和一些长枪。他亲自训练训话，一时间，太谷的武装成了附近各县中最有声势的。

自起义以来，孔祥熙心中始终有个小算盘在拨拉：“我孔某是山西最早的同盟会员（即潞河学院时的‘文友会’），又亲受孙中山先生委托在山西开展活动，只因学校办在了小小县城，结果省城的暴动没赶上，比自己资历浅年龄小的阎锡山却当了省都督。”孔祥熙决定搞一场演习，扩大自己的影响。演习当日，南门外突然响起爆炸声。不少人忘记了是在演习，吓得就要逃跑。指挥台上的孔祥熙一个手势，霎时原来寂静无人的城墙上升起了几百面旌旗。每个城墙垛口都出现了守城战士，据枪向城下还击。攻城队伍遭到突然打击，后退一些继续向城上开枪。双方正在相持，突然。北门又传来连续不断的爆炸声。观看演习的人都不免大吃一惊。孔祥熙派人带参观者向北门转移,到了那里,只见一股更大的队伍已开始靠近城墙,有的安放炸药,有的搭云梯上城。万分危急之中,忽听远处一声炮响,又一支队伍开了过来,在攻城队伍的背后开了火。攻城部队回身招架之时,忽然城门大开,一队又一队的人马杀了出来,旌旗飞舞,杀声震天,城里城外两下夹击,把攻城队伍杀了个屁滚尿流。

这一场演习,炸药包、铁桶里的鞭炮响个不绝。烟幕、火光四处都是,攻城守城队伍衣服旗子各不相同。阵营分明,每个步骤环环相扣,让参观的人们大开眼界。尤其是孔祥熙的一身戎装和夸张的指挥动作,更让本县乡绅和各县参观者顿生敬意。演习后又举行招待宴会,杯筹交错中,几乎全是对孔祥熙的赞扬之声。各县纷纷提出请孔祥熙对本部武装进行指导。宴会上有人按照事先计划,提出建立山西中路民军总司令部,孔祥熙当时未作表态,但前来的人士都听到了这个计划。

演习过后,孔祥熙应邀到各县去回访,这些县民军首领反过来主动向孔祥熙提议成立中路民军总部。看看时机已经成熟,孔祥熙才把晋中各县人士邀来太谷,商议联合事宜。会上大家公推孔祥熙出任"山西中路民军总司令",孔祥熙谦让一番后,就正式走马上任,在"太谷营务处"的牌子旁边。挂上了一块更大的木牌:"山西中路军政分府"。

孔祥熙把中路军政分府建立起来后,才跑了一趟太原,向山西都督阎锡山报告。本来这时阎锡山的力量能控制住省会就很不错了,外地的事情根本顾不上。孔祥熙也是同盟会员,他的自发革命是应该大力支持的,但阎锡山看到孔祥熙的服装派头,比自己还风光十倍,心中就有些不悦。他假意褒奖一番,正式批准了军政分府的成立,心中却在打着主意,要把孔祥熙挤开,让离省会最近的地方直接听命于自己。

和阎锡山的亏本交易——司令换经济顾问

清军隔江与起义民军对峙的时候,北方也在进行着紧张的斗争。同盟会要求靠近清朝老巢的地方，马上采取围攻行动，夺取北京，起码要牵制清兵对武昌前线的增援。此时已任清朝新军第六镇统制的同盟会员吴禄贞，断然扣留运往前线的清兵，并且电奏朝廷，要求停止进攻汉口。清朝怀疑吴禄贞也是革命党，但交战时期他手握重兵，不敢贸然把他撤换。袁世凯想出了一条毒计，任命他为署理山西巡抚。袁世凯认为，革命党也会争权夺利，即使他真是革命党，为了一省大权，他也会率部向山西进攻，和起义的阎锡山一决雌雄。这样就可起到让革命党自相残杀消耗力量的目的。岂知高风亮节的吴禄贞却不肯上当，不仅不向山西发兵。还暗中与阎锡山联合，组织起了"燕晋联军"，要"会师北京，扫清清室"。可惜举事不密，联军还未行动，就被袁世凯识破。心狠手辣的袁世凯知道对吴这样的手下大将明干不行，就派人在石家庄车站将其暗杀。吴禄贞一死，山西民军孤掌难鸣，不要说进攻北京，连自保都艰难了。袁世凯乘机命令曹锟，进入山西镇压起义民军。

曹锟率军进攻山西，也像袁世凯在武昌前线的行动一样，既阻止民军得势，也不肯替清朝一下子把革命扑灭。他在石家庄就大造声势，发出一个又一个通电，扬言把山西革命党杀个片甲不留。让清朝知道他在采取行动，也让山西民军知道敌人来了。进兵路上他却是走走停停，到达山西与河北交界的娘子关，山西民军已经有了迎战准备。他就在这里停下来，不进不退，隔三差五地放一阵乱枪，和山西民军对峙起来。

阎锡山听说曹锟进攻，紧张得要命。他的部队原本多是些反水的清军，形势有利了，自然得势的猫儿欢似虎；压力一来，这些人又心怀二志，搞不好就会重新哗变。好在曹锟按照袁世凯的主意，只要谋取个人大权，并不替清朝真干，娘子关的形势才稳定一些。

却说曹锟进攻山西，可给孔祥熙出了难题。娘子关本在晋中地区，属于孔祥熙中路军政分府的辖地，他本应首先率部前往抵抗。但孔祥熙深知这些七拼八凑的队伍，要真上战场，难以和训练有素的新军抗衡。但这时阎锡山以都督名分，命他率部前来。而部属中又不乏热血青年，就是铭贤学生中也很有些爱国有志的青年，纷纷要求上前线与清军决战。孔祥熙犹豫再三，只好带领部分民军奔赴娘子关前线。

孔祥熙的命运已经和起义的民军联系在了一起，如果民军失败，清王朝肯定要和他这样的民军首领算账，那日子就惨了。在前线，他倒是殚精竭虑，一心要守住关口。曹锟虽说并不卖力硬攻，但也要压住民军，不时打几下子。孔祥熙没有受过正规的军事训练，行兵布阵、设计划谋往往不能适应战场实际。阎锡山还记着孔祥熙上次朝见时的风光劲头，这时他感到有机会让这个中路司令出出洋相了，几次作战会议上公开指出孔祥熙的作战方案行不通，很让孔祥熙栽面子。同时阎锡山独霸山西的野心也日益形成，便暗中拉拢各县民军头目，要他们直接听命于自己。孔祥熙知道自己在领兵打仗上的才能不足以和老阎对抗，同时他的主要兴趣也不在这上面，对阎锡山的暗中手脚明明看在眼里，却不大计较。过了一段时间，阎锡山感到有了把握，就提出一个方案，各地军队由都督府统一指挥，目的是要架空孔祥熙他们这样的各路司令。孔祥熙认真思考后，提出干脆把兵权都交出来，自己辞去司令之职。

阎锡山怕被其他各部认为自己是乘机吞并，就挽留孔祥熙，说娘子关战事一结束，各部仍归原建制，统一指挥只是前线的临时措施。孔祥熙清楚自己对其他各县武装控制力量有限，倒真心固辞。阎锡山内心当然乐意把这些武装直接划归自己，看孔祥熙不像要花招要和自家斗法，提出如果孔祥熙不当司令，可以发挥家传的专长，做自己的经济顾问，参与都督府的经济决策。孔祥熙对阎锡山也说不上什么好感恶感，就无可无不可地答应下来。以后在国民政府中，他们虽同是山西籍大员，关系却一直是若即若离，有时好一点，有时差一点，既无太深的怨隙，也无特别的亲密。

在日本受过专门军训的阎锡山也没抵挡住曹锟的进攻，娘子关终于失守。但是曹锟并没有向山西内地猛扑，而是去向起义者反攻倒算。因为袁世凯已经和南京政府议和，逼清帝退位了。曹锟的进攻山西，不过是为袁世凯在和南京方面的谈判中增加一个筹码罢了。

1912 年 4 月 1 日，孙中山遵守诺言，辞去了临时大总统之职，让位给袁世凯。

孔祥熙当初拉起的队伍被阎锡山整编走了，但队伍中的铭贤学生仍然回到了学校。孔祥熙对于被拉走的队伍没有多少痛心，对参加了战斗回来的学生却大加褒奖，因为这些学生才是他的本钱。孔祥熙把这些学生当做凯旋的英雄，在铭贤的尚德堂召开了盛大的欢迎会。

学生们讲述他们的战斗经历，接着孔祥熙上台致词。

“30多位同学自动请缨，到娘子关和清军作战，他们的动机，纯粹是为革命主义而奋斗，为实现‘天下兴亡，匹夫有责’的至理名言。30多位同学俱已得到智、仁、勇的三大荣誉。云智，是他们历经艰险后，能够安然返校；云仁，是他们在强敌临门时，爱众心切，挺身而出；云勇，是他们冒着生命危险，与强敌浴血作战……”

孔祥熙的致词，博得了学生们的阵阵欢呼。其实，这智、仁、勇，是孔祥熙早在心中为自己这一段司令经历总结出来的：组织武装．保境安民，不是仁吗？溃兵前来，敢于周旋，强敌临门，亲赴前线，谁说不勇？瞅机会联合各县，荣任司令。老阎窥觑，适时抽身，岂不是智？还有一条更主要的，虽经起义、对付溃兵、拒战曹锟数次险情，自己不曾负伤，连部下也没有一个牺牲的，作为一个非常时期的司令，岂不是更加难得，看来自己还是一员福将呢！只可惜没人替自己总结，只好在褒奖学生时，寄寓这些情怀了。

演说结束，孔祥熙为学生们准备了茶点，请同学们边吃边表演节目，尽情欢乐。在学生们的欢笑声中，孔祥熙又开始了新的思索：孙中山先生认为革命成功，三民主义中的民族、民权两项既已实现，就差民生这一项了，他已出任全国铁路督办，专心去修建他朝思暮想的20万里铁路了。自己这个同盟会员除了继续办校，还该做些什么呢？

第九章　同盟会长

创建中美同盟会鼓吹革命

1912年6月10日，对于黄土高原上的太谷来说，正是初夏不冷不热清爽宜人的气候。这一天风轻云淡艳阳高照，农民忙着准备夏收夏种，孔祥熙却一身长袍马褂，满面含笑，带着妻子韩玉梅，一早就站在太谷南街福音院门前，拱手作揖地欢迎着络绎不绝的来宾。

太谷福音院在孔祥熙的命运中有着特殊意义。他曾在这里治好了要命的砍头疮；曾在这里决定了皈依基督，投入教会的怀抱；曾在这里下决心上教会学校……正是有了这里的起步，他才得以借助教会的力量，上潞河学院，办理教案。到美国留学，办起铭贤，当上校长。而恰恰也是因为这个起步，他得以在潞河学院接受革命思想，成立文友会，参加革命党，当上民军司令。但是，去年在娘子关前线，他的民军司令被阎锡山逼迫卸任了。1912年4月1日，孙中山又辞去临时大总统职务，袁世凯窃取了革命果实。孔祥熙不甘心寂寞，他感到革命的任务还没有彻底完成，所以有了今天他在这里的又一个新节目开场。

“哈啰!”孔祥熙热情地同前来的洋人们打着招呼。玉梅也热情地同他们握手。这些来宾不少是外国传教士，来自美国、意大利、英国、瑞士、奥地利、法国的都有，但以美国人居多。他们都是在山西境内从事传教活动的。尤其来自太原的几个头面人物，都是过去玉梅的监护人，又是他们结婚时的主持人或证婚人。他们接到孔祥熙的通知，愿意为他新的活动捧场，也借此会见朋友，开辟更大的传教范围。孔祥熙邀请这些人前来，是因为清朝已经覆灭，革命任务有了新的改变，他要有一个新的开端，一个新的起步。他总结过去，认为仍然要从教会着手，迈出他的步伐。

“欢迎光临，谢谢光临！”孔祥熙用地道的中国方式同前来的中国人打招呼。今天的来宾中也有不少是当地绅士和社会名流。他们认为孔祥熙几年来的活动总是具有远见卓识，成功居多，所以也愿意为他新的计划提供支持。

人们走进福音院，才发现教堂已被布置成一个会场。正中墙上挂着巨幅的中国五色旗和美国星条旗。孔祥熙这次要搞什么活动，有些人略知一二，而更多的人则还一无所知。孔祥熙看邀请的人到得差不多了，这才走进会场，精神焕发地登上主席台，在掌声中开始发表讲话。

> 女士们，先生们！今天大家能够高兴地出席会议，就标志着孔某建立中美同盟会的倡议得到了大家的赞成和支持！所有出席今天会议的各位都可以成为本会的首批会员，兄弟感谢你们，欢迎你们！
>
> 为什么成立中美同盟会？这是因为，推翻满清，建立民国，实现人人平等自由的表面工作，虽告完成，但是细加推究，则我们不难发现，专制余孽，犹仍猖獗；士大夫积习如故；乡愚更不知何为平等自由。因此，革命工作必须继续努力，不容我辈停止脚步稍事休息。为此，我提议成立中美同盟会，当前最要紧的是抓紧两项工作：
>
> 第一，感化有权有势的军政要人。
>
> 第二，诱导无地位、无官守的多数民众。

许多人这才知道孔祥熙召集这次集会的目的，开始在下面唧唧喳喳地议论开了。孔祥熙感到自己的讲话有了反响，并不急于接着长篇大论，他慢悠悠地开始喝茶，等着人们细细品味、消化，接受他的倡议和刚才阐述的思想。

“孔先生！”来自大同的一位美国教士站了起来，用僵硬的舌头说着别别扭扭的中国话，“我想再问一下中美同盟会的宗旨，请你用简明的词句加以说明好吗？”

“好好好！”孔祥熙脸上笑得像绽开了花，“诸位请一起听好了：中美同盟会的宗旨，是在全中国实现自由平等，嗯，或者再加上基督的博爱，并进而实现世界大同。”

“啊，孔先生，我传教就是在大同，那是一个虽然盛产煤炭但仍旧贫穷的地方，你要把全世界都变成像那地方一样的情景吗？”传教士不解地提出了质疑。

会场上的一些中国人笑了起来。孔祥熙刚要笑，立即想到了发笑可能会使传教士难堪，就换了认真的表情说：“尊敬的牧师，你弄错了。你开始说的大同是雁北的一个地名，我刚才所说的大同是中国的一个政治概念，它们不是一回事。我说的大同是近代中国进步人士提出的一个奋斗目标，即消灭贫穷，消灭愚昧，而使天下无处不饱暖，无处不均匀也。”

“噢，我明白了！你说的实现世界大同就是由中国统治世界呀！”

“不不不”孔祥熙急得脸都有些发白了，“你恰恰没有明白，我说的世界大同是，是……”他忽然灵机一动，“嗯，从基督的教义上讲就是‘天国实现’！”

说了半天，原来这个团体的宗旨是以《圣经》为依据的，传教士高兴了，他打了一个清脆的响指，大声叫道：“OK！”

听到孔祥熙建立政团的目标就是实现《圣经》上的目标，所有的传教士都非常满意，一齐鼓掌了。

孔祥熙也为自己随机应变的成功所激动，跟着拍起了巴掌。这时又有一个专程从太原赶来的老先生站了起来。“敢问孔校长，孙中山先生创建的同盟会是以在中国实现三民主义为目标的。而你要成立的这个团体却横跨中美两国，还要以《圣经》作宗旨，这，合适吗？”

“哦，司马老先生，您请坐！听我把原由说得更明白些。”孔祥熙对这个问题似乎是一副胸有成竹的样子，“但凡一国大的革命，都希望得到国际援助，这是不言而喻的。远者如美国国父华盛顿创导美国独立，近者如我国唯一革命领袖孙中山先生推翻满清，建立民国，都得力于友邦之襄赞协助，否则，虽不能说绝无成功之希望，但是成功势必较缓、较难，这是势所必然。所以本席认清了独木不能成林的道理。这才倡导建立中美同盟会。其本意者，盖为便于与友邦人士携手合作，互赞互助，借鉴他人，推动中国之革命也！”

“说得好!”老先生喊出一声,其他出席会议的中国人也乘机鼓掌以示响应。

孔祥熙满面红光,向场内鞠躬致意。接着,他又鼓动说:“当前中美同盟会最急迫的任务是,干部从速组织就绪,然后迅速推展,在全国组织分会,把我们的活动扩大到全国去! 我们今天即将成立的团体,应该如一块发酵粉,逐渐发动起一个巨大的面粉团!”

乘着中外人士鼓掌呼应,孔祥熙掏出了一份早已拟好的《中美同盟会章程》。念了一遍,就顺利通过了。

会议又推举领导人。由于其他人之间彼此并不熟悉,也是按着孔祥熙拟好的名单,由别人提出动议,大家议了一下就完全照单通过。孔祥熙当选为会长。

一切会议仪式进行完毕,孔祥熙就令人抬出一块制好的大木牌,高有足丈,宽约一尺,上面已经镂刻好了“中美同盟会中国支部”9 个一尺见方的大字。大木牌往福音院门口一挂,黑漆漆的大字在阳光下幽幽闪光,煞是威武。

孔祥熙以中美同盟会的名义,联络了一批外国教士和社会名流,他们时常聚会。切磋中国革命在社会各领域推进的事项和方法。物色人员,谋划在各地建立分会。一时间,中美同盟会名声大噪,深入推进社会革命的孔会长比当年的孔司令在上层人物中还有地位和影响。

在太原聆听孙中山教诲

中美同盟会的活动略有声色时,孔祥熙就兴致勃勃地给孙中山写了一封长信,详细汇报了这个团体的宗旨和活动计划,希望得到孙中山先生的指导。但是这封信迟迟没有发出,因为孙中山辞去大总统职务后。已专注于他宏伟的铁路建设工程。他亲往视察,规划铁路走向,会见工商界人士和外国财团代表,筹措经费。由于行踪不定,孔祥熙无法投寄。就在他考虑着要亲自外出一趟,去向孙先生当面汇报时,他忽然得到消息:孙中山先生即将抵达太原。

孙中山辞职后曾表示，10 年不过问政治，专心修筑 20 万里铁路。但是他在到各地视察铁路建设事宜时，却受到比大总统还热烈的欢迎。发动和参加了辛亥革命的同盟会员们，以及因这场革命担任了各省都督的一些人士，都怀着崇高的感激之情，迎接孙中山，愿意听从他的教导，想知道他对国家前途的看法。山西是响应武昌起义较早的省份，也是通过武力夺取政权并抵抗过清朝进攻的省份，都督阎锡山本人又是孙中山亲自发展的同盟会员，孙中山的到来使全省上下都激动不已，许多人还没有目睹过这位传奇式革命领袖的风采呢。

孔祥熙提前赶到太原。安排了自己的下榻处，然后彻夜长思，把自己自美国见到孙中山先生以后，从事的办学开发民智和组织民军参加革命，以及目前还在进行的中美同盟会活动，草拟了一份简明扼要的提纲，准备届时向孙先生汇报，同时也提出了几个关于今后革命活动方向的问题，准备当面请教。

1912 年 9 月 19 日，孙中山乘坐当年慈禧太后的专列花车抵达太原，阎锡山率领山西省各厅官员，亲到车站迎接。

阎锡山收编了孔祥熙的军队，却并没有感谢这位替他组织军队和到前线共同战斗的战友，他对孔祥熙不冷不热。孔祥熙只好独自成营，和各界群众一起，拼命挥舞手臂，高呼口号，盛情欢迎孙中山这位革命元勋。

在火车站前广场上，举行了太原各界欢迎孙中山的大会。孙中山在欢迎会上发表了演说，他赞扬了山西积极响应辛亥革命的武装行动。孙中山说："前在日本之时，尝与现任都督阎君谋划，令阎君于南部各省起义时，须在晋省遥应。此所以去年武昌义旗一举，晋省闻风响应，一面鼓励各省进行，一面牵制满兵南下，而使革命迅速告成者也。"

孔祥熙在这次大会上只能站在群众席上，他日夜盼望的孙先生到了眼前，却被阎锡山和省里的官员们围住，不能上前。孔祥熙正在寻找机会接近孙先生，他突然看到了一个似乎见过的女子的身影，他仔细打听，才知道那是孙先生的私人秘书宋霭龄。孔祥熙这才想了起来，正是在美国留学生晚会上被自己"捉"住的"新娘"，旧友重逢，他感到亲切欣喜，也感到有了突破阎锡山包围、接近孙中山的机会。在欢迎会结束的时候，孔祥熙不顾阻拦，冲了上去，但孙中山已经坐进车里，孔祥熙一把拉住了正要上另一辆车去的宋霭龄："宋小姐，我们又见面了！别来无恙？"

宋霭龄怔怔地望着孔祥熙："你，你是……"

"我是孔祥熙呀！"孔祥熙兴冲冲地说。

"孔祥熙？"宋霭龄似乎对这个名字陌生得很。

"啊呀，那年在美国留学生晚会上我们见过的，你还是我捉住的……"

"我被你捉住？捉住什么？"宋霭龄口气有些不悦，显然她已经没有什么印象了。

"是这样，我们是那次晚会上第一次跳舞的舞伴呀！"

"噢，你怎么到了这里，在这里做什么？"

"这里是我的老家，我遵照孙先生的指示，现在在家乡兴办教育，同时组织了中美同盟会，开展革命活动。这次孙先生光临我省，我非常高兴，希望能有机会当面向孙先生请示汇报。请宋秘书帮助安排一下。好吗？"

"孙先生在这里的活动日程很紧，恐怕不一定能抽出时间。"车队就要起行，宋霭龄顾不上多说。

孔祥熙灵机一动，赶紧说："明天晚上商学两界要为孙先生举行欢迎宴会，请你一定安排！"

孔祥熙经过一天紧张的活动，商学两界的欢迎宴会终于定了下来。孙中山在会上致词说："留学海外之学生，对于中国早具一种理想，如能以各民族合而为一，则可称雄地球。故归国后咸宣扬此说之真理。凡在旧政府所蕴之心理，悉当摒除。革命非即能使中国富强也，不过借此过渡，以达彼岸。吾人必牺牲目前私利，而求将来之幸福。"

宴会后孙中山单独会见了孔祥熙，听取了他的汇报和请教，给他通报了一些情况，做了秘密指示。

送走孙中山，孔祥熙回到太谷，妻子玉梅热情地迎接了他。孔祥熙拉着玉梅仔细端详时，突然发现妻子双颊潮红，不时地咳嗽。几年来妻子默默为他们父子操持家务，管理学校事务，一直处在高度紧张的繁忙中，孔祥熙对她十分感激。同时他感到不太对劲，立即带她到太原诊治，医生诊断为肺病，开了药，让她安心静养。孔祥熙心神不定，既为办学经费问题挠心，又担心妻子的身体，一时搞得愁肠百结。

煤油和铁砂生意，孔家财富的奠基石

玉梅患病的消息，通过太谷福音院的牧师传到了太原，几位当初非常关心她的传教士，专程赶来看望。孔祥熙在学校设宴款待了他们。席间，孔祥熙虽然一再劝酒，但到底掩饰不住内心的烦闷。

教士普利安把一杯白兰地一饮而尽后开了口："孔先生，我知道你现在的心事，我们这次来并不是空手来看看的。我们带来了两种特效药，一种医治韩女士的肺病，你刚才已经看到了；一种医治你的心病。韩女士不会讳疾忌医，只不知道你是否肯吃另一种苦口良药？"

孔祥熙瞪大了眼睛，酒杯停在半空："我非常感谢你们带给我妻子的最新药品，只不知你们能给我带来什么良药？"

"药确是良药，只是味道有些苦啊！"另一个传教士插了进来。其他人也一齐望着孔祥熙笑。

"葫芦里装的到底是什么药。还是快让我见识见识吧。"孔祥熙央求道。

普利安把空杯对着孔祥熙："我发现自开宴以来你一杯酒都没喝干过，现在我的探照灯照着你，喝干这一杯，我马上告诉你。"

孔祥熙叹口气："唉，今天的酒苦得很，我一点也咽不下去。好吧，既然非要我喝，我就捏着鼻子硬干了吧。"

孔祥熙喝下一杯，有的人却要他干够 3 杯再说。普利安说："算了算了，现在让他喝，他都觉得苦，待会儿他就会觉得又甜又香了，喝 30 杯他也肯了。"

孔祥熙赶忙附和："就是就是咯！"

普利安这才说："现在你孔校长这里电灯明明亮亮。可山西绝大多数地方，晚上用什么照明？灯盏！灯盏你懂吗？哈哈，这可是中国的国宝呢!”普利安怪声怪调地笑着,透露着一种自恃文明的优越感。

孔祥熙被笑得脊背发凉,脸颊羞红。但他预感到了正是这里面可能有什么名堂,于是并不反击,只正言正色地说:“我小时候晚上一直是在灯盏底下做功课的,它总比松木明子要好吧?”

在其他传教士的挤眼示意下,普利安不再怪笑:“但现在有一种切实可行的照明用品,它价格便宜,亮度更高,一经推广,必将在全省大行其遭,一旦拥有它的经销权,财源就会滚滚而来。孔先生,你对这有兴趣吗?”

“你是说——煤油?”

“孔先生到底不简单!正是英国亚细亚壳牌火油。他们不屑于做零售生意,正在物色山西全省总代理商,孔先生如能接手,一本万利呀!”

孔祥熙心中一阵惊喜,但很快又压制住了冲动:“啊呀,这火油不好销呢!你想人们家家有的是灯盏,有自己榨的油,有自己纺棉做的芯,他们怎么会轻易舍去原有的能用的东西,再去买什么火油?”

“孔先生,”一位传教士忍不住插了进来,“你应该知道人们点灯盏用的油是他们的食油啊!那灯盏火小烟大,点一晚上要用去小半碗油,以致多少人因此没有油吃,多少人一辈子点不起灯。而这煤油灯不冒黑烟,亮度高,用得省,点一个晚上灯盏的油钱,起码可以点半月煤油灯,好处太明显了。一个村子里只要有一只煤油灯,所有的人就会马上效仿的,何愁推广不开呀!”

孔祥熙莫名其妙地笑了笑,普利安对着刚才说话的传教士说:“这些道理孔先生还不比你明白?他绕咱们呢!”

孔祥熙说:“哎,他们都要什么条件?”

普利安说:“你放心,人家没有别的企图,就是一笔保证金,25000英镑,有钱就可以签合同,山西的市场绝对都归你。”

“25000英镑?是不是太多了点?这么多钱,谁一下子能拿出来?”孔祥熙望着普利安。

“你在生意上的精明果然名不虚传。不过今天不是你跟我谈判,我只是给你透个信息,这笔生意想要的人多着呢。你拿不出钱,别人可是能拿出来呢，我看我还是介绍给别人吧，起码能拿3%的中介费呢，给你我就白帮忙了。”普利安虚缩实进，甩出了钓钩子。

“各位对孔某的关照我心中有数，有数。这笔生意需要的本金太大。容我再考虑一两天给你回话，如果孔某来做，中介费绝不会少的。各位，这些年来孔某做过白麻烦人的事吗？啊？”

普利安高兴地一举杯：“对，孔先生是有信誉的人，嗯，中国话叫仗义的人，我们明白明白。”

传教士们一齐附和：“没错没错，孔先生不会亏待我们的！”

孔祥熙的五叔孔繁杏在辛亥革命后已不再做县官，孔祥熙想到拉五叔一起做这笔生意，但两人商量的结果，孔繁杏认为合伙经营日后难免生些疙瘩，主动提出干脆由孔祥熙来做，自己出钱出力都可以，该拿多少先讲清楚，生意就算孔祥熙一个人的。孔祥熙没想到五叔这样仁义，十分感激。于是成立了祥记公司，由普利安从中斡旋，按1英镑兑换16块银元计算，共付出40万块银元，取得了壳牌火油在山西全省的独家代理销售权。

这果然是一笔好生意，火油很快大行其道，望着滚滚而来的银元，孔祥熙笑得眼睛眯成了缝。

传教士们从孔祥熙手中拿到了好处，不久又给他兜揽了一笔生意。这是一笔铁砂生意，美国人在天津收购价是一美元一担，而且先给付定金。孔祥熙不必垫支本钱，拿了定金后在山西收购，每担一块银元，然后运到天津，除去一切开支，纯利又是一倍多。

有了财源，中美同盟会的活动又频繁起来，宣传资产阶级革命思想，联络军政要人，孔祥熙这个会长渐渐在政治上占有了地位。

但是，辛亥革命后的中国并没有摆脱危机，窃取了革命果实的北洋军阀集团正在处心积虑地恢复专制政权。准备专心搞铁路建设的孙中山，不得不面对革命成果即将丧失殆尽的局面。二次革命的枪声，给孔祥熙带来了一个崭新的人生转机。

第十章　教会干事

奉国父之命赴上海参加二次革命

韩玉梅的肺病终于不治，在1912年秋末冬初撒手人寰。孔祥熙眼前一幕幕尽是妻子美丽温柔的倩影，他不能接受这个冷酷的事实，几个月来神思恍惚，噩梦连夜。

这天，孔祥熙坐在中美同盟会总部，想整理一份近期活动情况。他看了几份东西，中美同盟会的活动并没有取得他当初想象的巨大效果，外国传教士们想的只是如何利用这个机会扩大传教范围，一些中国人又看见他老是跟教会搅和在一起，以致没有多少人真正愿意为实现团体的宗旨去工作。孔祥熙撕了几张纸，也没有写出个子丑寅卯来。

中美同盟会的秘书匆匆忙忙地跑了进来："孔先生，出了大事了，出了大事了！"

"什么事？"孔祥熙紧张地站了起来。

"宋教仁在上海遇刺身亡！"

"啊？到底怎么回事，快说。"没等秘书回答，孔祥熙重重地跌坐在椅子里，"看来，又一场暴风雨要来了啊。"

1912年9月孙中山到太原时，曾给孔祥熙透底，自己这个国民党理事长不准备承担实际工作。由宋教仁代理理事长。宋教仁雄心勃勃，领导竞选运动，到处发表演讲，终于使国民党成为国会中的第一大党。1913年3月20日晚，当他正准备进京建立责任内阁、制定民主宪法、对袁世凯的权力进行牵制时，被突然窜出的几条黑影开枪击伤。宋教仁在经过了两天痛苦的挣扎后，不幸身亡。虽然还没有关于凶手的确切消息，但孔祥熙预感到定是袁世凯所为，因为宋教仁的活动直接威胁的是袁世凯的独裁。别看袁世凯在孙中山面前毕恭毕敬，对革命党信誓旦旦，但孔祥熙认为他终究跟革命党不是一条心，迟早要同革命党摊牌的。他忧心忡忡，密切注视着时局的发展。

果然，对宋教仁案的调查，一直查到了袁世凯的心腹大将赵秉钧头上。国民党内许多人虽然义愤填膺，但并没有因此而觉醒，从组织上做同袁世凯斗争的准备。他们仍然天真地认为，首先是宋教仁的激烈言词激怒了袁世凯。他们把这起暗杀事件看做是袁世凯的个人品质不好，而没有从根本上预感到这是势不两立的两大阵营一场激战的序幕。

5月，上台一年的袁世凯认为自己的羽翼已经丰满，可以同革命党公开决战了。他撕下了面具，传话给国民党说："现在看透孙黄，除捣乱外无本事。左又是捣乱，右又是捣乱，我受4万万人民托付之重，不能以4万万人之生命财产，听任捣乱！"

这天，孔祥熙听到消息，袁世凯已下令撤去国民党人李烈钧、胡汉民、柏文蔚都督职务，他拍案而起，大骂袁世凯背信弃义，决定召集中美同盟会骨干，研究对策。人还没有到齐，邮差送来一封信，孔祥熙当场撕开。原来是孙中山的秘密指示，要他马上赶到上海参加讨伐袁世凯的"二次革命"。

召集来参加会议的人到齐了，孔祥熙却悄悄改变了议题。因为孙中山已经决定武力讨袁，孔祥熙安排其他人暂时停止活动，以免受到袁世凯的迫害。他宣布自己将要赴上海完成一项使命。待带回新的精神再开展活动。

孔祥熙把铭贤学校的事务托付给理事会，即匆匆踏上开往上海的列车。他在路上听说江西都督李烈钧首先宣布该省独立，不再听从袁世凯的命令。紧接着，黄兴在江苏、陈炯明在广东、许崇智在福建、蒋翊武在湖南，都宣布脱离袁世凯的北洋政府。他们组织了讨袁军，发布了讨袁檄文，与袁世凯展开了武装对抗。而阎锡山在山西却没有采取行动，他靠袁世凯靠得很紧，袁世凯的儿子袁克定夸他没有反骨。袁世凯授予了他"同武将军"，阎锡山受宠若惊，在老家五台县河边村修建了"同武将军府"，视为极大荣耀。孔祥熙一腔激烈，恨自己手里没有了军队，不能参加讨袁会战。但他在路上却被运兵车挤得几次停止不能前进，耽误了不少时间。待他风尘仆仆赶到上海时，国民党匆忙起事的二次革命已经被早已做好准备的袁世凯镇压失败了。孙中山、黄兴、李烈钧、汪精卫、胡汉民等著名的国民党人已经逃往日本避难，连宋蔼龄也随同父亲查理，乘了陈其美安排的青帮大木船，连夜逃往日本了。孔祥熙找不到原定的接头人，又不好就这样返回山西。他欲哭无泪，不知道自己这样匆匆赶来该怎么是好了。

上海街头邂逅王正廷时来运转

失意的孔祥熙靠在外滩的栏杆上，任黄浦江上的潮湿夜风吹着蓬乱的头发，他想为自己确定一下明天的行动计划，然而，眼前来来往往的夜航船只不知过了多少艘，他也没想出个名堂来。

孔祥熙怀着惆怅的心情返回旅店，刚迈上街心，一辆雪佛莱轿车风驰而来。孔祥熙因为神思恍惚，突然看到这辆快车，竟一时不知该进该退，汽车想从他背后绕过，这一来也左右摇摆几下，只好紧急刹车。听着刺耳的刹车声，孔祥熙竟呆住了。汽车停在他身边的一刹那，司机从车窗里探出头来，大声呵斥说："侬个乡巴佬，马路上跳舞啦？进进退退的，找死啦？"

孔祥熙被车子惊吓，再听了小司机的呵斥，一腔愁绪顿时化作倔犟的怒气，冲着司机就骂："你他妈车子还没开会，要什么威风？"

孔祥熙喊过还不解气，又出脚向汽车踢去。司机见没撞着人，早已挂挡起步，孔祥熙一脚只踢个空。他悻悻地往前走去，嘴里犹自嘟囔："真他妈倒霉！人走了背字，癞蛤蟆都敢咬脚后跟！"

孔祥熙往前才走几步，忽然发现开出不过十几米的汽车又突然刹住，从车上跳下一人。昏黄的路灯下，看不清对方的面孔，孔祥熙以为是车上的人又来找茬儿，恶劣的心情竟使他忘记了自己的"中庸之道"，一股热血直冲头顶："怎么，还想打架？老子怕你个屌！"噔噔地迎过去，挥拳就要朝来人面门击去。那人把他胳膊一挡，就势连腰抱住，嘴里叫着："是你，孔祥熙!”

孔祥熙听到这一声叫,浑身一下凉透了,心里暗叫一声:坏了!因为在这大上海,自己连鬼毛都不认识一个,现在竟有人知道自己名字,定是袁世凯的爪牙在抓捕革命党,自己逞一时之勇,这不正撞到枪口上了?他用力掰开那人的手指就要逃跑。

“孔祥熙,你挣什么,我是王正廷呀!”

孔祥熙怔住了,仔细朝来人脸上望去,那人哈哈笑着说:“看什么?发了财就不认识老同学啦?”

孔祥熙这才“啊呀”一声,紧紧攥住那人的手:“你,怎么是你,啊。王正廷,哎,王大总长呀!”

王正廷摇着孔祥熙的手:“你什么时间到的上海?怎么也不打个招呼?瞧,差点大水冲了龙王庙!走走走,快跟我走,我正想找你呢!”

“找我?找我干什么?”孔祥熙有些疑惑。

“先上车,先上车。到我住处再谈,我正有事求你帮忙呢。”王正廷倒兴致勃勃。

小司机见此情景,早赶了过来,向孔祥熙抱拳说:“孔先生,刚才不知,得罪了!小人向您赔礼啦!”

孔祥熙大度起来:“兄弟还得感谢你啦,要不,怎么能碰上我这位老朋友啊!”

几个人哈哈笑着,一齐上车,向王正廷住处驶去。

却说这位王正廷,字儒堂。1882 年生于浙江奉化,早年毕业于天津北洋大学预科,1905 年留学日本,翌年加入同盟会。1907 年赴美国留学,先后入密西根大学、耶鲁大学研究院深造。在美国和孔祥熙虽然同学时间不长,又不是同届,但王正廷才华横溢,善于交际,走到哪里都是那种能够大出风头的人物,加上与孔祥熙都是同盟会员,彼此非常要好,关系不同一般。孔祥熙毕业回国后,热衷于办学,僻居太谷一隅,与外界联系少了。而王正廷回国后,却在上海参加了中华基督教青年会工作,并由此在政界崭露头角。王正廷虽然比孔祥熙小 2 岁,却是少年得志。武昌起义爆发后,孔祥熙在太谷一阵忙活,只当上个自封的“山西中路民军司令”,

而王正廷却驱驰高足，进居要津，担任了黎元洪都督府外交副主任。当年12月又被选为临时参议院议员。1912年中华民国成立后，又出任了唐绍仪内阁的工商部次长兼代总长。以后更是平步青云，1919年出任参加巴黎和会的中国全权代表，拒绝在使中国蒙受屈辱的巴黎和约上签字。1922年40岁时当上了外交总长兼代国务总理。1924年任外交总长、财政总长、关税会议委员。孔祥熙没在国家政治舞台上出道之前，王正廷就是政府部长、总理级的人物了。比王正廷大着2岁的孔祥熙，却完全是因为这次无意中邂逅王正廷，从此被王提携，才走上了一条时来运转、渐入佳境的人生道路。

不过，这时候的王正廷，倒真是要请孔祥熙帮他一把。

袁世凯同国民党人的摊牌，使王正廷已经无法在北洋政府中任职，他回到了上海继续做他的基督教青年会工作。由于当时在日本的中国留学生很多，在东京建立了基督教青年会分会，王正廷被委任为东京分会的总干事。这时日本的留学生成分复杂，有拥护孙中山的，有追随袁世凯的，思想极为混乱。王正廷因为在政府中任过要职，政治倾向已尽人所知，一些留学生对他横加攻击。加上他自己也不愿到日本去做这份不太显要的工作，他正想物色一个能够代替自己去担任这一职务的人。刚才在车上听到过路人和司机叫阵，他感到声音很熟悉，但一直没有想起究竟是谁，直等车开出十几米后，他才突然想起，这是带着特殊浓烈老陈醋味的孔祥熙的声音。跳下车后他就想到了这正是一位自己几天来苦心寻找的合适人选。

在王家，王正廷为孔祥熙冲上一杯浓郁的咖啡后问："孔兄，你的中美同盟会名声不小啊，近来成效如何？"

孔祥熙叹口气："一般。"

"现在这个形势，你也不宜再回山西，中美同盟会也不好再搞大的活动。如果你还愿意继续投身革命，有个差事不知你想不想干？"

孔祥熙心中一动："你说来听听。"

"就是我担任的中华留日基督教青年会总干事一职，现在我已不宜继续担任此工作，我认为你是一位非常合适的继任人选。今天能够这样遇到你,看来是上帝特意把你送到我面前的。"王正廷笑眯眯地注视着孔祥熙。

"基督教青年会?"孔祥熙喃喃地重复着这个名字。

"是的。你出任这项工作等于是替我解了围,帮了我的忙,我会非常感谢你的。希望你能答应。"

"能不能让我想一想,明天给你答复?"孔祥熙认真地说。

"好的。我认为我会听到我满意的答复。那么今天我们就谈点别的轻松的话题吧。"王正廷首先轻松起来。

庆贺荣任教会总干事的宴会,为"三大喜"第一次出拳

当孔祥熙听到王正廷请他接任基督教青年会总干事职务的时候,他内心充满了激动,但是善于掩饰内心世界的孔祥熙却使用了一个拖延答复的办法。以此表示自己并不是急于得到这个位置。

基督教青年会是一个宗教性团体。最早由英国人乔治·威廉斯于1844年在伦敦创设。32年后传入中国,在上海成立了第一个青年会,之后在沿海和内地商埠口岸城市陆续建立了类似团体。1910年,各地青年会在上海举行全国会议,确认上海为中国基督教青年会中心,成立了总部会所。第二年决定总部为中华基督教青年会全国协会,其组织分为"城市青年会"和"学校青年会"。它标榜的宗旨是:"发扬基督精神,团结青年同志,养成完美人格,建设完美社会。"青年会经常开展活动,并要求寓德、智、体、群全面发展于活动之中,因此名气很大,对青年有一定影响。宋庆龄曾在《留学生在中国之影响》一文中讲到,在城市,留学生组织了基督教青年会,它已成了人们社交活动的场所。在这里,他们帮助吸鸦片的人戒除恶习,这是影响巨大的,有助于中国社会改革的事情。20多年后,当蒋介石发起他的"新生活运动"时,他仍然主要靠基督教青年会来推动。孔祥熙在家乡虽说为中美同盟会费了不少精力,但其影响并没超出过山西省。现在他一下子得到留日青年会总干事的位置,当然是求之不得、大有

益处的。再说，这时孙中山先生已经到了日本，他为投奔孙中山而来，这时留在中国还能做些什么呢？他正想追随孙中山到日本去，正愁没有适当的机会和理由，也没有联系渠道，如果能担任这个职务，那不是一举数得吗？但孔祥熙的圆滑世故正在于此，当他希望得到的东西还很遥远的时候，他会为此拼命奋斗；而他渴望得到的东西已经可以手到擒来的时候，他又会装出漫不经心的样子，一副得之不喜、失之无忧的神态，让别人以为他对此完全无所谓。王正廷虽然跟他同过学，但对他这一点并不太了解，所以在所谓的轻松闲聊中，他还是有意无意地列举了一大堆担任这一职务对孔祥熙的好处，希望能够让他不致拒绝。

第二天，孔祥熙告诉王正廷，他还是希望马上回到山西，继续发动力量，以便日后对孙先生的革命活动有所呼应。但如果王正廷现在的确非常需要替他经管一下，他也可以为了朋友，暂时代理一段时间。王正廷很高兴，认为孔祥熙是个肯替朋友帮忙的人，立即带他来到青年会总部，晋见了中华基督教青年会会长，英国人约翰·罗莫特。王正廷介绍了孔祥熙的经历，称赞他是一位对基督虔诚的青年，是一位有理想也有实干精神的人。罗莫特同孔祥熙作了简单交谈，就同意了王正廷的推荐，对孔作了正式任命。因为在此之前，罗莫特已经从别的传教士口中，听到过孔祥熙对教会的贡献。但是孔祥熙仍然作了一番推辞，说自己无意正式出任这一职务，只是暂时替王正廷代理一下，当罗莫特指出代理是不肯尽职的托词时，孔祥熙又搬出了铭贤学校的事务，提出最多只干一年。双方才算达成一致。

孔祥熙这次遇到王正廷，是他一生时来运转的关节点。而他在接任职务时的一番表现，又给王正廷留下了很好的印象。王正廷感到孔祥熙是个肯于做事而不计较官职的人，这给孔祥熙带来了更大的好处。因为在很多年以后，仍然是年龄小的王正廷处于比孔祥熙更显要的地位，孔祥熙多亏了他的提携，才一步步走向发达。像这次孔祥熙正式出任教会职务；以后出任鲁案公署坐办，正式投身政界；再后来出任国际奥林匹克委员会中国委员，都是王正廷全力推荐的。王正廷在孔祥熙的崛起中发挥了至关重要的作用。

袁世凯迫害革命党，却不敢和有着世界背景的教会作对。所以孔祥熙和先前逃到日本的孙中山和查理一家截然不同，前者是在秘密状态中真正的流亡，而孔祥熙却是靠着教会的任命，办理了正式的出国手续。而且他到日本这一路，各处都有人接应安排。王正廷以为孔祥熙会很高兴的，所以临出发前，邀了几位朋友，设了酒宴为他送行。谁知，席间孔祥熙仍然是愁眉不展的样子。

"孔兄，难道你还嫌王先生为你安排得不够周到吗？"一位朋友向孔祥熙发问。

"各位有所不知，刚才看到几位教会的修女，又勾起了我对新丧的妻子的怀念。她是教会收留的一位孤女。对我体贴入微。谁知刚刚几年，她竟然舍我而去，其他事情安排得再好，怎能排遣得这一腔愁绪？"孔祥熙悲戚戚地说。

"啊。原来是为这个。孔兄，你难道没有听说过男人有三大喜吗？"那位朋友笑嘻嘻地向孔祥熙发问。

"三大喜？我只知道有四喜歌，怎么又出来个三大喜？"

"哪四喜？"那位一副嬉皮笑脸的样子。

孔祥熙认真地说："'久旱逢甘霖，他乡遇故知，洞房花烛夜，金榜题名时。'这连小孩子都会背诵的，你怎么不知道？"

"哈哈哈，我当你有什么新词呢，原来还是这些老掉牙的东西！那都过时了。如今时行的是三大喜。哪三大喜？升官发财死老婆也！"那一位一脸嬉皮相，孔祥熙听到这后一句却变了脸色。但是那位却并未注意，仍然兴致勃勃地往下讲："升官发财不用说了，为什么死老婆也成了大喜呢？男人心里都一样，老婆都是新的好。老婆自己死了，不正好名正言顺地讨一个新的吗，所以呀，孔兄，老婆死了好呀！"

"你！"孔祥熙的脸已经涨成一团紫红，没等别人反应过来，他已经冲过去一把揪住了此人的脖领子，"你这个没有人性的畜生！"说着，一拳砸上去，那位登时鼻血四溢，闹了个满脸开花。

众人对此猝不及防，没想到一场送别的喜庆酒会竟会出现这种局面，一个个全愣了。倒是王正廷清醒，赶紧站起来对那位朋友说："祥熙兄是孔圣裔孙，最重人伦道德的，他妻子新丧，心中悲苦，你怎能开这样的玩笑？”接着又转过来劝慰孔祥熙：“孔兄，这位朋友本是看你心中愁苦，说个笑话为你解颐开颜，并非是那种没有人伦的无耻之徒，你也不必太过认真了，啊？”

孔祥熙犹自怒气不息：“任何时候说这种话，都是禽兽不如的！”

一场好端端的送行酒宴吃不成了。但王正廷和参加酒会的多数人却从这里对孔祥熙生出真正的尊敬：孔祥熙是真正看重家庭伦理道德的儒学先生，不愧孔门之后；这样的人日后必不会出卖朋友，对基督教义的弘扬也必定会不遗余力，是一个完全可以信赖的人。

站在开往日本的邮轮甲板上，孔祥熙犹自不能忘怀这场闹剧。当时他的表现并不是装出来的，他对妻子的感情完全是真实的。不过，在设想着如何开展青年会的工作之余，他也想过了再娶之事，毕竟自己还年轻，人生之路还很长，总不能就这样为妻子守节到老吧？何况韩玉梅还没有生下一男半女，自己这个独子总不能让孔家这一支从此断后呀。可是，理想的女子一时能够找到吗？到日本后许许多多的事情中还有暇顾及这件事情吗？苍茫的大海和神秘高远的天空没有给他透露一点点确实的信息。

第十一章 宋家东床

以劝募经费赢得重组革命党的孙中山信任

秋季的大海，蟹肥鱼跃，波光粼粼，天蓝水碧，日红风清。孔祥熙站在轮船甲板上，策划着到日本后应该开展的活动。

算起来，这是他第三次到日本了。但是前两次都是中途路过。第一次上岸找孙中山未遇，心情沮丧，无暇他顾。第二次虽然考察教育，走了一些地方，也是以局外人身份走马观花。而这次就不同了，他要在日本定居一段时间，而且带有双重任务。既要完成基督教青年会的工作，也要襄赞孙中山继续推进讨袁革命。这副担子的确不轻。更何况这是在日本，并非在他熟悉的家乡，环境、人文、社会、语言、习俗等等都要经过一段时间的了解。孔祥熙在甲板上走了几圈，听到不少人都是在说中国话，信心渐渐增长起来，尽管去的是异国他乡，但主要还是在华人圈子里活动，只要拿出劲头实干，困难不会太大的。

孔祥熙在神户上岸，先在留学生集中的城市转了一圈，听取了他们对青年会工作的看法。先前的混乱主要是王正廷的一些失误引起的，孔祥熙替王正廷作了解释。他的解释比较含糊，让人往往产生错觉。以为他承认留学生是对的，一切问题都化解了。孔祥熙有时还请这些穷学生撮一顿。他的含糊语言、笑脸和慷慨，很快博得了一些留学生的好感，青年会的工作又顺利开展起来。

孔祥熙人未到东京，名声先已传了过来。留日基督教青年会的一小批人组织了对孔祥熙的欢迎仪式。这使他在东京总部的工作开展有了很好的基础。

孔祥熙到东京后，立即先去拜访了孙中山。

这时，孙中山正在认真总结“二次革命”失败的经验教训。他认为，成功发动了辛亥革命推翻皇帝的革命党，两年多之后竟在袁世凯面前一触即溃，原因并不在于袁世凯比清朝皇帝更强大多少，而在于新组成的国民党成分复杂，许多人加入党的目的不是为党的目标奋斗，而是只想从中捞取个人好处。这样，一个刚刚建立的党很快就已经腐败了。它组织涣散，没有统一意志，只有私人间的相互利用、钩心斗角。下级不服从上级，做起事来各吹各的号，各唱各的调。孙中山经过一番痛苦的反思之后，决定解散“一盘散沙、乌合之众”的国民党，重组中华革命党。鉴于以前党内意见分歧，步伐凌乱，号令不能统一，对党魁不能服从，孙中山提出这一次改组中党员必须重新登记，而且要在誓词中写明“服从孙先生”，并加盖指印。但是，这一意见遭到了黄兴、汪精卫等人的激烈反对，组党工作进行得很不顺利。

孔祥熙怀着虔诚的心情到东京孙中山寓所拜访时，正遇黄兴和孙中山发生争执。

“一个革命党的党员要宣誓效忠个人，这不成帮会了吗?”黄兴大声地说。

“在当前这种内外混乱时期，强调党员对党魁的服从是必不可少的！像原来什么官僚、政客、军阀、游民，一见到入党能捞到好处乱纷纷都拥了进来。而一见到时机不利，转眼间作鸟兽散。党对他们没有任何约束，而他们也不对党承担任何义务，你认为那样的党就是革命党，那样的状况能完成讨伐袁贼、再造共和的大业吗?”孙中山同样情绪激动。

“那也不能采取这种方式！况且你还要让加盖什么指模。这使人简直感到一种屈辱，在情感上完全不能接受。”

“说到底，这并不是什么情感问题，而是党员是否愿意牺牲个人利益、服从全局的问题。没有这种心理约束，他们在对待党的号令上就会毫无顾忌地自行其是，那是什么事情也做不成的。有党等于没党，我们的一切努力都是白费！”

“如果那样做形成力量的话，也会造成新的独裁。你个人将凌驾于我们一切人之上，这和我们追求的民主、共和是背道而驰的。”黄兴的反驳更深入了一层。

“你应该知道，这个服从孙先生，并不是特指我个人，在以往任何一个重大决策酝酿时，不都是集中了大家的意见吗？这个服从的对象实际上是我们领导层的共同意志。自从发起革命以来，我有过以个人意志强迫集体吗？为了国家，我连大总统的职位都不曾留恋，我会谋求什么个人特权吗？”孙中山把自己的想法也阐述得更透彻了。

黄兴顿了一下，又提起了另一个方面：“但是当我们之间意见不能统一时怎么办呢？比如说1907年讨论革命旗帜图、上一年讨论对宋教仁案的处置意见时，我们的意见都出现过分歧。今后再发生类似情况，是否我的意见就不能提出，而必须完全服从于你呢？”

孙中山难得地笑了一下：“我想这大概才是你反对的真正理由。其实在党的领导层决定重大事情时，历来都是要充分听取众人意见的。过去出现过分歧，以后也不会完全一致，这是正常的。但党魁的责任不是压制大家，强加个人意见，而是集中多数的意见，形成决议。如果我个人的意见被多数否决，我会以多数人的意见作为党魁的意见向下贯彻。同样，其他人的意见被多数否决，也应该放弃个人意见，坚决地执行决议。如果不是这样，把领导层的争论带到全党。带到实际工作中。你认为那样会有利于我们的斗争吗？”

“看来，你的想法也是有道理的，但是我仍然有我的忧虑。这个问题还要看一看再定。”黄兴准备结束今天的争论了。

孙中山抚着黄兴的肩膀：“克强兄，我们目前最需要的是统一意志。凝聚力量。你可以再听取其他同志的意见，但在说明情况时一定要把我的初衷解释清楚，免生误会。”

刚才孔祥熙坐在旁边听孙黄争论时，很想插话表示一下自己的看法。但一贯谨慎的性格使他终于没有开口。孙黄这时都是全国有名的革命领袖，比较起来。孔祥熙还仅是个名不见经传的小字辈，贸然插话一是会被认为无礼，二来无助于他们统一意见，很可能还会起到火上浇油的反作用。直到黄兴离开以后，孔祥熙才急切地握住孙中山的手，首先表示了自己对他意见的完全支持，并表示自己可以按照孙中山的意见，写明服从孙先生的誓词，并加盖食指指模。

孙中山肯定了孔祥熙的忠诚，但是孔祥熙的地位名望都还不具备号召力，由他率先填写这样一份誓词并没有特殊意义。因此，孙中山对他进行嘉许外，要求他利用教会工作之便，广结革命志士，发展革命力量。另外交给他一项特殊工作，就是为革命党劝募筹措经费。

孔祥熙从此得以经常接近孙中山，以他的忠诚和卓有成效的工作赢得了信任。再后来孔祥熙成为孙中山遗嘱证明人。担任治丧委员会主任，就不仅是他们此后结成的连襟关系所能解释的了。

黄石公考张良新篇——宋查理初试女婿合格

隆冬时节，室外已是寒风频吹。这天，孔祥熙正在青年会靠着壁炉同几位学生谈话，只见门帘一挑进来一位身材矮胖、上唇留着短黑胡子、两眼炯炯有神的中年男子。孔祥熙赶紧迎上去："你好！我是孔祥熙。请问是找我有什么事吗？"

"孔祥熙？难道你就是国内派来的基督教青年会总干事吗？你对基督的教义究竟了解多少，你想对这些青年学生产生什么影响？"中年男子不太友好地望着孔祥熙。

"你，你是谁？有什么资格到这里这样说话？"一个留学生冲到中年男子面前。

孔祥熙把留学生推回到座位上："对长辈人不能这样说话。"接着转过身来，对着中年男子和蔼地说："前辈请坐下说话。"

"不坐！"中年男子把屋子巡视了一圈，又回到孔祥熙对面，"你还没有回答我的问题。"

"噢，是这样。我从小信奉基督，并在家乡教会学校学习了5年，然后到通州潞河学院——哦，那也是一所教会学校，又学习了5年。此后到美国欧柏林大学和耶鲁大学留学6年，你也许知道，那都是教会办的学校。我在学校一方面学习科学文化知识，一方面感受领悟基督教义的真谛。

当然，我可能并不如先生对教义参悟得透彻，但自信已经有了一定了解。我受中华基督教青年会全国协会的派遣，到日本来，只是为了贯彻青年会的宗旨，与他们一起共勉，发扬基督精神，培养完美人格，建设中国的完美社会。先生，我这样回答您满意吗？望先生不吝指教！"孔祥熙说这番话时不卑不亢，脸上始终挂着微笑。

"好！"中年男子豪爽地哈哈大笑起来，"能这样回答我的问题，比当年面对黄石公的张子房也差不了多少。看来孙先生介绍得没错。行，是位能担当大任的人才！"

留学生们互相探询地窃窃私语："这位是什么人？口气还真不小！"

孔祥熙听了夸奖满心欢喜："祥熙不才，蒙先生谬奖了！"说完又谦恭地问："敢问先生……"

中年男子这才用拇指分了一下胡子："本名宋嘉树，不过大家都习惯叫我查理……"

"啊，查理先生！"留学生们一声欢呼，热情地围了上来。

"查理先生，你是查理先生！"孔祥熙激动地抱住了查理。

关于查理先生传奇式的经历，孔祥熙已经知道一些。他幼年出国，在美国做过水手，当过海岸警备队，后来皈依了基督，在卡尔先生帮助下，上了圣三一学院，回国后在上海地区传教。他注重实干，行动果断，以后靠印刷《圣经》和做面粉生意发了财。他具有民主思想，和孙中山是老朋友，多年来以秘密身份暗中帮助孙中山推翻满清的革命事业，是同盟会的理财人。他把子女们一个一个送到美国接受教育，使他们成为具有现代科学文化知识的有用之才。辛亥革命中，他参与领导了上海起义。孙中山回国就任临时大总统时，他推荐大女儿宋霭龄担任了孙中山的秘书。但是他自己却不接受孙中山的邀请，拒绝在政府中任职。孙中山辞职就任全国铁路督办时，他又担任了司库，为孙中山的 20 万里铁路计划筹措经费。当袁世凯的反动独裁嘴脸暴露时，他又积极参加了讨伐袁世凯的"二次革命"，失败后携全家追随孙中山来到日本，大力协助孙先生筹建新党，继续完成再造共和的革命大业。查理先生的远见卓识和高风亮节在革命党中传为佳话，今天这样一位颇受尊重的前辈来到青年会，孔祥熙自然感到欣喜异常，何况看样子他专为自己而来，虽然刚进门时样子有些凶，但现在已经明白他是有意考验。孔祥熙感到自己在那些革命元老心中已经占有了地位，自然十分高兴。

以后，查理先生又来过几次，同孔祥熙单独作了交谈。他和孔祥熙探讨基督教义的精微，询问他的家世，并且了解青年会工作的进展。孔祥熙把他看做孙中山先生的密友，把这种谈话当做自己跻身革命党上层的机会，在谦逊回答查理的问题时，又不忘自我标榜一番，两人谈得十分投机。但是这当中查理有一层心思，却是孔祥熙难以预见的。那就是查理先生的大女儿宋霭龄这时已经23岁，早到了“女大当婚”的年龄。查理和妻子倪桂珍都在为女儿的婚事着急。他在听到孔祥熙的家境和为人后，就预感到这可能是一位乘龙快婿，他的几次前来，已经带上了考查女婿的用意。不过，当时这一点只有他自己明白，就连他自己的女儿宋霭龄也不曾想到，爸爸还在为她操着这份心。

宋家家宴，庆龄玩笑话使孔祥熙终身得了“圣人”绰号

转眼到了1914年春天。

黄昏，西风料峭，暮雨潇潇。街道上的行人都缩起了脖子，脚步匆匆。横滨山上的宋家楼房里，却是灯火通明，壁炉的火光一闪一闪，把整个房间烘得暖洋洋的。宋家流亡日本前才从美国留学回来的庆龄，兴奋地同妈咪谈着这一段时间来的感受。她在美国留学期间，一听到辛亥革命爆发的消息，就挥笔写下了《20世纪最伟大的事件》，高度评价了这场革命的深远意义。她毕业回国时，正值二次革命失败之时，她没有因此沮丧，和父母一起追随孙中山流亡日本。在这里霭龄仍然担任着孙中山的秘书，她跑前跑后帮助做一些其他工作，她目睹了孙中山不因失败而灰心，仍全力以赴地进行党的重建，对孙中山表现出了由衷的敬佩。这时大弟弟宋子文和小妹妹宋美龄还在美国留学，两个小弟弟子安和子良专注地听着她们的对话。

大姐霭龄这时却有些心躁,不时朝门外望去。她下午接到父亲的通知,要她早点回家,说是有一位重要的客人将与全家共进晚餐。她猜不准是一位什么样的客人,这位客人与自己有什么关系。

查理终于出现在客厅门口,相随而来的是一位慈眉善目、身材微胖,约有三十四五岁的男子。查理扫视了一眼家人,大声而略带激动地介绍着:"这位是孔子第75代裔孙、山西首富、留日基督教青年会总干事孔祥熙先生!"

"OK!"宋霭龄从心底发出一声呼喊,热情地同客人握手,表示了她的欢迎。

"噢。圣人!"庆龄故作夸张地大声说。

没想到庆龄这句随口而出的话,使孔祥熙在宋家终生得了个"圣人"的绰号。

孔祥熙对这个"圣人"的称呼有点尴尬,脸上微微发了一下红。

查理对庆龄这样揶揄新到的客人有些不满,但也只白了她一眼,没有说什么。

妈咪倪桂珍定定地望着孔祥熙,上上下下看了好一会儿,直看得孔祥熙有些心里犯嘀咕,妈咪才说:"好,好!"

查理接着把家人一一向孔祥熙介绍。孔祥熙除问好致意外,还给每人赠送了相宜的小礼物,子良子安拿到他们的玩具后,当场高声地叫喊着,在地上玩起来。

餐桌上,查理安排孔祥熙和宋霭龄分坐在自己左右。当一道道中国菜摆上来时。这些流亡在异国他乡的人已经忘记了屋外的凄风苦雨,沉浸在乡音乡风的欢乐之中。

孔祥熙虽在美国留学多年,英语说得地道,可他说起中国话来,却改不了那种特殊味道的山西乡音。尤其是他的太谷话中有爱用重叠词的习惯,一些字的发音也很特别,这让听惯了上海洋泾浜华语的宋家人感到新鲜和好奇。开宴时间不长,子安和子良就学会了许多。他们一会儿喊:"拿过酒壶壶,俄来满!"一会儿说:"一槐人一个花碗碗!""俄吃不了这底些,马刻拿走!"倪桂珍怕这些模仿让孔祥熙难堪,申斥他们。孔祥熙却不着恼，还帮助他们学得更地道些。这些作料的加入，给家宴增添了乐融融的气氛，使孔祥熙成了能带来欢乐的人。

这一晚，霭龄显得特别活跃。她同孔祥熙大谈在国外留学的经历。她是目前有据可查的中国第一位留美女学生。14 岁到美国留学途中，因护送的美国牧师步惠廉夫人在日本逝世，步惠廉留下料理夫人丧事，她只好孤身前往美国。在那里却受到美国海关官员刁难，被留在船上 20 多天才得以上岸。当时的沮丧心情她没有多谈，而是绘声绘色地讲了自己在姨夫温秉忠访问美国时，如何随代表团到了白宫，如何在罗斯福总统接见时，抓住总统问她对美国印象的机会，将了总统一军的壮举。“将了美国总统的军？我在美国可连个州长也没见过呢。”孔祥熙最善于自己装傻来突出对方的聪明，不知底细的霭龄果然上钩，谈得更来劲了：“那次会见时，总统问我对美国印象如何，我说了两句好话，他就高兴起来，得意地说：‘我们美国是世界著名的自由之邦，任何人到美国来，都会受到最热情的欢迎！’听到这里，我想起了那一次经历，就反问他：‘你怎么能说美国是自由之邦？我当初为求学而来，刚到旧金山就被你的官员粗暴地拒之门外，竟在港口的船上耽搁了 4 个星期……’我姨夫怕我闯祸、惹总统不悦，就使劲拉我胳膊，我回过头对他说：‘你拉我干什么？我想这事绝不是总统的意思。’接着我又对总统说：‘把一个 14 岁的女孩子拒之门外，这绝不会是总统的命令吧？如果有美国姑娘到中国，她们绝不会受这样的对待。我今天把这件事告诉总统，只是想让总统知道下面的情形，更好地治理这个国家。’我说完后，罗斯福总统非常尴尬，只红着脸说了声‘噢，我很遗憾’。结果，第二天的报纸上……哎，你说美国报纸上是怎么说的？”

孔祥熙说：“我又不是美国记者，我怎么知道？”

霭龄说：“第二天一些报纸用大字标题登出新闻稿《中国女留学生向总统抗议美国的排华政策》，例行的官方招待会反被压缩到了不显眼的位置。”霭龄至今还不无得意地咯咯笑着。

孔祥熙乘机恭维说：“宋小姐洞明局势，唇枪舌剑，有战国策士遗风哩！我在美国留学 6 年，可没有一件能上美国报纸的光荣事。”

宋霭龄好像忽然想起了什么，就问孔祥熙：“哎，上次到太原时，你含含糊糊地说过一句，好像你在美国抢过什么？”

孔祥熙的脸红了：“没有没有，我能抢什么。”

霭龄却不依不饶：“我记得很清楚，车就要开了，你还拉着我不放。我那时确实已经记不得你是谁，后来你就说你在美国抢过什么，要我帮你安排面见孙先生。”

孔祥熙仍然否认：“我没说没说，我会抢谁呢。”

庆龄插话打趣说：“噢，孔先生当时肯定是这样说：‘宋秘书。我在美国连总统都抢过。如果你不帮助我，我就把你也抢了！’”

倪桂珍和子良子安都笑了，霭龄点头说：“对，还真是，他就是说抢我……”

查理吃惊地盯住孔祥熙，像是审视一个罪犯。

孔祥熙生怕引起误会，这才吭吭哧哧地说：“我说的是那次我们在纽约学生聚会，跳舞时因为女伴太少，有人出主意让我们男的蒙上眼睛，玩‘抢新娘’，谁抢上了两人就一起跳第一支曲子。你是我抢到的‘新娘’……”

查理明显地松了一口气：“你已经抢过了……”

庆龄瞥着孔祥熙：“孔先生，我看这回你不用抢了，新娘子怕是要自己走上门了……”

霭龄佯装发怒，对着庆龄说：“我捶你……”庆龄赶紧抱起了头，“孔圣人，你快管管她呀！”

查理看看霭龄又看孔祥熙：“这么说来，你们已经很熟悉了？”

霭龄说：“哪里！他说的跳舞那次我根本没记住任何人，连这件事有没有我也拿不准。前年陪孙先生到太原，也只是他说要组织商学两界欢迎孙先生，让我给安排一下。对孔先生的家世、职业、经历我基本上一无所知呢。”

孔祥熙也照实说：“虽说见过两次面，可并没有时间说话。”

查理高兴地说：“那就借今天的机会多说说话吧。”

霭龄问：“孔先生，你这个‘孔’真的跟孔子有关系吗？”

孔祥熙赶紧说：“怎么没关系？我是孔子第 75 代孙，正门正户，一点都不错呢!”

霭龄说:“哎,人家孔子可是山东曲阜人氏,你却住在山西,别是,咹,攀龙附凤吧？哈哈哈……”

孔祥熙不急不慌,从孔子第62代孙孔宏开宦游三晋,最后卜居太谷谈起,用委婉含蓄的措词,有力地证明了自己确实是孔子裔孙,至今族谱不乱。

查理对这一点非常看重。他过去游历曲阜孔府时,在大门上看到这样一副对联:

与国咸休安富尊荣公府第
同天并老道德文章圣人家

尤其是上联的“富”字宝盖上面没点,下联文章的“章”字下面的一竖又直通到顶,他当时认为孔子后裔还写错别字,招人笑话。给人一说,人家倒笑他“老外”。说那是有意为之:富字上面没点寓意富贵无极,章字一竖到顶寓意文章通天。这副对联给查理留下了深刻印象。他认为,在中国,还没有哪个家族可以跟孔家相比。孔子创立的儒家学说是对世界文明的一大贡献,在中国几千年来一直处于独尊的地位,历代帝王都要举行隆重的祭孔大典。孔子后裔不论散落何地,一直保持着纹丝不乱的排辈。这是一个中国最古老、最神圣的家族。自己出身寒微,子女受的是西洋教育,对中国传统、中国文化缺乏很深的了解,如果有了这位出自圣族名门的乘龙快婿,宋家就会比较容易为传统观念很深的国人接受。同时这种结合,使中西合璧,不仅形成一个具有巨大优势的家庭。还会孕育出既有传统文化、又有现代观念的优秀子女,对未来的中国产生巨大影响。

霭龄对孔祥熙感兴趣的倒不在他是孔子的第几十几代孙。而是父亲介绍时说他的“山西首富”的地位。她现在对在孙中山身边整日处理那些没完没了的文电有些厌倦了,正想找一位如意郎君完成自己的婚姻大事,从而过上另一种安逸富贵又能在社会生活中发挥更大作用的日子。父亲带孔祥熙来家的用意没有明说,这种想法是她自己在交谈中逐步明确起来的。

家宴结束后，霭龄把孔祥熙留下，继续进行愉快的长谈。

孔祥熙谈钱得妻

这场谈话双方都毫不拘谨。孔祥熙是结过婚的人，同女性交往的技巧已不陌生。霭龄虽还是黄花闺女，但自从美国留学归来，先在父亲身边担任秘书，参加同盟会中部总会的工作，参与上海起义，然后又担任临时大总统孙中山的秘书。再转为全国铁路督办孙中山的秘书，经历了中国近代史上一系列重大事件，跟社会上形形色色的人物打过交道，已经锤炼成为一位泼辣成熟的女性，完全没有一般姑娘单独与男子相处时的羞羞答答。这场两个人的谈话照样进行得热热闹闹。

两个人谈起各自的经历，真是各有千秋。孔祥熙从美国争取赠款兴办铭贤，在革命中出任司令智退敌兵，兴办中美同盟会继续宣传革命，完全符合男子汉靠自己努力冲杀拼搏步入成功的逻辑。而霭龄则充分利用了父亲创造的条件，很快步入革命的核心位置，在权力中枢发挥了一系列重要作用。

渐渐地，孔祥熙已经悟出今天参加这个家宴和霭龄留自己谈话的用意所在。他开始在这方面用起心来。他仔细权衡了一番：自己出生于偏僻乡村，年龄又比霭龄大了10来岁，而且是结过一次婚的人；而宋霭龄一直生活在上海大都市，身为名声赫赫的宋家长女，又是革命之父孙中山的秘书，条件比自己优越得多。比起原先娶过的韩玉梅，无论以后在经商还是担任政府职务，对自己的帮助都会大得多。那么这桩婚姻成功的可能性有多大呢？孔祥熙又算计一番：两人的共同之处也不少，比如都是推翻清朝和袁世凯独裁统治的积极参与者，都是家庭富裕的社会上层人物，又有同一个信仰——基督的追随者。而且自己的优势也不可低估呢——30多岁虽然大了点，但社会经验丰富，人生观基本形成，有足于保障优越生活的经济条件，有参加革命的一定资本，孙先生的革命如果成功，在政府中也会占有一席之地。绝不会委屈了他。算计清楚了，孔祥熙说话的底气就壮了不少，从开始的一切话题由霭龄牵着鼻子，慢慢也寻找主动进攻的机会了。

后来，两人的谈话不知从哪里引起，逐渐集中到了对钱的看法上。一谈到钱，两个人都特别兴奋，脸上泛起美酒和血液酿出的红光。

霭龄说："真的，我从小就有这种感觉，钱这个东西非常奇怪，非常神秘，它有时就搅得你脑袋发晕，不知道是人掌握着钱，还是钱掌握着人……"

孔祥熙笑笑说："当然是人掌握钱咯。"

霭龄说："可在我一开始上学的时候，噢，那时我 6 岁，就觉出似乎是钱决定人的命运。比如说，你穿了好一点的衣服，用的东西时髦一些，教师、工友就会对你高看一眼；有一把好的糖果，就会有一帮朋友，就有人甘愿听你指挥，而没有这些，你就等着看白眼吧，是不是这样呢？"

孔祥熙早忘记了这明明是批驳自己刚才的观点，立即就表示赞成说："是咯是咯，俄六七岁时到县城拣煤……"

说到这里他猛地打住。乖乖，光想着顺着人家说，差一点就把自己拣煤渣的事说出来了，那不把自己幼年的贫穷和耻辱露了馅吗？而且他也觉出了这和自己自以为聪明下的结论不符，他干咳两下马上就拐了弯："俄六七岁时到县城拣——拣——见了要饭的叫花子，就把自己买糖果的钱给他们，人穷了可怜哪！"

霭龄马上说："可惜世界上像你这么好心的人并不多。我初到美国留学，不少人一听我是中国人，就把穷跟我联系起来，不愿理我。可我后来看出，美国人中有不少人并不比我富，我让父亲寄钱，寄中国的丝绸，寄火腿和腊肉，把好些美国小姐都比下去了，把她们馋的……我用一点点小钱就改变了自己的处境，很多人来恭维我。我有了朋友，还有了一些甘献殷勤的小奴婢。我毕业的时候，连美国的报纸都发表文章吹捧我……"

孔祥熙急忙接腔说："对咯对咯，许多人都说美国富，可我刚到美国的时候，就明显感到纽约不如太谷……"

"什么，纽约不如太谷？"霭龄大吃一惊，"你这不是说梦话吧？上海是中国最现代化的城市，可它在世界城市排名榜上还远在纽约之后。你没听过这首歌吗？一纽约，二伦敦，三巴黎，四柏林，五上海，六东京。我在见到你之前，从来不知道中国有太谷这么个地方，现在我也不知道它在哪里，它怎么能胜过纽约呢？”

孔祥熙得意地笑了起来：“这个你就不知道了。1901 年我到美国去的时候，纽约大街两侧的房屋的确是陈旧而简陋的，远不如太谷的建筑华丽而坚固；大街上来来往往的男女，穿的也多是旧棉布衣服，怎能和太谷城里人的绫罗绸缎相比？”

霭龄说：“我也跑过中国好多地方呢，你别蒙我。出了上海，到处都是破破烂烂，哪会冒出一个什么富得流油的太谷？你说的我不相信，绝对不能相信！”

孔祥熙说：“这是事实，你怎么不相信呢？在清代中叶，太谷就商贾辐辏，江南的茶叶、丝绸，蒙俄的皮货、羊毛，各地的药材、瓷器，都在这里交易，而且只做大宗批发生意，不做零打碎敲的买卖。太谷本地人则主要是开票号、钱庄、当铺，也就是金融生意，专门为那些买卖人提供贷款和资金担保，获利甚厚，银祁县、金太谷，这个民谚你不知道？”

霭龄摇头笑着说：“你该不是从夜郎国来的吧？”

“野狼沟？太谷是有个野狼沟，可现在的狼越来越少了……”看霭龄奇怪的表情，孔祥熙突然醒悟过来：“哦，你是说我夜郎自大？这不对。我有事实为证：太谷县城现有经商户 2094 户，经商者 9031 人，占县城人口的 85%，什么地方有这样高的比例？我小时候县城一户资产在 300 万两白银以上的，就有 13 家，七八层的深宅大院有的是……”

接着孔祥熙又讲了一个故事。“有一个姓孙的大户，修建花园时竟用白玉铺砌地面。有个秀才向他勒索钱财没有得逞，就向朝廷告发，说孙家盖房的规格超过了皇宫，有谋反叛乱之嫌。朝廷 3 次派员查访，孙家都用大量珠宝打点，回去都说孙家确系良民百姓，绝无谋叛之举。皇帝放心不下，让人把姓孙的押到京城，亲自过堂审讯。姓孙的受了一位高人指点，装痴卖傻。皇帝问：‘你家花园地面用什么东西砌成？’姓孙的说，都是些白石头子子。皇帝以为他土里土气，错把白玉当石头。就哈哈一笑，把他放回家了。”

霭龄就：“你讲的这个，我姑妄听之吧。”

孔祥熙有些急：“我这又不是谈狐说鬼。你怎么说姑妄听之？我在铭贤学校，每年来了新生都给他们讲这些，人家听得都鼓掌。你不信，咱们一起到太谷看看你就相信了。”

霭龄挑逗的眼光斜视着孔祥熙：“我干吗跟你到太谷去呀？”

孔祥熙脸红了一下说：“不干嘛的，就不兴去看看啦？俄请你么！”

霭龄还是那种表情：“我去算什么呀？”

孔祥熙也暗含机关地说：“算客人也好，去当主人更好！”

霭龄笑着说：“哈，我可看出来了，你这是想拐带我呀！”

孔祥熙说：“只要你愿意，说拐带私奔都可以……”

霭龄佯装发怒：“少胡说！”

孔祥熙嘻嘻一笑。霭龄又谈开了：“哎，还说正经的，你什么时候打了我的岔？我是说还是钱决定人的命运。比如我的父亲，刚从美国回来时。没有任何资本，只有一个月 15 元的薪水，连自己也养不起，在上海滩上有什么地位？可自从经商发了财，就俨然一位大人物了，连革命党都来联络他。要不是出那么多钱，一个传教士在党内能有这样的地位？再说孙先生。要不是他从华侨中募集到那么多钱，怎么会有那么多人追随他、拥戴他？一个人的命运就是这样。一个团体、国家的命运也往往要由钱来决定。辛亥革命前同盟会 10 次起义 10 次失败。为什么？缺钱！钱不够就买不来足够的武器。招募不到足够的人员。武昌起义准备并不充分，仓促起事，居然取胜，为什么？清朝政府缺钱！国库空虚，发不出军饷，军官士兵不肯卖力。孙先生游说英、美、法，虽然没有取得他们对革命的支持，但他们答应了保持中立，不再向清政府贷款。断了他们的财源，就等于釜底抽薪，使清政府因为没钱而不能扑灭革命。南京政府为什么向袁世凯交权？没钱！没有财政来源难于维持……”

孔祥熙觉着不太对劲，但一想到今天主要是能讨得宋大小姐的欢心就好，于是竖起拇指，连称：“高论高论！这么多重大事件的原因，从来没有一个人能像你分析得这样透彻精辟。真是听君一席话，胜读十年书咯!”

霭龄说:“我倒用不着你这么捧。这不过是我这些年来的一点点感受。现在我逐渐明白了,有些事情太理想化了不行。有些人整天空喊革命,革命,好像志向远大得很,其实他们的理想和革命,只不过是糕饼上的糖霜。而糕饼只有靠钱才能买到。一个不懂得怎样赚外快的人,是世界上最没用的人。德克先生说得好:一个贫穷的智者,犹如一本未翻阅的《圣经》,在他自己看来他是活着的,在别人看来,他已经死了。我现在最大的愿望,是掌握巨大的财富。这样,爸爸和孙先生再造共和、修筑铁路的愿望都可以比较容易地实现。当然啦,还可以帮助天下穷苦的人们。”

孔祥熙一拍大腿:“对咯!你怎地这么会总结概括?俄过去就会这么干,却没有把它在理论上理清楚。你这么一说。好像拨开了云雾见到了太阳,好像迷路的羊羔羔找见了娘……”

霭龄一撇嘴:“什么话!你会这么干,究竟是怎么干?”

孔祥熙说:“比如我想办学校,就对美国人说,中国人为什么杀你们的传教士?没文化咯!你们看我上了学就入了教。你们在中国办些学校。中国人有文化了,自然不会再和教会作对,美国的价值观念、思维方式、文化艺术就传过去了。这么几句话就哄得美国佬一下子拿出了75万美元,在太谷建了学校。我要来的钱,自然我当校长,这学校不跟我的一样?当然咯,我也是为国家培养人才嘛!”

霭龄说:“嗯,教育救国,这也挺时髦的嘞!”

孔祥熙又绘声绘色地介绍了自己一边当校长、一边开设祥记公司,包销壳牌石油、大发其财的经历。特别讲到他得知美国人收购铁砂,立即与他们签订了一大笔合同,尔后在太原打出招牌进行收购。在太原每担铁砂付一个银元,运到天津卖给美国人就是两美元。哪一个环节都不用自己动手,就净赚了一倍多的利润。

霭龄听得咯咯笑个不住。她逐渐明确了这样一个印象:孔祥熙从小在金融家和当铺经纪人的环境中长大,钱对于他来说,并不是不可捉摸的,他有着凭直觉就能使钱成倍增长的本领。虽然孔祥熙的年龄比自己大出十几岁,但他赚钱的本领足以抵消这一缺憾。他是一个可以托付终身的人！

两人谈兴正浓。查理先生走了进来："孔先生，我想邀请你今晚还来与我们共进晚餐，希望你能够赏光！"

孔祥熙朝窗外看去，不禁愣住了，原来自己一晚上都没走，天色已经亮了。他不好意思地笑笑说："抱歉抱歉！我流连的时间太长了，太阳都出来了。"

霭龄一眨眼说："日本日本，太阳本就在这里嘛！"

查理又叮问一句："孔先生，今晚来啊！"

霭龄说："不必了爸爸，今晚我想请孔先生到外面吃饭。"孔祥熙赶忙说："不，该我回请你们全家。"霭龄说："那等以后，今晚就是我们两个人去。"查理笑了："好啊，你们自己去吧，好好谈谈，年轻人就是要多接触才能增进了解。"

孔祥熙和宋霭龄的恋爱关系迅速发展，没过多久他们就准备结婚了。

第十二章　夫妻还乡

回上海策动反袁起义出师不利

孔祥熙和霭龄结婚，使几个人同时得益。他得了一位好妻子，孙中山得到了一位更优秀的秘书。霭龄摆脱了几年来紧张繁重的工作，一下子换成了一种轻松自在的日子，她尽情享受着新婚的幸福——孔祥熙的温存和他提供的物质享受，优哉游哉，好不惬意。孔祥熙有了霭龄的协助和穿针引线，进一步密切了和青年会员的关系，有了更多的接近国民党内高级干部的机会。而庆龄则得到了一个最能发挥她才干的机会，她不仅在工作上协助孙中山，更在精神上支持了孙中山。她对革命的炽烈之心如同一支火炬，照亮了孙中山一度灰暗的心情。孙中山有了庆龄这样一位出色的秘书，精神焕发，信心倍增，浑身都流淌着青春般的血液，改造国民党的工作进行得卓有成效。

几个月之后，也就是1914年7月8日，孙中山创建的新党——中华革命党在日本正式成立。孙中山阐述创立新党的考虑是，二次革命之所以失败，"非袁氏兵力之强，乃同党人心之涣散"，此次重组新党，是为坚定革命信心，重新集结革命力量。孙中山出任党的总理，陈其美、居正、张静江、胡汉民、张继、廖仲恺等分别担任党务、总务、军务等各部正副部长。中华革命党的纲领是，"以实行民权、民生两主义为宗旨"，"以扫除专权政治，建设完全民国为目的"。在组织原则上，明确规定党员"必须以牺牲一己之生命、自由权力，而图革命之成功为条件。立约宣誓，永远遵守"，"凡党员有背党行为，除处罚本人外，介绍人应负过失之责"。为改变国民党"主持党务者，半为官僚所软化"和成分复杂的情况，宣告此次建党办法，务必正本清源：第一，摒弃官僚；第二，淘汰假革命党。以防止第一次革命时形形色色不同动机、不同面目的人都投机进入党内，以致鱼龙混杂、以伪乱真、异党入据、大权旁落，真正革命党反遭排斥，革命也完全变味的情况。

孔祥熙为中华革命党的组建付出了努力。但是他的贡献和资历还远不够进入党的核心圈子。当袁世凯制造舆论企图复辟帝制的时候，孙中山因为孔祥熙的身上还没有明显的革命党色彩，交给他一项秘密任务，回国联络上海实权人物，策动反袁武装起义。

孔宋夫妇准备动身回国时，庆龄和孙中山相爱的消息传了出来。孔祥熙认为只有孙中山才配得上忠贞漂亮的庆龄，非常高兴。而霭龄却对此大为不悦。自己过去暗恋孙中山没被接受，而妹妹却和孙中山相爱，她认为这是栽自己面子的事情，坚决反对。她动员父母，偕同庆龄和两个弟弟一起返回上海。

查理已经在上海霞飞路新购了一所砖石结构的房子。因为危险并没过去，单独住进虹口路的老院子，难逃袁世凯的迫害。而这所房子在法国租界内。袁世凯不能在这里肆无忌惮地行动。更重要的是霭龄认为这里能受到青帮的保护。在辛亥革命时，她通过上海都督陈其美已经和黄金荣、杜月笙建立了密切的关系。黄麻皮是法国租界内的警探头目，杜大耳朵手下喽啰成群，他们的威慑力量足以使想对宋家下手的人心存后顾之忧。

孔祥熙随宋家刚刚安顿下来，门房通报杜月笙来访。在此之前，孔祥熙和杜月笙还不曾谋面，他躲在窗后观察这是一位什么样的人物。只见先从前后车上跳下一群保镖，在房前房后布好了警戒。杜月笙进门的时候，孔祥熙仔细地看了一下，他原以为杜有着寺庙中观音般的大耳朵，但实际上只是两只耳朵直棱棱地向外张开，即俗话说的“扇风耳”罢了。

杜月笙年长于霭龄，在上海滩上威风十足，但在霭龄面前却很谦恭。因为在上海起义前后，霭龄帮了陈其美的大忙，以后又是大总统秘书，陈其美都对她很尊敬的。霭龄招待他的时候，杜月笙反而亲自为孔祥熙和宋霭龄削了一只苹果——这是他的绝活，直到多年以后还有达官贵人专门想看看他露这一手。孔祥熙大开眼界，这才知道削水果也可以成为一门艺术:杜月笙左手一下抓起两只苹果,右手水果刀上下翻飞,眨眼之间,两条绿绸子般的苹果皮就抖了起来,两只苹果晶莹剔透,浑圆之态不减于带皮之时。原来杜月笙曾是上海跑马场前卖水果的,后来投到青帮门下。他最善于揣摸人心,能把人捧得心里痒绒绒地舒坦而自己又不露有意捧人之嫌。后来孔祥熙和杜月笙成为终生朋友,两人经常互相吹捧尽人皆知。现在杜月笙虽在青帮中的地位迅速上升,连黄金荣也不得不让他几分,但还远没有达到他的巅峰时期。他早已看出宋霭龄的心计将会使她成为未来社会中举足轻重的人物,他现在就要巴结讨好她。为她的一家在此时提供安全保障是最好的感情投资手段。

孔祥熙开始奔走于上海的军政要人之间。这期间蒋介石也来过两次。孔祥熙与蒋介石是在日本相识的。蒋介石同样是因二次革命失败流亡到日本的,其间他曾几次潜回国内。一次是到上海组织暴动。结果暴动还没发动,他就差点被抓了起来。一次是到黑龙江考察在那里发动起义的可能性。因为那里有一个国民党员写报告给孙中山。说那里条件已经成熟,可以举行起义。让蒋介石去考察报告是否属实,蒋介石去干这种事并不合适,但他还是查出了起义成功率几乎为零。那位国民党员只是想借此要到一笔钱,以中饱私囊。孔祥熙对蒋介石还算友好,但霭龄对蒋介石却有些不屑一顾的样子。她认为蒋介石只是个脾气乖戾、惯于冒险的家伙罢了。霭龄和蒋介石认识较早,蒋介石大她 2 岁,却比孔祥熙小着 8 岁。辛亥革命时的上海起义时,蒋介石从浙江赶来,招募了一批人马当过团长。但在当时的国民党内他还是个小人物。霭龄有时不得不敷衍他一下,也只是看在他是陈其美的把兄弟份儿上。蒋介石时常光顾妓院,并从那里弄了个名妓的女仆姚冶诚作侍妾的事,也很让霭龄看不上。

上次蒋介石回上海策动暴动,被袁世凯的上海镇守使侦知,捣毁了总部。蒋介石因为机灵,在半路上看见情势异常,情知不妙,逃之夭夭了。这次孔祥熙回来策动起义,同样不太乐观。策动的人物还没什么眉目,便被暗探跟踪,官方准备拘留他。这样孔祥熙在上海也待不下去,便动员霭龄与他一起回太谷老家去。

霭龄决定随孔祥熙前往“纽约不如”的太谷

霭龄对于孔祥熙一再鼓吹的“中国华尔街”、“纽约不如”的太谷，始终心存恐惧，迟迟不肯成行。就在这时，宋家的一件大事发生了。

庆龄被迫与全家回到上海。为了阻止她与孙中山的结合，她实际上被软禁了。查理主要考虑自己与孙中山年龄相仿，如果孙中山与庆龄结婚，自己突然成了老朋友的老岳父。感到面子上不好看。孔祥熙的意见不被重视，而霭龄则不断在父亲面前递些小话，使查理更感到这门亲事做不得。

霭龄托人介绍了一位名门子弟，匆匆来家见了一面。即由查理宣布了庆龄订婚的消息。庆龄大声抗议：“在我们这样的家庭里居然还会出现包办婚姻，真是匪夷所思！什么推进革命，实现民主自由，都是假的！”

查理听后十分痛苦。他回顾自己半生走过的道路，都是在追求民主平等，主张个性解放。为什么到了自己家里的问题上，反而扮演了一个封建卫道士的角色？女儿有爱和被爱的权利，为什么要由自己去剥夺呢？究竟该怎么处理才好，他一时拿不定主意。

查理征求妈咪的意见——自从倪桂珍生下 6 个子女后，查理便随了孩子们，也称呼妻子为妈咪。在家庭内部，妈咪是铁腕人物，对孩子们素来要求严厉。但是这一次没想到妈咪只说了句：“基督保佑！”查理感到一家人忽然都成了哲学家：庆龄是理想主义，霭龄是实用主义，自己是“违心”主义，妈咪呢，好像是虚无主义。她说的这句话近乎一偈禅语，令自己一时猜不透。基督保佑，保佑什么？保佑对庆龄的软禁吗？保佑庆龄的追求实现吗？

但是庆龄采取了行动。她在被禁闭等待成亲的日子里，悄悄给孙中山写去了一封信，问他现在是否还需要她，自己应该待在家里还是仍回到他身边去。负责看管庆龄的女仆同情她的遭遇，把这封信秘密投进了邮局。

孙中山很快回了信。假使没有女仆的聪明机智，这封信可能落在别人手里，那样历史也许要完全重写了。孙中山在信中鼓励庆龄立即回到他身边，无论在事业上还是感情上，他现在都非常需要她。庆龄受到鼓励，她不再孤单，她有了精神上的援军，有了可以回归的大本营。她决定逃脱樊笼，到日本去和他相会。

庆龄再一次得到女仆的帮助。女仆在楼梯上望风，庆龄打开后窗，利用撕开的床单，从二楼坠到地面，然后赶往港口，乘上了一艘开往日本的轮船。

发现庆龄离家出走，宋家上下顿时乱了起来。妈咪担心庆龄的安全，而霭龄却想派人把她追回。查理否定了霭龄的意见，说宋家的事情只能由宋家的人自己处理，绝不允许动用外人。霭龄见事情已无可挽回，反过来劝父亲成全他们好了。但查理转了几圈后，还是决定立即赶往日本。

查理在神户上岸后，又换乘火车赶往横滨，他一路风尘赶到的时候，庆龄和孙中山已经在日本著名律师和田瑞的主持下，举行了简朴的婚礼，迎接他的是一对新人幸福的笑脸。

爱激动的查理还是发泄了一通不满。孙中山站在台阶上一言不发，庆龄向父亲作了解释："这是一桩完全符合法律和基督教义的合法婚姻，一切均出自自己本心，父亲应该为我们祝福。"她拿出了两人订立的婚姻誓约书，请父亲过目。誓约书已经经律师作证并由当事人签字生效。

此次孙文与宋庆龄之间缔结婚约，并订立以下诸誓约：

一、尽速办理符合中国法律的正式婚姻手续。

二、将来永远保持夫妇关系，共同努力增进相互间之幸福。

三、万一发生违反本誓约之行为，即使受到法律上、社会上的任何制裁，亦不得有任何异议；为了保持各方之名声，即使任何一方之亲属采取何等措施，亦不得有任何怨言。

上述诸誓约，均系在见证人和田瑞面前各自的誓言，誓约之履行亦系和田瑞从中之协助督促。

本誓约书制成三份，誓约者各持一份，另一份存于见证人手中。

誓约人孙文（章）

誓约人宋庆龄

见证人和田瑞（章）

耶诞一千九百十五年十月二十六日

看过誓约，查理的心放下了。他返回上海，向家人宣布："庆龄已经和孙中山正式结合了。"

查理和妈咪为庆龄置办了丰厚的嫁妆，张张扬扬送到日本，以此答复了霭龄的不满和社会上出现的谣言。

霭龄在庆龄婚姻问题上的几句小话虽然庆龄并不知道，但她心里已经感到对不住妹妹，有些庆龄一旦回国不好相见的意思。这时孔祥熙已经回太谷做了一番安排，又回上海接她，于是霭龄顺水推舟.决定和孔祥熙一起去那个"纽约不如"的太谷亲眼看一看。

接站、闹房，黄土高原特殊的人文景观

尽管孔祥熙说得天花乱坠，霭龄把一幅全国地图翻了多少遍，还是没有找着太谷的准确方位，只知道它在太原以南，地处黄土高原。她从心里并不相信孔祥熙说的那儿是"中国华尔街"、连美国的纽约都不如。她怎么也感觉那里仍是上古时代的蛮荒部落。她抱着一种冒险的新鲜刺激感，体会人类原始生活的悲壮感，偕从孔祥熙踏上了前往太谷的道路。

孔祥熙发现霭龄心中的忧郁时，故意逗她说，家里并没有恶婆婆，自己贤惠的母亲早已仙逝，用不着如此作难。霭龄说，"我是害怕……"孔祥熙知道她怕什么。霭龄从小一直生活在优越的城市环境中，一天没在农村住过，自然把那里想象得贫困荒凉。孔祥熙笑笑说："根本用不着害怕，只怕你一住之后，再不想离开呢。"霭龄仍是闷闷不乐，孔祥熙又说，"你真的不愿意。我们不去也罢。"霭龄反拿眼斜着他："谁叫我嫁你这么个乡巴佬呢？嫁鸡随鸡，嫁狗随狗，是死是活只好跟你走这一趟了。"孔祥熙毫不羞恼，仍赔着笑脸："夫人，那就请了——"

他们尽可能乘火车前进，一直到了榆次，往太谷再没铁路了，这才改换交通工具。

下了火车，只见秋末冬初的黄土高原，叶落草枯，一派肃杀气象。瑟瑟秋风卷着沙尘，搅着黄叶，直向人脸上扬来。村庄里一溜低矮的黄泥巴

小房舍，村民满脸菜色。穿着臃肿的大挽腰棉裤，不少人脑后仍拖着清代的长发辫。霭龄的心一下子凉了，乖乖！这就是孔祥熙说的纽约不如的地方吗？这地方人大概连发生过革命的事都不一定晓得哩。她心头冲起一股被愚弄，被欺骗的感觉，刚想冲孔祥熙发火，一阵铿锵的锣鼓和嘹亮的唢呐声骤然响起，把霭龄吓了一跳。回头一望，一支几十人的队伍早到了跟前。一顶十六人抬的大轿子平稳地落在了霭龄脚下，上面披红挂绿，还装有不少正圆、椭圆的小镜子，在太阳下熠熠反光。孔祥熙过来亲自打起轿帘："夫人，请上轿——"霭龄娇嗔地瞪了一眼："都什么年代了，怎么还让我坐这种玩意儿？"孔祥熙嘻嘻一笑："你我虽结婚一年多了，但仍是第一次回我家乡。我要让人们知道，我的婆娘可是用轿子抬回来的。明媒正娶！"霭龄不满地又瞪一眼："不坐轿子就不是明媒正娶啦？"刚要起轿，霭龄又钻了出来，冲着孔祥熙问："哎，我说，巡抚大人才坐八抬大轿。你怎么用十六人抬的轿子？这可是王爷的排场啊！"孔祥熙转回头说："皇上都被我们打倒了，坐坐王爷的轿子怎么啦？你也认为'季氏八佾舞于厅，是可忍孰不可忍'咯？"说得霭龄脸一红，回了声"天高皇帝远！"返身钻进去再不吭声了。

霭龄打量这轿子，里面地方很大，可坐可躺，有一种轿车所不及的舒服。左右都有窗子，挂着杏黄纱帘，可以随时打起向外观望。

孔祥熙要在霭龄面前摆"山西首富"的谱，这一路自然格外用心。把食住行都安排得妥妥帖帖。霭龄坐了轿子，孔祥熙自己骑一匹枣红色蒙古高头大马紧紧相随。早有山西都督阎锡山派人等候，在榆次城里设了丰盛的宴席款待。孔祥熙毕竟在他老家算个人物，这使霭龄感到一种安慰和温暖，情绪逐渐好起来。上路以后。凡遇村镇，七八人的吹打班子就呜哇呜哇动起响器，引得很多人出来观望评说。大一点的镇子。都有工商士绅等头面人物出来献茶献酒，这在漫漫黄土路上构成了一种特殊的人文景色。使霭龄觉得比在繁华的城市享用高级宴席更有体面排场。越大的反差越容易使人印象深刻。孔祥熙是深谙此道的。

他们经过几天的跋涉，才走完了这段漫漫古道，来到太谷城里。孔家的亲朋好友和铭贤学校的师生在城门口燃鞭放炮，撒纸扬花，一路张灯结彩，等于是又给他们补了一个乡下的婚礼。

这一天的太谷城里，是一种从未有过的热闹：满街筒子都是人，墙上趴的，树上钻的，人多是这里的一大奇观，当然主要是好奇心的驱使，孔家娶回个“洋”太太，谁不想一睹为快呢！

万众瞩目之下，宋霭龄下了花轿，只见她身穿洁白的锦缎旗袍，透着暗花；脚蹬白色皮鞋，一步三响。与太谷城里这些身着对襟黑棉袄、大裤裆挽腰破棉裤的居民们，显现着不仅不是同一个社会阶层，而且也不生活在同一个季节。最显眼的还是脖子上挂着的十字架，公开表明着她是一位基督徒。她款步走动的时候，裙裾间露出白皙的双腿，透着勾魂摄魄的性感，更令庄稼汉们瞠目结舌。

霭龄大大方方地向父老乡亲们招手问好，激起大家阵阵掌声。她那楚楚动人的风姿，一举手，一微笑，都引来人们的喝彩。作为大家闺秀的霭龄，毫不怯场，在人们追逐着引颈观望下，拜见了公公孔繁兹，以及孔祥熙的叔叔婶婶等长辈，缓步走入了洞房。

人们向孔家长辈们贺喜。

有的说，你们给咱这土地方娶回这么个俊媳妇，是你们的福气，也是咱乡党的荣耀哩！

有的说，听说是吃洋面包长大的，每天还要用牛奶洗澡，是咯？要不咋那么水灵呢？

有的说，听说是孙大总统的秘书，哈哈，染房里的捶板石，见过大阵仗呢！

孔祥熙听了这些话，心里美滋滋的，是咯，在太谷、在山西，谁还能比得上咱呢？这回呀，我孔祥熙将不仅以财富闻名，还将以这个夫人让所有的人刮目相看。

花烛之夜，少不得一阵乡民们粗俗的闹房，虽然一些人出言不雅，好在霭龄已是结婚多时，加上她的伶牙俐齿，倒也把这些人对付得晕头转向，使他们得不到多少便宜。几个愣小子还想动手动脚，上去搂搂抱抱时，霭龄才吓得没了主意。还好，孔祥熙及时进来，一个眼色，霭龄早心领神会，趁东邻的二赖子伸手去抓她腰带时，立即柳眉倒竖，顺势从腰间抽出一支假枪，对准二赖子脑袋就喊着要开枪，吓得这小子抱头鼠窜，闹房的人也借机一哄而散。

闹房的人一走，小两口哈哈大笑，祥熙顺势抱住霭龄，扔到了床上。“哎哟！床上有虫子！”霭龄一惊一乍，大呼小叫，孔祥熙也兀自吃惊，生怕真有什么蝎子、蚰蜒、簸箕片，吓着了爱妻，丢了自家面子，那样以后在夫人面前就更矮三分了。急忙掀开床单去找，哪有什么虫子，原来是些红枣、花生、栗子、黄豆之类，霭龄怒瞪两眼，质问道：“搞什么鬼名堂？想硌死人哪，不让睡觉啦？”孔祥熙这才笑了：“哈哈，这是咱这地方的风俗，这叫撒床，是长辈们的一种祝福！”霭龄哪里知道这些名堂，兀自怒意不消：“撒什么床，祝什么福？”孔祥熙笑着解释：“红枣栗子这是要你为咱孔家早生贵子，‘枣栗子’者‘早立子’也。”“那这花生呢？还要我当花瓶，给你孔家长花吗？”霭龄还是不满地说。孔祥熙仍是笑哈哈的：“这你还不懂吗？要你花生，插花着生，一个儿子一个姑娘，一个儿子一个姑娘，也别光生儿子也别光生姑娘啊！”霭龄听明白了，怒意方才下去，但还是假绷着脸说：“做你娘的美梦去吧，把我当什么了，成你们家的生孩子机器了？告诉你，事业无成，别想让我给你生一个脚指头！”说完自己先笑了。孔祥熙一把抓住搂在怀里，口噙住霭龄的鼻子：“小乖乖，这就由不得你了。”霭龄脸色羞红，一把推开祥熙，两人又打闹起来。

10 年之后，孔家长辈们的祝福得到了验证，宋霭龄插花着为孔家生下了 4 个孩子，果然是两男两女，成为宋氏三姐妹中唯一留下后代的一个。这 4 个子女又演出了许多曲曲折折的故事，世人赞美和非议兼而有之。不过这是后话，暂且不提。

黄土高原上的黑夜是真正的黑夜，可不同于大上海非要把黑夜制造成假白昼。夜幕低垂，笼罩四野，天地融合，人性复归。这是霭龄在婆家过的第一个夜晚，喧闹之后的静谧，夜幕后面的神秘，被窝里的甜蜜，都给她留下了终生难忘的印象。

她期待着夫妻大礼之后的黎明。

新宅当祖宅，既在娇妻跟前有了面子又报了祖上的一箭之仇

客人散尽之后，霭龄才得以仔细打量山西首富的祖宅。只见占地几十亩的深宅大院。果然气魄不凡，巨石砌墙，粗木为梁，院子一进一进，简直如同迷宫一般，很有欧洲中世纪古堡的味道。

在这黄土高原的腹地．孔家却有着类似江南风光的精致花园：一方莲池映着无边寺里的白塔，一条曲曲折折的长廊，色彩艳丽，与黑粗笨拙的石墙土瓦形成鲜明对照。临池一座古色古香的戏台，显足了主人的排场。尖顶的亭子，上面挂着清代文豪傅山手书的大匾：赏花亭。背面一匾。却是龙飞凤舞的"墨庄"二字。霭龄不解其意，问孔祥熙，孔祥熙顿时脸色飞红，支吾了一下，才说，文人墨客过去讲究赏花读书，无非是才子风流吧。霭龄虽然觉出孔祥熙神色有异，但想这里面总不至于有孔家的什么风流艳史吧，也就过去了。霭龄见到一丛枝条苍虬的巨形灌木，便问这是什么树，孔祥熙这才眉飞色舞起来，洋洋得意地说，这是一棵宝树，已经有几百年历史了。没等说完霭龄就抢白道，我问你它是什么树，没问你它有多少岁了。孔祥熙嘿嘿一笑，是是。这叫枸杞。百年枸杞。枸杞子滋阴壮阳，使人永葆青春。哎，你看没看过《三言》、《两拍》？那里面有一则百年枸杞的故事……霭龄眼一斜，那是你们那些不正经男人看的混账书，我才不看呢。孔祥熙涎着脸说，夫人此言差矣。待我说来你听就知道了。有一个人经常向一贫僧布施，一天老僧请老善人到寺里答谢，说有一物吃后可以长生不老。拿出来一看。老善人见是一只腌死狗，顿时恶心反胃，心里说原以为这和尚是好人所以常常布施于他。谁知竟是个不守戒律的恶僧，口里不说，只推托不吃。老僧自己吃完后才说，这哪里是什么死狗，而是一支百年枸杞，看来你没这个福气，这也是命。霭龄盯住孔祥熙说，你有命，你去吃你这个百年枸杞吧。孔祥熙转身岔开话题，指给霭龄看二层楼的闺房。

霭龄刚才问到"墨庄"时，孔祥熙为什么脸红？原来这处宅院并非孔家老宅，而是当初和他的曾祖父争夺拔贡取胜的孟秀才孟拔贡的花园。孟拔贡嘛，当然是舞文弄墨之人，所以他能在自己花园里题名墨庄，而孔

家此后世代经商，并不以读书名世，他不会题这样明显的有文人印记的牌匾的。幸亏霭龄没有深究，否则孔祥熙以孟家花园冒充祖宅的把戏就会露馅了。这一层霭龄在太谷住了很长时间也没有识透，一直把这里当做孔家老院。也许她知道了不愿意揭穿，多年后她同外国记者谈话还把这里称作孔家祖宅，以此作为孔家富有的证据。

乡野生活虽比不上都市文明，但对于在城里住久了。用惯叉子刀子吃西餐的霭龄来说，这一直被她视为荒乡僻野的太谷，倒也不是那么蛮荒可怖，却时时感到一种新鲜和惬意。

孔家拿出了当地特有的各种名食，确让霭龄大开眼界。衣着艳丽的女仆把一盘一盘的食物摆上红木八仙桌，鹌鹑茄子、烫驴肉、挂炉鸡，香气四溢；瓦桶糕、绿豆糕、穿心酥、万卷酥、六角酥、佛手酥、篓篓酥，各种点心令人眼花缭乱；蒸的烫面、蒸粑、稍梅、糖油包子别有风味；光饼类就有那大薄脆、两张皮、剃头饼、盐包儿、瞪眼儿、牛舌头、石头饼、枣泥饼、一窝丝各具特色；那主食叫什么剔尖、擦尖、擦片、纳糟子、圪垛、圪搓搓、豌豆面疙瘩更让霭龄闻所未闻。几餐饭吃下来，孔家究竟有多大家业，可真叫霭龄心中没底了，心里一直琢磨，是这家人敢糟，还是财富无算？心想过去的皇上也不过如此吧。

吃住虽好，毕竟太谷没有什么名山大川可以散心。霭龄不觉丝丝烦恼又袭上心头，想想当初自己在美国留学时的雄心壮志，想想跟随中山先生时的踌躇满志，想想自己在这里浑吃浑睡，完全被世界忘却了一般，昔日的朋友们此刻在忙些什么，革命下一步会出现什么情形，她真怕时间一长，自己也变成一个麻木不仁的土财主婆，岂不辜负了父母朋友，空怀一腔壮烈？越思越想，不觉一声长叹，两行珠泪早顺腮流下……

几日来生怕爱妻受了委屈，处处陪着小心的孔祥熙早发现了霭龄情绪的变化，不过表面糊涂实则精明透顶的他并不去直接点破，而是有意岔开问道："怎么了，怕把我孔家吃穷，给我们掉金豆子啦？"

一句话又把霭龄逗乐了，她娇嗔地剜他一眼："去你的，把你孔家吃成讨饭鬼才好呢，谁管你金豆银豆！"

孔祥熙这才讨好般地说："你不关心我孔家，我可也顾不上管你了，明天我可要到铭贤学校上班去了，你是留在家里，还是跟我一起去？”

霭龄哪里想到这是孔祥熙有意往自己心里侃，顿时来了兴致，连声说：“好好好，你不管我也别想撇下我，你去我也只好去，嫁鸡随鸡，嫁狗……”孔祥熙过来就拧霭龄的嘴，嚷着说，“我再叫你整天说我是鸡是狗……”两人又一阵欢笑。

铭贤奇景——“嘉桂科学楼”高过“亭兰图书馆”

第二天，霭龄随孔祥熙把行李搬到铭贤学校的校长公馆，铭贤师生欣喜欲狂。为迎接一别数年的校长重新回来主持教务和霭龄这么一个有传奇色彩的夫人到来，教师和学生费尽心机地把校长公馆做了刻意装饰。把学校环境打扫得干干净净，然后又到大门口列队欢迎。

在霭龄眼里，这铭贤学校可真是孔祥熙创造的一大奇观。它坐落在太谷城的东北角上，一色的洋房建筑，栋栋教学高楼之间，镶嵌着一个个二层楼的小院落。房屋全是雕梁画栋，檐角是中国的龙头，龙身摇摆横贯屋脊。屋顶覆盖着黄白蓝相间的琉璃瓦，墙壁是彩色瓷砖拼成的美丽图案，真正称得上富丽堂皇。不要说在本世纪初盖那样的学校，就是在又一个新世纪到来时，在县城以下也没有几所学校可以与它相比；不要说在太谷这样的穷乡僻壤，就是放到上海、北京、广州，它的建筑和园林也自有比不下去的风姿。霭龄看到这所学校，感觉上好像才回到了当代文明之中，她再也不想去住孔家那憋得人喘不过气来的老房了。她脸上绽开了花，那些欢迎的师生还以为对他们而笑呢，一个个更激动欲狂。

霭龄随孔祥熙来到校长公馆，只见公馆是形成直角的两进小院，坐东向西一进院落，坐北向南一进院落。院里有兰草、玫瑰、伞形国槐，圆门方窗，白壁彩绘，煞是赏心悦目。楼下是会客室、会议室。一枝迎客松，似长臂作请。他们的卧室在二楼，门前一溜阳台，视野开阔，室内陈设则是一式西洋床具用品，令霭龄大为满意，心情一下子好起来。她兴致勃勃地又下来仔细欣赏梁柱上的图画。只见左侧横梁上是一老者垂钓，旁有一书生跪地拜谒，霭龄看了半天，疑为张良拜师。右侧画一粗壮汉子舞弄拳脚，旁边一群人围观。霭龄猜想定是拳打镇关西的鲁提辖了。一文一武，倒也符合教育方向，霭龄不禁颔首微笑。

看到柱顶上时，霭龄的笑意却收敛了，原来那上面画的是一个荷锄仕女。霭龄把孔祥熙叫下来，皱着眉头问道："你这会客室门前画个葬花的林黛玉是什么意思？难道原先没有我时，你成天就想着来个什么小姐姑娘的和你相会吗？"一句话问得孔祥熙哭笑不得，竟一时结结巴巴了。赶忙说："夫人你、你误会了，我这画的不是林、林黛玉、林小姐、林姑娘，我的用意是要表现女子参加生产劳动，新的时代妇女要和男子一样参加生产……"霭龄杏眼一瞪："你骗鬼去！新时代女性咋是这样装扮？"孔祥熙又佯装细看一番，赶紧想了词说："夫人有所不知，在这乡下地方，要推行新东西很难，而你把它说成是古已有之，就容易多了，我这画就是说明自古以来就有女子参加劳动。铭贤学生不过是照古行事而已。"看霭龄不深究了，孔祥熙就来了兴致，指手画脚地说："这天下大事，总以教育为本。教育兴则人才出。人才盛则国势强。民国以来不断有人邀我出去做官，我总舍不得丢下自己亲手创办的这所学校。我要培养一批能文能武、达智权变、有为国为民思想的人才，兴国家富人民……"霭龄早不耐烦了："好好，你就当你的校长，当一辈子校长吧。可你怎么前一阵子跑到日本、跑到上海干什么去了？每一个有能力的人都想着培养下一代人，就是所有的人都成了大学者大教育家，可谁来担当国家大任？"孔祥熙一下子口齿伶俐起来："我是教而优则仕，学校办好了，也可以出去做官。但不论我做到多大官，这校长我一生不能丢，一生都要兼！"

孔祥熙倒真是说到做到，直到他当上了国民党行政院长，铭贤校长也一直兼任，从不肯交给别人，其间只有霭龄代理过几天的校长，不过时间不长。

孔祥熙离开太谷几年，学校的教学虽未受什么影响，可财务上却遇到了一大堆问题。孔祥熙一回来，就忙着听汇报，想办法筹措经费。霭龄闲来无事，免不了到校园里各处转转走走。一日，走到学校图书馆前，上面那块"亭兰图书馆"的赫然大匾引起了她的沉思，为什么别的学校图书馆都和学校同名，这里的图书馆却另起了一个名字。而且这“亭兰”二字实在猜不出什么意思。她问一个陪同的教师。这教师哪知会出什么风波，就实话实说，这乃孔校长一片孝心，亭兰二字各是孔父母名字中的一个字。校名既为了铭外国传教士之贤，不好改动，这图书馆名当然可以自己另起。说完还为孔校长的高明得意地笑了几声。

蔼龄不听便罢。听后就想开了，他用父母的字取了图书馆名，日后永垂青史，我的父母呢？我的父母比孔的父母这对老农民可不知强过多少倍。不行，这里也必须留下纪念。她打定了主意，就在校园到处找，恰巧这时一座教学试验楼将近竣工，而且位置与此相对，蔼龄立即找孔祥熙，仔细看了设计图纸，规模不在图书馆之下，高度和图书馆相同。就提出自己要为这座试验楼取名字。孔祥熙说：“试验楼咯，取啥名字？”蔼龄说：“图书馆为啥能取名？”孔祥熙就明白了。赶忙说：“好好，你取你取。”蔼龄说：“那就叫‘嘉桂科学楼’好了。”孔祥熙一沉吟：“嗯，这试验室改成科学楼倒很贴切，只是么，‘贾桂’乃法华寺里的奴才，连坐都不敢的人，用来命名科学楼合适吗？”蔼龄大怒：“去你的法华寺！我这‘嘉’是宋嘉树的嘉，‘桂’乃倪桂珍的桂，你有意作践我父母不是？”孔祥熙嗷的一声，连说得罪得罪！赔了半天礼，看蔼龄不吭声了，以为这下总算是摆平了，不想蔼龄还不满意，非要把科学楼加高不可，明明是要压孔祥熙一头。

孔祥熙虽说愿意奉承，但图纸早已设计好，马上就要完工，稍有改动就得费大工。孔祥熙以经济原因搪塞，蔼龄又发起火来，喊道，没钱你整天给我摆什么谱？吹什么首富脚富？没钱明天把城里老院卖了，反正我只住这里的花园洋房，不住你那欧洲古堡！孔祥熙被逼不过，只好下令加高。不意又遭到设计人员抵制，加高以后整个建筑就不谐调了，留下那样的丑陋作品是要坏他们名声的。最后达成妥协。只在原来的基础上加高了一砖，不仔细观察感觉不到。不过在蔼龄看来那意义就不同了。一砖高也是高，还是宋蔼龄压住了孔祥熙。

第十三章　步入政界

孔祥熙没想到自己带回的不仅是个妻子，还是个铭贤急需的教师

“师生有如家人父子，能多聚集，总要多方聚集；能多晤谈，总要多方晤谈；能多探讨，总要多方探讨；能多畅叙，总要多方畅叙。”孔祥熙举着酒杯，向霭龄请到家里做客的学生们，再一次阐述他的师生关系论，并把这作为今天的祝酒词。

“好！校长说得好！”学生们一齐喊叫。在闹哄哄中一位学生代表站起来说：“校长和夫人犹如我们的第二父母，你们的栽培和关怀我们终生不忘！铭贤同学要团结在校长和夫人的旗帜下，形成一个有凝聚力、有战斗力的社团，在以后的社会变革中发挥中坚作用！”

学生们猛烈鼓掌，孔祥熙满面红光。宋霭龄更是热情高涨：“我们铭贤师生是要有这么一种亲情共识！”

孔祥熙历来把铭贤学校看作自己的私有财产，努力培养与学生的感情。现在宋霭龄的到来，为这种师生相聚又平添了一种机会和气氛。礼拜天、节假日，霭龄经常把一些豪富家庭出身的学生和一些学业优秀的学生，叫到校长公馆，请他们一起吃一顿便饭。这时候，霭龄总要扎上围裙，亲自下厨，做几个拿手西餐菜。在这黄土高原的内地，对有些学生来说，山珍海味不稀奇，但正儿八经的西点西餐可没几个人吃过。对于孔祥熙来说的一顿便饭，对他们可就是一次“大开洋荤”了。校长一家的这种恩惠，真使处于成长期的不少学生刻骨铭心、感激涕零。

又一个学生站了起来，他直走向霭龄：“师母，听说明天就是你的生日了，我们大家凑钱买了这个金手镯，祝师母生日快乐！”

学生们一齐嚷道："请师母收下我们的心意！"

霭龄把手镯接了过来，只见它闪着黄灿灿的光，手中一掂，沉甸甸的，确是个真家伙。霭龄脸上笑得像朵花："好漂亮的手镯！你们还打听了我的生日，真是难得难得！我原先怕到你们这地方来，没想到偏僻之地，有这么好的同学、这么淳朴的民风哩！"

学生们看她喜欢这个手镯，也都高兴得什么似的。没想到霭龄忽然又收敛了笑容说："不过，今天这个手镯我可不能收！要知道，你们现在还都是学生，钱都是从父母手中要来的。父母的钱可不是白来的。你们有这份心意，我就非常高兴了。"霭龄把手镯塞给学生："拿去退了，把钱还给大家吧！"

霭龄虽然爱财，却有着女性的慈善心肠。

学生们愣住了，一时不知是霭龄嫌不够分量还是真的不肯收。

霭龄赶紧说："同学们，你们要抓紧学习，以后事业有成，荣盛发达了，给我一座金山，我也敢收。或者你们忘了我，我说不定还会找你们去要呢！"

看霭龄说的是心里话，同学们这才放下心来。一个同学大咧咧地说："师母，你不收下，今天这酒可不好喝喽！"

"酒还照喝，菜还照吃，师母不是不收，只是现在不收，以后还是要收得嘞！"

从此，霭龄在学生中备受尊敬，学生一见面就围上她，"师母"、"师母"地叫个不停，直叫得这位师母大人春风满面，喜不胜收。孔校长更是笑口常开。

孔祥熙夫妇从日本回国时，为了掩护策动起义的真相，打出了一个回国在铭贤增设大学预科的招牌，购买了一批图书仪器。现在起义不成，便真的下工夫办起了大学预科。

等到一切准备工作基本就绪、开学在即之时，原先应聘的一位美籍教师，突然变卦，不愿意来中国任教。这下子使师资力量尚感不足的铭贤学校，陷入更加困难的境地。如果再从外国请教师就得推迟开学，从中国沿海地区聘请一位教师来代理，也没有了时间。就在孔校长急得团团转的时候，一帮学生来找孔祥熙："校长，教师问题何须发愁？可以请现成的老师、我们的师母来任教啊！"

孔祥熙还真没往这方面想过，听了又惊喜又疑惑："她，能行吗？"

"怎么不行？师母不是毕业于美国威斯里安女子学院的高材生吗？教我们绰绰有余呢！"

"好主意。待我和她商量一下。"

当孔祥熙找宋霭龄商量时，"我能行吗？"宋霭龄起初有点犹豫。"那就试一试吧。"就这样宋霭龄这位年轻的女子拿起了教鞭，走上了这个尽是男子的学校的讲台。她主讲英语，同时指导卫生和环境卫生课。第一节课时，她有点卡壳，在同学们的鼓励下，一周后也就自然了。两个月后，她已名扬全校了。很多教师纷纷来听她的课。

一次英语课上。一个学生问道："宋老师，为什么在一个英语复合句里，有时候不能重复使用一个名词？"

说实在的。霭龄对此也实在想不出道理。但众目睽睽之下，总不能张口结舌吧。于是她灵机一动，回答说："噢，这是不言而喻的。"

那个学生于是不再追究。宋霭龄似乎找到了一条对付学生提问的妙计，凡是一时回答不上来的问题，她总会说："噢，这是不言而喻的。"学生们也就感到自己提的问题太愚蠢了，不再细问。

晚上，当宋霭龄把这些问题告诉孔祥熙时，孔祥熙称赞说："夫人不愧是解决难题的高手。要是我，嗯，恐怕就得下来查询后再回答了。"

"为什么？"霭龄问。

"噢，这是不言而喻的！"孔祥熙模仿着霭龄的声调说。

"你，你取笑我！"霭龄挥起小拳头，要捶老孔，吓得孔祥熙赶紧抱起脑袋，"夫人饶命则个！"

阎锡山视察铭贤，孔祥熙在夫人暗示下出任参议

孔祥熙看霭龄对学校的事务越来越熟稔，不但能顶替教师，在其他事

务决策上也往往有不错的主意。就想把自己稍稍抽出身来，在其他方面有所发展。加上霭龄对于他经营公司也大力支持，孔祥熙对学校的事情就越来越超脱一些了。

这天，两匹快马驰进校园，给孔祥熙送来一封大红帖子。打开一看，原来是阎锡山要来太谷视察，想顺便拜访一下孔氏夫妇，也看看铭贤学校。

孔祥熙一时拿不定主意用什么规格接待，打发信差先去休息用饭，找来霭龄一起商量对策。

"这老阎。当年夺了我的民军，也没给我什么善待。就是这次我从日本回来，碍着你是大总统秘书的面子，才算有一番招待，他这次到太谷，不知要耍什么花招。夫人看这事怎么办才好?"孔祥熙说出了自己的疑虑。

霭龄倒很痛快："不论什么人到咱这里，都要盛情接待。接触之后才能有对付的主意。再说这阎锡山也是个不简单的人物。你看袁世凯把同盟会的都督们都撤了，就剩下他和云南的唐继尧两人了。这个人政治上还是有一手的。"

孔祥熙耸耸鼻子："哼。他无非是见谁有势力就投靠谁罢了。"

"也不能这么看。反正一个人要干点事情，总不能不看形势，死打硬拼。尤其在你还弱小的时候，更要用韬光养晦之计。对孙先生的革命党，他也不敢作死对头。将来天下还不定是谁的呢。我看你就先好好迎接他，看他想干什么再说。千万不可一出来就搞僵了。"

"就依夫人"，孔祥熙有些不太情愿地说。

却说这阎锡山。确实是民国史上一个怪才。他自从辛亥革命期间利用手中军队强逼借着议会选举的幌子，当上山西督军以后，就成了不倒的山西太上皇。孙中山当总统他执掌山西，袁世凯上了台还是他执掌山西。北洋军阀统治多年仅仅他一个同盟会员的都督坚持下来。后来袁世凯死了，仍然没人动他。广州政府发动北伐，蒋介石政变夺取大权，仍然是他稳坐山西。直到解放军攻克太原，端了老窝，他的统治才算瓦解。但这前前后后已经 38 年，无论在省级还是中央政府中，还没有第二个人稳坐 38 年。而且他不仅坐得牢，还坐得好。山西屡次被评为"模范省"，他本人也有“模范省长”的美誉。就是他的老本被解放军消灭光了，居然还能在覆灭前逃出来，以一个输尽了的光棍当上国民党政府的“行政院长”。这就不能不说他确实有一套娴熟的手腕。他既维护山西地方利益，也剥削压迫山西人民；为了最大限度地榨取民财以养兵自重，他也注意人民的休养生息。这时候，他已经在山西全省开始推行他的“新政”了。

阎锡山这时的所谓“新政”，具体地说就是关于养蚕、植树、水利、放足、剪辫、戒烟等 6 项“村政改革”。他一方面将此上报北洋政府捞取名声，一方面下抓落实。他这次到太谷，就是要视察民情，看看他的村政改革实行得怎么样了。

清晨，一阵毛毛细雨过后，阎锡山便出发了。在山西首富之地的太谷城里巡视一圈后，阎锡山也为县城和农村这几年的破败叹息不已。日悬中天时，阎锡山一行来到了铭贤学校。孔祥熙组织的师生欢迎队伍，分列校门两旁，一直延伸到校园内。这个校园里却是绿肥红瘦，锣鼓喧天，彩旗招展，一派节日气象，和大半天阎锡山看到的别处的衰败形成鲜明对比。阎锡山受到孔祥熙夫妇的欢迎，甚为高兴，他在校门口接见了孔氏夫妇，然后紧拉着孔祥熙的手，不惜肉麻地吹捧说：“孔先生不愧为中华民国的先知先觉，铭贤学堂尤为英才荟萃之学府。佩服，佩服。”

“将军过奖，过奖。吾不过办了点实事罢啦，提倡教育，振兴实业嘛！”孔祥熙见阎锡山今日态度不错，也高兴起来。

阎锡山又特别热情地对宋霭龄表示欢迎，向她询问了孙中山先生的近况，接着表示自己现在并不是真心忠于袁世凯，只不过是想为革命党保住一块基地，以图在未来的斗争中发挥更大作用。宋霭龄称赞他虑事深远，转达了孙中山对他寄予厚望的话。

接着，孔祥熙引导阎锡山到各个校舍参观，尔后在校长公馆叙谈。“早就听说，乃是不看不知，受教育受教育哇！”阎锡山边坐边说。

“村政改革是将军的明智之举，学生是落实者也。”接着孔祥熙把阎的“村政改革”和自己的“振兴教育”如何有机结合、创造落实一一道出。原来假期当中，一些学生遵照当局的指令，曾到乡下宣传老阎的村政改革。今天孔祥熙见气氛很好，就把这种被迫的行动说成是学生自觉响应阎将军的号召，并说老百姓对此是如何如何欢迎。阎锡山被捧高兴了，当即要孔祥熙集合学生，训了一番话。训着训着，居然还吟出了一首诗：

对学生吟

其一，我问学生，求学何因？学生答我，本在修身。学个有饭吃，学个做好人。

其二，我问学生，设学何因？学生答我，立志爱群，教人有饭吃，教人做好人。

其三，我问学生，我来何因？学生答我，整理乡村。盼人有饭吃，盼人做好人。

其四，我问学生，你来何因？学生答我，为表欢迎。开了同乐会，都是新村人。

其五，我爱学生，爱你何因？学生的话，句句是真，说了就要做，不可等别人。

其六，我勉学生，勉你何因？学生前程，远大无穷，改造新社会，全凭少年人。

这诗其实实在算不得什么诗，不过它出自都督之口，自然就成了好诗。孔祥熙当即要求阎锡山把它写出来，作为校训，张挂起来。阎锡山也就乘机附庸风雅，挽胳膊撸袖子，涂抹了一大张。写完了他觉得意犹未尽，对孔祥熙说："上午视察太谷，我心里有许多想法.我已吟成一首太谷歌，也给你写出来如何？"

孔祥熙说："那敢情好！我走遍中国各地，甚至美国日本，也觉得天下唯有太谷好。可是我却从来没吟出什么诗，今日将军一游而有诗，足见将军才气过人。请快快写出，让我也经常吟诵一番，长长太谷人的志气！"

阎锡山苦笑一下，显然孔祥熙这一下子没拍对蹄，但他还是铺开宣纸，东倒西歪地写出了一溜子黑蜘蛛：

太谷歌

山西富足，首推太谷，今入其境，我心不乐。

村中房舍多拆毁，巷中儿童多零落，衰老锄禾苗，少壮不见出。有妻被夫卖，掩面途中哭。人贩催行急，妇哭声愈促。

我见此情状，我心如绳束，我问受何病？齐答金丹毒(吗啡)。

一听这句话，我心呆半日。令车手，赶快行到地头，召集我绅商学生说："大家齐来，发个公道愿，结个爱群团，帮着村长邻间认真做，整理村范，就能还我原来的太谷！"

孔祥熙看了这首诗，倒不觉呆了半日。真是，自己一直吹嘘太谷这好那好，没想到阎锡山来了半天就看出了贫穷败落的真相。自己从前曾经下大力动员戒烟，结果连自己的父亲也戒不断，老阎这村政改革如能把一些人的大烟戒了。就是功德无量的事。于是这才换过笑脸说："将军真是深入民众，半天就查出了实情，这村政改革确实要下工夫去做啊！"

阎锡山说："庸之兄。兄弟这次来，一是视察，二来也是专程拜访你。照目前山西的样子，民穷兵弱，将来天下乱起来，怕是不能自保。兄弟所以要推行这村政改革，既为百姓，也为养民保税。但许多人不理解我的苦心，推行起来甚是不力。兄弟今看铭贤风范。有意请你出任山西教育厅长，既整顿教育，也借力推行改革，不知尊意如何？"

此时身无一职的孔祥熙能有个厅长当当，自然也算一件好事。他转身瞟着蔼龄，用目光征求她的意见。蔼龄感到自己的丈夫在老阎手下任职不妥，因为毕竟他是袁世凯的将军呢，陷进去怕是不好。便轻轻摇头。于是孔祥熙说："哎呀，祥熙何能，敢当此大任？我本愿意效力，只是这铭贤么，我一时还真离不开呀！"

阎锡山早看见了蔼龄刚才的暗示，也就顺坡下驴说："既然如此，兄弟也不强求，能否请兄出任山西督军署参议，这样时间上你可以自由一些。我也能随时听到你的高见。"

蔼龄在背后点点头，孔祥熙说："将军坚持，庸之不敢再推托，感谢将军知遇之恩了。"

阎锡山走后，霭龄对孔祥熙说："教育为本，但不能老死于校园，大丈夫应该向外发展。这次要抓住时机，争取多结交朋友，日后必有用处。"

月牙桥上。霭龄目送孔祥熙到省城走马上任，微风吹拂着她飘逸的秀发，朝霞映着她娇美的身姿，像一株沐浴着阳光的玉树，深深地印进孔祥熙心里……

袁世凯北京称帝。孔祥熙在山西发表讨袁檄文

开始，阎锡山要孔祥熙帮他接待外国客人，因为他本人留学日本，对英、美、法等西洋国家的礼节礼仪很不熟悉。阎锡山说："为三晋人士的体面计，请担任贵宾招待之职。"这些同外国人打交道的差事，孔祥熙是很乐意干的。因为他已经在同外国人打交道时尝到过甜头。

孔祥熙英语流利，在美国生活多年，同外国人打起交道来得心应手。加上他天生处事小心谨慎，每次安排与阎锡山的会见都十分周到，阎锡山自然如释重负，那些经他接待的人也都很满意。

孔祥熙每次向外国人介绍情况，都不忘提到阎锡山的村政改革的施政方针，说山西正在"安定中求进步"。这些外国人会见阎锡山时，自然把从孔祥熙这里听到的好话对阎锡山重复一遍。这样时间一长，阎锡山倒把孔祥熙作为心腹之交，关系密切起来。

为迎接外国客人，孔祥熙常常亲自到火车站等候，有时一等就是几个小时。一次美国公使克兰率领一批参赞、武官到太原访问，孔祥熙还跑到石家庄迎接。会见阎锡山以后，孔祥熙又陪同他们游晋祠、登五台山，还带领他们参观了铭贤学校。于是这位公使在演讲中大捧孔祥熙："不愧为中华民国的先知先觉，铭贤学校尤为英才荟萃之所。"

洋人们对孔祥熙是私下称赞，对阎锡山则是公开赞扬。这些称赞抬高了阎锡山的声望，尤其他的村政改革，经过孔祥熙的介绍，还真像成果辉煌似的，使他统治的山西在政府中得到了"全国模范省"的称号。而孔祥熙的捧场也让阎锡山对其刮目相看，从此让他参与机要，帮助处理山西

内政。孔阎因此抛却前嫌建立起很深的感情。这在以后孔祥熙的政治生涯中，发挥了很重要的作用。

1916年元旦，袁世凯不顾全国上下的反对，终于在北京黄袍加身，自称“洪宪皇帝”。孔祥熙对此气愤不已，但正当他思考怎样参加护法运动时，又听到一条让他几乎气炸肺的消息：袁世凯在称帝的同时，封孔祥熙的侄辈孔令贻为世袭衍圣公，并授予他“一级大绶宝光嘉禾章”加“郡王”衔。孔祥熙对此简直无法容忍，他扔下公务跑回太谷，向霭龄讨教主意。霭龄教他写一篇文章送报馆发表。于是孔祥熙提笔写道：

“吾公(该指袁)将谁欺？欺天乎？他人数吾公以十大罪状，或八大罪状，熙不再深责，即以称帝而言，已属罪在不赦，何况其他？尝思吾公之称帝，不是不智，即为不仁，不智不仁，两者必居其一。然一再思索，二者竟兼而有之，此吾公所以为国人所弃绝而誓不两立也！”

接着又指出：“吾公不图报效，不图尽责，乃欲推翻共和，自立称帝，丧心病狂，一至如此，尚何言哉！惟事已至此，熙为吾公计，为吾公子孙计，亟应悬崖勒马，幡然改图，通电自责，退栖山林。且将吾公承认之二十一条，宣布取消。如此尚不失勇于改过之英雄，国人亦必能见谅，而与以自新之余地。否则，若执迷不悟，冒天下之大不韪，以断送吾炎黄子孙之大好河山，则身败名裂，在指顾间耳，何暇作皇帝迷梦焉！”

孔祥熙这篇讨袁檄文，通篇义正词严、语锋犀利，在《民国日报》发表之后，颇受各界瞩目。港台报纸杂志评价它是孔祥熙一生之中，对外公开披露他政治主张的第一份通电。人们认为这份电报给孔祥熙涉足政坛、扶摇直上添色不少，却很少有人知道这篇文章既是宋霭龄的主意，又经她润色斟酌，而孔祥熙则不能不感激给他带来鸿运的夫人。

山西大灾中孔祥熙的奇招：以工代赈，修路救饥

在孔祥熙任阎锡山的参议期间，他和霭龄的第一个孩子孔令仪，于1915年9月19日在太谷呱呱落地。生孩子是女人的“鬼门关”。霭龄心

里阴森森的，好怕啊！早在一个月前，她就给远在太原做事的孔祥熙捎信，让他早点回来。孔祥熙说自己正在“六政考核处”，对职员们进行考核。忙过这一阵，保证提前回来。可是，眼前日子一天天挨近。还不见他的影儿。临产时，又发生了意想不到的难产。幸亏太谷教会医院的洋医生们及时赶到，蔼龄才算没把小命丢在这偏僻的小县里。

第三天，孔祥熙回到铭贤，一看孩子生下来了，又高兴又内疚：“夫人，让你受苦啦！”

蔼龄却一声不吭，想着前天分娩时的阵痛，泪水涌出了眼眶。孔祥熙只有赔不是的份儿。

经历了这场难产的劫难，蔼龄对人世的某些东西忽然看得透了。“养儿方知父母恩”，养儿也知道了姐妹情，她决心乘此机会密切和庆龄的关系，就提议在孔令仪的中国名字之外，再起一个洋名，就叫罗莎蒙黛。这是庆龄在美国学习时用过的名字，在美国人眼里，下辈人用上辈人的名字，是对上辈人莫大的尊敬，完全不同于中国人下辈人对上辈人名字的避讳。孔祥熙听了这个主意连连称好，因为他是一直以能和孙中山成为连襟为莫大荣耀的，她们姐妹亲密了，这对自己的家庭和事业都大有好处。

生下小令仪以后，孔祥熙的婶子大娘们不时来到学校，看望他们的小孙女。她们抱着亲着，给这个小生命念叨她们祖辈流传的儿歌：

星宿星宿满天，向望院里擀毡。谁擀嘞？王胡子。
王胡子，卖了马儿骑骡子。

咯噔咯噔往南的，南头的，女儿多，打扮起来拜公婆。
她婆戴的鸡鸡帽，她公打得莲花落。

这是地道的太谷儿歌，孔祥熙听得暖心窝。蔼龄却听得翻白眼儿。不过她从长辈们那真挚的声音里，看到了他们对自己的喜欢，这是表示一个家族对娶进门的媳妇真正接纳的喜欢。

1916 年 12 月，蔼龄又生下了一个儿子，这就是孔令侃。蔼龄照样给他起了个洋名：戴维。孔令侃日后成为孔氏家族的主要干员，为孔祥熙出力不小，也招来非议不少。不过那是后话。单看这孔令侃小时候听到的太谷儿歌，就与姐姐孔令仪听到的明显不同。每当这小伙子哭得地动山摇的时候，孔家长辈们就会给他念起这样的童谣：

毛猴猴，上山搬石头。
石头头，砸喽毛猴猴的手手。
毛猴猴毛猴猴不要哭，
给你娶上个媳妇子。
睡觉枕甚哩？
枕半（砖）头。
铺甚哩？
铺尿布！
毛猴猴听喽高兴咧，还要逮个麻雀吃。

孔令侃果然听得高兴，奶奶们就又给他念一段：

俺娃精，俺娃能，
俺娃大喽走关东。
又骑马，又坐轿，
山珍海味吃不清！
他娃赖，他娃赖。
他娃是个胎里坏。
从小就把产业卖，
栖栖惶惶活受罪！

孔祥熙的儿女们在他们长辈的祝福声中成长着，但这时山西的老百姓却遭了大罪。

1919年，山西全省分别遭受水、旱、雹、霜各灾，70多个县的农田几乎绝收。本来贫穷的人们遭此大难，很多人眼看只有饿死的份儿。但是这时袁世凯死后的北洋政府，仍是不管人民死活，根本不想赈灾。阎锡山顶着“模范省长”的帽子，对灾民们也是铁公鸡一毛不拔。后来眼看灾民日多，许多不愿饿死的人要被逼闹事了，阎锡山才把孔祥熙找来，要他想办法弄钱救济灾民。

孔祥熙满怀信心地对富商大户们一个个登门造访，想请他们捐些钱粮，可跑了几天，几乎所有的人都向他哭穷，有的甚至还要向他借钱度饥荒，弄得孔祥熙哭笑不得。他知道这条路走不通，便跑到北京，找设在那里的“华洋义赈会”，请求贷款救济灾民。可这个“义赈会”也有个洋规矩：贷款必须拿实物做抵押担保。接待孔祥熙的是位孔祥熙过去认识的传教士，他到山西时受过孔祥熙的热情接待，也算有些交情。他很想为孔祥熙出力，但规矩又不能破坏，这位传教士便对孔祥熙说：“要凭我们的交情和你府上的财产，我可以做主给你贷款。但是你这笔款子救济灾民后，你拿什么偿还？到时你抵押的东西可是真要收走拍卖的，你可要三思！”

这个问题太严峻了，孔祥熙没有理由拿自己的私产去替阎都督救灾。但是，还有没有其他办法呢？他在街上溜达时看到城里道路，终于想出了一个主意。

他找到传教士说：“可不可以采取以工代赈的办法？我们贷了款不是发给灾民，而是让他们修公路。这样灾民可以得到工钱有了活路，公路修起后就可以用公路的收费还上贷款了。”

“这个主意不错！”义赈会经过讨论认可了这个办法。

孔祥熙马上赶回山西向阎锡山汇报，阎锡山大喜过望，连连夸奖孔祥熙。孔祥熙认为自己找到贷款就算完成任务了。谁知阎锡山非要他负责去修公路。孔祥熙极力推辞说：“这修公路可不是我分内的事。你应该另委专人负责。”

“俗话说‘一客不烦二主’，还是孔兄负责的好。你想这款子是你贷来的，到时归还也是你去办理。换了别人负责，他没有这个责任心，钱花光了公路修不起来，到时你不是要坐蜡吗？”阎锡山也真能往孔祥熙心窝里侃。

孔祥熙一琢磨：对咯，这钱贷回来交给别人，人家可不管那么多，公路一旦修不成，自己的家业可就得都搭进去了。明知负责修公路是个苦差事，孔祥熙这时也只好硬着头皮干了。不过，阎锡山总算委派了个公路督办，作为孔祥熙的助手。这个人也是精心挑选的，是孔祥熙的好朋友、阎的手下团长赵友琴。

孔祥熙从华洋义赈会贷回 100 万美元，接着便找人边勘探设计，边招募灾民出工，修起了晋南公路。

修公路的当中，孔祥熙还真把这事当成自己家的事一样尽心尽力，一丝不敢松懈。有一天和赵友琴外出视察回来晚了，不小心跌进一个深坑，差点把腿都摔断。

公路到底修成了，它使灾民们得到了工钱，买到了粮食，度过了饥荒；使政府借此缓解了社会矛盾，防止了灾民闹事酿成社会动乱；也发展了山西交通，有助于经济开发。

这下一好百好，孔祥熙受到了各方的赞扬。

北洋政府总统黎元洪赠给孔祥熙一块大匾，上书四个鎏金大字："急公好义"。因为修公路过程中太谷教会也出了不少力，孔祥熙把这块匾转送了太谷教会。

阎锡山也送了一块匾，上书四字是"扶危济困"。孔祥熙把它挂在了自己的校长公馆。

太谷的绅士们则给孔祥熙送了一副功德对联。对联是：

太息大旱成灾，莫道救荒无善策；
幸得以工代赈，须知实惠济斯民。

有了这样的业绩，孔祥熙虽说还未担任什么要职，但他在地方上已经是声名鹊起，这就为他在政界的崛起铺平了道路。

第十四章　广交朋友

与孙中山的连襟关系让善于赚钱的孔祥熙又有了政治上崛起的机遇

人说，一个成功的男人背后，总有一位伟大的女性，宋霭龄便是这名言的实践者。在这个家庭里，丈夫的前途便是她心中的太阳。她自己不喜欢政治，不出任公职，但却要求和指导着孔祥熙，让他在政治上一步步发展。

孔祥熙赚钱的才能确实是无与伦比的，以前的事情宋霭龄不曾目睹，她不好妄评，而这几年她亲眼所见的孔祥熙的几桩买卖，是足以令她兴奋的了。他们夫妇从日本回国，受领的任务是到上海策动反袁起义，换了一般人物，这一件事就得日夜操劳，东奔西走，提心吊胆，如履薄冰，而孔祥熙在奔走之余，却发现上海房地产有利可图。他回上海不到一个月，就看中了一所房子，这是位于亚尔培路一所德国人的私房。此时第一次世界大战爆发，这位德国人急于回国，要处理房子。孔祥熙抓住他急于带钱走的心理，以 16000 元买了下来。霭龄看过房子，嫌德国人的房屋样式不合口味，认为孔祥熙花了冤枉钱。孔祥熙并不争辩，只说如果认为不好，可以再卖。霭龄说，"这房子可不像衣服，样式旧了就压箱底，这种不动产，投入太高，倒换困难，你孔家有钱就往这上面赔吧。"孔祥熙只嘻嘻一笑："赔？我孔某今生还没做过赔本的生意，不信你等着瞧。"果然，仅仅过了一年，没有在上面再花一分钱，孔祥熙就以 3 万多元的价格出了手，整整比一年多前买进时赚了一倍多。当时孔祥熙就问霭龄："请问世界上还有什么正当的买卖能有超过 100％的利润率？"卖房所得的钱孔祥熙并没有带回太谷，而是用这 3 万多元卖房款立即在上海福开森路又买了一座房，这一次是辛亥革命元勋黄兴的住宅。霭龄因原房主人名声太大，怕住进去压了自己，仍不满意。孔祥熙只说声“别忙”，几个月后迫害孙中山、黄兴的袁世凯一死，黄兴的旧房立即升值，孔祥熙又以 6 万多元卖出。这两买两卖，总共没花几天时间，却使原先的投资翻了两番。这样赚钱的速度和效率，就是上海专门的房地产商也做不到。而他仍然用翻上来的钱，再在西爱咸斯路买了一处房子，几年不到，这所原价 6 万元的房子又涨到了 60 万元。霭龄对孔祥熙的赚钱本领这才真正信服了。

但是霭龄认为，在中国这样的社会，仅仅靠这种投机赚钱是不行的，必须要在政治上发展，才能创造更大的赚钱机会，也才能保住到手的钱财。孔祥熙在与宋霭龄结婚之前，虽说又是当司令，又是办社团，但他的主要精力，始终放在办学和经商上。但是自从霭龄走进他的生活，情形就逐渐不同了。比如这次孔祥熙离开太谷，到太原出任阎锡山的参议就是一个证明。当然霭龄担任大总统的秘书，对政界风云和官场内幕比孔祥熙了解的多得多，因而她的眼光和胃口也要大得多，让孔祥熙出任参议远非她的目标，这还不过是对孔祥熙的试炼和淬火，她相信机会总有一天要到来的，但是能量需要积聚，阶梯需要开凿。

庆龄和孙中山的正式结合。使孔祥熙由一个上海买办商人的女婿，一跃而成为革命领袖孙中山的连襟，他在政治上发展的道路已经开放，霭龄在鼓励孔祥熙涉足官场的同时，不断通过她的亲朋故友放出气球，让他们注意孔祥熙的才能和背景，这一手现在已经显出效果。

1916 年底，东北大帅张作霖的专使到山西求见孔祥熙，但老孔不愿在阎锡山的督军署接待这位贵客，因为这里只是他的暂时栖身之地，在这里他的身份只是一个参议，缺少主人的环境氛围。因此他返回了太谷，张作霖的这位专使只好到太谷去拜见他。

八方主动结交，孔祥熙暂不出山

桌上摊开着张作霖的见面礼物：两支装在精美红木漆盒子里的百年

野山参，两件折叠整齐泛着黑油油光泽的貂皮大衣，10 支散发着清香的鹿茸角。张作霖的专使对孔祥熙谦恭地笑着："孔先生，大帅对您仰慕已久，大有刘皇叔思慕卧龙之饥渴，他新掌东北，迫切需要您这样的盖世奇才辅佐襄赞呀！"

"唔。"孔祥熙不动声色地听着，"这话说过头了吧，孔某哪里值得这样比附。"

"孔先生，这话可不是我编出来奉承您的，这里有大帅的亲笔手书呢。"专使看自己的说辞打不动孔祥熙，这才捧出张作霖的大红信札。

对于张作霖这样的大人物来结交自己，孔祥熙内心当然是非常高兴的。张作霖何等人物，孔祥熙虽没见过其面，但对其人其事却并不陌生。这位大帅 1875 年生于奉天海城，字雨亭，虽说只比孔祥熙大 5 岁，却有着不寻常的经历。他的父亲本也开有小商铺，还兼设赌局从中抽红，家境也算不错。可张作霖 14 岁时父亲突然病故，家道中落，张作霖无力再读子曰诗云，乃改学能够尽快谋生吃饭的兽医。20 岁时他吃粮当兵，加入了毅军，不久因对上司不满，携枪潜逃。他逃跑后跻身绿林，打家劫舍，"胡子"队伍竟日渐声势浩大。"要做官，扯旗造反受招安"，这一旧社会的谚语还真灵验。1902 年。他的队伍被清廷收编，他一下子被任命为新民府游击马队管带——一个营长，如果他在原来的队伍上恪尽职守地勇猛作战，也不会有这么好的官运。1904 年，日俄战争开始时，张作霖曾倾向俄国，但不久又为日本人出力，从此张作霖开始了投靠日本帝国主义的生涯。1911 年武昌起义爆发后，他被任命为"奉天国民保安会"军事部副部长。袁世凯"登基"时，他被任命为奉天督军、东三省巡阅使，从此开始了他独掌东北的时代。但当时袁世凯封他为"子爵"时，张作霖却大为不满，叫喊说："妈拉个巴子！凭什么让我给别人当儿子？"因为在他看来，子爵就是儿子的意思。伯爵不但要当父辈，还要超过父亲给他当伯伯，他岂能容忍！张作霖为了巩固他在东北的统治，进而窥伺中原，开始极力搜罗人才。他派人来拜访孔祥熙，正是为了实现这一目的。

孔祥熙打开张作霖的信札，果然张作霖说得肉麻兮兮："……雨亭虽僻居关外，但已久闻孔先生大名。如雷贯耳！先生善于创造，勇于负责，且擅长交际，熟悉洋务，倘蒙荷允赐予臂助，对于此间之内政外交，必有莫大裨益焉……”

孔祥熙看了半天，虽然说得天花乱坠，邀请之心倒是跃然纸上。只是去了之后，受什么待遇，有什么好处，这些实质性的问题，却语焉不详，这使孔祥熙将心冷了下来。

孔祥熙当时没有表态，而是带这位专使在铭贤校园内遛了一圈，这位专使自然对学校规模设施备加叹赏，这时孔祥熙才说：“铭贤自创建以来，已为国家培养了一批急需人才，有些已进入美国大学深造，必将在未来发挥卓著作用。为国家培养英才，这是百年大计啊！所以，庸之虽深感张大帅之厚爱深情，只是铭贤事务缠身，暂时还难于离开，还请专使先生回去转达我对大帅的感激！”

“那么，孔先生不肯襄赞张大帅建设东北了？”专使失望地说。

“不，适当的时候，或者学校事务可以托付他人的时候，孔某会去大帅处亲致谢忱并且效力的。”孔祥熙不肯把路堵死。

出关会见张作霖，与张氏父子建立密切关系

专使回到东北，报告了会见孔祥熙的情况，张作霖对孔祥熙的不识抬举很有些怒气。这时专使才说出自己的看法：开始孔先生很热情很高兴，不料到中途突然转变了风向，是不是大帅信中没有明确委任官职的缘故？张作霖哈哈大笑：“这个，我是有意不明说的……”

却说张作霖虽然胡子出身，却是工于心计，据说他执掌东北得力于日本人的支持，而日本人支持他则是为了控制他，以便在适当的时候夺取东北。张作霖与日本人是既有勾结又有争夺，张想利用日本人巩固自己的统治，日本人想先扶持他而后取代他，这样双方不免常有暗中的较量。有一次开宴会，日本代表突然提出要张作霖一幅墨宝。那个日本人对张并不了解，以为他没有什么文化，会因此出乖露丑。谁知张作霖当即铺开一张宣纸，用特大号圆头狼毫饱蘸浓墨，龙飞凤舞地写出一个漂亮的草书

“虎”字，笔力遒劲，令围观者击掌叫绝。张作霖紧接着在下面落款，写了一溜小字“张作霖手黑”。写完后就叫人送给日本代表。他的秘书一看落款，见他把“手墨”写成了“手黑”，认为这样的错别字交出去要闹笑话，赶紧摁住不让取走，又把张作霖拉到一旁，悄悄说：“大帅，上面有错字，不能让日本人拿走！手墨的墨字下面还应该添上个‘土’呢！”谁知张作霖一下子高声吼了起来：“妈拉个巴子，老子不知道墨字下面有土吗？可你知道这幅字是日本人要的，中国一寸土也不能给这些龟儿子呀！”从此，张作霖手黑就成了一句广为流传的话，日本人也从中知道张的骨气和为人，一时不敢对东北下手。张作霖这次对孔祥熙夸奖而不许以实职，就是玩弄的又一个小手腕。

见孔祥熙并没有因几句好话贸然前来，张作霖知道此人确是有头脑的人物，加上他已成为孙中山的连襟，日后必在中国政治舞台上出一番风头，是个必要时能够出得上力的人，便决定进一步拉拢关系。

孔先生祥熙兄勋鉴：

前番委专使特赴晋诚聘，奈先生以关东偏僻，雨亭冥顽，不足以教习之故，乃以铭贤事务为辞推托。此之愈见先生清高、雨亭寡陋也。今不揣冒昧，敢请先生能来奉天一行，当面请教为盼！

孔祥熙见了这封电报，感到再推托不去惹恼了这位大帅，有诸多不妥。与霭龄商议的结果，认为去走一趟有两大好处：第一，可借此显示自己身价；第二，若果能与这位实力人物搭上关系，日后必有用处。因此，便回电同意前往。

孔祥熙拿了张作霖的电报向阎锡山请假，阎锡山一看之下，心中不免生怒：“好你个吃里爬外的家伙！在我这里做着参议，又要去结交外人。”他刚要发作，突然又换了笑脸：

“孔兄只管前去，若张大帅能够委以重任，也是咱山西人的光荣。只是在那里高升以后，不要忘了我们的交情，必要时还要暗中帮兄弟一把才是。”

孔祥熙连忙表示，此去并无在东北任职的打算，只不过借机到那里探探虚实，替阎君联络一下而已。阎锡山于是特赠了路费，送孔祥熙前往。

1917年春天，在张作霖派来的使者陪同下，孔祥熙登上了驶往关外的火车。

关内已是春暖花开，火车驶过锦州，原野依旧是白雪皑皑。这使孔祥熙的心凉了半截：乖乖，都说关东好地方，可这季节了还满地冰雪，这白雪得盖大半年吧？黑土地再肥沃，能有几天没雪的日子，能长出什么好吃好喝的东西？这时他已从心里打定主意，张大帅给多好的职位，也不能在这儿干！

车到沈阳奉天督军府，张作霖派高级轿车把孔祥熙接到豪华饭店安顿下，稍事休息即安排了豪华宴席给他洗尘接风。张作霖打着哈哈一路笑声走了进来："哈呀老弟，贵客呀贵客！今日得见，雨亭三生有幸，有幸！"

孔祥熙急步前迎："大帅！久慕大帅风范，今日得以拜谒，庸之不胜荣幸，不胜荣幸！"

酒桌上摆满了丰盛的菜肴，侍者一一介绍：烤熊掌，炖鹿鞭，蛤斯蟆，烧飞龙……这都是关东特产，最有名的美味营养食品。张作霖手举酒杯，向餐桌上一指："你可不要看现在咱地方漫天风雪满地冰，宝地啊，这些东西，你在别处怕是吃不到的，啊？"

"当然当然！满清就是从这里起家入主中原的嘛，大帅经营东北，大有可为呀！"孔祥熙话里藏话地说。

做个东北王当然不是张作霖的最终目标，他所以从各地网罗人才，正是要觊觎全国，重演清军入关夺天下的故事，孔祥熙这句话可捧到了张作霖心里，他一口干掉杯中酒，双手抓住孔祥熙："老弟啊，这次来了就不要走了！现在白山黑水，任君驰骋！将来还会有一天，让你衣锦还乡啊！哈哈哈……"

17岁的张学良也悟出了二人谈话的切口，把孔祥熙当成了高参谋士，连着敬了几杯酒。孔祥熙又把这位少公子大大夸奖一番，二人从此也结下了友情。

孔祥熙这次与张作霖举行了几次密谈，共同分析了袁世凯死后国内的形势。孔祥熙还向张作霖阐述了关内各派力量的特点，二人达成了一些默契。但谈到留在东北的问题时，孔祥熙却打起了哈哈："大帅，庸之此来只是要拜见大帅，表示一点忠心，能够出力的时候绝不含糊，至于留在此间，铭贤学校是我立身的根基，我不能轻易抛开，待我回去安排好校长人选，能放心离开时再作商议如何？"

张作霖知道强扭的瓜不甜，孔圣人肯交心出主意就是不小的收获了，于是不再强求，准备了一份贵重的礼品，送孔祥熙回家了。

孔祥熙回到山西，不断把关内的重要消息密报张作霖，并为他做出一些分析。孔张函电交驰，往来甚密。孔与张作霖的关系当时只是抬高了自己身价，而在张学良继承其父掌权后，这种关系的价值却一下子变成了一笔重要财富，为在蒋、冯、阎大战中蒋战胜冯、阎和解决西安事变，都发挥了别人起不到的一些作用。

与吴佩孚成为莫逆之交

孔祥熙在结交东北张大帅之后，又与直系军阀中的风云人物吴佩孚交上了朋友。

此前孔祥熙与吴佩孚同样没有见过一面，但是时局的发展给了他们这种契机。

袁世凯之死，并没有给军阀统治的中国带来什么希望，北京政府的大权依然操在北洋军阀手中，换上黎元洪当总统，也是换汤不换药，局势一如以往。

1917 年，建立民国 6 年后的一天，北京城里突然来了一支脑后留着大辫子的清兵，街上人先是目瞪口呆，接着是唧唧喳喳："民国多年了，哪来的这支满清辫子军？莫非是清兵又从坟墓里钻出来了吗？"

不久人们明白了，这不是从地底下钻出来的死人军，而是北洋军阀的一支部队，它的统帅是张勋——原袁世凯手下的一个将领。

张勋1854年生于江西奉新，1911年8月被清政府授予江南提督之职，武昌起义爆发后，曾在南京屠杀平民数千人，被民军打败后退守徐州。袁世凯表示拥护共和、窃取总统宝座后，这位袁世凯的心腹将领竟下令不许部下剪掉发辫，以便随时准备恢复大清王朝。他本人也因脑后那条大辫子被戏称为“辫帅”。仅从袁世凯能容忍这么一个怪物执掌兵权，也足可看出袁世凯拥护共和是多么虚伪。袁世凯称帝闹剧遭全国人民讨伐，并没有使这位张大帅从中汲取什么教训，反而于袁世凯死后的1917年5月，在徐州召开督军团会议，公开提出复辟清王朝的主张。

6月，总统黎元洪和国务总理段祺瑞发生纠纷，张勋认为时机已到，即打出“调解府院争端”的旗子，率领辫子军开赴北京。他一到北京，立即解散国会，让段祺瑞下了台，又逼走了黎元洪。他从故宫里请出废帝溥仪，于7月1日把他又扶上了金銮宝座，恢复了大清。而这位辫帅则自封为议政大臣兼直隶总督、北洋大臣。可惜这场复辟闹剧寿命更短，仅仅上演了12天就收了场，张辫帅躲入了东交民巷的荷兰使馆避难去了。

皖系军阀段祺瑞率军击败张勋后，由直系军阀冯国璋代理大总统，段祺瑞自己则以国务总理名义总揽政府大权。发生在北京的这些闹剧对于外地来说基本没什么震动，一切还是老样子。阎锡山还是一心经营他的山西老窝，而孔祥熙则密切注视着这一切，寻找适当表现自己的良机。

8月，孙中山在广州组织了护法军政府，通电反对北洋军阀的反动政府，号召进行北伐，实现真正的民主共和。而北洋军阀政治则不能容忍孙中山的东山再起，也积极组织军队向南进攻，要一举消灭孙中山的力量。

这时，一向默默无闻的吴佩孚大出风头。

吴佩孚，字子玉，1874年生于山东蓬莱，清末考了个秀才，后来投军，向以儒将自居。他1906年任曹锟部下的管带，辛亥革命后当上第三师炮兵团长。张勋复辟闹剧收场后升为第三师师长——那时候，一个师长就是国家政治舞台上的人物了。吴佩孚踌躇满志，要为荡平孙中山的力量争立奇功。1918年3月，他开始率兵南侵。每遇开战，他就用青布裹头。骑马奔到前沿，亲自挥刀督促士兵作战。带着攫取湖南督军的个人野心，他一路疯狂猛攻，竟连克岳州、长沙、衡阳。这一下以往名不见经传的吴佩孚声名大振，北洋军阀中的同僚狂热地吹捧他为北京政府的“南天柱石”。

吴佩孚为北京政府打下了潇湘大地，原以为湖南督军的宝座非他莫属了，却不知官位从来不是按功授予的。执掌政府大权的段祺瑞，毫不犹豫地把湖南督军位置给了自己的皖系亲信张敬尧。吴佩孚忙活一场，只得了个“孚威将军”的虚衔，和一个援粤军副总司令——一个需要卖命却又不是正职的官。这一下吴佩孚大怒，不肯再为他人作嫁衣了。他发出了“罢战求和”的通电，主张南北议和，不再向广东进攻一步。

吴佩孚的主张，主观上纯粹是为了报复段祺瑞，但客观上却有利于军事力量不够强大的孙中山的军政府，也有利于横遭战争之苦的民众。但吴的这一主张能不能得到响应，他心里可没一点数。

就在吴佩孚焦急地等待各界反应的时候，他收到了第一封支持他的公开通电。这封电报称赞吴佩孚“爱国忧时，有胆有识，敢作敢为”。吴佩孚看了电报，顿时喜上眉梢，大叫：“天下毕竟有人识得我！”可看电报落款时，却是他还从未听说过的一个名字——孔祥熙。吴佩孚急忙令人查询这孔祥熙是何方圣人。一查之下，此人虽只是阎锡山手下一个参议，却是孔子75代裔孙，孙中山连襟。吴佩孚大喜，这孔某人官位尽管不高，但后两个身份在中国还是有分量的，便马上亲笔给孔祥熙写了一封信。

吴佩孚在信中先对孔祥熙支持自己的主张表示了感谢，并把孔引为“平生知己”，邀请孔祥熙“出山相助，代为运筹帷幄”，许愿到自己这里来，定给予高官厚禄。

却说参加过同盟会、国民党，现在又是中华革命党一员的孔祥熙，和不肯做奉系军阀张作霖的幕僚一样，当然同样不会来这个直系军阀手下任职。他所以发出这个通电，是因为看到了吴佩孚当时主张积极的一面，借此表明自己的政治态度，也扩大一下自己的知名度。当然啦，能和这样一位风云人物交上朋友，他还是很愿意的。多个朋友多条路嘛。

孔祥熙给吴佩孚回了信，感谢他的一片好意，表示愿意与他长期交往，结为朋友。至于“出山”一事，他仍以铭贤学校之事不能离开为借口，进行了推托。

吴佩孚看孔祥熙不肯前来，知道这也是强求不得的，能有一位关键时刻支持自己的人总是好的。吴佩孚又写信对孔祥熙致力于兴办教育的抱负，表示了钦敬，说了孔祥熙一大堆好话。从此，这二人还真成了朋友，来往不断。

吴佩孚三答土肥原贤二，不肯为日本帝国主义利用

孔祥熙一封电报结交一个从未谋面的大人物，足见他的精明和算计。

以后孔吴二人仍各自沿着自己的轨道运行。孔祥熙在投靠蒋介石之后。终于成为国民党政府的核心人物，众多小军阀都拜倒在了他的脚下。而吴佩孚此后也是直线上升。“五四运动”期间，他以爱国军人自居，通电反对在巴黎和约上签字。1920 年，他联合奉系军阀打败了段祺瑞。1922 年，又打败张作霖，掌握了直系军权。先后任两湖巡阅使、直鲁豫三省巡阅副使，支持曹锟控制北京政权，操纵政局。后来他残酷镇压京汉铁路工人罢工，血腥屠杀共产党人和罢工工人，一手制造了“二七惨案”，终于在 1926 年被国共合作的北伐军打垮。1931 年“九一八”事变后蛰居北平。晚年这个直系军阀头子面对日本帝国主义的侵略，爱国良知却未曾泯灭，不肯为日本帝国主义所利用。

这时已登上南京政府高位的孔祥熙，不忘旧情，每次路过北平，都要去看望昔日的吴大帅，有时还赠予大捆现钞和礼品。这使吴佩孚十分感动。孔祥熙与吴佩孚的关系，使吴在抵制日本帝国主义拉拢方面，发挥了有利于抗战大业的重要作用。

1938 年 6 月，日本帝国主义为摆脱侵华困境，策动在中国成立汉奸政府，以实现“以华制华”的妄想。他们一方面拉拢国民党副总裁汪精卫，一方面拼命引诱吴佩孚这个原北洋政府的头面人物，企图造成“汪主政、吴领兵”，“北吴南汪”的“合作局面”，以为这样他们就可以建立一个“有威望、能站得住脚的”伪政权。如果这一阴谋实现，确实会给中国的抗战事业造成极大危害。为此。日本大本营决定由大特务、号称“中国通”的土

肥原贤二中将负责对吴佩孚的拉拢工作。

由于吴佩孚是个影响很大的人物，他是否做日本人的工具，对抗战局面关系甚大。因此，国共两党也积极争取吴佩孚。1939 年元旦，这时已任国民党行政院长的孔祥熙，利用和吴佩孚的老关系，秘密写信给他，称赞他在中国面临外敌入侵时“正气凛然，不可侵犯”，表示政府对他“悬系不已”，暗示他不可为外敌所利用。

中共代表董必武在同年 2 月 21 日专门发表文章，告诫吴“自全晚节，不要被日寇所利用”，“不做日寇的傀儡”。在这些忠告和全国军民抗战热情的影响下，住在已被日寇占领下的北平城里的吴佩孚，终于保持了民族气节。北平维持会会长江朝宗去请吴佩孚出山，吴佩孚当面痛斥江朝宗“老而不老”，让江朝宗满面羞红，嘿嘿而退。

土肥原仍不死心，便亲自出马去做说客，结果 3 次登门，3 次碰了吴的软钉子。

第一次，土肥原以下人自居，哀求说：“请玉帅（吴佩孚字子玉，所以日本人敬称他玉帅）出来，救救我们日本。”

吴佩孚哈哈大笑，说：“我自身尚不能救，焉能救人？”

土肥原不欢而去。

第二次，土肥原经过一番思索后，一来就开门见山地说：“请玉帅出来，调停中日和平。”

吴佩孚顺势说：“好哇！请贵国天皇和我国蒋公来电，请我出任调停，当然可以。”

这无疑给土肥原出了个大难题，他无以应对，只好告退。

土肥原回去大动了一番脑筋后，第三次又来到吴佩孚家里，这一次他说的是：“请玉帅出山，担任原职，维持中日民族问题。”

吴佩孚摇摇头苦笑说：“现在根本谈不上出山。如要我出山，请贵国人等一概退出中国，包括东北在内，可以吗？”

土肥原自以为是头号说客，凭三寸不烂之舌定能说动吴佩孚，谁知冥思苦想了那么久，还是话一出口就被吴佩孚噎得直翻白眼。

土肥原看这样引诱劝说不行，决定动硬的，准备对吴佩孚以死相逼。

这次他杀气腾腾地来到吴的家里，还没开口，吴佩孚就请他先看一样东西。到后堂一看，原来是一具黑漆棺材，上面吴佩孚已经刻上了自己的名字，只空了具体的年月日时间。吴从容不迫地问土肥原："是不是今天这个日子？我要不要现在刻上再谈？"

人家准备到了这份上，土肥原知道再拿死亡逼迫也是无济于事的，只好带领持枪的特务悻悻退出。

原先热衷于打内战的军阀也不肯为外敌效命，日本人从这里知道了中华民族之不可侮。吴佩孚晚节可嘉！

孔祥熙未显赫时结交朋友，最终都有了收获。

第十五章　初任公职

由处长而局长，孔祥熙的感觉：做官真好

孔祥熙担任阎锡山的参议，从内心说来不过是一个过渡，为的是进一步熟悉官场，广交朋友。1922 年，他感到羽毛已经渐丰，恰好昔日好友王正廷又向他发出邀请，就乘机向阎锡山提出了辞职。

“啊，庸之兄！当初我就想委任你出任厅长，可你不肯。这几年你为建设山西出了很多好的主意，出了很大力，如果对现在位置不满意，可以另作安排，何必非要离开故乡热土呢？”阎锡山不愿意孔祥熙另谋出路。

“这几年在阎公麾下，观阎公恤民建政，耳濡目染，得益多多，本想继续在此间效力，怎奈王兄见召，不能不去，等那边的事情处理完了，一定再来，一定再来！”孔祥熙话是这么说，然而他从此一离开，就如鱼入深渊，一生中再也没有回到阎的手下。

那位曾经推荐孔祥熙担任教会职务的王正廷，这次给他谋取的已是一个正式的政府公职。

10 年前，孔祥熙担任留日基督教青年会总干事一职，等于是帮了王正廷一把，使他顺利渡过了难关，王正廷对孔祥熙是心存感激的。而且孔祥熙看上去没有野心，他虽然精明能干，年龄又长于王正廷，但却对王非常恭顺，乐于听从他的安排，这使王把孔祥熙看作自己可以依靠的一个朋友。

王正廷已经度过了那段不如意的日子，他又在民国舞台上活跃起来。1916 年袁世凯死后，他复任参议院副议长。不久，第二次国会解散，他又率议员赴广州，参加孙中山先生领导的护法运动。1919 年，王正廷回到北京，同北洋政府的外交总长陆徵祥、驻美公使顾维钧等人一起，以全权

代表的身份出席了处理第一次世界大战结束后遗留问题的“巴黎和会”。中国是第一次世界大战的战胜国，但在这次会议上，一些帝国主义国家却把中国放到了战败国一样的地位上，日本就提出要求，要接管原被德国侵占的我国青岛。德国作为第一次世界大战的战败国，它侵占的我国的地盘，理所当然应当归还中国，如被日本拿去，中国不是虽胜犹败了吗？但北洋政府却命令代表团准备在这样的和约上签字。这一消息大大激怒了一切有爱国心的中国人，五四运动因此而爆发。在国内一片抗议声中，作为中国代表的王正廷拒绝在和约上签字。经过一系列交涉，青岛终于被交回到中国人手上。

1922 年，北洋政府设立一个鲁案善后督办公署，专门处理收回青岛主权的事宜。王正廷担任了鲁案善后公署的督办。这时他想到了与洋人打交道有一定经验、遇事又勇于负责的孔祥熙，立即向他发报提出邀请，要他离开山西到身边来，助自己一臂之力。此时，孙中山也致电孔祥熙，催促他尽早上任。于是，孔祥熙才向阎锡山辞去了“参议”之职，于 1922 年 3 月赶赴济南，就任“鲁案善后督办公署实业处长”。12 月初，王正廷命孔祥熙由济南赴青岛，办理接收事宜，这样，孔又担任了“胶澳商埠电话局局长”。

这是孔祥熙第一次担任北洋军阀政府的“公职”，也是他步入仕途的开始。

当孔祥熙以官方身份开始活动时，他感受到了“官”的巨大好处：到处受到盛情招待，宴会有山珍海味，外出游玩有专人陪同，处处看到的是笑脸，听到的是赞歌般的奉承。过去虽说他的生活条件也是相当优越的，但大多花的是自己的钱，要处处算计，请客送礼也要考虑能否有适宜的回报。而在这些公务活动中却完全不是这样，主人们只图巴结，也顺便从中捞取一些好处，而他接受这些招待，也不必考虑欠下谁的人情，反正花的是公款。自己享受理所当然。他心里第一次对当官这门子事有了直观的感受——当官真好！当然。由于初次出道，孔祥熙对自己负责的工作也是尽心尽力的，他像对待铭贤学校的事务一样，十分认真，接收中笔笔账目都要亲自核对，件件实物都力求有着落，使外方无一点作弊的可乘之机，他的工作精神受到一致好评。

大受鼓舞——潘益民相出孔祥熙有一人之下、万人之上的奇相

可惜，鲁案善后督办公署是个临时机构，1922 年 12 月 10 日接收竣事后，基本上就无事可做了。孔祥熙感到出来这一趟有些不合算，任职时间太短了，有些东西还没体会够就很快结束了，他有些无精打采，不知道下一步究竟怎么办好。

这天，他正在办公室信手翻阅几张报纸，公署秘书潘益民走了进来："孔局长忙啊？"

"是啊，有几件事要马上处理。"精明的孔祥熙不愿意让人知道自己无所事事，他几乎是不假思索地作了回答。

"噢？公署里苦乐不均啊，有的人把事情推到孔局长这里，自己却到外面打牌听唱。嗯，不打扰了，你忙，你忙啊！"潘益民有些怪声怪气地笑着，就要告退。

孔祥熙一听就明白，自己刚才应对有些不妥，公署里有多少事情可做，别人不知道，他这大秘书能不清楚吗？自己说忙，显然是蒙不了人家的。就赶紧改口说："其实一点小事，明天再处理也行. 你坐你坐！"

"哎，我现在是闲人，瞎串，瞎串。怎好打扰孔局长工作？"潘益民口里说着，屁股却已经坐了下来。

"潘秘书平时是大忙人，难得到我这里坐，今天聊聊加深一下感情嘛！"孔祥熙为潘益民泡上一杯茶送到跟前。

两人聊了几句时局和天气之类的闲话后，潘益民突然开口问："孔局长最近研究些什么呀？"

"我？"孔祥熙摇摇头，"看来潘秘书学有专攻喽？"

"那倒也谈不上。不过这几日闲来无事，寻着位师傅，跟他探讨些相面之术，我认为咱们中国这传统的玩意儿，还真有些名堂哩！"潘益民挺认真地说。

却说这时潘益民不过20来岁，而孔祥熙已是四十二三岁的人了。孔祥熙听他说研究相面之术，就觉得有些歪门邪道的意味，不觉有了教训的口吻："年轻人还是要钻研些经世济用的学问，搞那些玄玄乎乎的东西，怕不好呢。"

潘益民却不以为然："嗯，你可别说，我给几个人试着看，人家都说我相得挺准呢！"

"嗯，有人信就行。嗯，也好也好。"孔祥熙与人交往中，在一些无关紧要的问题上，历来不肯过分坚持什么，也就顺坡下驴着说。

"那，今天反正事也不多，孔局长何不让我也给你相上一面呢？"

"给我相面？"孔祥熙头摇得像拨浪鼓，"你知道我信的是耶稣基督。学的是开矿经济，怎么会信那个？不相不相！"潘益民一点不气馁。"我是看孔局长确有贵人之相，才赶着要给相的。我说得不准，你别信就是了。反正我又不跟你讨卦金，你怕什么呢？"

"那就随你相好了，反正我是不信的。"孔祥熙不愿为这事争执。

于是潘益民离开座位，装模作样地在孔祥熙身上望了起来。

潘益民先看孔祥熙的天灵盖和下巴，口中念念有词："瞧！'福德天仓地阁圆，五星光照福绵绵。'孔先生有福啊，从小至今绝无饥寒冻馁之事，定是家境福康，蜜罐子里长大，总是手有余财。我说得不错吧？"

孔祥熙似信非信地笑笑，没有说话。

潘益民来了精神，光对面看觉得不够劲，就动手去摸孔祥熙的耳朵："嗯，不光有福相，还有官相哩！看！你这是'水耳厚圆高过眉，又兼贴脸有垂珠；硬坚红润如卓立，富贵当朝大丈夫'，现在就有官位，将来还能入朝哩！"

孔祥熙说："你就捡升官发财之类好听的说吧，人大都爱听呢！"

潘益民一脸郑重："我这相面讲究的是实事求是，是什么相我就说什么相，不是给人逗闷子玩的。他没有福相的，给我座金山我也不能给他说有；同样，真有好面相，尽给我难听话我也得给人实实在在地说。咱这又不是骗人的玩意儿，也不能昧着良心瞎说，你说是吧？"

"是的是的。"孔祥熙知道自己刚才说的话人家不爱听了，"你看完了吧？今天中午我请客，你挑地方吧。”

这下潘益民高兴了：“别忙别忙！你当我这相术就这两下子吗？还有好多地方没看呢。吃饭的事相完了再说。对，就说这吃饭的家伙吧。瞧！孔局长是‘龙口两唇长且坚，光明口角更清奇。呼聚喝散权通达，玉带缠腰世所稀’。你这高官之位命相里注定的，随你不想坐也不行的。”

潘益民把孔祥熙脸上看了个够，又要看手相，刚翻开孔祥熙的左手掌一看，潘益民就惊叫一声：“哎呀，贵人在上，请受小弟一拜！”

潘益民起身后退一步，当真就要下跪。孔祥熙见小潘煞有介事的样子，也有些吃惊，一把扯住他问：“你又看见什么了，弄这阵仗？我请客的事已说定了，你不用这样唬我了。”

潘益民一脸正经：“贵不可言，贵不可言！”

孔祥熙哈哈一笑：“什么贵不可言，黄龙旗早砍倒了，莫非我还能做皇帝？”

潘益民拿腔作调：“非也！阁下非帝王之相，乃卿相之相。一人之下、万人之上之相也！”

潘益民说完拿起孔祥熙的左手，翻过来指给他看：“瞧见了吧，这道长纹向右，然后这边三横相串，相书上管这叫琴纹。琴纹乃是拜相之纹。此纹汉朝张良有之。潘某看相多时，还从未遇到过。今日既遇贵人，岂可当面错过？请先受我一拜，日后孔局长发达了，我也好做个向阳花木、近水楼台。”

潘益民仍坚持要下拜。孔祥熙听他说得邪乎，也就随口应道：“如果孔某日后果有造化，绝不会亏待你咯！”

这一番相面把孔祥熙相得心情好极了，于是中午请潘益民大撮一顿。

此后孔祥熙果然仕途得意，5 年后当上了南京政府的工商部长，10 年后当上了行政院副院长兼财政部长，真个是“呼散喝聚权通达”、“富贵当朝大丈夫”了。这时潘益民找上门来，向孔祥熙讨要卦金：“相已看灵，何以谢我？”孔祥熙立即委任潘益民为国货银行沈阳分行经理。及孔祥熙当上了行政院长，更是俨然当朝宰相，一人之下，万人之上。这时对潘益民的相术已是坚信不疑了。他任命潘益民担任了中央银行的人事处长，开始借助他的相术选拔干部。

每有重要任命，总要先请潘益民暗中相过面，才做最后定夺。后来有人提出堂堂国民政府，这样做太荒唐了。孔祥熙不好拿自己的例子做证明，就拉古人出面。他说："曾国藩用人就非常注意相貌，所以他率领湘军攻陷了天京，平了太平天国，成了大事。"又抬出儒家经典作论据说："你们没有读过四书、五经吗？四书上说：'眸子不正，则心不正'，这不就是相面的道理吗？"说得那些人哭笑不得。他大权在握了，自然由着他的主意来，这潘益民也就从此抱住了粗腿，做了他多年的相面大师。

孔祥熙不再想回太谷老死一隅，王正廷推荐出任中俄会议督办公署坐办

孔祥熙所在的"公署"不久就撤销了。

公署撤销，孔便无事可干了。要按过去他的想法，巴不得立即完事回家，好与妻儿团聚——这时夫人霭龄已为他生下了大千金令仪、大公子令侃、二小姐令俊，他的第二位公子令杰不久也即将降临人世，已是乐融融一大家人了。还要去照料他的生意，虽然这几年生意难做，但在他不断扩展下，也还是财源不断的，起码在表面上也要维持住"山西首富"的门面。更有他倾注了大量心血的铭贤学校，这时大学预科早已办好，不断有学生被送往美国深造，这所在中国偏僻小县办起的学校，正给他带来越来越大的名声。

但是，现在情况不同了。潘益民相面时他当场并未怎么看重，可那些话却深深印进了他的心坎里。闲来他常常独自琢磨——这些东西究竟可靠不可靠呢？难道面相真能预示一个人的命运吗？潘益民如果说就为了骗那顿午饭，也不至于弄得一惊一乍的呀。再照镜子看看自己，也果然生得天庭饱满，地阁方圆，鼻直口方，耳大眉浓，确是不同凡响。看起来还真有点潘益民说的那种福相官相。可静下细想一会儿，又觉得很靠不住：自己今年已是四十二三岁的年纪，虽说现今衣食无忧，但幼年也有过捡煤渣

的经历；虽说这次当了个什么局长，但也是昙花一现，几个月的时光就没了。现在连摊子都要撤，还有什么官位可做？再说，就是再找个什么事干干，40多岁的人还能有多大奔头？要做到当朝权贵根本没一点点指望，更别说什么一人之下；万人之上的宰相官了，那就是举上个黑漆灯笼，也照不出一点影呀！一会儿又想，这相面术也流传几千年了，要是没有一点道理，能代代传下来吗？还能有人研究相信吗？他就这么东想西想，一会儿觉得有劲，跃跃欲试，一会儿觉得没准儿，浑身懒洋洋的。

他出去走了几步，看见潘益民正忙着打点行装，准备走人。孔祥熙就招呼他："潘秘书，瞧你忙得灰头土脸的，到我那里坐一会儿吧。"

潘益民这会儿可没心情："哎呀，你不看我正忙着吗？我得赶公署撤退的班车，再晚就来不及了。"

孔祥熙说："我有话跟你说，耽误一会儿没关系，真走不了我出钱雇车送你，谁让我们是朋友呢。"

"当真？我还真有些碎琐东西不好收拾。孔局长肯给我雇车，我给你磕头也行。"

这次是孔祥熙把潘益民拉来，扯了几句闲篇就皱起眉头："哎，我说小潘兄弟呀，那天你给我说的那些东西究竟有准没准呀？"

"我给你说的什么？"潘益民一时不知孔祥熙说的是公事私事。

这一来孔祥熙也不好开口直说，停了一会儿说："算啦！看来你也是有嘴无心，本来就是些逗闷子的闲话，过去也就算了。"孔祥熙站起来。就有送客的意思。

潘益民一看，这样结束谈话，雇车的事儿肯定得泡汤了，紧急开动脑筋想究竟说过什么让老孔挂念。这一想还真想起来了，他双手一拍："哈，孔局长说的是那天相面的事吧？"

孔祥熙摆摆手："算啦算啦，这种事本来不必当真的。"

"不不！"潘益民这会儿吃准了，定是自己那天的话给老孔煽起了什么欲望，何不再给他几句好话，让他把雇车的事儿定下来。"孔局长，我那天说的话句句是真，我有师傅的真传，有相书秘本为证，你可不能当儿戏呀。"

“我觉得不大可信。你说我有卿相之相，将来一人之下，万人之上。可我都 40 多岁了呀，平生政府的官才做这么个局长，还已经撤了，怎么还能有那种机会呢?”

“哈！你不听说过吗？有道是，人的命，天注定，胡思乱想不顶用；又道是，有福之人不用忙，无福之人忙断肠。这天命不可违呀。五代十国时天下大乱，老百姓都说没有一个英明的好皇帝，搞得天下战乱不止。一天那陈抟老祖碰上逃难的赵匡胤父亲，用一支扁担挑着赵匡胤、赵光义兄弟。陈抟老祖看了一眼这两个光屁股孩子，随口说出一句话：‘谁说天下少皇帝？如今皇帝一担挑。’这话传出来知道的人很多，可没有几个人相信。结果怎么样？果然是赵匡胤先做了皇帝，死后传位给兄弟赵光义，真正是皇帝当初一担挑了。你不要以为我是瞎吹瞎捧，这话我怎么不对别人说？你应该相信自己的呀。”

孔祥熙喃喃地说：“何时能有这种机会？你能预测吗?”

“我只看相，能认定你有这个骨相就够了。至于具体时间，那不是我研究的范围。你应该找算命先生，按生辰八字去测，我不通那一经。”

“你原来也不是全知全能啊。”孔祥熙有些悻悻然。

“全知全能的只有你们的耶稣基督。我是出家人不打诳语，有一说一，有二说二。我能看准的我说，看不准的我绝不瞎编哄人。”

孔祥熙心底高兴起来，看来这小潘不是胡编瞎说，他肯承认有看不透的东西，就说明他说的是有些道理。

受到潘益民看相的鼓舞，孔祥熙一时不想回山西了。俗话说，争名于朝，争利于市，朝中有人好做官，太谷毕竟太偏僻了些，远离着社会政治中心，发达的机会太少了些。要让面相显灵，还不能放弃自己的努力。他主动找到王正廷，请求他为自己再谋一份差事干干。

王正廷笑了：“孔兄，前番两次都是我赶着求你请你，你还推三阻四。这一次怎么想通了?”

孔祥熙挺挺胸脯：“是的，这一次跟你接受青岛，目睹了洋人的嚣张，百姓的企盼，国家要有人出力啊！我孔某也曾饱读诗书，也曾出国留洋，我应该向你王兄看齐，胸怀天下。为民请命，为国效力。现在我的铭贤已理清了工作路数，走上正轨，可以不必多费心思；我的生意则是做也可，不做也可。我正当壮年，正是该为国出力的时候，人生易老，时不我待啊！”

王正廷使劲拍了拍孔祥熙的肩膀：“你老兄总算明白了这一层道理。虽说略嫌晚了点，但失之东隅、收之桑榆，说不定能抱大金娃娃呢。”

“全仗王兄提携啦！”

“好说好说。只要你想干，政府用人的地方多着呢。”

不久，王正廷请孔祥熙速到北京中俄会议督办公署报到，另有重任。原来，这段时间，北洋军阀政府在外交方面打算与苏联恢复邦交。苏联派加拉罕为代表，中国派王正廷为代表，双方商谈两国间有关的一切事宜，因此设立了中俄会议督办公署。王正廷被委派为督办。公署有两个要员。一个是“会办”，一个是“坐办”。“会办”由张作霖保荐的郑谦担任，“坐办”这把交椅就由王正廷推荐孔祥熙坐上了。

孔祥熙虽说事事用力，可看来在北洋政府中，他这个国民党人并不能顺利发展，要大展宏图，这条路似乎不大对头，必须另作打算。

第十六章　追随中山

宋霭龄为孔祥熙广州探路

早在1922年初，孙中山领导的南方革命轰轰烈烈，正是用人之秋，致电孔祥熙，要求他速去广东参加革命。孔祥熙夫妇商量一周，决定夫人先行一步，以便探探虚实，先借关系周旋一下。

4月的一天清晨，宋霭龄带着7岁的长女孔令仪，从山西出发，路经石家庄、郑州、长沙，径到广州，看望妹夫孙中山和二妹宋庆龄。

霭龄多年任孙中山秘书，自然并不陌生。庆龄又是亲妹妹。除了家庭生活，还一起在美国留学几年，感情不薄。但是，这一次情况似乎有些不同。在庆龄与孙中山的婚姻问题上，霭龄曾有过想法，虽然庆龄并不知道那些疙疙瘩瘩，但霭龄心里总有一种负疚感。这一次她想今后要让孔祥熙与孙先生一起共事，必须先在姐妹之间把关系融洽起来。

孙中山任广州军政府大元帅，寓所位于观音山粤秀楼，他指挥的北伐军正一路高奏凯歌，向北推进。过去的小秘现在变成了大姐，这一角色的转换对初见的双方都还有些不适应。但孙中山十分高兴，寒暄过后，孙中山安排夫人宋庆龄对霭龄热情接待。

庆龄对于一母同胞的大姐的到来，非常高兴，特别是见到娘家侄女、7岁的令仪，这个用了她英文名字的小罗莎蒙黛，庆龄的感情一下子涌了出来，又是拿糖，又是端水果。霭龄看在眼里，姐妹之间也一下子亲密得难以述说。

在热情的气氛中，姐妹进行了长谈。从家庭到社会，又从社会到家庭。

“大姐，孔先生是个有本事的人，现在干些什么呀？”庆龄问。

“他呀，现在也没有什么大事。在前，阎锡山想用他，给他个厅长，但总是从心里感到话不投机。后来，吴佩孚、张大帅也都送过密信，邀他出山，但我觉得终究不是一股道上跑的车，也没有让他答应。现在跟着王正廷干，我看也不是个常法儿。如果这里用得着他，他会很乐意出力的。”

“我姐夫的事，我和孙先生谈过几次，他对孔先生的才能是很欣赏的。这次请他来就是想让他在大元帅府任职，我听说他在理财方面是很有办法的！”

听到这里，霭龄心里咯噔一下，马上转了弯子说：“谢谢妹妹关心！他这次没跟我一起来，主要是他手头还有些要紧的事儿，一时难以离开。要不的话，也和我一块儿来了。”

一天晚上，孙中山陪大姐吃饭的时候，他又旧事重提：“祥熙的事庆龄已经给我说过了。你回去好好劝劝他，让他尽早来南方参加革命，广东形势很好，正在进行北伐，很需要人呢！”

“要来还不容易？只是他除了办办教育，还能干些什么？我怕他来了只能白吃饭。我听说这边的财政很吃紧，是吧？”霭龄话里藏话。

“噢？我们财政上是有办法的，不会让他为此过分操心。你知道，我一直是主张实行开放政策的，前些年准备修铁路时，我的计划就是利用外国资本，光靠国内的力量一时是建不起那么多铁路的。唉。说起修铁路我就动感情，你说我本准备专心搞经济建设，可你看那些北洋军阀们让干吗？不先把他们打扫了，国家就没办法进步。当然啦，这北伐的根本目的还是为了扫清障碍，建设民主富强国家。”

“我回去给他说说看，鲁案善后公署的事一完就马上让他来。”

“嗯，他暂时不来也行。现在我又有了个新想法，想让他在北方做一些工作，比如说……”孙中山压低了声音。

“好主意！他干这个挺在行，还没有人太注意，说不定能发挥更大作用呢。”

“饭都要凉了，边吃边说吧！”庆龄在一边催促说。

宋霭龄没有游览羊城旖旎的南国风光，便匆匆踏上了归程。她向孔祥熙传达了孙中山的最新想法，孔祥熙于是开始了他的秘密活动。他利用过去的老关系，积极穿梭于皖、奉二系之间，以便形成孙中山同段祺瑞、张作霖联合对付直系军阀的三角同盟。4 月 28 日，第一次直奉战争爆发。5 月 1 日，张作霖宣布“东三省人民自主，并与西南各省取一致行动”，共同反对直系军阀。但是，时隔几天，奉系在战场上惨败，张作霖退回东三省。6 月 4 日，张正式宣布就任“东三省保安总司令”，继续整军备战，以图反攻，并表示出“南倾意向”。在此形势下，孙中山致电孔祥熙，秘密指示孔祥熙进入东北，与张作霖、张学良父子加强接触，以进一步巩固孙中山领导的南方政府同奉系的合作关系。

自己掏钱宣传孙中山《建国大纲》

1924 年 1 月，孔祥熙应孙中山的邀请，赶赴广州，汇报在北方开展秘密工作的情况，孙中山夫妇热情接待了他。

一天，孔祥熙到孙中山的书房，看到桌子上一摞厚厚的手稿，薄薄的宣纸上，红格黑字，行书小楷，笔力遒劲，缮写得十分清楚。便不由问道：“总理日理万机，还能有精力做文章吗？”

“党人都在为具体事务奔忙，我不从总体上考虑些问题怎么能行。这是我对于国家建设的一些基本想法，写出来供大家参考。今天早上刚刚写完最后一行，你可以先看看提些意见。”孙中山说着递给孔祥熙。

孔祥熙拿到手上，只见扉页上端端正正的 4 个大字：“建国大纲”。孔祥熙抚摸着书稿：“啊。总理把革命胜利后建国的基本方略都制定出来了！这太好了，国家建设有一个大纲统一党人思想，这个理论的武装比军队的武装更重要啊！”

“你先看过我再听听你的具体意见吧。”孙中山接过侍卫递上来的衣服，看来要外出参加什么活动。

孔祥熙高兴地说：“总理这么信任，祥熙能先睹为快，实是幸运！我一定认真拜读，深刻领会。”

几天后，孔祥熙兴冲冲地来找孙中山：“总理，这个《建国大纲》太好了，它好比灯塔，照亮了我国革命和建设胜利的道路呀！”

“噢，是这样吗？”孙中山听了也有点激动。

“太好了！太好了！这么伟大的思想一定要尽快让它发挥作用，不知总理对这部书稿有什么打算？”

“哪里想过那么多，于我来说，心中的这些想法就像骨鲠在喉，不吐出来不痛快。我是兴之所至，一挥而就，至于写出来以后怎么办，我没想那么多，你有什么想法吗？”孙中山掏心里话说。

孔祥熙搓搓手说：“如蒙信任，我想请总理把书稿交给我。我的想法是，第一，拿到上海去印它几万册，分赠各方，广为宣传。现在国家情形如此黑暗，许多人都嚷着没有办法，这本书一出，大家就会看到，孙先生对于救国拯民已经有完整的一套方案，而且是高屋建瓴，切实可行。这样就会有更多的人汇聚在总理的旗帜下，为实现革命目标团结奋斗。当然啦，也会更大地提高总理在全国民众中的威望，提高广州政府的号召力。第二……”

孙中山打断了孔祥熙：“一本书出来果真能有如此效力吗？”

“思想的威力是无穷的！这个我可以断定。”孔祥熙说得斩钉截铁。

“那好。只是印这本书也得花不少钱吧？为此动用公款怕不合适，而我个人财产状况，你是知道的……”孙中山显得有些窘迫。

“钱的问题好办！”孔祥熙慷慨激昂起来，“我自少年时代就仰慕总理，希望能为总理的事业竭尽绵薄之力，这次总算有机会一酬夙愿。这笔钱我出了，就算我对革命的一点贡献吧！”

“那怎么可以？”孙中山望着孔祥熙。

“总理放心，印这本书花不了多少钱，说不定还能有赢利呢。”

“你刚才不是说印出来分赠各方吗？既然不是去卖，怎么会有赢利？”孙中山不解地望着孔祥熙，“可不要为印一本书搞出不合适的事来。”

“总理放心。我斗胆说一句，搞革命，运筹帷幄，号召天下，我不能望总理之项背；而要说生财有道，敢散善聚，也许我自有些小办法呢。”孔祥熙自嘲地笑了起来。

“好吧，只是注意不要因钱的问题把书的名声搞坏了。”孙中山到底有些不放心。

“这个您绝对可以放心。我办铭贤，都知道那是花钱的事业，可我总是有办法的。而且我个人财产并未受到影响，这些年你听谁说过我在钱财方面的闲话吗?”

“对呀，办学校是要花不少钱的，你究竟是怎么解决经费问题的呢?”孙中山对孔祥熙的办法有了兴趣。

“如果总理想办学校。我可以把窍门说出来。我想现在先把这本书的事说定了。除了刚才说的第一条，这第二条……”

“慢！我想起来了，山西自古以来就出理财家。就像绍兴出名师爷、广东出革命志士一样，是个传统。既然孔兄在理财方面有专长，何不到这里来出任财政部长。帮我在财政方面运筹一番呢?”

“部长?”孔祥熙双眼放出光来，随即又暗了下去。“我听说即使在广州的革命政府中，争权夺利也是很厉害的。我于革命没有什么大功，追随总理身边的时间也不长，如果一下子占据部长高位，势必有人攻讦。只怕到时有人会说我是因裙带关系而上来的，不仅我不好开展工作，说不定会损害你的名声，反而不美。所以，我还是先在别的方面出些力吧。”孔祥熙试探着说。

“孔兄，你能洞察这底细，只想出力而不贪高官，难能可贵呀！我身边的有些人，的确是在革命的大旗下争一己之权夺私小之利，国民党成立时间不长而腐败得却很快，令我痛心。所以我要同共产党合作，允许共产党员以个人身份加入国民党，以增加新鲜血液，改造国民党。实现推翻北洋军阀统治，建立民主国家的目标。你暂时不出任官职也好，先在其他方面多做些工作。只要有才能，再积累一些资本，我想你以后会有施展抱负机会的。”

“多谢总理指教!”孔祥熙一时又有些失落感，只好接着谈这本书，“这第二吗，我想把总理手稿拿给冯焕章先生，因这两年我受命在北方开展秘密工作。很注意军人中有革命思想的人，冯先生虽是北洋军人，但倾向革命的一面比较突出，跟我算得上是一位很好的朋友。他生活俭朴，体恤士兵，声誉很好。他的部队纪律严明，很有战斗力，如果能让他转到革命方面来，将会大大推动革命进程。他对革命有热情，但常说可惜没有很好的办法。如果把总理的手稿送给他，一来他必然感激总理对他的器重。二来他读了总理的书，就会受到启发，可以增进他的革命精神。不知总理以为如何？”

“很好，我的手稿可以送给他看。我们与冯先生这几年有过接触，并达成一些谅解和默契。希望你能把握这次机会，使冯先生拿出些更实际的行动来。这样你的功劳就大了，那时你再出任要职就好说话了。”孙中山看出了孔祥熙刚才内心的活动。

1月20日至30日，中国国民党第一次全国代表大会在广州举行，这是中国共产党代表李大钊与孙中山达成国共合作意向，帮助改组国民党并协助筹备的结果。孙中山在会上重新阐释了三民主义，提出了“联俄、联共、扶助农工”的三大政策。中国共产党党员以个人身份加入国民党，大会共有165名代表，共产党人占了23席，7名共产党员被选进了国民党中央执行委员会。这次代表大会标志着以国共合作为主要形式的革命统一战线的建立，极大地促进了中国革命运动的蓬勃开展。乘会议召开的大好形势，孔祥熙怀揣孙中山的《建国大纲》手稿，匆匆赶往上海。

鼓动冯玉祥演出现代活剧“捉放曹”

在中华书局，孔祥熙自己垫了钱，让把《建国大纲》印刷3万册，然后发往各地。这一举动极大地提高了孔祥熙在国民党内的名声，成为他重要的一笔政治资本。

中华书局排版以后，孔祥熙带着孙中山的手稿和信件，来到北京南苑，会见冯玉祥。

冯玉祥是一位著名的爱国将领，字焕章。祖籍安徽巢县，1882年出生于河北青县兴集镇。其父为下级军官，家境清贫。自小失学，很早就走上了吃粮当兵的道路。1910年任北洋陆军管带(营长)。辛亥革命前夕，冯玉祥受同盟会的影响，与王金铭、施从云、郑金声等在军官中组织“武学研究会”，以“求知”为名，秘密联络同志，准备起事。武昌起义爆发后，“武学研究会”的青年军官于12月31日在滦州举兵响应，推冯为参谋总长。起义很快失败，冯被拘捕，并被押解回保定家乡。1912年以后，冯玉祥又被重新起用，先后任北洋陆军团长、第十六混成旅旅长、第十一师师长、陆军检阅使等职。冯玉祥1918年至1920年驻兵常德期间，已和孙中山方面的人士有所来往，初步读到了孙中山的著作，对孙十分佩服。在孙中山的影响下，冯部和广东革命政府的军队为“友军”，互不攻击。1920年夏，当冯部由常德北撤驻于武汉附近的谌家矶时，冯曾致信孙中山，述说了对孙的敬仰之情，信中说：“中国已濒于危亡，真正救国，只先生一人……现下虽厄于环境，但精神上之结合固有日矣。”并表示“今欲追随，乞多指示”。随后，孙中山派徐谦、钮永建带着他的信到汉口见冯，希望冯“能够一致从事革命工作”，使冯“很是兴奋感激”。1923年2月，马伯援奉孙中山命到北京访冯，冯表示要与国民党人往来。由于冯玉祥已有倾向广东革命势力的初步的思想基础，在先又与孔祥熙颇有交情，因此，孔祥熙一到南苑，即受到冯玉祥的宴请。

宴席上，孔祥熙开门见山地问冯玉祥：“现在你的北方怎么样？”

冯玉祥苦笑着说：“我不说，你还不明白吗？”

孔祥熙又问：“虽说现在这边是曹总统执政，吴大帅掌兵。可你作为陆军检阅使，总该有些办法吧？”

冯玉祥摇摇头说：“在这样局势之下，如何能有好办法呢？”孔祥熙马上接着说：“你没有办法，我这里却有很好的办法。”

“什么办法？”

“我喝了你的酒，自然要告诉你。”孔祥熙说着向冯玉祥直递眼色。

宴会一结束，孔祥熙就同冯玉祥走进一间密室，拿出孙中山手书的《建国大纲》说：“总理这次派我来，是要我把他手写的这本书送给你，想征求你对此有何意见，有何需要增减之处。”

号称“基督将军”的冯玉祥将那份手书的《建国大纲》细细地读了两遍后，找来孔祥熙对他说：“孙先生讲得太好了，太完全了！”

孔祥熙听了说：“孙总理的《建国大纲》并不是一本讲义，它是一个要付诸实行的纲领，冯先生既然赞同，不知道准备怎样去实行它？”

“孙先生有什么指教没有？”

“孙先生有致将军的专函，但至于何时行动，采取什么行动，则全赖将军审时度势而定，我作为孙先生的代表，可以为你们传递消息，使互相支援。”孔祥熙这时才捧出了孙中山的信札。

“孔先生过谦了吧？你可不是一个只能传递消息的角色。这几年孔先生结识张（作霖）大帅、吴（佩孚）大帅，往来密切；又作为孙先生的代表，就南北纷争谈判、武力统一全国、实行分省自治、召开国民会议等问题，与北洋政府要员磋商；还在山西兴办教育，发展实业；在广州与国民党上层保持联络。集特使、商人、教育家、革命者于一身，革命、赚钱两不误，可是位历史上少有的人才啊！”

孔祥熙听冯玉祥这么一说，不由得哈哈大笑：“冯将军这么一说，连我自己都觉得自己真的了不起了，可要是我投奔你麾下，恐怕你连个秘书都不要我做呢！”

“好了，谁敢让你当什么秘书，你要留在这里，我愿意下跪拜师，请你多教我些纵横捭阖的本领呢。这样吧，今天晚上我们进城，我请你到吉祥大戏院看京剧，至于下一步怎么行动，我们明天再详谈，如何？”

“看戏？”

“对。先看别人的戏，下步再看我们的戏！”冯玉祥语带双关。

二人出了密室，冯玉祥一声招呼，侍卫立即呈上了戏单。冯玉祥把它递到孔祥熙手上：“今天你是客，戏由你点。”

孔祥熙接过来：“那就不客气了。”仔细看了一会儿，指住一个地方：“那就看这出，《捉放曹》。”

冯玉祥哈哈大笑：“孔先生真有眼力，你不是开玩笑吧？”

孔祥熙懵里懵懂：“不是真的请我看戏啊？”

冯玉祥盯着孔祥熙的脸看了一会儿，见孔祥熙并不像装疯卖傻。把笑一收说：“瞎了！”

“谁瞎了？”孔祥熙有些动容。

“戏瞎了。”

孔祥熙有些不满：“看个戏嘛，你值得这样同我打哑谜吗？”

冯玉祥这才说:“看来你是真不知情。昨天晚上曹锟总统看戏,上演的正是裘派名剧《捉放曹》,曹大总统越看越觉得不对劲。捉放曹,捉放曹,难道我曹大总统也是让人可以捉捉放放的吗?他中途就让把戏停了,今天传下指示来,这出戏列为禁戏。今后一律不许上演,谁再演就把谁捉起来,而且永远不放!你点这出戏,不是有意和总统对着干吗?”

“噢,原来是这样!那《捉放曹》演的是三国故事。说的是曹操谋刺董卓后,连夜逃出京城,到了中牟县,被县令陈宫拿住。后来陈宫看曹操气度不凡,能成大事,不仅把他放了,还封库挂印。自己也跟随曹操跑了。这样一出戏,和他曹锟什么相干?看来这也许是做贼心虚吧?当年袁世凯就迷信这个,见元宵节卖元宵。就认为元宵谐着‘袁消’,暗藏袁大头被消灭的意思,就下令把元宵改为汤圆,元宵节也取消了。可结果呢,在全国民众唾骂声中,蔡锷在云南一起兵。袁大头还不是照样惊吓而死,给报销了?我看呀,他曹锟不让在戏院演《捉放曹》,你冯将军就在这京城大舞台上演一出吧。”孔祥熙煽动性地望着冯玉祥。

“你等着瞧吧!”冯玉祥攥了一把拳头。

1924年9月,第二次直奉战争爆发,吴佩孚自任讨逆军总司令,率20万大军与张作霖决战于山海关。顿时,硝烟弥漫,炮声隆隆。吴佩孚任命冯玉祥为第三军总司令,出喜峰口攻击张作霖背后。

冯玉祥率部队磨磨蹭蹭,一天走不了几里路。后来曹锟派人督战,催促加快行军速度,冯玉祥便安排部队白天前进,夜晚后退,始终在滦平附近徘徊。10月19日,冯玉祥得到了吴佩孚在山海关前线失利的消息,认为时机已到,带部队星夜驰回北京城。10月23日,在留城部队里应外合下,未鸣一枪,占领北京城,冲进新华门,捉起了“贿选总统”曹锟,把他囚禁起来。并迫使曹锟下令前线停战,撤销讨逆军总司令等职衔,免去吴佩孚本兼各职。这就是有名的“北京政变”。

11月2日,曹锟被迫宣告退位,直系军阀控制的北京中央政权告终。在有人主张严惩曹锟时,冯玉祥又念起旧情。毕竟自己是曹锟部下,以往待自己不薄。虽政见不合,他下了台也就算了。这样冯玉祥本着基督的“仁爱”精神,又放曹锟一马,让他跑到天津租界,优哉游哉,颐养天年去了。

冯玉祥真的在京城大舞台上，演出了一幕现代活剧"捉放曹"。这离曹锟禁演《捉放曹》不过是几个月的事。

"北京政变"后，冯玉祥将所部改称为国民军，成立了冯玉祥与皖系段祺瑞、奉系张作霖联合执政的临时混合内阁。

鉴于清末代皇帝溥仪还在北京紫禁城里，保留着一个小朝廷，每天仍在接受文武大臣的三拜九叩，不仅每年要耗费民国十几万两银子，更重要的是总有些晚清遗老，复辟之心不死，动不动就想把皇上请出来重新执政。比如 1917 年，辫帅张勋就演过那么一出丑剧。冯玉祥下决心让这个小皇帝去当民国公民，他派鹿钟麟带部队进入紫禁城，勒令溥仪限期搬出，清除了民国成立 13 年居然还在延续着的"中国之帝号"。

看着北京城里出现的巨大变化，孔祥熙喜气洋洋，立即赶往广州向孙中山复命："总理，北伐军打了几年，连湖南也过不了，这一回，您的《建国大纲》一出来，北京城立即改朝换代，总理的思想威力大呀！"

"光靠思想的威力也不行啊，这里面有你在北方积极活动的功劳啊。"

"我不过是做点跑腿打更的事儿，不值一提，不值一提！"孔祥熙听了孙中山的称赞，笑得满面生春。"总理，北京现在是三方联合，实际上是三虎一山，过不了几天势必要相互火并。冯将军也难于把握局势，他要请你北上，到北京主持大局呢！我看这是个机会。"

"冯玉祥、段祺瑞、张作霖邀我北上的电报都已到了，党内对我去不去意见还不统一，还需要进一步会商。"

"你千万不要听那些心胸狭窄鼠目寸光的人说的话，北方没有那么可怕。我在北方多年，对那些人是了解的，冯玉祥、张大帅都是很讲义气的人：就是号称'段虎'的段执政段祺瑞，也是很豪爽的人。北方人的特点就是袖筒里插棒槌——直来直去，他要不满意，就会破口骂娘，他要请你去，就绝不会加害于你。你这一去，革命进程就会大大加快，机不可失呀！"

"你说得有道理，但也不完全对，让我再考虑考虑吧。"

孔祥熙希望孙中山能尽快成行，又去做说服孙夫人庆龄的工作。

成为孙中山遗嘱证明人

冯玉祥、张作霖、段祺瑞各怀着不同的政治目的电邀孙中山北上共商国是。经过慎重考虑，孙中山为求得全国统一，不顾个人安危，毅然决定应邀北上。

孙中山于 1924 年 11 月 13 日由广州北上，中间乘船经过香港、上海，又取道日本神户稍事休息并欢叙旧情，看起来身体和精神都很好。但在到达天津之前，肝病再次严重发作。12 月 4 日在天津下船时，脸色已很难看。12 月 31 日，他在庆龄陪同下抵达北京。车站上聚集着大群欢迎的人，但孙中山病体不支，不能公开讲话，遂发表了一个书面讲话，表示“此来北京不是为争地位，为争权力，是特来和诸君救国的”。

孙中山北上时带着召开国民会议的建议，并明确指出必须有工农代表参加。但是已当上中央政府执政的皖系军阀段祺瑞，为当“合法总统”，竟然提前召开了一个只有旧式将军和政客们参加的“善后会议”，抵制孙中山的建议。段祺瑞为了换取各帝国主义国家的支持，还擅自照会各外国公使馆，表示任何新设立的政府都将尊重现存的所有条约。孙中山勃然大怒：“我在外面要废除那些不平等条约，你们在北京偏偏要尊重那些不平等条约，这是什么道理呢？你们要升官发财，怕那些外国人，要尊重他们，为什么还在欢迎我呢？”

孙中山的肝病不能动怒。但他不能容忍，一再痛斥段祺瑞等人的卖国行径，从而更使病情恶化。肝脓肿已被确诊转为肝癌，被送进美国洛克菲勒基金会创办的协和医院诊治。看到这种状况，孔祥熙心急如焚。他跑里跑外，请医生，买药品，竭尽全力，关心和照料重病中的孙中山。

在协和医院进行镭放射治疗后，没有效果，孙中山迁出了医院，住进了他的临时行辕——位于铁狮子胡同的顾维钧私宅，进行中医治疗。

公元 1925 年 2 月 24 日，孙中山病笃。孔祥熙、宋子文、汪精卫、孙科 4 人进入病房。

孙中山问：“汝等前来，将有何言耶，不妨直陈。”

孔祥熙等人犹犹豫豫，不敢言语。过了一会儿，汪精卫说：“当 1 月

26 日先生入住病院，诸同志皆责备我等。要请先生留下些教诲之言俾资遵循。如先生之病即痊愈，固无说矣；设或不痊愈，吾等仍可永听教诲也。”

孙中山听后，欲言又止，沉默良久，然后说：“我何言哉！我病如克痊愈，则所言甚多，当先至温泉休养，费数日之思索，然后分别言之。设使不幸而死，由汝等任意去做可矣，复何言哉！”

孔祥熙 4 人再次请求说：“吾等仍愿听先生之吩咐也。”

汪精卫还说：“我等今已预备一稿，读与先生一一请听，先生如肯赞同，即请签字，当做先生之言，如不赞成，亦请别赐数语，我可代为笔记。”

孙中山说：“可。汝可试读之。”

汪精卫立即取出所拟文稿，即著名的《总理遗嘱》。低声慢读：

“余致力国民革命凡四十年，其目的在求中国之自由平等。积四十年之经验。深知欲达此目的，必须唤起民众。及联合世界上以平等待我之民族，共同奋斗……”

孙中山听毕，点头说：“好，我极赞成。”

汪精卫取来笔具，请孙中山签字。孙中山说：“汝暂时收存可也，今日不须签字，俟数日后再酌。吾总还有数日之生命。”

3 月 11 日，孙先生病危。这天是星期三，孙先生要把他从那张舒适的床上移到行军床上。孔祥熙、宋子文、孙科等围绕在病榻旁。汪精卫将预备好的《总理遗嘱》呈上去，孙中山先生因手力甚弱，不停颤动。无法自持。晚 9 时，夫人宋庆龄含泪托起孙中山先生的手腕，执钢笔签上“孙文”二字。他对国是的最后遗言是“和平……奋斗……救中国”。

3 月 12 日，这是一个无风的天气，上午 9 时 30 分，中国民主革命的伟大先行者孙中山先生在北京铁狮子胡同行辕溘然长逝，终年 59 岁。

这样，孔祥熙便成了孙中山最后所见到的亲戚和同志之一，也是《遗嘱》的“证明人”。

事后，孔祥熙曾宣称，孙中山在病危时确认他对基督教的信仰，并要求按基督教规举行葬礼。但孙夫人宋庆龄对此断然给予否认，指出这“完全是假的”。说其目的在于否认孙中山是一个革命者。

主持孙中山葬礼名扬天下

孙中山逝世后，广州国民党中央任命孔祥熙为“总理治丧处主任”，全权负责葬礼。这一任命反映出国民党上层对孔祥熙的重用和信任，因为当时在北京操办葬礼的还有李大钊、林伯渠、于树德、汪精卫、宋子文、吴稚晖等人，他们都是国民党中央的执行委员或监察委员。却偏偏任命一个在国民党中央没有任何职务的孔祥熙为治丧处主任。这一职务使孔祥熙从此名扬天下。

有人认为此举足见孔祥熙在国民党内的地位之重要，实际上是既见其地位重要又可说无足轻重。说它重要是因为孙中山的葬礼受到全国和一些外国人的特别重视，出任这一职务需要斡旋方方面面的关系，没有一定才能和受到普遍尊敬的人是不能胜任的。在孙家和宋家，孔祥熙都受到信任，比较起来，他年纪较大，当时已经 45 岁，办事稳重，圆滑老练，没有政敌，能够处好同各方的关系。说他无足轻重，是因为孙中山的逝世，留下了一笔巨大的财富——这就是他的国民党领袖地位。窥视这一地位的人太多了，他们各有优势，互不相让。换了他们当中的任何一个出任治丧处主任，谁都会借此把这一职务演变为孙中山的合法接班人。在他们决斗尚未分出胜负之前，他们是谁都不能占据这个位置的，孔祥熙既有年纪大、是孙中山的亲戚和信任的同志以及办事老练的优点，又在党内没有任何职务，无论如何不可能由此成为孙中山的接班人，广州国民党中央的这一任命，从某种意义上说，是对身在北京的汪精卫的一个阻挠。

在最后的年月里，孙中山同苏联建立了良好的关系。他逝世后，苏联公使馆立刻下半旗志哀。其他国家过了一天也都下了半旗。俄国人还从莫斯科运来一口特殊的棺材，一口带玻璃盖的漆成黄色的钢棺材。在中国，棺材是用称为楠木的硬质木材制造的，最好的楠木来自云南西部山区。庆龄挑了一口传统的“头号”楠木棺材。

北洋政府鉴于孙中山在全国民众中的崇高威望，提出要由他们对孙中山举行“国葬”。但是孙中山生前不带一兵一卒前来与他们共商国是，他们竟出尔反尔，不听取孙先生的任何意见，现在先生仙逝，他们又想借他的名声来捞政治稻草，稍有头脑的人都不会答应。孔祥熙把这个消息报告后，唐绍仪、章太炎等政界元老首先宣告北洋政府为不合法政府，无权国葬总理。广州政府也明确表示坚决反对。孔祥熙于是转告北洋政府代表，葬礼自有安排，无须费心。在孔祥熙的安排下，孙中山身着大礼服、头戴礼帽，由侍从武官马超俊等舁入棺内。19 日，灵柩移至中央公园社稷坛大殿。24 日发丧致祭。前后参加致祭悼念的达 14 万人之多。

4 月 2 日，孙中山的灵柩移至西山碧云寺。送灵的队伍超过了 30 万人。从天安门的中央公园出发，到碧云寺全程约 30 公里。绝大多数人是一直步行走到的。孙夫人身穿丧服，蒙着面纱哭着，是那样虚弱和哀痛，她的小妹宋美龄和孙的前妻的儿子孙科扶架着她的双臂。后面还有孔祥熙夫妇以及其他亲友。再后面是 24 个护棺人抬着的巨大灵柩。巨大的灵柩通过十里长街时，街道两旁挤满了数十万的人群。人们早就汇集到这里，从凌晨 3 点到上午 10 点，整整 7 个小时，他们等待着和领袖告别的最后一刻。最后，巨大的灵柩通过十里长街，伴着人们哭声移至坐落在白皮松林中的西山碧云寺大殿。而就在此时，身穿肥大袈裟的方丈才得到通知，说俄国的棺材此时运抵北京，他不满地说："来的不是时候！"那口棺材在匆匆送往碧云寺后，被和尚放到一边去了。

在碧云寺孙中山停灵的龛内，孔祥熙作为治丧处主任，首先挂出了一副挽联：

功高华盛顿，识迈马克思，知易行难，并有名言传海内；
骨瘗紫金山，灵栖碧云寺，地维天柱，永留浩气在人间。

葬礼结束，孔祥熙在他的西总布胡同住宅里，专门腾出一间房子存放挽幛花圈。

孙中山的葬礼安排得十分圆满，从孙中山的逝世中爆发出来的民众感情浪潮，很快变成了他的革命思想的一次大宣传、北伐革命的一次大发动。

这次从孙中山北上、治病，到逝世、葬礼的费用，主要是由孔祥熙筹集的；保卫、治安、典礼及修路、运输等所需要的军、警，则由孔祥熙请冯玉祥的国民军解决。为安排护灵事宜，孔祥熙在北京又停留了一年左右。

指挥移灵别具用意

孙中山逝世 4 年后，已经在南京建立全国政权的国民党蒋介石集团，按照孙中山生前“希望辞世后葬回中华民国诞生地南京城”的遗愿，在他生前选中的墓址紫金山，花费白银 400 万两，建成中山陵寝；花费白银 128 万两，建成南京城的迎榇大道及有关设施。1929 年 1 月 14 日，正式成立“中国国民党总理奉安委员会”，由蒋介石任主任委员，孔祥熙任办事处总干事，具体负责和指挥移灵、迎灵、奉安事项。奉安委员会又指定何应钦为奉安典礼总指挥，孔祥熙及赵戴文、鹿钟麟为指挥，孔祥熙又为“迎榇总指挥”。

5 月 22 日，从欧洲刚刚回国的孙夫人宋庆龄，亲眼看着孙中山的遗体改殓铜棺。26 日，马拉的灵车运到前门火车站。碧云寺则从此改为孙中山“衣冠冢”。28 日，在孔祥熙护送下，载有孙中山遗体的迎榇专列南下至浦口。12 时，灵榇乘“威胜舰”渡江至中山码头。孔祥熙率 32 名杠夫从舰上起灵。然后，他乘马指挥迎灵队伍至中央党部礼堂。从下午 6 时至 6 月 1 日晨 4 时，孔祥熙安排党国要员和外国使节致祭悼念守灵。5 月 31 日下午 6 时，公祭结束，由孙中山的连襟蒋介石、孔祥熙和孙府长子孙科涂殡。

6 月 1 日晨 2 时，孔祥熙和新任奉安总指挥朱培德，到中央党部安排当天的奉安大典。4 时在国民党中央常务委员、立法院长胡汉民主持下。举行移灵典礼。礼毕孔祥熙执旗指挥，率领国府委员、中委、亲友把灵柩移至灵车，向中山陵运行。南京狮子山鸣礼炮 101 响，向孙先生致意。哀乐声中，运灵队伍缓慢前行，马路两边向孙中山致敬的民众达 50 万人。到达陵前广场，孔祥熙又指挥杠夫把灵柩抬向祭堂和奉安墓内。安放灵柩的同时，再次鸣礼炮101响，全国民众停止工作，默哀3分钟。孙中山先生的葬礼至此全部结束。

在孙中山奉安大典中，孔祥熙还专门写了千余字的祭文。这篇《祭孙总理文》写道：

太谷孔祥熙谨于中央党部祖饯之辰，爰具鲜花素果，致祭于灵前而言曰：

翳日月之易迈。伤圣哲之速迁，怅音容之久隔，
奄忽逾乎四年，青旗明于薄海，灵风郁其高骞，
溯丹心之救世，如白日之经天，发端绪于三民，
致治平以五权，蕲大同之速跻，谁审识乎知难，
为众生之先觉，予群逮之指南，留福音于六合，
虽百世其莫殚，籍旒旌以美德，轶古今而谁先，
窃微生之多辰，得追随于生前，敢致诔乎鸿烈，
惟略陈其私言。亿负笈于彼美，接清尘于逆旅，
密谈娓其珠霏，高论纷如花雨，讶天禀之聪睿，
喜经邦之洪绪，愤昏淫于虏廷，怀侨压而危惧，
幸同气以相求。忝谋国之必兴……
誓努力于未死，期无负于九原，哀江南兮魂归，
昭万古兮埃尘，呜呼尚飨！

在中国现代史上这一少有的重大葬礼进行过程中，孔祥熙出力甚多，保证移灵中央公园、停灵碧云寺、迎灵南下、奉安中山陵等事顺利进行。

但是移灵南京的大典和当年北京的祭奠相比已经变味。孙中山逝世时，祭奠活动完全是民众的自发行动，是人民群众出于内心对孙中山的敬仰。孔祥熙也是怀着对孙先生的一腔敬意诚心安排一切的。然而这一次移灵大典却带上了浓厚的政治色彩，葬礼成为一场针对政敌和非蒋嫡系的政治仗。他们是要告诉世人。安葬总理的人，就是总理的信徒，就是三民主义的力行者，因而掌握国民党的统治权，具有不可替代的正统性。反

对他们就是反对总理。就是反对三民主义，蒋、孔安葬总理的本意在此。通过葬礼，巩固国民党统治集团的权力，为南京城里的执政者违背总理遗教、篡改三民主义拉起一面遮人的大旗。在整个葬礼过程中，蒋介石一再企图靠近孙夫人庆龄，想以此证明他的合法地位，但是庆龄却不给他这个机会，在祭堂前，庆龄把蒋介石等人远远甩开，独自站在前面。使想借此捞取政治资本的蒋介石很不舒服

当然，蒋介石、孔祥熙确是孙总理的亲戚，而这种亲戚关系是通过庆龄结成的，但是他们之间对于如何继承孙中山遗志已经发生了重大分歧。蒋、孔当时竭力掩盖这一分歧，使“总理奉安”增加了蒋、宋、孔等家族的政治资本。他们的亲戚关系，使得国民党统治中心不乏家族色彩，安葬、奉安总理一事更强化人们对家族色彩的认识。但是，在孙中山逝世后，孔祥熙和蒋介石、汪精卫一样，完全背叛了孙中山的革命思想。孔祥熙同蒋介石相互勾结，打着孙中山的旗号，歪曲孙中山新三民主义的革命精神，反对“联俄、联共、扶助农工”的三大政策。此是后话。

第十七章　择机出山

孔祥熙等局势明朗以后出仕，蒋介石乱中取胜，一举夺取国民党最高权力

孙中山逝世后，被追认为中华民国的国父。

主持国父孙中山葬礼，使孔祥熙名传一时，但是，葬礼结束后，他仍然只能回到中俄会议督办公署，当他的“坐办”。在南方发展起来的国民党，并没有因此给他什么高位，潘益民给他相面“相”出来的大富大贵，还是不见踪影。

他的命运，注定只能在国民党产生出新的“领袖”之后，根据新的形势来确定。而他自己，这时既没有竞争继承权的资本，而且根本没有这种野心。

但是，在国民党内，围绕着孙中山的继承权，却展开了一场激烈的争斗。一开始，这场争斗是在汪精卫、胡汉民和廖仲恺3个人之间展开的，蒋介石因为是一名军人，而且年纪太轻，算不上一个真正的竞争者——没有人认为他能够得到这枚果实。

从开始的情况看，汪精卫、胡汉民、廖仲恺是真正有实力问鼎的人物。孙中山生前对他们3个人都给予了充分的信任。他们也都有相当的资历和能力。汪精卫成为全国人民唾弃的汉奸是多年以后的事，当时他确实被公认为一个有献身精神的革命者。他风度翩翩、讲究打扮，讲起话来口若悬河。孙中山病危之时，他的亲密同事们纷纷来到他的身旁，但他最重要的3位副手——右派胡汉民、左派廖仲恺和担任军职的蒋介石——都留在广州，不是他们不来，而是孙中山不让他们来。因为他们对那个南国都城的控制并不牢固。在弥留之际，孙先生建立了一个中央政治委员会，

代表他在北京展开活动。跟随孙中山到北京来的汪精卫是中央政治委员会的高级成员，是起草著名的《总理遗嘱》的代笔人。这个遗嘱经孙中山修改后抄录下来，成为孙中山最有名的文章之一。这使他占据了一个非常有利的位置。因为他有一段非凡的历史，他曾以1910年“暗杀”清朝摄政王——小皇帝溥仪的父亲载沣而著称。那次阴谋不过是一场闹剧而已。暗杀者把一枚土制炸弹隐藏在摄政王宫廷附近的一条沟内，因为他们把导火线剪得太长了，炸弹被发现。根据装炸弹的箱子这个线索。追踪到了阴谋者在北京的躲藏处，汪精卫被警察发现。他知道这次阴谋，但他实际上没有参加，他坐了几个月的牢，直到1911年的革命冲开清廷监狱的大门，他才获释。这段经历便成了他的政治资本。他声称，暗杀阴谋是他的主意，此后便在政治上一帆风顺。汪精卫几乎在任何一个原则问题上都能妥协，这样就使他在国民党内经久不衰。他周围的人都被杀害了，他却安然无恙。现在，他又有幸守在孙先生的病榻旁，极有可能成为大元帅的继承人。

但是，另两位竞争者剥夺了他乘机接班的机会，他们控制的广州中央委员会任命了孔祥熙为总理治丧处主任，这使得接班问题只能放到以后解决。孔祥熙所发挥的最大作用就是把一场权力之争延缓下来，不使其像通常的权力之争那样，在领袖的葬礼未结束就爆发出来。

汪精卫的不利之处在于他是3个竞争者中最年轻的。他在公开场合总是强烈支持和苏联合作，因此他被认为是一个左派，但他从未明确表示他有什么特别的原则。

比较起来，廖仲恺倒是一个真正的左派。他祖籍广东惠阳，出生于美国加利福尼亚州的旧金山，少年时在美国读书。回到祖国后，1896年赴香港攻读英语，1902年到日本留学，1903年9月到东京聆听孙中山谈论革命，随之积极参加孙中山领导的民主革命运动。1904年潜回天津进行秘密活动。1905年加入同盟会，担任总部外务部干事。他翻译国外著作，宣传平均地权思想，被选为中国留日学生会会长。武昌起义后，到广东担任军政府总参议，兼理财政。作为南方革命政府代表，参加了南北议和谈判。二次革命失败后，随孙中山流亡日本。1914年后，任中华革命党财政部副部长，协助孙中山从事反袁、护国、护法斗争。与朱执信创办《建设》杂志，传播孙中山的学说。苏联十月革命胜利后，认识到中国问题的根源是“政治上的障碍”，1922 年 9 月，他受孙中山派遣，到日本和苏联代表越飞就国民党与苏联合作一事进行了一个月的谈判，为《孙文越飞宣言》的发表做好了准备。1923 年担任大元帅大本营财政部长和广东省省长。他积极筹划国民党改组事宜，起草改组宣言，修订党章。在国民党一大上详细阐述了国民党改组的重大意义，被选为国民党中央执行委员常务委员、政治委员会委员。担任工人部长、农民部长、黄埔军校党代表，大元帅大本营秘书长等职。他对苏联有深刻的了解，坚决支持孙中山的三大政策，鲜明的政治态度使他受到党内和广大人民群众的拥护。

第三个竞争者是右派胡汉民。他对苏联人抱有很深的疑虑，不愿意执行联俄联共的政策。但他也有光荣的经历，过去一直都在协助孙中山开展革命工作。他曾在香港编辑出版一份报纸，并因此而闻名全国。胡汉民是一个学者，曾担任孙中山的秘书。在这场竞争中，他也有他的特殊优势——孙中山起程前往北京前，任命他为代理大元帅。

这 3 个人都可能获胜，但又谁都没有把握。孔祥熙不肯把自己绑在一辆结局不明确的战车上，他远远躲开，静观形势的发展。他只有在局势明朗的时候才愿意采取大的行动。

谁将成为国民党新的大元帅或最高领袖，得到孙中山长期斗争的成果呢？通常，人们为得到某一地位和权力，首先想到的是去找上级——绝大多数的时候，权力来自上级，但是，到了最高一层时，他们突然发现，通常的路蹚不通了，因为这时上级没有了，他们要争取的是最高权力，他们的目标是成为一切人的上级，如果有上级的话，就不存在这种争夺了。于是，一切反了过来，他们要成功，只能靠下级，靠来自下面的支持。靠上级，只要靠住一个人就行，靠下级则要靠很多人，谁有那么大的精力像对待上级一样去讨好数不清的下级？又于是，心术不正者开始使用不正当的手段，策划于密室，表演于高堂。对对手造谣中伤、无情打击，甚至使出最卑劣的暗杀手段，令好人心寒，令胆小者却步。

就在公认为继承者只能在汪、廖、胡 3 位之中产生的时候，有一个人却在暗中磨牙蹭爪。他想成为一匹出其不意的黑马，从斜刺里冲出，抢走这枚大果子。这个人不是别人，就是那个剃着光头、脾气乖戾、性情反复无常的蒋介石！

蒋介石嗅出这种可能性的气味，来自于他对形势的独特的分析：公开的三足鼎立局面，使他们互相掣肘，一时谁也难有大的作为，倒是在他们注意力够不到的地方，有实施一下子突破的机会。而要使这种机会成为现实，关键在于两条：手腕和心计。

蒋介石关在屋子里，琢磨来琢磨去，自己半路杀出个程咬金，固然能收令3人猝不及防的效果，而一旦不能立即成功，就会马上面临3人的共同攻击，那样败下去，就永无翻身之日了。自己必须借助于3人之外的一股强劲力量，可是这种力量到哪里寻找呢？他转来转去，突然一拍大腿：哈，有了！就是他！

蒋介石想到了谁？原来是一位静候一旁的第四个竞争者。公众并不知晓他，但党内首领与他十分亲密，那就是在上海滩上能够呼风唤雨、手下有着十万喽啰的好斗的青帮老板杜月笙。这杜月笙可以用两种方法控制国民党：自己直接当继承人，通过正常程序来这样做的可能性不能说没有，但是极小；或者，安排一次选举选出一个为他利益服务的爪牙。作为鸦片鬼和帮派头目，杜大耳朵早就知道，最好由一名代理人来满足他的野心。选谁呢？蒋介石考虑只有两个人合适：一是在上海的经商伙伴、瘸子百万富翁张静江；另一个便是自己。由于苏联顾问鲍罗廷的存在，选举任何一个明显反共的候选人都不可能。再说优柔寡断、婆婆妈妈的中间派候选人汪精卫缺少雄厚的力量基础，他充其量只能称为一个折衷人物，一个临时教皇。他和瘦小、强硬的右派胡汉民是死对头。他们都瞧不起对方，估计他们的力量会彼此抵消。明显占优势者是在美国出生的左派廖仲恺，他是杜大耳朵间接接管的最大障碍。廖也是胡汉民的密友。人人都喜欢廖，孙中山的遗孀庆龄更喜欢他。如果任其事态自然发展，廖肯定是孙中山的继承人。蒋介石要实现自己的计划，一方面要借助杜大耳朵加强自己，一方面则要把出击的矛头指向廖仲恺。

在孙中山逝世后的几周内，以前同国民党结成联盟的两名军阀，乘混乱之机攻占了广州。鲍罗廷逃到了黄埔；在苏联加伦将军的帮助下，蒋介石和廖仲恺联手进行了反击，很快夺回了广州。在 48 小时激战内，俘敌 17000 人，缴获枪炮 16000 件。广州局势再度安定以后，国民党中央委员会匆匆开会决定孙先生的继承人选。会议吵成一锅粥，最后决定不搞个人继承，全国政府由左、中、右——廖、汪、胡——三派联合领导。汪精卫得到了基本是礼仪性质的代理主席的头衔；胡汉民被任命为外交部长；政府控制权则掌握在廖仲恺的手里。

杜大耳朵和黄麻皮对这种结果是非常不满意的。杜大耳朵已经是中国最坚决和最彻底的反共分子。现在，他要采取行动了。他首先派张静江去广州同蒋介石联络，策划一场夺权斗争。1925 年 8 月 20 日，不幸的事终于发生了。廖仲恺在广州坐小汽车去参加国民党中央委员会的一次会议，当他从车上下来时，5 名枪手从建筑物柱子后面闪了出来，像匪徒一样地对他开枪，把他击倒在地。到底谁是谋杀廖的罪魁祸首？鲍罗廷和蒋介石进行了一次契卡式的调查，以清查内部的奸细。一名嫌疑犯被带到了蒋介石在黄埔的办公室进行审问。结果二人发生争吵，蒋介石歇斯底里大发作，拔出手枪当场将其击毙。嫌疑犯的死，使这桩谋杀案从此成了千古之谜。但对蒋介石来说，这场不期而至的谋杀，却为他走向权力顶峰开辟了一条宽阔的捷径——谋杀事件除掉了国民党左派的领袖，事后的影响所及，又使右派胡汉民因涉嫌谋杀被驱逐出国民党。然后蒋介石又一手制造了“中山舰事件”，打击了共产党，并使汪精卫被迫出国，这样便在国民党的高级领导层造成了真空。这种出乎意料的怪事，完全像一场令人眼花缭乱的戏法。杜大耳朵长期的经商伙伴张静江在 1926 年 5 月 19 日当选为国民党中央委员会主席。以前，谁也不认为他有担任此职的真正可能性。他在这一决定性的岗位上虽然只待了几星期，却正好用这段时间为蒋介石的崛起作出了安排，7 月 4 日，他提议蒋介石接替了这一职务，接着蒋又出任了总揽国民党兵权的北伐军总司令。党权军权都被蒋介石抓到了手里。青帮在广州的这位乔装打扮的代表人物，突然超越过所有跑在他前面的人，成为孙中山的继承人。多少人，包括俄国人，无不为之哗然！

左盘右旋，由北洋政府的一名小吏而被任命为南方革命政府的代理部长

蒋介石粉墨登场后，对外借用两股力量。一是俄国的支持；二是中国共产党的组织才能。因为等待已久的北伐即将开始了。再者，对内网罗党羽，招降纳叛，大提一批，大罢一批。宋子文虽和蒋有矛盾，但是蒋不但没除掉他反而重用了他。请他出任中央银行的行长。蒋介石这种心计不说自明。

接着，拥有党、军、政大权的蒋介石发出了北伐出征的命令。北伐始于1926年7月12日，第一步目标是长江流域。从韶关誓师后的北伐军兵分三路：第一路，从湖南向湖北挺进，于辛亥武昌起义15周年之际占领了武汉。另一路由蒋介石率领，进入江西。由于蒋介石一意孤行，初次攻击南昌作战失利，蒋介石地位岌岌可危。如果再打败仗，他就得从总司令的位置下台。他不敢拿自己的政治生命冒险，只好接受中共中央的建议，改变战略部署，以歼灭敌有生力量为主，才很快占领了南昌。第三路则由福建向浙江进发。蒋介石会合第三路军，利用上海工人第三次武装起义的胜利，占领了上海这个中国最重要的工业城市。当初北伐出征时，国民党的党政机构随第一路军前进，军事机构和民众社团随第二路军前进。蒋介石虽身为北伐军总司令。但作为国民党党员，他还必须听从国民党中央委员会从武汉发出的号令。但是占领上海以后，他自认为羽毛已经丰满，在外国势力的支持和青帮的怂恿下，蒋介石向最高权力伸手了！他公然违抗武汉政府的命令。向一路合作的盟友共产党举起屠刀，发动了“四一二”反革命政变。这正是青帮所希望的，蒋介石只有走到这一步，才能真正和青帮捆在一起。自1922年以来，杜大耳朵一直在不断地促使蒋介石朝这个方向走。在玩弄了几十年的权力以后，青帮在夺取中国国民革命的领导权方面处于比其他任何力量都有利得多的地位。在中国，青帮所起的作用同纳粹褐衫党差不多，当时，国家社会主义使希特勒在德国上了台。在“黑四月”的大屠杀之后，人们惊魂未定，一片沉静。武汉政府

中的宋庆龄和她在中央执行委员会中的同志发表了一个英勇的宣言:"鉴于蒋介石犯有屠杀人民和反对党的罪行,鉴于他故意采取反对行动以及罪恶昭彰……将蒋开除出党并解除其一切职务……官兵应将其捉拿归案,交由中央政府根据惩治反革命分子法令予以惩处。"

在中国发生这一系列地动山摇的大事的时候,孔祥熙开始还不以为然,当局势逐渐明朗起来后,他才一跃而起,向着他认为可以帮助他实现"一人之下,万人之上"的国民党新领袖投奔过去。

但是。孔祥熙从来不是那种直扑目标的人,他在重大行动上,总是不断地四顾瞭望,像棋盘上的拐脚马那样,左盘右旋地一步步靠上去。

1926年初,孔祥熙离开中俄会议督办公署。先到美国进行了一番考察。这一番考察虽有花费,却使他至少得到三大收获:一是获得了他的母校欧柏林大学赠予的法学博士学位,请记住,此后孔祥熙在许多场合被尊称为"孔博士",他的博士学位就是这次出访美国得到的。二是为他的铭贤学校募集了一笔可观的资金,据说有百万元之巨。三是大大抬高了他的身价。他在美国游历了大半年后,在这年冬天,从美国回国。但是他没有再到北京,而是直接到了广州。国民党的上层人物们还记得他在操办孙中山葬礼时的出色表现,而现在他又获得了美国的博士学位,那些人认为应该给他一个报答了。加上由于北伐的胜利进军,他们控制的地盘空前扩大,急需用人。给孔祥熙安排一个什么角色呢?这个位置其实并不难找,孔祥熙经常自我标榜的"山西理财家"身份,和广东政府财政部长宋子文的随军北上,使国民党上层人士很快达成共识,作出了3个令孔祥熙意外惊喜的任命:国民党中央政治会议广东分会委员,广东省财政厅厅长兼理后方财政部务。

别看孔祥熙这个职务好像不高,但却十分重要。因为当时国民党的财政收入主要靠广东,掌握了广东财政也就等于掌握了国民党的多半财政。何况当时的财政部长是他的内弟宋子文,而宋子文这时已经随军北上,他兼理财政部务,也就是代理部长了。

孔祥熙从党内行政没有一点职务,一下子跃升到部长级大员,有人提出是不是有点出轨?但蒋介石等人却搬出了一大堆理由:孔氏是早期投身革命的同盟会员，是早就追随先总理孙中山的忠实信徒，在北京一直为总理守灵，贡献很大，又是孙总理关系密切的亲戚，曾经出任的孙总理治丧委员会主任，实际地位相当于国民党的中央秘书长，等等。总之孔祥熙是又有资历又有功劳又有才能，非常具备任职资格。其实，那些人怎知道孔祥熙这一职务得来的真实背景？这是他的贤夫人宋霭龄在广州以孙总理亲戚身份，积极活动的结果，此是后话，下回再表。孔祥熙一步而至部长，眼看离当初潘益民算卦算出的“宰相”之位只有一步之遥了，这次他没有一点推辞，乐滋滋地走马上任了。俗话说，乱世出英雄，孔祥熙这位成为后来四大家族之一的大人物，也同样是当时国民党内的混乱局面推上来的。

孔祥熙选择的出山时机是非常精明的。国民党政府此前在两广地区行使国家权力近4年，而自北伐以来，半年多就到达了长江流域，半壁江山已为国民党的天下，很快就要成为有名有实的全国政府，这时参加分肥是最最适宜的时机。在此之前，大局未定，要冒风险；要等江山打下来以后，则又有“摘桃子”之嫌或者“赶不上趟”的危险。而在这军事态势肯定胜利又未胜利之时，政局将定还没全定之机，参加政府、跻身官场，既无风险又无坐享其成之嫌，实在是最适当不过的了。

夫人未雨绸缪，孔祥熙成为南京政府的首任正式部长

这里有必要重提一下孔祥熙和国民党中新崛起的实力派人物蒋介石的关系。从孔祥熙此前的人生轨迹看，他这个北方出生的人物，和生于浙江的蒋介石，来往非常少。他们只有同在流亡日本时，有过短暂的接触，但他们之间没有多少共同之点。孔祥熙长于蒋介石8岁，却处事稳重，不肯锋芒毕露，而蒋介石则是喜欢冒险的人物。但是由于孔祥熙和宋霭龄的婚姻，则使他们之间的关系加进了一层新的内容。

早在辛亥革命前后，霭龄因为帮助查理父亲同孙中山联系，孙中山回国后又出任孙大总统的秘书，已经是一位重要人物了，尤其她和上海都督

陈其美来往较多，陈其美对她很敬重。而那时的蒋介石，不过是陈其美手下的一个小兄弟，蒋介石对宋霭龄一直是想要攀附却恨没有机会的。

但是，孙中山去世后，蒋介石在广州迅速崛起，特别是廖仲恺遇刺和"中山舰事件"的发生，使蒋介石成为一个大权在握的人物。这时住在广州的宋霭龄反过来开始拉拢蒋介石了。蒋介石最初受到宋霭龄邀请的时候，还是一副受宠若惊的样子。蒋介石的第三任妻子陈洁如回忆录记述了这样一幕情景。

一个周六的晚上，蒋介石下班回来突然告诉陈洁如："孔夫人明晚请我们吃饭。她告诉我，将为我们特别准备一顿鸽子宴，她要求我们3点钟赶到她那儿，但我只能在下班后前往，所以你要从家里出发，在3点钟准时赶到。"

蒋介石给陈洁如交代的时候，兴奋地在屋里走来走去。他的喉咙似乎因紧张而收缩，喉结骨碌骨碌上下滚动。他反复地自言自语："邀请！对，是邀请！我从来还没敢想过，现在我终于有机会接近这位大人物了。这真是太好了！"

蒋介石像一只孔雀似的在室内昂首阔步，很久不愿坐下。陈洁如很少见到他这样兴奋地坐立不安。

陈洁如不愿看到他这种样子，就故意问："怎么值得这样兴奋？不就是吃一顿饭吗？天气这么热，我可是真的哪儿也不愿意去。你可以自己去，到时为我找一个推辞的理由就行了。"

蒋介石有些恼怒。大声斥责陈洁如："你怎么不明白？你应该知道，多年来我一直在设法接近宋家，但总不能如愿以偿。宋家是领袖的亲戚，孔夫人神通广大，我要通过和宋家的友情，最终把孙、宋、蒋三个姓氏紧密地联系在一起，这对我日后的前程是至关重要的！"

陈洁如只好在第二天下午3点先行赶到宋霭龄住的标准石油公司经理家里。满身法国香水味的宋霭龄热情地迎接她，一见面就焦急地问："介石呢？他可是答应了我一定来的。"在得到蒋介石将在下班后赶到的答复后，霭龄把陈洁如介绍给已经到达的贵宾们——宋美龄、陈友仁、何香凝。

当陈友仁带陈洁如出去参观这所房子的时候，宋霭龄大声说："她（指陈洁如）只是一个中等阶级的家庭主妇，怎么配做一个少壮领导的妻子？我们必须得想点办法。"

"对！"宋美龄立即应和，"她象征我们生活中一道巨大的鸿沟。当然，她有优点，可以做一个农家的好妻子。"

陈洁如有些不祥的预感。

蒋介石在5点钟到达，他一进门就不停地为迟到道歉，宋霭龄假装生气地瞪他一眼，但蒋介石仍赶紧走到霭龄跟前，喃喃地说了些讨好的话。

马上就开饭。这是一顿西式晚餐。第一道是浓汤，然后是炸鱼，接着是一道鸽子，每一只鸽子都以钻石型的烤面包垫底，周围饰以西洋菜和炸薯片，分别装盘，每人一只。这些金黄色的鸽子看起来十分好吃而令人馋涎欲滴。

鸽子上来后，宋美龄像一位女王似的发表了一通谈话："吃鸽子就像吃芒果，适合在浴室中单独用手撕着吃。但因为本宅的浴室太小，只好请各位在餐桌上默默地吃。不过我要敬告你们，在吃完鸽子之前，任何人都不能说话或看别人！有没有意见？没有，好，让我们开始吧，别忘了，你们只能看自己的盘子，不许四顾张望，不然会很窘的。"

大家听从她的敬告，默默地埋头吃鸽子。

饭后闲谈，从蒋介石的举动中透露出来的一个重要信息是，能够成为宋霭龄的座上客，使他激动得说不出话来。宋霭龄则不断夸奖美龄，把她简直捧上了天，说中国目前还没有一个人能比得上她的智慧。

第二天。何香凝与陈洁如共进午餐，她们在餐前谈话时，陈洁如说："我知道得很清楚，从前孔夫人只把介石当做一个普通的军人来看待。但昨天的情景却有些不大一样。"何香凝告诉她："现在情况不同了，蒋介石已是广州最重要的人物，是一条值得一钓的大鱼了。"她提醒陈洁如："你可不要忘了，她还有一位未婚的妹妹，这对你是一种危险！"

陈洁如一时还无法理解这种危险。

蒋介石却把这当成了一个机会。

孔祥熙被拉进政府就任高位已经不难理解了。

但是孔祥熙就任时，由于北伐第一阶段的胜利，长江以南的广大地区已经被国民党控制。北伐之前，本来已有决定，攻克武汉后，在广州的国民政府即迁都武汉。孔祥熙对这一决定是赞成的。他作为先遣人员还到了武汉考察，筹设办事机构。但是，被讥笑为“革命资历最浅”的佛帅唐生智，在两湖战斗中胜仗连连，其军事实力大为膨胀。武汉实际上已经处于他的实力之下。就像当年袁世凯认为南京处于革命军的控制之下，不利于他建立自己的独裁统治一样，蒋介石也感到迁都武汉必然受制于唐生智，无法独吞北伐胜利果实，于是转而开辟江西战场，在占领南昌以后，一意孤行，要定都南京，建立蒋记王朝。由于多数国民党大员和政府官员都到了武汉，他们对蒋介石挑起“定都之争”的阴谋看得十分清楚，于是一致给以坚决回击。认定只有跟蒋介石才能捞到更大好处的孔祥熙，也就离开武汉东下，回到上海去了。

上海已在蒋介石掌握之中，在这里他和他的夫人将有许多机会和蒋介石接近，为蒋介石出力，也从蒋介石那里获取他们所需要的东西。

1927 年 4 月 17 日，蒋介石在南京成立国民党中央，因国民党二届中央委员多数在武汉，并未加入这个中央，蒋介石只好称他这个中央为“国民党中央政治会议”。18 日，蒋介石又在南京成立国民政府。但是这时的蒋介石由于拼凑不到国民党多少头面人物，只好把因涉嫌谋刺廖仲恺被驱逐出国民党的胡汉民抬出来，充当傀儡，做“政治会议”和“南京国民政府”的主席。把在武汉任职并且此时还坚决反蒋的宋子文也宣布为他的部长，孔祥熙支持蒋介石态度明确，又是孙中山的亲戚，蒋介石也任命了他一个正式部长，那就是工商部长。虽然位置不够优越，但毕竟是正式部长，而且随着他为蒋介石出力的增多，他还大有机会向权力核心进军！

孔祥熙真正的机会来临了！

第十八章 斡旋宁汉

奉命拉拢冯玉祥，蒋介石的口谕是：许什么条件都可以，反正我们事后都要赖账

孔祥熙刚刚回到上海豪华的西爱咸斯路住宅时，形形色色的人物就开始在这里汇聚。他们最重要的议题之一，是如何调停蒋介石与武汉政府的关系。

因为他们攀上的蒋介石，这时正遇到最大的麻烦，而且在一次类似日后西安兵变预演式的事件中，差点命丧黄泉。如果蒋介石遇到的危机不能解决，那么孔、宋在中国也就没有出头之日。

却说武汉政府虽然在4月17日发出了通缉蒋介石的命令，宣布原归他指挥的第一集团军均归中央直辖。但是，没有足够的军事力量就无法执行这一命令，无法逮捕蒋介石。武汉政府掌握的一些军队正在进行一次击溃北方军阀的战役，无暇他顾。

但是，蒋介石自己的部下中却早就有人对蒋介石以军事力量对抗政府、扣留随军的党国要员、图谋拥兵自立的阴谋议论纷纷，邓演达就是其中火气最盛的一个。邓演达是蒋介石在保定军校的同学，蒋当黄埔校长，邓是训练部主任、教育长，北伐开始，蒋是总司令，邓则是国民革命军总政治部主任。邓这时看到蒋介石不顾民族大业，专营个人私利，另立政府的野心已如司马昭之心。邓作为孙中山先生的忠实信徒，对此感到不能容忍。因为当初孙中山以三民主义作为建国大纲时，明确指出：军队只是完成民国大业的一项工具，政府才是政权的唯一象征。邓演达把蒋介石的作为写信报告了武汉方面。当武汉方面出兵准备向江西进攻时，蒋介石也做了武装对抗安排。眼看北伐部队自己要打了起来，苏联军事顾问鲍

罗廷以中间人身份出面调解。他邀请蒋介石和汪精卫一齐上庐山，坐下来谈谈。为了安全起见，双方约定只带几名高级将领和一个营的兵力做警卫。

在山上。邓演达说服了武汉方面的唐生智。乘这个千载难逢的好机会，把蒋介石捉起来，实行兵谏，逼他枪口向北，完成北伐。这天晚上，蒋介石刚刚躺下，他住处的门外突然来了两名挎驳壳枪的军人，说有秘密情况要报告。哨兵刚刚把门打开，埋伏在外的大批军人就蜂拥而入，哨兵没有来得及鸣枪示警，就被缴了械。带队的邓演达、唐生智冲进蒋介石的卧室，把这个总司令从床上赶了下来。

蒋介石见到这些北伐军将士个个面带怒气，立即明白发生了什么事情。为了缓和气氛，避免性命遭难，他故作镇定，把大家让进客厅，叫大家有话慢慢说，但没有人理睬他这一套，有人高喊："把他捆起来！"

蒋介石气得鼓鼓的，以为这定是鲍罗廷安排的。他盘算着，若这次能平安过去，头一件事就要把这位与中共打得火热的苏联人驱逐出去。

其实，鲍罗廷压根儿不知道这回事。当他听说蒋介石被扣时，连忙召集双方人员商讨解决办法，恢复了蒋介石的自由。并在天亮后让双方各自从山的南北两侧下山，一场调解也告失败。

蒋介石没有丝毫收敛，还是在南京成立了他的政府。武汉的 40 名国民党中央委员和中央军事委员联名讨蒋。"宁汉对立"的双方谁将成为胜利者，那就看谁能拉住更多的力量了。当时拥有 50 万军队的冯玉祥就驻在河南，宁汉双方谁能得到冯玉祥的支持，谁在这场争夺中就有希望获胜。蒋介石和汪精卫都派出了代表，鼓动如簧之舌，拉拢冯玉祥站到自己一方。但冯玉祥却采取了中立策略，他说，"我对宁汉双方不存在厚薄之成见。"武汉政府给他任命职务，他接受，给他拨军费，他收下，同时他也向武汉政府派去了自己的代表。蒋介石给他任命，他同样接受，给他军费，他也照收，同样，他也向南京政府派去了自己的代表。

宁汉双方都给冯玉祥加码许愿，冯玉祥照样全部笑纳，骑墙态度依然故我。蒋介石气得大骂冯玉祥："娘希匹！这个老滑头，这样下去，真成了我们鹬蚌相争，让他渔翁得利了。不行，得想个可靠的办法，完全把他拉到我们这边来。"当有人跑到上海向宋霭龄报告蒋介石的想法时，宋霭龄笑而不答。

"孔夫人，蒋总司令天天在骂冯玉祥是老滑头，蒋总司令要我向你请教办法，你倒是说话呀！"

"他应该骂蒋介石是个笨蛋！"宋霭龄双肘一抱。

"夫人，此话怎讲，还望明示！"

"让他自己想去！"

"孔夫人，你还是说了吧，不然我完不成任务，回去不好交差呀！"

"他为什么不派别的人来找我？"

"夫人，还不是因为过去我们有些交情么，这次，你可不能让我栽面子呀！"

"对呀，原来他懂这个理。用人不当，白跑一趟！要有交情，情况不同噢……"

"谁跟冯玉祥交情深呢？"

"小蒋身边的人，大多是南方人吧？连你也不例外。老冯呢，北方佬！他听咱南方人说话，不亚于听洋话，能跟你交到什么程度？只有同样是北方人，又跟他相处过，还在政府里有地位的，那才谈得上交情，这样的人哪里有，你想一想呀！"

孔祥熙适时地出现在客厅门口："夫人，你在说我吗？"

"去去去，我们在这儿说话，没有你的事。"

"孔夫人，我明白了！"蒋介石派来的人非常聪明。

来人确实明白了宋霭龄的意思，他回去就向蒋介石作了报告。

蒋介石立即任命孔祥熙作为他个人的全权代表，秘密去拉拢冯玉祥。

却说早在 4 月 6 日，武汉国民政府就发布命令，以一种巧妙的方式，撤掉了蒋介石北伐军总司令的任命。武汉政府的命令是这样的：将国民革命军编为两个集团军，原有的 8 个军和北伐后扩编的部队，合编为第一集团军，蒋介石任总司令。西北的国民军编为第二集团军，冯玉祥为总司令。这个任命，一方面剥夺了蒋介石统帅全军的权力，将他降为只是一个集团军司令的身份；另一方面，提高了冯玉祥的地位，使其与蒋介石平起平坐。5 月 1 日，冯玉祥就任第二集团军总司令。10 日，冯玉祥向武汉国民党中央执行委员会和国民政府军事委员会报告战况。17 日，他又发电祝贺汪精卫复任国民党中央委员会主席之职。31 日，该集团军各部追悼被张作霖杀害的共产党人李大钊，这些实际上表明了他拥护武汉国民党中央与政府，拥护国共合作关系。6 月 2 日，武汉政府决定并下达命令，增补冯玉祥为军事委员会主席团主席。

孔祥熙出发之前，又得到了冯玉祥的最新动向：汪精卫亲自跑到郑州，许诺把河南、陕西、甘肃三省的党政军大权全部交给冯玉祥，以示对冯的信任。冯玉祥得到这块大肥肉，已经宣称他的军队今后完全听从武汉政府的一切命令。

孔祥熙向蒋介石摊摊手："他得了这么大的好处，光凭过去我在北京同他的交情，恐怕拉不动他了。"

蒋介石不耐烦地摆着手："你只管去谈，许诺他什么都行！拉不住他，我们完了蛋就什么也没有了，而只要拉住他，把武汉方面压下去，我们成了胜利者，还怕他真来讨账？我们胜利了，事后光他一个冯玉祥，我们什么都可以赖掉！"

"这……"孔祥熙有些哑然。

蒋介石嘻嘻笑了起来："庸之兄！你放心，老冯是外人，我们不过暂时借助于他。而对你，我是要真心依靠的。对你孔兄，我什么时候也不会赖账，答应你的我定会全部照办。"

"那是那是。"孔祥熙连忙点头。

"此次出行，是你为党国建功立业的大好机会，别看北伐你没放一枪，可要办成了这件事，你就是头功！日后在南京政府里，哼哼……可不要错过机会呀！"

"介兄，你就静候佳音吧！"孔祥熙被蒋介石说得踌躇满志起来。

孔祥熙铁了心上蒋介石的船，要在关键时刻露一手了。

孔祥熙巧释空头支票，冯玉祥倒戈向蒋

身材高大的冯玉祥一见到孔祥熙，就双手抱拳："财神驾到，欢迎欢迎！"

笑眯眯的孔祥熙脸上一下绷了起来："此话怎讲？财神在哪儿？"

"啊呀呀，老朋友，不用说，你定是南京来的说客。武汉方面已经许我豫、陕、甘三省地盘，难道你开价能比他们小吗？我想你不会光以老交情拉我为老蒋出力吧？"

孔祥熙鼻子尖上不由渗出汗来，心想：乖乖，这老冯也厉害得很呢，他怎么一下子就知道我是南京说客？而且称我财神，看来要拉他，这代价确实小不了，这趟差使不那么简单哩。

冯玉祥看孔祥熙一时不回话．立即转了话头："看来我估计错了，庸之兄此来只是为了看看朋友，并无他意。那好那好，这次我们就只叙友情，不谈时局。我这地盘虽小，也有几座名山古刹，明天我就陪你游逛游逛。谁要谈半句时局，谁就是……"冯玉祥说着就要比划那个丑陋的东西。

"不！"孔祥熙横横心截住了话头，"兄弟此来，确实要做说客。不过，我可没有张仪苏秦的辩才，更没有带什么金银，谈不上是财神……"

"那你就想用空话拉我为南京卖命？告诉你，我这几十万弟兄每天都要吃要喝，要枪要弹，你什么也没带，我就是有心帮忙，弟兄们恐怕也不答应啊！"

"别忙，冯兄！你怎能说我什么也没带？我带来了。"

"什么？"

"空头支票！"孔祥熙笑模笑样地望着冯玉祥。

"空头支票？见你的鬼去！把咱老冯当3岁孩子哄哪！"冯玉祥虎起了脸。

"别忙嘛，冯兄。这空头支票好啊！那任你填多少都行，不用涂改——"孔祥熙拉长了声音。

"这？好！我要半个中国，行吗？"冯玉祥也要逗一逗孔祥熙。

"可以！只不过兑现时要看你采取的行动，你做到多少才能兑现多

少。兄弟此来完全可以代表蒋总司令!”

“哈,原来是个没把的葫芦!”

“冯兄,咱们别光逗乐子了,我看还是说说正题吧。对目前局势,你究竟是怎么看的?”

“我?我看宁汉双方都说自己是正统的政府,也都有自己的道理。我反正是不偏不倚,谁给钱我也要,谁发令我也听,谁拉我紧一点,我就靠谁近一点,但是从根本上说,我不会把自己卖给任何一方。所以你可以打消这个念头。说实话,他们分裂,对我有利,他们对抗的时间越长。我得利越多。我怎么会傻到跳到一艘前程未卜的船上,白白丧失尽得两家之利的好机会呢?”冯玉祥诡秘地望着孔祥熙。

“啊呀呀,冯大司令!我看你是聪明一世,糊涂一时。想过去,你滦州起义,投身辛亥革命;发动北京政变,掀掉贿选总统曹锟;迎接孙总理北上共商国是;顺应天下大势,响应北伐,一步步走得何等英明!可如今,你却被蝇头小利蒙了两眼!俗话说,二虎相争,必有一伤。宁汉双方不会永远这么势均力敌地保持下去。总有一天一方获胜一方败,到那时,成者王侯败者贼,你没加入胜利者的队伍,你就得不到胜利的果实,还会被认为与败者有牵连受到攻击和清算。现在的形势,你面临的就像赌博,你总得把自己的钱财押在某一注上。而绝不可能同时押向公鸡头、母鸡头!是不是这样呢?”孔祥熙虽自称没有苏秦张仪的辩才,可从这一番话却显然见出他已经掌握了说客的精微,有捧有打。尤其把点子打到了利害的本质上。

冯玉祥双目微闭,不再插话,显然有些话已经击中了他。孔祥熙见冯玉祥已没有开始时的气势,知道他的话开始发挥作用了,于是进一步对利害进行条分缕析。

“如果宁汉双方的对峙不会永远平衡,那么你估计哪一方会获胜呢?”

“哪一块云彩都可能下雨,早知道尿炕就去筛子里睡了!”冯玉祥有些没好气。

“不然!《吕氏春秋》里说,月晕而风,础润而雨,什么事情都是有征兆的。我们不妨分析一下双方的情形。武汉政府里有些什么人呢?不错,第一个是有宋庆龄,她是孙总理的夫人,深受元老们的敬重和民众的爱戴，有很大号召力，但是她毕竟是一个女人，在一个大男子主义根底深厚的国度里，政治家们不会容忍把国家的未来交给一个女人去决定。而且她太理想化……”

冯玉祥打断孔祥熙：“我对孙夫人是非常敬重的，我不想听任何人，包括她的姐夫对她评头论足！”

“好的好的，就算孙夫人是武汉政府的中坚和领导者，可她周围都有些什么人呢？我们掰开指头数数：花花公子汪精卫，‘无能的忧郁者’孙科，当然这可不是我的评价，而是外国记者的称呼，利己主义的陈友仁……至于那些将军们，更没有一个靠得住的，我不妨给你透点内幕消息：武汉政府中第一个提议逮捕蒋介石的薛岳，现在早就成了蒋介石的内线了！你想想。就这么一些人，能成什么大事？他们维持不了几天就得土崩瓦解！南京方面可就完全不同了！蒋总司令意志坚强，没有任何力量能够阻止他得到他想要的东西，包括军权政权，嘿嘿，当然还有女人。你看他那锃亮的光头，就露着他对一切传统的反叛，对所追求目标永不停懈的进击！当然有人说他脾气暴躁、反复无常，可要统治眼下这样一个乱哄哄的国家，没有这种性格还真不行！‘四一二’以后，西方列强都在给他叫好，你可知道这些外国势力对中国局势的影响力有多大？目前的政府没有外国势力支持都站不住！还有，他抓住了宋子文，宋家除庆龄外，都是支持他的，这非常重要，有了宋家的支持，就有了滚滚财源！他从武汉政府中拉住了一批将军，而他的队伍里，却没有人被武汉方面拉走（他忘记了邓演达就差点把蒋介石囚禁起来）。再从外部力量来说，就算你老冯不支持他，阎锡山可是已经铁了心跟蒋介石了，到时南北夹击你，你的日子可就不好过了……”

“慢着！你说阎锡山投奔了姓蒋的？他可是前两天还跟我说要行动一致、共进共退的！”

“哈，阎锡山跟我共事多年，我最了解不过。人家才不像你冯兄傻呵呵地就知道什么光明磊落、里外一致。他呀，有奶就是娘，驴粪蛋子外面光……”

“此话当真？”冯玉祥似乎还不大相信。

“阎锡山那里也是我谈的，那还假得了？我是完全为了朋友才给你透底的。”孔祥熙一脸真挚。

“这这……”冯玉祥再没了当初的自信和得意，两只大手来回搓着，在屋里踱来踱去，“你们都他妈这样，不就把我晾这儿啦？什么狗屁朋友！”

孔祥熙看自己的说辞击中了对方，按捺着心底里的激动和狂喜，紧盯着冯玉祥：“冯先生，你开价吧！我这空白支票任你填哪！”

“好！既然他姓蒋的这么慷慨，老子也不填了，你让他看着办，可你记着，他要亏了我，哼，老子这50万军队，手里拿的也不是烧火棍子！”

“痛快痛快！价码还是你们到徐州当面谈好了。”

孔祥熙一番捭阖说辞，还真把冯玉祥说动了。6月20日到21日，冯玉祥来到徐州，与蒋介石、李宗仁、吴稚晖、胡汉民、张静江等，举行了徐州特别会议。这一谈，冯玉祥一屁股坐在蒋介石一边，已改口称他先前坚决拥护的武汉政府是“伪政府”了。会议对8项问题分别作出了决议。其中，关于“对于共产党之办法，决议由冯同志发电警告武汉”。关于“武汉政府问题，决议先在冯同志警告武汉电内，促伪政府注意”。会后，冯玉祥即致电汪精卫、谭延闿等人，攻击武汉地区的工农运动是“阳冒国民革命之名，阴布全国恐慌之毒”，“以致社会根本动摇，国民无一安宁”。说什么“现在补救之方，唯有设法使鲍(罗廷)归国，在武汉之国民政府委员，除愿出洋暂资休息者外，余均可合而为一”。他提出：宁汉双方“既异地而同心，应通力合作”，催促汪、谭“速决大计，早日实行”。

冯玉祥能够这么快转向，而且转得这么彻底，使蒋介石乐得一蹦三尺高。他由一个被武汉国民党中央开除党籍、被武汉政府通缉的反革命分子，一下子成了代表国民党和国民政府正宗的领袖。这是多么大的差别！其原因，还不是因为他一下子得到了冯玉祥、阎锡山这些北方实力派的支持，而武汉一下子变得孤立无援了？

蒋介石高兴之余，孔祥熙提醒他：承诺的条件一定要先兑现一部分。否则，冯玉祥有可能说翻脸就翻脸，那样工作可就难做了。蒋介石大手一挥：“那是那是。现在武汉政府还没有收拾掉，还不是跟老冯赖账的时候。”他当即向冯玉祥馈赠50万硬币大洋，还答应从下个月起，每月给冯部250万元军饷，把个冯玉祥乐得直嚷着要请孔祥熙的客。

孔祥熙为蒋介石拉拢冯玉祥成功，使他在日后的南京政府里，为谋取高位奠定了坚实的基础。

任凭孔祥熙夫妇口吐莲花，宋子文坚决站在武汉政府一边

为了搞垮武汉政府，扶持蒋介石上台，孔祥熙在拉拢北方军阀的时候，还在做着一件同样十分重要的事情，那就是把武汉政府的钱袋子摸出来，交给蒋介石。失去财政来源，武汉政府的窘境将比外面敌对的枪支增多更难维持——出生于金融世家的孔祥熙是深谙此道的。不过，这个钱袋子不是别人，正是孔祥熙的小舅子、武汉政府财政部长宋子文。

查理这个大儿子同他的姐姐们一样，从来没有把蒋介石放在眼里。他良好的出身和家庭教养，使他对那个从溪口来的脾气暴躁、生活放荡的人从心底里瞧不上。尤其是蒋介石暴露出他的个人野心，同武汉政府闹僵以后，宋子文作为随第一路军北上的政府财长，坚定地站在了武汉政府一边，对蒋介石发出声讨。除了他认为他必须坚持的孙中山革命政策以外，还有他最崇敬的二姐就在武汉政府里，而且是政府的核心人物。子文与二姐庆龄感情最深，也最崇拜她，他要帮助二姐战胜邪恶的蒋介石。他最能出力的当然还是财政方面，就在蒋介石发动"四一二"反革命政变前夕，宋子文悄悄回到上海，为武汉政府筹款。他在上海设立了3个顾问委员会，邀请了上海金融界、商业界和工业界的重要人物参加。宋子文以政府财政部长的身份，请这些人拿出钱来支持武汉政府。但上海是蒋介石的地盘，蒋介石早已向这些人开口借钱，一些人士向宋子文提出，现在武汉和南京有两个政府，他们作为民间人士，不知道哪一个是正宗的政府，也不敢得罪任何一个政府。宋子文作为现任财长，应该向他们做出保证，他们借给武汉和蒋介石的钱，都要算作政府借款，将来不论哪方获胜或失败，都要由宋子文担保归还。

"不行！"宋子文断然拒绝，"蒋介石只是一个军人，他现在仗着手里有

兵，公开对抗政府，阻挠北伐，反对革命。他早已被国民党中央开除党籍，被武汉政府在全国通缉，他现在是一个罪人，一个在逃犯！你们只能在金钱上支持正统的武汉政府，而绝不能帮助蒋介石！你们如果借款给蒋介石，我以政府财政部长的名义告诉你们，你们将会破产，将会血本无归！除了经济上的损失，你们还将以资助叛逆罪受到清算。诸位，我们是多年的老朋友，今天赤诚相告，将来一旦遭难，勿谓宋某言之不预也！”

“啊呀呀，宋部长！你们是政府大员，我们只是一介草民，我们可不知道天上哪块云彩会下雨，什么武汉政府、南京政府，谁知道它们哪个是真政府，哪个是假政府，哪个今天完蛋，哪个明天完蛋？你要我们只给武汉政府拿钱，不给蒋介石拿钱，可你知道这里是谁的地盘吗？不要说蒋介石派兵来，就是那青帮小兄弟往门口一站，我们也得乖乖听命，你在这里说得轻松，可我们不给人家钱，小命丢了你们管赔吗？”一个银行界人士说得许多人同声附和。

“就是就是！”马上又有个工厂主开了口，“你们政府大员好啊，这个政府完蛋，你们把脸一抹，马上成了另一个政府的要员，照样摇摇摆摆，威风十足，可我们行吗？我们没错还想把我们的钱都抠去，一旦让人抓住个什么把柄，我们几十年的产业可就化为乌有了。我们小小心心，也是不得已啊，还望宋部长能够理解我们，还是让我们两边都靠上点，哪边也别惹翻的好。”

“好了好了，今天是武汉政府向你们借钱，你们到底准备出多少？”宋子文不耐烦了。

“我借 3 万。”

“我出 2 万。”

“那么，沈兄你呢？”宋子文指着一个胖胖的商行老板。

“我，我……”沈老板脸上像一朵开败的秋菊花，“我借出 10 万还不行吗？”

当宋子文把汇票拿到手里的时候，再次厉声说道：“诸位，我代表武汉政府感谢你们！但是，我要再次提醒你们，谁借钱给蒋介石，谁就要准备为此承担后果！”

在这些人面面相觑中，宋子文脸上漾着胜利的微笑，大步跨出门去。

宋子文把借到的钱送回上海办事处，还没启程回家，霭龄派来找他的人已经到了。

“我今天很累，明天再去看望大姐，你向她解释一下好吗?”

“不，宋部长，孔夫人有紧急事情，请你今天一定去一趟!”

宋子文只好来到西爱咸斯路的孔公馆。

孔祥熙像一尊喜佛迎接宋子文，殷勤地给他让座唤茶。

宋霭龄板着脸坐在沙发里，半天一声不吭，让宋子文心里发毛。

“我听说你还在为武汉政府输血?”宋霭龄望着子文。

“大姐，武汉政府是坚持孙先生三民主义的，蒋介石的所作所为为党内大多数人所不容，这场争执必以蒋介石的失败告终，我这样做是没错的。”

“我做过几年孙先生的秘书，对孙先生的主义我比你知道得多!”宋霭龄对子文倚老卖老。

“二姐可是在武汉政府里，我想她总……”

“怎么? 你就知道二姐，不知道还有大姐啦? 我告诉你，别看她做了孙夫人，可我们宋家的领袖是我! 只有我才为我们宋家的利益和未来着想，你作为宋家长子，不能不顾家庭，而去为虚无的理想做牺牲。武汉政府是没有前途的，蒋先生的军队将统一一切。我现在要求你，不要再为武汉政府做任何事情，与蒋先生合作，才能带来我们宋家兴旺，才会使我们的家族在中国的政治舞台上占据重要地位!”

“子文，你大姐说得对呀! 蒋先生是中国政治舞台上升起的新皇，只有与他合作才有光明的前途，我知道这场斗争中的许多底数，我和你大姐可是为你好，在一艘漏水的船上……”孔祥熙一副苦口婆心、循循善诱的样子。

宋子文响亮地咳出一口痰来，“啪”地吐进痰盂。这在有着良好教养的宋家人说来，这是不可思议的事情，也是非常失礼的。宋霭龄和孔祥熙都瞪大了眼睛，望着宋子文。

在二人的惊愕中，宋子文站起身来:“孙先生平生最恨的是军阀，他晚年一直在主张北伐，打倒一切军阀，不管是旧军阀还是新军阀！蒋介石以枪杆子违抗中央命令，企图自立，已经变成了中国的新军阀。我希望你们不要只从自家私利出发，为虎作伥！让我与他合作，除非……哼！”

宋子文大步走出孔府，命令司机：“回家！”

孔祥熙呆呆地站着：“这，这……”

宋霭龄哈哈大笑：“行！是我们宋家大少爷的做派。”转而她又恨恨地说：“脑子要慢慢给他洗，也要让老蒋用枪杆子吓吓他！牛犊子再倔，上了鼻系，不怕他不回头！”

软硬兼施，宋子文向强权屈服；讨价还价，南京武汉拍卖革命

4月18日，蒋介石拼凑的南京政府开张，他把宋子文算进了他的班子，对外公布宋子文为南京政府财政部长。

“这是强奸！”宋子文愤怒地大声吼叫，“这个流氓，我绝不会给他干的。绝不！”

他给武汉政府打电报说明了自己根本没有参加蒋介石的一切活动，这项任命完全是强加的，是对外的一种宣传欺骗。

宋子文仍然在从事为武汉政府筹款的活动，这一切当然逃不过蒋介石的耳目。但是没有宋霭龄的同意，蒋介石不敢采取行动。蒋介石一再向宋霭龄提出宋子文的问题，这是他们之间一大笔交易的组成部分。

宋霭龄终于点头了。但是她规定了严格的行动界限，“他是一个文官，如果没有生命危险，就是天王老子他也敢同你硬干到底。但是，当他看到危险确实存在的时候，那就不同了！不过，我要你们牢牢记着——如果子文的一根毫毛受损，我就要拿蒋介石的脑袋来顶！”

“他们会干得很漂亮的！放心吧。”蒋介石奸笑着。

4月20日，蒋介石派出的部队封闭了宋子文在上海的办事处，他所筹到的款子被全部冻结，一分也汇不到武汉去。

宋子文人身安全受到威胁，到处有人高喊着抓他，他的藏身处总是受

到盘查和突袭。他东躲西藏，最后只得逃进大姐霭龄的家里。

孔府的外面立即布上了暗哨，不时有人朝里窥望。每一个外出的人都受到监视。

宋子文躲在里面，一步不敢外出。

他被软禁了。

孔祥熙热情地关照宋子文的饮食起居，让人给他送关于时局的各种报纸和材料——当然都是站在蒋介石立场上的观点。孔祥熙陪宋子文聊天，帮他度过难耐的寂寞日子。孔祥熙把自己的想法隐蔽起来，避免激怒这位高傲倔犟的财政部长，而用旁敲侧击的办法，引诱他做出妥协。

在生命威胁之下，孔祥熙夫妇给宋子文“洗脑子”的工作很有进展。最后，宋子文终于同意了参加“宁汉合作”。

原来坚决讨蒋的武汉政府内部，也在悄悄发生着变化。

本质上来说，不论是举足轻重的军人如唐生智、冯玉祥，还是政治头面人物汪精卫，都不是为国家独立、民族解放而奋斗的孙中山的忠实信徒，而是与蒋介石一样的野心家，谁都想利用革命建立自己的独裁统治。冯玉祥占领河南，把自己推到了直接与张作霖敌对的最前线，他不借助武汉政府的力量，凭自己的军事实力是无法在河南站稳脚跟的，这是他先前坚决站在武汉政府一边的重要原因。而当武汉政府要东征讨蒋，把战略重点转移到长江中下游时，为了自身安全，他就不希望局面这样发展了，所以孔祥熙拉他能够很快奏效。而当冯玉祥的态度一转变，宁汉双方的实力天平立即就发生了倾斜，武汉政府中的投机分子看到东征讨蒋无胜利把握时，也就产生了与蒋同流合污以保自己利益的想法，特别是经济上遇到的严重困难，更使武汉政府中的一些国民党分子动摇起来。

宁汉分裂以后，蒋介石占领的是富庶的长江下游和两广，只有两湖的武汉政府被切断了与沿海地区的经济流通，两湖和江西的地主资产阶级也不给武汉政府以经济支持，宋子文被扣，他从上海筹集到的款子汇不到武汉，使他们断了财源。而在战争期间，政府每日的开销巨大，经济一旦恐慌，不要说无法对付敌人，就是自己的军队都随时可能发生哗变，很多人心里已在暗中盘算，要步蒋介石后尘反共，达到与蒋的合作，改变他们的经济处境了。

果然，蒋介石也看到了这一点，并且充分地加以利用。他用金钱收买了四川军阀杨森，使武汉政府西面也受到牵制。武汉国民党所属之独立第十四师师长夏斗寅和第三十五军三十三团团长许克祥率部叛变，制造内乱，这些叛乱虽被镇压，但武汉国民党已经感到不实行反共政策，其内部将不断发生叛乱，后果不堪设想。

共产国际代表罗易泄密，也加快了武汉国民党的反共决心。5 月间，共产国际和斯大林给中共中央发来了一个指示电报，内容要点是：实行土地革命；将更多的工农领袖安排进国民党中央委员会；组织共产党领导下的 5 万军队；组织军事法庭，惩办和蒋介石保持联系镇压工农的军官。6 月初，罗易收到这一电报，他不向中共中央传达，却先把抄件给了汪精卫。汪精卫被这封电报吓坏了，他认为这是共产党要解散国民党，实行武装的共产革命，即与唐生智等密谋，要向一直相互依存的共产党开刀。

就在武汉政府内部发生这一系列重大变化的时候，7 月 12 日，宋子文来到了武汉。他带来了蒋介石的要求：立即抛开共产党人和鲍罗廷，同南京联合，没有商量的余地！

当天晚上，宋子文会见二姐庆龄，向她转达了宋霭龄、孔祥熙以及宋美龄所说的对她强迫、威胁和搅乱人心的话。但是宋庆龄明确表示绝不与蒋介石合作，绝不给蒋介石利用自己孙夫人的地位，以达到他做合法的孙中山继承人的目的。她表示，即使武汉国民党都同蒋介石站到一起，她也绝不屈服！看到二姐的坚决态度，子文心里也顿生羞惭之感。但是他已经没有退路了，他认为自己答应了蒋介石，就要照着做下去。但是他仍然非常敬佩他的二姐，关心孙夫人的安全。他暗示二姐不要回到上海，否则将有生命危险。当庆龄不相信国民党中有人敢对她这位孙夫人下手时，子文隐晦地表示这种危险不是来自外部，而是可能来自自己的家庭内部。庆龄轻蔑地一笑置之。

宋子文见过武汉政府所有重要人物后，即给孔祥熙拍去一封密电。密电中列举了汪精卫的要求，即如果他答应同蒋介石合作，蒋介石应该做哪些事情，以使他保住自己的面子。

孔祥熙收到子文的电报，欣喜若狂，因为这就是说他做子文的工作已经完全成功，子文到武汉没有背弃当初的承诺。而且宋子文做汪精卫的工作又十分成功，汪精卫已经同意了同蒋合作，只不过是要一点点保全面子的筹码而已。孔祥熙认为汪精卫的要求不算过分，他兴高采烈地把电报马上交给了焦躁不安的蒋介石。

蒋介石看到电报，立即咧开一口雪白的假牙哈哈大笑。这场宁汉对立的危机，由于孔祥熙左右斡旋他已经胜利在握了，几个月来的提心吊胆结束了，形势发展到了他最为满意的方向。

“庸之兄，真有你的！大功啊，大功！”蒋介石得意忘形地拍着孔祥熙的肩膀。

孔祥熙尽管同样高兴，但他在蒋介石面前可不敢随便，照样毕恭毕敬，小心翼翼地问：“那——这条件怎么答复？”

“要希要希！”蒋介石竟吐出了日本话。

孔祥熙立即拟出了给宋子文的电报：“告诉卖主，商人同意按所索取的要价支付。他期望在商定的日期交货。”

这虽是孔祥熙为保密而采用的隐晦语言，但在蒋介石、汪精卫和孔祥熙这时的内心深处，已经把中国的命运看做可以买卖的商品了。

商定的日期到了，卖主要按时交付他的货物了。7 月 15 日，一向以左派面目出现的汪精卫终于撕掉了假面具。他披挂上马，亲自在武汉召集了“分共会议”，正式宣布与共产党决裂，和蒋介石走上同一条反共反人民的道路。在武汉卫戍司令部捕杀共产党人的密令中，他们提出了“宁可枉杀千人，不可使一人漏网”的咬牙切齿的血腥口号。武汉国民党反动武装开始大规模地逮捕共产党和工农群众，进行惨无人道的大屠杀。武汉地区的血腥屠杀甚至比蒋介石有过之而无不及。他们在街上把数以百计的人力车夫滥行枪杀，仅仅因为在革命中他们胆敢成立了一个工会。留短头发的姑娘们被抓起来杀掉，“罪证”仅有一条：留短头发最初是由革命的妇女兴起来的。一个外国人——文森特·希思写了这样一件令人毛骨悚然的事：他认识的一个受过教育、有理想的姑娘被人开膛破肚，把肠子绕到她身上，然后让她死去。

第十九章　蒋宋大媒

蒋介石辞职下野，孔祥熙到处说项

武汉政府紧步蒋介石后尘、实行清党反共前夕，宋庆龄发表了一个义正词严的声明，刊登在1927年7月14日的《国民论坛》报上，但是这期报纸被没收，这个“七一四声明”就以传单的方式散发。

8月1日，共产党组织的南昌起义打响了向以蒋介石为首的国民党反动派进行武装反抗的第一枪。在那里的北伐部队起来反对南京和武汉的革命叛徒。领导这次起义的是以周恩来为首的共产党人。后来8月1日成为中国人民解放军的建军节。为了重申共产党仍然忠于和革命的国民党人之间的联盟，起义后成立的革命委员会中包括了宋庆龄、何香凝和邓演达等。不少人企图用恫吓和诱骗使宋庆龄宣布不参加南昌的革命委员会，统统遭到了宋庆龄的拒绝。

8月间，宋庆龄签署了由22位国民党中央机构前高层领导人联名发表的声明，痛斥蒋介石和汪精卫都是“孙中山遗教的叛徒”、“投向帝国主义的逃兵”和“新军阀”。然后，她为了不让反动派利用孙中山这面革命大旗，毅然出国去了莫斯科。

武汉政府开始迫害共产党人，但这并不意味着他们就拥护蒋介石了。他们和蒋的争夺实质上是个人权利的争夺，目的都是为了由自己窃取革命的果实。因此，武汉政府的军队继续向南对蒋介石的部队发动进攻。

东部的军阀孙传芳利用武汉与南京之间的敌意，发起反攻，把蒋介石的部队赶出了他们已经占领的长江北岸的几乎所有地盘。

共产党的武装反抗、武汉政府的东征讨蒋、旧军阀的乘机反扑，使蒋介石处于三面受敌的狼狈境地中。

孔祥熙想在蒋介石最困难的时候再发挥一次作用。他找到了冯玉祥，建议由冯做中间人，让武汉政府和南京政府各派代表，在他认为是吉祥宝地的安庆举行会谈。

但是蒋介石思谋很久，终于想出了另一个以退为进的策略，那就是辞职！他要让那些国民党员们看一看，没有他蒋介石，他们是不是能够玩儿得转！

1927 年 8 月 13 日，蒋介石发表了一篇辞职声明："老百姓的视力和听力已开始失去往日的敏锐和灵敏。在前三四个月里，北伐几乎进展到了山东边界。为什么我们向前推进得这么快？而为什么现在我们的速度又这么慢？请静静地想一想、细心地考虑一下吧，原因是很容易理解的。"

蒋介石申辩说，他没有个人野心，他一直在考虑辞职的事。但是为什么早前不提出呢？他说，他如果过早辞职，"我党将承受如下苦难：第一，我们将失去灵魂，只留下肉体。星星将离开自己的位置，事物将互相转换。我担心就连国民党这一名称恐怕也不复存在……"

蒋介石说，他辞职以后，作为一名国民党党员和中国公民，他将继续履行他的职责，"只要我还有一口气！"

很明显，蒋介石不过是要用他的辞职表明，他是中国唯一的"救世主"，是一个必不可少的人。

蒋介石发表过他的声明后，就带着大批保镖和军政人员离开南京，踏上了回故乡浙江奉化的路途。

在溪口，蒋介石换上了中国传统的长袍，显出一副学者风度和守旧的外观。他向追随而来的美国人宣称，他在今后 5 年里将不过问中国的事情，要到国外去学习政治、经济和军事战略。

他的确蒙蔽了一些人。

一个新闻记者写下了连他自己也莫名其妙的评论："蒋介石的引退是一个神话。"

武汉政府的政客们同样没能看透蒋介石的用意，他们为蒋介石的自动离去弹冠相庆，认为从此天下可以由他们一手操纵了。

孔祥熙心中却如明镜一般，蒋介石的这一手就像动物前扑的时候，先往回缩身子一样，完全是为了积蓄更大的爆发力。他到处拉人，苦心疏解，请求宁汉双方团结合作，迎接蒋介石回南京复职。

蒋介石并没有住进溪口大河边上他的丰镐房祖宅里，而是到了离家十几公里、地势比溪口高1000多米的深山里。他选择了三面是千米峭壁的妙高台，在那里安下了指挥所，一方面可以确保他不受别人的暗算，一方面通过电台、电话继续遥控着南京的局势。

宋霭龄支持蒋介石的两个条件：由孔祥熙任阁揆和蒋必须娶宋美龄为正式夫人

其实，蒋介石不住丰镐房老院还有一层意思，那就是躲避他的原配夫人、蒋经国的生母毛福梅。因为他已是一个大人物，他再不能和那个乡下没见过世面的旧式女人住在一起。而且不仅要远离这个乡下妇女，连那个他曾经为之折腰、拼命死求的"总司令夫人"陈洁如，他也要抛弃了。

利用下野的机会再换一位夫人，是蒋介石这次以退为进一揽子计划中的重要一环。

自从蒋介石被宋霭龄邀请参加鸽子宴，亲睹宋美龄的芳容，听了宋美龄的高谈阔论，便为她的家庭背景、文化素养所迷上了。加上孔夫人宋霭龄也在为小妹打着做日后中国"第一夫人"的算盘，双方早已不谋而合了。

早在几个月前，蒋介石的第三任夫人陈洁如，跟随这位北伐总司令到了南昌。她看到蒋介石因违抗命令，反动嘴脸逐步暴露，每天都有谴责他的文件传来。蒋介石心情沮丧，对陈洁如说自己如同释迦牟尼，修道时面对敌人无情的试炼。

忽然有一天，蒋介石情绪高涨，说他已经找到了办法。这办法就是把武汉政府的钱袋子摸过来，让武汉政府失去财政支持，而由自己掌握中国的财源。

"那是什么办法呢？"陈洁如小心翼翼地问。

"国民党的财政问题只有宋子文能够解决，把宋子文从武汉方面拉过来，我就有了办法，而武汉就玩儿完了！”蒋介石兴冲冲地说。

“那么重要的人物，怎么会听凭你想拉就拉呢？”

“这我自有办法的！洁如，你还记得孔夫人吗？她是宋家掌门人，她绝对可以控制子文。我这里给孔夫人写好了一封信，请你马上送出去。我相信，她收到我的信，就会为我拿出好主意的。”

“好的，我一定把信平安发走。”陈洁如不会料想到她发走的这封信，决定了她从此以后悲剧的后半生。

宋霭龄接到蒋介石的信，与孔祥熙商量一番后，决定帮蒋介石这个忙。不过宋霭龄可不像孔祥熙那样，只进行感情投资、辛苦投资，利润全等以后随蒋介石高兴给多少算多少。宋霭龄要把一切都算在前面，我帮你什么，你给我什么，都谈得明明白白才肯行动。

宋霭龄乘中国银行的汽轮火速赶到了九江，蒋介石也从南昌赶去。但孔夫人还是很有些派头的，她不肯下船来见蒋介石，而是让蒋介石到她的船上去谈。那样她就是主人，这场谈判中，无疑她就占有了“居家优势”。

宋霭龄仍然显得那么高贵，不仅是穿着和用品豪华气派，而且显出对中国的未来洞悉一切的样子。

蒋介石恭敬地说：“孔夫人，我现在想让你帮助我做一件事情，就是把你的弟弟子文从武汉政府中拉出来，站到我这方面来。”

“还有吗？”宋霭龄笑眯眯地望着蒋介石。

“别的，别的……我认为做成这一件事就很重要了。”

“那你准备用什么做交换条件呢？”

“交换？”蒋介石有些茫然，“我要为国民党的目标奋斗到底，完成统一中国的大业，以此答谢夫人，答谢一切支持我的革命同志。当然，如果孔夫人有什么个人需要的话，在我搞垮武汉政府以后，我将动用政权的力量，为你做一切你喜欢的事情。”

“呵呵呵”，宋霭龄笑得很神秘，蒋介石脊背有些发凉，“介兄（此后宋霭龄一生都这样称呼蒋介石，即使他当了委员长以后）！你是一颗明日之星。如果你考虑问题是这么简单，给我的交换条件又是这样空洞无物，那么你这颗明星的陨落将会和升起得一样快。你应该知道，鲍罗廷的意旨是要接收你的全部权力，交给加伦将军。你的军队将会被消灭殆尽，只是时间迟早而已。为国民党统一中国的目标奋斗，这个精神当然是很好的，但是精神并非一切。这个统一中国的重担，需要很大很多的影响力、金钱，以及非凡的性格与威望。可是这些东西目前你一样也没有。现在你周围的人，都是些无能的懦夫。他们所汲汲以求的，无非个人私利。依靠他们你绝对不能成功。"

"所以我特请孔夫人帮助我。"蒋介石顺竿爬得很快。

"是的，我会帮你的。我的丈夫已经在这方面付出了不少努力。"

不等霭龄说完，蒋介石就抢过了话头："孔先生雄才大略，与我同心同德，已经出了不少力，我对他是万分感激的。而且孔先生做事不图回报，高风亮节，实在让人钦佩，钦佩！"

"不图回报，是这样的吗？我看恐怕是你不想回报。孔先生是银行世家，他最讲究投资利润的，只不过他现在没有提起而已。我可就不同了，我要同你做的是一桩公平的交易，条件必须事先讲明。"宋霭龄说得坚决而有力。

"那好，你先讲出来我听听。"蒋介石被挖苦得极不自然。

"听着，我不但要如你所愿，让我的弟弟子文脱离武汉政府，而且还要更进一步，号召上海具有带头作用的银行家们，以必要的款项支持你，用以购买你必需的军火。我们所拥有的关系和门路，包括与美国的关系，都可以为你所用……"

"啊，太好了！孔夫人，我真想……"蒋介石激动得有点歇斯底里，从椅子里跳起来，挥舞着双手要向宋霭龄扑过来。

"请安静！介兄。"宋霭龄伸手一指，蒋介石像被定在了原地。

"我还没有谈我的条件呢。只有你答应了我的条件，交易才能签约。"

"你讲你讲！"蒋介石总算缓过气来，慢慢坐回椅子里。

"蒋、宋、孔三家只有结成神圣同盟，才能保证我们长远的利益。白给别人作嫁衣的事我们是不会干的。"

"这……"蒋介石不知宋霭龄会开出什么难以接受的价码。

“非常简单。第一，你必须娶我的妹妹美龄做永久的正式夫人……”

蒋介石眼珠子骨碌碌一转：得天下得美人，这样的条件我还会拒绝吗？马上说：“孔夫人，自从第一次见到令妹，我就一见倾心了，我朝思暮想她已经5年了！只要美龄同意，对我来说，这是秀才中状元，我会不肯吗？”

“但是，你必须同你的前3个女人办理符合法律程序的离婚手续，我的妹妹不能同那些女人搅在一块说不清道不明的乱丝网中……”

“当然当然。我那个乡下妻子毛福梅完全是包办婚姻，10年前我就不与她同床了，我连见都不愿见到她。至于姚冶诚也早被我送到了苏州……”蒋介石赶紧声明。

“最要紧的是现在跟在你身边的陈洁如，你必须让她离开！我可是听说她是苏联特务呢。她在你身边是要坏你大事的。”宋霭龄最关心的还是陈洁如的去向。

“陈洁如会是苏联特务？我看这纯属一派胡言！我遇见她时她不过13岁，16岁跟我结婚，几年来总是日夜和我在一起，她怎么会跟苏联人挂上钩？孔夫人，你是看我现在跟苏联人不对付，故意这么栽派她的吧？”蒋介石傻呵呵地望着宋霭龄。

“如果你不想让她死，就必须把她弄出中国！这一点绝对不能含糊！”宋霭龄一脸怒容。

“好好，我答应，我全答应，这可以了吧？”

“慢着！还有第二条，你的政府一旦成立，你要委任孔先生做阁揆，也就是说，假如你是党魁、国家元首，孔先生就应该成为你的政府首脑，不管你的政府中设总理还是院长，这一职位都应该是他的！”

蒋介石眼珠子转了半天，才期期艾艾地说：“国民党早已有决议，总理这一头衔永远留给孙中山先生，这你是知道的呀！”

“我说的是阁揆，阁揆！不管你将来叫它什么名字！”宋霭龄用力敲击着桌子。

“在我这方面是没有问题的，只怕，只怕孔先生的任职资历会引起争议。”蒋介石不愿松口。

“他参加同盟会的资格比你老，追随孙先生的时间比你早！如果你舍不得这个位置，那你就留给自己吧！”宋霭龄站起身来，准备结束谈话。

如果宋霭龄离开，那么一切允诺的支持就全泡了汤，蒋介石知道宋家支持的分量，他只有答应一条路。

“孔夫人，请坐下，我还有话说呀。孔先生在政府中任职时间虽短，但我对他的才干已经充分了解，他出任那个职务是完全胜任的。我蒋某将与孔先生共进退，如果有人阻挠，我也将撂挑子不干。”

宋霭龄很有风度地一笑：“介兄何必把话说得这么绝对！你有这个态度就行了，我知道你是能够左右局面的人物。好了，这一条就这样吧。第三条，宋子文在你的政府中必须继续担任财政部长，而且不管怎样变动，绝不能低于部长地位。你说呢？”

“这，子文在我的政府里只会壮大我的声势，增加政府的威望，我不仅要他做部长，还要他担任更重要的职务呢！”蒋介石高高兴兴地宣布接受这一条。

“什么更重要的职务？”宋霭龄盯住蒋介石。

蒋介石一怔，随即明白了，宋霭龄可能把自己的话理解为以宋子文顶孔祥熙出任政府首脑，那就又砸了。宋霭龄是不会愿意让丈夫屈尊在弟弟之下的。他马上回答说：“当然是阁揆以下的重要职务。”

“那好，你准备用什么保证履行你的诺言呢？”宋霭龄笑得很好看。

“这，”蒋介石站了起来，“我想我们之间用不着书写什么条约吧？我用我的名誉和生命作保！”

“今天谈的，当然不能留下任何文字的东西。这些条件我们都要铭刻在心里，一一付诸实行。”

“请孔夫人相信我，如果我食言，你可以用任何手段惩罚我，包括拿去我的性命！”蒋介石信誓旦旦。

“我会那样做的！当然，我不希望出现那种情形。”

蒋介石返回后即要求陈洁如为他能够夺取政权作出贡献：“洁如，我要实现统一中国的宏图，现在只有你能够帮助我了，假如你真是爱我的，能为我做出牺牲吗？”

“我能够帮你什么呢?”陈洁如一切还蒙在鼓里。

“请你离开5年,让我娶宋美龄为妻,获取必需的支持,继续推进北伐。洁如,你要知道,这是一桩政治交易,并不是真正的婚姻,我是永远爱你的。”蒋介石说得跟真的一样。

“啊?为什么让我用这种方式帮你呢?这一定是你编造的谎言,你看上那个女人了竟这样来欺骗我……”陈洁如又急又气。

蒋介石露出一脸的无奈:“我可以把全部情形都告诉你,她开出了凶狠的条件,我走投无路,明知不是路,也只能走过去。洁如,请相信我,你永远是我心中的爱人。我只要你离开5年,一旦我完成了北伐,统一了中国,我就会把你接回我的身边。”

“既然你们已经做好了圈套,我恐怕别无选择。好吧。我同意离开,但不是为了那个女人,也不是为了你,只是为了你说的北伐事业。我等着看你怎样实现你的诺言。”

陈洁如回到了上海母亲身边。

蒋介石得到了他希望的支持。成功地进行了他的“四一二”反革命政变,成立了他的南京政府。但当时他的力量还是大大弱于武汉政府。他不得不找一个比孔祥熙有更大影响力的胡汉民来支撑门面,对这一点,他已经和宋霭龄达成了谅解。

现在蒋介石下野了,但是他相信他已经掌握了局面。

他要完成他与宋美龄的婚姻大事了。但是宋霭龄认为陈洁如仅仅离开了蒋介石,留在上海是不行的,她必须离开中国,从蒋介石生活和传闻中彻底消失。

美联社接连发出电讯,报道陈洁如的去向和蒋介石的态度。

【美联社1927年8月19日伦敦电讯】据《每日邮报》所收之上海电讯称,前南京国民革命军总司令蒋介石夫人,今日搭乘杰克逊总统号轮船启程前往美国。据其友人所述,她拟抵达纽约前,游历美国各地。

【美联社 1927 年 9 月 19 日上海电讯】据引述，前国民革命军总司令蒋介石将军于新近在奉化的一次记者访问中，宣称上月自中国搭乘杰克逊总统号前往旧金山之妇人并非其妻。蒋对指述其妇即为其妻之讯息，认之为政敌之虚构，旨在以任何手段，使其难堪。蒋并称，他不认识该电讯所述之“蒋介石夫人”。

陈洁如乘船前往美国途中读到了这两则电讯，她虽然义愤填膺，但她认为蒋介石所以宣称不认识她，是迫不得已。可是当她到达美国大使馆取她的信件时，使馆人员告诉她，领事馆只办公务，不处理私人事情。陈洁如开始怀疑蒋介石是不是真的要抛弃她了。但在张静江的两个女儿怂恿她向新闻界披露真相时，陈洁如又退却了，她仍然抱着幻想，希望真的能在 5 年后回到中国，与蒋介石再续前缘。

当然，这只能是一个天真的幻想。

撮合蒋宋姻缘，孔宋夹击子文

现在，蒋介石追求美龄不是被迫的了，他已经从中看到了极大的好处。

但是，蒋介石愿意了，事情就能办了吗？不是的，不愿意的人还多着呢。

如果是不相干的人，那倒也无所谓，问题是这些不愿意的人恰恰是一些最关键的人物。

谁？

第一个是宋美龄自己。她在美国读书时就与刘纪文要好，回国后又订了婚。这刘纪文才高八斗，相貌堂堂，更兼与美龄年龄相仿，家境富有，真是个郎才女貌，门当户对。尽管美龄对掌握军权的蒋介石也有过羡慕，关注过他的行踪，但她此时正处于和刘纪文的热恋之中，年轻的朋友在一起的快乐，是与 40 岁的蒋介石在一起不能相比的。

第二个是宋子文。自北伐以来，宋子文站在武汉政府一边，对蒋介石的种种反革命行径极为不满，蒋介石对他实行软禁，硬拉他参加南京政府，都激起他的强烈反感。自大姐霭龄透露出要美龄与蒋介石联姻的信号以后，宋子文就坚决反对。

第三个是宋母倪桂珍。自丈夫查理去世，她就愈加信仰基督，在家里专设了礼拜堂。每天都要祈求基督保佑她的6个孩子。她对小女儿有一种特别的疼爱，对她的婚姻更是关注。她对刘纪文的印象尚好，而一听霭龄说起要让美龄嫁蒋介石时，就大动了肝火。因为她已经听人说起过蒋介石有3个妻子和放荡的私人生活，这与基督的品德是格格不入的。

这么看来，蒋介石与宋美龄的婚事不是毫无希望了吗？也不！因为这桩婚姻有最会算计和最会和稀泥的两个大媒——宋霭龄和孔祥熙。而只要这两人出马，一般就不会有什么办不成的事情。

在上海的孔府里，孔祥熙正在向家人发表他的高见："夫人，现在已是促成一桩大买卖的最佳时机……"

"此话怎讲？"宋霭龄眯缝着眼。

"秃子头上的虱子——这不明摆着吗？如果蒋介石在台上，中途换一位夫人可能会引起极大震荡，反对势力定会乘机大做文章，发起一轮最强烈的人身攻击，令老蒋不胜招架。而现在非常有利的是，蒋介石下野了，他只是一个平民，换不换夫人纯属老百姓的私人事务，不会引起轩然大波。而对于你们宋家呢，也是最好不过。如果蒋介石在台上，你们把小妹从纪文怀中扯过来，送给蒋介石，有人就会说你们宋家势利，说美龄攀附权贵。而现在呢，美龄抛弃的是一位中央委员，新嫁的是一介草民，不仅不会招致非议，倒显得情操高尚！啊，是不是这样咯？"

"哎呀庸之！还真有你的哩。你历来总是为你的行动找出冠冕堂皇的事由，我过去只注意真正的利害，对这些东西不感兴趣。不过这一次，你的这些理由还真的非常重要呢，看来，我们非得抓紧时机把这件大事办完不可，因为明摆着蒋介石下野的时间不会太长，他的复出并重登大位已是板上钉钉，你说的这样的好机会我们不可错过呀！"

"嗨，话是这么说，你们宋家的人难缠呢！美龄、子文、老太太，哪一个是好说话的？他们算不清这桩婚姻背后的好处，一个个梗起脖子挺硬筋，我可是没有什么周郎妙计！”孔祥熙摊摊手，表示无可奈何。

“他们？他们一个个最终还得听我的！不信你瞧着，你只管到时敲敲边鼓，主角还是我来唱。”宋霭龄雄心勃勃。

“那是那是！要不外间怎么会说夫人是中国的……”

“中国的什么？”霭龄虎视眈眈盯着孔祥熙。

“哦，没什么没什么。”孔祥熙看阵势不对，到嘴边的话又缩了回去。

“对呀，我确实是没什么。这件大事办成了，那么我的两个妹妹，就一位是过去的中国第一夫人，一位是未来的中国第一夫人，可我这个大姐，却永远当不了中国的第一夫人喽！”宋霭龄酸酸的口吻显露着对孔祥熙的不满。

“这。这……”孔祥熙尴尬地搓着两只肉头厚手，无言以对。

“好啦，不必装那副南瓜样子啦。其实，美龄就是当了第一夫人，还不是我给她安排的？她不得照样听我的话？”

“那是那是，连蒋介石也得听你的咯！”孔祥熙总算恢复了笑容。

“我是用不着你胡吹乱捧的。哎，早晨我就捎话让美龄过来谈谈，怎么到现在还没来？”霭龄转移了话题。

“我去看看，我去看看。”孔祥熙也找到了暂时离开的机会。

“不，找美龄并不急，现在最要紧的是需要开一个家庭会议，先把子文的工作做通再说。”

“子文？”孔祥熙摇摇头，“做他的工作可是大拇指挖耳朵，难哪！”

“瞧瞧你这个大姐夫！现在家里你是年龄最大的，可总是没一点影响力，叫人怎么瞧得上？”霭龄挖苦上了孔祥熙。

孔祥熙可一点儿也不恼：“这是你们宋家的事情，我有了影响力，夫人往哪儿摆？我是外门外姓，你才是宋家掌门人嘛！”

宋霭龄扑哧乐了：“这话倒蛮有水平。”

说是家庭会议，其实也就霭龄、子文和孔祥熙参加。因为对这门亲事，赞成的只有孔宋夫妇两人，反对的倒有宋家 4 人，即使除开已经出国的庆龄，也还有 3 个人。凑在一起，那不明摆着 2∶3 的劣势吗？工作如何能够做通？孔祥熙只把最简单的数字一摆，霭龄就接受了他的建议——家庭会议分头开。

“子文，对美龄的婚事你有什么考虑？”霭龄开门见山。

“我有什么考虑？她不是和纪文都订婚了吗，什么时候举行典礼，由他们自定吧。”宋子文满不在乎地说完，随即又警觉起来，“怎么提起这事，你是不是又有新打算？”

“那你看美龄和刘纪文真的合适吗？”霭龄不紧不慢地追问。

“什么意思？”子文感到有情况。

“中国的未来是什么样子，我们宋家的未来应该指望什么，这些至关重要的问题你想过吗？”

“我们宋家指望什么？指望我们的财富，指望我们的关系，指望我们的聪明才智，指望我们的奋斗精神！这样明白的问题，大姐提出来，难道你还想指望别的吗？”子文大惑不解。

“你想没想到中国未来的局势，想没想到未来局势会对我们产生什么影响？”霭龄循循善诱。

“北伐必定胜利。中国将统一于三民主义旗帜之下，北方军阀不会维持很久的了……”

“你以为我会不知道这些吗？我问你的是北伐胜利的果实将为谁取得，中国将统一于谁的手中？”

“这是中华民国，不是出皇帝的时代！”子文越来越感到气有些不顺了。

“没有皇帝，也会有实力人物、铁腕人物。我们宋家的财富是不少，但是还必须有所发展。今天的会议，就是讨论我们应对未来的策略，就是决定我们宋家的命运……”

“大姐怎么想的，何妨直说？”宋子文有些不耐烦。

“现在有一个非常重要的机会——蒋介石必定重新上台，中国将统一于他的手中，他过去靠了我们的帮助，今后还必须靠我们的帮助才能巩固他的统治。但是我们不能白帮他，他必须对我们有所回报。为了确保他对我们的回报是最丰厚的，而不是敷衍的，不是过河拆桥，我们要寻求一种最可靠的形式，那就是联姻——”

“哈哈哈——”宋子文笑了一阵子，才接着说，“想不到大姐这个受过现代教育的人，思维方式还停留在远古，还想搞和番，结秦晋之好！蒋介石是什么东西，大姐你难道不知道？让小妹嫁这种人，只要有我在，就是墙上挂帘子——没门！”

事情成了僵局，孔祥熙适时地凑了上来：“子文哪，办事最怕是负气，一使气，往往算不清利害啦，哪里还谈得上得利？是不是？我知道你看不上蒋介石，其实我也看不上他，脾气暴，作风坏，玩诡计，哪里像我们这些堂堂正正的人？”说到这里，宋子文连连点头，朝着霭龄说：“大姐你听嘛，连姐夫也看蒋介石不是好东西，哪里能把妹妹往他怀里送？”

不等霭龄答话，孔祥熙又开口说：“是啊是啊，按说像蒋介石这样的人，是不应该和他联姻的。可中国现在的局面，却非他不能收拾。你看他现在下野了，但这却是当前离不开他的一次绝好证明。他重新出马时，就不会再是蒋总司令，而会是蒋总裁、蒋委员长，甚至蒋大总统。一个能爬上这样高位的人，是不好按一般标准去评论是非的。相反，我们应该乘这个机会，做一些比别人捷足先登的事，抢占要路，那才能在将来的利益分配中，有一个比别人更大的盘子……”

“如果作为一个商人，我不能不佩服你算计的精到，可是这是关系我妹妹一生幸福的事情，我绝不能同意你们把她作为一个筹码，去同蒋介石做交易！”宋子文根本听不进孔祥熙夫妇的一唱一和。

“子文……”霭龄又要开口，宋子文早已怒冲冲拂袖而去。孔祥熙夫妇对视一眼，霭龄狠狠地说：“宋家现在我是老大，他反对也不行，美龄的婚事必须抓紧办，我这就去找美龄。”

“要依我看，找美龄先不忙，还是要把子文的工作先做通，这样全家人意见统一了，办起来才顺利，才能达到我们最初的目的。”孔祥熙显得老谋深算。

“做通？他那个倔筋，怎么可能一下子做通，难道我们就因为他反对，把这么重大的好事放弃了不成？我是说一不二的，这事非尽快办成不可！”

孔祥熙呵呵一笑："夫人圣明！你先找美龄谈，美龄那里一通我保证子文也会同意。"

"呀！你有什么八卦神算还是鬼谷子妙计？"蔼龄暗含讥讽。

"到时候看吧。"孔祥熙信心十足。

美龄开出条件，孔宋替蒋做主

美龄这时在哪里呢？

孔祥熙和蔼龄说话的时候，正是"天乐"电影院散场的时候，宋美龄正和刘纪文挽着臂，跟随人流走下电影院大门口的台阶。

宋美龄身穿粉红色中国旗袍，手戴金镯，颈佩项链，英国式高跟棕色皮鞋走起步来稍带"嚓嚓"声，此时她显得风采动人，姿容贵雅。和她挽臂的刘纪文，是位高大俊美的青年，相貌漂亮而又端正。他的身材和他那运动员似的体形，证明当地人送给他的"排球健将"的雅号当之无愧。他的乌黑头发梳得那么平贴和整齐，使他那白色的面庞充满了青春的活力。他风度潇洒，脚步从容，态度温和。他俩依偎着跨上马路向前走，从表情上看来，他们还沉浸在刚才电影的情节里。

"泰尔和玛丽是多幸福的一对。我们结婚吧？美龄。"纪文道。

"亲爱的，我们相爱多年了，我们应该结婚，不过我还得同母亲、大姐商量一下。"美龄莞尔一笑，笑得越发迷人了。

说实在的，美龄自从美国归来，在爱情的海洋中，她一直脚踏两只船。一是刘纪文，二是蒋介石。为此，她拒绝了多少富门纨绔子弟。她爱刘纪文，爱得深沉，在异国的国土上，他们就相识，以致谁也离不开谁了。但是，随着时间的推延，随着阅历的广阔，"当第一夫人"的愿望又渐渐使她认为刘纪文并不像她理想中的丈夫，以致她把目光推向另一个人——蒋介石。因此，刘纪文几次提出与她结婚，她都婉言推诿了。但是，感情这个怪物又使她与刘纪文分不开。分开了她便感到空虚、寂寞。今天。刘纪文邀她看电影，尽管大姐要她去家一趟，可她却陪刘纪文看电影来了。

他们从电影院出来时，太阳已经沉入了地平线。大街两旁的华灯已亮，行人越来越少，地上好像下了场小雨，柏油路面反射着灯光，给人一种神秘感。

他们正好路过霭龄家的门口，美龄道："纪文，陪我到大姐家去一趟吧？大姐今天早上就让侄女喊我。"

"我不去了。我不想看你大姐那张严肃的脸。"刘纪文答道。"大姐就是那样的脾气，实际上她心眼善良着哩！亲爱的，陪我去一趟吧？"

刘纪文经不住美龄的几句好话，便说："好吧，就陪你去这一次。"

他们沿街一直往前走，片刻便来到大姐的家门口。这是一所豪华的住宅，整座楼房雕刻着古老的花纹，古色古香。它那下面的两根大柱子，它那尖尖的瓦屋顶，和顶楼的像鸟嘴似的突出部分，这一切，使这所宅子看起来像一只蜷曲着的大鸟。他们俩刚进大门，霭龄便从屋里迎过来："我找美龄有点事，纪文你——"

孔祥熙适时地站了出来："纪文，来得正好！这里有人要打麻将，三缺一，就差你一个了。"

宋霭龄把美龄领进了自己的屋里，端出糖盒，倒出一颗巧克力，塞到美龄的嘴里。然后道："小妹，今天大姐找你有一件事商量。"

"什么事让大姐这么发急，早晨就让人喊我。"美龄嚼着糖问道。

"好事呗！"

"什么好事？"

霭龄把与蒋介石的婚事正式提了出来，美龄心情一时很矛盾。

"大姐，"宋美龄诉说道，"你是我的大姐，你能看着我跟他40岁的人结婚。我才多大呀？谁都知道姓蒋的作风不正，害杨梅疮弄得发脱齿落，我我……"她说着说着抹眼泪了。

"你真是不懂事！"宋霭龄摆出大姐架子，"就因为我是你的大姐，我不能让你同纪文结婚！纪文有什么好？你说他是留学生？留学生的地位也不能跟姓蒋的比！你说他长得漂亮？漂亮管什么用！姓蒋的乱找女人，那是过去的事了，只要他以后不乱来就行了，你别看刘纪文有钱，今后姓蒋的挣钱比呼吸空气还容易！何况你今后是中国的第一夫人！无论名誉、地位、财产，啊，你真傻！肥肉到嘴你还推开？告诉你吧！要不是我已经同你姐夫结婚，我非抓住这个姓蒋的不可！”

宋美龄思索着，睫毛眨了眨。“小妹，”宋霭龄拉住她一只胳膊。“你别傻啦。你想，你同姓蒋的结了婚，你就是总司令夫人，以后就是主席夫人，甚至是总统夫人。傻丫头，想一想吧！刘纪文能满足你这些吗？”

宋美龄虽然已经心动，但还坚持道：“我不！大姐你想，姓蒋的满身杨梅疮，会不会传染……”

“笑话！”宋霭龄笑道，“那都是他的敌人造谣，根本就没有这回事。”

“姓蒋的已经有了3个老婆，而且到处玩女人，”宋美龄撇撇嘴，“我再嫁给他，不……”

“又是笑话！”宋霭龄苦笑着说，“他的家庭问题你不要管，他已经同3个老婆脱离了关系。别说他有3个老婆，即使有30个，她们都不敢出面吵闹，那不是同自己的性命开玩笑吗？”

“我的生活习惯同他合不来，”宋美龄皱眉头，“他同青帮勾搭，他连拿刀叉都不懂，真像个一窍不通的阿木林……”

“不许你这样说！”宋霭龄生气道，“你要明白，今天不是你同蒋介石结婚，是同统治中国的皇帝结婚！你懂吗？看你聪明一世，糊涂一时，连这点问题都想不通，还埋怨我做姐的，气死我了！气死我了！”她边说边躺在沙发里直摸心口。

“大姐，”宋美龄挨着她坐下，“我不是不懂，是怕……”

“怕？”宋霭龄扑哧一笑，“有什么可怕的？”

“怕他干涉我的行动。”

“傻丫头！”宋霭龄纵声大笑，“你以为这个人可怕？你错啦！你说姓蒋的莫名其妙，有点脾气，那真是一点儿不错。现在他要靠美国的势力上台啦，谁不知道宋家同美国的关系？现在我们宋家的人嫁给他，那等于替他统治中国。就像你大哥当年做买卖一样，中国有货卖，美国商人要买，他在中间转一个手，买卖成交，钞票赚到。”

宋霭龄呷口茶，又道：“什么国家大事？在我看来如同做买卖一样，不过招牌变了，店铺改做国民政府，总经理改名总司令，业务扩大，改做大总统！所以我说姓蒋的一点儿都不可怕！当然咯，中国人是怕他的，他的部下会怕他的，我们怕他干吗？一不是普通的中国人，二不是他的部下，姓蒋的今后里里外外高不过我们宋家，怕我们的不折不扣倒是他！”

宋美龄思索着，宋霭龄见她已经动摇，也不去打扰她，慢慢呷一口茶，听小妹的答复。

“大姐，”宋美龄边削苹果边问，“纪文怎么办呢？他要是知道我变了心，他会自杀的！”

“哈哈！”宋霭龄几乎笑痛肚皮，“你以为纪文真会自杀？你以为这种男人对爱情真是忠贞不贰、不折不扣的吗？”

“纪文跟我说过的，”宋美龄躲避着大姐锋利的眼光，“他对我说，他诚心诚意地爱我，‘如果你跟旁人结婚，我就死在你面前！’”

“一对傻家伙！”宋霭龄叹道，“两个傻东西！”她抚摸着宋美龄的肩膀，“小妹，你现在决定了吧，别脚踩两只船了。”

“要我嫁给姓蒋的？”宋美龄起立，“让我再考虑考虑。”

“你要找纪文商量吗？”宋霭龄警告道，“你就说，如果他敢不放弃你，小心姓蒋的剥掉他的皮！”

……

宋子文对小妹这边的事已有风闻。

一日，谭延闿与宋子文开玩笑道：“子文兄，恐怕你用不多长时间要当国舅了吧？”谭延闿盯着宋子文。

“什么？美龄她同意嫁给蒋介石？我怎么不知道？这肯定是他们逼的，我要亲自去问问她，这样做怎么对得起纪文？”宋子文差点要跳起来。

“算啦，不要去问啦。这是千真万确的事实，你去问一遍又怎么样？”

“就是美龄同意也不行！她不能出尔反尔，朝秦暮楚，这样做何以面对天下人的眼睛？”宋子文死不松口。

“子文兄！这就是你自相矛盾啦。刚才你说你崇拜美国式的自由，完全尊重美龄自己的选择，怎么一下子又变卦啦？我看出尔反尔的倒是你自己了啊。”

“我矛盾就矛盾，反正这事我绝不同意！”

“咳，你又忘了现在是什么年代啦？自由恋爱，自主婚姻，这是天下大势。就是自己的女儿恐怕也不好硬替人家做主，何况是妹妹。子文，这事我看就这样吧，何必硬争这口气呢？”

宋子文倒进沙发里.脑袋直摇晃，一言不发。

谭延闿进逼一步：“子文兄，大丈夫说话算数，美龄的婚事你不能再提反对意见了啊，好吧？”

宋子文往沙发扶手上狠擂一拳：“好！不管就不管，由他们折腾去！”

谭延闿哈哈一笑：“那就算说定了。老朽告退！”手一拱就往门口退。

宋子文身子也不挪：“恕不远送！”

谭延闿一出门，孔祥熙就迎了过来：“谭老利舌如剑，定是大功告成？”

谭延闿摇头晃脑一笑：“老朽敢负孔先生重托？”

孔祥熙一拍谭的肩膀：“姜还是老的辣哟！走，上海最好的饭店，孔某请客！”

谭延闿一笑：“呀，怎么倒比你自己得了位天仙美女还高兴？”

“一会儿看不让炸鸡翅噎住你！”宋霭龄不知不觉站在了谭延闿身后。谭延闿一回头看见霭龄，赶紧向孔祥熙做鬼脸自我解嘲。

美龄自己要嫁蒋介石，噎得个宋子文无话可说。可等谭延闿一走，他就立即找到母亲倪桂珍，动员她老人家到日本去散心。

“好端端的，我去日本干什么？”倪老太太不理解。

“难道你没看见我大姐和姓孔的串通一气，要把小妹往火坑里推吗？你愿意招蒋介石那个异教徒做你的姑爷？”

“啊，上帝！我不允许任何不信仰基督的人勾引我的女儿！”

“好，只有一个办法啦，那就是你赶快离开，他们找不到你，这桩事就办不成。等过了这阵子。他们的劲下去了，纪文还是你的好姑爷。”子文说明了要老太太出国的意图。

倪桂珍打点好就要上车了，霭龄才听到消息赶过来：“妈咪，家里有大事等你拿主意，怎么这时候出国去？”

“有什么大事等我回来再说吧！”倪桂珍执意走了。

“完啦！子文使出了这个鬼点子，妈咪一走，这事不好办啦！”宋霭龄向孔祥熙发牢骚。

孔祥熙仍然笑得很可爱：“老太太是去日本，又不是到天上，她能去别人就不能去啦？”

霭龄一扳孔祥熙的下巴：“你可真精到家啦！”

孔祥熙嘻嘻一笑：“多谢夫人夸奖！”

婚前，新郎拜见岳母是中国的传统，没有岳母大人的首肯，美龄是不能同蒋介石结婚的。但是，宋老夫人到日本躲避，并没有躲过执意办成这件大事的孔祥熙夫妇。

宋老夫人最满意的是孔祥熙这个女婿，孔祥熙向蒋介石传授了怎样博得老太太喜欢的诀窍。

这一天，秋雨打着人们的脸，一团团饱含雨水的乌云，在低空慢慢移动。开始蒋介石几次来电要来日本镰仓拜望宋老夫人，她都拒绝了。可是她终于经不住霭龄美龄一再恳求劝说，才勉强答应了。

往日不大着重打扮的蒋介石，今天在孔祥熙的指点下，穿戴一新，真个是“帽儿光光，像个新郎”。他脱下板正的军装，换上考究的衣服，显得年轻，精神焕发；他的脸上擦了油，红光发亮；下巴上的胡须，是他40岁年龄的象征，不过他今天刮得铁青。他手中的盒装礼品，是霭龄深知母亲的口味，特意提醒蒋买的。

“妈，我来看您老来了……”蒋介石一进门便说。

“漂洋过海，这么老远，你还何必再跑一趟。”宋老夫人并不热情。

“这是我给您买的礼品，权作我的祝寿！”蒋介石说完把那盒礼品献给宋老夫人。

“家里什么也不缺，你又何必破费。”宋老夫人道。

这两句话一过，蒋介石非常尴尬。他捧着礼品盒子，笔直地站着，不知还能说些什么。

“坐下喝茶吧。”半天，心慈面善的宋老夫人不忍心看蒋介石这个狼狈样子，才发下话来。

善于察言观色的蒋介石，从老太太的脸上，知道了对他不大感兴趣。

但这是关系他命运的大事，他不能随便发作。蒋介石压着心中的火说：“妈，临来时美龄让我给您老问好。”蒋介石没话找话道。

“好。”宋老夫人理了理腮边的头发问道，“你今天来，有什么事吗？”

“是的，妈妈，我这次来正是向您老正式求亲的，我愿意娶美龄做我终生的妻子。”

“你不是有原配妻子吗？”宋老夫人提出了疑问。

“我们已经离婚了。”蒋介石把早已准备好了的离婚证取了出来，道：“妈，请看我们的离婚证明。”

宋老夫人接过来，认真看了。不错，是份离婚证明，接着，宋老夫人又问：“你也是知道的，我们宋家是一个基督教徒之家，你既愿意同我的女儿结婚，你必须首先成为一个基督教徒，这个你做得到吗？”

蒋介石赶紧拿出一本《圣经》晃晃：“妈，我愿意一试。你看，我现在每天都把《圣经》带在身边，有空就学习。我已经能背诵不少章节了，我现在就可以背给你听‘……上帝说，要有光，于是就有了光……’”

“能背下《圣经》的人并不一定是虔诚的基督徒，关键是要信仰，照着去做。”宋老夫人对蒋介石寻章摘句的倒背如流并不感到了不起。

蒋介石事先有准备地讲：“如果妈妈同意我与美龄的婚事的话，我们的婚礼愿在父亲的教堂里举行。”

“好的！”宋老夫人脸上第一次露出了喜色。让女儿的婚事在家里的小教堂里举行，一直是宋老夫人的一个心愿。可是3个女儿中，霭龄庆龄都是在日本举行的婚礼，现在只有一次机会了，如果真能在那里举行美龄的婚礼，她心里是高兴的。蒋介石抓住这一点，使谈话第一次出现了转机。而这一点，则是孔祥熙在老蒋临行前面授的机宜之一。

由于蒋介石的这一表态，宋老夫人对蒋的看法有了好转。幸运的蒋介石为这几句事先有准备的话而感到庆幸。“你既愿入教，就得守教规约束，这不是儿戏的！”宋老夫人叮嘱道，“你要和美龄每周到西摩路的私邸，一起祈祷一次。”

“儿子明白！”蒋介石面目庄重。

“那你就回去吧。”宋老夫人下了逐客令。

蒋介石回到中国，孔祥熙一见面就向蒋介石贺喜："你成功了，戏演得不错！"

蒋介石笑逐颜开："我很快就是孙总理的亲戚，我可以光明正大地继承他的事业啦！"

"怎么把我这个大姐夫给忘了？"孔祥熙及时提醒老蒋。

"哪里哪里！我早把你算进来了啦！孙中山、蒋介石、孔祥熙，一担挑！哈哈哈！"蒋介石笑得特别开心。

"哈哈哈！"孔祥熙也同样心情舒畅。

不久，蒋介石和宋美龄的婚期就确定宣布了，喜日选在12月1日。美国的《纽约时报》抢先发布了消息。陆续全世界21家报刊作了宣传。舆论宣传无疑助长了人们对这场政治姻缘的重视。同时，也给这场即将举行的隆重婚礼涂上了一层神秘的色彩，它像广告牌一样，招揽着全世界的观众。

在这场婚姻中扮演了重要角色的孔祥熙，将有属于他的一分收获。

第二十章　实业部长

孔祥熙出招解难题，蒋宋婚礼如期在大华饭店举行

在蒋介石下野的日子里，孔祥熙不辞艰辛，四处奔波，协调各派政治势力的关系，为蒋介石复出竭尽全力。眼看蒋介石东山再起已成定局之时。孔祥熙夫妇一手导演的蒋介石和宋美龄的婚礼，也定于 1927 年 12 月 1 日，在上海大华饭店舞厅里隆重举行。

这是一场政治婚姻。它的婚礼要向世界表明，中国唯一能够控制现代军队的家族和唯一能够控制财政混乱的家族合而为一了！有着深厚美国背景的宋家现在已经不仅在财政方面发挥作用，而且已经可以操纵枪杆子；在日本受教育的蒋介石现在已经愿意通过宋家投入美国的怀抱，所有西方国家应该对这件大事刮目相看，应该为这一重大变化感到满意。

宋老夫人回到了国内。她坚决要求蒋介石履行他在日本求亲时的诺言，把婚礼安排在宋查理的教堂里举行。

怎么办？如果按照宋老夫人的意志，婚礼在家庭小教堂里举行，那就是纯粹的普通教徒婚礼，带有浓重的宗教色彩，不利于蒋介石日后作为全国领袖的形象；而且一个小小的家庭教堂怎能容纳下这作为蒋介石复出序幕的婚礼上的上千宾朋？

“这是介石亲口答应我的！如果不在家庭小教堂里举行婚礼，那么婚姻还未开始他就违背了他的诺言，这样一个言而无信的人是不配做我的女婿的！”宋老夫人不听任何劝告，坚决要求按当初的约定办。

霭龄、美龄，孔祥熙、蒋介石，加上宋子文、子良、子安，在老太太面前都无言以对。所有关于政治利害的言辞在老太太那里是苍白无力的，她一概不听也不信。

“好吧。我们再商量一下。”霭龄一个眼色，大家都退了出来。

“你当初为什么在老太太面前许诺这一条?”一心要做第一夫人的美龄对蒋介石大光其火。一个在家庭小教堂举行的婚礼，在她看来那简直是一种屈辱。

“这，这……庸之兄当初叫我这么说也是一片好意嘛!”蒋介石巧妙地把孔祥熙推了出来。

“大姐，你看……”宋美龄几乎要哭出来了。

“谁出主意谁拿钱!”宋霭龄莫名其妙地冒出了一句。

只有孔祥熙明白，这是要他再想出化解的办法来。

孔祥熙眼珠子转了转，到霭龄耳朵跟前嘀咕了几句，霭龄哈哈大笑，末了却一变脸说:“损着!”

“快去准备，婚礼在小教堂举行!”宋霭龄下了令。

“不! 我不!”美龄把小红嘴唇撅得能拴头牛。

孔祥熙把眼珠子从眼镜上面往出一翻:“光由你，你还要上天哩!”

宋老夫人从里屋走出来:“好，这才是我的好儿女! 这几年什么事都由你们，这么一件小事如果都不能按我的要求办，我……”

“妈咪，我们都听你的!”霭龄亲昵地拥住了宋老夫人。

孔祥熙也赶紧走过去:“妈咪。大家都听你的。”

蒋介石也赶紧点头。

宋老夫人乐颠颠地回到了里屋。下午，教堂牧师找到了倪桂珍:“老夫人，非常遗憾。本牧师不能主持你的三女儿的婚礼。”

“为什么?”老太太吃惊不小。

“卫理公会禁止牧师主持离过婚的人的婚礼。你的女儿虽是初婚，蒋介石却是离过 3 次婚的男人，我想这你是知道的。因此，他们的婚礼不能在小教堂举行。”

“啊，上帝!”宋老夫人把头深深埋了下去。

美龄这才理解了孔祥熙刚才在大姐耳边嘀咕的意思，她向孔祥熙又感激又报复似的说:“我就是要上天，我就是要上天，气死你!”

孔祥熙笑嘻嘻地说:“上天啊? 我这就去给你搬梯子!”

蒋介石在结婚这天的早晨，发表了一篇声明说："我们结婚后，革命工作将毋庸置疑地取得更大的进展。因为从今以后，我可以安心地承担起革命的重任……从现在开始，我们二人决定尽我们的全力为中国革命而奋斗。"

婚礼如期在大华饭店举行，孔祥熙宋霭龄是除了当事人之外最高兴的一对。当蒋介石由廊子里走出来的时候，衣冠笔挺的孔祥熙和蒋介石的私人秘书作为男傧相陪伴着他。

美龄则由孔大小姐孔令仪和另外 3 名少女陪伴着。

在 1000 名社会各界和外国来宾的注视下，蒋介石宋美龄来到了由鲜花组成的大钟下面，大钟一摇，成千上万的玫瑰花瓣从大钟里飘下来，撒落到新郎新娘身上。

蒋介石志得意满，宋美龄心花怒放，而孔祥熙宋霭龄则是欣喜万分。

婚后，新人夫妇到莫干山一座寺院里去度蜜月。但是蒋介石却忙碌起来，并没有多少时间去陪他的新婚妻子。12 月 3 日他就参加了国民党中央执行委员会在上海召开的会议。12 月 10 日，也就是会议的最后一天，决定恢复蒋介石的总司令之职。

美龄并不在乎蒋介石每天外出开会，她认为蒋在忙国家大事，她对这么快就恢复蒋的职务感到满意，从此亲昵地称蒋介石为"达令"，这是英语"亲爱的"的意思。她要求蒋也这样称呼她。只可惜许多人不明白这句话的含义，由此闹出了不少笑话。

孔祥熙为蒋介石复出的奔走和撮合蒋宋婚姻，好比押中了一大法宝，这回可以成倍地赢了。

紧跟蒋介石，在党内政府内平步青云

1928 年 1 月，蒋介石在收到接连几份电报之后，才体面地前往南京就任他的北伐军总司令职务。没几天，蒋又被选为军事委员会主席。但是在党内，蒋介石只是执行委员会中的普通一员，他的权力受到党内的制约。

蒋介石构思出了“军政时期、训政时期、宪政时期”的框架,不断使自己的权力得到加强。

为了报答孔祥熙的斡旋襄赞之功和兑现当初对宋霭龄的诺言,蒋介石极力提议孔祥熙在新政府中担任要职。但是一心要限制蒋介石权力的党内势力,已经清楚地看到了孔祥熙的政治倾向,加上他们现在又是连襟,便极力反对。蒋介石只好退求其次,提议孔祥熙出任并不特别重要的工商部长,不料一些人仍然不愿通过。蒋介石大发其火,吼叫起来:“孔先生是孙总理的亲戚,是最早参加同盟会的人士之一,在山西响应辛亥革命,在日本辅佐孙总理改造本党,在北京主持孙总理的丧葬,调停宁汉争端,功勋卓著,才能显赫,这样的人不能在政府中任职,遗弃大贤,政府将成什么政府?这样的政府,蒋某感到羞耻,我的北伐军总司令不要做了,你们另选高人好了!”

蒋介石这一要挟,孔祥熙不仅当上了工商部长,还被选为国府委员。

孔祥熙一步而至部长,但是宋霭龄并不满意:“姓蒋的当初讲得好好的,一俟他上台,就由老孔出任阁揆,为什么说了不算?”

孔祥熙倒宽厚大度:“哎呀,你不看他现在也受了许多人的牵制吗?我们应该全力支持他渡过难关,再说我出仕是为了为国家做事,并不是只为自己做官的呀!”

宋霭龄围着孔祥熙转了两圈:“嗬,我还没看出来,思想境界不低呀!”

孔祥熙并不为所动:“不论在什么位置,先把职责内的事办好了,对国家有利,蒋先生也好说话呀。”

“噢,你是要放长线钓大鱼呀!”

“啧啧,这话难听哩。”

“哼哼——”宋霭龄耸着鼻子走开了。

孔祥熙深知自己的部长得来不易,一上任就公开发表了谈话。他说:国家今后当以休养生息、恢复元气为第一步;以积极准备、力图发展为第二步。工商部以全民福利为主旨,中外合作为方术,开发国家资源,改善人民生活。

孔祥熙的谈话博得了不少人的喝彩，他也认真地在南京部里坐班办公。但霭龄不肯随迁南京。仍然留在上海。孔祥熙就在周末坐火车回上海，再在周日晚上返回南京，往来奔波真也不易。

“怎么样？我提议的人没有错吧？”蒋介石指的是孔祥熙。

“那是那是。”现在，蒋介石已是国民政府主席、行政院长、陆海空军总司令，不少人已经不得不对这位大权在握的人物唯命是从了。

随着蒋介石地位的日益巩固，孔祥熙在政府中的地位也不断上升：

1928 年 2 月，孔祥熙就任南京政府工商部长，并被选为国府委员；

1929 年 3 月，在国民党的“三全大会”上，孔祥熙被选为国民党候补中央执行委员；

1930 年 12 月，南京政府将工商、农矿两部合并为实业部，孔祥熙就任实业部长；

1931 年 11 月，在南京召开的国民党“四全大会”上，孔祥熙被选为国民党中央执行委员，终于成了国民党内有职有权的党政大员之一。

银弹胜于炮弹，为巩固蒋介石地位不遗余力

名为实业部长的孔祥熙，实际上用在发展实业上的精力并不多。蒋介石的统治还非常脆弱，孔祥熙仍然需要用主要的精力巩固蒋介石的地位。

不过。孔祥熙已经找准了自己的位置，那就是带兵打仗非长项，银弹攻势天下雄。新老军阀们你争我夺为什么？无非名利而已，名可换利，利可以买名。只要有钱，什么都可以得到。

于是，蒋介石在战场上发射炮弹，孔祥熙在私下发射银弹，双弹齐发，把一个个新老军阀玩弄于股掌之间。

1928 年 6 月，蒋介石的部队占领北京。

张作霖作为最后一个北洋军阀，在北伐军的打击下仓惶撤出北京，当他乘坐火车接近沈阳到达皇姑屯时，日本人安放的炸弹爆炸了。张作霖

受了重伤，很快死去。但是张学良在一段时间里严密封锁了消息，他用部队紧紧守住了山海关，抵抗蒋介石的部队向关外进发。

军队中的将领们要求继续向东北进军，但是蒋介石认为巩固已有的胜利，巩固自己的地位更重要，他开始派人与张学良谈判，提出只要张学良承认民国政府，承认蒋介石的领袖地位，北伐就算彻底完成了，中国就算统一了。

孔祥熙利用他与张学良的老关系，在这场谈判中发挥了作用。

青天白日旗升起在奉天上空，张学良进了行政院。

蒋介石踌躇满志，孔祥熙更加受到蒋的器重。

冯玉祥来到南京，就任了军政部长。阎锡山出任了内政部长。

蒋介石接着召开了裁军会议，要求所有非他嫡系的部队大规模裁员，各路将领们看穿了蒋介石裁军的把戏，进行了联合抵制。

1930 年 3 月，阎锡山、冯玉祥和桂系李宗仁在秘密中结成联盟，发出通电逼蒋介石下野，由阎锡山任中华民国陆海空军总司令，冯玉祥、李宗仁和张学良为副总司令，领导反蒋。4 月 1 日，阎、冯、李分别通电就职，而张学良却没有表态。蒋介石亦随即通电对阎、冯、李进行讨伐。蒋介石同冯、阎军在豫皖苏鲁中原大地展开激战，桂系李宗仁军则联合张发奎从广西北上攻入湖南。双方在东起山东，西至襄樊，南达长沙，绵延数千公里的战线上展开了混战。

孔祥熙为帮助蒋介石取胜，利用他的北方祖籍，在冯、阎军内部寻找朋友，拉拢他们背叛上司，暗中投靠蒋介石。

孔祥熙派人找到了冯玉祥部的师长何其巩、丁春膏，转达了孔祥熙的意向："何师长，你们家乡可是风水宝地，孔部长为国计民生考虑，有意在你们家乡投资发展现代工业，不知何师长意下如何？"

"有这种事？"何其巩半信半疑。

"是啊。孙总理在世时早已讲过，民族民权问题已经解决，唯有民生问题需不断努力。孔部长上任以来，念念不忘的就是如何解决民生问题。像师长家乡那样的地方，只要投入资金，定会很快富足起来，支援整个国家。不知师座对此有意合作否？"

何其巩大为振奋，如果真能办成这样一件大事，自己在家乡父老面前将不仅何其巩，而且是何其光(彩)了，那比官升几级都更有面子。何迫不及待地问："如果我同意合作，怎么个办法?"

"孔部长已经把项目启动资金交我带来了，如果师长愿意合作，就交你先找人进行勘察设计，一俟目前的战乱结束，资金立即可以到位，不出一年，一个现代化的大项目就可以矗立在你家乡的土地上了。"

何其巩早已忘记了自己是冯玉祥的部下，正在同孔祥熙所在的蒋介石南京政府进行生死决战，乐颠颠地签上自己大名，拿了"项目启动资金"10万元。

于是何其巩、丁春膏同孔祥熙函电交驰，讨论战事进展情况，探讨怎样尽早结束这场蒋、冯、阎大战。不知不觉当中，何、丁把冯部兵力部署、作战意图报告了孔祥熙，让蒋介石得到了对方最核心的作战机密。而何、丁也盼望战争早日结束，并且由蒋介石获胜，好把大笔金钱拿到手，在家乡办几件实业。

蒋介石得到何、丁的情报，连连夸奖孔祥熙："庸之兄，真有你的，想不到一个实业部长胜过参谋总长的作用，啊!"

孔祥熙美滋滋的："花了政府不少的钱哪。"

"哈，咱们的政权保住了，要多少钱有多少钱；政府完蛋了，还有什么钱? 有钢用在刀刃上，有粉搽在脸蛋上嘛! 啊?"蒋介石大度得很。

"委员长不怪罪就好。"

战局朝着有利于蒋介石的方向悄悄转化。

战局扑朔迷离之际，孔祥熙又拉住了张学良。张学良以调停为名，派出10万大军入关，攻占了北京。北京是冯、阎政府所在地，当初阎锡山特意选了9月9日9时9分在北京宣誓就任主席，想用这个谐音把他的政府久久维持下去，不想他的副帅张学良一入关，反把老窝给踹了。冯、阎军受到蒋、张南北夹击。

11月，冯、阎战败，蒋介石意欲穷追清算，驻在山西阳泉的冯玉祥部下29军军长宋哲元，想向蒋介石表示效忠，继续保持完整的军制而不得。宋哲元找到丁春膏请求帮忙，丁春膏想了半天还是走孔祥熙的路子可靠，就介绍了肖振瀛去求孔祥熙。

肖振瀛跑到南京孔祥熙府里，一见孔祥熙就扑通跪到地上，涕泪俱下地说："我今天来见孔部长，不是为个人私利，而是为了团体，为了朋友，请孔部长一定帮这个忙，设法保全29军！"

孔祥熙在屋内踱着方步："哎呀，不是我不帮你，难办哪！这些家伙当初气势汹汹，逼委员长下台，今天他们被打败了，委员长就是想饶他们，委员长手下的那些将军也不干哪！"

"我们知道孔部长待人一向宽宏大量，又是委员长身边的智囊人物，委员长对您可是言听计从的。你看在我们同是北方人这点上，就帮宋军长说说好话吧，宋将军今后不论遇到什么情况，绝对永远效忠蒋委员长！而且对你这个救命恩人，也会感恩戴德、永志不忘的。孔部长，你想想这一回要把所有参战部队都灭了，你今后在军界想听个家乡话都难啦……"

"你先起来，让我想想。"

"孔部长不答应救弟兄们，我就永远不起来！"肖振瀛倒意志如铁。

"哈呀，你先起来嘛，万一有人来了，看见我这里还有人跪堂，传出去还不把我当成清朝贪官呀！"孔祥熙有些着急。

"你先答应了，我才能起来。否则，救不了弟兄们，我回去也是死，倒不如跪死在孔部长这里，叫弟兄们知道以后有事不要往这里走……"肖振瀛的激将法使出来了。

"光叫我答应，总得有办法才行嘛。"

"我这次带来了10万元，是给部长做活动经费的。事成之后，宋军长自然还有答谢。"

"保全一个建制军，还得给他们一块地盘，嗯，这恐怕是需要10万元的。不过，光有钱也不行，还得有说辞，能用道理打动人……"

"道理咱们有啊，你想想，晋系的商震、徐永昌部虽已投降，可是赵承绶、杨爱源、王靖国都还有实力，如果孔部长能扶持宋军长，宋军长今后对委员长定是忠贞不贰，不可以对晋系部队有所牵制吗？"肖振瀛早想好了说辞。

"着！"孔祥熙一掌拍在茶几上，震得杯子乱晃，"就这一条道理，即使不用钱,也……"

"部长说什么?"肖振瀛抬起了头。

"嗯,我是说,如果从这个角度讲讲道理,钱再多一些,也许可以一试。"

"谢谢孔部长,我代表29军全体弟兄给孔部长磕头谢恩了。"

"好了,快起来吧。朋友之间嘛,谁没有用着谁的时候,我能帮上的忙,绝不会推辞的。"

孔祥熙向蒋介石进言。讲了几句以宋制阎的道理,蒋介石认为大有道理,不仅答应了保全宋哲元的建制,还一次拨给宋部50万元军饷,要他好好看住阎锡山,别再让这个土皇帝出娘子关图谋不轨。

孔祥熙为蒋介石出了力,也在北方军队中博得了好名声。"有事找孔部长,还是咱北方人好说话。"这句话竟然传诵一时。

拿得起、放得下,誓与蒋介石共进退

1931年11月,国民党在南京召开"四全大会",蒋介石要求会议补选孔祥熙为中央执行委员。

"党内老资格的同志和有贡献有能力的这么多,为什么孔祥熙要进中执委?是否因为他是谁的亲戚?"和上次推荐孔任部长时的情形差不多,孔祥熙又一次遭到一些人的抵制。

这次蒋介石学乖了,他不再以高压相逼迫。而是娓娓动听地讲了一番道理:"各位,请注意这样一个事实,国民革命先在南方发动起来,因此看看我们决策层中,大多是南方人,这不足为怪,因为大家最先觉悟、最早投身革命嘛!不过,看看今日中国,北方也崛起不少实力派人物,对他们的力量和作用,诸位不可小觑噢!庸之兄出生在山西,又为孔子后裔,对党国忠心耿耿。他进中执委,完全可以利用他的北方祖籍和孔圣人后裔的优势,为我们做很多疏通联络工作,这是一方代表、一个名额能发挥这么大作用,为何不肯通过?如果大家还有这样有代表性的人选,不妨也提出来，比较一下再定。你们有没有这样的人选？”

蒋介石讲的还真有几分道理，其他人无法反驳，孔祥熙于是当选国民党中央执行委员，真正成了蒋家王朝的股肱之臣。

但是孔祥熙的高兴劲还没过去，党内的反对派就分别在上海、广州也召开了“四全大会”，再一次逼迫蒋介石下野，改组南京政府。

蒋介石无法抵挡，只好在1931年12月15日通电辞去国民政府主席、行政院长和陆海空军总司令之职。

在蒋介石危难之际，孔祥熙再次表现出了与蒋介石共进退的姿态，立即宣布辞去实业部长职务，以示对蒋介石的支持。

孔祥熙很显示了一番英雄气度。他在把实业部长的大印交给继任的陈公博以后，当众发表了一篇讲话。他说：“我们平常不都标榜‘拿得起、放得下’的精神吗？我觉得拿得起的时候，应该以天下为己任；放得下的时候，应该弃天下若敝屣。这才合乎政治家的风度。不管什么人上台下台，政府还是国民政府！”孔祥熙的这番宏论赢得了一片掌声。

孔祥熙辞职，确实是一种高明之举。一方面表明了他追随蒋介石的决心，一方面也使自己从繁忙的政府公务中解脱出来，既有时间又非常方便地四处活动。他为蒋介石拉拢势力，对反蒋派进行分化瓦解。为蒋介石的再次出山和自己进一步在未来的政府中取得更加有利的地位，奠定了根基。

取蒋介石而代之的孙科，早就被一些外国记者描绘成“无能的忧郁者”，他上台之后，蒋介石操纵自己的嫡系人马，处处给他下绊子。原来政府中的要员纷纷辞职，而仍然留下来的，有的则是专门为了与他捣乱。加上此时的中国，内忧外患严重，孙科上台一个月，拿不出一件治理国家的像样方案，下达的政令处处受阻，根本无法行使职权。这时，那些反对派又一次看到了，在国民党内，蒋介石的位置是不可替代的，没有他，别人什么事也办不成。1932年1月24日，孙科被迫宣布下台。

经过孔祥熙的积极活动，蒋介石于1月28日再次像凯旋的英雄一样，从他的老家溪口（蒋介石自1927年上台到离开大陆，先后5次辞职下野，每次都是回到溪口，遥控局势，然后又从那里出发复职）出来，到南京主持召开国民党临时中政会。在会上，汪精卫被选为行政院长，蒋介石被推举为军事委员会委员长兼军事参谋部参谋长。蒋介石又一次独自掌握了军权。而在当时的中国，军权是权中之重，谁有了军权，谁就几乎可以操纵一切。

蒋介石一上台，立即委任孔祥熙为“中华民国考察欧美各国实业特使”。这个特使，实质是为了蒋介石进一步加强军事力量，向欧美各国洽谈购买飞机军械的采买大员。

孔祥熙虽然多次出国，但那都是自费，且以个人名义进行的。这一次却是作为国家特使，由各国政府接待，经办政府事务，还可以名正言顺地偕夫人一起观光游览。在他要访问的国家里，他就可以代表民国政府发言表态，决定购买哪家的产品，位尊权重，一时成为各国军火商人巴结的热点人物。得到任命的孔祥熙，也自有一股无上荣耀和重任在肩的感触。

第二十一章　考察特使

| 不吝钱财,积极支援淞沪抗战

就在孔祥熙夫妇准备启程前往欧美各国考察之时,中国发生了一件惊天动地的大事件。这就是有名的"一·二八"淞沪保卫战。面对全国军民同仇敌忾的抗战热情,孔宋夫妇毅然推迟了他们的出访日程,投入了这场保卫上海、保卫中国人尊严的民族大行动。

一直对中国虎视眈眈的日本军队,1932 年 1 月 28 日向驻守在上海的中国军队开了火。

天亮后不久,大片大片的火光掠过天空,震天动地的炮声撕裂了晨霭,在震耳欲聋的坦克和装甲车的重压下,碎石铺成的路面惊惶不安地颤动着。一队漆着太阳徽的飞机贴着江面飞来,抖抖翅膀,扔下一颗颗重磅炸弹。停泊在黄浦江中的日本海军"名取"、"鬼怒"、"川内"、"由良"号巡洋舰也一齐开火,顿时繁华市井化为一片火海。

上海的天空,一片燃烧的天空。

一切有血性的中国人不能容忍鬼子的侵略暴行,大上海保卫战开始了!

一群群市民,在中国军队的掩护下,奋不顾身,顺着街区往前奔跑,奔向枪声最剧烈的地方。胳膊上缠着红十字标记的年轻护士,平时手无缚鸡之力,今天却一个人扛起了担架;刚从工厂里出来的工人,顺手抄起太平斧,端起锋利的钢钎;无法读书的大、中学生。挨家挨户募集门板、棉被,送往市郊加固工事。戴眼镜的教书先生,把长袍掖在腰上,不顾吱吱横飞的流弹,跳上方桌,发表慷慨激昂的演讲。

驻守上海的 19 路军在总指挥蒋光鼐、军长蔡廷锴和淞沪警备司令戴戟的指挥下，对侵略者奋起抵抗。

越来越多的市民涌上街头，汇成了一股股汹涌的人流，涌向前方。

“到闸北去！到闸北去！”

“杀鬼子！杀尽鬼子！”

“叫当官的给咱们发枪！老百姓也能打仗！”

“保卫大上海！上海不能丢！”

人们的呼喊声压倒了机枪的射击声，压倒了坦克的履带声和迫击炮弹尖利的爆炸声。几艘冒险驶入苏州河的日本汽艇，还未抛锚，便连人带船被平射炮弹掀翻在江中。

日本海空军发狂了。从航空母舰上起飞的九二式水上攻击机，犹如大雷雨前的扑灯蛾，不顾死活地窜进上海市区。它们那宽大的机身，几乎擦着美丰洋行的屋顶，见人就往下撂炸弹，见工事就往下扫机枪。苏州河岸上蹿起更多的火苗，四下蔓延，烧得枯焦的洋槐树上挂满了断臂残肢，暗红色的血液在马路上流淌……

空袭，使上海人无处藏身。伤员增加，无处安排。一封又一封的加急电报发出去：

“南京，南京，速派军队增援！”

“南京，南京，医械药品……”

孙夫人宋庆龄与廖夫人何香凝，冒着炮火到真如前线慰问抗战将士，向作战部队捐赠了大批物资。

一直关心儿童福利工作的宋霭龄，面对外敌入侵，也无法再按原计划出国了，她在全国人民抗日救国激昂情绪的影响下，也参加了对中国参战部队的援助和对伤兵的救援工作。

白天，刚刚向前线送去捐赠的卡车和棉被，深夜，霭龄又接到上海红十字会打来的电话，请她帮忙解决拥进城市里的大量伤兵的医治问题。

“一个小时前，还有人告诉我说，床位很充足，不用准备了。”宋霭龄疑惑地说。

“不要说一个小时前，而在 3 个小时前，床位就不够用了。不想办法，伤员们就要住大街上了。”红十字会主席着急地解释说。

“看来那些家伙是谎报军情!”宋霭龄十分气愤。她放下听筒后,在屋里急得团团转。她心里明白:如不及时抢救,伤员会死的。当时,又没有时间采取通常的“运动”或义卖等方式来募捐资金,怎么办呢?宋霭龄当机立断,同她的3位朋友一起,拿出了8万美元,以救燃眉之急。他们用这笔钱建立了一座配有400张床位的培德医院。一周之内,这所医院就住满了伤兵。

接着,宋霭龄又在一些有钱人中鼓动募集到一笔巨款。不久,一所有1000张床位的私人医院又在上海建立起来。

然而,南京国民政府却无抗战的勇气和决心。蒋介石对抗战部队不组织增援,一些人反而在忙着向洛阳迁都。

3月初,驻沪日军全线发起总攻,中国守军撤退至昆山至福山一线。3月3日,国联决议中日双方停止战斗。后来,中国与日本外交代表谈判,签订了屈辱的《淞沪停战协定》。

《淞沪停战协定》一签订,蒋介石立即把因抗日声名鹊起的19路军调往福建去“剿共”,对积极参加了救援工作的孔宋夫妇,在口头上给予嘉许后,则指示他们马上出国去办他安排的事情。

美国人短视,难以买到美国军火

飞机在浩瀚的太平洋上空平稳地飞行,望着如万山涌起的白云,孔祥熙喜气洋洋:

“霭龄,今天是几月几号?”

“1932年3月13日。怎么,你连今儿几明儿几也搞不清了?”霭龄盯着丈夫,奇怪地反问道。

“哈,心里高兴,找话跟你说说呗。”

“有什么特别高兴的?”

“嗯,你想啊,第一,这次是我们结婚后第一次双双出国访问,值得高兴吧!第二,你没见刚才在机场给我们送行的都是什么人吗,有南京政府的要员，还有蒋宋两家的家庭成员，甚至还有委员长夫妇，荣耀啊！我真有点一步登天、受宠若惊的感觉哩！”

“咳！”宋霭龄不以为然。

“看来，我们给美龄包的这桩媒，利润真不小呢……”

“你上一边高兴会儿吧，我想找人打牌了，这么长的飞行，路上怎么过啊！”

从来不许孔祥熙打牌、跳舞的霭龄，自己的牌瘾倒不小。

经过了漫长的空中飞行，孔祥熙依然兴致勃勃，从飞机往下眺望着未受战争影响的华盛顿。在客机的圆形舷窗中，首先出现的是高入云天的华盛顿纪念碑，它像一柄白色的长剑直插云霄；波托马克河畔停泊着好多艘漂亮的汽船，岸边行驶的汽车，看上去像是一只只小甲虫；接着浮现的是方格棋盘般的大街，各种风格的建筑群令人目不暇接。后来，国会大厦、林肯纪念堂和最高法院也一一展现在眼帘。

访美初期，他们在一片热情洋溢的欢迎气氛中度过。在华盛顿，在纽约，在其他的大城市，他们日夜不停地出席各种招待会。孔祥熙同美国官员们进行高级会谈，宋霭龄也借各种机会在美国的同学中重温旧情。从前的朋友都来看望霭龄，有的还为她举办接风洗尘晚宴。旋转门转个不停，会客厅高朋满座，裹着夹大衣的熟人接踵而来，带着鲜花和他们浓艳风采的夫人。一位小姐落落大方地弹起了钢琴，她演唱的是《美丽的阿拉斯加》和《朋友，祝您晚安》。五彩缤纷的宴席上，摆着香肠、炸牛排、喜三肝、鸳鸯蛋、女士香槟和德国啤酒以及微甜的葡萄酒。

舞厅里，霓虹灯闪亮着，优美悦耳的舞曲中，对对男女携手迈进舞池跳起来，转起来，优美的舞姿给人留下了深刻的印象。在休息室里，宋霭龄与众多的大学同学聊天，好多人的话题都是想买花园式的洋房，换辆新轿车，购买更时髦的家用电器，追求享受和福利及“三高”社会。有位朋友自信地说，美国正向这个方向前进。舞台上的歌星是这样唱的，收音机里是这样讲的。战争是凶神，去你妈的，美国无意卷进去。

祖国正面临着日寇入侵的孔祥熙夫妇，对这些高谈阔论无法附和和奉承，昔日的同学和朋友忽然间生出些说不出的隔阂来。朋友劝他们一起做一次环岛游行，他们谢绝了；朋友劝他们参观往日的校园，他们也摇摇头；朋友要开车拉他们参加美国古老的传统婚礼，他们推说有事离不开。

孔祥熙想从美国进口先进武器的谈判进展不大，美国人这时正热衷于和日本做生意，日本人在做着侵略战争的准备，它需要的战略物资很多，足够美国老板们赚钱。而同中国做生意，美国人担心中国的贫穷将会使他们不能及时收回货款，而且他们担心卖给中国武器会遭到日本人反对，影响他们同日本的生意。美国人的理由倒是冠冕堂皇——对各国争端一律保持中立。

孔祥熙对美国官员和企业老板们的短视十分气愤，他们夫妇刚刚经历了“一・二八”淞沪抗战，前一年已经有了东北的“九一八”事变，东三省大好河山沦于日寇之手。他们想着东方，战争的凶神在吞吃千万个婴儿；战争的火焰在燃烧着千万座无辜的民房……孔祥熙对美国官员的不满不时有些流露。

访美后期，孔氏夫妇的旅途蒙上了一片阴影。此时，美国舆论界正盛传着有关蒋、宋、孔家族的一些不堪入耳的丑闻。这些从上海传来的消息，登在美国的报纸上，说得活灵活现，使孔氏夫妇十分尴尬。宋霭龄心乱如麻，很想中断这次访问，以免在同窗好友面前出丑。她谢绝了不少公开场面的活动。曾在美国会见过宋霭龄的威斯里安女子学院校友杂志主编尤妮斯・汤普森说：“我看见孔夫人非常真实地流下了女性烦恼的眼泪，并且亲自去把她的氨水精拿来，以便使她的神经镇定下来……她担心甚至在最后一刻可能丢人现眼也许会受不了。但我们答应她，不加张扬，而且在朋友们的配合下兑现了这个诺言，因为这些朋友都能理解她确实多少需要保持清静和不受打扰。她的同班同学得到通知，从全国各地前来威斯里安学院同她会合。在整整的两天时间里，她会见的全都是她熟悉的人，于是，她能够一连若干小时把祖国的苦难置于脑后。”在美国一些同学的关心下，宋霭龄的恐惧和悲伤情绪逐渐烟消云散，心情愉快多了。

为了配合孔祥熙在美国的外交活动，宋霭龄以捐献“奖学金基金”的名义，献款给母校——威斯里安女子学院一笔资金。孔祥熙夫妇这次出访的实际目的，是奉蒋介石之命，向“友邦接洽军械飞机之购买与设厂自制事项”。孔祥熙虽然拜会了美国的胡佛总统以及其他高级官员，但是没有达成购买军火方面的协议。

从意大利和德国买到武器，运回国发现多是旧货

他们怀着沮丧的心情，转道欧洲，希望在下一站能有收获。因此，对于欧洲，他们特别重视意大利和德国。为了下一站的成功，夫妇俩商量一番，最后决定由宋霭龄公关开路，先走一步。

宋霭龄在孔祥熙之前先期到达意大利的威尼斯。由于宋氏家族的显耀，霭龄受到隆重的接待。靠发动“向罗马进军”的法西斯军事政变而就任意大利首相的墨索里尼，派几位高级官员乘一艘摆满鲜花的游艇去迎接她。看到这种蔚为壮观的皇家场面，宋霭龄激动不已。后来，她对人说：“这太美了。不过为我铺陈这样大的场面，使我感到紧张。我在乘船赴意的旅途中，一直在阅读有关意大利的书籍，是子文送我时给我买的。我看的多是些有关政治和许多数字的统计，这么多鲜花实在出乎我的意料，不过我很高兴。还有旅店中的房间、官府大厦！我一生中从未看到过这么多的红色和金色。”在首相府，墨索里尼亲自会见了她。

不久，孔祥熙也由美国来到了意大利。意大利是古罗马帝国的发祥地，名胜古迹颇多。孔氏夫妇尽情地游览了意大利境内的许多充满宗教色彩的建筑和历史古迹。世界八大名胜之一的古罗马露天竞技场，摇摇欲倾的比萨斜塔，文艺复兴的摇篮佛罗伦萨，世界上唯一的出门乘舟不用汽车的水城威尼斯，圣玛丽亚修道院里达·芬奇的名画《最后的晚餐》等等，令孔氏夫妇眼界大开，流连忘返。孔祥熙兴致勃勃之余，同墨索里尼谈起军火生意来。

墨索里尼装出一副关心中国建设的样子，对孔说：“贵国建国，应从空军着手。空军发展起来比较快，所需经费，较海军为少。且将来战争之胜负，取决于空军。日本为海军先进国家，贵国欲赶上日本，非仓促可办，空

军则三五年内可见成效。”中国当时是一个极为贫穷落后的半殖民地半封建的国家，政治腐败，军事落后，民不聊生。靠买几架飞机，建设空军，是不可能“建国”的。何况，战争的胜负是由政治、军事、经济诸因素力量的对比所决定的，单纯依靠空中力量是不可能制胜的。对于这样简单的常识，不知是孔祥熙根本不懂，还是另有考虑，他居然对这种“空中制胜”、“空军建国”的谬论，钦佩得五体投地，并专门向蒋介石作了汇报。经过几次谈判，孔祥熙购买了一大批飞霞式轰炸机，并且聘请了以劳地为首的意大利顾问团来华协助建立空军。墨索里尼将协议的具体事宜交给了他的皮肤黝黑的女婿、意大利驻华公使齐亚诺伯爵，这实际上加强了蒋介石、孔祥熙同墨索里尼的联系。初有收获，意大利给孔祥熙、宋霭龄留下了深刻印象。

接着，夫妇一行又来到德国。此时，正是希特勒忙于总统竞选不亦乐乎之时。经过多年的经营，希特勒的纳粹党已经在各方面做好了接管德国政权的准备，它的触角像毒藤一样蔓延到德国社会的各个角落。希特勒用他滔滔不绝的叫嚣和民族复仇主义狂热情绪，到处宣扬其臭名昭著的《我的奋斗》中散布出的疯狂野心：创建第三帝国和征服欧洲。在同希特勒的会见中，孔祥熙颇有兴致而又认真地听完希特勒“创建第三帝国”的计划，表示了对这位德国纳粹党元首的崇敬心情。他握着希特勒的手说：“希望日后能加强合作，共增友谊。”希特勒傲慢地点了点头。经过几次会谈，孔祥熙购买了 2500 万美元的德国武器。后来，这些德国武器大多数被用来“围剿”中国工农红军。

结束了三国访问，孔祥熙、宋霭龄回到了中国。在一个风和日丽的傍晚，孔氏夫妇专程拜访宋美龄，并捎去高雅的礼物，借此机会，向蒋介石详细汇报了出访欧美寻求“援助”的情况，并且表示“谨就个人在欧所见所闻，随时提供意见，供作参考”。蒋遂任命孔为中央航空学校校务委员。孔祥熙不满足“航空学校校务委员”之虚职，曾有当航空部部长的愿望。他曾对蒋的亲信、航空署署长兼中央航空学校代理校长葛敬恩说：“建设空军，已得到意大利政府的支援，财力物力都有办法，航署应即扩充为部。”并且开门见山地表示：“愿意自任航空部部长，请葛以首席次长负实际责任。”蒋介石没有满足孔的这一奢望。孔开始发些牢骚，但很快就平衡了自己。

后来，孔祥熙订购的意大利飞霞式轰炸机20余架运到，经航空署派人检查，认为“这样的旧东西，炮管里的来复线都已磨光，如何能用？”有人主张退货。葛敬恩只得将经过情形据实向蒋请示。蒋介石表面说要追究责任，但是以后并无下文。当然，孔祥熙是不会过问他购买的飞机质量如何这类事情了。孔氏夫妇既会聚敛金钱，也会在关键时刻“大智若愚”地打发金钱。为了政治目的，多花点钱，他们已习以为常。他们周游一路，几次慷慨解囊，其目的在于建立蒋介石同西方列强的联盟。霭龄更不管那一套了，她以此行炫耀她的成功。

第二十二章　财政部长

宋子良要罚蒋经国，孔令俊硬顶宋子文

孔祥熙和宋霭龄的4个子女逐渐长大，他们在孔祥熙的一生中也各自扮演了重要的角色，尤其是大公子孔令侃和二小姐孔令俊，更是不可小视的人物。

一天，宋子文过生日，邀请了宋家、孔家和蒋家所有的人来，大家都在下班后放下了繁忙的公务，乘机来这里放松一下，热闹一会儿。

华灯初上时，一辆辆高级轿车相继开来，子文和夫人张乐怡在二门口一个个迎接。大姐霭龄来得最早，她要帮着弟弟张罗一下，以免闪失。因为今天虽说是家庭聚会，可来的都是当今中国最有头面的人物啊。霭龄进去一处处巡视时，蒋介石和宋美龄同乘一辆车子来了。

美龄一下车，就笑盈盈、脆生生叫着："哥，给你祝寿啊！"子文赶忙说："瞧小妹这话说的，我还不到40岁，哪敢言寿？你这么说可别折了我的寿！"

张乐怡看兄妹二人说得热闹，怕冷落了蒋介石，就赶紧上前说："委员长，欢迎你啊！"蒋介石嘴一咧："嫂子！今天是在自己家里，你可不能这样用官衔称呼我，那不显得我和大家生分了吗？"张乐怡一笑说："哈，那我直呼你的大名——蒋介石，这也不妥呀！"

蒋介石还想跟嫂子开几句玩笑，看子文和美龄的话已打住，都盯着自己，遂向子文一拱手说："子文兄，兄弟我今天给你祝——""寿"字没说出口，见子文和美龄已用手指住自己，猛想起子文和美龄刚才的对话，立即改口说："祝、祝，祝你生日快乐啊！"

张乐怡马上接口说："怪不得介石兄弟能当委员长，瞧人家这嘴巴子

转得多快!”

大家哄地一声笑。笑声没落,就听一人大声说:“转得快什么!”随即学着蒋介石的浙江话腔调说:“‘子文兄,兄弟我今天给你祝、祝生日快乐’,这话连文理也不通啊!”

大家回头,原来是孔大公子孔令侃。美龄在他头上一拍说:“好小子,刚长个人样,就敢笑话你姨夫了,再过几年你还得了?”

孔令侃脑袋一偏说:“小姨姨,你就知道向着姨夫,看我一会儿非给姨夫灌几杯酒不可!”

美龄说:“你敢,你姨夫在全国提倡新生活运动,他自己可是不喝酒、不抽烟,连茶都不喝的,你可不敢给他坏了规矩。”

令侃说:“就冲姨妈这句话,我今天捏住鼻子也得给姨夫灌两杯!”

这里正在热闹,笑模笑样的孔祥熙来了,一见令侃和大人斗贫嘴,顾不得和别人打招呼,立即向着令侃喊:“犬子!没大没小!”

孔令侃一边往美龄身后躲一边说:“姨妈,你听见了吗?我爸说我是狗儿子,可我是什么生的呢?”

别人都在笑,唯独宋子文听了这话,皱了一下眉头,脸上掠过一丝不悦。

子文带众人进客厅坐下,一看已是几十口了。大家有说有笑,好不热闹。看着政府里的核心人物,都是自己家族的成员亲戚,蒋、宋、孔个个乐得合不拢嘴。

霭龄查了一下,基本都到齐了,就差孔二小姐孔令俊没有到。便说:“这小囡明明知道时间,也不知上哪儿疯了,她成天像个没线风筝,一点准儿没有。我看不要等她,咱们就开始吧。”

美龄赶紧说:“令俊这孩子我喜欢,她不来不算全,大家说着话再等会儿吧。”

宋子文心里真不愿为了一个孩子耽误时间,便站了起来说:“大姐说得对,咱们开始吧。今天不过借着我过生日这个名目,大家一起热闹热闹。”说罢,喊过宋子良说:“今天的司仪是子良兄弟,从现在起,我们大家都听他安排吧。”

宋子良应声站起，把一条大红绶带左肩右胁往自己身上一挎，来到客厅中间一本正经地说："今天的寿星是我哥子文，司仪官却是我子良！有谁不听本司仪招呼，罚喝这一小杯茅台酒——"说着把中间桌子上蒙着的布掀起，露出了下面早放好的一碗酒。大家看时，乖乖，这个碗的碗口直径足有一尺，里面的酒盛得满溜溜的。少说也得有5斤——子良用手指住碗接着说，"本司仪执法如山，六亲不认。谁违了我的令都得一口把它喝干！"

众人从未见过这么大的海碗，再看子良一脸假正经的样子，个个笑得前仰后合。

蒋经国说："舅舅，这么大的碗你从哪儿找来的？别说是盛上酒叫人喝，就是盛上那么一碗水，牵头牛来也不一定喝得完！"

宋子良被说得一下没憋住，扑哧笑出了声。他赶紧扭头又板起脸来说："好啊，我看你成心向本司仪挑衅，先罚你把它喝了！"

蒋经国连忙求饶："舅舅，舅舅，我最尊重你的权威，最拥护你的法令，赶快往下进行吧。"众人又是一阵哄笑。

子良指挥众人来到后花园，观看了从欧洲购回的最新式焰火礼花，个个眼界大开，赞叹不已。

来到餐厅，子良叫人把个农村石磨样的双层大蛋糕抬上来，在上面插上了相当于子文年龄的39支蜡烛。当蜡烛点燃、大家围着一起唱美国歌曲《祝你生日快乐》时，孔令俊一身美国牛仔打扮冲了进来。

美龄赶忙招呼："珍妮特，快，到姨妈这儿来！"

子文一口吹熄了蜡烛，拿起刀子去分蛋糕。

孔令俊没接美龄的茬，却冲着子文嚷了起来："大舅，我来给你过生日，你却不等我来就放焰火分蛋糕，你眼里没我这个外甥女了？"

子文皱了一下眉，放下刀子，看着她说："令俊，在正式的社交场合，应该穿礼服，穿这种随便的牛仔服会被认为是失礼的。"

"那是你在美国留学学的美国的臭规矩，这儿是中国，我想穿什么就穿什么。"孔令俊嘴快得像刀子。

子文说："好好，就按中国的规矩，你是个女孩子，就应该穿女孩子的衣服，干吗穿成这样子，男不男，女不女的？在自己家里无所谓，这出了门可是要招人笑话的。"

这一下孔令俊恼了，大声嚷道："我爱穿什么就穿什么，你管得着吗？"

子文一怔，想不到这孩子说出这种话，他脸色有些难看。咽口唾沫又说："做事不合规矩，别人可以不说，我当舅舅的却不能不说！"

"你要是看不惯我，我立即就走，而且今后永远不到你家！"孔令俊说完，一脚踢翻个凳子，跑了出去。

美龄埋怨子文说："你瞧瞧，把孩子气跑了。她还小呢，干吗说她这个！"

子文也满脸不悦，望着霭龄和孔祥熙说："大姐、姐夫，这管孩子得从小管，不能光娇着宠着；现在外面对令俊的穿衣行事闲话不少，咱们这样的人家得顾全体面才好。"

霭龄诉苦说："我早觉着这孩子该管管了，可我做母亲的，孩子一大就不好管了。你姐夫是个老好人，连句响亮的话也说不出来，我早就想请你们当舅舅的出面，下次你们还真得找个机会好好说说她。"

孔祥熙连忙表态："外甥不肖舅舅管，舅舅管嘛。"

热闹的生日宴会经孔令俊一搅闹，众人都没了情绪，笑声再也起不来了，大家又干坐了一会儿，便一个个推说有事，起身告辞了。

回到家里，孔二小姐就向父母发出了怪腔调："嗬。当财政部长就是和当别的官不一样啊，瞧瞧今天宋 TV 那个神气！哪像我老爸，当了几天实业部长就假装效忠委员长赶紧辞了。你辞了就辞了，谁还再给你个什么官？就剩一个什么国府委员，在人家面前低三下四，叫我都瞧不上！"

"滚出去，这里没你的事！"霭龄心情也不好。

孔二小姐一走，孔祥熙开了腔："哎，我说，这子文是不是跟咱隔点心哪？你看看，我这空当当的国府委员就是在他面前有点抬不起头呢。"

"你等着瞧，这种局面不会太久了。"霭龄似乎胸有成竹。

"那好那好，我就等着瞧你的把戏了。"

孔祥熙从宋子文手上接过中央银行总裁职

1933年3月的一天晚上，上海孔氏的寓所里，宋霭龄正打开留声机，播放着美国西部的《狂舞曲》，等待丈夫的归来。孔祥熙早晨6点半，被蒋介石召去，说有要事要谈，直到晚上10点还不见回来。宋霭龄不免有些着急。

正焦急间，孔祥熙风风火火地推开了门。

“有什么事？”宋霭龄边给他脱下风衣边着急地问。

“今天咱们拿酒庆贺！”孔祥熙满面春风。

“有什么高兴的事儿，值得你这么高兴？”宋霭龄不解地问。

“咱们边喝边谈。”孔祥熙把手一扬说。……在宴席厅里，孔祥熙喝下了半瓶白兰地，才打开话匣子：“老蒋要委我以重任。”

“给你个什么高帽戴戴？”宋霭龄幽默地问。

“中央银行总裁。”孔祥熙把这4个字咬得很重，似乎从牙缝里挤出来。

“哈，到底成了，没想到这么快。不过，老蒋对子文会不会另搞阴谋？他毕竟是我弟弟呀？”

“唉，一言难尽……”孔祥熙摇着头说。

孔祥熙的这个行长是从宋子文手里夺过来的。不过，这并不全是霭龄活动的结果。

因为蒋、宋矛盾由来已久。

早在1926年11月8日北伐军打到武汉城下，主力转向东南战场，此时国民党内出现两大争论：“定都之争”和“法统之争”。“定都之争”由广州的国民政府迁往何处引起。1926年11月16日，广州政府派出宋庆龄、宋子文、陈友仁、徐谦、孔祥熙、李烈钧、鲍罗廷夫妇等人前往武汉，考察迁都问题。26日国民党最高执行机构中央政治会议决定迁都武汉。12月13日，国民党中执委和国府常委举行紧急会议，决定在政府未迁完之前，由徐谦为主席，宋庆龄、陈友仁、吴玉章、孙科、鲍罗廷为委员的联席会议执行党政领导职能。1927年2月2日中央政治会议宣布：国民政府驻武昌,中央党部驻汉口。蒋介石开始闹事,迁中央机构于武汉,他本是同意的,曾在1926年11月19日的一则电文中认为:为了提高党政威信,有必要把中央党部和国民政府由穗迁汉。只因蒋准备绕过由国民党左派和中共代表领导的联席会议,另组清一色的右翼反共政府,故在1927年1月7日,在南昌召开非法的中央政治会议,作出与武汉方面相反的决议:中央党部和国民政府不迁武汉,暂居南昌,迁都问题留待3月间中央全会讨论。蒋介石推迟决定定都何城,是因为所相中的准备作为反共政府统治中心的上海、南京还未到手。1927年3月21日和26日,蒋介石指挥的白崇禧部和何应钦部相继开入上海和南京。4月12日,发动反革命政变。18日,在南京成立政府。宁汉两个"政府"开始了长达5个月的对抗、合流过程。合流过程中,"定都何处"很快解决,金陵古城成为国民党政权所在地。原因是南京位于东南财富之地,是六朝古都,又是孙中山开创的中华民国的国都。

合流中争论最多的问题是"法统之争"。"法统之争"与"定都之争"同起,主张以武汉为首都,实质上是把迁武汉的中央机构视为正统。而蒋介石反对武汉为首都也是否认已迁到武汉的中央机构的法律地位。蒋介石既能让南京压过武汉三镇,在法统上也会有办法让对方屈服。他一是自诩为总理信徒,二是攻击武汉政府已经赤化,三是靠掌握的军事实力和数量,都超过武汉军事支柱唐生智第四方面军的军队,四是联合胡汉民为首的一批国民党元老和右派,其中不少是中央执行委员、中央监察委员及国民政府委员。其中一、三、四条,是真是假、或白或黑,武汉方面还可以与之抗争,可第二条却使武汉方面失去了与南京方面一争高低、以争正统的资格。正在武汉任国民政府主席的汪精卫,本来就不是一个革命者,只是一个假左派。1927年4月初从海外归来时之所以谢绝蒋介石的挽留而前往武汉,名义上是支持国共合作,实质上是看中武汉正空着的"国府主席"的交椅。现在汪氏一看蒋介石扣过来的红帽子使得武汉在争法统中处于十分不利的地位,遂于7月15日公开反共,把自己的反动真面目暴露给社会,暴露给历史。"七一五反革命政变",完成了宁汉合流的政治基础,武汉、南京双方开始激烈的、讨价还价的合流过程。面对变化如此之快的形势，宋子文经过短时期的不适应和彷徨后，很快倒向蒋介石，并成为宁汉双方谈判中的关键人物。宋子文的不适应主要反映在对待两个人的态度上，一是如何看待二姐宋庆龄，一是如何看待蒋介石。宋庆龄关于继承总理遗志、贯彻三民主义和建国大纲的主张，宋子文是赞成的。二姐对蒋介石个人劣根性的分析，宋子文也有同感。可对二姐关于继续执行总理的三大政策、坚持国共合作、发动工农运动的主张则持反对态度，特别是他对工农运动更是横加指责。宋子文作为广州政府迁武汉的策划者之一，却于 1927 年 4 月初就离开武汉到达上海，不再为革命政权工作。蒋介石叛变革命后，有人劝宋回武汉任职，履行财政部长职责。宋子文对国共合作已失去昔日热情。可蒋怀疑宋实际上同情武汉政权、倾向二姐宋庆龄。此间，当上海银行家要求批准付给蒋介石的借款时，宋拒绝了。于是蒋就记恨于心，置宋的财政部长的权力于不顾，不和宋商量而自行借款，并指派财政官员。1927 年 4 月 20 日，蒋终于封闭了宋在上海的办事处，任命他以前的秘书长古应芬为财政部长。对此，宋子文也是有气的。

在蒋介石发动"四一二"反革命政变后，在蒋介石的威逼利诱下，宋子文不得不离开汪精卫的武汉政府，参加蒋介石的南京政权，并出任财政部长。作为宋子文，一边是二姐，一边是小妹。说实在的，两边都有后台。尽管他对蒋有气，思来想去，他还是倒向了小妹这边，答应了蒋介石。宋子文是有本事的，蒋介石挖墙脚也是有心计的。宋子文一旦成为蒋的人，便挖空心思为蒋介石筹款，以支付日益激增的各项开支。他巧妙地向银行家们推销了一大笔债券，并且获得了成功。这样，那些大腹便便的银行家们，自觉不自觉地同蒋介石的南京政权拥抱在一起。那些五颜六色的政府债券，塞满了银行家的皮包。银行家们为了维护自己的利益，不得不在政治上支持蒋介石的政权。宋子文的所作所为，很得蒋介石的欢心，并把他当做了心腹之人。

然而好景不长，随着日本帝国主义加紧对中国的侵略，蒋、宋矛盾又尖锐化了。日本帝国主义在继"九一八"事变以后. 又于 1932 年挑起了"一·二八"事变。驻上海的中国第 19 路军进行了顽强的抵抗。他们在被炸毁的废墟里挖壕据守，用鲜血和生命保卫着每一寸土地。但是，由于没有得到及时的增援，19 路军的官兵遭到很大的伤亡。宋子文看到日本人突然进攻所造成的严重后果，深感震惊，在此之后，宋子文同蒋介石的不抵抗政策产生了分歧。1932 年夏天，当上海的战火刚刚平息时，蒋介石就准备了浩大的费用，并开始发动大规模的对革命根据地的反革命“围剿”。宋子文对此坚决不同意。他认为抗日比“剿共”更为重要，政府应力图收复满洲、保卫华北。宋和蒋为筹措对共产党战争的军费发生龃龉。1932 年 6 月初，蒋介石提出每月军费由 1300 万增加到 1800 万元，以支付“剿共”费用，这使宋子文的节缩财经计划流产，而且又要发行新公债。宋子文反对蒋介石将 19 路军调往福建去“剿共”，反对更多的借款，实际上对蒋的反共政策的“合理性”提出了异议。

1932 年 5 月。上海实业界的许多巨头和在西方留过学的教授，在上海成立了一个叫做“废止内战大同盟会”的组织。这个组织的目的，据通电所述，是防止内战。外祸纷来，源于内乱，只有根除内战，中国才能抵抗外国的侵略。参加这个组织的银行家们拒绝认购与内战有关系的一切公债和借款。宋子文虽然不直接参加废止内战的集会，但他对大同盟的活动表示了明显支持，他表示这个组织终将成为一个“没有一个军阀敢于忽视其意旨”的组织。但是，蒋介石一意孤行，坚持采用“攘外必先安内”的反动政策。宋子文见此情形，便以“把 19 路军调走的做法在上海金融界不得人心”为由，于 1932 年 6 月 4 日向蒋介石提出辞职。这时候，孔祥熙在欧美尚未归国。蒋介石又感到宋子文筹款有方，便再三加以挽留。结果，他们互相作了妥协。宋子文同意继续担任财政部长之职，蒋介石则许诺将宋提升为行政院院长，并且宋同意用贩卖鸦片的秘密收入支付一部分军费。不久，宋子文发现他再次被蒋介石欺骗了。他为支付抗日军费而发行的公债，受到蒋介石的阻挠，驻热河省的中国军队遵照蒋介石的命令从抗日前线撤退，一仗也未打。汪精卫也从海外回国，坐上了行政院院长的宝座。宋子文心灰意懒，决定辞去中央银行总裁职务。他以参加世界经济会议堂而皇之的理由，到美国去进行长达 4 个月的访问。话不投机，蒋介石也没阻拦。

在这场矛盾中，孔祥熙更加受到蒋介石的重视。孔祥熙和宋子文虽然有很多相同之处。他们都是基督教徒，都受过美国教育，都同孙中山和蒋介石有姻亲关系，都通过家族关系和个人才能在政界发迹，地位显赫。但是，他们在同蒋介石的关系上却有差别。一位美国人认为，孔含蓄随和，似乎是中国政界的老好人，尽可能地与所有政客军阀表示亲切友好，他对蒋殷勤驯顺，和蒋的关系较宋与蒋的关系更亲密。而宋子文态度生硬，在南京政府中树敌甚多。在一段时间内，宋对蒋表现出一种“傲慢”的态度。宋子文自恃不仅是蒋介石的大舅子，还是先总理孙中山的小舅子，两朝国舅的身份，使他有时很不把蒋放在眼里，他认为对的，就只管铁心坚持，任蒋介石说好话拍桌子都不管用。这让蒋介石感到头疼又无可奈何，从心里说，蒋介石非常需要孔祥熙的殷勤和驯顺。

对政坛每一丝变动，宋霭龄都是十分敏感的。此时她的心情又复杂起来：一边是丈夫，一边是大弟，显然大弟受了委屈，她还是十分同情的。忙问：“子文现在在哪里？”

“他向委员长提出，要出国4个月，不知准备得怎么样？”孔祥熙道。

“我得看看他去。”宋霭龄边说边站起了身。

“你看几点啦？都到12点了。”祥熙提醒她。

“那我明天去。”

宋子文继续控制中央银行算盘落空，孔祥熙为己为蒋不惜把国家钱袋子掏空

第二天早晨吃过早点，宋霭龄给子文挂了电话。也许是故障，不通。于是，她便叫了随从和司机，驱车匆匆向子文官邸驶去。事不凑巧，子文驱车刚刚离去，霭龄很是扫兴。当晚又来，再次扑了个空。因事务缠身，一周后再来，子文已去了机场。霭龄驱车去追，赶到机场时，子文的座机已经起飞。那机尾的红灯在夜空中，给霭龄留下了若明若暗的光曦。霭龄落泪了，祝愿大弟心宽体健，一路顺风。

其实，霭龄这时对子文的担心是没有必要的。宋子文的中央银行总

裁是主动所辞，由孔祥熙出任也是由子文请行政院长汪精卫保荐的。他的算盘是自己和蒋介石越闹越僵，为了保住财政部长宝座，把中央银行总裁一职让出去，而且要让给自己的亲戚、对蒋介石恭顺听话的大姐夫，一来可以让蒋介石通过比较信任的孔祥熙了解财政金融的实际情况，二来中央银行的原班人马都是自己的班底，孔祥熙为人谦和，不愿发生矛盾，仍可由自己暗中控制。这可以从3月5日宋子文发给中央银行副总裁陈行的电文中看出。电文说：

陈副总裁鉴：可密。译转胡笔江兄鉴：弟辞中央银行总裁职，于财政金融有益无损。一切仿照原定计划进行，请转告寿民、孟嘉诸兄为祷。

弟子文，歌。

当时胡笔江、唐寿民、胡梦喜均系宋子文的主要谋臣策士，也是宋的心腹大将。宋叫中央银行副总裁陈行转告他们，一切仿照原定计划进行，就说明他开始并没有辞去财政部长的打算，而且想继续利用原班人马控制中央银行。同一天，财政部次长徐堪也给心腹人马发出电报，进行布置。徐的电报是：

陈副总裁鉴：可密。部座本日中政会提出辞中央银行总裁职，并请汪院长保荐孔庸之先生替代，其目的大概俾各方明了财政状况，不致仍然要求增加经费。请转告馥荪、公权、淞荪、孟嘉诸兄为祷。

弟堪，歌。

宋子文辞职的用意在这些密电里已表明无遗，可惜他的算盘并不是每一次都拨得准确无误。他的辞职，既没有让蒋介石因此停止要求增加军费，也没能让看似好好先生的大姐夫孔祥熙照着他的事先安排行事。

孔祥熙平时嘻嘻哈哈，看上去好像心无城府，实际上却精明到了老谋深算的地步。他新官上任三把火，第一把是首先借机加强自己在天津设立的裕华银行。

5月15日，孔祥熙就示意留任的中央银行副总裁陈行，密函中央银行天津分行经理李达，与裕华银行保持特别联系。陈行虽受宋子文所托，要他照原计划办事，但他已经明白，宋子文这一辞职，短时恢复已不可能，要在中央银行继续干下去，必须讨得孔祥熙的欢喜。何况宋霭龄手段高明，几下子就把这帮人抓到手里，陈行当然不敢也不肯违背孔祥熙的意旨，立即给李达发去了密令。

李达自然也不肯得罪新任总裁孔祥熙，马上给陈行复电，表示了自己对孔祥熙的私人银行将予特别关照。他的电文是：

> 健公(陈行字)副总裁钧鉴：顷奉本月15日钧函，敬悉钟切。温君襄忱，前曾在津任国货银行经理，现达极为相熟。此次在津任国货银行经理，仍常晤聚。总裁于该行(裕华银行)既甚注意，遵当与该行特别联系。至推行钞票一节，容俟温君到津，即与之面洽，再行函报。

孔祥熙少年知己五叔孔繁杏曾在天津裕华银号任职，孔祥熙在国民政府任职后，即把裕华银号改为山西裕华银行，作为他自己私人开设的银行，与铭贤学校并列为他本人创业的基础。实际上山西裕华银行规模很小资力也很薄弱，主要是依靠孔祥熙当上中央银行总裁后的关系，利用中央银行的扶持，逐步发展起来的。抗日战争开始后，山西裕华银行迁往重庆。孔祥熙对裕华银行并不避讳，而且津津乐道，显示他家早已开设银行，他自己早就是银行资家。

孔祥熙上任后的第二把火，就是克尽所能，为蒋介石筹措战争经费，当时，国内形势十分严峻，由于蒋介石年复一年地发动反革命“围剿”，致使广大人民颠沛流离，国民经济遭到严重的破坏，南京政府的财政赤字连年增长。到1933年，每月将近赤字1200万元。为了解决反革命“围剿”的经费。孔祥熙专程飞到江西同正在指挥军队向红军进攻的蒋介石讨论了筹措经费问题。最后，蒋、孔商定以关税为担保，发行1亿元新公债。接着，孔祥熙飞到上海，向银行家们推销1934年初正式发行的新公债。

这次还算顺利，公债不久就被买光了。孔祥熙十分得意。可是，这1亿元钱到手没有多久，就被蒋介石用去购买打内战的军火，花得一干二净。

为了补充蒋介石的内战经费，孔祥熙又发行第二期“关税库券”，并且越来越多地直接向银行借款和透支。这些钱都被用来进行反革命“围剿”。孔祥熙为蒋介石筹措经费的“锦囊妙计”，就是用高利率夺走生产领域的资金。当时，农村经济萧条，民族资本家困难重重，批发物价和房地产价暴跌。上海银行家发现这些领域的投资已没有吸引力。某些最兴旺的企业所得红利很低，例如商务印书馆为7.5%，南洋兄弟烟草公司仅有5%，而孔祥熙发行的公债纯益超过20%。正是这样，大量的货币从农村流入城市，又被孔祥熙的公债所吸收，成千上万的货币不是用来发展生产，而是消耗在破坏生产的“内战”上。其结果是，蒋介石得到了充足的反革命“围剿”的经费，银行家也从中牟取了高额利润，而工农业生产则更加陷入困境。一位有识之士当时就公开指出：“政府公债的高利率促使工业萧条、农业破产”，越来越多的人也开始反对孔祥熙的公债政策。很快，孔祥熙的“妙计”就不灵了。

一个时期以来，西方资本主义国家处于经济萧条之中，这股萧条之风迅速地袭击了上海。1933年，美国已放弃了金本位。为了满足遭到衰退打击的西方工业国家的要求，美国开始储存白银作为财政储备。美国国会规定的银价是每盎司50美分，这对上海的银行家颇有吸引力。他们认为，如果不买南京债券，而是将白银运到美国，就能赚一笔十分可观的利润。正是这样，下半年，大量银元纷纷流往国外，债券销售额一落千丈，蒋介石的内战经费频频告急。

同时，大量银元外流，造成了中国金融市场银根吃紧，于是银行贷款的利率急剧上升，这种趋势直接威胁着南京政府的赤字财政，南京政府能否继续存在都成了问题。身为中央银行总裁的孔祥熙见此情况，如坐针毡。他将幕僚们找来紧急研究一番，感到制止白银外流的唯一办法就是宣布禁运。于是，以南京政府财政部的名义宣布：“在另行通知之前，严禁买卖外汇。”可是，那些银行家们对这项禁令置若罔闻，仍然我行我素。

一计不成，再生一计。孔祥熙采取了更为严厉的办法。他公布了一项公告:“鉴于白银价格上涨过猛,已与物价水准极不相称,国民政府为保障中国经济之利益,为保护中国之货币,兹决定对白银出口征收关税。”由于对白银出口加收了10%的关税,中国的白银价格便与英美市场的价格相等了,白银外流的现象受到了遏制。

孔祥熙将中央银行看成是蒋介石内战经费的钱袋子。他让中央银行享受了多种特权,垄断了政府的收支,有权发行关金券供兑付关税之用,实际上使该行成为国库的代理机构。孔祥熙宣布施行白银出口税,但中央银行则免税出口了大量的白银,赚了一大笔钱。孔祥熙还设法使中央银行在黄金市场上捞取了巨额利润。正是这样,被孔祥熙掌握的中央银行发展迅速,成为旧中国最获利润的金融机构。平常,孔祥熙一个劲地支持中央银行在金融界大捞特捞。这次由于债券市场急剧缩小,孔祥熙不得不打出中央银行这块王牌。他命令中央银行大量吸收公债将相当一部分赢利给南京政府贷款。政府依靠中央银行吸收公债勉强支撑了一阵,但这毕竟不是长久之计。

最后,孔祥熙终于又想出了新招。这就是采取高压手段,颁布《储蓄银行法》,迫使银行家购买公债。这个《储蓄银行法》在银行的组织和管理上作了彻底的改变,并规定每家银行必须以1/4的存款购买公债或证券,并将此存入中央银行特设账户做储备之用。《储蓄银行法》遭到了上海银行家的强烈反对。上海银行同业公会向南京政府请愿,要求做重大修改。银行家们认为这个条例限制了他们的作用,殊非寻常。然而,孔祥熙继续施加压力。南京政府命令各银行开列2000元以上存款存户的姓名、地址和存款余额。这理所当然地再次遭到了银行家们的抵制和反对。许多有识之士都认识到这部《银行法》是不现实的,如果实施,中国的金融将为外国银行垄断。但是,孔祥熙仍坚持要颁布,其用意十分明显,就是继续给这些银行家施加压力,强迫银行家购买公债。

在这一系列高压政策下,许多原来对购买公债犹豫不决的银行家,只得硬着头皮购买孔祥熙发行的公债以讨好蒋介石的南京政权。

蒋介石宋子文发生武斗，孔祥熙故作姿态不接财长

春去秋来，4个月后，宋子文从美国回来，听到银行家们怨声载道，对自己的“原定计划”没能实现，而孔祥熙却处处越权十分恼怒，对蒋介石在此期间的胡作非为更是极为生气。宋、孔矛盾开始孕育，而宋、蒋矛盾则明显加剧，一场孕育长久的暴风雨就要来了。

这次，宋子文到美国去，争取了5000万美元的贷款，但主要是用小麦和棉花支付，以刺激中国的面粉业和纺织业发展。培养税收财政来源。可当他喜滋滋地回到国内时，却发现在他离开的日子里，蒋介石竟通过孔祥熙从上海银行里透支了6000万美元，留下一个更大的窟窿要他去堵去填。宋子文憋了一肚子火。

面对宋子文处处流露出的不满情绪，霭龄心里已经有数，她已经想让孔祥熙接替宋子文的财政部长职务，这样毕竟丈夫地位高了自己更有面子，而且孔祥熙掌管财政部更有利于自己经商发财。她不断向蒋介石灌输一种印象，如果孔祥熙不光当中央银行总裁，而且兼任财长的话，财政问题会处理得更好，但是对于孔祥熙来说，像子文那样顶撞委员长的事是绝不可能发生的。蒋介石有了这个底，对宋子文动不动以辞职作要挟的事，已经不再害怕了。

为年终实行预算审计制一事，二人发生了激烈的争论。

实行预算审计制，是宋子文采取西方现代国家经济管理理论的杰作。实行国家预算，对中国来说是个新事物，中国统治者历来对此不感兴趣。国君金口玉言，一言九鼎；统治阶级可以为所欲为，花费无度，怎么肯受“预算”的限制，自己捆住自己的手脚？直至清末、北洋军阀时期均是如此。当然，蒋介石也不例外。蒋介石的南京政府建立后，宋子文对美欧等国实施的预算制颇有好感，故而信奉国家管理必须实施预算制，必须做到收支平衡。作为财政部长，从国家管理正规化、制度化、法治化的角度出发，非常认真地搞起国家预算来，作为管理国民经济、做到收支平衡的工具和手段。蒋介石对此漠不关心，时冷时热，故4年过去仍无结果。宋子文凭着“国舅”地位和牛脾气，再三进谏，再三坚持，直到1931年才算有了

独立的国家预算机构——主计处，次年 9 月 24 日颁布《预算法》，预算体制确立。在要不要国家预算上蒋介石总算首肯了宋子文的主张。

但是，两人就要不要严格执行预算问题出现了冲突。

宋子文对整个政府预算偏重于军费大为不满。例如 1929 年度支出为 6.19 亿元，军费达 2.66 亿元，行政费用为 1.46 亿元，经济建设支出极少。1933 年度支出为 8.28 亿元，军费支出高达 4.16 亿元。行政费用为 1.71 亿元，经济建设支出更少，其余均为债务本金利息所支。即使是再蹩脚的经济学家，对此国家预算收支状况也会感到不正常，何况宋子文还是美国培养出来的经济学博士，对此不会没有看法。一是对国家预算中的支出各项比例不合适屡次向蒋进言，要求限制军费比重；二是对蒋介石不尊重自己和任意修改预算、军费高于一切的主张不满。

而在蒋介石看来，宋子文简直是幼稚可笑。现在是“训政时期”，军事上既要对付红军，又要对付李宗仁、冯玉祥、阎锡山、唐生智、张发奎等倒蒋派，军费当然是重点保护的支出。

由于反共内战、军阀混战不断，无法估计作战的大小多少，又怎能正确预算军费所需数目？故对军费只有采取按需分配、实报实销的办法。军费支出是打破宋子文收支平衡的主要原因。宋子文确实“可笑”，他主张限制军费，可不主张停止反共内战和军阀混战；蒋介石发给部队的薪饷、军需本来就不足，促使军队内部喝兵血盛行，对外则抢劫老百姓财物，如果宋子文再削减军费，军队内的贪污和危害百姓的罪行将会更多。宋子文提出减少军费，平衡开支，力劝蒋介石“停战”。

蒋介石的政权本是靠不断的内战维持的，他怎么会听信一个财长的规劝，轻易“停战”？

10 月间，蒋介石又发动了对红军中央根据地的第四次“围剿”，他要财政部长宋子文再拿出大笔钱来充作军费。宋子文据理力争说，国困民穷，难于挪借。这次蒋介石心中有底，他大发雷霆，喊叫说：“第一次、第二次、第三次围剿作战为什么失败？不是我指挥失当，也不是将士无能，更不是红军有多么强大。完全是你宋子文不肯配合，不肯提供足够的经费！如果你这个财长有一次给够了钱的话，红军的根据地早就不存在了！你究竟安的什么心？我要你这个财长干什么用？”

宋子文根本不接受蒋介石的指责，反过来回击蒋介石搞乱了国家财政。他用更大声音喊叫说：“你不顾国计民生，竭泽而渔，民不堪，国不堪！照你蒋介石的搞法，即使没有红军，这个政权也会自己垮台！”

蒋介石被说得恼羞成怒，顺嘴就要骂出他的口头禅，刚说个“娘”字，宋子文指头早戳到了他鼻子上：“你说什么？你敢给我骂娘？我娘是你什么人？好啊，你这个流氓！”

蒋介石理屈词穷，于是放弃文斗实行武斗，顺手打了宋子文一个耳光。

宋子文顺手抄起板凳就要去抡蒋介石，却被闻声冲进来的警卫们隔开了，宋子文捂着热辣辣的脸颊冲出蒋的办公室，他大喊着：“当财政部长跟当蒋介石的一条狗没有什么两样！谁愿意当谁来当吧！”愤而宣布辞职。

这一回没能镇住蒋介石，蒋介石大方地接受了辞呈，并且很快照准。

蒋介石和宋子文的争吵还有背后的原因。

宋子文曾打电报给张学良，商量扩充财政部税警团。这封电报被何应钦手下的译电员破译出来，何把电报给蒋介石看。蒋介石一看即大怒，认为宋子文这是背着自己在抓武装，日后将更难控制。因此在谈话时有意激怒宋子文，使之自己宣布辞职。

政学系积极活动以张群继任财长，因CC系与政学系矛盾很深，陈果夫、陈立夫当然不能容忍由政学系的人来担任财长，但是CC系中一时也无合适人选，于是二陈立即把消息透给宋霭龄，并且表示，如果孔祥熙能够接任财长，CC系将大力支持。

宋霭龄立即面见蒋介石，她是从不叫委员长的，只称其介兄。

蒋介石一见霭龄，就大叫着：“TV要跟我搞武力，你这个大姐不能不管管！”

“介兄，这个传说不一定实在，要留心人家的离间计噢！当然，要子文下来也很好，不过换哪一个还是考虑好。万一不听话或者拿不出办法，将来经费发生问题，情况更糟喽。”

“去哪儿找又听话又有办法的人?”蒋介石是对谁也不放心的。

“怎么没有? 你只要摘下有色眼镜,这样的人立即就会出现面前。”

蒋介石心领神会,就问:“庸之为什么不来?”

霭龄说:“明天来。”

蒋介石说:“好了,庸之来就好办了。”

10 月 27 日,宋子文正式提出了辞职。

29 日,蒋介石主持召开国民党中常会、中政会,照准了宋子文的辞职要求,同时决议由孔祥熙继任。

蒋介石同时把宋子文大大颂扬了一番,单从蒋的讲话看,宋子文简直就是中国理财圣人,世界无人能比——当然,前提是他必须下台。

参加会议的孔祥熙表情凝重,他称自己才疏学浅,根本不能担当如此重任,他表示不同意会议的决议,拒绝接任新职。

直到蒋介石宣布散会,孔祥熙仍木然地坐在那里,不肯动弹。走了几步的蒋介石只好返回来相劝,其他人员也只得站着相陪。

蒋介石好言好语地对孔祥熙说:“庸之兄,要为党国着想,为 4 万万同胞着想。请不计一切艰难,务须接受新命,并且早日就职,以稳定政局。”

其他人也来力劝,孔祥熙才艰难地点了点头。

宋子文丢财长不失风度,孔祥熙因财长历史留名

1933 年 11 月 1 日,国民党政府的命令和蒋介石侍从室文官处转达行政院发布的命令同时公布,孔祥熙接替宋子文任财政部长,兼行政院副院长。

一大早,孔祥熙穿戴一新,乘坐高级轿车,气宇轩昂地到财政部接事。可宋子文却没有来和他当场交接,只有一个副部长出来应付。孔祥熙深知子文如不合作,初期工作极难开展,于是接完事情当场给宋子文拍发一封电报,对宋子文掌管财政部期间的功劳着着实实颂扬了一番,末了请求他给予协助。

2日，宋子文给孔祥熙回了一封电报，虽然丢了财长宝座，但宋子文丝毫不失大国舅的体面和风度。他在电报中说："东电奉悉。谦冲之辞，愧不敢当。兄尽筹硕画，宏济时艰。弟智力所及，敢不贡其刍荛，仰赞鸿猷。"

11月6日，由行政院长汪精卫主持，孔祥熙补行了宣誓就职典礼。

此时宋子文在哪里呢？他就躺在自家床上，他这时还恨不到孔祥熙，倒是为那位曾在上海洋行里厮混过的妹夫，伤心到了极点。

守在旁边的妻子张乐怡，看着丈夫的伤心劲，只能暗暗地流泪。

张乐怡是江西九江富商张谋知的女儿。宋子文娶乐怡为妻，也是有一段曲折经历的……宋子文从美国学成归国后，前5年只是在经商，应聘到上世纪20年代全国为数不多的大公司之一的汉冶萍煤铁厂矿股份有限公司任秘书。公司总经理是公司创办人、洋务派骨干盛宣怀的儿子盛泽丞，该公司的业务是将萍乡的煤和大冶的铁矿石运到汉阳炼铁。总经理大都在下午办公，业务上离不了年轻的宋秘书，所以秘书几乎每天都在总经理府上。盛总在欣赏秘书办事能力的同时，也欣赏其英语水准，邀请宋为妹妹盛谨如的英语教师。一教一学之余，两人谈起恋爱，郎才女貌，又是自由结合，唯一的差距是宋家的经济实力和地位还不能和汉冶萍公司相提并论。果然，到论及婚嫁大事时，盛总经理有眼不识泰山，恶言宋子文是"癞蛤蟆想吃天鹅肉"，并把宋秘书明升暗降，调任汉阳厂本部任会计处科长。此事深深地伤害了宋子文，一气之下，离开汉冶萍，到华义银行供职。华行规模不大，宋子文却是总经理。宋子文的首次恋爱不成，实为盛老板的失败，盛小姐不是"天鹅肉"，宋子文不是"癞蛤蟆"，宋家的家庭和经历、社交圈，当时也属上层，以后更是万众瞩目之辈。盛家死抱封建门户观念不放，影响了两个年轻人的幸福不说，更是目光短浅，坐失良"婿"。

宋子文经过5年经商，感触颇深，最大的感受莫过于无法实现自己的远大抱负。在贫穷、落后、混乱的旧中国，商离不了官，富离不了权，生意场上的拼杀必须要有政界、军界的支持。50年前的洋务运动就是前鉴，清末民初的资本主义的发展史更是实例。所以他自觉应走官商合一的道路，决心从政。由“商”到“政”到“官商合一”的转变，充分显示出宋子文的决策能力和远见。在以后短短的20余年，他仕途上出将入相，财力上更是一国首富。即使那些旧中国名闻全国的实业家，哪有宋子文的实力和威风？当然民族工商业者有着宋子文所没有的正直和对民族工业的贡献。此外，他离开盛谨如后，改娶江西九江富商张谋知的女儿张乐怡小姐。张家不如盛家，可岳父家的家景如何对宋子文已不起作用，他不需要把妻子娘家的势力作为上升的动力……

宋美龄得知蒋介石对大哥的野蛮行动，立即前去看望慰问。回到家中以后，跟蒋介石大闹一场，非要老蒋对动手打人事件说个清楚不行。老蒋一个劲地向美龄承认错误：“恕我恕我，我认错还不行吗？”

“不行！你打了人，说声不对，这就完了，没这便宜的事！你还得保证，今后不能再加害于他！”

“他是咱们的大哥，你又和他是一娘同胞，我姓蒋的是疯子还是傻子啊？你把我看成什么人？”

“那就立字为证吗？”宋美龄始终不放。

“好好好，立字为证，立字为证。”蒋介石缠不过夫人，败下阵来。

后来，事实也验证了蒋介石的话，对国舅一直留有情面，因为这时远不到他们彻底摊牌、决裂的时期。蒋介石虽把宋子文赶离财政部，可许多事情还离不开他。宋子文依然是行政院副院长，在南京官场的影响力并没下降，反而更加风光起来……

1933年10月，宋子文兼任全国经济委员会主席；

1935年4月，兼任中国银行董事长；

1939年10月，兼任“四行联合总处”副主席；

1941年12月，兼任外交部长；

1942年11月，国民党五届十中全会当选为中央常务委员；

1944年12月，代理行政院院长；

1945年5月，正式任命为行政院院长；

1946年6月，兼任全国最高经济委员会委员长；

同年10月兼任行政院绥靖区政务会主任委员；

同年 12 月，当选为制宪国民大会代表，达到了他仕途的顶峰。

以后随着人民解放战争的进展，蒋家王朝摇摇欲坠，宋子文才和蒋介石离心离德，不肯再随蒋介石到台湾苟延残喘，继续与人民为敌，而由香港到了法国，最后移居美国，和孤岛上的蒋介石闹了个不亦乐乎。那是后话，这里暂且不表。

倒是孔祥熙这一任财政部长，一做就做了十多年。他能在中国历史上留下姓名，全是因了这个财政部长。而他在任上的功过是非，也是众说纷纭，毁誉不一，这不仅因为政治立场，单就是他的理财手段，也大有值得研究处。

第二十三章　财界称雄

放胆施才，金融垄断形成

54 岁的孔祥熙出掌财政部，一反宋子文照搬欧美理财方法，硬顶蒋介石的做派，完全以蒋介石马首是瞻，凡是蒋介石想要的钱，他总是千方百计给予满足。蒋介石自然从心底高兴，也就放手让孔祥熙在财政金融界大干。委员长和财政部长再没有了宋子文时代的那种龃龉和别扭，二人各有所得，如鱼入水，优哉游哉，好不畅快。

从 1933 年 11 月到 1937 年 7 月抗日战争爆发，是孔祥熙理财措施比较顺利的时期，也是他取得较大的成就的时期。这一方面固然由于宋子文在任时为他打下了一个较好的基础，一方面孔祥熙也确实下了大工夫。

孔祥熙上台之初，首先面临废两改元和白银外流的双重难关。在 1931 年至 1933 年期间，世界各国竞相放弃金本位制，贬低货币。倾销商品，整个资本主义世界面临经济大恐慌。中国贫弱的工商业经不起风吹雨打，摇摇欲坠。加之国内货币混乱，既有铸有孙中山、袁世凯头像的银元流行，也有使用了上千年的散碎银两，这更使金融上的困难加重。当时的经济学家和工商界人士均认为必须进行货币改革。首先是废两改元，使货币趋于统一，结算简便易行。其次要改变银本位制，采用当时世界通行的金汇兑本位制，以稳定金融，才有利于发展经济。

宋子文任财政部长时，已经进行了大量准备工作。当时规定银两七钱一分五厘折合银币一元，并已从 3 月 10 日在上海开始实施。孔祥熙出任中央银行总裁后，“萧规曹随”，接着大力推行，由于符合民众要求，进展十分顺利。

孔祥熙兼任财长后，利用初期取得的成就和赞誉，和宋子文合力一起乘机夺取了中国银行、交通银行,又将原来的四省农民银行改组为中国农民银行,设立了中央信托局和邮政储金汇业局,加上原来的中央银行,形成了“四行两局”的金融中枢地位。同时又控制了中国通商银行、中国实业银行、四明银行,与新华银行一起,形成了“小四行”的外围组织。

孔祥熙为国民党官僚资本垄断国家经济命脉做出了突出贡献,在这当中,他的私人资本也迅速膨胀起来,孔氏家族先后创办、接收的就有山西裕华银行、祥记商行、庆记商行、扬子建业公司、嘉陵企业公司、利威汽车公司等等。有了财政、金融、经济大权,孔祥熙还或明或暗地用白银国有、发行法币、公债投机、外汇管理、购买军火、出售黄金等手法投机倒把,大发横财,成了旧中国富甲天下的大财阀。

在为国民党政府垄断国家财政金融的努力中,孔祥熙充分显示了他的精明和强干。他为蒋介石立了大功,也为自己招来了怨愤和对头。

在孔祥熙推销公债的活动中,趋炎附势的银行家大有人在,而不愿屈从的人也为数不少。

这边,孔祥熙好不容易让那些容易上当的和虽不情愿但慑于淫威的人,购买了数千万元的政府债券;而那边,有些银行家却反其道而行之,中国银行的董事长张嘉敖就是一位不听其命的强硬派。他公开发表演说,反对蒋介石的内战,大讲日本才是真正的敌人。军队在剿共作战方面花钱太多,南京债券不值钱,我们不要受骗云云。他叫部属大量抛售中国银行持有的南京债券,致使南京债券一落千丈。张嘉敖还伙同交通银行共同采取行动,拒绝为孔祥熙提供资金。这些事,令孔祥熙极为恼火。

对于中国银行和交通银行,孔祥熙早就有觊觎之心。因为这两家银行的资金占旧中国全部银行资金的近 1/3。张嘉敖自恃有外国资本集团的支持,财大气粗,我行我素,根本不把孔祥熙放在眼里。双方便尖锐地对立起来。孔祥熙自有自己的心计,大权在握,气势汹汹,他下定决心要垄断所有的银行。他说:“这个令人讨厌的张嘉敖,我一定要叫他滚蛋!”

一段时间内,孔祥熙闭门不出,策划于密室,老谋深算。因为他十分清楚,假如由南京政府接管这两家银行,民众对中国和交通银行发行的钞票将会失去信心,他的垄断地位就会建立。

在此期间，他又请示了蒋介石。蒋介石表示，全力支持对这两家银行采取行动。这更增加了他的信心。

孔祥熙首先对这两家银行发起了一次“流言攻势”。他一次又一次地约见工商业的资本家，含沙射影地对他们说：“困扰中国的一切问题都是银行家们所作所为造成的。为什么工商业资本家无法得到贷款？为什么银根这样紧？为什么利率这样高？根子就在这里。”

他和宋霭龄慷慨大方，一次次设宴招待这些忧心忡忡的资本家，引诱这些人向中国和交通银行发泄不满情绪，制造对立。在一次由青帮头目杜月笙出面召集的会议上，孔祥熙还信誓旦旦地对上海的工商业资本家说：“如果中央银行、中国银行和交通银行能够联合起来，组成一个三银行财团，整个实业界的状况就会大大改善，就可以毫不费力地得到低息贷款。”

通过一系列的活动，或流言，或行贿，使日益陷入窘困的工商业资本家们感到极为不满，他们认为南京政府和银行家并不同情他们的困难，不愿更多地扶植他们发展生产。一些企业的头面人物组成了一个叫做中国工商业救济协会的组织，要求中央、中国、交通三大银行增加500万元的救急款，无担保贷给面临破产的企业，还要求南京政府发起一个以他们的资产或商品做担保的大规模发展实业的借款计划，使经济从萧条中得以恢复。

火被点起来了，孔洋洋得意。这些企业家的要求被孔祥熙用来作为压迫银行家的工具。孔祥熙作为政府官员，抓住时机，来到上海，召集上海地方协会、救济协会、城市官员和上海银行家又开了一系列会议。无论是在会内还是在会外，无论是白天还是黑夜，孔祥熙都用各种方式催促银行家贷款。

胳膊拧不过大腿。银行家们不得不答应，由中国银行、交通银行和一些商界银行组成银行财团，提供500万元应急借款。

孔祥熙挑起的公开较量，使上海银行家处于被动挨打的态势。他把民众的注意力都集中到工商业受困窘的状况上，并把责任都推给中国银行、交通银行和一些小银行身上。南京政府和蒋介石、孔祥熙控制的中央银行和农民银行似乎与此毫无关联。上海的银行家们一再妥协退让，十分谨慎地响应孔祥熙的号召，试图保持自己相对独立的地位。

然而，孔祥熙的所作所为，对于善良的人来说，是很难想象的。妥协和退让并不能满足蒋介石、孔祥熙的欲望，厄运终于降临在中国银行和交通银行的头上。

1935年3月23日，在事先不打任何招呼的情况下，孔祥熙突然宣布政府必须接管中国银行和交通银行。该二行都必须增资而由政府控制半数以上的股份。

由孔祥熙签署的南京政府财政部给中国银行的命令写道：

> 中国银行资产负债总额与资本总额，比率失衡，宜及时充实资本，查原有资本二千五百万元，内官股五百万元，应再增官股二千五百万元。随文发给二十四年金融公债二千五百万元预约券五张，仰即填具二千五百万元官股股金收据送部备查，并将中国银行条例修正。

南京政府财政部给交通银行的命令，除资本额外，其他内容均与此大体相同。这样不拨一分一文现金，只凭一道命令和几张公债券，就控制了中国、交通二行。

孔祥熙胜利了，但其手段并不高明。孔祥熙对中国、交通银行加入官股的办法，纯系巧取豪夺。因为拨付的官股不是现金，而是靠政府权力发行的公债券。所以，银行账面上资金虽然增高，但库存的现银则依然如故。在蒋介石的支持下，孔祥熙宣布了中国银行的人事变动。原中国银行总经理张嘉敖及董事长李铭免去现职，由宋子文兼任该两职，任命张嘉敖为中央银行第二副总裁。这个所谓的“第二副总裁”形同虚设，因为中央银行一直是总裁孔祥熙、副总裁陈行所把持，“第二副总裁”必须听命于孔祥熙和陈行。这当然是张嘉敖所无法忍受的，张以“疲惫”为由，请求辞去“第二副总裁”，并向交通银行董事会提出准其常务董事请假。

接着，孔祥熙采取高压和恐吓手段，为中国、交通银行的股东们办理了正式的手续。中国银行于 1935 年 3 月 30 日“选出”了新的董事会，宋子文、宋子良、杜月笙跻身其中。4 月 20 日，交通银行召开股东会，孔祥熙的一些亲信也堂而皇之地被选为常务董事。

在夺取了中国、交通两个银行的权利之后，孔祥熙又向上海另外的 3 家重要的商业银行——宁波商业储蓄银行、中国通商银行和中国工业银行，发起进攻。

1935 年 6 月，上海的这 3 家商业银行突然发现他们的“信誉垮台了”，没有能力兑现他们发行的钞票。他们根本没有想到，这一状况是孔祥熙一手造成的。因为由孔祥熙控制的中央、中国、交通 3 个银行，囤积了这 3 家商业银行的大量钞票，为了整垮这 3 家商业银行，便在一段时间内突然要求全部兑现，这当然是这 3 家商业银行无法应付的。

这样，南京政府便进一步施加压力，强迫这 3 家商业银行的经理们辞职。孔祥熙乘机在这 3 家商业银行中，安插亲信，培植势力，控制了银行新的董事会。还以“政府紧急增资”为由，向这 3 家商业银行各拨 500 万元，这样又把这 3 家商业银行完全控制了。

孔祥熙为了实现金融垄断，步着垄断资本主义的后尘，不择手段地对一般民族资本银行进行控制、兼并和掠夺，逐步形成了全国的金融垄断网。与宋子文一样，孔也被毛泽东同志称之为“垄断了全国的经济命脉”，“和国民党政权结合在一起，成为国家垄断资本主义”的四大家族官僚资本。他们的巨额财富是直接运用政治权力以超经济的掠夺方式积蓄起来的，而国民党反动派长期进行的反革命内战，对于官僚资本迅速膨胀具有特别重大的作用。

币制改革，“四行”成为金融寡头

推行法币政策，是孔祥熙就任财政部长之后的一次大的行动，也是中国近代货币史的一件大事。最先是宋子文提出来的，由于种种原因，没能坚持下来。

形势是制定政策的依据。孔祥熙上台后，展现在他面前的是，国内经济进一步恶化；银行挤兑，银根奇紧，通货紧缩，物价猛跌，工商业倒闭，金融业停歇。京、津、沪等大城市，人心浮动。孔祥熙主持的财政部也不得不承认："人心恐慌，市面更形萧条，长此以往，经济崩溃，必有不堪设想者。"

这就不得不认真考虑进行币制改革问题了。

面对日益严重的经济危机，孔祥熙首先想谋求得到美国的支持，实施币制改革。然而，美国政府担心，如果贷款给中国政府，实施币制改革，会激怒日本，因而对孔祥熙的要求反应冷淡。

这段时间，日本对中国的经济倒"十分关心"，主动表示愿意给南京政府贷款。但是，"黄鼠狼给鸡拜年——没安好心"，日本提出了十分恶毒的贷款要求，即要在全国经济委员会中聘请日本顾问，要偿还包括"西原借款"在内的对日借款，等等。很明显，日本帝国主义是想通过苛刻的条件，给蒋介石政权一笔巨额贷款，从而控制整个中国的财政金融命脉。

由于蒋介石、孔祥熙的后台老板是美英垄断资产阶级，对于日本的这些要求，当然只能采取回避的态度。

英国为了维持它在中国的既得利益，在国民党政府的要求下，于1935年8月派首席经济顾问李兹罗斯来华，负责为国民党政府策划币制改革。经过孔祥熙、宋子文同李兹罗斯的多次商议，终于制定出采用纸币流通的"法币政策"，并提出把中国货币纳入英镑集团的币制改革方案。

日本帝国主义对中国的币制改革坚决反对，它公然拒绝交出在上海和天津日商银行所存的白银。李兹罗斯专程赶到日本，会见了日本财政大臣高桥是清和外交大臣币原，与他们多次协商，均毫无结果。

孔祥熙对日本不再抱任何希望，于1935年11月2日，以《财政部布告》和《财政部长宣言》的形式，公布了《法币政策实施办法》，同月15日公布了《兑换法币办法》以及《银制品用银管理规则》等。这个《法币政策实施办法》的主要内容是：

一、自1935年11月4日起，以中央、中国、交通三银行所发行之钞票定为法币(1936年2月,中国农民银行发行之钞票亦视同法币)。所有完粮、纳税及一切公私款项之收付,概以法币为限。不得行使现金,违者全数没收,以防白银之偷漏。如有故存隐匿意图偷漏者,应准照危害民国紧急治罪法处治。

二、中央、中国、交通三银行以外。曾经财政部核准发行之银行钞票,现在流通者,准其照常行使。其发行数额,即以截至11月3日止之总额为限,不得增发,由财政部确定限期,逐渐以中央银行钞票换回。并将流通总额之法定准备金,连同已印发之新钞,及已发收回之旧钞悉数交由发行准备委员会保管。其核准印制中之新钞,并俟印就时一并照交保管。

三、法币准备金之保管及其发行收换事宜,设发行准备委员会办理,以昭确实,而固信用。其委员会章程另案公布。

四、凡银钱行号、商店及其他公私机关或个人持有银本位币或其他银币、生银等银类者,应自1935年11月4日起,交由发行准备管理委员会或其指定之银行兑换法币。

五、旧有以银币单位订立之契约,应各照原定数额于到期之日概以法币结算收付之。

六、为使法币对外汇价按照目前价格稳定起见,应由中央、中国、交通三银行无限制买卖外汇。

南京政府实施币制改革,所发行的纸币定名为“法币”。为何称为“法币”呢?这就是说蒋介石的南京政府的“国家法律”赋予中央、中国、交通、农民银行发行的纸币具有无限法偿的能力。所谓的无限法偿是相对于有限法偿而言的。资本主义国家的法律规定:辅币的每次授受有一定限额,超过限额对方可以拒绝收受,故称为有限法偿。而对于本位币,每次授受的数量,则无限额,任何数量的本位币,对方均不得拒绝收受。故称为无限法偿。法币政策的实施,表明国民党政府已放弃银本位制,但是法币没有规定含金量,所以,它与黄金没有直接的联系。

孔祥熙和李兹罗斯经过多次筹划,确定法币以对英镑的汇率来表示自己的价值，规定法币1元等于英镑1先令2便士半。这样，法币就同英镑紧密地联系在一起，中国也成了英镑集团中的半殖民地货币成员国之一。法币虽不同白银相联系，但却要把大量白银运到伦敦出售后，换成英镑存在英国做储备，来维持法币的稳定。那一段时间，国民党政府存在伦敦的法币准备金约有2500万英镑。

法币与英镑相联系，引起美国的嫉妒和不满，美国使用停止收购白银、压低银价等手段，迫使蒋介石和孔祥熙同意与其签订《中美白银协定》，美国财政部以每盎司白银按美元50分作价向中国续购白银5000万盎司，以维持法币汇率。同时，确定法币与美元的汇率为法币100元等于美元30元，这样，法币又与美元挂上了钩。

在发行法币的同时，国民党政府又以白银为“国有”的名义，进行集中。孔祥熙颁布的《兑换法币办法》规定，各地银钱行号、商店、公共团体及个人，持有银币、生银、银锭或银块等，从1935年11月4日起，限在3个月内，就近交各地兑换部门换取法币。

到1937年9月以前，中央、中国、交通、农民4银行收兑银币共达3亿元。

由于发行法币，停止使用白银，农民不得不用白银兑换法币。当时农民用1元银币换1元已经贬值的“法币”，立即损失实际价值1/3，即3角钱以上，这是一种封建性的掠夺。蒋、宋、孔、陈四大家族由此发了一笔横财，从全国劳动人民身上又剥去一层皮。

法币政策的实施，有利于英、美帝国主义操纵中国的货币政策，加强对中国金融的控制，因法币同英、美汇价联系，当英、美汇价发生变动时，法币价值也必须在英、美汇价上下限内变动。这就有利于英、美操纵中国的经济命脉，在中国执行法币政策时，英、美乘机大量收购白银，集中了大量存款，积聚了更多的货币资本。到1937年7月31日为止，国民党政府存在国外的黄金和外汇准备金共达13521万美元，其中约71%存在美国，30%存于伦敦和香港，这就进一步加强了英、美对国民党政府的财政控制。

然而孔祥熙却说：“美国对我国新币制之赞助，岂独利吾国人，其裨益外人与我共贸易者亦良多也。”

实施法币政策，使国民党政府加强了对商业银行的控制。完成了对全国金融的垄断。在这之前，市场上还流通着 12 家银行所发行的纸币。法币政策推行以后，使得货币发行权完全集中于中央、中国、交、农 4 行，其他银行的发行权全部被取消，所有白银储备一律移交各有关接收银行。这样，一般商业银行为了得到法币，必然要依赖国家资本的银行，于是蒋、宋、孔、陈四大家族所掌握的四大银行，就可以利用法币关系以及其他业务关系，直接或间接地来控制一般商业银行。所以，币制的统一，法币的发行，使国民党政府得以加速控制金融，确立中央、中国、交通、农民四大银行在全国金融界的垄断地位。

蒋介石委员长备加信任，孔祥熙春风得意，1935 年 11 月被推选为中央执行委员、中央常委、国民党党史编委委员，再加上已有的现职(财政部长、行政院副院长、中央银行总裁)，他实际成了南京政府“执掌相印”的核心人物之一。

建立中央信托局、邮政储金汇业局，再树财政金融两支柱

接着，孔祥熙又成立了中央信托局，并以中央银行总裁身份兼任理事长，任命自己的大公子孔令侃为常务理事，掌握了业务用人大权。

中央信托局从 1934 年 6 月 24 日开始筹备，原为中央银行直辖的一个局。筹备期间由中央银行常务理事叶琢堂兼任筹备主任。1935 年 7 月 30 日正式成立，最初发表由张公权副总裁兼中央信托局局长，张度、刘攻芸为副局长，10 月 1 日开始营业。

上午，中央信托局首先举行了开业祝贺典礼。孔祥熙操着地道的山西话，发表了演说：“弟兄们！中央信托局今天正式挂牌营业了，这是一件大好事！我代表蒋委员长、代表汪院长，向你们表示祝贺！

“为什么要成立中央信托局？因为政府有许多事情要委托商业机构经理，委托给谁谁就要赚钱。我们为什么把钱白白给人赚去呢？自己出

面办这样一个机构，事情办得又顺手，钱又不会让人白赚去，这叫做肥水不流外人田。当然从根本上说，还是为了节约开支。减轻政府的负担，这是一。其二，中央银行限于国家银行代理国库的地位，事实上及手续上有许多事情都不便直接出面办理，而在中央银行之下，组织这样一个信托事业独立机构，那就方便多了。是不是啊，哈哈哈……”

孔祥熙这一笑，属下自然心领神会，这是一个大有钞票可赚的行当，而且是赚政府的钱，赚大宗的钱，那掌声鼓起来可就热烈多了。

孔祥熙兼起了这个信托局的理事长，那中央银行委托给信托局的业务，就等于孔祥熙自己委托给自己，运行起来当然方便又好赚钱。

中央信托局注册资本1000万元，会计独立。原订的经营业务有：

1. 国营投资事业；
2. 各种信托业务；
3. 各种人民普通储蓄；
4. 设立中央储蓄会、万国储蓄会办理有奖储蓄；
5. 保险业务，等等。

这说明，中央信托局成立的目的，就是为了做生意。但主要做什么生意呢？在字面上，就含在“等等”里面，实际上主要是做军火生意。

国民党南京政府成立后，蒋介石为了巩固统治地位，做的最重要的一件事，就是扩编军队，订购军火。当时国内虽也有少数兵工厂，但是远远不能满足这方面的需要，因此不得不通过上海租界内的洋行向国外订购。当时订购的主要对象是德国、捷克和瑞典等国。例如轻机枪，大部分就来自捷克。

过去洋行订购军火，回佣大、价格高，还时间长，缓不济急。蒋介石曾和宋子文商量，认为还是直接向国外订购比较合算。最初曾派军政部次长陈仪去德国，以考察军工的名义采购军火。正好谭延闿的儿子谭伯羽在德国留学，并任中国驻德大使馆秘书，就由谭伯羽会同柏林大学的俞大维组织驻德商务专员处，直接隶属军政部，专门办理有关军火洽购事宜。

从此以后，俞大维就在国民党内成为权威的军工专家，历任兵工署长、军政部次长，到台湾后还担任了国防部长。

因为订购军火需要大批款项，一开始除了军政部之外，还有宋子文插手。宋子文利用这个机会，把财政部所属的缉私营整顿改编为税警团，由财政部自行节制，自行训练，较之蒋介石的正规军，装备和训练都更为精良。正是因为宋子文的税警团，导致了蒋介石对他极为不满，认为他要搞第二武装。税警团成为蒋、宋之间的一个主要矛盾，促成了宋子文丢掉财政部长宝座。

蒋介石的嫡系部队，军官清一色是黄埔军官学校及中央军官学校毕业的学员。而税警团最初就由宋子文选了在美国西点军校毕业的王赓任团长。1932 年“一·二八”淞沪抗战中，宋子文把税警团调上了淞沪前线参战，结果王赓被俘。后来税警团的负责人一直由美国军校的毕业生担任。税警团在抗日战争期间扩编为新一军，军长孙立人也是美国维尔曼军官学校的毕业生。

孔祥熙成立中央信托局以后，只到 1935 年购买军火就达 13890 万元。订购的军火包括航空器材、军械、汽车、汽油、海防设备等。购买军火给孔祥熙带来了经济上的好处。

抗日战争开始后，孔祥熙派大儿子孔令侃以中央信托局常务理事名义常驻香港，代表国家购买军火。孔令侃租用皇后大道汇丰银行二楼 112 号里 20 间办公室办公。他大权独揽，骄横跋扈，叫手下的人出入都腰佩左轮手枪，前呼后拥。因为这是一个有油水的肥缺，许多人都来巴结，以便从中分肥。宋美龄也以航空委员会秘书长名义，插手向美国订购飞机合同。孔宋家人都因了这个中央信托局，在里面得到了方便。

孔祥熙掌管的另一局是邮政储金汇业局。这个局最初是在 1930 年 3 月在上海成立的。它是中国人向外国学习的一种办法，即由邮政局兼办储金和汇兑业务，开始是由德、奥两国创立的，后来日本人用这个办法，取得很大成效。1931 年 7 月，上海储金汇业总局组织法由国民党政府公布，原来的总办改为局长，会办改为副局长。1935 年 7 月，邮政总局与储汇局合并，由交通部和财政部双重领导。从此正式完成了国民党政府“四行两局”的国家金融体制，作为国民党的国家金融支柱，一直延续下来。

间接控制“小四行”，名副其实的财界大腕

以“四行两局”为中心的国家金融体制逐步形成的同时，孔祥熙利用上海的金融恐慌，开始兼并其他行庄。首先从兼并中国通商银行着手。1935年夏，上海发生挤兑风潮，各发行钞票银行均岌岌可危。中国通商银行是中国设立的第一家银行，但一向经营不善，由于挤兑，原董事长傅筱庵无力维持，改由杜月笙出任董事长。杜是当时地方青红帮势力的代表，一向和蒋介石、孔祥熙等国民党上层人士有千丝万缕的联系，杜月笙能出任中国通商银行的董事长，背后是得到孔祥熙支持的。

随着中国通商银行的挤兑，青岛中国实业银行也发生了挤兑风潮。1935年5月21日，这一天中，就兑现出现银20多万元，完全依靠中央银行青岛分行和济南分行拨款维持。此外四明商业银行，系1909年8月成立的，也是我国商业银行中历史较为悠久的，原来由孙衡甫任董事长兼总经理，在金融风潮中，不得不辞去总经理职务，改由叶琢堂继任。

这3个银行，有几个共同的特点：第一，历史都比较悠久；第二，都是发钞银行；第三，都经营管理不善，内部实力空虚。孔祥熙借着金融发生风潮的机会，实行兼并整理。他采用的办法是让银行的旧股贬值，增加官股。对于旧股折价，孔祥熙抡起板斧大杀价。提出原来的旧股折价只能折一成，即每百元只折合10元。这些小银行当然不干，但是，孔祥熙勒着他们的脖子，不干就让他们破产。破产就连这一成的钱也没有了。这些人经过一番艰苦的讨价还价，好不容易争到了一成半，即每百元旧股折合成新股15元。在实力雄厚的官僚资本压迫下，他们只好捏着鼻子喝下了这杯味道不美妙的苦酒。

按每百元折合15元计算，中国通商银行仅剩下股款52.5万元；中国实业银行剩下52.6万元；四明银行剩了33.7万元。而财政部加入的官股，在中国通商银行和中国实业银行分别达到347万多元，加入四明银行

的更达366万多元。这样3家银行都凑成了资本总额400万元，当然官股占绝对优势，不过孔祥熙也并没有真的从国库中拿出这1058万元，而是由财政部以公债拨充罢了。

官股占了这3家银行的绝对优势。它们的主要负责人当然也得更换。更换以后，中国通商银行的董事长是杜月笙，总经理胡以庸；中国实业银行董事长傅汝霖，总经理周守良；四明银行董事长吴启鼎，总经理李嘉隆。除了杜月笙，其他5人都是孔祥熙从中央银行和财政部派去的亲信。

3行董事长的安排使孔祥熙颇动了一番脑筋。让杜月笙当董事长是为了勾结上海恶势力，这个很明显。四明银行原属宁波帮，吴天隆既是孔祥熙的亲信，又代表宁波部分银钱业。傅汝霖是东北人，参加过国民党西山会议，和元老派居正往来密切，孔祥熙利用傅汝霖与元老派勾结，以对抗政学系和CC系。但总的来说，孔还是为了培植自己的势力。后来，这批官商合办的小三行与原中国银行投资兴办的新华储蓄银行，并称为官商合办的小四行，处于国民党的四行两局和代表北方财阀的中南、金城、盐业、大陆北四行以及代表南方江浙财阀的浙兴、上海、浙南三行之间，构成抗日战争前夕中国金融机构的总态势。

孔祥熙由直接控制四行两局，间接控制小四行，成为国民党政权中最大的财界大腕，“蒋家天下陈家党，宋家兄妹孔家财”的说法开始传遍全国。

第二十四章　纳税风波

新任市长的气恼:天下未乱,首都先乱;百姓未逃,中央先逃

尽管孔祥熙以为人中庸自勉,可他的子女却给他带来不少非议。

孔二小姐是惹事最多的一位。

这天,国民党的首都南京,一片混乱景象。

春寒料峭,蒙蒙细雨中,一列火车开进了下关车站。一位短平头、大高个,身着灰布长袍,拎一只旧皮箱,很像个穷教书匠的中年人走出了站台。一个撑布雨伞的人看到后,急忙迎了上去。二人边说边出了车站。

一队队卡车,车篷蒙得严严的,扑泥溅水,呼呼地向城外开去。

刚下车的高个子站住了,他问来接的人:"这么多的汽车,开哪里去啊?"

"哎,你怎么不知道?日本鬼子进攻上海,十九路军不听中央指挥,竟然跟日本军队干了起来,上头怕日本鬼子攻进南京,已经决定迁都洛阳啦!"

"什么?迁都?啊,叫我来任南京特别市长,我还以为是首都市长呢,怎么他们就先撤了,真他妈比兔子跑得还快哪!"样子像教书匠的人愤愤不平地说。

"嗨!人家中央大员哪个没有万贯家财,哪像你我一个破皮箱就拎走全部家产。人家的命值钱呐,那么多东西也不能等鬼子来了再搬,那就来不及啦!"来接站的人揶揄地说。

"上海的仗打得咋样啦?"

"十九路军还真不愧是一支抗日军队,尽管上头不肯支持,将士们缺衣少食,伤亡不小,可他们硬是顶住了日本军队的疯狂进攻,现在闸北和

真如一线，日本鬼子一步也拱不动啦！”

自称来任市长的人生了气：“那还迁什么都？天下未乱，首都先乱；百姓未逃，中央先逃，这成什么体统？”

“那就看你这个特别市长怎么治理啦。”

刚下车的中年人脸色铁青，鄙夷地望着远去的车队，脚步已经斜到了马路中间。

一阵刺耳的车笛骤然鸣叫起来。中年人回头一看，又一队装满货物的汽车已经驶到了跟前。

似乎是赌气，任凭车笛怎么叫，中年人就是不挪地方。

卡车车队只得停了下来。

一辆小轿车看到前面停了，从一边绕了过来。一看是个教师模样的人站在车前挡住了路，当即从车上跳下个小伙子打扮的人，指住中年人就恶狠狠地喊：“老家伙，站在汽车前面不动，找死啊？”

“我到南京来就是要找死，可不像你们怕死，离战场几百里就慌着逃命！”中年人倔得可爱。

“你说谁逃命？”小伙子不干了。

“哎呀呀，这不是新任命的市长石瑛石先生吗？”随着一阵热情的招呼。从轿车上急忙下来一位贵夫人。

“你？孔夫人！”中年人也露出了惊异的表情。

宋霭龄急步来到中年人面前，紧握住他的手，满面笑容地说：“石先生，噢，石市长！前天才发表任命，你今天就到了，来得好快哟！”

“自由不当官，当官不自由哪。这不，刚下火车。”

霭龄看着石市长的两脚泥浆：“怎么？市府没有派车来接你？”

拿雨伞的人抢先回答：“他呀，还是那个放着免费软卧不坐，硬要自己掏钱坐三等硬板的‘三等车主义’。这不，他不通知市府接站，只通知了我这个老朋友，我只能陪他用脚板量马路了。”

石市长不接这个茬，却盯着霭龄问：“孔夫人。你这是——”

“噢，上海抗战，准备不足，将士们在战壕里挨饿受冻，伤员一时也得不到安置。身为中国人，咱得尽点力呀。”霭龄说着用手向车队一指：“我为前线将士们捐献了一些棉衣棉被，还有药品和行军床。今天正准备给他们送去，不想在这儿碰上老朋友了。”

石瑛听这一说。脸上立即换了表情：“哎呀，孔夫人为抗战出力，慷慨解囊，捐献物资，石某敬佩，敬佩！”

一直被晾在一边的小伙子原来就是孔二小姐。这时，孔二小姐插话了：“敬佩还挡我们的车！”

石瑛脸上掠过一阵红潮，向着霭龄说：“误会误会！我刚才还以为也是逃——”

霭龄没顾上听他解释，回头呵斥孔二小姐：“怎么能这样说话？没一点教养！快过来见过你石伯伯！”

孔二小姐“哼”了一声，竟自回汽车上坐着去了。

霭龄不好意思地对石瑛说：“这孩子，从小没管教好，一点道理不懂。石兄你大人不记小人过，可别跟她怄气啊。回头我好好教训教训她。”

石瑛说：“我哪能和小孩子一般见识。刚才也有我的责任，没弄清情况。孔夫人，你赶紧上路吧.改天我到府上拜访。”

霭龄激动地说：“石先生，当年你对我的帮助我还一直没报答呢，这次你到南京任职，我可要尽地主之谊啦，回来我和老孔请客，为你设宴洗尘！”

“那倒不必，”石瑛又再次催促说，“快上路吧，前方将士们正等着欢迎你们呢。”

霭龄边上车边说：“石先生，回头可一定要赏光啊！”

汽车一开动，孔二小姐不满地说：“妈，你跟那教书匠聊那么热乎干吗，乡巴佬一个！”

霭龄瞪她一眼：“你知道什么！他可是个了不起的人物哪，当年……”

当年，辛亥革命成功，孙中山就任临时大总统。霭龄为总统英文秘书，石瑛则是总统的机要秘书兼禁烟总局局长。石瑛大霭龄十几岁，与刚从美国留学归来不久的霭龄相比，他已有丰富的革命经历，此前曾和孙中山奔走英、法、德、意，在布鲁塞尔创建了侨居国外的第一个民主革命组织——欧洲同盟会。二人在总统府一起任职时，霭龄曾受过石瑛许多关照，交情匪浅。孙中山辞职后，霭龄跟随孙中山流亡日本，石瑛则受孙中山之托，回湖北创建同盟会湖北支部并为主盟人。1924 年，国民党第一届全国代表大会，孙中山亲定石瑛为中央执行委员，此后为历届中央委员。他任过厅长、部长、市长、校长、省议长，他勤政爱民，清苦廉洁，做出过许多令人难以理解的怪事，因此与同在南方政坛的湖北人士严重、张难先并称为"湖北三怪"。

霭龄介绍完石瑛的情况，对孔二小姐说："石瑛这个人，我是既敬重也发憷，他铁心做事，热心助人，叫你敬佩。但也认死理、不通融，叫人难以忍受。现在他来南京任市长，我们要小心嘞！搞不好就会让我们沾上麻烦的。"

孔二小姐嘴一咧说："他？就凭他那穷酸样！他三怪不如我一怪！刚才他拦我们的车，要不是妈咪下来得快，我非从他身上开过去不可！别人怕他，偏我是不买他的账！"

霭龄说："以后你做事多想想后果，少给我惹祸！"

"惹祸？今天我要撞死他，保证他自己落个阻挠抗日的罪名，我一点祸也没有。"孔二小姐振振有词。

"路不是你自己一个人走，不一定你算计的都对。"

"哼，瞧着！"

车队到了上海真如前线，宋庆龄、何香凝等人捐赠的物资也运到了，他们一起到堑壕前慰问战士。旅长翁照垣代表全旅官兵感谢他们，并表达了同侵略者血战到底的决心。慰问品发给战士时，前线一片欢呼声。

早有记者在现场，拍照、采访，详细描绘了当天的情形，发往南京、上海各大报纸。"孙夫人亲临前线激励抗敌士气"，"廖夫人卖画助抗日"，"孔夫人千件棉衣暖兵心"，一个个大标题显赫醒目。

霭龄看着报纸笑得很甜。孔二小姐却不以为然："你们成天看重别人怎么说，别人说好说歹有什么用？我可是自己想怎么干就怎么干，根本不管别人说什么的。"

霭龄对二小姐说："舆论能把一个人捧红，也能把一个人抹黑；能让一个政权受拥护而巩固，也能让一个政权被攻击而垮台。舆论的作用不可小看！今后，每天你要拿出一定时间读报纸，这既能让你多了解天下大事，耳聪目明，又能受正气和高尚情操的熏染陶冶，不断完善自己。"

听了妈咪一番话，特别是自己到前线慰问的事上了报，让孔二小姐对报纸有了一些兴趣，从此每天都要翻几张。

孔二小姐的理论："交税白花钱，我们不干！"

这天，孔二小姐看报纸的眼突然瞪圆了。在《中央日报》的广告栏里，竟出现了南京特别市长的通告。一个是《减免小商小贩捐款的决定》，一个是《清查房产契约，催缴大户税款》。

孔二小姐看了一会儿，嘟囔上了："嗨，真他妈邪门！那小商小贩的税捐要减免，豪门大户的税捐却要连历年旧账一齐算，这南京市长究竟是给谁当的？"

不光是孔二小姐，许许多多的人都反应强烈。

南京市长的通告登了几天，全南京的巨商富贾和洋行买办都炸了锅。南京自1929年正式定为首都以来，谁从中央大员、外国商行那里收到过税捐？这些人一个个全仗着自己的官帽和关系，明顶暗拖，甚至有时连象征性的一点钱也收不到。这石瑛难道不知道这种情况，还要在报纸上发布通告？如果收不到要栽他自己面子；如果硬收，那就免不了一场大动荡啊！

这些石瑛当然是知道的，但他自己把自己逼上了悬崖。南京的买办巨商、官宦洋行形形色色，可作为发展经济杠杆的税收却几乎为零。每年只在小商贩身上下力气，那些人不堪重负，但所得却十分有限。而历届政府不管有无财源，花销起来却是手面大得很。每月支出20多万元，而收入不过几万元，以致月月缺额十几万元。现在，南京建都三年，市财政负债已达500多万元。如此下去，怎么得了？

石瑛选择了一个有魄力有能力自身廉洁的胡忠民，做南京的税务局长。两人下了决心，要以"舍得一身剐，敢把皇帝拉下马"的无畏劲头，向那些抗税不交的豪门大户下家伙。

石瑛和胡忠民摸了一段时间情况，感到税收所以收不上来，主要是政府中一些大人物带头不纳税。俗话说："一户看一户，虾米咬着鱼屁股；一家看一家，鸡子咬着鸭尾巴。"前家不缴，后家当然也不愿缴，而且理由又简单又充分。两人商量来商量去，决定从国民政府主席林森和工商部长孔祥熙身上开刀。

孔家的祥记公司在南京有分号，霭龄做股票债券生意，孔祥熙倒卖过几处房产，以前的不算，仅近两年孔家就应缴税款 4500 大洋。清清楚楚的催缴税款单专人送到了孔家，末尾注明限 3 日内缴清。

"向我家收税？南京市政府真他妈穷疯了！"这天在家的孔二小姐一见到这个单子就喊开了，她向送单子的人说："回去告诉你们局长市长，如果他们没饭吃只管到我家来。要多少钱我们给！如果收税，哼，一分钱也没有！"

孔二小姐说完，"哧哧哧"几把将催税单撕了个粉碎。

3 天时间一晃而过，税款自然没有缴上。

胡忠民亲自出马，来孔家催要。

孔祥熙和宋霭龄都没出面，只有孔二小姐抱着双肘横在院子里。

"税收是国家主要财源，纳税是公民必尽职责，拖延要加收罚款，抗拒要受法律制裁！"胡忠民一字一顿地说。

孔二小姐乜斜着眼："你是哪位？"

胡忠民递上"派司"："南京市税务局局长胡忠民。"

"南京——税务局长——哈哈，哈哈……"孔二小姐放肆地浪笑着，几乎要蹲到地上，突然她收住笑声，恶狠狠地说："你那个官呀，还不如我爸左脚小拇指指甲盖旁边那个小肉瘤大！也敢到我家来要钱！"

胡忠民不为所动："不是我向你要钱，是你们欠国家的税款！"

孔二小姐又一次狂笑："我们欠国家的？你真会说笑话！国家是谁？国家就是我们！委员长是我姨夫，财政部长是我舅舅，实业部长是我爸爸，他们就是国家，应该由其他人给我们送钱，而不是让我们给别人出钱！"

胡忠民看这样下去永远没有结果，只好说："二小姐，这税款的事其实是大人们的事，是不是请你爸爸妈妈出来谈谈？"

"我爸爸妈妈见你？门儿也没有！"孔二小姐不留一点余地。

"抗税不交，后果自负！"胡忠民强硬起来。

"你想怎样？"孔二小姐做出对抗到底的架势。

"税警团！上，搬取实物，折抵税款！"胡忠民不得不拿出最后一着。

"警卫连！有强盗来了，看好院子！"孔二小姐大声招呼。

双方剑拔弩张，紧张对峙。

石瑛适时进了孔家。

石瑛对着跃跃欲试的税警团说："你们这是干什么？你们的任务是对付那些抗税不交的刁民，这是政府孔部长家，孔部长会不知道带头遵守国家法令的重要？孔部长会舍不得几个小钱落个抗税的名声？"

孔二小姐一脸不屑："别用话挖苦人！那天我们向上海抗日战士捐助十几车货物，你也不是没看见！"

"对呀，孔先生和孔夫人都是著名的慈善家和社会福利活动家。声名远播，天下景仰。想来今天的税款已经备齐，要不要我顺便带回去？"石瑛说。

"税款，没有！"孔二小姐依旧强硬。

石瑛苦口婆心："二小姐，你给你父母说说，那么多捐赠的东西都拿出来了，这么一点税款算什么呢，早点交了在全市带个好头，也是很有意义的。"

"那可不一样！"孔二小姐声音拉得长长的，"捐助前线，谁不说好？可把钱给你们，能得着什么？白花钱的事，我们不干！"

孔祥熙税后报复南京市，石瑛掷出大墨盒

石瑛只好使出杀手锏："我这里有一个启事，请你交给孔部长过目。如果有修改意见，今晚 8 点以前通知我；没有意见，明天报纸就照样刊

登了。”

孔二小姐接过来就要撕，石瑛再一次提醒说：“那是副本，没有修改意见，明天见报！”接着又对其他人大声说：“税警团，保护纳税人安全！在这里没有完税以前，门前设岗位，严格盘查一切进出人员！”

石瑛头也不回地返回了市政府。

又是在门前设岗位，又是登报，这明明是给孔部长出洋相，石瑛真要做绝事了。

当天下班前，孔家派人把税款送到了税务局。

国民政府主席林森也派人如期缴纳了税款。

南京的商贾权贵们一个个破天荒地交齐了税款。

石瑛整顿税收打了个大胜仗，可也为自己埋伏下了一场危机。升任行政院副院长兼财政部长后的孔祥熙，接到了铁道部划拨给南京市 12 万元协助款的报告，这件事情本已在先开会议定，但孔祥熙却挥笔批示：“铁路经费紧张，此议取消！”

1934 年 1 月，国民党中委会议正在举行，身着进口毛料西服的孔祥熙坐在主席台前，正为会后的盛大晚宴和旁边的人窃窃私语。石瑛匆匆来到孔祥熙面前，厉声质问：“你为什么取消铁道部给南京市的协助款？”

孔祥熙猝不及防，有些结巴地说：“这个，经费困难哪……”

石瑛热血涌上脑门：“经费困难！可南京从一个中等城市跃为首都，增加了多少中央机关？这些机关除了大官员，还有小职员，人口增加 5 倍还多！增加这么多人，要开商店，要修道路，要办学校。市政的经费就不困难了吗？”

孔祥熙听着石瑛的连珠炮，已经稳住了阵脚，乘对方喘气之机，不凉不酸地说：“我听说石市长整顿税收成效卓著，那可是一笔不小的数目呀！”

显然，孔祥熙没有忘记自己一下子交几千块大洋的事，他取消协助款就是有意向石瑛报复。

石瑛明白了孔祥熙取消协助款的真正原因所在，不禁大怒，语气也尖刻起来：“可你也不要忘了，南京市一年的财政收入还不到你现有家产的

1%!”

“你放肆!”孔祥熙拍案而起,手指石瑛鼻子。

石瑛哪里受得了孔祥熙的这般侮辱,他顺手抓起桌上的大墨盒,就向孔祥熙头上掷去。墨盒未伤着孔祥熙的皮肉,墨汁却泼了孔祥熙一脸,进口毛料西服也玷污了一大片,让孔祥熙狼狈不堪。待人们围上来劝解时,石瑛快步离开会场,扬长而去了。

石瑛知道孔祥熙是最得宠的新贵,这样的人处处和自己作对,南京市长怎能当好?他回去就写下辞呈,回武汉去了。

倒是蒋介石深知石瑛的耿直:他骂过孙科,打过戴季陶,辱过陈果夫,冒犯过汪精卫,向邵元冲摔过藤椅,顶撞过林森……只因总是那些人理屈,才无可奈何。今天跟孔祥熙的冲突,传播开来还是对孔祥熙不利,于是立即派人敦请石瑛复职,并亲自保证恢复铁道部的协助款,石瑛才答应回来。

第二十五章　海龟交易

孔祥熙回上海度周末，早有人等他发布内部经济消息

入夜的上海，才更像真正的上海。

霓虹灯闪烁、留声机吱吱呀呀之时，上海滩上的各色人等露出了本来的面目，在中国冒险的洋人们开始到处寻欢作乐，跑马场内人呼狗叫，流氓小偷分外活跃，小商贩高声叫卖，出苦力的人们在茶馆酒肆惬意消遣；而那些操纵市场、官场的大人物们，也开始在灯下一边享受，一边编织新的计谋。

这天晚上，孔祥熙照例在上海下了火车，同行的人开玩笑说："孔院长回家，夫人定在车站等急了吧？"

"哪里哪里"。孔祥熙一本正经地说，"她有她的生活，我有我的规律，何必把时间浪费在这上面。再说，我们老夫老妻，哪像你们年轻人一日不见，就如隔三秋，啊，哈哈哈……"

"孔院长真是豁达大度、潇洒人生哟！"

"哪里哪里。"

一行人在暮色中分手，急匆匆各奔各家。

原来，孔祥熙做了部长之后，就到南京上班。而夫人霭龄则不肯出任政府职务，她更乐于在幕后指挥。在四大家族中，宋霭龄虽不是年龄最大，但蒋介石是她的妹夫，她就以四大家族所有人的大姐自居。她把后方基地放在上海。因此就形成了国民党时期的一个特有现象：当时的所有所谓党国要人，大都是政治在南京，经济在上海；幕前在南京，幕后在上海；办公在南京，玩乐在上海。每逢周末，沪宁道上冠盖如云，政府要员们纷纷回上海度周末。孔祥熙当然更是始作俑者。

霭龄规定孔祥熙每周末下午 5 时在南京上火车，晚上 9 点到上海家中，星期天孔再坐夜车到南京。可别小看孔祥熙在上海过的这个周末，它对孔祥熙一家人的经济政治命运意义非同小可。

霭龄不到车站接孔祥熙，是因为她不肯浪费时间，这时候，她正忙着呢。

霭龄和孔祥熙一样，也是昼夜颠倒，晚睡晚起。她一般在上午 10 点才起床，吃过早点以后沐浴。中午再小憩一刻。这样一来，到她精神上来，正是华灯初上时分。霭龄自然也办公，但她不是像政府官员们正襟危坐在办公室，而是在轻松愉快的家庭里。周末更是她的兴奋期，许多重大的事情，在这时要决定了。

她的重要客人，这时开始陆陆续续到来。最先来的是盛升颐夫妇。盛升颐是前清邮传部尚书盛宣怀的儿子。宋母倪桂珍曾在盛家做过养娘，这个养娘是只管带孩子的，身份不同于佣人，在盛家是有地位的。这样孔祥熙当了部长以后，盛升颐就以老关系认了霭龄为干妈，盛升颐也因此成了孔祥熙的干儿子。在孔祥熙的势力范围内成了重要人物。他后来在孔祥熙升任行政院长后做了苏浙皖区税务局长，但却从未到职，一直在孔的院长官邸做第二组组长。他表面上虽只是一个区的税务局长，但在国民党统治力量凡能达到的地方，所有的税务局长都要走他的门路才能任命。

盛升颐歪戴着帽子，挽起两只袖口，翘着两个大拇指，进门就喊："干妈，今天有什么重要消息吧？"

霭龄呵呵笑着："快进来，你干爸还没回来，有消息也得等他来了呀！"

跟在盛升颐后面的是他的妻子魏某，这魏某虽过了豆蔻年华的阶段。却仍是徐娘半老，风韵犹存。她体态轻盈，妩媚动人，粉面含春，嘴甜如蜜。她是霭龄的挚友，也是她的智囊，为霭龄设计操纵市场，配合得天衣无缝。她先甜甜地叫了声干妈，才对霭龄开了口："这几天我已听到一些关于公债的风声，等干爸回来得到证实，我们就好大干一场了，保叫干妈赚个……"她用手一比划，就把霭龄乐了个开怀笑。

"你这个猴子精！现在外面都传说你是我的智多星，我这名声都要让你盖住了!”蔼龄又嗔又喜地说。

“哎哟！谁不知道干妈是中国第一女强人,连蒋委员长都是你叫他做他才能做,你不叫他做他就做不成。要论肚子里弯弯多,谁也比不过干妈你呀！我们不过是给干妈敲敲边鼓,再这样说我以后就不敢开口了。”魏某句句挠到蔼龄痒痒处。

这里还没有落座,税务局长樊光夫妇、中央银行副总裁陈行夫妇也先后脚进了门。他们都是蔼龄的牌友,也是经济上的帮手。他们经常在这里赌牌,不是麻将,而是扑克牌。一边玩牌一边商议如何操纵市场发财。国家经济命脉总部,通过一条虹管,与这里紧紧相连,因此,这里的计谋总是百发百中——这也是这些人不惜时光、几乎夜夜来这里相聚的根本原因。

看看人到得够桌了,一家一个开始排阵。这几家总是男女轮流上,唯独蔼龄是每场必上——她自己牌瘾极大,却从不许老孔沾边。

这里的牌还没打满两圈,院子里汽车响了。几乎所有的人都朝外望去——不错,是喜佛似的孔祥熙回来了,玩牌的手这时都停了下来,他们要等孔祥熙发布今天的最新消息。

杜月笙差点让骨头噎死,他把账算到孔祥熙头上

“说说,财政部长又要有什么大动作了?”蔼龄首先对孔祥熙发问。

孔祥熙看着满屋子人,有些踌躇:“能有什么大动作。无非是进一步整理,为国家开源节流而已。”

“嗯,干爸,你不肯讲,人家可早都说了。我都听说政府要整理旧公债、发行统一公债和复兴公债,你不讲,钱可就光让人家赚去了。”魏某先将孔祥熙一军。

“侬勿要说他,哪一天我们没饭吃了,都到财政部讨饭去,他这个财政部长就光彩了。”蔼龄又开玩笑又激将。

“嗨,你们这是逼我,整理公债是国家机密,泄露出去是有杀头之罪

的。”孔祥熙犹自犹豫。

霭龄指住屋里所有的人：“听见没有，你们谁泄露出去，就杀谁的头，孔祥熙院长可从来不在家里谈国家机密。”

“那是那是，我们谁讲出去谁丢脑袋！”众人一齐附和。

孔祥熙只好慢慢讲来。

国民党南京政府成立以后，由于国弱民贫，连年内战，入不敷出，只好靠公债、库券、凭证弥补不足。凭证专为临时借垫时作为抵押品发行；库券是把将来的关税提前支用，寅吃卯粮，数目较大。库券规定每月还本付息，很为烦琐。而且不论公债、证券、库券，交易所开出的市价折扣很大，政府财政紧张，只好忍受银行钱庄的盘剥。现在，政府发行了法币，又统一了四大银行，财政上不足的款项已经可以向四行借垫，不再需要商业银行和钱庄中间盘剥了。因此政府研究准备整理旧公债，发行新公债。新公债将分两种，一种是统一公债，分为甲、乙、丙、丁、戊5种，合计票面价格为法币14.6亿元；复兴公债债额为3.4亿元。为推动换发新公债当然不能不对旧公债给予适当优惠。换发以后，将延长兑换年限，统一划息。这样政府可以松一口气，不必再搞那么多烦琐的东西。但是还有人提出，法币对外汇价和银元相比是不断贬值的。为了不让原先支持政府而购买公债的人吃亏，利息必须再有所调高，让关键时刻支持了政府的人从中得到好处。委员长认为这个意见是有道理的，准备采纳……

“啊，这么说公债价格要上涨了，我们如果赶在前面赶紧购买一批，不几天风声出来定能大赚一把！”魏某脑子转得最快。

“这个嘛，也还没有最后敲定，万一不能通过，你们买多了是要吃亏的。”孔祥熙把话说活，给自己留够退路。

“好了，我们跳舞！”霭龄情绪振奋。因为玩牌孔祥熙只能干看，跳舞他就可以参加。带来了这么好的消息，还不得让他跳跳舞以示慰劳？

崩嚓嚓，崩嚓嚓，节奏强烈的舞曲响了起来，这些人一个个兴奋难耐，一边卖力地扭动着身子，一边谈论着如何马上筹措资金，吃进公债。

按着霭龄的布置，他们这些引人注目的大户们在交易所按兵不动，而让一些平时不进交易所的人零零散散地悄悄买进。由于这些散户购买的数量极大,引起价格逐步上扬。等买得差不多了,大户们才张张扬扬地大喊吃进。这一来,许多平时以霭龄等大户进退为进退的人,也赶紧买进,公债价格立即蹿升,不几天,炒作公债已成了上海滩的最大热点。

杜月笙没有得到第一手消息,他是看到公债价格上涨势头强劲之后,才跑到孔家探听消息的。

霭龄对他当然不便隐瞒。

杜月笙大为不满:"老孔真不够朋友!这么重要的消息居然不透给我,我过去真白帮他了……"

霭龄解释说:"老孔为人一向胆小,你也不是不知道。他连我都不肯说,一再讲这是国家机密,泄露出去要杀头的。这是我们从他的话里猜出来的。不信你去问别人。"

"杀头?谁敢杀我们的头?历来只有我们杀别人的头,哪有别人杀我们的头?老蒋在上海都得向我交保护费。美龄蜜月里我玩点小把戏,就把老蒋吓住了。别看他当了委员长,离了咱这黑道,他好多事玩不转呢!"杜月笙愤愤不平。

"那是那是,月兄,你不必生气,我把底牌透给了你,你现在搞完全来得及。只要把握得好,凭你的资金实力,赚一把是不成问题的。"

"你们吃肉,我只好喝点汤了。"杜月笙赶紧去布置他的行动了。

这时公债价格已经涨得有些离谱,杜月笙算计着总还有一截涨头,吃进的同时派人大散流言,说国家经济形势好转,要结价收回公债,让困难时期支持政府的人得到实惠,以利于今后公债的发行。公债价格果然又蹿起了一截子。

公债疯涨的狂潮搅得南京政府心慌意乱。照传说中的价格给付公债利息,政府财政只有垮台,可要出面澄清必然激怒股民。整理公债之议只好暂时搁置。

杜月笙还等着再涨,宋霭龄已经令人悄悄抛出了。

市面上消息混乱。有人说银行存款将降低利息,唯有公债能够保值;有人说政府债券将减低利息换发新票,持有公债要吃大亏。交易所的债券价格开始忽涨忽落,几个回合之后,便直线下落。

上海商会终于沉不住气，向南京发去电报质询：“一·二八淞沪抗战时政府曾郑重声明：以后无论财政如何困难，不得将基金（即公债基金）稍有动摇，并不得再有变更。现在市面上众说纷纭，公债价格一日几跌。公债价格关系国家信誉，政府究竟意欲何为，望早定大计，明示国人。”

对于这种质询，财政部能够说什么呢？于是闪闪烁烁、含糊其辞地回了电文。

这一下更加重了市场的怀疑，公债价格一泻如注。

杜月笙买进的公债全砸在手里，赔得他昏头涨脑，愣记不起家住哪条街了。

他在交易所里混了多年，还没吃过这么大亏。

杜月笙闯进孔家，大嚷着要霭龄赔他的损失。

“月兄，你提这样的要求是不是出格了？买卖各人做，赔赚在自己。怎么好要我赔你呢？”宋霭龄并不惧怕杜月笙。

“都是你给我的消息不准，我才一下子在高位上吃进那么多，你不赔谁赔？”

“哟，当初没给你消息你找我，给了你消息还找我，这样朋友还怎么做？我可把话说明了，那并不是我故意给你报假消息，是你找上门来非要问我的，我又不是政府官员，怎么知道政府的决定？再说你也贪心太大，涨上去就赶紧抛嘛，难道非要一下子抱一窝金娃娃？”

“你这话有理！你不是政府官员，我不能找你赔钱。老孔可是财政部长哩，我要他赔我的！”杜月笙狠狠地转了身。

杜月笙才不去南京找孔祥熙哩，他在上海等他。上海是青帮的地盘。

周末到了，孔祥熙乐滋滋地回来度周末。他可不知道杜大耳朵跟他有一场好戏演呢。

棺材作证，一只海龟50万美元的公平交易

孔祥熙的车子在急匆匆行驶中，忽然有人拼命招手，示意停车。孔祥

熙还以为是什么劫匪刺客，刚要命令司机冲过去，却看见杜月笙从旁边一辆车上下来，乐呵呵地招呼他。看见杜月笙，孔祥熙心里一块石头落了地，叫司机赶紧停车。

“月笙，这么晚了在这里做什么呀?”孔祥熙和杜月笙是老朋友，见面赶紧招呼。

“哎呀呀，孔院长，总算等到你了！我今天是特意在这里等你。你猜什么事呀？有个朋友今天送我个大海龟，说这玩意味道鲜美。滋阴壮阳，我想到院长平日对我的关照，不敢独善其美，特意想请你一起品尝，所以在这儿等你。”杜月笙说得亲切热烈。

“月笙真是会关心人！这份心意我领了。一个海龟我看你就享用得了，何必半夜三更地在马路上等我。哎，我也还没有回家，跟你一走家里人还以为我出什么事了，他们会着急的。我看今天就算了，啊?”

“孔院长想得很周到，府上我已经关照过了，他们知道我今天请客，本来要请孔夫人一起来的，可她说今天已约了人玩牌，再说她对海龟这玩意儿也不感兴趣，只好请孔院长单人赴会了。你看，今天不在我家里，就在附近那个饭店，好几位朋友已经在那里等了，还是不要让他们失望吧，是不是?”

听杜月笙这么一说，孔祥熙也就放了心，随杜月笙一起上了他的车。

到了饭店，孔祥熙熟悉的朋友并没有，但大海龟倒是有一只，比农村磨面的石磨不小，足有二三百斤。孔祥熙看了，便想起个典故，兴致勃勃地讲了起来：

从前有个人到海外做生意，遇到台风把船刮翻了，游到一个无人的小岛上，后来遇到经过的船搭救，只好跟人家一起仍到海外去。船上的人都有货物，唯他什么也没了，但他离开海岛时背了个大龟壳，当时船上的人都笑话他，但他还是带着。到了波斯，别人的货都脱手赚了大钱，他借人家的钱吃住欠了一屁股债。一次波斯人到船上，看见了这个大龟壳，非要出高价买下不可，他不肯卖，波斯人出的价一长再长，已经到了不敢想象的价码，他不明白为什么，还是不卖。波斯人后来说，“你再要价，我已经实在拿不出钱了，只有把我所有的店铺都盘给你，再顶一半价钱。”这人以为波斯人疯了。出这么大价钱买个龟壳子。最后波斯人讲出原委，原来这是一个鼋龙壳，每个骨节处都有一颗硕大的夜明珠，价值连城。

孔祥熙乐呵呵地讲完，本指望博得杜月笙一笑，谁知杜月笙听完，板起脸说："孔院长，兄弟这个海龟就是一只大鼋龙，今天约你来就是想把它卖给你！我估计当今中国只有你出得起它的价钱，才特意找你来的。"

孔祥熙还没有明白杜月笙的意思，仍旧笑呵呵地说："月笙，快叫人把它搬去烹调吧。我今天坐这么长时间火车，也累了，咱们早吃早散吧。"

"不！我今天就是要把它卖给你，你准备出多少钱吧？"杜月笙说得斩钉截铁。

孔祥熙仔细一看，杜月笙已是满脸杀气，大惑不解："月笙，你这是唱的什么戏？"

杜月笙黑虎着脸说："孔院长，你刚才讲的故事好极了！我就是那个被台风刮翻了船的可怜人，我现在已经一无所有，只剩下上天赐给我的这只大鼋龟。它的壳子里埋藏着你最需要的夜明珠，我就靠它翻身了。我要价不高——只要50万美元，你现在开支票，我就派人送到府上。"

孔祥熙把桌子一拍："开什么玩笑！"

"这不是什么玩笑！你最近通过夫人透露给我的经济情报，使我在公债交易中遭受了重大损失，我必须靠出卖这只海龟捞回我的钱财！"杜月笙声嘶力竭了。

孔祥熙这才明白今天这一幕的真相，但却并不畏惧："月笙兄！如果你投机公债交易吃了亏，那只能怪你自己操作不好，运气不好！我没有对你进行过任何误导！我的夫人也绝不会设陷阱坑你。这事我们没有任何责任，你不必用这种把戏讹诈我！"

"事实就是我听了孔夫人的经济消息，才造成这笔损失的！孔夫人的消息来源是哪里？你不负这个责任谁来负？"杜月笙气势汹汹。

"一派胡言！"孔祥熙毫不示弱。

"如果你还想和你的家人团聚。现在就在这个条子上签字！"杜月笙拿出了早准备好的一张字据。

"我孔祥熙仰不怍于天，俯不愧于人，出门对得起朋友，睡觉对得起良心！凭什么给你签这个借据？”

“你签还是不签？”两个打手拔出手枪，对准了孔祥熙。

孔祥熙打过一个冷战，很快镇静下来，微微一笑：“杜月笙，你如果认为在我脑袋上打个枪眼值50万美元，你就下令开枪吧。往这儿打！”孔祥熙指着自己的脑门。

杜月笙原以为孔祥熙一个北方乡巴佬，又是个文官，没见过什么阵仗，用上海滩上的黑道手段一诈唬，孔祥熙定会吓成一摊软泥，乖乖给他赔钱，没想到孔祥熙根本不吃这一套。他眼珠子骨碌碌一转，呵斥打手说：“滚下去！我今天是和孔院长谈生意，不是叫你们绑人票。去，把这只大鼋龙带上，给孔院长送回家，明天院长自会把钱送来。一个堂堂的行政院副院长兼财政部长，会赖我们这点小钱吗？俗话说得好，阎王爷欠不下小鬼的，50万美元，对孔院长来说不过九牛一毛。这笔生意成交啦，送客！”

孔祥熙被杜月笙手下的人送回家。家里早乱成一锅粥，看见孔祥熙平安回来，蔼龄才松了一口气：“我要你下车后径直回家，怎么又自管去吃酒，让家里人着急？”

孔祥熙还没答话，杜月笙手下的人先开了腔：“孔夫人，今天是我们杜老板请客，本来要跟您打电话的，后来一谈起事就忘记了。孔院长今天做成了一桩大买卖，您保证会高兴的。”说完便把那只大海龟抬了过来。乘蔼龄等人看龟之机，这伙人一溜烟跑了。

蔼龄看了一会儿这个大龟，才发现孔祥熙并没有往常吃酒回来的兴奋，而是悄悄进屋坐着去了。她跟进来问：“哎，我说你要杜月笙这个玩意儿干啥，他这几天赔了钱不痛快，说不定找你麻烦呢。”

孔祥熙长叹一声：“别提啦！哪里是我要他的，这个大龟是他强卖给我的，要价50万美元呢。”

“50万？”蔼龄吃了一惊，随即又冷笑起来，“我知道了，他做公债生意赔了。前几天找我，被我顶回去了，我本来想着给你打电话的，又想等你回来再说不晚，谁知道今天他来了个先下手为强，在半路把你骗走了。好吧，我去安排一下，看他敢怎么样！”

“这家伙，自己投机赔了钱，怎么来赖我们，真是岂有此理！”孔祥熙气愤愤地说。

“要不怎么像上海滩上的大流氓呢！他仗着手下有几万喽啰，以为可以为所欲为，偏是在我这里不灵！他要敢胡来，我就掏出他的牛黄狗宝来！”

“防他一点算了，别跟他一般见识。”孔祥熙倒跟蔼龄撤火。

蔼龄打了几个电话，布置安排了一番，夫妻俩安睡一夜醒来，侍卫人员慌慌张张地跑进来报告说，门口不知是谁放了口大棺材。

孔祥熙夫妇出去一看，果然冲着大门口摆了口头号尺寸的黑漆大棺材。

蔼龄气得柳眉倒竖：“这个削水果皮的浑小子，跟我真的要起了光棍！老孔，你去调政府的兵守住家，我去安排人冲他的老巢。我倒要看看究竟是谁要用这口大棺材！”

孔祥熙眯着眼想了一会儿，摇摇头说：“算了，这种事情本是张扬不得的。在政府里做官，最要紧的是名声，就算咱把他制住了，可这名声一传出去，官就不好做了，这大概也是他算准了才这么放肆的。再说，他要真赔多了，一个输红了眼的人是什么事也做得出来的。我看给他点钱算了，破财消灾嘛。以后说不定有事还得用他呢。”

“你个大好佬！你要给你给，我的钱不许你动一分！”蔼龄很不满意孔祥熙的和事佬态度。

“放心！当然动不到你的钱。”

孔祥熙召开了中央银行董事会，宣布给最近在公债事业上作出贡献的一位爱国人士以适当的奖励。

杜月笙拿到了他曾经失去的钱，一场风波烟消云散。但是经过这件事情，孔祥熙和杜月笙却成了最好的朋友，以后，他们互相吹捧、互相利用，双方都从这种关系中得到了自己想要的东西。

第二十六章　山东缉私

丨　韩复榘走私猖獗，李毓万闯宅献计

孔祥熙从出任南京政府工商部长起，就在南京高门楼20号兴建了一座中西合璧的住宅。院内绿树成荫，用以遮挡夏日强烈的阳光。高高的樟树下，坐落着他的两间卧室——其实平时只有他一个人居住，霭龄是不喜欢酷热的南京的，或许也与她在这里担任孙中山秘书时的某些记忆有关，因为这里离中山陵很近，她在中山先生的脚下不便放手赚钱和享受。在上海则方便一些。霭龄有时到南京来，都是因为有大事找蒋介石或美龄，也就是住一夜即回上海。孔祥熙的小院里还有两间会客室和办公室，陈列着西洋油画，也有国民党中的文化人谭延闿和于右任写的对联条幅，一派人文室雅的气象。小院里一条甬道直通大门，显出了庭院深深，幽静雅致。厅前厅后都是花园，展示着主人的高贵和富足。而甬道两侧的厢房里，则住着警卫人员，戒备森严，让普通百姓不敢在门前驻足。

孔祥熙的习惯是睡到上午10点才起床，午饭前不出门，也很少会客，翻一翻西文报纸，在院子里遛遛弯儿。他要等吃过午饭1点以后才到部里办公。出任财政部长后，他仍然保持着这个习惯，他办公就在财政部，所兼任的其他职务的公事，如行政院的、中央银行的、中央信托局的等例行公事，都由人送到财政部来处理。行政院秘书长吴国桢、财政部常务次长徐堪、中央银行副总裁陈行等，也就经常会聚到孔的办公室来碰头，习以为常。下午一般要到7点多才下班。回家吃过晚饭，休息一两个小时，八九点再去办公，直到深夜1点钟才回家睡觉。

孔祥熙经常讲中国人不讲卫生，长年不洗澡。他自己倒是每日一洗，时间就安排在10点钟起床后。因为他有这个条件，家里有洗澡设施，普

通百姓哪有那个时间和设施？他不说这个，只埋怨中国人脏，好像他自己已经不是中国人的一员。他每周还要到南京汤山温泉洗一次澡，大都是为了与蒋介石约会，顺便谈一些公事。汤山温泉设备讲究，政府的一般官员都不得进入。

孔祥熙身体肥胖，血压较高，极少喝酒，香烟倒是常抽几支。他喜欢的是外国牌子，不抽中国烟，后来有人提出应该支持民族工业，他作为财政部长不得不做做样子，于是就拿中国的福华牌来，可是抽了几口就不行了，后来有人就替他作假，在国产烟盒里装上外国烟，孔祥熙不知是真不知道还是假装糊涂，从此经常给人讲："你们为什么还抽洋烟？瞧瞧我抽了多年洋烟，一经有人提倡，我就再不抽外国烟，而是只抽中国烟。"有次开会，为了证实自己确实抽的中国烟，他还把桌上烟盒子里的烟拿出来分给每人一支，边递边说："你们尝尝，国产烟一点不比外烟差嘛！"这些人把烟拿在手里，一看烟卷上的商标，原来是三五牌，地道的外烟，相互望着发笑，也不揭穿。倒是被手下的人看出了名堂，后来就有人把外烟揉碎，用外烟的烟丝再卷起来，印上中国烟的商标，好让老孔不再出洋相。

孔祥熙抽烟只敢在南京抽，回到上海的家里就不敢再抽，因为霭龄最反对抽烟。孔祥熙只好在家里憋着，出了门再猛抽。有次霭龄到南京，孔祥熙下车后叼根烟卷进来，一看夫人在屋，赶忙熄灭，还是被霭龄看见了。孔祥熙进屋后霭龄便问："又吸香烟了吧？"孔祥熙不吭声，只摊摊手，表示没吸。霭龄便教训他说："以后不能再吸了！"孔祥熙老老实实地说："是的，不吸了。"但是过后仍照吸不误。

孔祥熙雇有专门的私人医生，是上海保隆医院的一个犹太人。每月由中央银行支付数百元的薪金。

孔祥熙虽是基督徒，但平时在南京却不大做礼拜。只在回到上海和霭龄在一起时才做。据他的侍卫人员透露，他在南京十来年间，大概就做过两次，一次是冯玉祥到南京任军事委员会副委员长时，孔祥熙以欢迎新教友的名义陪冯玉祥到孝陵卫教堂做过一次。另一次则是 1935 年圣诞节，官场中信奉基督教的人都去做礼拜，他也跟着去了一次。

孔祥熙有博士头衔，但平常却不大看书。他的房间里居然没有书架。

他自己也很少动笔，写信和讲话稿都是秘书幕僚执笔，最后由他用毛笔签上大名算数。由于这些人经常代他执笔，就努力模仿他的字。有个人在这方面似乎颇有天才，写出来的字比孔祥熙自己写的还像。这个人脑袋瓜子也很灵，由此受到孔祥熙的特别赏识，没几年就升到了财政部参事。此人便是山东人李毓万。

一天，孔祥熙早点后洗澡，当有专人给擦过背正要修脚时，忽然门卫通报有人来访。一般人都知道孔祥熙上午不会客的习惯，因此一般没有人来。孔祥熙听了通报，也没顾上再问，以为定是政府里的大人物有急事来访，脚没修完就匆匆更衣出来迎接，一看之下，气了个心口疼，原来是他的那个部下李毓万。孔祥熙这下不高兴了，盯着李某看了半天没开口，一脸的不悦明显地展现给李毓万，意思是让他明白他来的不是时候，不受欢迎。但这个李毓万似乎并不在乎这一点，根本不朝他脸上看，只管自己坐到会客室的沙发上，又动手从老孔的烟听里抽出一支烟来吸。这下孔祥熙更不高兴了，绷着脸问："你这时候来做什么？"

李毓万这才答话："部长，我想出了一条整治韩复榘的妙计。因为事情必须绝对保密才能成功，只好跑到这里悄悄禀报，是不是打扰部长的兴致了？"

孔祥熙一听有整治韩复榘的妙计，立即换上了笑脸："噢，有何妙计？快讲来我听。哦，你坐你坐！抽烟，抽烟。"说着去拿烟。其实李毓万坐也坐下了，烟也点上了，结果是孔祥熙自己给自己敬了一支烟，自己给自己让了一个座，李毓万这回又不着急了，只管有滋有味地吐烟圈，把个孔祥熙急得火急火燎，不得不再次发问："你快说说，究竟是个什么妙计？"

"以毒攻毒"，孔祥熙大感兴趣

孔祥熙为什么对整治韩复榘的计划这么感兴趣，话还得从头说起。

却说韩复榘 1890 年生于河北霸县。1920 年参加清军，却正巧赶上在第 20 镇 40 协 80 标第 3 营冯玉祥手下。韩复榘虽是一个士兵，因为读过书，深知清廷腐败，加上受冯玉祥进步思想影响，参加了冯玉祥创办的“武学研究会”，这实际上是一个反清团体。辛亥革命后，升为排长、连长。随冯玉祥赴陕入川，作战勇敢，受到冯玉祥的赏识。冯玉祥升任陕西都督后，被冯玉祥一手提拔为团长。1924 年追随冯玉祥参加了北京政变，又晋升为国民军第 1 军第 1 师第 1 旅旅长，1925 年再升为师长。1926 年随冯玉祥加入国民党。1928 年参加了国民党的“二次北伐”。后改任第 20 师师长，被冯玉祥保荐为河南省政府主席，怀有个人野心的韩复榘对一手提拔他到如此高位的冯玉祥并无知恩图报之心，反而在 1929 年背叛冯玉祥投靠了蒋介石。1930 年冯玉祥阎锡山联合反蒋，发生了蒋、冯、阎中原大战，蒋介石为了拢住韩复榘不再加入冯、阎阵营，正式委任韩复榘出任山东省政府主席。韩复榘把山东看作个人地盘，一方面镇压人民的反抗斗争，一方面也抵制蒋系势力的深入。曾有人劝韩复榘在山东搞独立王国，他虽然不敢公开独立，却不把南京政府放在眼里，抗捐抗税，暗中扩充军队。

韩复榘手下的军官看到他的态度，也在山东各海口和内地大搞走私活动。这样一来，山东便成为华北走私的一个主要地区，官商勾结，军队保护，使南京政府的财源大受影响。从 1935 年到 1936 年，山东烟台、龙口、利津、羊角沟、虎头崖等海口，每次轮船或帆船靠岸，公开装卸大批私货，海关人员或与驻军有联系，或是驻军代替了海关职务，因此影响了整个华北的关税收入。华北税收受损，当然使孔祥熙这个财政部长十分头疼。

孔祥熙急于追问李毓万究竟有什么整治韩复榘的妙计，李毓万等孔祥熙心急难耐了，才伸出两个食指说：“以毒攻毒！”

“以毒攻毒?”孔祥熙有些迷惑，“怎么个攻法?”

“我请问部长，在山东搞走私的是什么人?”李毓万这会儿颇有点自负的意思，在孔祥熙面前大胆起来。

“这还用问咯，主要是韩复榘的军队嘛。”

“对，韩复榘的军队搞走私，靠别的力量是制止不了的，中央军不能开到山东去阻止，那样就要彻底和韩复榘闹翻，蒋委员长不会答应。靠派什么缉私人员更不行，韩复榘会立即把人挤走，而且即使他们留下，在无法无天的军队面前，也无能为力。所以呀……”李毓万又不肯说了。

“所以没有办法啦？”孔祥熙有些丧气。

“嗨，怎么会没办法呢！没办法我敢来敲部长大人的门？”

“那你快说有什么办法嘛。”

“部长一定看过《西游记》喽？那孙悟空最爱用什么计？变成妖怪一伙的，混进去好干自己的事。”

“噢，你是说派人打到韩复榘的势力内部去？嗯，这个办法好！不过，进去个把人又能干什么呢？”

“进去个把人靠自己当然什么也干不成，可要是再拉住了别的有势力的人，他们互相配合起来，那，啊……哈哈哈！”李毓万笑得有些放肆。

“好咯！我们只需用一根马鬃。把两个蟋蟀挑起来让它们斗，我们就好坐收渔利了。这确实是以毒攻毒了，李毓万，真有你的！”

停了一会儿，孔祥熙又想到稳妥性：“可是，怎么能让韩复榘相信派去的人不是中央的呢？”

“这个，我自有妙计。不然，我也不敢到府上打扰部长呀。只要如此如此……怎么样？”李毓万神神秘秘地附在老孔耳朵上一番低语。

“高，高！李毓万，我真没有看错你呢，确实有花花点子。只是，这事可要绝对保密，一旦走漏风声，我们可就赔了夫人又折兵了。”孔祥熙叮嘱起了李毓万。

“嗨，只要部长不讲，我能自己泄漏自己的天机吗？这一点，请部长放心就是。”

“哪天开始行动？”孔祥熙问。

“这事吗，宜快不宜慢。这个礼拜天就办，如何？”

“好小子，又要侵占我的礼拜天了，我可是一周只有这一天休息时间呀。”李毓万刚要说话，孔祥熙又说了，“我这宝贵的礼拜天，你要占就占吧，咱孔某为国为民，即使谈不上肝脑涂地，起码也是竭尽全力，夙夜匪懈吧？你说是不是？”

“那当然，当然！部长的人品官品工作精神，政府里我还真没见谁能比得上呢!”李毓万顺杆爬得蛮快。

孔祥熙一阵纵情大笑,末了却又摆摆手说:“也不要这样说,叫别人听见了,有人会不高兴呢。”

帷幄运筹,密室生出假兄弟

周末,孔祥熙回到上海,霭龄说了些生意上的事,本要孔祥熙星期天陪她出去拜访几个朋友,孔祥熙却说有一笔大生意,要等人来家谈,霭龄只好独自出了门。

11点来钟,李毓万带着一个人按响了孔祥熙公馆的门。来人倒也浓眉大眼,一副精明强干的样子,孔祥熙一见就像久别的朋友似的,上去拉住来人的手,热乎乎地寒暄道:“啊呀呀,桐华兄,我早就听李毓万说起你。说你精忠报国,疾恶如仇,和走私行为水火不容,本院长对你敬佩呀敬佩!”

来人倒不卑不亢,站得笔直说:“院长如有差遣,桐华万死不辞!”

“好好好,坐下说,坐下说。”

孔祥熙先问李毓万:“此事你们究竟有几成把握?”

“总有八九成吧。”

“噢,我可要求得有十成把握,否则桐华兄的安全出了问题可对不住人哪!”孔祥熙说得很恳切。

李桐华又一次站起来:“孔院长,历来谋大事的,没有一个等有了十成把握才动手的。荆轲刺秦王有几成把握?曹操刺董卓有几成把握?干这种事情,是只考虑事情成败,不计个人安危的。再说中国早有古话:叫谋事在人,成事在天,我将力求胆大心细,见机行事,以不辜负院长对我的信任,唯此而已,岂有他哉?”

“好!海关人员中有这样的忠贞之人,是我民国的大幸!韩复榘这条大蛀虫,这回有你的好看了!”孔祥熙说着从心底里发出一阵大笑。他要的就是这个效果,让李桐华自己义无反顾往前冲。

献茶之后，孔祥熙把仆从们都赶了出去，压低声音说："现在把你们的计划说一下，我要听听各个环节上还有没有不周到的地方。"

李毓万望了李桐华一眼，清了清嗓子："我先来说吧——

"韩复榘手下有一个最年轻、最精悍也最受宠信的师长，名叫李汉章。说来天下也是无巧不成书，这李汉章的长相与我们这位九江海关税务司长李桐华竟是那么相像，几乎就像孪生兄弟。我第一次见到李汉章时，几乎就把他当成了李桐华。也正是因为这一点，我才在心中逐渐酝酿这个计划。去年李汉章到庐山参加集训，路过九江时我特意把他们二人找到一起，让他们认识了一下，由李桐华出面请了李汉章的客，他们二人还谈得很投机。这次我想让李桐华到济南去，伪称与李汉章是兄弟，再介绍给韩复榘，然后……那不就好办了吗？"

孔祥熙听了，大拇指一竖说："这叫做一连三个观音堂——"

二李一齐瞪大眼睛问："怎么讲？"

孔祥熙哈哈一笑说："妙、妙、妙（庙）！"

受到夸奖的李毓万兴高采烈："这就叫瞒天过海，暗送无常！"

孔祥熙又问李桐华："你和李汉章只有一面之交，他是韩复榘最宠信的师长，你凭什么让他站到我们一边来呢？这可是背主的大事，他会干吗？"

"这个，"李桐华稍作停顿，像是思考，又像是郑重地说出深思熟虑的话，"要只论他和我的关系，他当然不会一下子就会背弃他多年的主子，站到我这边来，但是他要知道我是代表孔院长去和他拉关系，那就是另一回事了。孔院长代表中央，代表着比韩复榘更大的势力，代表着更多的金钱和更高的职位，越是精明的人账算得越清，所以我相信他能够和我站在一起，共同完成这项带有冒险性、刺激性的任务。"

"说得好！"孔祥熙被这番话打动，显然不仅是李桐华的分析抓住了李汉章性格中的实质，而且是因为李桐华通过一种巧妙的说辞，恭维了孔祥熙。况且这种恭维显得是那么自然、顺理成章。

孔祥熙在屋子里踱了一圈，又提出了一个问题："你们这想法是否向李汉章透露过，他是否有个基本的态度？"

“没有，院长。这些想法仅仅是我们自己的，至于李汉章那边，我们从来没有涉及过这个问题。利钝成败，全靠见机行事……”

李毓万赶紧接了过来：“院长放心！李桐华的三寸不烂之舌是足以把李汉章绕进来的，加上院长的地位和权势，不怕他不肯合作。一桩明摆着有利可图的买卖，是绝对不愁找不着合伙人的。”

“好！我们今天这叫做策划于密室，嗯，叫做运筹于帷幄之中……”

李毓万立即接上口：“决胜于千里之外！”

孔祥熙从壁橱里取出一架刚从美国买来的最新式手提收音机，交给李桐华：“你把这个东西带给李汉章，权作见面礼，到济南去住些日子，等韩复榘手下都认同你们是兄弟了，我在这里就会有所行动。那时候，我们里应外合——嗯，就一定能把山东的缉私大权抓回来！”

“我们一定成功！”3 个人同时举起茶杯，以茶代酒，清脆地碰了一下杯。

瞒天过海，韩复榘相信心腹来了个亲哥哥

一个艳阳高照的日子，西装革履风度翩翩的李桐华来到济南。一下火车，李汉章带着卫兵就热情地迎了上来，直着嗓门大喊：“李司长，上次在九江受到你盛情接待，这次难得你肯光临敝城！这次来，泰山、大海、孔庙，我一定让你玩个痛快！”

李桐华疾步走到跟前，微微笑着，使劲握住李汉章的手：“小弟，我们到你那里再叙吧！”

李汉章有些诧异，这可不像一般朋友见面时的寒暄，倒似乎是家人之间的实在，看李桐华神秘地眨眼睛，李汉章也不再多问，直接把他接回私邸。不及开宴，二人就开始了一番密谈。

“李桐兄，你这次难道不是为旅游和看望朋友而来，而是另负有使命？甚至是秘密使命？”

“好你个汉章兄弟，精明到顶了！多亏我这次的合作伙伴是你，如果

我这次的出击对象是你，我定败无疑了！”李桐华笑着作了回答。

“噢，这么说你这次来是想搞阴谋？——啊，看不出你仪表堂堂的人物，竟也是中统或者军统的特务？”李汉章眼睛里露出鄙夷的神色。

李桐华霍地站起来：“兄弟，看来我刚才对你的夸奖也有言过其实之处，你并非事事能够洞明。我李桐华堂堂正正之人，岂是蝇营狗苟之徒？实话相告吧，我这次来，是给你送一个机会，只看你有没有这个造化，有没有这个胆识！”

“机会？什么机会？”李汉章眨着眼。

“一个发大财的机会，一个飞黄腾达的机会！一个千载难逢的机会！”

“哈，汉章能够当到这个师长已经有命运不能承受之虞了。岂敢再奢望发财升官？今天你如果是来看望朋友，我一定尽地主之谊，安排你畅游山东；如果来给我送什么机会，我李汉章对韩主席可是只有一片忠心，请你或者当面去讲给韩主席，或者明天就离开这里。”李汉章一脸郑重和揶揄。

“我屁股还没坐热，你就要送我离开，这怕不是中国人的待客之道吧？去年在九江酒酣耳热之际，你我称兄道弟，相见恨晚。今天到了你的地界，却变成这样一种口吻。汉章，你这葫芦里想卖什么药？”

“因为你今天不是作为我的朋友来叙友情，而是来游说我干一件危险的事情，我这样处理是为我也为你好。”

“原来如此！”李桐华哈哈大笑，“兄弟，我怕这不是你的真心话！俗话说，官不打送礼的，我今天要送给你的礼物，足够你享用终生，岂有拒之门外的道理？你说你忠于韩主席。这没错，可我也不是要你去反对韩主席，这件事，韩主席知道了也会乐于接受的。”

“那你去给韩主席讲好了。”李汉章依旧冷冷的。

“李汉章，你不要不识好歹！我不给韩复榘讲。因为他不是我的朋友，而你曾经要和我做朋友！”李桐华也声色俱厉起来。

一看客人动怒，李汉章又变得温和起来：“不是我想挫你面子，实在是我已不想再搞什么了，我年纪不大当上师长，早有不少人眼红心妒，再有什么好事岂不更是树大招风？”

“汉章，逆水行舟，不进则退。你怕别人嫉妒不思进取，别人绝不会因此就看你舒服了。不信你辞职下野试试，看是那些人因此喜欢你了还是更要折腾你？如果你认为这个师长已经够过了，我可以预言你不久会保不住这个位置，到那时你只能看着别人超过你，踩巴你，你……”

李汉章终于憋不住了：“桐华兄，你说的道理非常正确，我岂不知道？只是你得把你说的机会先说给我听听，谁知道它是个发财的机会呢还是赔本的机会？我总不能隔山买老牛，什么也没看见就答应你吧？啊？”

“有道理！可自从进门，你给我阐述它的机会了吗？人说你精明，今日才算是有所领教啊！”

“桐华兄，汉章混到今天这个地步，不容易啊！你知道成天找上门来要我干这干那，说这么能发财，那么能富贵的人有多少！这里面真真假假，鱼龙混杂，有的甚至是上面派来试探我的，我要不仔细辨别，谨慎行事，说不定早回家种地或者脑袋搬家了。小弟的苦衷还望仁兄见谅才是！”

“我就知道兄弟你不是憨人嘛！”

两颗脑袋凑在了一起，一个酝酿已久的计划传递到了最关键的部分，政治靠山加经济利益使李汉章决定接受合作。

当天晚上，李汉章在济南泰盛酒楼大宴宾客，韩复榘部下的军长、师长、旅长能找到的都来了，李汉章宴前致辞：“诸位今天光临，汉章非常感激！今天我所以花钱请客，是因为家遇喜事。这些年，我们年年征战，行无定处，与我一母同胞的哥哥都多年不见。最近我才知道他在九江税务司任职，联系以后，他请到了假期，又赶上我们这里和平安详，他才抽出身来与我兄弟相聚。‘他乡逢故知’尚且是人生一大喜事，更何况是兄弟相聚？所以汉章敢请诸位共同举杯，分享我们兄弟在济南相见的喜悦！干杯——”

到场的军官们看李汉章李桐华果然酷似兄弟，个个信以为真，仰脖一干之后，纷纷上前为他们贺喜敬酒。李汉章兴高采烈，李桐华笑容可掬，每敬必喝。这一晚，众军官开怀畅饮，尽欢而散。第二晚，李汉章又在家里开设牌局，请一些实权人物在家玩牌，李桐华有时凑上去玩一把，人多了静坐观战，一连几个晚上都是如此。白天，李汉章带李桐华到各处名胜游玩，少不得又带一些人作陪，又去拜访一些朋友。几天下来，济南城里有点权势的人物都知道李汉章的亲哥哥来了。李汉章又带李桐华去拜访韩复榘，连诡计多端的韩复榘看了二人的面相，听了手下的传言，也确信李桐华确是李汉章的亲哥哥。

第一关实施顺利的电报到了孔祥熙官邸，孔祥熙立即找来李毓万，喜滋滋地布置："照原定计划实行第二步！"

戏演双簧，韩复榘钻入圈套

李毓万到济南时的阵仗可不一样了，他的名义是行政院副院长兼财政部长孔祥熙的特使。韩复榘再想闹独立，对中央也不敢明目张胆地硬顶，他派人盛情把李毓万接到济南最豪华的招待处，盛宴款待。韩复榘生怕这位财神爷的特使，到济南调查他抗税扩兵的事情，如果引起老蒋的警觉，那自己的日子可就不好过了。韩复榘尽管妄自尊大，对一般政府官员不屑一顾，可对这位孔祥熙的智囊人物李毓万，他还是不敢轻慢的。他亲自出席了欢迎李毓万的宴会，席上又一再盛情敬酒，想套出李毓万此行究竟意欲何为。而李毓万鬼灵精式的人，哪肯轻易吐口？韩复榘越摸不着底，心里越虚，散席之后，他又送李毓万回到房间，继续探听李毓万的真实意图。

"李参事，韩某才疏学浅，蒙蒋委员长宠信，主政山东，必然有许多失策之处，还望李参事不吝赐教啊！"韩复榘其实并不像外间流传的那样不通文墨、笑话连篇。他是清朝的秀才，文化功底还是很深的。

"哪里哪里！山东自韩主席主持以来，政通人和，李某在南京听到的都是赞扬韩主席的好话，许多地方都要来山东取经呢！"李毓万也是嘴如蜜糖，专给韩复榘送高兴。

"唉，我韩某虽然不敢辜负委员长的信任，夙夜匪懈，励精图治，怎奈平日心直口快，得罪人不少，我想有些人可不像你李参事这样开明豁达，免不得到此一行，回去后在南京说我的坏话。我想李参事你定有耳闻吧？”韩复榘总是做贼心虚些。

“噢，有这样的事？我可从来没听说过呀！”李毓万装疯卖傻。

韩复榘看套不出什么名堂，只好单刀直入：“南京来电报只说李参事此行山东有重要使命。不知……”

“哎，我一个小人物能担当什么重要使命？不过是财政部的一点小事，一点小事。”卖关子是李毓万一大长项。

“那，我就告辞了，李参事旅途劳顿，今天早点休息吧。”韩复榘可不是任人摆弄的善茬，如果李毓万真的没有什么重要使命，对韩复榘不构成什么威胁，他可不愿跟你这里打哈哈。

李毓万深知刚才自己卖关子卖过头了，韩复榘这一走，明显带着不高兴，要是事情因此被他阻三阻四，整个一套妙计就泡汤了。李毓万一反刚才的矜持，露出一副巴结的笑容说：“韩主席，孔院长这次派我来，是财政部想在华北设一个海关稽查处，要我来主要是征求韩主席的意见，并请求您的协助。我原想明天到省政府再当面向韩主席正式汇报，并呈上孔院长的信札。这是一桩区区小事，只要韩主席支持，事情好办得很……”

听了李毓万的话，韩复榘一直不安的心一下子放了下来，脸上也随即绽开了笑容：“哈，要是就这么一件小事，何劳李参事亲自跑一趟？你在南京打个电话，咱们立马就办。别处不敢说，在咱山东地界上，财政部的指示可是畅通无阻的……”

李毓万又马上取出孔祥熙的信札，双手捧给韩复榘：“设不设海关稽查处，只是财政部的一个想法，最后的主意还等韩主席定。”

“你明天先游趵突泉，具体意见我会在你走前通知你。”

看韩复榘回府，李汉章马上跟进去了：“韩主席，这个李毓万跑到山东究竟想干什么？”

韩复榘把孔祥熙的信札狠狠摔到桌子上：“来干什么？这帮家伙还能来干什么好事？说是来设海关稽查处，还不是对你们搞走私的事有了察觉！孔祥熙还装模作样写信来征求我的意见，我的意见他们肯听吗？还不是他妈的办也得办不办也得办！”

李汉章略作沉吟:“韩主席,这事我看咱们还是有办法的。”

“有什么办法? 他妈的海关稽查处一设,你再走私他不查你? 我们山东的财源就没了! 说得他妈轻松,区区小事,区区小事就把我们脖子勒住了! 你有办法,你有什么办法! 你能让他们不来设吗? 你要能顶住,我狠狠地奖你一大把!”韩复榘怒气不息。

“这种事情你知道硬顶是不行的,我的意见是给他来个掉包计,偷梁换柱!”李汉章似乎是胸有成竹。

“偷梁换柱? 让我想想——是不是说把稽查处换成我们走私的保护处?”韩复榘要出了他的小聪明。

“主席高见! 正是这样。”李汉章及时奉承。

“这个恐怕不容易,你想,他们为什么要来设这个稽查处,还不是对我们不放心? 那是中央政府的机构,我们花钱能够买动吗?”韩复榘顾虑难消。

“我倒有个想法,只是有点儿嫌疑,不知当讲不当讲?”李汉章戏演得不错。

“你说你说,你跟我多年,我还信不过你吗?”韩复榘一头要往套里钻。

“哦,是这样,李毓万不是说专为此来征求您的意见吗? 连老孔也在信上说请你支持协助。这就有空子可钻! 您可以向他们说完全支持,并且积极向他们推荐人选,当然喽,这推荐的人选是我们的人,那这稽查处还不是就掌握在了您的手里? 什么事情你说查他就查,你说不查他就不查……”李汉章说得有板有眼。

“高! 妙计! 只是这推荐的人选他们要不批呢?”

“能凭什么理由不批?”

“比如说,老孔要讲我们这里过去没有稽查处,我们推荐的人业务不熟,硬要从别处派人来呢?”

“我有个人选,叫他们无话可说。只是,我刚才讲了,我提出这个人有点嫌疑,怕人说三道四……”

韩复榘一擂桌子:“你讲嘛!”

李汉章这才吞吞吐吐地说:“比如说,我哥哥李桐华,他多年一直干这行，而且远在九江，并不是山东人，财政部也不见得知道他与我是同胞兄弟，假如你提出这个人，他们一来是不疑心，二来也没有正当理由不批……”

“嗯？”韩复榘脑子在转圈。

“他们要不批，你就再推荐个人，不批还换人，反正他们想派的人您也绝不同意。这样一来二去就可以拖下来，拖他个三年两载，十年八载，啊，那……”李汉章为自己的妙计笑了起来。

“好计！汉章，你打仗是只下山虎，这玩圈套也是个智多星呢！好，就这么办！”韩复榘扎进了陷阱兀自浑然不知。

“这个，只是我刚才突然冒出的想法，一是不知我哥能不能同意，二来么，韩主席身边的人对他是否信得过，届时会不会难为他也还难说。”李汉章还要把袋子口再束紧点。

“有其父必有其子，有乃弟必有乃兄。那天见面我看你这个哥就是个干才，我信得过还有谁敢难为他？这样吧，明天晚上避开李毓万这家伙，另找个地方我请你哥的客，他的工作我来做，也叫手下的人知道这个人与我不薄，怎么样啊？”韩复榘得意洋洋。

“我回去先做做我哥哥的工作吧。”李汉章显出是顺水推舟的样子。

“就这么定了！”韩复榘拿出了说一不二的威风。

第二天的宴会上，李桐华假装推托半天，才接受了韩复榘的要求。

韩复榘召来李毓万，告诉他说：“孔院长提的在华北设立海关稽查处，本主席非常赞同，这几年山东地面走私活动也时有所闻，这是山东的耻辱啊，正该严厉打击。既然孔院长有意征求我的意见，我也就不客气啦，就把稽查处设在济南吧，至于主持的人选吗，我也想保举一个，就是九江海关税务司李桐华。此人虽然我并不相识，也非山东人氏，但他铁面无私的事儿我可听过好几件，用人就得用这样的人，才不辜负孔院长设立稽查处的一片苦心哪！”

李毓万心中窃喜，口中却说：“韩主席如此支持我的工作，我万分感激！我也代表孔院长谢谢您的开明豁达。只是韩主席保举的这个人，我不敢擅专，当然啦，我相信韩主席看人是不会错的，但还是得请示过孔院长才能答复您。”

“当然当然，人选问题最是要紧，一切还待孔院长定夺。”

李毓万起草了给孔祥熙的电报，陈述了韩复榘的意见，末了又写上了自己的看法，无非是说韩复榘的主张有理，应该尊重韩主席的意见之类。拍发前特意把电文送韩复榘过了目。韩复榘当然高兴，以为办妥就尽可以在自己掌握之中了，只是仍担心孔祥熙不批。

没过几天，孔祥熙直接给韩复榘回了电报，说是通过李毓万知道了韩主席的意见，决定予以照准。

一幕双簧演得惟妙惟肖，韩复榘庆幸自己抓住了山东的缉私权，孔祥熙也为自己的妙计实现豪饮了3杯白兰地。

一仆二主，山东走私大收敛

李桐华离开济南，与李毓万一起向孔祥熙作了汇报。孔祥熙听了二人的精彩表演，除口头嘉奖外，特意发给一笔奖金，以使他们继续卖力同韩复榘斗法。

李桐华问孔祥熙，派我到山东的任务主要是缉私，别处都叫缉私处，为何单把山东叫做稽查处？我这稽查处的职权任务与别处有何不同？

孔祥熙哈哈笑了，说，这个嘛，你得问他——用手一指李毓万。

李毓万说，这个你就不要计较了，改稽查处是我的主意，这也是变通之法，否则找韩复榘一谈，他梗起脖子说我山东无人走私，还设什么缉私处？事情难度就大了。改个名字叫稽查处，稽查吗，什么也可以查一查，这样既照顾了韩复榘的面子，让他能够接受，又什么事也不误。其实要说这稽查处职责该比缉私处更大更广。

李桐华说，好，这我就放心了，免得我上任后职责不明，理解得和你们的本意不符，出了差错，耽误了公事。

孔祥熙亲热地拍拍李桐华的肩膀：“兄弟，到了那里，你就给我放手干！干好了，票子、官位，都可以奖给你；没弄好，也没什么打紧，你是中央政府派员，大不了一纸调令把你调出山东，韩复榘奈何不了你。只要你不上韩复榘的贼船，我保你从此福星高照！”

李桐华拍拍胸脯：“院长尽管放心，桐华有幸拜识院长，从此将鞍前效力。万死不辞，绝不会畏缩，绝不生二心！”

二李出了孔祥熙府邸，李毓万忽然口中发出“哐哐”的声音，李桐华奇怪地问：“李参事，你这是干什么？”

李毓万拿腔作调地说：“列位看官注意，锣声一响，猴子要爬杆了！”

李桐华这才知道是打趣自己，又不好反击。只好说：“李参事，这次的事还不知道是福是祸，我也不好说谢你咒你，干起来再看吧。”

李毓万说：“跟上了孔院长，怎能说不是福？”

李桐华说：“面对的是韩复榘，谁敢说没有祸？”

李毓万说：“反正以后我到山东，你得好好接待我。”

李桐华说：“那自然没说的。”

没几天，财政部发表正式任命，任命九江海关税务司司长李桐华为财政部山东海关稽查处处长，李桐华于是走马上任，重到济南。韩复榘把他看做自己人，热情欢迎，提供方便。李桐华在济南纬二路一座花园洋房里建立了他的办事机构，门口一块大木牌煞是威严：财政部海关山东稽查处。

李汉章向韩复榘禀报，从韩的部队里推荐了一些军官担任稽查员，这下韩复榘更放心了，以为孔祥熙白忙活了，这个稽查处完全成了他自己的办事机构。于是开会时就唱高调：“安，财政部在山东设立了海关稽查处，我是完全支持的！海关嘛，关系到国家的尊严和利益，有走私的就得查！货物没收，人员重罚，严重的，安，还要正法！”

韩复榘这一讲，那些不明真相的人，还真以为是韩主席下令缉私，一时间，稽查处威势赫赫，在山东各海口都顺利地派上了人员，走私者心惊胆战。

“哎，听说了吗，韩主席派了李汉章师长的哥哥来缉私，来头不小呀，我看这一段得避一避。”

“他妈的，他们还来缉私，韩复榘走私是全国第一号，怎么也敢搞缉私?”

“人家这一手高啊,如果不查,大家都走私,他姓韩的只是其中一份,这一下,人家抓住了缉私权,别人走不了,他就成了蝎子的尾巴——独(毒)一份了!不仅能发大财,还能落个好名声——成了他妈的缉私英雄了!”

不管怎么说,李桐华是真抓真干。一艘装了壳牌煤油的走私船在青岛以北的海面上刚停住,就被缉私队人赃俱获……

一个团长以出海训练为名,把一批外国香烟悄悄搬上了岸。可没等运走一箱,李桐华就在该师师长陪同下来到团部,团长当即被军法队五花大绑押上了警车……

一家商号在驻军保护下走私进大批棉纱,已经进了仓库,仍被稽查处上门查了出来……

这些查出的走私货,大部分被充公或低价处理,山东地方政府从中收获不小,但最大的受益者仍是孔祥熙的财政部,因为不仅罚没款中要上交一部分,而更主要的是以往韩复榘军队中保护走私者的中级军官,现在怕查出毛病,因此都下令协助缉私。那些走私者,现在看出这些部队不能保护他们了,海关绕不过去,只好从正当渠道进口货物,这样就得照章纳税。过去冷冷清清的海关一下子热闹起来,财政部的税收大幅度上升……

孔祥熙通过蒋介石大大地赞扬了一番韩复榘,称山东是缉私模范省,韩复榘心里美美的:都说老蒋刁滑,哪里知道我的把戏?孔祥熙则不断地秘密给二李加油打气,称赞他们干得好,少不得又有金钱奖励。李桐华、李汉章志得意满,高举酒杯,互相祝贺:“怎么样,认我这个哥哥没吃亏吧?这几个月的收入抵得上你出生入死打几年仗吧?”

“噢,我这个弟弟配得上你吧?有了个弟弟你就在山东畅通无阻!你为孔院长立了大功,日后飞黄腾达,可不能忘了小弟呀!”

“愿我们精诚合作,给孔院长、给蒋委员长创造一个真正的奇迹!”

“噢,可别让韩复榘这只老狐狸嗅出味道,那我们可就死无葬身之地了。”

“放心,我们毕竟有中央这把大伞,它可以让我们遮风避雨的。”

“还是要小心为妙。”

“那是自然。”

假兄弟被人识破，走私者吓散缉私处

正当二李干得如火如荼的时候，一种危险也在向他们悄悄逼近。

下弦月斜挂天际、万籁俱寂的时候，一大队汽车满载货物向济南进发。押运的陈老板一路上大睁双眼，紧张地注视着路边的情况，望见济南城的灯火，他长舒了一口气：好了，这一次总算又闯过来了。他心里盘算着，现在，哼，就是再有什么情况也没关系了，因为合作者在这里已是有权有势，再没什么人敢跟他过不去了……

突然，斜路上钻出一辆汽车，很快抄到了车队前面，但这辆车超车后却不加速，就压在车队前头，使车队想快快不了，想超超不了。这辆车压了一段后，车队前面的司机已是满腔怒火，他不再理会出发前老板交代的注意事项，摁住喇叭长鸣不已，但前面的车却毫无反应，仍然压着车队慢慢腾腾地往前挪。直到把车队所有的人都激出了火气，这辆车才在城门附近停在了路中间。所有的车停下后，后面的司机都涌上来，要找这辆车上的人算账，可等他们围上来后，却发现这几乎是一个圈套……

因为这一段路把所有的人都激出了火，连陈老板也盛气凌人地冲了上来，可刚到跟前，前面车上的人却吹响了口哨，那尖利的声音在寂静的黎明之前显得是那样恐怖。当陈老板意识到可能碰上了麻烦，准备撤退的时候，几十名缉私队员已经围了上来。

“不许动！人员到这边集合，车辆接受检查！”

陈老板悄悄下令：“上车，掉头走！”

一个司机向后望了一眼，一下泄了气：“老板，后边的路早堵上了！”

陈老板拍拍脑袋，只有最后一个办法了，那就是……

缉私队员们挎着冲锋枪，把司机圈到了一起，另一部分人上车查看。

“货是谁的？”有人厉声问。

陈老板前后看看，估计没人能替自己顶缸，只好站出来，但仍傲慢地说："问谁的货干什么？你们要强买还是要强抢？"

"放明白点，我们是缉私队！车上运的什么，税单在哪里？"

"这个，货是我替人家押运的，都是什么我不知道，税单也没交给我。"陈老板振振有词。

一会儿，上车查货的人过来报告说："都是白糖、呢绒、香烟等，一色的外国货！"

缉私队长威严地下令："货物扣留，人员看管，查出结果之前，你们谁也别想离开！"

人货被扣，李桐华并不罢休，他派人顺蔓摸瓜，查出这批在烟台闯关入境的私货共计白糖 5000 包、香烟 6000 箱、呢绒 4 万码等，李桐华感到这下可抓住了一条大鱼，他喜滋滋地找到李汉章，通报了这个喜讯，并建议二人喝一杯庆贺。

席间，李汉章却眉头紧锁："现在缉私风声这么紧，还有人敢这么大干，看来——这后台一定不是小人物！"

"难道能是韩复榘的？"

"那绝对不会，他用不着这么干。"

"那能是谁呢？"

"是啊，究竟会是谁呢？"

"好了，不管它是谁的，查住了就休想溜掉！"

第二天，有个人鬼鬼祟祟地找到李桐华，闪烁其词地说："你们查到的那批货物，根本不是什么走私货，它们是一个重要人物帮助朋友办理的，手续一时不全，但会很快办妥的。这个人与你们尤其是与你的弟弟关系很好，他不便自己出面，希望能够体谅，不要声张，尽早发还。"

李桐华摊摊手："我身为稽查处长，查出的私货如果没有明确说法，这样稀里糊涂发还，对哪方面都不好交代。如果真有隐情，也望能够说到明处。"

来人说："好吧，怎么处理你自己掂量，今天的话是省政府张秘书长托我转达的。"

“他？”李桐华马上想到了那个有名的包卖县长、营私舞弊、无恶不作的大贪官张绍堂，“那么这批货是他的？”

“不，货不是他的。张秘书长不干这种事情，但是他受人之托，让我来说明一下，请你明察。”

“好，让我了解一下情况，如果真是张秘书长的，自当按他的意思处理。”

李桐华找到张绍堂：“那批货是你的？”

“不是。”

“和你有关？”

“无关。”

“那，怎么处理好呢？”

“你看着办！”

“既是这样，我只好秉公处理了。”

“马车拉猴子——在你（载你）！”

谈话不欢而散，李桐华对张绍堂的傲慢也憋了一肚子气，就想公事公办，杀他一记。可他还没走回家，张绍堂的电话已经打到了李汉章家里。

“安，李师长吗？你哥哥昨天查了一批私货，就是和你哥哥一样的私货，你哥跟我谈不拢，你看请韩主席出面处理怎样？”

李汉章一听这话不对头，马上卑恭地说：“秘书长，我哥哥他对咱山东情况不熟，这事还是我出面处理好了，请您稍等。我马上到您府上。”

张绍堂呵呵两声冷笑：“好啊，我听听你有什么高见。”

却说张绍堂为什么敢于这样狂？又为什么能够一下子镇住李汉章，一句话就让他投降？原来这张绍堂也是精明绝顶之人，当初二李的“假兄弟”瞒过了许多人，却并没能瞒过这个张绍堂。

当初，李汉章到处请客，向人介绍他的多年不见面的哥哥时，张绍堂不动声色地应着哈哈，直到客人走得差不多了，张绍堂才突然问：“你们既是亲兄弟，为何一个江苏口音，一个却是安徽口音？”

李汉章哆嗦了一下，李桐华倒泰然自若地说：“我们的母亲是安徽人，因我舅舅没有儿子，我从小就被过继给舅舅，跟舅舅在安徽长大，当然就带上安徽口音了。怎么，秘书长，在安徽有什么亲戚吗？”

这番话听起来虽是天衣无缝，但人精似的张绍堂却从李汉章当初慌乱的眼神里捕捉到了什么，他不再多说。要把它作为秘密武器，留到关键时刻发挥一下威力。

其实张绍堂也仅仅是怀疑，今天他不向李桐华亮底牌，而是去讹诈李汉章，一是李汉章更怕韩复榘知道底细，二是李汉章在应付这类事情上比李桐华要嫩一些。

果然，李汉章一下子就向张绍堂缴了械。李汉章虽有兵权，但张绍堂掌握着韩复榘的一切机密往来，他不得不让他几分。当然，张绍堂要的是利益，向韩复榘揭穿这种把戏对自己并没有多少好处。面谈的结果，不仅这批私货全部发还，还要李桐华去活动，把鲁豫硝磺局长一职让给张绍堂派人担任，好使他从中也捞一把。

这起让二李心惊胆战的事件虽然因分肥给张绍堂暂时缓解了，但又埋伏了新的隐患。发还私货，张绍堂满意了，可海关稽查处的职员们却大为不满，因为查着私货，职员们是有奖金提成的。私货一发还，一大笔奖金泡了汤，这又损害了缉私人员的利益。私货发还不久，一个海关职员写了封匿名信告到韩复榘那里，揭露稽查处的一些事情。张绍堂因与李汉章达成了协议，对这类事情就特别留心，拆信一看，大吃一惊。赶紧找到李汉章说：“海关人员中有人写信给韩主席，密报了你那个哥哥是假的，说他来山东是为财政部做机密工作的。我就是压住这一封信，恐怕过几天他还会通过别的渠道往外捅。你看……”

李汉章李桐华一商量，这就叫祸不单行，摁下葫芦起来瓢，这个稽查处再无法干下去了，否则让韩复榘知情，二人的性命非交给韩复榘不可。于是匆匆收场，李桐华星夜逃回南京，并报告孔祥熙，由财政部下文撤销稽查处，以使韩复榘不怀疑。同时李汉章又拿出一大笔钱，到韩复榘最宠爱的一个姨太太那里去活动，使之从中斡旋。加上由于日本鬼子的侵略，时局日趋紧张，韩复榘也就顾不上去追查，二李总算混过了这一关。

当然，孔祥熙还是大赢家，他已经从稽查处的设立中，为财政部挣回了一大笔收入，再说走私活动经那么一打击，也不是一下子就又能猖狂起来的。

第二十七章　子女风波

庆龄、美龄都不曾生育，唯独霭龄生有两男两女

在庆龄和孙中山结合、美龄嫁给蒋介石后，霭龄心中一度感到某种不平衡。有次她朝孔祥熙说过一句半是怨尤半是自嘲的话："大妹、小妹一个是过去的第一夫人，一个是现在的第一夫人，唯独我这个大姐，永远也成不了第一夫人喽！"孔祥熙听后有些醋意，装聋作哑，并不接茬。

不过霭龄也有她值得骄傲的地方。庆龄、美龄都不曾生育，唯独她生有两男两女，做了真正的母亲。

孔祥熙、宋霭龄都是吃过洋面包的，因此给 4 个孩子都另起了洋名字，在家庭范围内使用。孔令侃的洋名叫戴维，令仪叫罗莎蒙黛，令俊叫珍妮特，令杰叫路易斯。由于孔祥熙身居要职，教育子女的责任，自然是做母亲的霭龄多多承担了。

孔令俊幼小的时候，与别的孩子并没有明显的不同。她第一次上幼儿园时，对带她离家的仆人又踢又咬，表示她的抗议。到了那里，老师费了很大劲才使她安静下来。当问她名字的时候，她羞怯地说："妹妹。"其他的孩子都笑了起来。老师继续和颜悦色地说："这是家里人对你的称呼。想想看，还有没有其他的名字？"她踌躇了一会儿，忽然想起了曾经听到过的一个名字，于是赶紧说："令仪。"令仪嚷了起来："这是我的名字。"令俊感到伤了她的自尊心，眼泪一下子涌了出来。不一会儿她想起了反驳的理由："难道我借一个名字都不行吗？"

宋霭龄在教育孩子上有一套自己的理论。她认为树大自然直，不必要让他们从小就受太多的约束。让他们自由发展，想干的事情就鼓励，想要的东西就满足，更容易激发他们的自信心和行动能力。

有一天吃完正餐,仆人端上一盘雪梨。孔祥熙要求孩子们按顺序从上面开始拿,不许拣好的抢。盘子端到老大面前时,令侃看到最上面是一个带疤的梨,他缩回手说:"谢谢,今天我不想吃梨。"轮到令仪,她毫无怨言地拿起那个疤梨。当盘子转了一圈,放回桌子上时,上面是一个又大又好的梨了。这时令侃说:"我想我还是应该吃点水果。"说着就毫无愧色地拿起大梨削皮。其他孩子识破了他的花招,一齐嚷了起来:"戴维骗人,不害羞,不害羞!"但霭龄却笑了,她说:"戴维的行为虽然不够好,但他注意运用策略达到目的。嗯,你们以后遇事不妨多动动脑筋!"

在这样的环境下,有的孩子并没有按照霭龄的设想发展,而是渐渐显露出一种扭曲和乖张。

孩子们住在上海,不时被美龄接到南京玩耍。有一次蒋介石正在召开一个重要会议,忽听上面阳台上一阵吵嚷,急忙赶去察看。原来是令侃、令俊发生争执。孔令侃抢先告状说:"她打我,你得替我打她,要不我可要自己动手了!"蒋介石看了看兄妹俩,便教训起令侃来:"你的个头和年龄都比妹妹大,又是男孩子,怎么可能被她打了?嗯?你如果胆敢再欺负妹妹,看我不狠狠揍你。嗯?"两个孩子都不吭声了,蒋介石背起双手往回走。他很为自己明察善断的才能而得意。但他走到门口偶然一回头时,却看见令俊正一手顶住令侃的脖子,另一只手抓着令侃的手放到嘴里咬,作为对他刚才告状的报复。而令侃害怕蒋介石再来主持公道,竟不敢再叫嚷了。

孔令俊到了学校,对课本上的知识毫无兴趣,成绩常常是班上的倒数第一,但她自有办法。期末放假的时候,孔令俊攥着成绩通知单闯进了老师的办公室:"老师,我的成绩填错了!"50多岁的先生透过老花圆镜片注视着她涨红的脸,疑惑地接过被揉皱的通知单,仔细看了一遍,又翻出考卷一一核对:"没错呀!你看……""好!这可是你教出来的成绩!"孔令俊气呼呼扭头要走,这一下老先生才回过劲来,是呀!子不教,父之过;苟不学,师之惰,以孔家的权势,人家要是不满意,还有我这个穷教书匠吃饭的地方吗?

"慢走,令俊。你说怎么办呢?"孔令俊把成绩单一把撕碎,扔进纸篓里:“我不知道!”老先生摇着头,哼哼唧唧念叨着:“都怪我,都怪我,填错了,填错了。”说着找出一张空白成绩单,重新一一填过,四门功课一共加了137分。第二天,孔令俊把137元钱放到了老师桌上,说是家里给教师的谢仪。老先生收不是不收也不是,他把此事说给同行听,别的老师说:“管他呢,分又不是你家的,多送她点怕什么?”老先生说:“分要是我家的倒好了,天天送她几百分,也好换几个钱养家糊口啊! 唉,这算什么事嘛!”

别看孔令俊学习成绩不行,却是班上的帮头领袖,不论男孩女孩,都得听她编派。一年秋天,班上转来个男孩,名叫黑虎,长得人高马大,黑粗黑粗的,据说是北方某军阀的宝贝儿子。开始这小子一口北方土话,常被上海滩上的假洋崽们学舌戏弄。几架打下来,确立了他的小霸主地位。几个赖小子,便情愿做了他的小喽啰,帮虎吃食,起哄取闹。孔令俊眼看自己的地位发生动摇,就开始寻找机会。有天上完体育课,这黑虎余兴未尽,在操场上嘿嘿招呼起一群人,喷着唾沫星子说:“爬单杠、跳木马,那算什么? 爷们会武,给你们露点真功夫!”说着往中间一站,左右手在腰间啪啪一拍,丢开架势,来了套通臂拳。腾挪闪跃,双拳呼呼生风,果然有些招数。那帮小喽啰起劲喝彩叫好,别的同学也看得直了眼。孔令俊抱胸看了一会儿,瞅出了名堂,慢慢挨了过去。趁张黑虎向前冲拳的当口,孔令俊一步跳过去,右脚在底下一勾,左手在背后一推,把个张黑虎顺势嘴啃泥摔出去五六步远。这小子爬起来刚要发作,一看是孔令俊,咧嘴一笑,摆出一副男子汉大丈夫架势:“得得得,鸡不跟狗斗,男不跟女斗,算啦算啦!”几个小喽啰“噢”地一声起哄。不料这一下反激恼了孔令俊,她从鼻子里哼出一句:“你会五(武),我会六,本小姐今天就要教训教训你!”说着左脚尖一踢,一股沙子直朝对方面门飞去。张黑虎不曾防备,迷了眼还灌了一嘴。这一下他可真火了。他揉揉眼,“呸呸”吐了两口,双脚点地,旱地拔葱,飞起身脑袋直朝孔令俊撞过来。孔令俊侧身闪过头部,一把抓住了他的后腰带,接着伸出另一只手从肚皮底下一抱,借着他冲过来的惯性,原地旋转一圈,然后“呼”地甩出去丈把远。孔令俊在家有武师点拨,学了些防身格斗,这一手叫做“四两拨千斤”,可把这小子摔蒙了。张黑虎的几个小喽啰一下傻了眼，没想到一个女同学还有这一手。其他同学可来了神，这等于看不花钱的惊险片，一时间唧唧喳喳，又喊又叫。

张黑虎恼羞成怒，“噌”地从靴子里拔出一柄寒光闪闪的匕首，就要往上扑。孔令俊并无惧色，竟不知从哪里摸出一支精巧的勃朗宁小手枪："怎么，要动家伙？"随手一甩，“啪”，刚落到屋脊上的一只白鸽子，顺着瓦棱骨碌碌滚了下来。这时早有人去叫来了体育老师，一场风波才告平息。

这次孔令俊是亲自出马，大打出手，挫了张黑虎的威风。而她更拿手的，却是暗中挑拨那些男同学互相斗殴。她薄薄的红唇之间，有妖风鬼气，能挟雷带电，只要在这个面前扭扭腰肢，咬咬耳朵，在那个面前，挤挤眉眼，来几句酸话，就像一根马鬃，拨弄了两只蟋蟀，很快出现一个头破血流的场面。别人斗得像水牛顶角，她却笑得拍手跳脚。事后这些人明知上了当，过两天她一下蛆，又把那些半大小子撩得昏头昏脑，不顾死活地拼起来。

孔令俊年纪稍大，不愿做红粉裙钗，便穿起男装来。有时着西装、戴礼帽，有时中山服白内衣，怪模怪样的。对她的穿扮行事，世间议论纷纷。宋霭龄听到耳里，看在眼中，待想制定一套规矩进行约束时，孔令俊已像出窑的瓦罐——定型了。成天把孔孟之道和基督教义挂在嘴上的孔祥熙宋霭龄，对二女儿的乖张行为，只能大眼瞪小眼，听之任之了。

男装打扮的孔二小姐

1935 年 4 月，意大利艺术团访华，在南京新街口闹市区一家豪华剧场举行首场演出。不少军政要员、文化名流前往观看，高级轿车一辆接一辆疾驰而来。一些市民也争相购票一饱眼福，卖水果、瓜子、冰棒、晚报的小贩，乘机涌到附近，招徕生意。原来繁华之地，这一下人来车往，更显得热闹非凡。

一家水果摊前突然发生争吵，继而拳脚相向。瞧热闹的人们一拥而上，围了个密密匝匝。一些痞子架秧子起哄，两个当事者怕栽面子，像斗架的公鸡，你进我退，一会儿打到了路中间。围观的人群跟着移动，把马路堵了个水泄不通，来往的车辆都被卡死，顿时秩序大乱。

两名年轻的交通警察急忙跑来，驱赶占据了道路的人群。正在这时，一辆银灰色雪佛兰轿车从鼓楼方向疾驰而来，驾车人一看长长的车龙，大发脾气，一手按住汽车喇叭久久不放，尖厉刺耳的笛声长鸣不绝，正在赶人的交通警察被喇叭声催恼了，正想过去申斥，不想这辆车却开上人行道，向前闯来，行人小贩见这车来势汹汹，吓得四散躲避。警察迎面跑来，拿出指挥棒拦车。这车哪里肯听，竟拱着警察的身子，逼得警察大步后退。

警察急了，吹起警笛，附近的警察一齐跑来，才算把车拦住。

车门"砰"地推开，跳下个十六七岁的白净小伙儿。只见他身穿法兰绒夹袍，歪戴着礼帽，一脸的怒气，不等警察开口，先耍开了脾气："凭什么拦我的车，你们要干什么？"

跑来的警察气还没喘匀，一听这话气更大了："干，干什么？你胆敢把车开上人行道，懂不懂交通规则？"

"嘀——"开车人酸不溜溜，奶声奶气，"还交通规则，这么多车堵在这儿，我正要问你们是干什么吃的，怎么维护的交通规则？"

平时哪个司机见了警察不像老鼠见了猫，警察万没想到还有老鼠舔猫眼的，一时竟气得不知如何答对。呆了好一阵才结巴着说："什，什么？好、好啊！你把车开、开上便道，还敢来指责我、我、我们？"

"你当我愿意走这便道，马路畅通我早开过去了！"

瞧热闹的人们早对两个市井无赖的揪头发扯领子失去了兴趣，看警察吵架更有味儿。说话间，这里已成了旋涡的中心，里三层外三层地围上来，一些年轻人甚至爬上了路边的树杈、围墙，有的人过去被警察教训过，大气不敢出，今天见一个小青年竟把警察逼问得昏头涨脑，特别开心。开车人再开一次口，就有人鼓掌、叫好、吹口哨，警察又羞又恼，转身对着人群怒吼："再起哄抓起来！"

开车人不凉不酸："能耐真不小，去抓呀，都抓起来嘛！"

后到的一个警察见这样斗嘴不妙，一步跨到开车人面前："少啰唆，把驾驶执照交出来!”

开车人把头一仰:“想要我的执照,没门! 闪开路让我过去!”说完抓住车门就要上车。

“你还想走? 把执照交出来!”警察疾颜厉色,堵住了车门。

“哼! 也不撒泡尿照照你那嘴脸,跟我要这么大威风!”开车人有恃无恐。

人群中又一阵哄笑。警察急了:“你交不交执照?”说着上前抓住了开车人的左腕。

开车人满面通红,牙齿一咬:“好! 我给你!”说着右手“噌”地从腰间抽出一支手枪,对准警察胸口“当”地就是一枪。

警察仰面倒地,殷红的鲜血汩汩流出,登时一命呜呼。

围观者见出了人命,发声怪叫,一哄而散。驾车人怒犹未息,把枪一挥指住后边的警察:“谁还来要我的执照?”毕竟人命关天,凶手岂能放走。警察一齐拔出家伙,把驾车人带进了局子。局长亲自出面,拍桌子瞪眼:“哪来的狂徒,竟敢当众杀害警察?”

凶手理直气壮:“光天化日之下他动手动脚调戏我,为了保护我的清白,这是正当防卫!”

“哈哈——”警察局局长狰狞怪笑,“他‘调戏’你? 让我来看看你是哪个庙里的观音?”

警察局局长说着就要伸手:“别动!”只听凶手一声断喝,“刷”地一把撕开外罩,露出衬衣紧裹的两个鼓囊囊的乳峰,把胸脯一拍,“怎么,难道你也要来占本小姐的便宜?”

警察局局长手停在半空,目瞪口呆。跟来的警察也惊得张大嘴巴,活似木偶泥胎。

局长忽然转身指住跟来的警察:“混蛋! 她是女的,你们为什么不早说?”

一个警察居然下意识地发出反问:“怎么,她是女的?”

凶手把驾驶执照掏出来,“啪”地拍到桌子上:“瞎了你们的狗眼,自己看去!”

警察局局长打开执照，照片下面清清楚楚地印着：

姓名：孔令俊

性别：女

出生年月：1919.8

千真万确，面前这一身男装打扮的白净小伙儿，就是初出茅庐的孔二小姐。她今天并不是去看什么演出，而是自13岁学会开车，就养成了驾车兜风的习惯。她那傲慢不驯的性格，仿佛只有在天马行空般的驾车狂奔疾驰中，才感到一种舒展和宣泄。不想她初到南京，这里的警察还只知道车号"777"的孔令侃孔大公子是个无法无天的"惹不起"，并不知道还有比孔令侃更难剃的头，要不也不会闹出这么大的乱子。

孔二小姐指住警察局局长的鼻子："孔祥熙是我爸爸，蒋介石是我姨夫，你们今天这样对待我，是冲着孔院长、冲着蒋委员长来的，我要向行政院、向蒋委员长告你们！"

孔二小姐抓起桌上的电话要到家里，听到孔祥熙的声音，她"哇"地一声哭了，边哭边说："爸，我被抓进警察局了，他们欺负我，快来救我呀！"

警察局局长傻了。万万没有想到这竟是行政院副院长兼财政部长孔祥熙的千金，这下麻烦大了。更重要的是让她这一身男装给坑了，她要是早露出女儿面目，执勤的警察让她三分也就过去了，哪至于闹出人命？可如今她男女变幻，连自己也差点上当。俗话说，狗咬一口，入骨三分。她倚仗家里的权势，加上这女儿之身，倒打一耙，警察局这一盘输惨了……

听见孔二小姐在电话里哭诉，警察局局长一步跳过去，赶快抢过电话说："孔院长，刚才发生了一点误会，不过小姐她安然无恙。我们这就送她回家，请放心，请放心！"

年轻的警察因公执勤，死于非命，还要背上一口黑锅。杀人凶手轻易脱逃，依然优哉游哉。死者家属呼天抢地，捧着警察的血衣在街头要告她状。在现场目睹事情经过的几个警察，可不像头顶乌纱的头头脑脑们那么惧怕权势，他们向新闻界披露了案情真相。整个南京城里的警察愤怒了，他们采取一致行动，全部罢岗，强烈要求保护死者名誉，严惩杀人凶手。

事情闹大了，当局派人做了几个月的调查，最后公布的结果是：手枪走火，误伤人命。由孔家出钱给被打死的警察在清凉山造了座坟墓，赔了死者家属 1.5 万元，便算了账。

打死一个警察，孔二小姐毫毛未损，反而因此声名大震。南京城里，孔二小姐代替了大灰狼，不论哭闹多凶的孩子，只要说：再闹，孔二小姐来了！马上吓得屏声敛气。孔二小姐代替了丧门星，两人反目成仇，最厉害的咒语是：你不要神气，出门叫你碰上孔二小姐！

男人通过征服世界来征服女人，女人通过征服男人来征服世界

俗话说：龙生九子，各不相同。

孔家兄妹 4 人中，大小姐孔令仪最是安分守己。她温柔漂亮，品德贤淑，甚得好评。小弟孔令杰年轻时即已出洋，世人亦无微词。二人行事都与孔令侃、孔令俊相去甚远。

孔令仪对于父兄们如何在权力上与人明争暗斗，如何不择手段捞取钱财，从不参与。她只按照一个普通女子的轨道安排自己的生活。她学习努力，成绩优秀；与同学和睦相处，按自己的志趣结交朋友，并无势利眼和嫌贫爱富心。因为她不惹是生非，父母对她也就比较放心，一般的事不多过问。

有位哲人说过，男子把事业放在第一位，女子把爱情放在第一位。不论这话有无道理，姑娘大了总会对自己的婚姻有所考虑，令仪自然也不例外。

一天，孔家来了位西装革履、英俊潇洒的青年，说是来找孔令侃叙旧。孔令侃迎出来一看，原来是多年前的老同学陈继恩，刚刚从美国圣约翰大学毕业归来。孔令侃禀报了父母，孔家设了丰盛的午宴招待。谁知席上令侃与老同学的话并不多，倒是令仪显得特别活跃，与陈继恩说这说那，

不时发出阵阵甜甜的笑声。

饭后孔祥熙夫妇都各自去忙自己的事,孔令侃陪老同学坐了一会儿,终因无话,也找借口走了。孔令仪陪陈继恩聊到黄昏,又出去相送,直到晚上才回来。

孔令仪回家直奔宋霭龄的房间,问道:“妈,你看继恩这人怎样?”霭龄说:“人长得俊,有知识,也懂礼貌,比你令侃可强多了——”说到这儿,宋霭龄忽然警觉起来,“哎,你问这干什么?”到了这时,令仪只得红着脸和盘托出:“继恩与令侃同班,跟我也在一个学校读书多年,我们彼此相爱已非一日,他这次回来,我们就准备结婚了。请妈妈为我们祝福!”

霭龄听到这里,脸色顿时严肃起来:“婚姻对于女人,是比生死更大的事情。选人可不能光凭模样,那是年轻时的浪漫想法。理想的婚姻必须把各方面的情况都考虑在内。他的家庭情况你了解吗?他今后的前程你预想过吗?你读了那么多年书,有一句有名的话怎不晓得?‘男人通过征服世界来征服女人,女人通过征服男人来征服世界’。这事我们这一辈都有切身的体会,千万不能轻率从事。”

令仪听着不顺耳,便说:“我没有想过那么多,我只知道我们的爱情是纯洁的。”

宋霭龄缓和了一下说:“好吧,陈继恩的情况我了解一下再说,你们的关系先不忙确定。”

宋霭龄派人一打听,陈继恩的父亲原来是上海一家舞厅的音乐指挥。堂堂行政院长的千金,怎能嫁到这样卑微的人家?宋霭龄、孔祥熙坚决不同意,而孔令仪则表示非陈继恩不嫁,事情出现了僵局。

宋霭龄不同意这门亲事,不光是门不当、户不对,面子上不好看,更重要的是这样的联姻不能给孔家带来任何利益。在外人看来,孔祥熙位高权重,钱财无算,还缺什么?怎地就不能让儿女享受自由幸福的爱情?其实远不是那么回事。看起来孔祥熙威势赫赫、财源滚滚,殊不知正如《红楼梦》里王熙凤说的:“大有大的难处。”国民党内部派系林立,互相倾轧,争宠攻斗,一时不停。当时党团组织主要由CC系操纵,政学系则利用学者名流做工具。孔祥熙的主要势力在财政金融界,偏偏财政金融界还有一个更强大的对手宋子文。二人虽是郎舅，但涉及各自利益就寸步不让。蒋介石又特别愿意利用这些矛盾，使各派互相制约，以利于他的操纵。孔祥熙宋霭龄知道，权势和财富是特殊的东西，如果不能扩大，就必然削弱减少，永远不能静止地维持在一个水平上。这乘龙快婿选择得人，会使孔祥熙的地位更加巩固，政治经济上带来说不完的好处。至于女儿的感情爱情，他们相信那是不太重要的，或者说是可以改变的。霭龄有当初经办美龄婚事的经验——美龄那时同刘纪文是多么深厚的柔情蜜意，可一旦发现嫁给蒋介石有更大的好处，不也就洒下几滴泪水后毅然投入蒋的怀抱了吗？况且令仪是个柔弱的女子，而且她与陈继恩的恋情不一定有当初美龄对刘纪文火热呢。霭龄感到事情并不难办。

然而，令仪却不是美龄。

柔弱的人有时反会坚定得令人可畏。

孔祥熙宋霭龄经过一番磋商策划，决定双管齐下。一方面对令仪晓以利害，阻止她和陈继恩关系的进一步发展；一方面赶紧物色理想人选，让令仪尽快完婚。

霭龄请老朋友们帮忙，很快就有了十几个人选。孔宋在里面选来选去，最后一致同意选一名军人。因为孔的势力在军界太显单薄，在战争不断的情况下，没有自己嫡系的军事将领，等于缺了一条腿，总是站立不稳。

可是问题又出现了。年轻英俊的军官并不难找，但年轻军官都职位太低，没有相当的独立指挥权，那对孔祥熙是毫无用处的。而要找高级将领，不用说年龄都大，且大都是有家室的。这真是一个两难之题。

霭龄最后还是下了决心，给令仪找一个有相当军事指挥权的丈夫，年龄大就大吧，老夫少妻反正也不是什么稀罕事儿，乌鸦占窝，就锅下面，带给家族的好处是马上就看得见、摸得着的。

大主意一定，马上就有个卫立煌出现在眼前。

卫立煌生于1897年，虽然整整比孔令仪大了20岁，但他1917年前后做孙中山的警卫排长，是个干练的军人。后升至第九军副军长、南京卫戍副司令，又被选为国民党中央执行委员，有职有权，结发妻子去世不久，十分符合孔祥熙宋霭龄的要求。

霭龄把卫立煌的情况向令仪作介绍，没等说完，就被令仪一口顶回："我不管什么立黄立黑，反正除了陈继恩，我谁也不嫁，我绝不会背叛自己的爱情！"宋霭龄倒一点不生气："我们不过是为你着想，成与不成都没关系，还是见过面回头再谈。"

令仪回到闺房，止不住的泪水像断了线的珠子。别看面对母亲时她话说得硬，可对这事儿的最后结局可确实没底儿。母亲的为人行事她是知道的。外间关于霭龄有不少传说，甚至有人给她起了外号叫"宋家老猫"，说她是宋氏家族的真正领袖；说她通过对弟妹的控制影响着中国的政局；说她使中国发生的每一件大事都必须通过宋家的某一个人来进行；说她与青帮大亨杜月笙交往甚密，随时可以动用杜月笙手下的十万喽啰干任何事情；说她组织暗杀和绑架活动。令仪知道如果母亲打定了主意的事，别人是无法扭转的。凭自己的力量无论如何不能和母亲对抗。她暗恨自己何以生在这样的家庭，虽然吃穿不愁，这婚姻大事却不能由自己做主。如果屈从母亲，与自己真心相爱的人分手，去嫁一个无情无趣的半大老头子，这活着还有啥滋味？她越想留给自己的路越窄，越哭也越伤心。

正在这时，孔令俊风风火火回到家时，她来看姐姐，见状好生吃惊。别看孔令俊在外面要强使横，在姐姐面前却是极其柔顺。她感到姐姐心地太善良，性格太软弱，容易被人欺侮，她有责任保护自己的姐姐。令俊忙问姐姐发生了什么事情。令仪不愿把这为难的事情告诉她，怕惹出祸来又于事无补，急忙擦掉眼泪，强作笑容，说没什么事儿，只不过想到女子命苦，结了婚就要别离父母兄妹，伤感而已。孔令俊察言观色，联系到几天来听到一鳞半爪的情况，静静地注视了令仪一会儿，突然脱口而出："结婚？我看你和继恩的事儿不那么顺利吧？"

孔令仪再也憋不住了，"哇"地哭出声来。她把事情前后都告诉了妹妹，哽咽着表示，如果逼迫太甚，则只能以死抗争了。

孔令俊生气了，她第一次大声地斥责姐姐："死了？怎么能有这种窝囊的想法？要按照自己的主意好好活给他们看！让他们着急上火去！卫立煌的事，我有办法叫他们死心！"

卫立煌被人撺掇不过，只好答应和孔令仪见见面。这天他穿了笔挺的军装，捧一束带露的红玫瑰，来到丽都大饭店。

孔令仪本不愿妹妹插手这件事，可事出无奈，只得答应按她的办法试试再作计较。令仪回复母亲，说要与卫立煌单独谈谈，不要任何人到场。霭龄以为令仪心动了，自是高兴。

出发之前，孔令仪愁眉不展，无心修饰。孔令俊倒下工夫在脸上涂抹一番，悄悄驾车和令仪同往。

来到丽都，孔令俊嘱咐姐姐在车上等候消息，自己李代桃僵，去见卫立煌。

卫立煌见到一位风姿绰约、衣着艳丽的女子径直朝自己走来，急忙捧起鲜花迎上去，彬彬有礼地说："令仪小姐，你好！"

"卫长官好！"孔令俊一声阴阳怪气的问候，先把卫立煌听了个汗毛直竖。再朝对方脸上望去时，竟吓得不由倒退两步。卫立煌见多识广，也从未见这种化妆法——只见孔令俊绕眼睛画了两个浓浓的大黑圈，脸蛋子上一边一块滴溜溜儿圆大白粉，嘴唇四周是半寸宽的血红色。就是《西游记》里的妖精也不见得比这面目更可怕。卫立煌听说令仪小姐贞静贤淑，怎么会是这种装扮？不由心中生疑。赶忙问道："你是令仪小姐吗？"

孔令俊放肆地哈哈大笑："卫长官，我姐嫌你老瓜瓢子，不愿给你做续弦。我是她的妹妹，我早听说卫将军英勇善战，一表人才，情愿来个'姐妹易嫁'。你瞧我这身段儿，我这模样儿，我这年纪，哪儿也不比我姐差。怎么样，卫将军，娶了我吧？"

这时早引来不少看热闹的目光，孔令俊越发来了劲，她边说边往前凑："哎呀，卫将军，我想你都要想疯了，来呀，快亲亲我吧！"说着张开两手就往卫立煌身上抱去。

卫立煌堂堂正正男子汉，哪里受得了这个？他丢掉花束，夺路而逃。孔二小姐追到门口，站在台阶上又叫：

"卫长官，我这么美的人儿你不爱，好没福气哟！"

卫立煌遭此戏辱，不便明说，只传话给孔家，这件事拉倒。

宋霭龄不明白二小姐玩的把戏，只埋怨令仪没有眼力，错失良机。孔令仪再次提出陈继恩，霭龄大动肝火，狠狠地说："你就是这辈子老在家里，就是死，孔家也不能结这门亲！你不怕羞，我们还丢不起这份儿人呢。"

宋霭龄猜想令仪不同意和卫立煌的婚事，可能主要是嫌对方年龄大，于是又发动人另谋人选。

却说财政部参事李毓万有摹写孔祥熙手迹假可乱真的绝活儿，加上脑瓜儿灵活点子多，颇得老孔赏识。此时韩复榘任山东省主席，他对蒋介石信不过，不断扩充军队，壮大自己的势力。扩兵要钱而老蒋不给，韩复榘使出一套连环计，夺了中央在山东的财政税收大权。省里不向中央缴钱，孔祥熙这财政部长的日子就不好过。李毓万替老孔解忧，居然使出一条妙计，把山东的税收大权又骗到孔的心腹手里。老孔乐得要嘉奖李毓万，不料李毓万摆摆手说："且看我的第二计成功了再说。"李毓万绘声绘色描出了第二计：韩复榘部下最有实力的是二十师师长孙桐萱，如果把孙桐萱拉过来，以后就可以内外夹击韩复榘。瞅准机会使孙桐萱取韩而代之，既为中央除了一患，老孔在军界又有了势力。

孔祥熙想了半天，觉得这事可不容易。韩复榘从一个普通士兵被冯玉祥一手提拔到师长，天大的恩德，可在危难关头竟然叛冯投降晋军。以后又叛晋投冯，再叛冯投蒋。又叛蒋投冯，再叛冯投蒋。这么一个反复无常的人，怎么会不想到防备自己的部下倒戈？半天孔祥熙才慢吞吞地说："计是好计，可俄想知道你怎的去拉那孙桐萱？"

"这个嘛……"李毓万又卖起关子，直等孔祥熙追问时才说："这个嘛，我已经调查过了，孙桐萱和他的弟弟关系极好，要拉大孙，可以从小孙身上着手。"

孔祥熙问："这小孙何人？"

李毓万说："哎呀呀，这小孙可是大大出名的人物啦，院长难道没听说过孙桐岗这个名字吗？"

"孙桐岗？"孔祥熙拍拍后脑瓜，"莫非是那个驾驶木制飞机从意大利飞回国的航空家吗？"

李毓万一拍沙发扶手："正是此人！这孙桐岗先在意大利攻习航空，

是个有远大抱负的青年。年前在航校毕业，正值我国大兴航空救国之风，遂驾驶一架木制飞机飞回国，引得举国轰动，成为有口皆碑的风云人物。上海各界竞相宴请招待。杜月笙居然花 12 万元买了一架直升机相赠。报界也发文章，颂赞孙桐岗为国之英雄啊！”

孔祥熙听罢大笑：“对对，确有此事，本院长也是亲自敬过他酒的。他竟是孙桐萱的胞弟，好好，快说怎么拉他？”

李毓万显出一副冥思苦索的样子：“此位少年英雄，目空一切，非是金钱所能买动……”

孔祥熙左思右想：“他现在职位很好，委个财政部官员，怕他也未必肯干吧？”

“那是自然。”

“这个……”孔祥熙有些为难了，“给钱不行，给官不灵，还有什么办法可想呢？”

李毓万又闷了半天，才嘿嘿一笑：“自古曰：‘英雄难过美人关……’”

孔祥熙恍然大悟：“对格，我老了，怎就忘了这一条。咱们选几个美女，送他做……”

“嗯——”李毓万哼着鼻子，把头扭到一边，“此位少年深受西洋风气影响，他是追求爱情的，三房四妾的事他肯定会骂的。”

孔祥熙又泄了气：“对格，西洋是爱情至上，是他妈妈的这么个风气。唉，伤脑筋！”

李毓万看火候已到，这才探过身子：“恕我斗胆，府上大小姐——嗯，自古美女嫁英雄，倒是个天地良缘哪！”

孔祥熙翻翻眼皮，不由笑骂道：“好个狗头军师，原来在这儿等我呢！这事嘛，还须从长计议。”

李毓万这时的口齿又伶俐起来，“院长大人，不是小子我出馊主意。此事有三可为：一来家得佳婿，并不辱没小姐；二来嘛，也免了那吹鼓手小子的纠缠，去了你二老一块心病；这三嘛，拉住孙桐萱，夺回山东财权兵权，对院长大大有利。一举而三得，千载难逢啊！”

孔祥熙一拍大腿：“好，就这么着！嗯，就这么着，我们商量商量吧。”

孔祥熙这要商量的“我们”，当然不是指和李毓万，而是指和宋霭龄。宋霭龄一下子就拿定了。这姻缘后面的好处当然不必给令仪说明，只这个少年英雄就够她高兴了。孙桐岗精明英俊，有传奇经历，有社会名望，而且同样留过洋，无论哪一方面都不比陈继恩逊色，她有什么理由不满意呢！

不过宋霭龄恰恰忘记了，人是感情动物，选择爱人并不是选择商品，双胞胎中的“这一个”尚且不能代替“那一个”的。

孔二小姐原想自己出面跟卫立煌闹过，今后无人再出头自讨没趣，再慢慢说服父母，成全姐姐与继恩。哪知又冒出个不知好歹的李毓万，顿时桃腮紫胀，胆边生恶，在屋里踱了几步，生出个旷古未有的嘎主意，要大闹一场，让李毓万丢人现眼。

孔令俊找到林春良，让他起草了一份请柬，上写：

……先生：

兹定于7月7日在莫里哀路67号李宅为爱女李淑媛与孙桐岗君举行结婚典礼，特此拜知，敬请届时阖第光临！

下面署了李毓万夫妇的双名。

孔二小姐让林春良把这份请柬印了3000份，在上海、南京政界、商界、报界，只管拣有些头脸的人物家中送去，不出三天，3000份请柬全部发出。

这天一大早，李毓万家门前就车水马龙，人流如潮，前来送礼的、贺喜的蜂拥而至。李毓万夫妇茫然无知，如坠五里云雾中，看了客人拿的请柬，才知道被人捉弄，急忙向客人解释，有人不信，又领出方10岁的女儿表白辩诬。打发走一批又来一批，李毓万夫妇忙得头昏脑涨，说得口干舌燥，李夫人急得想哭都没有工夫。

这里打发客人手忙脚乱还没个头绪，谁知又添一乱。孙桐岗家也派人打上门来质问李毓万。原来孙家的一些亲朋好友也看到了这份请柬，到这天也有送礼贺喜的，也有上门质问孙家为何不通知自己，如此断情绝义的。孙家遂迁怒于李毓万胡闹。李毓万夫妇无奈，只得又跑到孙家赔礼道歉，替孙家打发那边的客人，直乱了个天昏地暗。

孔二小姐派人打听到这些情况，乐得开怀大笑。她趁机把姐姐送到机场，安排令仪和继恩一同飞往美国。

孔令仪和陈继恩到美国后即在那里宣布结婚，孔祥熙宋霭龄鞭长莫及，只得默认。

事后孔祥熙动用一架飞机给令仪补送 8 大箱嫁妆，结果天不作美，飞机在中途失事掉下，嫁妆变成了灰烬，机组人员伤亡，又引起社会舆论一片指责。

第二十八章 应急兵变

蒋介石拒不抗日，张杨被迫兵谏

当初潘益民给孔祥熙看相，说他手上长有“琴纹”，那是拜相之纹，将来定能一人之下、万人之上。孔祥熙一直疑疑惑惑，可现在这种趋势越来越明显，使孔祥熙不由踌躇满志起来。

随着对国家金融垄断的完成，孔祥熙在国民党内和南京政府内的地位迅速上升。1935 年 11 月，国民党召开第五届全国代表大会。孔祥熙在会上被选为国民党中央执行委员，接着又被选为中央常委，同时被聘为国民党党史资料编纂委员会委员。如果再加上他已经担任的行政院副院长、财政部长、中央银行总裁等职务，他的实际地位已经仅次于蒋介石，成为南京政府中少数几个举足轻重的核心人物之一。

但是，毕竟孔祥熙还不是名正言顺的一人之下、万人之上的“宰相”，一个突发的意外事件，竟使他的梦想成真。

自 1931 年“九一八”事变以来，日本帝国主义侵略中国不断变本加厉，他们对中华民族亡国灭种的野心已经暴露无遗，但是蒋介石仍然奉行“攘外必先安内”的方针，阻挠各地抗日爱国运动，必欲消灭高举抗日救国大旗的共产党红军。

连国民党内许多有识之士都看到了再不联合一切力量抵抗日本帝国主义，赤县神州必沦于倭寇之手。

民族危亡关头，陈济棠在两广发动兵变，联合李宗仁成立抗日救国军西南联军，自任总司令，以李宗仁为副总司令。他们宣称蒋介石不抗日，要让开大路让他们冲到前方去同日本人作战。他们派出的军队沿京广线一路北进，使蒋介石的统治地位大受威胁。

蒋介石费尽九牛二虎之力，好不容易处理了南方的两广兵变，又听说驻在陕西的东北军和西北军也坚决要求抗日，而且张学良杨虎城已经和红军达成了停战协议。蒋介石气急败坏，又急忙飞到洛阳、西安去督战。他的如意算盘是，一定要趁日本大举进攻之前，把共产党红军消灭掉。

蒋介石一到西北，就摆出一副爹老子的架式教训起他的拜把兄弟张学良来："汉卿，你身为陆海空军副总司令，统率几十万部队，怎么会在区区几万红军面前连吃败仗？究竟是你指挥失当还是有意如此？最近我更听说你暗中和共产党来往，几次下令要你进兵，都按兵不动，你倒说说，这'剿共'的仗你打还是不打？"

"委员长，不是我不打，这同共产党的仗实在是不能再打了！谁是我们最危险的敌人？是日本帝国主义！日本人来了，占我河山，欺我人民，抢我财富，亡我中华！那是一群真正的强盗，他们的野心是永无满足的。'九一八'事变发生，你不让抵抗，结果东北丢了，到现在你如果还不准备抗日，到头来，全中国也得亡，全国人民只能当亡国奴，你委员长也无立足之地，你到哪里给谁当委员长？共产党早提出了停止内战，一致对外，愿意开赴前线同日本人作战。这本是抗日卫国的宝贵力量，为什么在强大的外敌面前，我们中国人要同室操戈，兄弟相残呢？"张学良早憋了一肚子话要同蒋介石说。

蒋介石一拍桌子："今天是我来教训你，还是你来教训我？你暗通中共，违抗军令。竟还能讲出这堆歪理来，这还得了？"

张学良并不惧怕蒋介石吹胡子瞪眼，憋在心里的话他是一定要说出来的："时至今日，全国的工人农民学生，都知道必须抗日国家才能不亡，唯有你充耳不听，一个劲地要打内战，究竟谁的是歪理？"

蒋介石不耐烦起来："抗日抗日，现在有一种流行病，谁都喜欢讲抗日。可你想过没有，日本人是什么装备，我们是什么装备，真要打起来，只能加速我们的失败。所以和平未到绝望之时，绝不放弃和平。中国有句老话，叫忍辱求全，只要我们能够保全，忍点辱算什么？你现在太年轻，光知道逞一时之勇，你想想，要是为了抗日把军队拼光了，就算把日本人顶住了，没有了军队，我们还成什么？我委员长也不是委员长，你这副总司令也不是副总司令，那有什么好？”

“啊，身为全国领袖，不为国家考虑，只想个人荣辱得失，这叫部下怎么尊重你，叫全国人民怎么服从你？你可知道不抗日叫什么？那话难听我不说，但是谁不抗日，就会被全国人民所唾弃，这可是谁都改变不了的。”张学良义正词严地说。

但是不管张学良据理力争也罢，流泪苦谏也罢，蒋介石一概不听，反而硬逼张学良杨虎城在年底前消灭西北的共产党和红军。

蒋介石在洛阳做寿后，又在西安住了 4 天，无论张、杨怎样苦谏，总是不听。12 月 11 日晚上，蒋介石召张学良杨虎城吃饭准备第二天就要离开西安。张、杨感到蒋介石这一离开，再想劝他改变政策，实行全民族共同抗日就没有指望了。遂于当晚布置，于 12 日凌晨派一个连队到华清池去“请”蒋介石。派去的连队和蒋介石的卫队发生冲突，枪声一响，蒋介石翻墙而逃，跑到骊山上的一个石头缝里藏了起来。

蒋介石被从石头缝里找出来，“请”到了西安城里。蒋介石回想自己多年对日本侵略的不抵抗政策，对共产党红军的残酷镇压，对国民政府军队中非嫡系部队的歧视剪除，对人民群众的压迫剥削，感到这次被扣押，定无生还之望，他大白天依旧披着昨晚的睡衣。瘪着失掉了假牙的嘴，拖着翻高墙逃跑时跌伤的腿，满脸沮丧，一言不发。张学良等人对他进行规劝，他听急了就喊：“你们杀我好了，把我交给红军枪毙好了！”

为了达到逼蒋抗日的目的，张学良、杨虎城交给蒋介石一个八点要求，但是蒋介石拒不答应。于是张、杨立即领衔发表了全国通电，言明这次扣留蒋介石，只是为了实行兵谏，要求蒋介石答应停止内战，释放一切政治犯，保障人民自由，共同抗日。具体说是八项主张：

一、改组南京政府，容纳各党各派，共同负责救国；

二、停止一切内战；

三、立即释放上海被捕之爱国领袖；

四、赦免全国一切政治犯；

五、开放民众爱国运动；

六、保障人民集会结社一切政治自由；

七、确实遵行总理遗嘱；

八、立即召开救国会议。

考虑到通电可能被南京方面封锁，张学良又专门发给孔祥熙一封电报，向他阐明了此次行动所要达成的目的。

为营救蒋介石，发出措词委婉电报

西安事变发生的时候，孔祥熙、宋霭龄、宋美龄一行正在上海，他们事先对此没有一点消息，没有任何预感。直到 12 日下午 3 点多钟，机要秘书才送给孔祥熙一份何应钦打来的绝密电报，内称：西安发生兵变，委员长在何处，现在尚未查明，已派飞机前往侦察。孔祥熙大感震惊，顿时六神无主。多年来他虽身负重任，在政府中占据高位，但从实质上说来，他只不过是一个幕僚，一个惟蒋介石之命是从的人。对任何一个重大问题，他都从不自己决定或者从不由他独自作出决定。那么现在蒋介石生死不明，自己能干些什么呢？是按蒋介石已被乱兵打死来进行安排，还是按蒋介石没死进行营救？

想来想去，孔祥熙决定关键时刻要有出色表现，当年蒋介石不就是在孙中山广州蒙难时前往追随，得到孙中山赏识而地位迅速蹿升的吗？现在蒋介石生死不明，正好表现自己对老蒋忠心不二，起码也要在国民党内做出一个姿态，显示自己临危不乱的浩然之气。想到这里，他立即令秘书起草了一个谴责张学良、杨虎城为乱臣贼子，胆敢加害最高领袖的声明，准备公开发表出去。

起草好声明，孔祥熙又想到一着，那就是再拉一些有名望的人物共同签名，一来可以加强声明的分量，二来还可以显示自己为蒋介石多做了工作，三嘛，就是这份声明即使有什么不妥，有那些重要人物共同签署，也可以使自己有退身之地。想到这里，孔祥熙很佩服自己想得周到、深远。

拉哪些人签名呢？他首先想到拉孙夫人宋庆龄，因为在国民党内和全国人民面前，宋庆龄的威望是很高的，有了她的签名，这个声明一定会受到广泛重视。他决定在向蒋夫人宋美龄通报情况之前，就拉到宋庆龄的签名，这样去见美龄时，自己就先有了一笔资本了，可以避免美龄万一因蒋介石出事慌乱而一时无法采取行动。

孔祥熙带着这个措词严厉的声明，赶往宋庆龄的去处，向宋庆龄汇报了西安发生兵变的消息，并拿出自己草拟的声明，请宋庆龄签名。

“你这个声明是什么意思呢？”宋庆龄并不看孔祥熙递来的稿子，而望着孔祥熙的眼睛发问。

“这个，嗯，孙夫人，你想张、杨身为委员长部下，竟然发动兵变，加害领袖，这不是犯上作乱吗？这不是乱臣贼子之行吗？我们发表声明，当然要严厉谴责这种行为啦，难道我们的声明会给他们叫好吗？”孔祥熙自以为理由十足，可是在宋庆龄的逼视下，竟有些结巴起来。

“你认为张、杨的行动是犯上作乱，我可不这样认为。你说说蒋介石自 1927 年以来都干了些什么？他背叛孙先生的三民主义，背叛孙先生亲订的‘联俄、联共、扶助农工’的三大政策，10 年来一直在镇压人民，迫害进步人士。当前日本帝国主义对我步步进逼，他不思抵抗异族侵略，却热衷于打内战，一心想消灭一切抗日力量，这样的人还称得上什么‘领袖’？还有什么资格领导国家？如果张、杨只是扣押了他的话，我觉得做得还不够！如果我是张学良，我会走得比他更远！”宋庆龄义正词严，驳得孔祥熙无言以对。

孔祥熙低下了头，无奈地搓着手。好一会儿才嗫嚅着说：“既然孙夫人不肯签名，庸之只好，只好……”声音已经低得听不见了。

“孔院长，各人的路各人走，我并不为难你，如果你想发表这个声明，你只管去发表好了，我不签这个名，也不阻拦你。不过，对张、杨的行动，我想全国的民众都不会同意你的看法的。”

孔祥熙没有撑得起的理由说动庆龄，而且他也没有那份胆略在孙夫人面前摇唇鼓舌，只好悻悻地回家。

一小时后，孔祥熙又接到南京财政部秘书的绝密电话，转告了张学良致孔祥熙电报的主要内容。由此他知道了蒋介石也许没死，他必须采取更实际的行动了。

孔祥熙以自己的思维方式推断，张学良敢于扣押蒋介石，必是受了共产党的影响，要解决问题，救出蒋介石，就得从根上找……想到这里，他才给秘书挂了个电话：

“谭秘书，准备晚上火车回南京，并约苏联大使馆的鄂山荫秘书明早在南京孔宅见面。”

挂过电话，孔祥熙感到自己还必须做些更有意义的事情。做什么呢？他这时打消了最初认为美龄得此消息会晕过去只能添乱的想法，决定还是先找宋美龄商量。他匆匆吃过一口晚餐，即驱车直奔宋美龄在上海的住宅。

“为了加强我们的军事实力，首先必须加强空军，只有空军是决定胜负的力量，以前的航空委员会里有些人总是只想自己如何捞点私利，对我们的空军建设并不真正关心，因此我决定对航空委员会进行改组……”

此时的美龄对西安事变同样一无所知，她正在以航空委员会秘书长的身份主持会议。

孔祥熙让秘书请美龄出来，可她正陶醉于自己的宏伟计划，根本无意于在此时接见她的大姐夫。

孔祥熙担心她会整个晚上都大讲她的改组计划，只好写了一张纸条递进去：“西安发生兵变，委员长消息不明！”

宋美龄脸色陡变，不过她很快镇定下来，大声宣布：“各位，今天的会就开到这里，我要求你们回去后认真考虑我的计划，明天轮流发表自己的意见。”

明天，谁知道明天是怎样的一天？不过此时的与会者们是猜不透的。

宋美龄见到孔祥熙，进一步证实了西安兵变的消息，这个晴天霹雳，使宋美龄半晌无语，直把个孔祥熙急得来回转圈儿。

最后，他们商定，第二天一早同赴南京，进一步掌握消息，与政府大员们一起制定应变策略。

“我已经约了苏联大使馆的鄂山荫秘书明天上午在南京私宅会面，或可从他们那里得到一些消息，通过他们给张学良做些工作，确保委员长的人身安全是第一位的。不知小妹还想约见哪些人?”孔祥熙现在已理出些头绪来,准备着手实际工作了。

“对,马上通知委员长的私人顾问澳大利亚人端纳先生,让他明天与我们同行,这些外国人总是有一些办法的。”美龄虽然着急上火,头脑还是很清醒的。

深夜,孔祥熙又一遍遍回顾白天的事情,仔细揣摩了张学良来电的真实意图。多年来,孔祥熙与张学良来往密切,他最初登上政治舞台,就借了与张大帅张少帅的关系,这始终是他周旋于各派政治力量中的一笔资本。开始,他草拟严词谴责张、杨的声明,内心深处也含有洗刷自己的成分,为的是不让人怀疑自己与此事有牵连,见过了宋美龄,他知道蒋夫人丝毫没往这方面想,毕竟,自己与蒋介石是连襟,有着更深层的利害一致关系,那么就不必再此地无银三百两了,还是利用与张学良的老关系,在解决事变中发挥更大作用为好。再说张学良的电报,对自己也是同朋友相商的一片赤诚,想到这里,他长舒了一口气:看来张学良对自己还是很尊重的。他提出的对蒋介石的要求也似乎尽在情理之中。他感到自己一开始起草的那个对张、杨严词谴责的电报确有不妥之处,怪不得孙夫人不肯签名。现在,他决定给张学良单独发一封电报,表明自己的态度,但不去激怒他,争取事情能够和平解决。他一番冥思苦想,终于拟出了这封电报:

急!西安张副总司令汉卿吾兄勋鉴:

密。顷由京中电话告知,我兄致弟一电,虽未读全文,而大体业已得悉。保护介公,绝无危险,足证吾兄爱友爱国,至为佩慰!国势至此,必须举国一致,方可救亡图存。吾兄主张。总宜委婉相商,苟能有利于国家,介公患难久共,必能开诚接受,如骤以兵谏,苟引起意外枝节,国家前途,更不堪设想,反为仇者所快!辱承契好,久共艰危,此次之事,弟意或兄痛心于失地之久未收复,及袍泽之环伺吁请,爱国之切,必有不得已之苦衷,尚须格外审慎,国家前途,实利赖之。尊意如有需弟转达之处,即乞见示,伫候明教。

弟孔祥熙叩文亥沪寓印

这封电报，态度比较委婉，措词比较谨慎，代表了孔祥熙同宋美龄商议后初步形成的营救蒋介石的缓和立场。

孔祥熙代理行政院长，主战主和派相持不下

12月12日凌晨蒋介石被扣，当晚情况不明的南京城里，也是一片紧张恐惧混乱不堪的局面。

那些平日盛气凌人不可一世的国民党大员们，同样被西安事变惊得目瞪口呆。在国民党中央召开的紧急会议上，许多人还沉浸在莫名的惊惧中时，少数人却抓住时机表现自己。戴季陶站起来在会议桌前走来走去，大声叫嚷着："张学良犯上作乱，没有谈判余地，一定要出动大军明令讨伐！讨伐！讨伐！"接着，他摇动三寸不烂之舌，发表了一篇言词激烈的演说。何应钦等人也极力鼓噪，主张对东北军西北军开战，他们不顾国家面临的日本帝国主义侵略威胁，不管蒋介石死活，只想逞勇斗狠。会议最后在一片沉默之中通过了几项决议：

一、张学良应先褫夺本兼各职，交军事委员会严办。所部军队，归军事委员会直接指挥。

二、张学良背党叛国，送中央监察委员会议处。

三、行政院由孔祥熙负责。

四、军事委员会常务委员改为7人，加推何应钦、程潜、李烈钧、朱培德、唐生智、陈绍宽为该会常务委员。

五、军事委员会由副委员长及常务委员负责。

六、指挥调动军队，归何应钦负责。

孔祥熙没有参加会议，但他的收获却最大——此时的行政院长是蒋介石，蒋介石被扣，无法履行行政院长之责，他这个副院长自然地代行行政院长之职，虽然还有一个"代"字，可孔祥熙实质上就"相印"在握了。

13日清晨，没有参加昨晚会议的孔祥熙、宋美龄一行回到南京。他们没到蒋介石的府邸，没到政府办公处，而是直接到了孔祥熙的高门楼寓所。在这里，他们会见各方人士，处理各种问题更感方便。

陪同美龄到南京的宋霭龄正在安排大家吃饭，军政部长何应钦急匆匆赶到，没说一句客套话，就开门见山地报告了昨晚会议的决议。

孔祥熙来不及为自己的新职务表示一句谦虚，他最关心的问题还是如何处理西安事变。对昨晚的决议中讨伐事宜他刚想表示不满，宋美龄抢先开了口说："敬之，我们准备派端纳飞往西安，探望委员长。"

何应钦不耐烦地说："没有人准备去西安，我们已经命令讨伐，轰炸机倒是正在准备去西安，不过那是为了轰炸。"

宋美龄孔祥熙听了大感震惊，宋美龄一脸怒容："你派轰炸机去西安，委员长的安全怎么保障？"

何应钦耸耸肩："委员长？委员长早死了！"

宋美龄"哇"地一声哭了出来。孔祥熙指住何应钦："何敬之，你说这话有何根据？你现在最应该做的首先是救出委员长，而不是显示你指挥军队的威风。"

何应钦根本无意接受这种指责，他大声说："不要再抱任何幻想，对背党叛国之徒只能讨伐消灭。"

一番没有结果的争吵之后，何应钦以一种无所谓的大大咧咧扬长而去。

宋霭龄及时提醒说："看见了吧？南京戏中有戏啊！"

宋美龄早已镇静下来，她咬咬牙说："绝不能让他们的图谋得逞！"

说话间，苏联驻华大使馆鄂山荫秘书已到门外求见，孔祥熙马上迎出来，他同样来不及寒暄，握住鄂山荫的手急匆匆地说："请贵国政府协助解决西安事变，保障蒋委员长的安全。因为如果蒋公被杀，势必迫使中国投靠日本。那样以中国的人力物力供给日本军阀做侵略资本，不仅对亚洲而且对苏联，都将是严重威胁。我以行政院代院长的身份，请求苏联政府出面调停，务必保全蒋委员长的生命，其他方面的问题都可以从长计议。"

"孔代院长的意见我一定尽快上报我国政府，很快就会有消息的。"

鄂山荫一走，孔祥熙又召日本驻华总领事须磨来家。孔祥熙这次是正襟危坐，板起一副面孔，简短地说："请贵国政府约束在华浪人，勿在此滋生是非。西安事变盖因全国抗日情绪触发，日人苟有妄动，必使抗日情绪愈加高涨，两国就会兵戎相见。"

打发走须磨，孔祥熙马上布置中央银行及各财政金融机构，采取紧急措施，防止因人心浮动挤兑存款和谣言造成物价飞涨。

下午，孔祥熙赶到国民党中央会议室，参加国民党中央政治委员会的第29次会议。会上，何应钦报告了飞机侦察西安的情况和国民党军队对事变的反应。他说："从飞机上看，西安到处是游行队伍，到处在开大会，委员长一定是死了，这些受共产党影响的人一定是在庆祝，我们必须立即派军队进攻。军队的军官和士兵听到委员长被害的消息，都非常激动，一致要求向叛军发动攻击，我们只要下达命令，几天之后我们就会消灭这些叛军。"

孔祥熙发言报告的是在上海听到的关于西安事变的消息以及关于维护金融稳定的布置。说完规定的内容他开始发表他对解决事变的看法，他说："据我掌握的情况，委员长在西安目前没有生命危险。要救委员长脱险，我们就不能动武，他们提出的条件我看可以谈。"

"孔代院长，对叛逆绝不可示弱，讨伐令要立即下达！只有让他们看到他们面临的危险，他们才会向我们投降！"何应钦振振有词。

"何部长说得对！严刑峻法才能让刁民生畏，大兵压境才能令叛军胆寒，像老孔主张的谈判只能使他们漫天要价，政府如果向叛逆屈服，那体面何在？威望何在？那样即使委员长回来，也会在全国人民面前失掉身份，今后扣押领袖、对抗上级的事件将层出不穷，后患无穷！"吴稚晖把何应钦的主张上升到了理论高度。

"我要问你们目前究竟什么是最重要的，是蒋介石的性命重要还是政府的面子重要？是要我们中国人自己商量解决问题还是让侵略者有机可乘？日本人一直在窥伺时机。我们自己打起来，国很快就要亡，到那时还有什么面子？各位还有什么身份？"国民政府主席林森和孔祥熙站到了一起，壮大了主和派的阵容。

但是,主战派和主和派势均力敌,各不相让,会议以一通吵闹毫无结果而结束,主战派未能使会议通过讨伐令,主和派也未能使会议决定派谈判代表前往西安。

14 日下午,国民党中央再次开会,仍是一片混乱。由于何应钦等人的活动,主战派人数上升,但孔祥熙因与蒋夫人宋美龄商量达成一致意见,也毫不后退,要求会议接受张、杨主张。

国民党中央常委、考试院长戴季陶指着孔祥熙严厉质问:“我们刚刚推你代理行政院长,你就应该不负大家之托,负起政府责任。可你居然主张缓和、和谈,蒋介石哪点对不住你,你不肯出力营救他?难道你想让蒋公死在叛贼手上,你好做正式行政院长吗?”

孔祥熙立即反唇相讥:“戴院长,我看你主张下讨伐令是别有用心!我主张和谈才是为了确保委员长人身安全,你们以为委员长现在有多大自保能力?如果战端一开,恐怕等不到政府的军队攻入西安,委员长就被乱兵打死了。你们口口声声营救蒋介石,可他人在西安被看管着,动武能救出来吗?”

会议,在毫无结果的情况下再告休会。

| 结交大员,拉拢实力派,力主事变和平解决

会场争论没有结果,孔祥熙开始在会外做工作,争取一些国民党要员的支持。14 日下午会后,孔祥熙首先会见了军事委员会副委员长冯玉祥。冯玉祥在事变发生后,曾致电张学良:“请先释介公回京,如世兄驻军陕甘别有困难,以及有何意见,均可开诚陈述。”并表示愿意到西安替蒋介石为人质。早在北伐时期,孔祥熙就与冯玉祥来往密切,私人关系甚好。这次有冯玉祥对事变的基本态度,孔祥熙与之谈起来就好切入得多:“冯公,这两天的会议开得很糟,那么多人要对张学良动武,也不知他们安的什么心。冯公作为军事委员会副委员长,一定要阻止他们讨伐啊!这不仅是我个人的意见,蒋夫人也是坚决反对讨伐的。”

“这正同我的意见完全相同啊。这几天我早看出有的人居心叵测，不瞒你说，事变第二天，那二陈就主张杀害苏州监狱关押的七君子，因为张学良八项主张里有一条就是立即释放他们及一切被关押的爱国人士，他们要以杀人向张学良示威。你说这边杀戒一开，不是逼张、杨向蒋介石开刀吗？他们这是救委员长的行动吗？孔代院长，我支持你争取和谈解决的办法。”有一点冯玉祥没有多谈，那就是他已经和孙夫人宋庆龄取得了联系，为保护苏州监狱关押的七君子，他派人采取了必要的保护措施。

“好，我们分头行动，要找更多的支持者，不许某些人借机搞阴谋。”孔祥熙像是交代任务又像是给自己打气。

冯玉祥走后，孔祥熙又召来了丁惟汾。丁当时任监察院副院长，孔祥熙照样打出自己和蒋夫人两张牌，动员他一起支持和谈，反对动武。丁惟汾听后建议说：“如要和谈，保证蒋公安全，我看可以请英国人出面调停。”

孔祥熙把头摇得拨浪鼓似的说：“英国人？英国人在这件事上毫无影响力，请他们出面白费时间，无济于事。真要找外国人的话，不如找苏联。张、杨的主张你研究过没有？那八项主张基本上就是共产党前一段提出的主张。只有苏联能对共产党施加影响，我们找苏联人才能有所收获。”

“只不知这苏联……”丁惟汾试探着问。

“嗯，我已经致电我国驻苏联大使蒋廷黻，嘱其探询苏联对此事的意向了，很快就会有消息的。”

孔祥熙的高门楼寓所进进出出了不少国民党高级官员，他通过分别与他们的谈话，使这些人转向支持和谈，壮大了主和派的力量。

但是，孔祥熙并没有仅限于在国民党中央做工作，他还把很大一部分精力投入到了地方实力派人物身上。回到南京的当天，他即秘密派人到山西陕西进行联络，刺探消息，寻找能够在事变中发挥作用的人物。同时，他分别给各地的军政长官发去电报。要求他们表明态度，对张、杨的做法进行谴责，向其施加压力并进行规劝。他很自得地称自己这套做法为“乱其心、孤其势，怵之以力，动之以情”。

孔祥熙以代行政院长的名义，公开给各地发出通电，要求各地方当局“遵照蒋院长既定方针，以最大之努力与全国上下共策国家之安全”。

值得一提的是，这些地方实力派人物，平时与蒋介石矛盾不少，对老蒋可以说是又恨又怕，张、杨抓住蒋介石的消息，使他们中不少人大感高兴，认为替他们除掉了一个压在头上的独裁者。他们最希望的是张、杨马上杀死蒋介石，但是这又只能在心中暗想，不便公开表示。当张、杨发表通电提出八项主张时，有的人通电表示支持，有的人则对南京政府和张、杨采取了不偏不倚的态度，坐山观虎斗。孔祥熙针对这些人的不同情况，从不同的角度，以不同的语调，对他们进行分化拉拢。他在给宋哲元的电报中，以对宋无比信任的口吻，要求其"坐镇冀察，共挽时艰"，并要求其"劝张为宗"。对一直与蒋介石闹分裂闹独立，又曾发电支持张、杨八项主张的韩复榘，则在电报中声称蒋介石非常安全，无性命之忧，不日即可回南京主持国政，以使韩复榘不敢轻举妄动。他还特别提出要韩复榘给张学良发专电进行规劝，以消除误会，免阋墙之争，招致覆灭。这使韩复榘不得不考虑万一蒋介石不死，再回南京主政后自己的处境。对山西老乡阎锡山，孔祥熙要求他"即电汉卿，促其反省"，请阎锡山把蒋介石接到山西，充当中间人来进行谈判。孔祥熙还百般央求黄绍竑，请他无论如何在21日赶到山西，拉阎锡山帮助营救蒋介石。

孔祥熙为救蒋介石脱险，真是不遗余力，左右开弓。他的门口进进出出的是国民党高官，后院的电台则嘀嘀嗒嗒响个不停。

除了与地方大员的电报交驰，孔祥熙在这段时间里，对一些地位并不高的实权人物也给予特别关注，以图对张、杨部进行分化瓦解。如孔祥熙听说杨虎城的17路军24师师长冯钦哉是山西人，便想到利用同乡之谊进行拉拢。可是孔祥熙无法同杨虎城部队直接联系，便打电报给驻洛阳的国民党中央军第46军军长樊嵩甫，请樊嵩甫把电报译出后转交冯钦哉。孔在电报中大讲与冯的乡谊乡情，直说得肉麻兮兮，才提出要冯钦哉设法刺探西安详细情况，密报南京，并帮助营救蒋介石，使老蒋转危为安。冯钦哉一个地方杂牌军师长，若在平时要想攀附孔祥熙这样的大人物，那可是难上难。所以当樊嵩甫告诉冯钦哉孔院长有电报时，冯钦哉简直有点受宠若惊。他立即派了一个亲信秘密混出潼关，与樊嵩甫见面。看到孔祥熙电报后，冯钦哉又请樊嵩甫向孔祥熙转呈西安局势详情，并表示将有所行动——他不自量力地提出，要以自己的区区一个师，剿灭张学良的东北军，收容杨虎城的整个西北军。

孔祥熙接到冯钦哉的密报，他虽明知以这一个师去剿灭东北军纯属无稽之谈，但这毕竟从参与事变的部队中撕开了一个口子，如能再拉住几个冯钦哉式的师旅长，张、杨的日子就不好过了。尤其是如果冯钦哉真能向东北军开火，那张、杨自乱阵脚，加上外界压力，就只能乖乖投降。即使冯部战斗失利，被张、杨消灭，那也只是东北军西北军自己内讧，中央军则毫无损失。这等于是一个只赚不赔的无本买卖。何乐不为？孔祥熙用最肉麻的词将冯钦哉嘉奖一番后，要求冯马上采取行动，并要将行动计划迅速报告。冯钦哉收到孔祥熙复电后，看到孔代院长这么器重自己，又不由地权衡再三，终于发现了陷阱。他狡猾地一面向孔祥熙再发电报，要求孔祥熙发出明确指示，这样以后的行动就可以推托是“中央指示”，减轻自己的责任。同时这也是个缓兵之计，电报一来二往，局势天天在变，说不定哪天形势转折，就不用再取冒险行动了。谁知孔祥熙的电报来得很快，你不是向我要“指南针”，说有了方向就立即“勉效驱驰”吗？那我就立即给你，让你快快向东北军宣战，马上向东北军开火！这冯钦哉驻在潼关以西，在西安周围是孤军一支，樊嵩甫虽可为援，可还被东北军挡在潼关之外，怎么能够在战斗打响后破关而入去支援他？若果能进得潼关，哪还用跟张、杨绕这圈子，谈这谈那？冯钦哉既不想自取灭亡，又不想失掉孔祥熙这座靠山，最后来了个“君子动口不动手”——同樊嵩甫联名“声讨”西安。虽然没有什么实际价值，可总算是在张、杨的部队中有了反对声音，使张、杨不得不考虑自己对部队的控制程度，让孔祥熙在同西安方面打交道中多了一张王牌。

在商量对西安采取“打”还是“谈”的策略中，有两个明显的派别。一个是何应钦为首的亲日派，他们主张拒不接受张、杨主张，而要坚持动武。看起来他们也是为了救蒋介石，惩罚“叛逆”，而实际上内战一起，蒋介石必将性命不保，日本帝国主义也会乘机进攻。一个派别是孔祥熙宋美龄为首的主和派，他们从蒋介石的安全出发，也从国家的整体利益考虑，主张不动用武力，先接受张、杨要求，让蒋介石平安回到南京，再慢慢解决其他问题。这两派人马说起来都是为了蒋介石，都是为国家，各执一词，谁也说服不了谁。而初期蒋介石被扣，多数人认为蒋介石必无生还希望，何应钦便不把宋美龄放在眼里，对孔祥熙更是冷嘲热讽，宋、孔虽借官位和与蒋介石的特殊关系，极力弹压何应钦，使何应钦派往西安的轰炸机只在周围几县投了一些炸弹，没敢往蒋介石头上投。但一天蒋介石不回来，最后到底是什么结局就谁都说不清。所以何应钦一直摆出一副有恃无恐的架式，把蒋夫人宋美龄不放在眼里。宋美龄一再要求不要出兵，何应钦却不凉不酸地说："夫人，来不及了，20 个师的讨伐部队已经出发了，谁能把他们追回来？"宋美龄气呼呼指住他："莫说 20 个师，就是 200 个师你也得给我调回来！"何应钦竟大着胆子说："这是中央执行委员会的决定，你妇道人家只想着自己的丈夫。懂得什么国家大事，这你不要管了！"把宋美龄气了个倒憋气。虽说宋美龄略施小计，告诉他蒋介石在西安很安全，很快就可回南京，让何应钦不得不有所收敛，又加上冯玉祥孔祥熙共同努力，顶住了何应钦的硬干，但何应钦并不服气，仍想能在这次事变中有所收获。

当何应钦听说自己部下的军长樊嵩甫在为孔祥熙联络冯钦哉部，并向孔祥熙密报军情后，大为光火，他狠狠地教训了一番樊嵩甫，并明确告诉他："以后军情只能向我这个讨逆军总司令，或者向东路讨逆军司今刘峙长官报告，此外不得向任何人报告，也不允许任何人从中插手，否则以违抗军纪论处！"樊嵩甫哪肯把自己吊死在一棵树上？既能靠上孔祥熙，机会就绝不肯就此放过。樊嵩甫立即把何应钦的教训报告了孔祥熙，并讨好地说，虽然有上级长官的严令，但以后仍会将军情报告孔院长，只不过要请孔祥熙代为保密。

孔祥熙看到，非常时期没有蒋介石，要靠封官许愿的办法拉拢军队人士不容易，就自然使出了看家绝招——让"袁大头"出来讲话。他一方面嘉许樊嵩甫，一方面就给樊嵩甫汇去了一万元大洋为樊部军费。并且表示，如果还有所需，仍将尽力筹措，当孔祥熙得知樊嵩甫的儿子在南京还没有正式职业时，又抓住这一点，告诉樊嵩甫，一定在财政部或税务部门给他儿子安排一个肥缺。这才使得樊嵩甫看出了追随孔祥熙的实际利益,真心为他效力。对于冯钦哉,孔祥熙也通过军事委员会,一下子给他这个师长委任了个“渭北剿匪司令”的头衔,并派人秘密赴陕西,给他送去一笔巨款。

当孔祥熙度过了事变发生之初的茫然和慌乱,看到了南京政府里的混乱局面,认清了没有蒋介石自己的地位很难保证之后,就下定决心要不惜一切代价营救蒋介石。在宋美龄为蒋介石的安全焦躁不安的时候,孔祥熙的行动无疑使她感到欣慰,这也是蒋介石回来后把行政院长的正式头衔给孔祥熙的一个原因。不过,在这段时间里,并不仅是孔祥熙一个人在为解救蒋介石努力,宋霭龄也从姊妹之情出发,给了美龄很多安慰。尤其是当美龄向庆龄发出呼吁,要求她协助妥善处置事变时,庆龄从国家民族大义出发,不计蒋介石前嫌,曾在 13 日就表示要亲赴西安,劝说张学良释放蒋介石,只是由于情况发生变化,又找不到飞机,才没有成行。但此后庆龄一直主张和平解决事变,并在国共双方达成合作意向后,为促进全民族抗日统一战线的形成和巩固,在中断了 10 年之久后又开始参加国民党中央的会议和一些工作。

孔祥熙突然主战,“不允许以一人安危妨碍一贯之国策”

国民党内讨伐派与和谈派争论的焦点,其实来源于对西安形势的不同认识。讨伐派坚持说西安变成了共产党的天下,到处红旗飘扬,士兵都在准备和国民党中央军开战,蒋介石将被公审处决;和谈派却认为张学良扣押蒋介石,亦有不得已之苦衷,如果接受他们的主张,事情就可以商量,蒋介石将有获救之希望。但两派在会上争,在会下串,却都没有西安实际情况作依据,因此,尽快探明西安之实情,成为解决事变之锁钥。考虑到这一点后,孔祥熙与宋美龄多次磋商,决定派端纳先赴西安,探个虚实。

端纳何许人也?为什么孔、宋偏偏选中他前往西安?这就有些原由了。端纳出生于澳大利亚新南威尔士州的里斯峪。19 世纪末,他以报社记者身份踏上中国大地,由于他善施手腕,八面玲珑,广交朋友,纵横捭阖，很快便成为旧中国政治舞台上的一个风云人物。他既同清朝的达官显贵情深意长，又和不少同盟会员来往甚密。他与宋霭龄的父亲宋耀如是很好的朋友，曾一度是他们家的常客，与宋家的孩子们从小就熟稔。辛亥革命以后，他担任过孙中山的私人顾问。后来张作霖崛起东北，入主北京，他又成了张大帅的顾问。他不仅处处给张作霖出主意，还在张学良身上下了大工夫。张作霖被日本鬼子炸死皇姑屯，张学良接任东北三省保安司令，他又协助张学良治军理政，还帮助张学良戒掉了毒瘾。他曾陪张少帅赴欧洲考察 8 个月之久，与之朝夕相处，亲同父子。张学良归顺蒋介石之后，端纳应蒋介石邀请，又担任了蒋介石国民党政府与英、美驻南京大使馆的实际联络人，为蒋介石处理外交内务出谋划策。

端纳曾听信孔祥熙暗示的一个消息，在投机生意上赔了一大笔钱，这使端纳多年来对孔祥熙耿耿于怀，他认为是孔祥熙有意叫他上当坑害他。端纳曾对他的一个朋友说："庸之先生的赌咒发誓一文钱不值，他说他是好心，但愿上帝保佑我们离这种好心人远远的。"

但在孔祥熙逐渐成为南京政府的核心人物后，端纳要在中国政府间活动，又不能不对孔祥熙采取奉迎的姿态，加上他和霭龄美龄的老关系，这几年和孔祥熙又混得蛮好了。

因为端纳与张学良蒋介石都有很好的私人关系，所以宋美龄一听到西安发生事变的消息，就想到把端纳带上回南京，准备让他从中发挥作用。而回到南京何应钦向宋美龄冷冷说道"委员长已经死了"的时候，端纳立即就慷慨激昂地说："我不相信少帅会搞兵变！我也不相信委员长已经死了！"

何应钦一走，宋美龄就央求端纳："不要听信何应钦的鬼话，你应该马上到西安去，我相信只要你出面，张学良必定听你的，委员长就有救了！端纳，看在多年委员长对你器重的份上，看在我们多年友情份上，你应该不避艰险，马上到西安去！眼下能完成这个任务的，只有你了！"

端纳摆出一副大义凛然、舍我其谁的架式说："好，你只要准备好飞机，我马上就出发，我才不怕什么西安刀丛剑树，只要我去了，我看张学良敢加害委员长？蒋夫人，你就等我的好消息吧，我一定不辱使命！"

尽管何应钦阻挠，宋美龄还是凭借她航空委员会秘书长和蒋夫人的身份，很快安排了飞机，端纳于13日中午离开南京，在洛阳停留并与那里的中央军联系后，于14日到达西安，和张学良、杨虎城进行了正式接触。在他的要求下，张学良让他亲眼看到了活着的蒋介石，并再次强调，只要蒋介石答应他们的要求，立即放蒋介石回南京。

15日，端纳飞出西安，到国民党中央军控制下的洛阳，用电话向宋美龄报告了他见到的蒋介石的情况，证实蒋介石不仅没死，还受到张、杨的尊敬和保护。只是蒋介石脾气不好，不肯接受张、杨的条件，不肯吃饭。他详细汇报了会晤张学良杨虎城的情况，特别强调了张学良兵变的善意及事件和平解决的希望，转达了张学良邀请宋美龄孔祥熙同到西安，共同商讨解决问题的办法。

听到蒋介石安全活着的消息，解除了压在宋美龄孔祥熙心头的疑云，廓清了南京城里的种种谣言。但是当孔祥熙宋美龄考虑到西安与张、杨接触解救蒋介石时，南京城里的一些要员又散布了一种怪论。他们说，蒋介石在张、杨手上已经变成一块鱼饵，他们的目的是用活着的蒋介石把政府大员都"钓"到西安，然后再一网打尽。说南京政府派人到西安，不仅不能救出蒋介石，还会加快蒋介石死亡。因为南京有力量，张、杨一时不敢杀蒋，而一旦政府要员都到了西安，张、杨就会毫无顾忌地把他们统统杀掉。

这种奇谈怪论本来不值一驳，但孔祥熙却从中产生了两点新想法：第一自己绝不能去西安，万一真是张、杨要借此多抓人质，自己就自动入了圈套；第二，张、杨既然不敢杀死老蒋，那就再给他们加点压力，促使他们降低谈判要价，保全政府脸面。

想到这里，孔祥熙在家里摇头晃脑地说："哼，有人说我庸之是庸庸碌碌之人，岂不知我这是老谋深算！张、杨没在兵变开始时杀死委员长，现在更不会贸然开刀了。他们要以此作筹码，得到更多的东西，却不知能人之外有能人，我已经识破了他们！他们休想比先前计划的多得到一点东西。既然委员长活得好好的，我们也就不必着急，不能急于向张、杨付出更多。我也打一张心战牌！我现在要从主和派变成主战派，给他们加压，让他们不得不在最低价码上成交！"

果然,有了蒋介石活得很好的消息,孔祥熙一反先前的温和态度。立即换了一副面孔。他召见《中央日报》记者,声色俱厉地指责张学良杨虎城是"对统帅妄加劫持,影响国家前途!"他又给阎锡山发出公开电称"汉卿劫持介石,迄无悔悟表示,中央同人,愤恨万端……若汉卿仍旧执迷不悟,则中央同人,为国家民族计,为国际地位计,断难容其抱一人之质,贻全民之祸……势必取断然之处置,兴讨伐之义师"。

主和派的举旗人变了腔调,讨伐派当然求之不得,于是在16日上午的国民党中央执行委员会第30次会议上,出人意外地顺利作出决定:

一、推何应钦为讨逆军总司令,迅速指挥国军扫荡叛逆;

二、由国民政府即下达讨伐令。

同日代理行政院长孔祥熙和国民政府主席林森签署了《讨伐令》和《国民政府着军事委员会斟酌情形于必要地区宣布戒严令》。根据孔祥熙签发的这两个命令,16日起,南京地区实行了戒严。

孔祥熙同意讨伐和实行戒严,并不是孤注一掷的赌徒冒险,更多的是一种狡猾的试探。他在宣布这些命令时,让端纳在西安密切注意张、杨反应,以随时准备应变。

17日晚上,孔祥熙决心走得更远些。他来到设在国民党中央党部大院内的国民党中央广播电台,在播音室发表了一篇《西安事变与戡乱》的广播谈话。

孔祥熙在广播中把蒋介石吹捧一番后,提着嗓门说:"张学良、杨虎城等,居然敢劫持蒋院长,不惜破坏国家,陷民族于万劫不复之地,这种犯上作乱的行为,在国法上万万不可宽恕!"

孔祥熙又大着胆子,说出了一番不惜以蒋介石之死保全国策的"豪言壮语":"虽然我们都渴望解救委员长,但是我们的态度是,不允许以一个人的安全妨碍一贯之国策,我们不能因一时之事变有所迁就!"

这段话,恐怕是孔祥熙一生中说得最精彩的一段话,也是他下的最大的一个冒险赌注。他因此赢得了喝彩,也给自己埋下了祸根——因为这在蒋介石听来可不是什么好话头。

最后孔祥熙气势汹汹地说:"中央现在明令讨伐。就是明是非,分顺逆，整纲纪，望我同胞，一致奋起，声罪致讨，拥护政府，迅速削平叛乱。”

发表过讲话，孔祥熙又向西方各国政府通报了他的态度转变，以寻求外国势力的支持。他派去的外交次长向大使们说：“政府已决定派遣由何应钦指挥的讨伐军，已不存在谈判与妥协了……苏联政府已表示他们同事变没有联系，在这种情况下，中国政府对采取军事行动有了信心。”

《讨伐令》下达后，东西两路集团军分别集结兵力，在潼关前线发起进攻。一架架携带大批炸弹的飞机呼啸而起，去周围县城轰炸无辜平民——既是讨伐张、杨，张、杨明明在西安，为什么不去轰炸西安，而要到离开很远的县城去投弹呢？说到底，所谓“讨伐”，不过是一场恫吓、一场心理战而已。

称病不肯赴陕谈判，写信款诉衷曲自辩

孔祥熙为解救蒋介石，是政治军事两手并用，炮弹银弹双弹齐发，可谓无所不用其极，但当他选择了“讨伐”这一手后，出现的却不是他所预想的效果，而遭到了各方的一致反对。事变的最终解决是靠了其他一些更重要的因素。

事变爆发后，在1927年北伐中被蒋介石一掌推入血海，又在10年中务求斩尽杀绝的中国共产党人，表现出了一种以抗日大业为重的博大胸怀，力主和平解决。当初，确有些人为蒋介石被捉而高兴，深更半夜，还有人去敲毛泽东的门，强烈要求公审枪毙蒋介石。但是共产党的领袖们却大义释嫌，不念旧怨。12月15日，毛泽东、朱德等15人致电南京政府，指出事变的爆发，“实由于蒋氏对外退让、对内用兵、对民压迫三大错误政策之结果”。如扩大内战，将导致“国亡种灭”，希望南京政府采纳张、杨八项救国主张，变内战为抗战。这支被国民党反动派追杀了10年、与蒋介石有着血海深仇的红军队伍，甚至提出“愿与贵党军队联袂偕行，共赴民族革命之战场”。

12月17日，中共中央派出周恩来、秦邦宪、叶剑英等人赶赴西安，同

张学良、杨虎城及蒋介石进行和平谈判，进一步以实际行动表明了和平解决事变的诚意。

12月19日，中华苏维埃中央政府及中共中央发出对孔祥熙等人的通电，电文说：

南京孔庸之、孔哲生、冯焕章、陈立夫等先生，及国民党国民政府诸先生；西安张汉卿、杨虎城、王鼎芳、孔蔚如先生，暨抗日联军西北临时军事委员会诸先生勋鉴：

自西安提出抗日纲领以后，全国震动，南京的“先安内而后攘外”政策，不能再续。平心而论，西安诸公爱国热心，实居诸首列，其主张是立起抗日。而南京诸公，步骤较缓。可是除亲日分子外，亦非毫无爱国者，其发动内战，当非心愿。以目前大势，非抗日无以图存，非团结无以救国，坚持内战，无非自速其亡！当此危急存亡之秋，本党本政府谨向双方提出如下建议：

（一）双方军队暂以潼关为界，南京军队勿向潼关进攻，西安抗日军亦暂止陕甘境内，听候和平会议解决。

（二）由南京立即召集和平会议，除南京西安各派代表外，并通知全国各党各派各界各军选派代表参加。本党本政府亦准备派代表参加。

（三）在和平会议前。由各党各派各界各军先提出抗日救亡草案，并讨论蒋介石先生处置问题，但基本纲领，应是团结全国，反对一切内战，一致抗日。

（四）会议地址暂定在南京。

上述建议，实为解决目前紧急关头之合理有效办法，南京诸公，望立即决定国策，以免值此国家混乱中日寇竟乘虚而入也！并望全国人民各党各派，立即督促当局召集和平会议，讨论一定国策，共赴国难！

中华苏维埃中央政府

中国共产党中央委员会

中国共产党这些正确主张和实际行动，在国内外引起重大反响，对推动事变的和平解决起了决定性作用。

当孔祥熙洋洋得意于他的《讨伐令》下达造成的对张、杨威慑效力时，张、杨二将军却根本不买他的账，对南京的军事进攻做出了强烈反应。张、杨命令所属各部密切注视国民党中央军的行动，将大部分东北军集中于西安附近，准备一决雌雄。

张、杨既没有关闭和谈的大门，也毫不惧怕孔祥熙的军事进攻。张学良致电南京政府说："委座南归，尚待商榷。在此时期，最好避免军事行动。弟部初未前进，而贵部已西入潼关，肆意轰炸，果谁动干戈？谁起内战耶？兄部如尽撤潼关以东，弟部自可停止移动，否则彼此军人，谁有不明此中关键也哉？"表明了一种希望和平但并不惧战的坚定态度。

16 日，宋美龄向端纳透露了南京方面即将进攻西安的口信，要求端纳转告蒋介石，由蒋下令制止。当端纳当面向蒋秉报时，站在一旁的张学良啪地一拍桌子说："何应钦逼人太甚，要打我们就打，看究竟谁先怕！"接着张学良又面向蒋介石说："前方已开始冲突，中央军在华县与杨虎城部对峙中，如进攻不已，则此间军队只可向后退却。"

张学良从未关闭和平谈判解决的大门，这里张学良所说的军队"向后退却"，完全是为了避免内战的发生，是一种退让行动。但是心虚的蒋介石却把这句话听成了对他的恫吓，认为向后退却就是裹挟他转移，南京的军事进攻可能断送他的性命，不得不于 17 日写下了一个手令："星期六以前万不可冲突，并即停止轰炸为要。"为使这个手令迅速发挥作用，18 日蒋鼎文就带着它飞到南京，亲手交给了何应钦。

孔祥熙仰赖英国政府支持他的"讨伐"而在国际舆论上得分的幻想，也被英国政府打破了。

就在蒋鼎文送回蒋介石停止进攻的手令之前，英国驻华大使休格森爵士，也向孔祥熙转达了英国政府不赞成动武的意向。不过英国人的表达方式比较委婉。休格森对孔祥熙说："尊敬的阁下，我受外交大臣艾登先生的委托，向您转达他的意见。他想到可能会出现这样的情况。张学良可能被说服释放蒋介石，如果他本人的安全得到保障的话，如果是这样的话,假如我们表示愿意尽我们的最大努力来保证他的安全,这对事态是否有帮助?”

孔祥熙刚刚向英国政府宣告他对“讨伐”充满信心的豪言壮语,满指望英国政府对他的行动表示赞赏,却不料弄了个满拧,英国政府也希望和平解决。惯于见风使舵的孔祥熙毫不感到脸面无光,立即就表示了同意。他说:“欢迎艾登大臣的建议!如果艾登大臣能推进这一安排,我们将十分感谢!”

全国舆论也对孔祥熙何应钦发动军事行动发出一片指责之声,迫使孔祥熙不得不重新考虑自己的主张。

在南京高门楼孔宅,宋美龄对孔大姐夫发起了牢骚:“我希望蒋先生能够平安回到南京,不仅是因为他是我的丈夫,而是还因为他是全国的领袖,中国又面临着日本的侵略。我费了多大劲才镇住何应钦,不许他胡乱行动,没想到你又顺风点火,也要下什么‘讨伐令’。你以为你那套把戏能吓住谁吗?现在怎么样?有谁赞成你们,谁支持你们?现在你说说谁是妇人之见,谁是头发长见识短,你还打算怎么办?”

孔祥熙自我解嘲地笑着:“是格,俄想着宣布动武张学良就害怕了,他一害怕不就把委员长送回来啦?谁知道这少帅还真有点他老子的胡子劲,吃软不吃硬!现在可好,你蒋夫人反对军事进攻,介石下手令不许进攻,英国人不赞成进攻,张学良杨虎城不害怕进攻,共产党批评进攻,全国舆论谴责进攻,俄,俄成了猪八戒照镜子——里外不是人了!唉,当初俄也是主张和谈的,谁知道半路上鬼迷心窍……现在,你说怎么办吧?我听你的好啦!”

“谈判,赶紧派人到西安谈判!”宋美龄毫不犹豫。

孔祥熙又一次改变态度,南京方面很快同意谈判。但是派谁去谈呢?南京又统一不了意见。

本来,张学良杨虎城从一开始就一再要求宋美龄孔祥熙到西安。但那些不希望和谈成功的人却坚决反对孔祥熙前往西安。他们振振有词地说:“在目前形势下,负军事责任的蒋委员长已经被扣西安,孔先生现负全国行政责任,万不可再入虎穴!”孔祥熙一来担心自己的安全,二来也怕自己去了给人以政府向“叛军”低头的印象，就推出个“医生坚嘱不令飞陕”的托词。宋美龄救夫心切，又无可奈何，只得打电话给端纳说：“孔祥熙因代理行政院长职务，不能离开南京，可否以宋子文或顾祝同代替，请征求西安方面的意见。”

美龄为何首选宋子文代替孔祥熙与自己同到西安呢？不仅因为子文是她的哥哥，关键时刻兄妹之情胜过外人，还因为宋子文朋友众多，与各方相处良好，又有着斡旋调和的才能，尤其是在这次事变发生后，他一以贯之地表现了希望和平解决的意见。

宋子文自被孔祥熙取代财政部长的宝座，虽说心有不甘，但他也仍有着举足轻重的权力和足够忙活的事务。事变爆发当日，他正在香港回上海的途中。13 日抵达上海后，还未坐稳孔祥熙就打来了电话，告诉了他西安发生兵变的消息，孔祥熙以为有自己在南京就足以制订出解决事变的万全方略，因而叮嘱宋子文不必再到南京，留在上海照料好金融就可以了。既然人家不用自己多管，宋子文也就乐得省心，果然到银行去上班了。

宋子文毕竟是两朝“国舅”、政府要人，所以他对事变的态度也就成了新闻记者追踪的热点。当天宋子文还未进中央银行大门，嗅觉灵敏的记者们就已经在大门口堵上他了。

“请问蒋院长近况如何？”

“请谈谈你对西安事变的看法。”

“好的，我来回答你们。”面对连珠炮般的发问，宋子文越发精神抖擞，气宇轩昂，手势有力，“蒋院长在西安绝对安全。本人以为西安事变乃国家最不幸之事。目前急需用有效办法，于短期内解决。盖全世界之目光，刻已集中中国矣。本人与蒋院长之公私关系，及与张学良多年之友谊，均为人所共知。在特殊关系之中，如有任何可能之解决办法，本人极愿在政府领导之下，尽最大之努力。”

宋子文的这次谈话，在各大报纸显要位置发表，使多数人知道了他对于这次事变的基本态度。

正是因为他的谈话未伤及任何人，仅仅表示了一种愿意为解决问题努力的姿态，所以张、杨听完端纳转达的宋美龄希望以宋子文代替孔祥熙赴西安谈判消息后，当即表示同意。

孔祥熙乐得有人代替自己，立即电召宋子文赴南京，准备安排宋氏兄妹二人赴西安正式进行谈判。

但是和以前每次孔祥熙为和平解决事变的努力都遭到反对一样，这次又有人跳了起来，极力反对宋子文赴陕。他们大叫什么“宋氏参与谈判之行为不当”。为什么呢，无非又是老调重弹：“宋子文身为全国经济委员会常务委员，且亦为中央执行委员，果赴西安，难免有政府与叛逆讨价还价之讥。”说到底，南京政府中就是有一股亲日势力，不愿意看到事变之和平解决，不愿意形成全国统一的抗日阵线。而希望中国内乱，让外来势力乘机侵略中国；好让他们卖国求荣。

怎样才能成行、救出蒋介石，宋氏兄妹在孔祥熙寓所彻夜相商。终于宋子文想出一个办法：“既然他们反对的口实是我担任党国要职，那么我此次之行完全不以政府官员名义，而以蒋氏亲戚名义，他们总该无话可说了吧？”

“哈哈哈……”多少天来一直愁眉紧锁的孔祥熙第一次发出了笑声：“子文兄弟不愧为外交高手，总是能想出解决难题的办法。什么是才华？这就是才华！这个主意妙极了，我完全赞成！明天会议上子文就这样提出赴陕申请，我再抢先表态，定可——”

“我也再表一态！看哪个王八蛋还敢反对。”宋美龄也认为这个主意不错。

果然奏效！宋家兄妹像排练好的一样在会上表演一番，反对者一时竟找不出理由，孔祥熙作为会议主持人当即将其作为会议决议，命令记录在案。

19日下午，孔祥熙又特邀孙科、居正、何应钦、叶楚伧、王宠惠到他的寓所，经过一番会商，作出两项决定：

一、准宋子文以私人资格去西安，营救蒋介石；

二、将对西安方面的停止轰炸日期延长到22日。

待各位大员离去、宋子文兄妹打点行装之时，孔祥熙放松了一下多少天来的紧张情绪，静静地在沙发上抽洋烟，袅袅烟雾中，孔祥熙突然想到一件大事，噔地从沙发上弹了起来："坏了，差点坏了大事！"他想到什么了呢？原来他想到的是蒋介石在西安张、杨控制之下，必然度日如年，时时盼望南京有人去救他出来。而自己这些天来光顾着跟政府中的某些人周旋，竟对蒋介石此刻的心情体察不够。张、杨当初的请柬是发给自己的，而自己因为有人反对才换上子文，那么蒋介石会不会认为是我孔祥熙忠心不足，避重就轻，对营救不积极呢？如果是那样，蒋介石一旦回来，我可就浑身是嘴说不清了……

怎么办？必须及早澄清，说明我的苦衷，免得委员长误解，想到这里，他马上提起笔来写道：

介石钧鉴：

在沪闻事变消息焦急异常，当即扶病同三妹来京。本拟即同三妹赴陕省视，嗣闻尊意不欲三妹前去，而弟则以中央决议在吾兄未回京以前，暂代院务，因致未果，无任怅恨。遂商三妹派端纳飞陕奉候吾兄，继据自洛阳报告吾兄起居安适，于焦急之余，始觉安慰。

弟等日日为吾兄祈祷心身安定，得以早日返京主持中枢大计，以慰全国殷切之望。三妹在此，有大姐及弟等陪伴。幸为释念。吾兄衣服多已遗失，至以为系。兹因子文弟赴陕之便，特购制数袭，附机奉上，即乞察纳，诸希为国珍重，不尽欲言。专此，敬颂钧祺。弟祥熙手启。十九日。

当宋子文乘坐一架租来的飞机赶到西安，走进蒋介石的卧室时，蒋介石又惊又喜，大张着嘴巴半天竟说不出话来。这时候，他一心关注的只是南京能够来人救他，至于究竟是谁来他倒并不特别在意。所以当宋子文把美龄和孔祥熙的信件给他看的时候，他这时并没有想到怪罪孔祥熙为什么不来。

宋子文在西安见到了共产党的代表周恩来，他们两个加上蒋介石进行了谈话，周恩来的主张让宋子文深受感动，蒋介石也因为周恩来合情合理的要求和通达的解决办法心意有了转变。宋子文还和张学良进行了秘密谈判,达成了一些协议,然后在第二天又立即返回南京,报告情况。孔祥熙宋美龄听到子文会谈的初步成果,坚定了和平解决的信心。孔祥熙欣然同意为救出蒋介石的生命付出一笔费用。

在子文去西安的时候,讨伐派只给了他 3 天时间,就是说只答应在 3 天内停止轰炸,3 天期限一过,成吨的炸弹就要落在西安,也许是落在蒋介石头上也说不定。子文用自己在西安的亲眼所见,到处宣扬蒋介石在西安很安全,根本没有讨伐派所说的“多抓人质,一网打尽”的迹象。他赞扬周恩来说:“南京有谁能承担这样的风险营救蒋介石?相反,还有人要轰炸!”有了宋子文亲眼所见的情况,讨伐派看到无机可乘,才逐渐蔫了下来。

12 月 21 日,孔祥熙以国民党政府代理行政院长身份,正式同意宋美龄宋子文到西安举行谈判。

在中共代表周恩来等人的帮助下,在张、杨和宋氏兄妹的共同努力下,蒋介石终于转变了他的顽固立场,接受了改组南京政府、释放一切政治犯、停止“剿共”、联共抗日、召开各党各派各界各军救国会议、实行抗日外交等条件。但是蒋介石仍摆出副“领袖”架式和无赖态度,不肯在协议上签字,只答应“以人格担保”这些协议的执行。

12 月 25 日,张学良、杨虎城释放了蒋介石及其随行人员。张学良并亲自护送蒋介石返回南京。震惊中外的西安事变遂告以和平解决。

孔祥熙站在寒风中的最前列,迎接了蒋介石重回南京,此刻他既感到自己为营救蒋介石付出心血不少,又担心他所熟知的蒋介石其人能否恪守“以人格担保”的协议执行。

28 日,孔祥熙发表通电卸去代理行政院长职务。不过他还是在通电中狠狠地把自己表扬了一番,说在代理院长的 14 天内,上下一致,共济时艰,稳定金融,安定地面,维国内之秩序,博友邦之同情等等。

蒋介石把这次西安被捉视为奇耻大辱,两次表示辞职再让人劝进以挽回一点面子。然后就是对当初信誓旦旦不施报复的张学良关押审判。最让孔祥熙感到难堪的,是蒋介石偏偏选中了自己在南京陵园的别墅,作为关押张学良的地点，好像自己也参与了这一卑劣行径似的。

张学良护送蒋介石到达南京之初，孔祥熙宋霭龄还在自己家里款待张学良。张学良一直称呼霭龄为大姐，并曾一度希望两家孩子能够联姻。眼看张学良遭到厄运，孔祥熙宋霭龄都感到于心不忍，1937 年 1 月 3 日，孔祥熙自上海密电南京国民政府，请求特赦张学良。孔祥熙在电文中说：西安事变发生之日，张即电孔表示负责保护蒋的安全。孔也以私人资格，在迭次复张电函中，表示张如能迅速护蒋回京，孔亦保证张的个人安全。因此请求能够特赦张学良，既可保证蒋介石不食言，也有利于自己保全面子，不失信于天下。然而，蒋介石控制下的政府哪肯听从孔的劝告，张学良从此的命运是终身监禁，直到蒋介石、蒋经国相继在台湾去世，才有所松动。杨虎城将军则被诱捕，于重庆解放前夕被秘密杀害。

第二十九章　外交特使

丨　浴室定计，为抗日出国求援

蒋介石西安被扣，感到大栽面子，坚决要求辞去行政院长职务，而孔祥熙又不肯乘这种机会接受任命，行政院长一职就暂由王宠惠代理。

蒋介石虽然不做行政院长，但实权仍牢牢把握着，他在西安口头上接受了准备实行抗战抵抗日本侵略的主张，又确实看到了日本帝国主义的侵略不仅危及国家民族，也将危及他的统治，开始为实行抗战做军事政治上的准备。

“庸之兄，依你看以我国之财力兵力如何能够抵挡日本侵略?”蒋介石在温泉洗浴时，半边身子泡在汤里问孔祥熙。

孔祥熙正一次次试验让自己臃肿的身体从浴池中浮起，听到问话，赶紧到池边坐下用毛巾擦着脸说:“介兄，不瞒你说，要以我国现有之财力兵力同日本对抗，取胜可不容易。日本自明治维新以来，发展工业，扩充军队，国力大增，已经成为东方唯一的军事强国。甲午海战，海军舰艇吨位和官兵人数都毫不逊色的大清北洋舰队覆灭;1905 年日俄在我国东北开战，结果国土横跨欧亚的俄罗斯也没顶住这个小小岛国，三色旗被太阳旗赶得落荒而逃。日本经过这几次战场取胜，野心越来越大，正梦想把整个亚洲纳入它的版图，与西方列强争雄称霸。现在就连苏联也惧怕日本对其东方领土的窥伺。前几天我看到一份我国年钢产量、兵力总数和武器装备与日本的对比，那差距……”

“好了，那个东西我早看到了，要不有些人总在嘀咕‘抗日必亡’……”蒋介石盯着孔祥熙。

孔祥熙赶紧往蒋介石身边凑凑:“我明白明白，现在是我国地域广阔而国势贫弱，日本地域虽小而国力却强。如果战争在几十年后爆发，也许我们容易取胜，可目前的形势是日本已占我东北，又在上海滋事，华北也随时会出现问题，恐怕我们没有发展自己的时间了。最省力最有效的办法，是赶紧同欧美等西方强国发展关系，争取他们的援助，争取他们的支持，如能同他们结盟更好，不能结盟也要……”

“庸之兄，以我看你有时候思路是很清楚很正确的，可总有人在我面前说三道四，好像你的最大才能就是数钱。好了，你能把问题看这么透，和我的想法接近，那么派你去干这件事情定有斩获！”蒋介石像下了某种决心。

“啊呀，我财政上事务可撒不得手呀，你准备让我执行什么任务呢？”孔祥熙先把路堵住一半再问话。

“这个你放心，如果我让你出国，财政问题我会亲自关注，俾你回国之时，财政状况会与你出国之前毫无二致。”

“我想知道得更详细些。”

“英吉利、法兰西、德意志、美利坚，这些都是当今世界最强的国家，他们如果肯帮助我们，嗯，那日本，嗯，就可以对付！”蒋介石像是胸有成竹。

“噢，5 月份将有英王乔治六世的加冕典礼，如果介兄派我出访，我认为可从英国开始，那样可以掩盖这次出访的真实意图，便于秘密谈判达成协议而不引起日本的注意。”

“嗯，这次出访可以带上家眷，公开的名义是考察国外经济建设。”蒋介石定了盘子。

英王乔治六世加冕，孔子第 75 代孙往贺

1937 年春，南京国民政府发表公告，派行政院副院长孔祥熙为“中华民国庆祝英王乔治六世加冕典礼特使”，前往英国参加庆典。

为了引起英国的注意，南京政府特意为孔祥熙举行了盛大的饯行宴会，邀请了各国驻华大使出席。代理行政院长王宠惠出面主持。

王宠惠高举酒杯，满怀激情地向着所有来宾说道："英王之加冕典礼，异常隆重，而中西之邦交，素称敦睦，是故我国要参加英王加冕。此次参加英王加冕典礼之特使，由孔副院长担任。以孔副院长之学问、道德、声誉和地位而论，深庆得人。特别在此说明一下，孔庸之先生，乃大成至圣先师文宣王孔仲尼之第 75 代贤孙，如按英国世袭爵位之法度，孔副院长亦可谓王子，最低也算是公爵吧？所以蒋委员长决定派孔先生赴英参加英王加冕典礼，是大有深意，是东方文明向西方文明祝贺！孔副院长在国内虽政务繁忙，日理万机，然此行之使命特别重要，是故孔副院长毅然决然亲自前往！兄弟以代理行政院长之身份，希望孔副院长此行，对于中英之邦交，益谋敦睦，将来归国之后，复以此行之获贡献于国家！"

英国大使为王宠惠的讲话所鼓舞，带头鼓掌，宴会厅里顿时一片欢呼和掌声。王宠惠在掌声中又把声音提高八度喊道："我提议，为孔副院长此行成功，中英邦交更加友好，干杯——"

贵宾们喝下第一杯酒后，笑眯眯的孔祥熙站了起来，他把手中杯子朝大厅擎着转圆一圈后也开了口："女士们、先生们，本人奉使赴英，祝贺英王加冕，若论兄弟之道德、学问、声誉、地位，无一够格，实愧不敢当，唯本人之孔子第 75 代孙身份，可以自豪，可以为英国王室增光！"

宴会厅里顿时一片嘁嘁喳喳："英王乔治六世加冕，而有孔子第 75 代孙往贺，可称盛世盛景！……中国之文明渊远流长，更兼地大物博，人口众多，不论参加什么活动，总能选出最恰当人选。"

孔祥熙满面红光，继续说道："此次专程前往参加近今世界所罕见之隆重典礼，本人幸甚！此行除代表国家向英王致贺外，并代表政府与人民向英国朝野表达亲切之热忱，以使两国邦交益臻敦睦。事毕之后，还将顺道至欧美一些国家考察各项建设情形，以为我国经济建设之错镜！"

日本大使初听中国派孔祥熙这样的政府要员出访，颇为关注，深惧中国向欧美各国购买武器，甚至与之结盟，那样对日本吞并中国将大大不利，听到这一酒会上的讲话，只不过是祝贺英王加冕，考察各国经济建设，才稍稍放宽了心。其实，这次除孔祥熙为特使外，副使却是海军部长陈绍宽，这也许能多少说明一点此次出访的真实意图。

临行之前，孔祥熙再次到蒋介石私邸辞行，蒋介石又交代一番，安慰一番，勉励一番，使孔祥熙大受感动，不断颔首称是。

4 月 2 日，孔祥熙从上海港起程出发。前往英国。这位"中华民国"特使不仅没有快捷舒适的客机乘坐，甚至轮船也不是中国的，而是搭乘了意大利的"维多利亚号"客轮，当时中国的国力和公交设施由此可见一斑了。

随从孔祥熙这次出访的共有 30 多人，其中包括副使陈绍宽，使团秘书长翁文灏(行政院秘书长)，参赞张福运、诸昌年、郭秉文，武官桂永清、温应星等，还有孔祥熙的家人宋霭龄、孔令仪、孔令杰。

为了给孔祥熙壮行，南京国民政府行政院代理院长王宠惠、军政部长何应钦，蒋介石夫人宋美龄，汪精卫的代表曾仲鸣等到码头送行。驻上海英军仪仗队也在码头上敲鼓号，使码头上一片热闹景象。

"爸爸这个差使好啊，可以使我们沿途看到不少风光。"孔大小姐兴致勃勃。

"好什么！坐这长时间的船，看到的都是海水，没意思透了！"年幼的孔令杰立即反驳。

"好啦，别不知足啦。要你爸爸不是参加英王加冕典礼，而是正式出国访问，哪有你们跟着出来的份儿！船钱不用掏，吃饭有人管，让你小小年纪就周游列国，比你们老祖宗孔圣人当年周游列国时风尘仆仆又挨饿又遭难强多了！"宋霭龄说着说着竟吃吃笑了起来。

"你别管他们，我们还要好好研究一下沿途的安排，和到英国后的礼仪问题，别看我们是圣人之后，可这国王的加冕典礼咱们连文字记载也没看过，中国皇上只有登基大典，哪里有过什么加冕典礼？到时候可别出错。"孔祥熙倒心事重重。

"到什么山上唱什么歌，到时候看人家怎么做我们照葫芦画瓢就是了。"孔大小姐马上发表高见。

"好了，你们去玩吧。你爸爸说的确是个大问题，好在咱们途中还有不少时间，是得认真研究一下。"霭龄作了总结。

船到香港，香港辅政司及各界人士到码头迎接，何东爵士特设酒宴招待赴英使团成员。因为香港是英国管辖下的中国领土,孔祥熙代表中国参加英王加冕典礼,所以孔祥熙此行途经香港,能受到欢迎和宴请是非常正常的。4月15日,使团到达印度西海岸的城市孟买。印度同样是在英国统治之下,英国殖民地孟买省长派副官登轮拜见了孔祥熙。4月20日,这一行人到达了北非的文明古国埃及,他们在塞得港下了轮船,乘车直抵开罗,在那里游览了举世闻名的埃及博物馆、狮身人面像和金字塔。

可能纯属巧合,孔祥熙到达埃及的这一天,正是埃及的传统节日——闻风节。成千上万的埃及人带着食品饮料走出家门,到郊外游玩。尼罗河畔、金字塔下、椰枣林中,到处是欢度节日的人们,孔祥熙一家加入这一节日的人流,自然喜形于色。笃信命运的孔祥熙把这同样看作是一个大吉大利的好兆头。

"霭龄,我们此行定能有大收获,你信不?"

"怎么好兆头都能叫我们赶上?我们结婚时父亲敲击银币发现了好兆头,你在青岛叫潘益民看相发现了好兆头,那都灵验了,你这一次的兆头还会有效吗?"

"有效没效其实都没什么大关系,不就是参加典礼吗?"这一问,孔祥熙反而没什么情绪了。

"别忘了,我们此行担负着为国家争取外援的重大使命。"霭龄提醒说。

"弱国无外交,家贫没好亲。究竟能有多大收获我心里真没把握。"孔祥熙说出了心里话。

"谋事在人,成事在天,我们还是要打起精神,好自为之。怎可没见佛爷就说不显灵呢?"

夫人一番话,使孔祥熙又高兴起来。5月5日,他们一行抵达英国丹佛港。尽管报纸对孔祥熙的到来作了一些铺陈渲染,然而英国官方的接待却是非常一般性的,和出国前中国国民政府的饯行送别规格落差甚大,使孔祥熙多少感到一些失意。

孔祥熙没让这种情绪影响自己的活动。英方的欢迎仪式一结束,他立即召开记者招待会,表明中国政府派要员参加英王加冕典礼的盛情和对英国政府与人民的友好情谊。他说:“余此次奉命代表中国政府参加英王盛典,异常欣幸。余愿借此第一机会,向英帝国转达中国民众祝贺之意。中英关系向称友善与融洽,在过去数十年间,中英两国曾有进行积极之经济合作机会,以求商务与财政情形之稳定,此不仅对两国有利,且对全世界亦有裨益也。中国在蒋委员长领导之下,已臻财政平衡及政治统一之阶段,目前一切努力,正集中于经济实力及农村之建设。在此伟大工作之中,中国欢迎友邦之合作。余为供给我国政府最新材料,以协助推进经济建设之秩序起见,拟于加冕典礼完成后,考察与研究欧陆各国经济与实业之发展。余回顾5年前曾游此邦,甚感愉快。今愿借此机会,重修旧好,交结新知。”

孔祥熙的这番话,确实出自肺腑之言。中国政府把中英友谊看得非常重要,对英国政府和人民也怀着非常友善的感情。英国政府感于斯,于次日,外相艾登应邀参加了中国驻英大使郭泰祺为欢迎孔祥熙举行的宴会。艾登外相同样称赞了中国政府和孔祥熙。他说:“凡具有想象力的人,都能看到中国的长处,且为中国的复兴感到惊异。中国此次复兴,英国尤为欢迎,因英中两国之间的友谊由来已久。再则中国能自10年前的艰难困苦中复兴,也证明中华民族自身有坚强的活力和与环境相适应的能力。”

郭泰祺大使在致词中,既幽默又着重地向英国官员强调了孔祥熙的孔圣裔孙身份。他说:“此次庆贺英王加冕典礼,中国特使不但是行政院副院长,而且是孔子第75代孙。以中国圣人之后裔,参加英国君主加冕之盛典,尤为难得。”郭大使的这番话,在注重爵位的英国官员中产生了作用。话音一落,英国人就赶来向孔祥熙敬酒,彬彬有礼的绅士风度给宴会增添了欢乐气氛。

5月13日,英王乔治六世的加冕典礼在威斯敏斯特大教堂隆重举行。仪仗队、鼓乐队,衣鲜帽美。整个伦敦城里,彩旗招展,气球飘飞,仪式热烈而庄重。特意赶来的教皇和英国的议院议长、大法官、内阁成员、王室成员及各国贺使,分宾主站立。在简短的致词后,把象征王位的王冠和行使权力的权杖献给了乔治六世。接着是宣誓、致贺、检阅,盛况空前。

在整个仪式中，作为特使的孔祥熙肃然站立，而在观众席上的孔令杰却眨巴着大眼睛问："妈咪，我们坐了一个多月轮船，走了上万里路，就是来看把那顶帽子给国王戴上吗？"

宋霭龄悄悄说："小孩子不要讲话！那可不是一顶普通的帽子，那是王冠，通过这个仪式，可以向伦敦、大不列颠及北爱尔兰联合王国的所有臣民，也向全世界表明：乔治六世是合法继承的国王，从此他就可以合法地行使国王的权力了！"

"妈咪，英王的权力和清朝的皇帝一样大吗？"孔令仪问道。

"噢，那有所不同。清代是君主制，皇上金口玉言，他说的就是法，一切都以他说的为准。皇帝是独裁者，他的权力不受任何制约，可以说'君叫臣死，臣不得不死'，没有什么法制和道理可讲。英国经历了资产阶级革命后，王室保留了下来。但是英国还有内阁，行政权力由首相行使，还有议院，分为上院下院，主管立法，也有法院，司法独立，不受干预。英王是国家元首，是国家的象征，也讲民主，所以他的权力不能和清朝皇帝相比。"霭龄说。

"那还这么隆重呀？"

"英国王室是很受尊重的呀！"

"我不明白！"孔令杰嘟嘟囔囔地说。

"不明白没关系，好好看吧。我们作为使团成员，要为英王的加冕表示祝贺，要有礼貌，该鼓掌时要鼓掌，该肃立时要肃立，不要再乱说话了。"

尽管中国政府极其重视这次活动，派出了刚刚代理过行政院长的孔祥熙出席典礼，但由于中国的贫弱，傲慢的英国政府并不看重中国人的感情，他们仅仅给予了中国代表团非常一般性的接待，孔祥熙参加典礼时的位置也排在其他大国之后。这不能不让孔祥熙感到伤心。不过英国人倒比较看重孔祥熙孔圣裔孙的身份，典礼结束后，英王单独会见了他们。英国王后还送给孔令仪一枚刚刚研究成功的人造金刚石制戒指，这使孔祥熙心中稍稍感到一点慰藉。

在英国期间，除参加典礼外，孔祥熙频繁会见了英国政界高级人士，希望英国能够向中国提供先进的武器装备，并在中国受日本侵略时给予援助和支持。但是此时的英国首相是张伯伦，他对德意日等法西斯国家的侵略行径实行一种“绥靖政策”，一味退让；对其他国家遭受的侵略，更是抱着一种“不扩大事态”，即事不关己、高高挂起的态度。当年日本帝国主义在沈阳搞“九一八事变”，随后侵占整个东北，英国政府就不肯出面主持正义。所以这次国民政府虽然对英国一腔热忱，孔祥熙处处表示友好，但张伯伦执政决定了不可能有大的收获。海军部长陈绍宽多次与英方洽谈购买潜水艇，英国政府屈服于法西斯的压力，不敢成交。张伯伦甚至公开告诉中国代表团：“如果中日间发生武力战争，英国不会卷入，英国将会采取远避的做法，中国不可空望英国的帮助。”

孔祥熙一腔热望，碰上张伯伦的“远避政策”，也是无可奈何。在指望英国提供先进武器和采取其他措施遏制日本侵略方面，一无所获。

不过英国人还是很关心他们的利益的。他们只希望能在中国投资，赚得利润。对于妨碍他们投资赚钱的人，张伯伦也表示不满。他说：“日本要在华北单独投资，但在华南则要求英国依照四国银行协定，遇有投资机会，必须通知日本共同参加，这是不符合英国利益的。”

国内热热闹闹地送出来，蒋介石的期望值又那么高，如果到英国一无所获，那是很尴尬的事情。孔祥熙充分发挥了他的交际才能，转而在经济发展上谋求收获。经过谈判，终于与英方签订了建筑广梅铁路和浦信铁路的借款协定，由英国政府分两批向中国提供700万英镑的借款，并商定了适当时机中国银行在伦敦发行3000万英镑的债券。说到底还是英方希望能在经济上得到回报，不过孔祥熙总算没有白跑一趟。5月20日，他怀着一种复杂的心情离开了英国。

法国人着力介绍飞机，孔祥熙有意购买潜艇

5月下旬，一个国际会议正在日内瓦吵吵闹闹地召开——它是国际联盟的第97次会议，国际联盟又称国际联合会，是第一次世界大战后成立的一个国际组织。它开始时标榜的宗旨也是“促进国际合作，维持国际

和平与安全”。当时的国民党政府一直对它很迷信，希望它在日本对中国发动侵略战争时能够出面制止。孔祥熙在英国没有得到英国政府对中国抵抗日本侵略给予支持的承诺，转而希望能够直接出席这次国际联盟会议，在会上得到其他国家的支持。

离开英国之前，孔祥熙给中国驻法大使兼国联代表顾维钧打了电报，要求他对此作出安排。顾维钧反复征求其他国家的意见后，同意孔祥熙“参观”这次会议。

“参观？那又不是什么名山胜水，一个会议怎么参观？”宋霭龄对此提出质疑。

“甭管什么名义，只要我们能够到会就行。你想这次会议出席的都是各国外长，我作为行政院副院长兼财政部长，出席会议难免不伦不类。所以用参观名义更好。反正我们不过是利用各大国外长都凑在一起的机会，与他们晤谈一下，争取他们在日本发动侵略时能够发挥作用给予制止。这些活动恐怕只能在会下进行，我要出席会议反而被困在会上，要多占用不少时间……”孔祥熙倒不在乎参观还是参加的名义。

“嗬！你算得真是精。一个国际组织的会议应该是出席会议者级别越高越好，级别越高越能充分表达本国政府的意愿，岂有排斥高级官员参加的道理？”霭龄还是不服气。

“好了，会议已经开幕了，我们赶路吧。”孔祥熙不愿争论不紧要的问题。

“这是一个什么会议，值得你们为它争论？”孔令仪不解地问了起来。

“嗯，这是根据1919年在巴黎和会上通过的《国联盟约》，于1920年1月成立的国际组织。它的主要机构有大会、行政院、秘书处，附设国际法庭、国际劳工局。现在召开的是它的第97次会议。”孔祥熙解释得很耐心。

“它迄今发挥过什么作用吗？”孔令仪小姐偏要刨根问底。

“这样的会议能起什么作用？虽说参加这个联盟的国家有63个，可它至今也没在任何一个重大的国际问题上发挥过真正的作用。因为美国本为成立国联的倡议国之一，可它因为同英国法国争夺领导权失败就拒不参加。美国是世界上最强大的国家之一，它不参加那还有什么意义？国际关系说到底就是大国关系，大国不合作还能办成什么事？因为它毕竟不是国家政府，对别的国家并没有什么强制力。通观它的历史，我对它没有什么信心，日本侵占我国的东三省，我们向他们提出，他们吵闹了半天又是调查又是调停，结果侵略者还不是照样耀武扬威，中国的失地一寸也没还回来，哼！”霭龄毫不掩饰她的不满。

“现在下结论还早，我们再做工作争取嘛。”孔祥熙还怀着幻想。

孔祥熙抵达日内瓦后，5 月 27 日中国代表团设宴招待几个大国的外交部长，让他们同孔祥熙见面。英国外长艾登、法国外长德尔博斯、苏联外长季维诺夫等出席了宴会。日本对中国的全面侵略还没有发生，他们并不需要立即采取什么实际行动，有来自中国的美酒佳肴，他们乐得大饱口福，给孔祥熙一番虚与委蛇的热情空话，就只管开怀畅饮了。

次日，孔祥熙拜会了瑞士联邦行政委员会主席摩太，30 日又与意大利首相墨索里尼进行了会晤，然后赶到法国借款。

法国总统勒白伦同孔祥熙进行了礼节性的会见，然后孔祥熙主要同勃鲁姆总理、德尔博斯外长以及金融界巨头们进行会谈。

这时，澳大利亚总理莱昂斯提出了一个太平洋地区国家互不侵犯和互助协定，中国为抵抗日本侵略，竭力促使这一协定的签署。孔祥熙在同法国总理勃鲁姆会谈中主要谈了这一问题。

“中国欢迎澳洲总理莱昂斯的建议，由远东和太平洋地区国家签订一个互不侵犯互助协定，希望法国政府加以赞助，促其实现。”孔祥熙说。

“法国的政策一直是致力于集中努力以维护和平，事实上也一直在提倡签订互不侵犯和互助协定。因此远东及太平洋地区订立互不侵犯和互助协定的意见与法国政策是一致的。”勃鲁姆表态很好。

“那……”

“但是，要实现这一目标，光靠法国的力量不行！美国的态度极为重要。”

孔祥熙点点头：“这倒是实情。不过据我所知，莱昂斯已向罗斯福总统谈过这项建议，美国总统表示赞成。”

勃鲁姆非常高兴："谢谢你把这个重要的情况告诉我！美国的合作，不仅对远东地区和太平洋，对整个世界的和平也是必要的。"

孔祥熙说："我高兴地看到，法、英、美3个国家的关系，现在比以往任何时候都好，这是非常难得的。这3个国家的合作，是世界和平事业的强大力量。中国也愿意在维护国际和平的共同努力中，尽自己的一份力量。"

勃鲁姆说："我一直认为中国是远东一个伟大的国家，怀有和法国人民一样的向往民主与和平的激情。"

勃鲁姆表示，他一定利用法国的影响，与其他国家一起，促使远东及太平洋地区和平和互助协定的签订。

当孔祥熙准备开口谈谈向法国政府借款问题时，这位总理表示这样的问题可以直接去找财政部长奥里奥尔和法兰西银行总裁拉贝里。

同法国财长见面伊始，这位财长就提出了一个疑问："中国政府的日常开支也需要四处借贷吗？"

"不不不！"孔祥熙大手摇得像蒲扇，"自1935年中国实行币制改革以来，中国的外汇兑换率保持平衡，中国的各行各业全面复苏。中国政府已下决心推行经济建设计划，在发展铁路、公路、航空等交通事业方面，已取得很大成绩。政府的新预算收支平衡，不需要举债来应付日常开支。"

"难道你们没有一点储备了吗？"

"那也当然不是。我们在伦敦有大量英镑，在纽约有巨额美元存款。这些钱长期没有动用过。"

"这我就有些不明白了，既然年度收支平衡，又有大量外汇存底，为什么要向我们借钱呢？是不是……"法国财长欲言又止。

对这样的问题孔祥熙早有准备，他说："我们借款的目的是为了清理现有的内债，这些内债总计约20亿元。照现在市场利率，中国政府平均要负担8厘利息。如果能够筹到款项作为保证，发行4厘利息的新公债，收回旧公债，那么政府每年就可以少付8000万元利息。当然，这省下的钱我们不会乱用的，主要是想用它来进行国家的经济基础建设。"

奥里奥尔听到这里连忙点头："孔兼财长是一位真正精明的理财家！

这个计划无可挑剔。”

孔祥熙抓住时机连忙说:“我们希望得到1亿法郎的贷款。”

“一亿法郎?”法国财长用食指叩击着桌面,做沉思状。

“噢,财长先生。有一点我认为我应该向你事先说明,那就是这些钱并不会汇到中国去。而是把它存在法国的银行,作为中国发行纸币的准备金,如果法国财政部有急需,任何时候都可以动用它。”孔祥熙希望以此说动对方。

“嗯,中法经济合作非常必要,非常必要。对我们双方都会有好处,我是赞成合作的。”奥里奥尔只回答上半句话。

“那么这借款问题……”孔祥熙抓住关键不放。

“贷款嘛,目前法国金融市场困难较多,却是难于安排。”奥里奥尔有意推托。

孔祥熙有些不悦,但是深厚的涵养使他没有在脸色上表现出来,他呷了一口茶,转换了口气说:“借款问题并不迫切,我们不需要用借款来应付政府的日常开支。我们提出这个问题,只是出于增进中法合作的愿望。”

假如孔祥熙就此退回,不仅中法经济合作等于告吹,也会使法国财团失去一个在中国发财的机会。这时坐在一侧的法兰西银行总裁拉贝里和法国财政部基金调拨司司长鲁夫一齐向奥里奥尔侧过头来,小声地表达了他们的意见。奥里奥尔原本想一说难于安排,孔祥熙会低声下气地央求他,没想到孔祥熙并不迫切,他已感到为难了,现在乘两人说话之后,他才有了一个重新转换的机遇。于是说:“当然,法国目前经济虽然困难,但是对于与中国合作,我们还是有浓厚兴趣的。至于借款嘛,如果就孔部长提出的数额,应该没有什么大问题,原则上我是完全赞成的。问题只在于这项安排采取什么方式为好。”

孔祥熙不急不忙:“请问阁下的意见是——”

“嗯,如果采取政府间借款,程序上繁琐一些。而如果由中国的中央银行和法兰西银行之间安排一种信贷方式,亦可获得同样效果。”

“我同意这个主意。请财长作出安排。”孔祥熙心里高兴,法国人到底还是想赚钱的。

最后,孔祥熙指派了翁文灏和郭秉文同法国财政部基金调拨司司长鲁夫、商业协议司司长阿尔芳对有关信贷的具体细节进行商讨,法国银行团贷予了中国2亿法郎。

谈判贷款问题的顺利,使孔祥熙异常高兴。但他此行的目的,主要是想解决日本侵略时中国的抵抗能力问题,洽购军火才是最核心的事情。孔祥熙特别拜会了法国空军部长科特,海军部长杜帕克。

法国空军部对孔祥熙殷勤接待,请他观看了各种军用飞机的编队演习。孔祥熙啧啧称赞。

法国空军部长科特对孔祥熙说:“我了解中国对发展空军极为关切,法国方面准备以同中国合作的方式,帮助中国建立国防中这一重要兵种,不知孔副院长意下如何?”

孔祥熙立即表示:“这对中国将是大有裨益的。”

“可否了解一下你的采购计划?”

“到目前为止,中国的大部分飞机都是从别国购买的。因为几年前我们曾从法国订购过一批飞机,可惜那些飞机不是最新类型的,没有达到满意的效果。如果这次订购。我希望法方能提供最新式的。”

“我们会让中国军队满意的。”科特言之谆谆。

孔祥熙又问:“那么中国飞行员的训练是否可以到法国来进行呢?”

“我们可以派专家到中国去服务。”

“好极了!”

孔祥熙又找到法国海军部长杜帕克,洽谈购买海军装备问题。对于这一项,孔祥熙是有备而来,因为日本海军的强大,对中国沿海地区威胁最大,临行蒋介石有专门交代,要求他能通过此次访问,购买潜艇应付局面。代表团中就有中国海军部长陈绍宽。

潜艇乃当时的先进武器,各国对于出口控制较严,孔祥熙先下了一番工夫后才对杜帕克说;“中国鉴于增强国防,有必要发展海军。我们打算以订购几艘潜艇作为开端,不知法国海军是否能够帮助中国获得潜艇?”

对于这样重大的问题,杜帕克当然不敢贸然答应。他只是滑头地说:“海军只管技术问题,中国能否从法国获得潜艇,海军不能决定。你们可以让中国驻法大使去同法国外交部磋商，由政府决定。一旦法国政府原则上批准，我们海军各部门一定鼎力相助。”

孔祥熙在法国逗留只有一周时间，却谈了这样不少重大问题，可谓紧张劳顿，但是由于法国政府缺乏诚意，加上时间短暂，并未达成最后协议。日本侵华战争爆发后，法国政府怕引起日本不满，危及自身，根本没有积极支持和援助中国，这使孔祥熙的一番辛勤努力大打折扣。

德意志印象：戈林比希特勒傲慢，日本比中国重要

离开法国后，孔祥熙又来到了与法国交界的德国。德国在第一次世界大战中战败后，秘密挣脱了原战胜国对它的种种限制，经过近 20 年的发展，军事实力又膨胀起来，成为欧洲的一大强国，所以孔祥熙还抱有一种幻想，希望在中国受到日本侵略时能够得到德国的支持和援助。

这当然是不可能的。

因为当时的德国正处在希特勒的纳粹党统治下，希特勒这个一战中的伤兵，发动啤酒馆政变的小丑，神经质的战争狂，执政后自称元首和帝国总理，他极力煽动国内的狂热情绪，正在秘密准备发动一场新的世界大战，来建立德国对世界的统治。他与意大利政府签订了“轴心协定”，和日本签订了“反共产国际协定”，德、意、日三国已经初步结成了法西斯联盟。孔祥熙对此当然并非毫无所知，他之所以还想从德国获得支持，是因为蒋介石对法西斯非常崇拜，而德国对国民党政府的反共、反共产国际政策也很有兴趣，对中日两国之间的矛盾，德国政府还没有明确表态。

德国人对孔祥熙的来访还是很高兴的，因为这总是有利于他们在世界上树立一种大国形象，还有可能在他们发动战争时取得一些舆论支持。

孔祥熙抵达德国时，柏林正是一年中最好的季节——阳光明媚，鲜花盛开。德国经济部长兼国家银行总裁沙赫特在威廉火车站为孔祥熙举行了欢迎仪式。

当天下午，德国技术大学即邀请孔祥熙前往参观，并授予了他“荣誉

工程博士”的头衔。亚尼姆校长一本正经地发表讲话说:“本校所以授予孔氏博士学位,首先是孔氏在国民经济建设上有显著成绩,尤其是在多难之秋,为稳定中国货币做出了贡献;其次是因为孔氏在中德邦交上不断努力,特别是签订中德商务协定,并使之实行。”

因为孔祥熙稳定中国货币有功,所以授予工程博士学位,这岂不是风马牛不相及?不过另一点倒是实情,那就是孔祥熙对与德国做生意是非常热心的,他的夫人霭龄和儿子孔令侃都从和德国人的生意上赚了大钱。

孔祥熙和德国外交次长麦根森会晤时,着重谈了中德关系以及与此有关的德国和日本的关系。孔祥熙直言不讳地问:“德国与日本签订的条约中有无针对中国的条款?”麦根森马上回答:“中德友谊非常密切,去年德国与日本签订的反共条约,外间有种种传说,实际并没有牵涉到中国,孔先生可以转告中国政府,对此敬请放心!”

孔祥熙想乘机离间德国与日本的关系,便说:“日本的友谊是不可靠的。大战时,日本利用机会,夺取了德国在太平洋上的岛屿,德国应该没有忘记吧?”

麦根森只好支支吾吾,孔祥熙又说:“至于反共,蒋介石领导下的中国才是真正反共的国家,日本标榜反共,只不过是想乘机夺取苏联的西伯利亚地区而已。”

麦根森虽然为孔祥熙的说辞所打动,却不敢有所表示,孔祥熙掌握火候,并不逼他表态,又转过话题说:“中国因为对德的信任,所以一切军事秘密均对德国顾问公开。经济方面中德更具备合作条件。”

接下来,孔祥熙会晤了德国法西斯的重要人物戈林。戈林是希特勒的主要帮凶,曾任德国议会议长、普鲁士总理,1935 年兼任德国空军司令,1940 年被封为绝无仅有的帝国元帅,其地位在纳粹群魔之上、希特勒一人之下。希特勒曾说过:“我如果遇到不测,戈林将是我党内和国家政权的全权继承人。”

有了这样显赫的地位,戈林更显得傲慢无礼、目中无人。孔祥熙与他会见时,在客厅里足足等了 5 分钟,这个家伙才拄着个手杖慢腾腾地走出来。这让孔祥熙很有一种被侮辱的感觉。

戈林的傲慢不仅表现在他故意叫孔祥熙久等不至上，而且出来后就以一种君王对臣下的口吻说："今天坦白谈话，不讲泛泛的客套。"

接着就说："去年德日签订反共协定，目的在反对第三国际，不涉及中国，但如中国共产党太猖獗，则将来德日两国非谈到中国不可！"

对于这种居高临下蛮横无理的言行，尽管孔祥熙非常不满，还是压着怒气和颜悦色地告诉戈林说："西安事变以后，中共军队归中央收编，共产党问题可以说已经解决。"

戈林哼了一声："对此我不能相信！中国西北仍为共军占领，共军并未被消灭。"

孔祥熙又把蒋介石政府10年来的反共经过作了介绍，再次拿出说动麦根森的说辞："中国是真反共，而日本的反共不过是为了夺取苏联的西伯利亚。请德国不要忘记，在大战中，日本曾经乘机夺取了德国在太平洋上的岛屿，它是靠不住的。"

戈林对孔祥熙的介绍显得不耐烦，当孔祥熙说到日本的历史时，戈林态度生硬地说："日本是东方的意大利（意大利在一次世界大战中曾背弃与德国的同盟，反而对德作战），我们并不相信它，这一点我想用不着你来提醒。"

孔祥熙再也不能容忍戈林的傲慢，语气一下子也变得强硬起来："你们德国在远东采取哪种政策，同哪一国订约，我们不能干涉，可是我们要知道德国究竟是愿和中国做朋友，还是和日本做朋友？"

戈林感到了孔祥熙的不快，逐渐改变了态度，不过他要了个惯用的撒谎伎俩："孔副院长，我们当然是愿意和中国交朋友。"

接着，德国人安排孔祥熙拜见他们的元首希特勒。6月13日清晨，孔祥熙、陈绍宽、翁文灏、程天放4人乘汽车从柏林出发，午前抵达慕尼黑。在那里，他们换上了希特勒派来的汽车，每人一车，前往贝许德斯加登镇的沙尔兹堡别墅。

希特勒的别墅——那个后来世人皆知的魔巢，坐落在德奥边境的半山腰上，海拔足有1000多米。孔祥熙等乘坐的汽车盘旋而上，道路险峻。山间云雾缭绕，谷底风光秀美。但据说希特勒并不只是赏鉴风光而选择在此建“巢”。而是因为他出生于奥地利，念念不忘德奥合并。到了大门前，被希特勒专门豢养的一群人即高呼“希特勒万岁”，声震山谷。走这一路，经这一喊，使孔祥熙等人感到像晋见皇帝一样。

为这次会见，孔祥熙事先翻阅了希特勒写的臭名昭著的《我的奋斗》一书。在书中，希特勒系统地阐述了他的野心——第一步创建第三帝国，第二步征服欧洲，第三步称霸世界。但这时许多人对此并不当真，只不过把它看作为了拉选票的口号。待孔祥熙进得希特勒的会客厅，只见这个狭长的屋子里，朝希特勒办公室的一头圆桌上摆着一个巨大的地球仪，孔祥熙揣摩希特勒玩弄这玩意儿，说不定真有称霸世界的野心哩。

孔祥熙在大厅里等了片刻——并不比等待戈林的时间长，希特勒就走了出来。孔祥熙放眼望去，只见希特勒个子不高，身着军服，左臂上别着一个刺眼的纳粹标志——卐形符号。尤其是他上唇上留的那撮小黑胡子，怪模怪样，这撮黑胡子以后便成了一切法西斯分子的共同标志——中国电影中日本鬼子都是这样的胡子，其实日本鬼子是没有这撮胡子的，只不过为了标明他们的法西斯分子的身份，给他们统一了一下而已。希特勒精瘦的身体像个肺结核病人，可他的一双鹰眼却放出刺人的光芒，令人不寒而栗。

希特勒出来后，和孔祥熙等4人一一握手，然后分宾主坐定。孔祥熙首先讲了一通他对希特勒的仰慕心情。并转达了蒋介石对法西斯主义和希特勒的崇拜。希特勒微微点头，大概认为理该如此吧。

孔祥熙说：“4年前曾到德国，这次重来，见一切都大有进步，很佩服德国政府收效的迅速。”

希特勒为了表示他胸怀远大，回答说：“4年来虽有进步，但是还很不理想！政治家的眼光要看到今后几十年、几百年，不能以眼前一点小小的进步为满足。”

希特勒已经知道孔祥熙这次来访的目的，于是先发制人说：“我非常希望中国和日本彼此友好合作，不要发生争端。但如果不幸而发生事端，我则希望能做你们的中间调解人。”

孔祥熙对此只能诺诺称谢。

希特勒又谈到中国的内部问题，他说："中国现在最需要做的事情，不是准备抵抗日本，而是需要独裁，实行法西斯主义。把一切军政大权集于中央，形成一个铁腕的中央政府，一切问题就都好办了。"

孔祥熙立即顺杆爬说："是的，中国要向德国学习，绝对服从一个领袖。德国的领袖是希特勒，中国的领袖是蒋介石。"

希特勒这才咧嘴笑了："只有这样国家才能富强！"

孔祥熙又乘机询问德国的外交政策，希特勒这时极力掩盖其侵略野心说："欧洲平安无事！最近有外国报纸大讲德国如何准备侵略，纯属无稽之谈！德国绝不会攻击他国，当然，德国也绝不害怕别国来进攻。假如苏联要侵略德国，天下无敌的德国军队只用一个师即可打垮苏联的两个军团！德国军队的战斗力是世界上首屈一指的！"

孔祥熙听到这里不由微微一笑，希特勒发觉这样说有些走嘴，恐怕暴露其野心，才转弯说："我们大力提高军队的战斗力，是为了防止共产主义的蔓延。"

谈话结束时，孔祥熙向希特勒赠送了中国的特产礼物——一对朱红漆雕花瓶、一册精装宋代国画、一幅湘绣的鹰和两盒名茶。希特勒对漆雕花瓶和湘绣非常欣赏，不仅因为这是中国的传统工艺、别无分店生产，而是因为孔祥熙在准备礼物时就揣摩了希特勒的爱好，把一只眼冒凶光的鹰绣了上去，鹰是希特勒的图腾和标志。

希特勒回赠礼物，照例又是他的一幅照片。他认为他自己是世界上最伟大的人物，能得到他的照片并每天进行瞻仰膜拜是其他一切国家人的幸福。希特勒当场在照片上签上了他的大名，让孔祥熙像捧一幅神像一样带走。孔祥熙当面表示这是最好的礼物，毕恭毕敬地拿着，一出门就塞进了文件包，嘟囔了一声："这玩意儿也算礼物？哼！"

孔祥熙回到柏林后，又与德国国防部长白龙培进行了会谈。孔祥熙说希望去年签订的中德以货易货办法能够继续进行。那项交易是以中国的钨砂锑砂交换德国的武器，从德国购得先进的武器是孔祥熙此行的一项重要任务，他当然对此非常关心。殊不知，钨砂锑砂是重要的战略物资，德国更需要。而且中国出口的是原材料，价格便宜，德国人自然愿意继续进行。

孔祥熙整理了一下几天来的所得，发现德国和蒋介石政府只有在坚持反共一点上是一致的，至于想在中日对抗时获得德国的支持，只是一种妄想——希特勒已明白表示：没有永远的朋友，只有永远的利益。而希特勒和走上军国主义的日本之间才有那种渴望侵略的纽带，贫弱的中国则只能是他们鱼肉的对象。不过能够抓紧时间从德国多进口一些武器就是很大的收获了。

罗斯福同意贷款，在美国买到军火

眼看在德国争取盟友希望不大，孔祥熙一行又经法国查尔堡港，乘英国邮船“玛丽皇后号”赶往美国。

当时的美国总统是民主党人罗斯福，在上世纪30年代法西斯主义大行其道、德意日三国结成侵略性的军事政治同盟、欧亚同时出现两个战争策源地的情况下，罗斯福总统采取了反对法西斯侵略的政策。但是，美国国会中奉行和平主义、孤立主义，在国会通过了“中立法案”，即不问战争性质，不问是侵略者还是抵抗侵略者，美国政府都不得向一切交战中的国家出售武器。当世界面临法西斯国家的侵略威胁时，这无疑是对侵略者的纵容和对被侵略者的见死不救。

孔祥熙抓住关键环节，直接向罗斯福总统求援。他把中日两国日趋紧张的关系及日本由来已久的对中国侵略的野心，向罗斯福作了介绍，请求美国给予多方面的援助。罗斯福为把南京政府拉向美国一边，答应对孔祥熙的要求予以考虑。

但是国会刚刚通过“中立法案”，如公开向中国提供援助，总统必遭国会反对。罗斯福是很善于利用美国法律的空子的，他既不愿否决国会的法案，又要拉住中国政府，于是便示意美国建设银行公司董事长琼斯，贷给中国1000万美元。有总统的示意，这项贷款很快谈妥签约，孔祥熙立即用它购买了美国军火。这比在英、法、德的收获都大。

受此鼓舞，孔祥熙又通过罗斯福，以商务借债的名义，订购了一批美国汽油。当时中国是个贫油国，汽油这种战略物资奇缺，有“一滴汽油一滴血”之说。为防止引起日本对美国的抗议，这批汽油先由美国轮船公司运到香港，再向中国内地转运。罗斯福要求运送要快，争取在日本对中国海岸实行封锁之前完成运输。这批汽油的运送和数量都是严格保密的，只从在香港转口时港英当局征收了750万元的保证金这一点推测，数量是不小的。

除此之外，孔祥熙还与美国谈判成功了赊购美国火车头20个，价值7.5万美元，5年付清；与美国签订了“金银交换协定”，允许中国政府用白银购买一批美国黄金。所购黄金存于纽约，以备急用等。得到这么几项援助，孔祥熙精神抖擞，感到大长面子。说话声调也高了，气也壮了。

孔祥熙到中国驻美使馆去过多次，援助没争到之前，他从没感到有什么地方不对劲，可一拿到援助，心情好了以后却突然发现前清留下的这个驻美使馆房屋老旧，而且又在黑人区，很感这样的使馆有失国家面子，于是当着全体使馆人员的面，大声宣布：“这种满清遗留下来的破房子怎么能够作为中华民国的使馆呢？中国再穷，驻外使馆也要像模像样，我决定：为使馆重新购买一所规模大、样式新，能够给人好印象的房子！”

话音未落便博得了使馆人员的一片热烈掌声，孔祥熙感到更有劲了，接着说：“当然啦，现在的房子质量也是很好的。要说它作为使馆也不是不能用，我主要是为了我们国家的形象，使馆迁出以后，把它还留给你们，就作为你们的宿舍使用吧！”

这一下，比第一次博得的掌声更持久更热烈。

很快，使馆人员在双橡园找到一所气气派派的房子，孔祥熙看过之后，认为不错，说办就办，立即拨款买了下来。

有了这一次经验，不久，孔祥熙由美国返回途中，路经法国时，又注意到了驻法使馆的房子也显得陈旧不雅，于是又替驻法使馆在巴黎富丽堂皇的乔治第一街，购买了一座不错的房子。当然，这一次同样博得了驻法使馆人员的感恩戴德。

使馆人员高兴了，没几天孔祥熙个人也遇上了高兴事——他的母校耶鲁大学又授予他一个博士头衔。虽然孔祥熙已经有了两个博士头衔：一个是1926年欧柏林大学授予他的“法学博士”，一个是德国柏林技术大学刚刚授予他的“工程博士”，但这两个头衔对于主持国家财政的孔祥熙来说，却显不太合用。因此，耶鲁大学瞄准了孔祥熙的心理，授予他一个“经济学博士”，孔祥熙的笑容一下子挂在脸上几个月下不来。有了这个经济学博士，就成了经济领域里的学术权威，主持国家财政经济，更是理所当然。

就在孔祥熙在美国忙活这一摊子公事私事的时候，日本鬼子悍然在北京卢沟桥发动了“七七事变”，大举向中国进攻。

孔祥熙接到蒋介石密电：“大战已开始，和平绝望，希在国际方面多作接洽。”于是孔祥熙立即转换任务，希望各国采取对策，支持中国。

美国总统罗斯福说：“日本在东北建立的满洲国已经6年，兹不论其法理如何，其存在毕竟已成为事实。眼下各国虽未承认，但将来必不免有一二国家，在与日本交换条件下开始承认。帮助中国收复失地之论，美国难于有所行动。”

而英国首相张伯伦，对法西斯国家怀有一种惧怕心理，采行绥靖政策，根本不敢有一句强硬的说法，只谈什么“英国实力尚未充足……”

法国人呢，更是滑头：“对于中日之间的争端嘛，最好不要诉诸武力，打仗很难解决问题……”日本鬼子天天在中国杀人放火，中国人应该怎么办呢？法国人说了半天，根本就是不知所云。

在德国，那些人老调重弹：“以德之见，欲谋中日之妥协……”

说来说去，就是谁也不想办一件实事以帮助中国抗日。倒是在捷克，孔祥熙与外长罗夫达会晤后，从斯高达厂购买到一批步枪、轻机枪。

孔祥熙眼看各国对中国的抗战如此不肯相助，心里一急，顿时两眼昏黑，视物不清，只好又转回德国，到巴德那海治疗休养。一个多月后，眼疾略有好转，孔祥熙便携霭龄及子女匆匆回国。

第三十章　战时院长

战时出任行政院长，明言不培植个人势力

七七事变发生的第二天，中国共产党中央委员会发出了《为日军进攻卢沟桥通电》。第三天，中国工农红军领导人毛泽东、朱德等致电蒋介石，要求红军开赴前线，对日作战。7月15日，中共代表在庐山将《中共中央为公布国共合作宣言》交给蒋介石。17日，蒋介石才在庐山发表讲话，做出了“拼全民族之生命，以求国家生存”的抗战姿态。

9月22日，国民党中央通讯社发表了中共代表7月15日提交的《中共中央为公布国共合作宣言》，23日，八路军115师在晋西北伏击日军坂垣师团，取得了著名的“平型关大捷”。同日，蒋介石发表谈话，承认共产党合法化，第二次国共合作实现，抗日民族统一战线初步形成。

国内抗日高潮兴起，孔祥熙在海外再也休养不下去了，遂于国共合作实现的第二天，携家眷自意大利乘“维多利亚号”客轮起程回国。

孔祥熙到达马尼拉时，从菲律宾方面得到一份情报，日军不顾国际准则，准备中途登船，劫持孔祥熙这位中国国民党政府高级官员为人质。为防止意外，孔祥熙即在马尼拉改乘飞机，直飞香港。然后从香港换上了法国邮轮“海素号”，于10月18日到达上海吴淞口。

孔祥熙出国之时，国民党当局对他此次出访寄予厚望，希望他能够说动美、英、法、德诸国，向日本施加压力，延缓日本帝国主义侵华步伐。所以上海码头人声鼎沸，高官致词，鼓乐相送，好不热闹。然而，他未能承担起这样的重任，就在他在海外游说的时候，战争已经强加到了中国人民头上。如今，他回到上海时，日本鬼子对上海的进攻正在疯狂关头。孔祥熙不敢让轮船靠近码头登岸，遂由法国领事带一艘小船秘密靠近客轮，把孔

祥熙一家偷偷接下来，在法租界的大马路码头乔装上岸。不要说没有盛大的欢迎场面，就连真实身份都不敢声张，两相比较，也只有吁嘘感叹。孔祥熙看到昔日繁华的大上海正在日军炮火下呻吟，到处弹痕累累，死尸横陈，满目疮痍，他悲怆、愤怒而又心寒，不敢停留，立即登上汽车，在中国上海守军的掩护下，直奔南京而去。

蒋介石指挥的淞沪作战失败，日军步步进逼南京，这座国民党的首都也眼看朝不保夕，高官富商们正匆匆做着撤退逃跑的准备。已复任行政院长的蒋介石还是为孔祥熙设宴接风，夸奖了几句出使有成之类的话。孔祥熙不敢领受，说了些弱国外交艰难，战争一起，靠人人跑、靠墙墙倒之类。

蒋介石大声说："不！庸之兄此次出访成绩是很大的，起码打过招呼的国家不会一下子站到日本方面，为侵略者张目，这是一；其二，订购了一批武器和军火，这对我国抗战无疑会起到积极作用。"委员长嘉勉，其他人也就乘机恭维，说什么孔副院长有外交天才，在艰难之中取得成就，敬佩敬佩之类。然后推杯换盏，饮了几杯。

蒋介石指挥的淞沪会战失利，日军一举进逼南京，到 12 月 13 日，南京失守，如豺狼禽兽般的日本鬼子进入这座六朝古都，在松井石根的指挥下，日军进行了长达 6 周的灭绝人性的大屠杀，杀害中国军民 30 多万人。

国民党政府撤到了武汉，华北、华东战场日军步步进逼，连连得手，疯狂的日军侵华总部叫嚷要"3 个月灭亡中国"。蒋介石眼看如此下去，不仅国将不国，委员长也将无立足之地，不得不集中精力用于军事方面。于是以"身为最高统帅，前方战事紧急"为由，提出辞去行政院长职务。

谁来接替行政院长职务呢？蒋介石思考再三，宋子文虽然同样有才，又在西安事变中出了力，但是他当年任财长时恃才傲物的劲头半分未减，如果出任院长，更难控制。而孔祥熙就不同了，一是西安事变期间，孔祥熙曾代院长，工作还算尽职，各方反映不错；二是孔祥熙为人随和，政敌不多，可能较好通过；三呢，是最主要的，就是孔祥熙历来惟蒋之命是从，极好操纵，他好像没有个人野心，不会窥视最高权力、对蒋构成威胁。于是想让孔祥熙继任行政院长。蒋介石先在党内征求意见，结果国民党元老派居正、于右任、覃振等也都支持孔祥熙出任。二陈的CC系势力虽旺，算来算去，自感资历尚浅，还轮不到院长地位，也就顺水推舟，表示拥护。CC系的算盘是，以对孔的支持换取孔的合作，以后联手抵制咄咄逼人的政学系和复兴分子。

1939年1月3日，孔祥熙正式在汉口就任国民党政府行政院长。

“哈哈，潘益民看相蛮灵嘛，果然是‘一人之下，万人之上’！”回到家的孔祥熙心里想着，却无人可以发番感慨，因为霭龄到香港去了，对于其他人，这话当然是不便说的。

“孔院长，这么大的喜事，是不是庆祝一下？”谭新光提议说。

“不不不，国家正在遭难，我不能不顾国家的灾难而对个人升迁表示高兴。”

“孔院长言之有理！其实我也不主张去搞什么庆祝，给人口实，授人以柄。我想说的是，孔院长这次拜相，既得到了元老派支持，也得到了CC系的拥护，应该乘答谢这些人之机，同他们建立密切联系，培植自己的羽翼，巩固政治势力。那么不出几年，在全国人的眼里，就不只是‘孔家财’，还会出现一个‘孔家党’，到那时，您就会成为一个权倾天下、跺一脚九州乱颤的伟人……”谭新光说得极富于煽动味，专等孔祥熙一高兴，给自己也封个什么大头衔。

“嘻！”孔祥熙立即变了脸色，“我孔某今天能够上来，完全靠的是蒋先生支持，我就知道死心塌地为蒋先生效劳。蒋先生哪天不信任我，我立即滚蛋！联合那班人有啥道理！”

谭新光嘿然而退，他拿不准这是孔祥熙踌躇满志的得意之语，还是发自内心的真实感受。

增税印钞票，全力维持战时财政

抗战开始，国民党庞大的政权机构已明显不适应战争状态下的实际情形，所以在孔祥熙上任前的1月1日，国民党政府就颁布了一个《调整

中央行政机构令》,它规定:

一、凡工作因战事影响,不能继续进行之机关,暂行停办或裁撤;
二、凡工作因与战事无关,不必进行之机关,暂时停办或裁撤;
三、凡某一机关之工作与另一机关之工作性质重复者合并之;
四、凡工作有继续进行之必要之机关加强之;
五、凡工作有进行之必要,而尚无机关者创设之。

孔祥熙上任后,随即按照这些原则对政府机构进行了大规模的调整,撤并机构,裁汰冗员,区分职责。例如他把原来的行政院的实业部,军事委员会所属的第三部、第四部、资源委员会、工矿调整委员会、农产调整委员会,国民政府所属的建设委员会,全国经济委员会所属的水利部门等,共十几个部门,一并纳入一个新设的经济部。原来五花八门的这部那部这委员会那委员会,一下子变得清爽多了;机构重叠、职能交叉、遇事只知争利、有了责任互相推诿、谁也不肯负责的局面有了扭转。

"庸之兄,你搞得有一套嘞,现在机构真有了战时经济体制色彩,推行抗战的经济措施这下不愁没法实施了呀!"国民党元老居正由衷地夸奖孔祥熙。

"不敢不敢!孔某的办法都是蒋委员长出的,都是蒋委员长的英明决策!"孔祥熙出言谦逊。

背过脸去,居正就给人讲了:"这个老孔,本事是有的,可惜怎么总带着一股奴才腔!"

林森说:"他就是这么个人,全靠这股奴才腔才爬上高位嘛!"

于右任大胡子说:"奴才腔?那要看跟谁,换了你这个元老试试,换了这个场合试试,他有厉害的时候哩!"

是的,孔祥熙为强化对战时经济的统治,不少时候也很有点沙皇般的铁腕。比如,前一年日本鬼子"八一三"进攻上海时,上海、南京等地立即出现了挤兑风潮。远在国外访问的孔祥熙得到消息,令各银行立即停业两天。到15日一开业,《安定金融办法》也出台了,它规定每户每周只能提取存款的5%，至多不能超过法币150元，防止了资金外逸。17日，又命令中央、中国、交通、农民4银行组成“四行联合办事处”，随后又改为“四行联合办事总处”，孔祥熙坐一处而牵全国金融的牛鼻子，说一不二，使抗战之初的金融得以稳定。

到1939年，蒋介石兼任了“四联总处”理事会主席，孔祥熙任副主席，他们两人就可以决定战时全国财政经济的一切问题。

1938年3月，华北伪联合准备银行成立，他们想方设法套购国民党政府的外汇，破坏抗战财政。孔祥熙当即规定一切外汇只能由中央银行在重庆办理，对日本帝国主义套购中国外汇的阴谋予以遏制。

国民党政府迁到长年浓雾笼罩的山城重庆之后，蒋介石的心情也被财政经济状况压得像蒙上了浓雾。终于他再也憋不住了，屈尊纡贵驾临孔祥熙的范庄别墅。

“庸之兄，现在前方的战争形势不妙，可我认为我们的经济形势更糟！有人反映订购武器弹药的经费不能及时到位。前方将士的薪饷经常发不了，一些政府部门甚至没有必要的办公费，都快要关门了！过去人们都说你是一位精明的理财家，但今天你得给我说说，这究竟是怎么搞的？”蒋介石气没喘匀就朝孔祥熙嚷起来。

“介兄，这你应该明白呀，去年全国的三税（关税、盐税和统税）加上特税，收入不过5亿元，可现在光每天军费开支就要500万元，一年下来就是18亿元！如果再加上政府部门的其他开支呢，5亿元怎么能够应付过来？”孔祥熙慢条斯理地说。

“当然你认为你很有道理，可我现在不要听那些数字，我要问你还有没有办法弄到钱，是用于支持抗战的钱！”

“弄到钱的办法我当然是有的，山西理财家的特点就是在最穷的地方筹到钱，但是这需要委员长的支持！”

蒋介石哈哈大笑：“先告诉我办法。”

“第一，实行《公库法》。战时国家财政，贵乎机动集中，统筹调度。在各省市县均建立公库，一切收入均集于公库，实物在各地，而账目和支配权则在中央，军队可在各地调用，而管理者却不能中饱私囊。说到底就是物在当地，而权在中央。”

“妙！”

“第二，增加税收。战时筹款办法有 7 种：借债、增税、发钞、募捐、动用战备储金、变卖产业、征发。而其中又应以增税为主。理由有四：一是增税永远不需偿还；二是备充公债基金，维持国家信用；三是有力出力，有钱出钱，负担公平；四是课奢侈品以重税，这是战时特殊政策，无人能说是非。”

“好主意！”蒋介石脱口而出。

“但是，增税也有缺点。”

“噢？增税是好事，咱们政府能多收钱，有什么缺点？”蒋介石不明白。

孔祥熙不得不解释：“增税手续繁琐，你总得给人说个理由，什么增，增多少，都得说个明白，而收入却较慢。这是一；其二，人民感受痛苦，影响作战意志；其三，产业负担较重，妨碍经济恢复。”

蒋介石挥挥手：“现在是要钱第一！没钱我们就得立即完蛋，就是饮鸩止渴也得饮，剜肉补疮也得剜！”

“好！有委员长这话我就放心干了。我打算用新三税代替旧三税。哪新三税？就是货物税、直接税、食盐战时附加税……”

“好了好了，具体办法我不要听，你只管去办。拿回钱来你就是好院长，我也是好委员长；拿不回钱来你就是笨蛋窝囊废，我也不认你什么连襟一担挑，也不认你过去功劳多大，你就下台滚蛋！你骂我什么王八蛋我也不管。”蒋介石直言不讳。

孔祥熙心里不悦，还得接着讲：“筹钱的第三个办法是举借内外债。借债的优点有五：一是得款迅速，可以应急；二是得款易多，便于支持战费；三是人民不感受压迫；四是利用游资，不伤国民经济；五是使后人分担战费……”

“高！你就去借债，越多越好！让子孙万世来负担，反正咱们只管借来花，百年之后一挺腿，后事管他娘！”蒋介石听得心花怒放。

“话是那么说，可借债也有弊端。一是不能长期持久。你想光借不还，谁还愿意借给你？二是战后财政难于整理。三嘛，易使社会信用膨胀，造成物价上涨。”

“那你不要管，只要能借到，就先借来用，其他事情以后再说嘛。”蒋介石大度得很。

孔祥熙点点头接着说：“筹款还有第四个办法，就是大量发行钞票。”

“你跟宋子文不是常跟我讲，发行一元钞票得有一元黄金或白银的准备吗？如果有黄金白银我还发愁什么经费？你这不是说和不说一样吗？”蒋介石迷惑不解。

“哈！那是平时说话，现在是紧急时刻。过去发行的钞票都是有黄金准备的，现在就顾不得了。政府要用钱，就让印刷厂印，然后拿来就去买东西……”

“那，那不乱了套？”蒋介石对这个办法不敢轻易表态。

“只要我们控制住数量，悄悄干，一时也显不出来。既可应急，又能刺激生产。好处是收入迅速，数额易多。”

“只要老百姓不起来造反，你就只管去干好了！”蒋介石也顾不了那么多了。

“委员长这么痛快，这维持战时财政我就有办法了！”孔祥熙满怀信心。

有了蒋介石的首肯，孔祥熙筹钱的路子立即宽了起来。四手并用，果然让蒋介石感到不再受钱掣肘。但是老百姓很快吃了苦。比如增税，在国民党统治区竟到了一把扫帚收 1 元税，一个粪箕收 5 角，一把锅刷收 3 角，农民自织一匹土布，要剪下 2 尺作税捐。在四川，竟到了一只鸡、一个蛋、一棵葱都有税的地步。国民党政府发行的债券也名目繁多，什么救国公债、建设公债、军需公债、国防公债、赈灾公债，不一而足。到 1944 年，已发行法币公债 150 亿元，外币公债 3.2 亿美元。加上发行中的营私舞弊、摊派不公，各种公债无一不信誉扫地。短短时间内，举借的外债有美国 7 亿多美元，苏联 3 亿多美元，英国 1 亿多英镑，还有德国、法国、比利时等一大堆。还本付息直把国家经济压得喘不过气来。滥印钞票更是灾患无穷。到 1945 年，国民党政府已经凭空滥印了比战前多出 800 多倍的票子，致使物价像脱缰的野马，狂奔如飞。法币 1 元钱的购买力，1938 年顶战前6角,1939年就只顶2角8分,1940年只顶8分钱,1943年顶5厘,到1945年6月,就只顶5毫了。就是说战前1元钱的东西,这时用2000元还不一定能买来。这叫老百姓怎么活?孔祥熙理财虽然把蒋介石政府维持了下来,却让全国人民受到极大压榨,几乎断绝了生路。

恢复旧制,解决战时粮食供应

孔祥熙的四条筹款办法如同四只大耙子,把全国民众的钱都搂进了蒋介石政府的腰包,蒋介石自然眉开眼笑,对他嘉勉有加。可没过多久,蒋介石又把孔祥熙找到了他的黄山别墅。

这一次蒋介石不先开口,只管皱着眉头喝他的白开水。重庆的天气虽然湿热难耐,但这个样子却让孔祥熙浑身发凉。

"委员长……"孔祥熙战战兢兢,不知老蒋葫芦里要卖什么药,也不敢再像高兴时称他介兄了。

"噢。"蒋介石仍然满脸阴沉,还是不讲话。

孔祥熙站了起来:"委座,是不是我……"

"你坐,你坐。"

孔祥熙抖抖瑟瑟地屁股刚挨沙发,蒋介石把水杯"咚"地往桌上一摔,自己呼地站了起来,朝孔祥熙吼上了:"你的四条筹款办法,我都让党内和政府通过了,没说的吧?嗯?钱是多了,可当下是战时,我的军队是要吃粮食的!拿你的钱弄不到粮食,难道让军队吃你那花花绿绿的纸票子?嗯?你说你说,当年萧何给刘邦的前线送去的是粮食还是花纸头?"

这一下孔祥熙才明白今天老蒋为什么发火,原来要了票子还要实物,要就要呗,发什么邪火?孔祥熙干咳两声才慢吞吞开了口:"战时是应考虑实物供应,军民更是以粮为本。对此我已有想法,只是还不太成熟,多谢委员长提醒,一周之内,我保证把筹措粮食的办法拿出来。"

"失职,失职!身为行政院长,这么重大的事情自己不考虑,还要我来提醒!什么一周之内拿出办法,我让你一周不吃粮食等办法你等得及吗?

三天，我要你三天就拿出办法来！”蒋介石大要威风。

“好吧，那就三天。”孔祥熙憋着一肚子气走了出来。

“达令，孔圣人给你搞战时财政，抓那么多钱，多不容易！可你今天说话态度太糟糕，让人出力，总得好话好说嘛！”孔祥熙一走，美龄出来抱怨蒋介石。

“我让他占这么高的地位，他总得多出力才行！再说老孔这个人，不挤不出油，诈他一下，他的办法来得就快啦！”蒋介石犹自为自己的劣行狡辩。

“那不行，让人心里不愉快，总不是什么好事情。我看大后天你找个名目请客，把气氛搞好点，再让人家谈谈想法，谁不知道在这里大事小情最终都还得你拍板。你不说话再好的主意也实行不了嘞！”

“由你由你，我不管，反正我要他三天拿出办法来。”

孔祥熙果然有些办法，很快就提出了解决粮食问题的方案。他向蒋介石说：“抗战以来，物价飞涨，而粮赋仍以货币征收，战前的田赋标准根本买不到多少粮食，显然失当。这也是造成军民粮食供应不足的主要症结。为解决这个问题，我准备恢复旧制。”

“嗯，什么旧制？”

“一是1927年以前的旧制。1927年前，所有财政素无中央地方之分，一切收入均归中央。南京国民政府成立以后，才把田赋税划归各省。恢复旧制首先是恢复1927年前的旧制，把征收权收归中央……”

“好主意！这么大的权力为什么不归中央？嗯，这事早该办，你们，你们，到现在才提出来……”蒋介石又要指责，被美龄狠狠瞪了一眼，于是接着说，“你往下讲，往下讲！”

“二是恢复明朝嘉靖年间的旧制……”

“什么？恢复明朝旧制，你怎么不恢复周朝旧制？”蒋介石兜头拦住。

孔祥熙低下头不吭声了。

等了一会儿无人说话，蒋介石又催开了：“往下说啊！”

孔祥熙说：“你要不同意，这一条就算了。”

蒋介石说：“什么旧制我还没明白，你怎么知道我不同意？我说不同意了吗?"

宋美龄望着天花板:"今天谈话进行得很艰难,如果委员长心情不好,我看是不是先吃饭,以后找机会再谈啊?"

蒋介石知道美龄指的是什么,马上说:"不不不,我们接着谈,我对孔院长的建议很感兴趣,我想早点知道。"

孔祥熙这才接着说:"明朝嘉靖年以前,田赋征收的都是实物,即粮食油料等。嘉靖年间实行了'一条鞭法',将田赋实物税改为货币税,它的好处很多。但现在战争期间,粮食已经成为重要的战略物资,我的想法还是恢复征收实物,由政府直接控制……"

"好的好的,政府直接收取粮食才有用,要票子你的工厂就能印嘛……"蒋介石这回倒眉开眼笑。

孔祥熙的田赋征收办法一出台,各省县都设立了田赋管理处,省财政厅长和县长兼任处长。各征收点的设立以让农民往返不超过 60 里为原则。可谓征网密布。

孔祥熙规定原来田赋每元折稻谷 2 斗,不产稻谷之地折其他杂粮。不久又将 1 元折 2 斗改为折 4 斗。每到征粮季节,孔祥熙要求财政部派 50 人以上赴各省监督。各省则派 200 人以上到各县,各县市则全体出动。孔祥熙还在各地聘请通讯员 1000 多人,直接与财政部联系,对征粮秘密督察,遇有情况直接报告。这些措施,确保了各地征粮任务的完成。如 1941 年征粮 4500 多万石。1942 年征收 6600 多万石,1943 年征收 6400 多万石,1944 年征收 5400 多万石,年年都超额征收。征收实物,军队的粮食供应上了,政府公务员也免费供粮,确实给蒋介石解决了极为头疼的大问题。

但是这些办法同样坑苦了老百姓。征收办法一改,农民的负担一下子加重了许多。国民党统治下的四川省,每亩地平均产粮 4 石。而税赋就收走 2 石 4 斗,占年收获量的 60%,使人民不堪重负,怨声载道。

这种征收办法也给各地的贪官污吏创造了发财机会。县、区、保、甲各级官员都乘机利用职权多收侵吞。国民党粮食部一个视察员,1942 年到卢县、古宋一代视察后,写回一份报告说:"各地经办人员借机浮收、冒斗、勒派之普遍，不亲临各地就难以置信。我调查了 50 户农民，有 37 户被各级官吏私加征额：被多收一半者 6 户，多收 3/10 者 11 户，多收 2/10 者 20 户。农民辛苦一年种下的粮食，被政府和各级贪官巧取豪夺而去，种田者往往自己没有粮吃，许多农民在丰年被饿死。”面对这么残酷的敲诈勒索，人民群众怎么会对国民党政府拥护呢？孔祥熙给蒋介石解决了大难题，却使自己在民间背了不少骂名。

举办专卖事业，各方褒贬不一

抗日战争进入第五年后，国民党政府的财政和物资供应更加困难，蒋介石仍然要求孔祥熙出招。

孔祥熙自然又是不负所望，很快搞出了举办专卖事业的方案。

所谓专卖，就是把某些重要商品，由政府独家经营，从中取利。这自然是给蒋介石创收的好招数。

孔祥熙的专卖，瞄准的是人民生活必需的商品，东西虽小，可要生存，就离不开它。抗战期间实行专卖的主要有食盐、食糖、烟草、火柴等。

按照常规，这些商品实行专卖，就应当对原料由政府统一收购，然后政府组织生产制造，组织运销和零售。但是当时这些商品的生产销售权都在私人手中，根本不具备专卖条件，但孔祥熙自有办法。他眉头一皱，想出一个主意，原料不收购，而是规定一个收购价格，由专卖局人员照收购价的 30%征收“专卖利益”。其他仍然照旧由私人经营。这样一来，专卖就成了无本万利的好买卖，政府收入立即增加。

但是随之而来的麻烦也多了。

甘蔗在出售时加征了 30%的“专卖利益”，那么生产的成本提高了，产品自然也得涨价，零售商要想不赔钱，自然只能把政府征收的部分转嫁给消费者。这样一来，食糖价格立即上涨。在战争期间，往往是一种商品涨价，其他商品也就会顺风搭船，紧跟着攀升。而物价一涨社会就不稳定。蒋介石害怕因此引起社会动乱，就下令实行“涨价休战”，规定一切商品仍维持原价。

这天蒋介石孔祥熙聚在一起，二人各自表功。孔祥熙说："介兄，我这专卖事业创收不少吧？你瞧瞧，自抗战以来，本是财政物资最困难的时期，可由于我的增税印钞、田赋征收和专卖，却不使你为难，许多办法战后都可以延续，这不能说咱孔某无功吧？"

蒋介石狡黠地笑笑："是呀，功劳不小，可是你闯的祸也不小呀！哪一样不还得靠我给擦屁股？比如这专卖，就造成了物价上涨，若不是我下令限价，老百姓还不得闹翻天？嗯？"

孔祥熙只好说："那是那是！"

刚说到这里，四川省主席张群一脸狼狈地跑进来："委座，孔院长，你们都在，好。刚才，刚才……"

蒋介石正说在兴头上，被张群打断，一脸不悦："刚才什么？官做到这么大，话都不会说啦？好几十岁的人，怎么又成了结巴子？"

张群扑通坐下，端起孔祥熙的茶杯子一口喝干，抹抹嘴说："我、我、我结巴什么？我刚才从成都赶来，结果在内江被拦在路上 6 个多小时……"

"反了反了，什么人敢拦省主席的车？"蒋介石瞪着眼问。

"什么人？都是蔗农、糖坊、漏户的人。他们说搞专卖多征了钱，政府又对食糖限价，结果都破产赔本。他们在路上拦住我要请愿，我说得口干舌燥，好容易答应他们来反映情况才让我走，谁知一些蔗农竟嫌越种越赔钱，把今年甘蔗都砍了堆到公路上，堆了一里多长，我、我、我……唉！"张群把脸扭到了一边。

蒋介石和孔祥熙四眼相对，刚才吹牛的劲一下子都没了。

半天，蒋介石喃喃地说："我限价是为了老百姓啊！"

孔祥熙也赶紧说："实行征收专卖利益办法，还不是为了给政府增收节支，这没有错啊。"

张群赌气说："你们都没错，错的是我！我没教会我治下的小民不吃饭就能种甘蔗榨糖！"

蒋介石吼起来："你这是发牢骚！"

张群站起来："我不发牢骚，我这就回去教他们怎样不吃饭光生产！"

气咻咻往外走，却跟进来的一人撞个满怀。

进来的人是谁？原来是宋子文。宋子文一把搡开张群，冲到蒋介石孔祥熙跟前，指住孔祥熙就喊："孔院长，你这烟草专卖搞的是什么名堂？"

孔祥熙未及答话，宋子文又朝着蒋介石嚷："委员长，我明人不说暗话，要说我这是告刁状，今天我就告孔院长一刁状。他的烟草专卖，对烟草商们大搞挑剔刁难，现在是怨声载道。就连前方来的难民聊以谋生的手工卷烟，也被他们的登记、办证，骚扰得无法经营，若不送礼还动不动就没收，使他们无法生存……"

孔祥熙朝蒋介石摊摊手，表示无可奈何。

蒋介石阴阳怪气地说："子文兄，你来告状难道是要为难民请命吗？"

宋子文脸红了一下："好吧，说实在的，烟草专卖局把烟草专卖变成了一场可耻的打击别人、保护自己私人企业的勾当……"

"烟草专卖需要完善，但是子文兄你也需要不当某些烟草公司的后台才好啊！"

"谁说的？谁说我当哪家烟草公司的后台啦？"宋子文咄咄逼人地盯着蒋介石。

"子文……"孔祥熙刚要开口为蒋介石解围，不料侍卫跑进来报告："有 20 多家火柴厂的人到大门口来请愿。"

蒋介石没好气："火柴厂请什么愿？"

"哎，他们说，说火柴专卖局长刘鸿生偏袒自己的火柴原料厂，其他火柴厂都被他挤垮破产了……"

"胡说八道！"刚才宋子文说话时一直不敢开口的孔祥熙，这会儿对蒋介石的侍卫倒大光其火。

"那，那是不是请孔院长出去给他们解释一下？"侍卫小心翼翼地问。

"对呀，孔院长可以出去做做工作，向请愿的人解释一下嘛！"宋子文不凉不酸地说。

"都是刁民，刁民！我不见，没有什么可解释的。专卖事业功在国家，利在人民，谁也诋毁不了！"孔祥熙气狠狠地说。

"抗战坚持到今天，孔院长维持财政功劳最大，不管有人怎么闹，这一点已是定论。过几天，我要召开大会，要各界好好把孔院长的功劳摆一摆！”蒋介石作了结论。

出任第二任中国奥委

孔祥熙刚才因专卖事业的事憋了一肚子气，进家门时犹自烦躁不堪，没想到一进门，迎面一人却抱拳贺喜：“哎呀，孔先生，恭喜恭喜！恭贺你升迁之喜呀！”

孔祥熙一看此人不是别人，原是留美老同学、早年对自己提携不少的王正廷，急忙笑脸相向：“正廷兄到我府上，蓬荜生辉，怎不先通知我出门远迎？反让你在此久候，惭愧惭愧！”

王正廷满面春风：“贺喜者不请自到，岂用远迎？”

孔祥熙一腔迷惑：“我有何喜？”

“升迁之喜呀！”

“升迁？”孔祥熙满腹狐疑，“我官做到行政院长了，哪里还能升迁？再升把蒋委员长往哪摆？你可不要害我，我对蒋委员长可是忠心耿耿，绝无取而代之的想法。你不要害我，不要害我！”孔祥熙双手摆着就往后退。

“瞧把你吓的！我可不是赵匡胤手下的将军，逼你搞政变，黄袍加身……”王正廷见孔祥熙的样子实在滑稽得可爱，禁不住乐了起来。

“那，我还有什么可升迁的？”

“我问你，当年在太谷铭贤学校你是不是给学生教过体育课？”王正廷一本正经起来。

“哎，是呀！我教学生爬单杠、跳木马，在乡下，那可是新鲜玩意儿！别说学生，就连他们的家长也没见过，学生们那个高兴……”

“果然是个体育教员吗？”

“嗨，我还给学生操练过持枪、射击……”孔祥熙说到这些就充满豪情。

“那你可知道一个体育教员和国际奥委会委员之间差别有多大吗？”

王正廷问。

“那，可不啻于平民和王爷。”

“所以呀，庸之兄，你今天可是一步登天！从连一个正式的体育教员都不是的角色，一下子成了国际奥委会的中国委员，这升迁的幅度不小吧？我来贺喜，你怎么也该打发几个喜钱吧？”

“什么，你说我成了中国奥委会委员？”孔祥熙这惊吃得不小。

“没错，你现在已是百分之百的国际奥委会中国委员！”王正廷直视着孔祥熙。

原来，旧中国的体育事业本来就不景气，抗日战争一爆发，谁还顾得上什么体育，一下子更加奄奄一息。唯一的民间体育团体——“中华全国体育协进会”也已处于瘫痪状态。体协的董事们东奔西散，无人过问体育事业。第一任中国奥委王正廷回天乏力，决定另选一人来任奥委。选谁呢？王正廷想来想去，再选一般人物，同样跟自己一样玩不转这花钱的玩意儿。想来想去，既然要换，就换一个比自己有办法的人。因此，他这才想到了当年的部下、现在的行政院长孔祥熙。奥委会实行的是民主选举制，王正廷虽为第一任奥委，但这职务却不能禅让。可是当他准备召集体协董事开会选举时，董事们却一个个无影无踪。王正廷想了半天，便下决心自作主张，推选了孔祥熙来接任自己的职务。

孔祥熙听了，很体谅王正廷的处境，也出于对王正廷尊敬，便有应允的意思。再想到当奥委虽不能发财，却可以得名，也是个好差事，就问王正廷：“这么说来我这个中国奥委还只是你封的，你的意见我当然必须服从。但是在程序上，中国体协既不能开会选举就罢了，那国际奥委会能认账吗？别诓我一笔喜钱，到时候国际奥委会又不承认，我可就难堪了！”

“哎呀呀，孔院长你就把心放到肚子里边去！这方面的事情我会办妥的。”王正廷打了保票。

当王正廷准备向国际奥委会打报告时，有人产生了怀疑：像孔祥熙这样的身份，这么大的官，他肯当这个委员吗？他当合适吗？

王正廷这才道出了实情：“体协是个民众团体，其经费以及中国参加奥运会的经费来源，都依靠政府补助、社会捐助和门票收入3项。因此，当国际奥委会的中国委员，必须选一个能向政府说话，有钱、有能力的人才行。孔祥熙这两条都符合。”

经过王正廷的活动，孔祥熙顺利当选为国际奥委会中国委员。孔祥熙此时虽不参加任何体育活动，对体育也没多少兴趣过问，但还是发挥了一些作用，给中国体育运动提供了一些必要的经费。

直到 1948 年，中国体育代表团去伦敦参加第 14 届奥运会，开完会竟没了回国的路费。此时虽然孔祥熙已到了美国，但王正廷想来想去别无办法，只好又拍电报给孔祥熙，孔祥熙以身任奥委推辞不得，就从纽约电汇去 3000 美元，使中国体育代表团得以购票回国。

按照《奥林匹克协章》，一个委员两年不参加会议或其他活动，就要以自动辞职论处，但孔祥熙自 1939 年当选后，除为体育活动提供若干经费外并未参加过体育方面的会议，却并未受到任何追究，奥运委员一直照当不误，直到 1955 年 8 月，离开大陆已 8 年之久的孔祥熙，才由奥委会宣布他辞职。孔祥熙的中国奥委任期长达 16 年之久。

第三十一章　两番糊涂

兄妹争财，二小姐扎出林世良

在日寇大举进攻面前，蒋介石一退再退，到了巴山蜀水的重庆，才算喘过一口气来。可是天津、青岛、上海、广州各海口都落入日军之手，国外援助的战略物资运不进来，抗战难于支持。为了打破封锁，国民党政府开辟了从越南的海防市经镇南关到桂林的公路，新修了海防到昆明的滇越铁路，又打通了缅甸到云南的滇缅公路。这样，国外运进的物资在海防和仰光港口卸货，再通过这几条陆路运进。几条陆路成了后方补给的大动脉。由于它们战略地位如此重要，蒋介石特批成立了西南运输处，统一对其进行严格控制。

这下可苦了孔家。要做买卖赚钱，可运不进来货怎么办？开始孔令侃采取瞒天过海的手法，把自家的许多东西混入行政院、财政部或中央银行的货物中，蒙混过关。但这样毕竟碍手碍脚。一来难保绝对安全，二来不能大干。孔令侃冥思苦想，终于有了主意。在由孔家一手控制的中央信托局，也成立一个运输科，购买一批大卡车，打着替中央银行运输钞票、为行政院运输特种物资的旗号，跑起来就名正言顺、畅通无阻了。

孔令侃委派他的亲信林世良为运输科主任，只向他一人负责。林世良原是中央银行事务科主任，没多少油水，自当了这个运输科主任，经常来往于香港、海防、仰光和昆明之间，公私事务一手包办，肥得浑身冒油。他感激孔令侃，也为保住这个肥缺，死心塌地为孔令侃效劳。这样孔家生活上用的冰箱、沙发、烟酒、罐头、卫生纸，甚至喂狗的饼干，可以源源不断地运回；私人公司经营的西药、布匹、百货可以运进，就是走私的毒品也可以夹带进来；还可以为别的公司包运货物。由于打着公家的旗号，捐税杂支一律不交，就是正常的运输费用，也全算在了公家账上，孔令侃这财可就发大了。

一天，孔令侃喜气洋洋回到家里。晚宴过后拿出几样东西请全家欣赏。先是一袭象牙凉席，洁白晶莹，圆润生光，细细的牙篾，编织得十分精巧，用手触摸，柔软、润滑、温凉。孔令侃笑嘻嘻地介绍，这是过去皇帝才能享用的贡品，铺在床上干不燥、湿不潮，冬温夏凉。在闷热潮湿难挡的重庆，有了它，夏季就好过多了。接着他又拿出两只盒子，单看这雕镂镶嵌得华贵典雅的盒子，也可以猜出里面的东西价值连城。果然，打开来，两只夜明珠光彩夺目。孔令侃把珠子放在一只黑漆盘中，随手一拨，即叫关了灯。一片黑暗之中，只见两只宝珠滴溜溜旋转滚动，各自放出一尺大的两团光华，把全家人看得惊喜不已。霭龄和令俊各拿一只，捧在手上把玩，看那喜爱，恨不得一口吞下肚去。直到令侃又拿出一样宝贝，二人才恋恋不舍地放回盒中。刚刚取出的宝贝，引起了一阵比夜明珠更大的骚动。只见一挂精致的金项链，下头坠着一颗硕大的绛色鸡心石，上面镶着红、蓝、绿、黄 4 颗玲珑剔透的大宝石，宝石在灯光下熠熠生辉，一个个抛磨的平面上不断变换着斑斓的毫光，让人似乎置身于迷幻的天堂。更奇的是鸡心石竟然散发出缕缕异香，沁人心脾，使人感到脑清气爽。众人传看了半天，好像鸡心石里面是镂空的，填充了名贵香料。二小姐兴奋地戴到脖子上，到镜子跟前扭来扭去欣赏个没完。孔令侃走到跟前，轻轻从令俊脖子上摘下来，放回盒中，兴致勃勃地说："滇缅线现在被称为'黄金通道'一点儿不差。离了它，政府不能维持，商人不能赚钱。外面有人指责我们发国难财，可他妈确实国难好发财！要不是日军封锁，什么东西能像现在这样紧俏，能卖上这么好的价钱！有我们中信运输科这支车队，真是'车轮一转，财源不断；喇叭一响，黄金万两'啊！"

孔令侃笑了一下又说："象牙凉席共有 3 领，父母、小妹和我各一件；两颗宝珠我先放入保险柜，让它作为我们聚宝盆的母珠，愿它引来更多的兄弟姐妹；至于这只金链宝石香壶，我想献给母亲。对了，它的香气可不同于那些外国香水，它是一种神秘的东西，戴上它，可以驱瘴避邪，百病不生。就让它作为我今年献给母亲的圣诞礼物吧！"

霭龄脸上笑得像朵花："还是我儿有孝心！"接过来轻轻戴上，抚弄了一阵，又缓缓摘下说："我老了，戴这么漂亮的东西干什么。你还是自己留着，等找个好人家女儿，完了婚姻，给她戴吧！"

早对宝石香壶馋涎欲滴的二小姐，见哥哥把它送给母亲，心中不免泛起一阵失望和不满，现在见母亲不要，一步窜到跟前，眼中冒出两股欲望的火焰，说："妈不要我要！看他整天尽跟什么女人鬼混，给了他，不定哪天送给个什么破烂货呢！"

霭龄听着不入耳，刚想说话，孔令侃早羞恼了，他知道令俊又在提自己与盛频臣妻子的事，立即反唇相讥："你也有资格说我？哼！这样的东西，你也该交个正经的男朋友，让他弄来送给你。哪里好从我这当哥的手上抢！"

兄妹两个一个非要，一个不给，眼看要动手争抢，霭龄喊："别闹了！还是给我吧。瞧你们两个臭嘴说的好话！"

令侃本是要送给母亲，倒无所谓，却是孔二小姐志在必得，没有成功，大为不满。左思右想，有了主意：既然运输科是个肥缺，何不把它抓到自己手里？

几天后，趁家人都在，孔二小姐说话了："外面传说林世良在那里花天酒地，财务上问题不小，这个人应该换掉。总不成他在那里发财，我们家替他背黑锅！"孔令侃一听就知道她的用心，坚决反对。孔令俊拿出一沓照片递到孔祥熙手上说："看吧，林世良总有一天要出事，到时候后悔都来不及！"

孔祥熙翻检照片，有林世良搂着女人吃花酒的，有他在牌桌上狂赌的，还有一张是走进一家外国银行的背影。令俊说："林世良在外国银行私人存款不少，他究竟私吞了多少，谁能说得清？"

孔令侃看到照片，也有些吃惊，看来小妹要插手运输科的主意已打了好久了。但他坚持说："大账我心里是有谱的，林世良在那边奔走辛苦，总得给他点好处。再说那几条线上路途险恶，换个人根本玩不转。我看问题没有那么严重。"

孔二小姐说："哼，只怕他在那里一统天下，连你也摸不清底细。如果到时他卷款一逃，看你还有什么咒念！这个人一定得换！”

“用人不疑！你怎么能凭空怀疑人家会逃！”

兄妹两个都激动起来，眼看又要爆发一场唇枪舌剑，惯于和稀泥的孔祥熙这才摆摆手说：“这样吧，再给林世良配个副手，协助一下也好。”

孔二小姐一番活动，使中信理事会正式任命了自己的亲信干将汪建方为运输科副主任。汪建方立即带领一班人赶到昆明，走马上任。他带着孔二小姐的重托，也要来这里大捞一把。

哪知孔令侃把底细透给了林世良，告诉他增派副手另有原因，自己对他依旧是百分之百地信任，不必多虑。继续放手干好。林世良心中有了数，便不把汪建方放在眼里，他大权独揽，只分给汪建方一些费心费力的活儿干，有好处的事根本不许他沾边。汪建方要插手一些事务，底下的人一律以“奉主任指示”顶住。汪建方势单力薄，折腾了半年，既完不成孔二小姐交代的任务，自己也捞不着油水，于是搜集了林世良一些贪污舞弊的事实，寻机与林世良大吵一通，离开了昆明。

汪建方跑回重庆，添油加醋向孔二小姐汇报了一通，说林世良专横跋扈，称王称霸，拿自己这个副主任不当人看，还经常指桑骂槐，对二小姐多有嘲讪诽谤之辞。孔二小姐听了微微一笑，问他还有什么。汪建方又把林世良贪污舞弊、生活腐化的一些事端了出来。

孔二小姐沉吟半晌，这才对汪建方说：“你这回劳而无功，都怪我掉以轻心了。林世良如此猖狂，看来他什么都清楚。他背后有人，单凭你说的这些，现在搬不掉他。你再到昆明，要改弦易辙：设法跟林世良改善关系，多接近他。有了有力的把柄，我们再——”孔令俊说到这里，把手猛力往下一砍。又向汪建方说：“量小非君子，无毒不丈夫！明白吗？”

汪建方自然心领神会。他返回昆明，马上置办酒席，当众向林世良赔礼道歉，态度极为卑顺。林世良肚里笑得咯咯响。当初汪建方愤而离去时，他向孔令侃要求干脆拿掉汪建方，免得碍手碍脚。谁知孔大公子不允，说不能搞得太僵，如果二小姐真要发起怒来，必然生出变故，那就不好办了，说得林世良有些脊背发凉。现在见汪建方主动认输，心中不免得意，认为孔令侃是揪着头发上船——小心过渡（度）了，二小姐一个姑娘家,能有什么锦囊妙计?仗着家里势力,头顶头、要个横,欺负一下光棍还可以,这玩心计、弯弯绕的事,她怎么兜得转?汪建方越卑顺,林世良越发存心要挤对他。恰在这时,太平洋战争爆发,局势更显紧张,中国存在境外的大批军需和特种物资必须抢运回来,货物多而运力不足的矛盾更加突出。国民党政府严令不得运送私商货物,违者严惩不贷。

这时,私人开设的大成公司的章经理找到汪建方,要求帮忙把他们存在仰光的一批货物运回国内。汪建方仔细询问,得知主要是车胎、五金,价值约1600万元。汪建方算计又算计,虽然此时帮其运回可得大笔运费,但主要收入得归运输科,自己的好处并不多。后来他想起一个好主意,那就是让孔二小姐原价吃进这批货,再运回卖掉,他估计形势紧张,这些货物在国内将更加紧俏。那样孔二小姐会赚到一大笔,不枉二小姐费尽心机将自己安插在这里的一片苦心,自己也可以露露脸。汪建方跟章经理一谈,却遭到婉言拒绝。章经理当然不傻,国内的行情他比汪建方更清楚,这批货物的行情已经看涨,运回立即脱手,利润已有一倍多。章经理愿意多出运费,另外再给汪建方100万元好处费。虽然这对汪建方诱惑力极大,怎奈他已向二小姐做了汇报,二小姐务求必成,他不敢改口。章经理一来舍不得这块肥肉,二来对孔二小姐恃强硬买的行为不满,坚决不让。二人话不投机,汪建方露出狰狞面目:"卖给二小姐你还可以收回本钱,如果在你手里,就休想运回。日本鬼子很快就会攻占仰光,留着你的宝贝慰劳大日本皇军去吧!"

汪建方见章经理悻悻而去,便派出坐探,打听动静,准备在适当的时候再来要挟。

出乎汪建方意料,章经理并没有被困住。不几天坐探回报,这批货已在仰光装车,不日即可运回。章经理走了什么门路,在军情如此紧急的情况下,找到人给他运货呢?

原来章经理与孔令仪的丈夫陈继恩有交情。章经理向陈继恩求援,陈继恩不了解情况,发给林世良一份电报,要林世良包运。林世良倒是明知汪建方要为孔二小姐硬吃这批货,但他自以为有孔令侃撑腰,有陈继恩相托,要栽汪建方的面子,就痛痛快快答应下来了。

汪建方打听清楚是动用中信运输科的车辆运货，大喜过望，这比章经理把货卖给孔二小姐还要好上百倍，这一回可算抓住了有力的把柄，可以把林世良彻底扳倒了。

孔二小姐听到报告，自然是恨得咬牙切齿，她恨章经理不识抬举，恨林世良狗胆包天，怎么来出这口恶气？她踌躇半天，知道向孔令侃交涉绝不会有结果。最后狠心一下，干脆来个毒的，不仅要借此拿掉林世良，还要让孔令侃也吃点苦头，让他今后做事客气点。

她指示汪建方去向军统局告密，借助政府法令来达到目的。

军统局接到报告，自是喜出望外，管他谁咬谁，反正是鹬蚌相争，渔翁得利，立即作了布置。

这天，被大篷布罩得严严实实的上百辆卡车，在林世良率领下，越过国境，浩浩荡荡向云南省驶来。

在畹町桥头的军事检查站，车队遇到例行的盘查。林世良跳下车，一身傲气。

警察问："哪儿的车辆？"

林世良答："中央信托局运输科。"

"车上运的什么？"

"行政院特种物资。"

"我们要进行检查。"

"不行！事涉国家机密，任何人不得查看。我们有特别通行证。"

警察看过证件，又说："蒋委员长亲笔签署的滇缅线运行物资管制条例你是否知道？如有夹带的违禁物品请主动报关，可以从轻处理。"

林世良斩钉截铁地回答："没有，一件也没有！"

警察依然语气和缓："那好，请在保证书上签字。"

林世良心中吃惊，以往可没这一说呀，莫非……转念一想，或许是局势吃紧，刚刚决定的办法，犹豫反会露出马脚，事到如今只能硬闯了。于是故作镇静，提笔签下了自己的大名。

警察收起保证书，面露微笑："林先生，对不起得很，耽误你时间了，请上车！再见！"

林世良悬着的心掉到肚里，原来是一场虚惊。刚才要沉不住气就露馅了。他潇洒地一挥手：“不客气，都是公务嘛！好，再见！”

进入云南，公路尽在群山之中蜿蜒盘旋。险恶的山川，急造的公路，一侧是新辟的山崖，一侧是望不见底的深渊，坐在车上，就如在一个青面獠牙、血盆大口的恶魔手上，胆小的人会吓晕过去，胆大的也是浑身冷汗。坡陡路窄，弯多车多，车队吭哧吭哧地挨，第二天才到达咽喉要道的怒江大桥。

警察放下了菱形拒马，照例进行盘查。林世良有了第一天的经验，胆子更壮了，他出示特别通行证，毫不犹豫地在保证书上再次签名。

这一次，警察收起保证书，脸色陡变：“对不起，林先生！奉上峰命令，从今天起，所有货车必须经检查才能放行！”

林世良情知中计，如果昨天警察要强行检查，退一步就到了国外，谁也奈何不了自己。可现在却如网中之鱼进退不得了。他把心一横，决定硬干。

林世良一声唿哨，押车的武装人员立即包围了检查站。汽车已经发动，有人搬开了拒马，林世良要强行闯关！

“不许动！放下武器！”随着一阵喊声，埋伏在公路两侧的大批警察冲了上来，将车队和押运人员团团包围。一名警官来到林世良面前：“林主任，切勿见怪，这儿有戴局长的手令，兄弟也是奉命行事啊！”

林世良看到杀人不眨眼的戴笠的名字，眼前一黑软瘫下去。

警察打开篷布，对所有车辆进行检查，没有一车是政府规定抢运的东西，全是章经理的那批货。跟车的章经理完全傻了，他这才醒悟到自己犯了商业情报保密不严的大忌。既然把底透给了汪建方，就得接受人家的条件，打掉门牙肚里吞。这一下遭了暗算，赔老本不说，弄不好命都难保。当警察查问货主时，他哪里还敢出头。林世良知道拉扯出章经理也不能给自己减罪，不如干脆全担起来，就谎称货是自己的。警察当即给林世良戴上手铐，押回昆明。

军统局怕孔家出面干涉，连夜起草一份报告，说林世良假公济私，阻挠军运，以至滇缅线号令不行，无法控制，报告了蒋介石。蒋介石十分恼火，当即批示严加查办。林世良随即被带上飞机，押往重庆。

林世良被关进土桥监狱，军法处突击审讯。有些人早就对孔家大发横财而不满，威逼利诱，想使林世良招出孔大公子。林世良渐渐清醒，回顾以往几次出事，自己包揽罪责，孔家都极力营救，渡过难关后，更受器重，升官发财，好处不小。于是故伎重演，凡被查实无法抵赖的罪行，如包运私货、走私夹带、侵吞公款，一律应承，绝不攀扯孔大公子，军法处再三审讯，均无进展。

孔令侃得知林世良的表现，以孔祥熙的权势和手中钱财双管齐下，四处活动。军法总监何成浚掂量再三，准备以滥用职权罪判处林世良有期徒刑 10 年。孔令侃嫌判得太重，继续活动以图减轻。监狱方面受了孔家的好处，对林世良格外优待，不仅不限制他自由活动，还允许高级饭店把酒席送进监狱，供林世良享受。他的女友探监，甚至允许林世良把她留下过夜。林世良优哉游哉，过得很舒服。眼看用不了多久，孔令侃就能把他弄出来。

三大员遭遇蒋官邸，孔祥熙避战巧藏身

当初林世良案子一发，《大公报》女记者子冈就探听到了消息，她知道林世良的后台是孔家。就特别关注此案进程，一篇一篇的跟踪报道发出，实指望能以舆论督促国民党政府制定的整顿吏治、肃清贪污的条例在这个案子上能有所体现。谁知军法处审来审去，林世良已被开脱得干干净净，所有责任都被推到了司机和押运员身上，眼看林世良就要无罪开释。她连夜把情况整理好，请求总编王芸生来想办法。

王芸生深感此案对《大公报》的声望关系重大，你逮住这个案子报来报去，都以为会抓住个老虎，结果老虎眼睁睁逃脱，却甩出几只毫不知情的替罪羊，这算怎么回事，何以面对读者？政府的法令岂不成了骗人把戏？王芸生立即动笔起草了一篇社论《从林世良案说起》，慷慨激昂，虽未点名，但笔锋所向，直指孔祥熙和何成浚。写完社论，在打印小样时，他又

仔细琢磨，报纸舆论虽然影响不小，但要促成罪犯伏法，还得靠有权威的人士说话。待小样一出来，他连同记者掌握到的消息一起装进公文包，来见当时的监察院长于右任。

于右任是国民党的开国元勋，学问深，为人正，凡他抓到真凭实据的贪污舞弊案，总是要全力检举。以往《大公报》在揭露国民党要员腐败案件时，总是能够得到他的支持，王芸生希望于老先生在这个关键性的时刻再一次站出来说话。

一袭长髯的于右任接待了王芸生。

“于老，林世良贪污走私案证据确凿，军法处却要徇私枉法，我报拟派重兵突击，非要向民众交个说法不可，希望于院长能予支持……”

于右任仔细看了王芸生带来的小样和记者调查材料，一字一顿地说：“吾兄台甫芸生，夫芸生者，芸芸众生也。既然在大公旗下以芸芸众生为念，秉笔干政，自有全国民众之支持；我于胡子职司监察，自当援桴以随其后也！”

王芸生要的就是于右任这个态度。他感激地向于右任鞠了一躬：“多谢于院长！有您老支持，我们同贪官污吏这一仗非打到底不可！社论明天准时见报。”

王芸生一走，于右任吩咐秘书：把本院有关林世良案的所有材料整理齐全，缮写清楚，明早再拣出各报对这一案件有关报道，红笔圈出，汇齐备用。

秘书对此却大不以为然。他贴近于右任耳朵说：“院长，我们监察院的职责，是纠举、弹劾百官业已实施之枉法、违纪贪赃误国等等，而现在，外间关于为林案游说的传说虽多，军法处有收受贿赂为林世良开脱的动向，但宣判没有下来，毕竟还未见分晓，新闻界发发议论可以，我们参与其间，恐怕就不是分内之事了。再说，此案牵涉孔家，孔祥熙财多势大，搞不好……”

于右任不等秘书说完，就打断他：“好了好了！你的意思我明白。可你也太拘泥了吧？什么分内分外，凡属反腐肃贪、利国利民的事，都是我们应该办的。怕他谁财多势大？我们不出来奋勇说话，听任那班人胡作非为，国民党早晚得完！”

秘书无话可说，漏夜赶办。第二天一早，材料全部准备完毕，交给了于右任。

于右任知道这个案子的关键，还是在蒋介石那里，决定亲自去蒋介石处当面谈清。

于右任驱车直奔蒋介石的黄山官邸。

蒋介石对于右任一向优礼有加，他曾吩咐过身边人员，凡是于老先生来见，不论是在官邸别墅任何场合，都务必恭敬迎接，立即通报。所以于右任一下车，蒋介石的两个侍从就上前恭迎，一个扶他上台阶，一个赶紧进去通报。

一进官邸大门，于右任立即发现今天情况不寻常。

在休息室里，坐着孔祥熙的随身侍从。于右任从前面走过时，这个年轻人站起身来，向于院长肃立致敬。于右任心想，莫非孔祥熙已经抢先来到？

是的，孔祥熙看了今天的报纸，再也坐不住了，他已先于右任一步来面见蒋介石，辩说自己在这件事上的清白，并且为林世良开脱。

要说，孔祥熙今天这么快就看到了各报对林案的反应，而且立即采取行动，确有点出人意料。在从前，许多人都知道这位孔博士其实平素是不大看书看报的，他的卧室里没有书架，他认为该读的书早已读过了，世间的道理充其量也就那么几条，依自己现在的身份和地位，主要是把它们度势运用的问题。至于报纸，他从前也看得很少，而且主要看的是几份外国报纸，比如英国的《泰晤士报》、美国的《纽约时报》等。他认为报纸上洋洋洒洒、故弄玄虚、耸人听闻的多，真正有价值的东西少。如果真有重大消息，自己的情报系统自会提前侦知，报告上来。所以国内的报纸，他一般是不看的。

可是这个习惯前两年却让他栽了一把。那次，霭龄做期货生意，让人造假信息，翻翻覆覆，导致了花纱价格暴涨，她赚足了一抽身，露出了价格暴涨暴跌的秘密，登时引来群情义愤，各报发了大批文章，披露真相，大加挞伐，矛头直指孔家，有的甚至透出是老孔幕后操纵的意思。那几天政府里许多人都在用审视的眼光盯着孔祥熙，可他因为不看报纸，对这些浑然不知，仍在那里大大咧咧，有时还跟人侃什么生意经，一些人更认为老孔是赚足了臭摆，仗着和老蒋的关系不把舆论放在眼里。于是报纸的影射之词变成了一些对手的炮弹，在老蒋面前、一些会议上频频射出，几乎酿成一场乌纱危机。他费了九牛二虎之力才算挣脱出来，自此“哈哈孔”才深深感到报纸的作用不可小视，开始留心起国内报纸来。他让秘书每天早早把重要的报纸收集起来，拣出与自己有关的圈出，上班先浏览一遍，以便及早思谋应付。这几年报纸上揭露孔家的报道不少，大都让他抓住时机，把工作做到了前面，一次次化险为夷。今天早上又是一场这样的场面。他一吃完早点，秘书就把《大公报》的社论指给了他，孔祥熙快速看完，脑袋一下就大了：这记者的嗅觉真灵，原先的报道还只是围着林世良个人的作为转，可这篇社论却把怎么处理林世良点化成了是坚持政府法令肃贪治国还是听任贪赃枉法祸国殃民的问题，点出了林世良的后台和军法处执法的公正性的问题，这就不能小瞧了，搞不好又会酿成一次危机。

孔祥熙嘬着牙花子，呸呸地往外吐着：“混蛋格！哪个行政院长官怕‘拔出萝卜带出泥’为他活动了？我怎么去打点执法官为他开脱了？人家本来就是不知情嘛，据实释放才是维护法律尊严，怎的就成了‘豪门庇佑亵渎法律’了？啊？”

秘书连忙附和：“是是，无稽之谈。”

孔祥熙说：“白纸黑字的一张报纸，老发这样的无稽之谈还怎么得了？煽动人心，误国啊！这《大公报》越来越不像话，都快跟共产党的腔调一样了，怎么专门和政府为难？如不及时加以制裁，伊于胡底？”

孔令侃接过来扫了一眼，立即开腔：“我说老爸！这时候你得马上去见老蒋，当面把话说明。只要促使他把军法处的判决批了，这余下的事就好办了，以后不管什么人再嗡嗡，他才不会承认他批错了。回过头来再算报馆的账，政府不肯出面，我找人给它捣了！”

孔祥熙狠狠地瞪了一眼：“你呀，以后得少给我捅娄子！”

孔祥熙说是说，还是立马赶到了黄山官邸。

于右任心想，今天这场戏有的唱了。俗话说“先入为主”，蒋介石有了孔祥熙垫的话儿，自己再讲什么要让蒋介石吃进去，难度可就大了。看来得下一番工夫……

于右任到了候见室，更是大吃一惊：军法总监何成浚上将已经等在这里！于右任还在盘算要不要和他打个招呼时，何成浚早已背过脸去，装作专心致志地欣赏墙上挂着的那个条幅——蒋介石手书的“坚苦卓绝”。于右任心想，今天可是太巧了，三头会面，要行险棋了。没容他多想，先去禀报的侍从已经回来，他传达了蒋介石的指示：“于院长，请！”

蒋介石把于右任迎接进屋，脸上挂着平和恬淡的笑容。他和于右任握手后，侍从即上来献茶。于右任左瞧右望，却不见孔祥熙的影子。再看蒋介石，也是装作没事人似的，只谈些没紧要的闲话，而那一双眼睛，却不住盯于右任夹着的公文包。寒暄过了，蒋介石还没有开口问话的意思，显然他是在等于右任先开口。这个迹象表明，蒋介石刚才正跟孔祥熙谈话，于右任到来，两个人都猜到了他的意思，所以孔祥熙躲开了，而且躲得不远，就在隔壁听着。

于右任感到，今天的局面有些尴尬了。单刀直入，正面讲吧，孔祥熙已有颠倒在前。自己说完一走，何成浚又会来一番胡说。人家两人利益一致，况且一个在前，一个在后，自己完全相反的意见，夹在中间，既不知前边的人说了些什么，更不知后边的人会怎么说，那不是尽剩输了吗？何况自己一走，孔祥熙出来可以逐条反驳，等于自己亮在了明处，人家两人在暗处，人家可以驳斥自己，自己却无法针对人家的理由说一句。孔祥熙躲了起来，何成浚假装没看见自己，这迷藏玩下去可不好办。于右任狠狠心，干脆，把西洋景戳穿吧！

蒋介石还是那样温和地笑着。于右任捋了捋胡子说：

“委座，我看见何成浚将军在外候见，是侍从没有通报呢，还是……”

“哦，通报过的。因为……”蒋介石差点就要说出因为孔祥熙在这里，才让他等着的话。幸亏他转得快，紧接着说，“因为，因为，因为你来了嘛，让他等等吧！”

“我看他很焦急的样子，像是有重要公事，何不让他先讲呢？”于右任不离这条路。

“这个，这个，还是让他先等等吧。”蒋介石拖着。

“要不这样吧，我先回避一下，让他先讲。”于右任要起身。

蒋介石很清楚于右任的意思了。他不能再这样也和于胡子捉迷藏了。那就让他当着于胡子的面说吧。看他们两人当面谁说得过谁。

“叫何成浚。”蒋介石发了话。

却说这位何成浚，湖北人士，也是蒋的亲信将领。他长期担任军事委员会委员长武汉行营主任，上马管军，下马管民，是实权在握的一方诸侯。近年调他担任军法总监，虽然说也是军委会一个部长，但却只管管军法审判，比起行营主任来，早没有当年风光了。他也从此讲究养生，晚起早睡，既无看报之兴趣，也与新闻界不大来往。所以今天他并不知道《大公报》发了那么一篇什么社论。只不过近几日孔祥熙的亲信们不断来催，要他尽快把林世良开释出去，这才带了公文材料，来见蒋介石，要了结这一桩公案。

何成浚来后，侍从们告诉他，孔祥熙在里面，他得等一会儿。何成浚感到这太好了！这样他可以让老孔看到复审结论，证明是按他的意思办了，至于老头子批不批，该由他出力活动，自己就可以袖手旁观了。

谁知不一会儿又来了监察院长于右任。他来干什么？戳这个案子吗，已经交付审判的案子，照常规说就没有监察院的事了，怎么判跟他没有关系。可是他今天带个公文夹子，自然来谈公事。千万可别再在这个案子上生枝节，那就上火吃辣子——两头难受了。

何成浚开始装迷糊，没与于胡子打招呼，为的是避免他万一动问。这下可好，于胡子没走，老蒋就传，进去非碰面不可了，搞不好还得当着他面讲，这真是躲得了初一没躲过十五，只好硬着头皮去了。

何成浚进屋先向蒋介石 90 度鞠躬，接着转身向于右任 30 度折腰同时叫了声“于老”。

蒋介石叫他坐在于右任对面，开口就问：“侬有啥事体？”

何成浚犯难了：“为嘛非让我当着于胡子说呢，搞不好他就得戳我西洋景。”于是支支吾吾地说：“我，我，没有什么事，嗯，没有什么大事，只是一般的事，一般的，不是什么大事。”

蒋介石心里却急了：“你何成浚真是个大老粗，也不看面前的这位是什么人，你越这样吞吞吐吐，他于胡子越生疑，反为不美。”

“侬说吧，不管大事小事，没有关系的。老院长在这里厢，有啥关系嘛。其实，侬总监部个啥事体，本来该向他汇报的呀。”

国民党的监察院和行政院、考试院等名义上是并列的，党政军都在监察院职责范围内，蒋介石说得并不错，只不过平时都想法躲着监察院，谁愿意主动向他汇报去。

何成浚看看于右任，于胡子端坐不动，面无表情。

何成浚没法可想，只好硬着头皮连说了两个“是是”，然后打开公文夹子说：

“奉委座手谕，审判中央信托局运输科主任林世良走私贪污一案，现经审理，俱已查清。现呈报委座，批示遵行。”说完，何成浚双手递上案卷结论。

蒋介石接过来，扫了两眼，就要在上面画圈。

于右任一看，不得了！显然孔祥熙先来已经和蒋讲得差不多了。他这一笔批下去，就什么都定了。不行，得赶紧说话！

于右任像突然来了兴趣，头往前一伸说：“结案了？”既像是问何成浚，又像在问蒋介石。

蒋介石只好递过公文：“侬看看吧。”

于右任当仁不让，接过结案的报告，从头到尾细看了一遍。

真是可笑！军法总监在报告中竟说：经查该运输科偷运珍宝出国、包揽私商货物等事，均为司机与押运员狼狈为奸，贪图私利，运输科官员概不知情，林世良更是全不知晓。为此，总监部拟办：论定各当事司机、押运员，分别处以无期和有期徒刑。

于右任一股怒气冲上来，“果然是贪赃枉法！我此时如不当面戳穿，还算个什么监察院长！”

于右任放下总监部的报告，转向蒋介石问：“委座，看到今天的报纸了吗？今天的？”

蒋介石看报一般都在下午，他让人读报纸摘要，现在对今天的报纸还一无所知。

于右任打开公文夹，取出今天的《大公报》，把社论指给他看。

蒋介石浏览了一遍，说："这个案子虽大，也不至于，唔，成为关系天下苍生之党国大事吧？他们如此挞伐，甚至影射最高当局，是什么道理？《大公报》一向声誉很高，怎能如此轻率，唔？"

于右任暂不答话，只用柔和的眼光看着蒋介石，轻捋长髯，似乎洗耳恭听蒋的意见。

蒋介石有些不快。他把报纸扔给何成浚，自己端起茶杯，很慢很慢地喝茶。其实他在平抑情绪，以免对开国元勋冒出火来。

何成浚看完报纸社论，干咳了两声，欠身对蒋介石恭禀："委座！在下看来，这社论太过分了点。从这么小的一个案子而直接指责政府，甚不妥当。其实他们根本不知道案件实情。尽是些含沙射影、指桑骂槐之词。"

蒋介石不理何成浚，却把视线移到于右任脸上："老夫子，想听听侬个高见呐，唔？"

于右任捋捋长须："委座说得好，《大公报》是有声誉的大报，不会胡闹的。据我所知，此案问题不在案子大小，而在发国难财者太过丧心病狂，深为国人痛恨。而衍圣公（即孔祥熙）无端介入，颐指军法总监部；何将军屈于权势，拿司机之类做替罪羊。凡此情节，新闻界皆已了如指掌，以至朝野纷纭，义愤填膺。这篇社论还不过是仿佛言之，并未明白指斥，为的是存有关大员之体面。言似慷慨，实尽曲言维护之能。而尚未访的确者，如传说总监部总监、审判组长贾焕臣以下，多得贿赂一节，这里就一字未提嘛。"

蒋介石问："那么，总监部所报本案之情，未符事实？"

"委座明鉴！正是如此。"于右任抽出监察院的调查材料，递给蒋介石，并扼要介绍了材料内容：弃国家重要战略物资，违令包揽私商货物一事，纯系林世良一手所为，押运员是他的喽啰，倒是司机等人，全不知情。另有确凿证据证明，林世良还走私偷运珠宝等物，贪污公款，生活腐化……

蒋介石显然感到了被动，他语态愠怒，盯着何成浚："侬给我实说，到底是怎么回事？如有半点欺瞒，我绝不宽贷！"

何成浚站了起来。

"禀委座！审判原本审清楚了的，实情确如于老所言。只是，只是后来孔府过问，只得重审，弄了这么个结论，卑职不敢自专，故特来请委座钧核……"

蒋介石面子上下不去，只好详查："孔府怎么过问的？孔祥熙自己出面没有？"

"孔院长只给我打过一次电话，说，说此案涉及四行两局（即中央、中国、交通、农民 4 个国家银行和中央信托局、邮政储金汇业局）之声誉，务必认真审查。余下的都是孔府的门下执事来谈的……"

"哪些执事、门下？"蒋介石又追问。

"卑职现在只记得来得最多的是中央信托局总稽核林恩承，他还是孔公财政部顾问，是孔公亲信之人。"

"那么，你自己收了多少贿赂？"

何成浚几乎一躬到地："委座明察！卑职实是未收半点贿赂。林恩承倒说过要送我支票、金条，我都拒绝了。孔院长叫我办事，我怎敢收礼？卑职追随委座多年，一向廉洁奉公，委座明察！"

蒋介石转向于右任："他到底收了贿赂没有？"

于右任郑重其事："外间虽有传说，但据本院调查，不能证实何将军自己也收过财物。"

蒋介石气咻咻地盯视着何成浚，一声不响。何成浚吓得面无人色，立正俯首站着，只反复小声地说："委座明察，委座明察！"

于右任不动声色地把军监部报告轻轻推到蒋介石面前。

足足过了 3 分钟，蒋介石突然抓起报告，用力撕成碎条子，又揉成一团，重重摔到何成浚脸上，大声吼着：

"你还没有老嘛，就嘎么糊涂混蛋！回去重审，重审！娘希匹的这个林世良一定要枪毙，枪毙！公开宣判，严惩主犯！以谢国人，以谢新闻界，以肃吏治！"

何成浚灰溜溜地走了，蒋介石对于右任表示慰勉："多亏老先生秉公持正，我差点让这些混蛋蒙蔽了。然而现在，现在……"蒋介石牵着于右任的手进了内室，这一下，蒋介石看来不想让老孔隔墙有耳了。在内室坐下，蒋介石才接着说："侬说说，老孔和这个案子到底牵连如何？务请推心置腹，恳切言之，恳切言之！"

于右任说："我正是为了推心置腹向委座进言才赶来的，刚才已是恳切言之了。至于老孔嘛，据本院调查，和林世良并无直接关系。林世良不过是老孔门下的门下，说确切点，只是孔大公子的手下人。这次出事后，老孔只是被左右怂恿，怕林犯狗急跳墙，乱咬主人，才在无奈中给何将军打了电话。还有一次，二人在厕所相遇，老孔又重复了电话中的意思。至于林恩承，是林世良进入孔府的推荐人，也是林世良贪财的受益人，他既受孔大公子的派遣，也有自己的利害关系，活动最多，而且为了拉旗庇佑，到处散布说林世良是孔祥熙的亲信。其实老孔完全可以不管这个案子，现在庸人自扰，倒平白授人以柄……"

于右任有他的考虑，凭这点事情扳倒孔祥熙是不可能的，与其让蒋介石难堪，不如给他个台阶，也免得自己一次惹人太多，把林世良办了，这案子也就算圆满了。

蒋介石果然满意这样的回答，但却装出一副痛心疾首的样子说："老孔这个人呐，糊涂得来，糊涂得来——"

于右任说："他倒不全是糊涂，只是忽略了一点，明德！明德以御下，明德以对人。"

蒋介石一脸严肃："是的是的，这个是'大学之道，在明明德'，其身正，不令而行，其身不正，虽令不行。这个这个，我经常讲，经常讲。"

于右任说："所以，我想寄语衍圣公，好好读读《总裁训词》很有必要。"

蒋介石眉开眼笑："说得恳切，恳切！唔，我要叫他专程拜访侬，侬好好告诫告诫他。"

于右任站了起来："其实只有一句话，现在是抗战时期，肃清贪污，整肃吏治，实为当务之急。整肃吏治，当然要自上而下，明德修身，不然，那，啊……"

他没有再说下去。蒋介石也已经明白了他的意思。

林世良在狱中一直以为很快就会释放,依然优哉游哉,倒是孔令侃听到判处林世良死刑的消息十分紧张,他怕林世良死到临头,不肯再为别人当替罪羊,把自己兜出来,便起劲地给林世良灌迷魂汤,维持着他很快会出来的假象。可怜林世良被拉上刑场时,还以为是故意考验他。

枪毙林世良后第二天,孔祥熙在四行二局会议上讲话,郑重宣布了这一判决。他讲话说:"林世良乃金融界之败类,死有余辜! 自此案发生,我就上下呼吁,力主严惩不贷,以儆效尤。各级官员,尤其四行两局之官员,务须以此为戒,慎勿以身试法!"

孔祥熙讲到这里转身问顾翊群:"顾次长,你说是也不是?"

顾翊群一脸正经地点头:"是的是的。"肚子里却咯咯地笑了起来。

顾翊群东窗事发,宋美龄数落姐夫

孔祥熙讲得颇为慷慨动容,台下听者无不对孔院长的铁面无私肃然起敬,更有反躬自问,查一查自家良心的,免得哪一天也做了林世良第二。但偏偏他问到的那一位地位仅次于他的人物——财政部常务次长兼中国农民银行总经理顾翊群,却窃窃私笑:你老孔那套玩意儿骗骗那些小人物还可以,要想蒙咱,那可是墙上挂帘子——没门! 你什么事怎么干的,咱都知道,你还想让咱给你唱双簧,唱就唱! 你那套东西咱也学得差不多了,你就等着瞧吧!

顾翊群在笑什么? 原来这时他正在进行着巨额贪污。他利用手中职权,盗用银行资金大洋 200 多万元,收购、囤积黄金,致使市场金价陡然上涨,他准备在金价大幅度上涨后,再抛出去,狠狠地赚他一大笔。

金价的异常波动,引起了监察院的注意。他们经过侦察,得知一些线索,报告了于右任。于右任要求加紧侦察,务必拿到真凭实据,再进行严惩。

不料侦探走漏了风声,顾翊群一看不好,立即转舵。他火急抛出了黄金，把挪用的银行资金归还，并销毁了一切罪证，尽管还没到他理想的抛售时机，他还是大大赚了一把。

却说顾翊群当年在金融界供职，对其中的门路自是非常熟悉。他所任的职务给了他发财的大方便：财政部常务次长主持财政部日常工作，是执行部长，而所兼任总经理的中国农民银行，又是发行通货的四大国家银行之一。财政次长兼银行经理，犹如会计兼出纳，国家银行成了他的私人金库，自然长袖善舞，多财善贾，不发财才怪呢。

查账吧。账目清楚，无懈可击。

于右任拍案大怒："孔院长重用这种角色，国家怎不完蛋？"

于右任苦思 3 天，最终有了主意。

他指示：三箭齐发！第一，向行政院提出弹劾，任用顾翊群一人兼数职，无异于助长贪污，悖理违法；第二，行文四行两局联合办事总处，询查最近黄金价格陡涨之由，要求迅速查明幕后操纵人员及其实情，限期回复；第三，成立专案组调查顾翊群贪污嫌疑，可直接到中国农民银行有关地方查账和检查通货发行情况。

监察院有人不理解："以这样理由弹劾顾翊群自然有道理，但孔祥熙更是行政院长、财政部长，一直兼着中央银行总裁。弹劾顾翊群那孔祥熙怎么办，这不投鼠忌器吗？"

于右任说："正是要鼠器同投！"

又有人说："这第二条饬询四行两局办事总处，可这个机关的主管是蒋委员长，你这样不是要蒋委员长回答你的问题吗？"

于右任说："就是为了让蒋介石知道。此案目前没有抓到证据，我不好径去他那里呈述推动，这么一行文，嘿，他就有了印象，别人再狐假虎威就不行了。"

有人说："你这第三条呢，明明白白地公开调查，能查到什么，人家都是造假账的专家，先前调查走漏了风声，人家早把一切搞得天衣无缝，还能让我们查出破绽？万一什么也查不到，怎么收场？这岂不是打草惊蛇？"

于右任摸摸胡子："正是要打草惊蛇！我们这样一来，至少有两方面作用，一，贪官污吏必然胆战心惊，他们缩起脖子，公家的财产就少被吞吃一些；二，犯了事的人心里不能踏实，必然要奔走谋划，诡诈应付，说不定他这一动就会露出蛛丝马迹，让我们逮着。总之，堂堂监察院，岂能让贪官污吏高枕无忧！”

于右任还真算计对了。他这三箭齐发，从顾翊群到孔祥熙以及下边的喽啰都慌了手脚。

顾翊群首先写了个辞呈，说他早年患过肺结核，虽已痊愈，但体质一直很差，兼任两职，精力不够，请求辞去一个职务，以求全力投入一项工作把事做好。他把日期倒填了3个月，以证明早在监察院弹劾之前自己就有请求，所以仍然兼着，上峰未批也，弹劾有啥道理？孔祥熙积极配合，把这份辞呈放在他的“待办”卷中，表示此事孔祥熙正在考虑，未下决心也。蒋介石也终于知道了这件事，他没有和孔祥熙商议，直接下了道手谕：“顾翊群兼职甚多，难免顾此失彼，着即免去该员所兼中央训练团财政金融组长之职。”

虽然免去的并不是监察院弹劾的职务，但这个职务却对顾翊群关系重大。一来这明确表示他有失宠之迹象，关系面子，在别人心目中降了分量；二来这个组长是顾翊群起家的根本，中央训练团入训的都是财政、税务、银行等系统的高级官员，他靠这个职务拉拢帮派、扩充个人势力，使许多官员出自自己门下，而自己也由此成了金融界仅次于孔祥熙、宋子文的第三号人物。

但监察院的调查仍在继续，十天一查，半月一访，这个行动不仅给他们造成了压力，更造成了重大影响，别人都认为有问题，正在查。这一下，孔祥熙忍受不了了，他也来了个双管齐下。

老孔召集了四行两局中层以上官员训话：“注意。你们好好注意！监察院正盯牢金融系统咧！你们务必小心在意，如临深渊，如履薄冰。要叫于胡子抓住了把柄，我是庇佑不了你们的——你们应该明白，这于胡子，嗯，连我也惧他八九分呢！”

贪污犯、投机家们一时销声匿迹，不敢轻举妄动。黄金、外币甚至钢材五金市场都风平浪静，没有出现大的波动。

市场价格平稳，有人欢喜有人愁。愁什么？价格平稳，就无法投机，不投机，也就无钱可赚，让一个于胡子整得一天二天不赚钱可以，长期下去怎么办？

一个星期天，于右任接到了一个电话，那是一个女人的声音，没报姓名，劈头就讲："于胡子，你放着清福不享，老缠着总裁的左右手捣什么蛋？还想活不想了？奉劝你，识时务者为俊杰，该收场了！"

于右任一声没出，挂断了电话。

"嘿嘿，有趣！这个女人，拿腔作调，在极力模仿宋霭龄的声音，真是愚蠢！就算真的宋霭龄给我打电话说这些，又能把我怎么样？从这件事分析，有人沉不住气了，寇穷矣，寇穷矣，穷寇宜追，追必获胜！扭住不放，查，查，查！狐狸尾巴非揪住不可！"

监察院扩大了侦察范围，到底抓住了一件东西。

顾翊群以年租金12条黄金，即120两黄金的价格，租得了四川军长王缵绪的重庆府邸——王园，作为他个人的私邸。这里条件本来就够好的了，可他还不满意，又花了700多两黄金进行彻底整修，直搞得富丽堂皇，夏有冷气，冬有暖气，一应用品，都是经驼峰航线运进来的美国精品。其生活奢侈豪华，不仅超过了孔祥熙、宋子文，而且蒋介石的黄山官邸也比不上。

而所有这些开支，都列在中国农民银行总管理处出了账。出账的手段非常高明，这几年银行修大楼、挖防空洞，年年工程很大。在这大兴土木的工程中，把顾翊群的修缮费用分摊进去，而且由那些包工头、营建商出据正式费用单据，再在管理处审核报账。凭证合法、程序合法，任你翻烂账册，也找不到破绽。

中国有句古语："要知朝中事，上山问野人。"在银行找不到凭据，于右任让人把那些包工头一一传来，一笔笔核对他们的工程报价，详查各项收支，终于这些人出据了证词，讲出了真相。于右任又派人进到王园，偷拍了十几张照片，虽然不是顾翊群生活的全部写照，但已可见一斑。

俗话说，兵贵神速。于胡子一抓到证据，立即吩咐："备车！"连夜赶去面见蒋介石。

于右任见了蒋介石倒不急了，他不把材料一股脑交给老蒋，而是一点点讲给他听，照片也一张张拿给他看。蒋介石是越听越气，越看越烦，终于耐不住了，拍桌而起：

“这些猪猡！蟊贼！坏东西！太坏了太坏了，坏得来！”转身对于右任说：“谢谢侬啊，谢谢！侬不愧是党国元老，侬个监察院这班官员应该大大嘉奖，嘉奖！”

于右任一离开，蒋介石就大叫：“传顾翊群，给我马上捉来！”

这时已是深夜1点多钟。

顾翊群站在蒋介石门外，大声喊：“报告！”

蒋介石气呼呼地哼了一声，算是让他进屋，

顾翊群小步迈到屋里。在离蒋介石4米处立正，双手紧贴裤缝，90度鞠躬：“卑职顾翊群谒见钧座。”

“娘希匹！侬做了多少坏事，快给我从实招来，快，快说！”蒋介石侧身斜视着，一脸怒气。

顾翊群干瘪的脸本来是黄蔫蔫的，这时变成了一张白纸。深更半夜把他从热被窝里提溜出来，他根本不知道是什么来由，这时浑身筛糠，冷汗直下。哆嗦了半晌，才战战兢兢地说：“卑职，卑职追随总裁，呃，追随多年，历来兢兢业业，戒慎恐惧，不敢做坏事，不敢……"

“好你个顾翊群，还在这里嘴硬，还想蒙哄我，你娘个希匹！”蒋介石说着，不知怎样才能解恨，扫了一眼办公桌，只有茶杯算是个硬东西，拿起来就向顾翊群砸去。谁知杯里有茶，举手一扬，竟倒了自己一身，蒋介石一惊，杯子虽然砸过去了，却早失去了力量。只把顾翊群的眼镜砸了下来。

蒋介石看连茶带水洒了自己一身，更是火上浇油，把气都撒向了顾翊群。他冲过去，扇了顾几个耳光，仍不解恨，又拳脚并用，对顾翊群一阵猛打，边打边骂：“娘的，你娘的希匹！坏种！蠢贼！猪猡！蛆虫！”

顾翊群严守中央训练团的规矩，恭谨立正。被踢个踉跄，立即抢回原地站好。流出了鼻涕也不擦拭，只在口里小声请求：“钧座息怒，卑职该死！”

蒋介石打累了，站开一些，大声喊：“来人，把这个猪猡绑起来，马上送军法处，马上！”

接着回头抓起于右任送来的材料，在上面狠狠地批道：“立予枪决，严惩不贷！”

侍从秘书们一齐上手，把个顾翊群五花大绑起来，押到卫士室，咋咋呼呼嚷着要派车，立即送军法处。其实，他们知道顾翊群是孔祥熙的红人，不敢贸然行事。早有人打电话通知了孔祥熙。这一次孔祥熙是真急了，匆匆忙忙就坐车赶了来。

顾翊群可不是林世良，他是地位仅次于孔祥熙的财政部第二号人物，又是多年跟随孔祥熙步步上来的，如果他被枪毙，对孔祥熙的声誉影响就太大了，说不定会被反对派顺蔓摸瓜，把老孔也抖出来。

孔祥熙赶来，他并不去见蒋介石，这种事只有美龄有办法。他直接奔到了美龄的卧室门口。

而这时美龄早已从侍从们口中知道了这件事的大概，美龄把情况一说，孔祥熙发起了牢骚：“这于胡子太过分了吧，究竟顾翊群有多大错，他不就是修建私邸花了公家几个钱吗，这算什么弥天大罪？管财政的花几个钱怎么啦？就好比说水从门口天天流，你渴得不行，舀一勺子喝。没这个条件也罢了，总不能看着水渴死自己吧？……”

美龄杏眼瞪得比核桃还大：“咦——孔院长你怎么啦？这是你能救他的道理吗？这多年主管财政，你就是以这样的标准来选人用人的吗？我看你糊涂得真可以！”

孔祥熙又改口说：“好好好，就算顾翊群罪大恶极，可他于胡子也不能老往蒋公面前端呀？他是我手下的人，犯了什么错告诉我，我自会来教训他，这样动不动闹到总裁那里，不是故意惹领袖生气吗？”

美龄又不满地剜了他一眼：“人说你糊涂博士，我看倒不差。国民政府的监察院是你孔氏宗祠的三老会吗？人家谁买你这个衍圣公的账？干吗有事先告诉你呀？再说顾翊群贪污你训他一顿，这是你训一顿能算完的事吗？你干吗不在他没犯事的时候训诫训诫？据我所知，四行主管，凡你重用之人，大都奢靡不堪，你训诫过吗？一会儿你看看材料，顾翊群大兴土木，修造的私邸比委员长的官邸还豪华，不惩戒怎么得了？”

孔祥熙掏出烟来:"反正这顾翊群不能让他们毙了,这么高级的官员处分了,不只是栽我老孔的面子,更重要的是外人会说,看,国民政府里尽贪官!咱们得维护国民政府的形象,不能自己给自己抹黑,让别人贬损咱们。我这是为国家着想,对不对你们看着办吧!"

孔祥熙拉出一副赖在这里的架式,美龄倒扑哧笑了:"你肚里有好东西,就是不逼你倒不出来,后面这几句话说得蛮在行嘛!好了,你等着,这事还得我去运动运动。"

美龄给于右任挂了电话:"哎,于院长,吵你瞌睡了,对不起啊!是这样,你走后,委员长很生气,要枪毙顾翊群,现已绑起来了,马上送军法处。这家伙到底还有些什么毛病?"

于右任讲了监察院调查掌握的情况。美龄说:"嗯,问题确实不小,是得严肃处理。"

放下电话,美龄就叫卫士们把顾翊群押了过来。顾翊群仍是五花大绑着。一进门见是美龄和孔祥熙,扑通就跪下了,磕头磕得几次歪倒,口里喃喃地说:"夫人、院座!救救我,救救我吧,只要饶我一命,以后你们怎么使唤我,我都乐意,我永生不忘你们的大德呀!"

美龄说:"你老实给我说清楚,到底做了哪些祸国殃民的事?"

顾翊群说自己一时糊涂,受了别人怂恿,挪用公款倒卖黄金,后来及时醒悟,半途洗手,归还了公款,但因金价已涨,还是落了800两黄金的差价,愿意全部交公,以求免死。顾翊群到现在还没想到用公款修私邸的事也漏了。

孔祥熙乘机教训说,"怎么能拿公家的钱去赚自己的钱,你缺钱吗?还大修王园,让公家出账,修一修不是不行,怎么能修得比委员长官邸还好?真是糊涂透顶!"

顾翊群这才知道什么都漏了,汗一下子又流出不少,赶紧再磕头求饶。美龄吩咐要严加看管,等顾出了门却悄悄告诉卫士长,暂时不要送军法处,明天和委员长谈过再决定。

孔祥熙给美龄说;"不管怎么说,你得救下顾翊群这条命咧。"

美龄说,"好咧,博士大姐夫你先回去吧,这事我知道怎么办了。顾翊群糊涂，你其实比他糊涂的地方也不少，过两天我得跟你好好谈谈，身边的人一再出事，这样下去不行。”

孔祥熙已经知道美龄的意思了，脸上立即露了笑：

“我是糊涂，糊涂，难得糊涂！”

美龄到底说通了蒋介石，只让顾翊群赔出了修私邸的公款，退出了这一次赚的黄金，写了个“悔过书”，在财政部和四行干部会议上读了读，就过了关。

美龄所以要救顾翊群，并不只是应孔祥熙请求，而是她自己曾带顾参加一次同美国人的谈判，感到这个人有才。1940 年美国几家军火公司来华结算中国购买的军火账目，因其中有不少废品，各战区汇总报来数目后，美龄要求美国人扣除废品数量，并赔偿中国损失。结果外交部出面谈，不行。孔祥熙亲自去谈，也不行。美国人态度蛮横，坚持要按付货单算账，分文不能少。美龄气坏了，亲自出马。这时孔祥熙推荐了顾翊群参加，顾翊群虽然其貌不扬，英语却很流利，并且了解美国军火商同其他西方国家做军火生意的惯例，与美龄配合默契，咄咄紧逼，使美方理屈词穷，不得不按中国所提数字，扣除了废品价值，还适量做了赔偿。美龄因此对顾十分赏识，才愿意保他的。

1947 年，孔祥熙赴美后，顾翊群又受到弹劾。这时美龄对人说，“当年惩办顾翊群是应该的，我过于菩萨心肠了，他在国外有 100 多万美元的存款，到底是个贪官。”

第三十二章　顶峰跌落

就任财政部长10周年纪念会上被捧为当代萧何

1943年11月1日。重庆中央礼堂彩旗飘扬，高级轿车一辆接一辆驶来，许多市民驻足观看，悄悄议论：今天这里又上演什么好戏？

今天这里确有一出好戏。

国民党军政要员聚集一堂，原来是举行一个不寻常的庆典：孔祥熙就任财政部长10周年纪念大会。

600多人为一个部长的任期举行这样的活动，虽不是空前绝后，却也是稀奇古怪的事情。孔祥熙想不了那么多，他穿戴一新，喜气洋洋。被簇拥到前排正中的位置上，霭龄也作为特邀嘉宾，被献上了一大束鲜花。

庆典开始。一阵鞭炮，一番奏乐，蒋介石首先登台为孔祥熙颁布颂词，他操着浙江官话，抑扬顿挫地念出了一段妙文：

> 度支之任，经治国用，遭时艰虞，厥责弥重。
> 未战之先，为战之备，革法圜法，实惟至计。
> 方战之时，肆应益劳，排除万难，黾免夕朝。
> 冉二十载，鬓发已苍，继是戮力，为国龙光。
> 下关民力，上计邦储，自强不息，日居月诸。

蒋介石登台示范，各路大员不甘落后，一个个相继上台为孔祥熙评功摆好。宋子文虽然一直与孔祥熙不和，但大庭广众之下，也不能无动于衷，不就是演戏嘛，你演我也演，戏散了台下看，关公不见得再是红脸，秦桧不一定仍是大奸。于是宋子文念念有词：“本人以往一度也曾担任财政部工作(他没说后来怎么不担任了),深知抗战财政,有一般人想象不到的困难,因为平时财政办理不善,其失败仅是负财政责任者个人,战时财政办理不当,那就不是个人的失败或政府的失败,而是全民族国家的灭亡。因此在抗战六七年当中,孔兼部长担当艰巨,为国家辛勤奋斗,卒能克服一切困难,使抗战经济能平稳发展,不但军事需要不虞匮乏,就是经济建设也能齐头并进。这种成就,实在是对国家民族的伟大贡献,为历史上显著功绩。”

宋子文讲完,参谋总长兼军政部长何应钦也急忙迈步登台,向孔祥熙致贺,他的发言调子又比宋子文高了八度:“抗战迄今已达6年多,战争开始时,敌人根据我国当时经济与武力情况,估量我们最多只能支持一年半载,不料后来在财政方面意外坚强。财政部在孔兼部长策划下,对长期抗战之所需,均能供应无缺,不虞匮乏,而使我们的军事形势稳定下来。现代战争为消耗战,经济较武力尤为重要。战争所需之粮秣弹药,无一不赖财政维持,战争之胜负,全视财政有无办法。中国抗战能转弱为强、转败为胜,表面看来是前方将士浴血牺牲的结果,殊不知财政实为重要因素。目前敌人在我国,深陷泥潭的陆军有100多万,被牵制的空军有1/5,这庞大数字的敌军,随时在被消灭中。这种功绩,就是因为在财政上有办法,能强力支持军事的结果,也是孔兼部长苦心孤诣大力维持的功勋。现在前方将士,士饱马腾,军粮无缺,均为孔兼部长所赐。我谨代表全国陆海空军将士,向孔兼部长致以十二万分的谢意!”

霭龄冷冷听着,像这样胡吹乱捧,好像中国的抗战都是孔祥熙的功劳,这话要搁在平时有人说了,蒋介石这样小肚鸡肠的人听了还不把舌头割去才怪,但今天老蒋就坐在这里,而且带头这样说,葫芦里究竟卖的什么药还很难说,反正,哼,黄鼠狼给鸡拜年,绝不是什么好事,小心着就是了。看看孔祥熙,却一副喜气洋洋的景象,听得像喝了蜜似的。

发言的人一个接一个,一个比一个调门高,把孔祥熙说得简直就是中国抗战的中流砥柱,有点石成金本领的神仙,能无中生有的赵公元帅,好像中国只要有个孔祥熙,就会有用不完的钱,军队就能转败为胜,经济建设就能不断发展。

孔祥熙最后走上台，对大家的赞颂连连称谢，他说："刚才领袖和各位所言，实在是对祥熙的谬奖，愧不敢当，其实祥熙在任期之内所做，也不过就是10件大事。"哪10件大事？

第一，废除苛捐杂税，以苏养民生；

第二，实行关税改革，整理内外债，以树立国信；

第三，建立国家金融机构，以奠定金融基础；

第四，实行法币制度，以统一币制；

第五，创办直接税，以开拓税源；

第六，施行主计制度，以执行预决算；

第七，推行公库制度，以稽核收支；

第八，改正国家的财政收支系统，以期达到平衡预计之目的；

第九，举办田赋征实，以调节军粮民食；

第十，举办专卖事业，以创造国家资本，调节社会供应。

孔祥熙在这些方面确实做了不少工作，取得一些成效，但这么列下来，毕竟功劳显得太大，于是孔祥熙就谦虚起来，又说："这些成就的取得，也并非都是个人的劳绩，上赖国父(指孙中山)遗教与领袖(指蒋介石)指导，下赖民众拥护和同仁辛劳，以及同盟国家，尤其是美国在财政经济上的帮助。"

孔祥熙接着讲他理财的三大诀窍说："一是政重于财。办财政的人，病在看重于财，而忘了政，因管钱最怕闹穷，所以往往在财字上多用心，而忽略了政，殊不知政没有办好，财便愈闹愈穷。

"二是民重于官。对漏税逃赋的无知商民，处罚不妨从轻；而对中饱舞弊的官吏，处罚应当从重。一切税源的启发蕴积，只要藏富于民都应酌量宽大，一切征收输将对象，最好是有钱者多出钱，然后推于普通人民。善执政者。驭吏严，驭民宽，足为理财者所取法。

"三是事重于人。每用一人，应先察其对这事内容是否明白，办理这事的技能是否精熟。只要其人对事务能担负得起，操守足于服众，不管是仇是亲，识与不识，都应在可用之列。”

孔祥熙这几条讲得真好，台下为此掌声雷动。足见老孔对管理财政的真谛确是非常了解的。这是孔祥熙才华的一次大展示，连霭龄听着都觉出了水平，嘴角浮起了微笑。

孔祥熙最后检讨10年收获说：“本人10年前到部的第一天，就怀着两个愿望：第一个愿望，是以财政补助国家政策之统一；第二个愿望，是要以财政促进民生主义之实现。从10年情形来看，第一个愿望已稍可自慰，第二个愿望却未能实现。”

孔祥熙的财政未能给普通百姓带来什么好处，这一点他是很清楚的，所以他还算有自知之明，在这上面没有乱吹。

孔祥熙讲完，蒋介石带头鼓掌，纪念会达到了高潮，在台下的大员们纷纷上台给孔祥熙献贺礼。鲜花、字画、宝玩，孔祥熙抱都抱不过来。戴笠的贺礼尤其奇特，是一盘丈把长、一人高的特制算盘，横梁上一行烫金大字，鲜亮夺目：“民国铁算盘，理财第一人。”

回到家里，孔祥熙还沉浸在兴奋中，不停地来回踱步，不时地搓动双手。霭龄问：“高兴吗？”孔祥熙笑呵呵地说：“10年辛苦总算没有白费，我的成绩大家还是理解的，啊，是不是？这里有夫人的功劳啊，对，我应该向你致谢才对，怎么谢你呢？”

霭龄冷冷地说：“你这部长当到头了！有什么好东西留着谢自己吧。”

孔祥熙大惊：“此话怎讲？”

霭龄说：“前有车，后有辙，你应该明白呀。”

孔祥熙拍着脑袋想了一阵，忽然说：“啊，你是说4年前让我交出行政院长印时……”

霭龄重重地点了点头。

孔祥熙于是想起了那一幕。

1939年9月11日，时任行政院长的孔祥熙60大寿。在蒋介石带领下，国民党的五院首长、部会主管、封疆大吏、经济巨子、学界名流齐集重庆为孔祥熙祝寿，他们送来的礼物琳琅满目，难于计数。而尤其是蒋介石的祝寿词写得肉麻兮兮。老蒋的这篇《孔院长庸之亚兄先生六秩寿序》说：

> 庸之先生以孔子之后，而服应总理之教，深知笃行，终其身而不倦。抗战以来，任行政院长兼管财政部，艰难支柱，于兹两稔，忧劳况瘁，非寻常可堪。昔楚汉相持于荥阳京索间，萧何镇抚关中，主管军食，遂以破楚。今庸之亚兄先生继主政枢，总持大计，其所规划，不止一端，困心衡虑，有非前史所可比拟者。

结果热热闹闹祝完寿，蒋介石就找孔祥熙，托言各方意见，要孔让出院长职位，孔祥熙刚收了人家贺礼，听了人家颂扬，怎么好就不为党国着想，不听取各方意见呢？只好乖乖辞去行政院长之职。

这一次，是否又是故伎重演？难道这一番纪念、一通赞扬就把部长又拿去吗？是霭龄多虑了还是自己少虑了？孔祥熙一晚上大睁着眼，没有睡着。

租借物资管理权之争，流血的家族会议

事情还要从更远的地方说起。

宋子文1940年被委任为“外交部长”，他积极争取外国援助，以支持抗战；奔走英美各国，充分利用中国与这些国家同处于受法西斯侵略，一起抵抗共同敌人的时机，与他们谈判废除以前帝国列强强加给中国的不平等条约，取得了很大成绩。但是在办理和接受这些援助的同时，他引起了家族内部的嫉妒。

根据传闻，子文在美国的环球贸易公司，在处理大约35亿美元的租借法补给品时，得到了巨大的好处。大量军用补给品丢失，如遇查询，则报以仓库着火、敌特破坏、轮船沉没。许多东西压根儿没有离开美国，还有些物资运到中国不到两小时，却出现在黑市上。英国外交部一位高级官员说：“宋子文把数亿美元揣进了自己腰包，其中很大一部分钱根本没

有离开美国。”

霭龄根据传闻向子文询问，却不得要领。霭龄感到子文的财富膨胀太快，而自己只能在股票、运输等方面赚小头，很想在处理这些物资时插一手，但子文坚持说那些传闻毫无根据，他不允许大姐插手，尤其是孔祥熙接管财政部后对自己以前整顿国家经济成就的破坏，他一直还有怨气，他不想让孔祥熙再在这方面添乱。姐弟两个这次谈话结果很不愉快，使霭龄大为恼火，她感到子文是因为财富太多、势力太大而想闹独立，置整个家族的利益于不顾。她开始活动各方给子文施加压力。

很快，美龄和蒋介石也对宋子文提出诸多疑问，怀疑他在处理租借法物资时有猫腻行为。由于子文坚决不承认这种指控，并且不拿出好处来堵人之口，美龄和老蒋也认为他在闹独立，正在美国建立他的独立王国。他们私下合计准备把掌管外援的权力从子文的外交部夺过来，交给孔祥熙的财政部。因为孔老爹毕竟好说话，容易操纵得多。同时，霭龄也希望这样做。

但是，这些外援是子文争取来的，要他拱手让出管理权，名不正言不顺，他也绝对不肯轻易交出。宋子文对蒋也寸步不让的脾气，使全家都感到不经过一场斗争是要不来这个权力的。

蒋、宋、孔和霭龄、美龄坐在了一起。每个人都谈了一些外面听到的有关租借法物资处理上的传说，婉转希望子文把租借物资的管理权交出来，以避免丑闻的流传。没想到宋子文拿出来了舌战苏美首脑的劲头，鼓着眼问：“交给谁？你们说交给谁能管得好而不招致物议？”蒋介石“嗯嗯”了两声说：“子文兄，实在不是信不过你，完全是为了证明你的清白，这样做对大家都好，嗯，是不是？”

宋子文却不接这个茬，还是问：“你们说，交给谁吧？”

霭龄把美龄和蒋介石盯了两眼，然后往沙发上一靠，这个话她自然是不便说的。孔祥熙也只埋头看指头肚上的簸箕和斗。美龄扭头看墙上的挂毯。蒋介石无法推，只好说：“啊，从关系上讲，是不是由财政部掌管更顺一些？”

宋子文早有准备，立即掏出一张纸条：“这是我收到的寄自美国的一封信，请听信上是怎么说的：我们寄去的是北卡罗来纳州查佩尔布尔的斯塔西读经班的一小笔奉献。参加斯塔西读经班的有成年妇女——母亲和祖母，是她们募集了那笔钱。我们中间没有一个富人，但是我们了解儿童，了解他们成长为健康的聪明人需要什么。最近我们听说，我们捐献的一点可怜孩子的钱，被在中国黑市上汇兑，肥了某些官员的腰包。愿基督睁开他的眼睛，愿有关的人能到教堂忏悔。”宋子文声音大了起来：“听听吧，这笔对华救济联合会的捐款可是财政部掌管的，管得怎样？据我所知，那笔钱总数是1700万元，究竟用在了什么地方，发挥了什么作用？再让他们接管租借法物资，结果可以想象！”

孔祥熙坐不住了：“子文，那钱怎么是财政部掌管呢？救济款有专门的处理机构，财政部仅仅代为收转，与财政部并没有任何关系呀？”

宋子文又掏出一个纸片：“那好，这个事总与财政部有关系吧？这是最近美国报纸公布的我国的通货膨胀率：自抗战开始以来，中国通货膨胀达到荒唐的程度，1938年物价上涨49％，1939年上涨83％，1940年上涨124％，1941年上涨173％，1942年上涨235％。试问世界上还有哪一国有这样高的通货膨胀率？再问，再问……嗯，1933年以前哪一年有过这样高的通货膨胀率？”

宋子文攻击的矛头，显然已经对准了从自己手上接过财政部大权的孔祥熙，这是一种以攻为守的策略。孔祥熙刚想说话，宋子文却示意他“少安勿躁”，又看着纸片讲下去：“这家报纸还说，汇入中国的外币必须按官方规定的1美元折合法币20元兑换，但在黑市上1美元却能兑换法币3250元。如按官方汇率，重庆的一包美国香烟要花5美元（100法币），而在黑市上5美元（5×3250＝16250元法币）却能买162包美国香烟。因此捐给中国用作救济的千百万美元，一接触到孔祥熙狂热的货币市场，即不是化为乌有也所剩无几了。重庆的官方汇率已成为普遍的笑料，因为按照这种汇率，在重庆盖一个公共厕所要花1万美元……”

“好了，子文兄！”蒋介石已经坐不住了，因为造成这种情况的根本责任者还是蒋介石本人，“那么请你讲讲，财政经济问题究竟怎么处理才行？”

蒋介石自己并无觉察出来，这次集会的本来目的是什么，现在怎样改变了议题，被宋子文牵了鼻子。

这一问，正中子文下怀，他立即侃侃而谈："造成经济混乱的根本原因，是因为机构太多，而又没有一个机构具备解决所有经济问题的权力，政出多门，必然不能进行有效的管理。我可以辞去外交部长之职，请求成立一个专门机构，来监督其他机构。"

蒋介石说："成立这样一个机构……"

倒是孔祥熙清醒，急忙说："抗战之初，委员长煞费苦心，才实现了国家的战时体制，如若再另行成立机构，恐怕……"

蒋介石心领神会，立即改变语气："成立这样一个机构，势必打乱现行的政府机构，嗯，从根本上讲，它不符合宪法！"

子文一看因此转了风向，十分恼怒："宪法？宪法是什么，是一个橡皮图章（这是以往人们形容孔祥熙最常用的话，几乎成了孔的代名词，这句话显然为影射而说的）！是一个任人奸淫的妓女（这样粗野的用词又有影射蒋青年时代荒唐生活之意）！还不是你什么时候想改就改……"

蒋介石被子文这几句话激怒了，他骂声"混账"，抓起一只茶杯就朝子文头上扔去，浑黄的茶水溅湿了子文的衣服，额角的鲜血随即流了下来……

这次会议以流血结束，没有达成任何协议，宋子文随即派兄弟子良赶赴美国，牢牢抓住环球贸易公司的进货和管理，以防备他在国内受大姐霭龄的控制。此后一连多天，子文以受伤为由，拒不出席任何会议，使想从他手里接权的企图拖延下来。

但是，宋子文深深感到，如果没有大的动作，自己现有的地位也将受到威胁。他开始活动戴笠和二陈，让他们相信表面庸碌无为的孔祥熙是一个真正可怕的人物。他这一招不久就见了效。

开罗会议期间，被怀疑牵涉进政变阴谋

1943 年 12 月，中、美、英在开罗举行的三国首脑会议，宋美龄随蒋介

石出席，达到了她政治生涯的顶峰。也是她遇到最严重危机的开始。

正是这个时候，蒋宋家族内部发生的严重分歧，正在幕后悄悄进行着最后的较量，人们通常所知道的，只是表面上的东西。

当初，美龄为排挤史迪威到美国活动时，罗斯福总统避开了她，使她感到难堪，还有一件事情，更使她感到不快。

美龄在曼哈顿的时候，听说英国首相丘吉尔将到华盛顿去会见罗斯福。她立即给首相写了一封信，建议他在途经纽约时顺便来看看她，她说自己有一些重要的情况想跟首相交谈。丘吉尔对蒋介石宋美龄从来就不那么重视，也不太关心中国战场的情况。战时的伦敦广播中有一个很长的广播连续剧，里面的主要人物是远东战场上的一个“捞钱将军”，英语捞钱将军的发音恰与中文里的介石将军相似，不知英国人是故意这样创作的，还是“纯属巧合”。反正是丘吉尔接到美龄的信，反过来建议美龄到华盛顿去，他说，那样蒋夫人可以在他同总统共进午餐时到场，有什么话当着两国首脑的面一起交谈更好些。美龄认为这事实上是不可能的，白宫的主人是罗斯福，只有罗斯福邀请的人才能进入白宫，丘吉尔作为罗斯福的客人，怎么能不经主人同意又拉进去自己的客人？美龄看穿了丘吉尔的建议不过是个花招，她用相当傲慢的语气回绝了丘吉尔，令丘吉尔感到平生最大的难堪。

为使中、美、英三国共同组织力量战胜日本法西斯，以及决定战后对日本的处置，罗斯福提议三国首脑举行会谈，但他把美龄也拉进了这个会议，这使丘吉尔十分不满。

在尼罗河畔，礼宾官员安排三国首脑并排照相，目的是提高中国在反法西斯战争中的地位。这张照片上从左到右的排列顺序是蒋介石、罗斯福、丘吉尔、宋美龄。蒋介石身着紧身军装，高领上缀着一级陆军上将的3颗星，戴着白手套的手上握有饰着青天白日徽章的军帽。罗斯福以高超的技巧侧身面向委员长，好像在跟他进行着亲切的谈话。蒋介石面露微笑，好像他能自己听懂罗斯福的私下逗笑。美龄身着旗袍，外罩白色短外套，鞋子上饰有白色蝴蝶结，她也想跟丘吉尔说点什么，但丘吉尔乘机报复，头转向镜头外的一个人说着俏皮话。

丘吉尔的轻蔑没能阻止蒋介石国际地位的提高，但国内一些级别低得多的人却几乎把蒋介石拉下马。

这一年最后的几个月里，战争期间晋升到指挥岗位上的一批年轻军官断定，要挽救中国，必须推翻蒋介石及其核心人物。这些年轻的将军同在华东训练国民党军队的美国准将廷伯曼商量，请求美国给予支持。美国表面上没有答应，但是美国战略情报局对这个阴谋很感兴趣，特别是多诺万刚刚同戴笠发生了那样不愉快的一幕。

政变的准备工作在悄悄进行着，他们选定了蒋介石出席开罗会议不在国内的时机，日期则定在西安事变的纪念日动手——那一次张学良、杨虎城捉蒋而没有倒蒋，他们则计划这一次倒蒋而不捉蒋。让他不能回国或者回国也是面临一个已被赶下台的事实。他在国内或国外都没什么要紧，只要他失去权力。假如他愿意苟活，那是他的耻辱——年轻人的想法确有新意。

嗅觉灵敏的戴笠通过他监视各路将领的军统特务系统捕捉到了这个信息。他并不需要什么直接的证据，只要有这个风声就可以下手抓人，“宁可错杀三千，不可放过一人”已经是他们的老手段了，过去对付共产党是这样，在自己窝里斗也是如此。戴笠联合陈果夫、陈立夫兄弟，军统、中统两大特务系统一齐动手，一下子抓了600多名军官，并把其中最优秀最有晋升希望的16名将军予以处决。

蒋介石回国后，一贯对霭龄又怕又恨的戴笠和二陈，竭力向蒋介石证明，这场政变阴谋的幕后支持者，就是宋家老猫宋霭龄。

正在失势的人最容易成为新一轮的攻击目标，也最容易被击中。蒋介石相信一直对当不上第一夫人耿耿于怀的宋霭龄完全有这种动机，过去策划过暗杀和绑架的她有这种癖好和手段。况且这种行动仅仅是下级军官绝没有这么大的胆量，必定有自己家族和政权内部的要人参加，正在失势的霭龄很可能孤注一掷。蒋介石巧妙地征询了宋子文的意见，子文对10年前孔祥熙从自己手上夺走权力仍心存不满，对最近霭龄的压制也恨在心头，他含糊其辞地作了回答，反而使蒋介石对美龄也加重了怀疑，因为美龄始终是受霭龄左右的。宋家的人过去不受霭龄操纵的，只有庆龄。现在子文摆脱出来，别的人仍然是霭龄的左膀右臂，蒋介石终于下定决心，除掉这股多年来一直帮自己也控制自己的力量。不管怎样，权力还是由自己掌管比别人入伙更有利。考虑到战争期间张扬政变阴谋容易让敌人钻空子，同时也要维护自己最有权威、最受拥戴的面子，蒋介石严令戴笠和二陈保守秘密，不准就此事向外界漏一个字，只命令孔祥熙、宋霭龄及美龄离开中国。他知道政权内部的要人都有各自的对头，只要让他失去还手能力，他马上就会被撕扯得身败名裂，根本不需要自己亲自动手。

孔祥熙知道，一个人的成功可以有几十、几百次，但真正的失败只能有一次。在权力斗争中不需要第二次失败，也就是说根本没有机会第二次失败。

家族内部的撕咬和扭打可以用铁幕遮住，但是总不能没有一点迹象外露。在此期间，美国《纽约时报》记者布鲁克斯就发出报道，称重庆阴谋密布，“是一个充满忧虑、猜疑和诡计的女巫施术场”。

争斗的结局更不可能掩盖住。1944 年 4 月，一位与国民党上层人物联系密切的美国官员写下了这样一份备忘录：“目前，最明显的事实是，财政部长孔祥熙博士受到几乎所有派别的攻击。同他一道成为众矢之的的还有他的妻子和小姨子蒋夫人。”

备忘录还说：“孔夫人在国内政治斗争中似乎变得不那么活跃。夏天可能去国外度长假。”

这个美国人仅仅是根据自己的观察做出猜测的，可他的猜测却准确得令事实无法躲避。

孔祥熙去了美国，他公开的使命，是到新罕布什尔州的布来屯森林，参加国际货币基金组织世界银行会议。

美龄到了美国，她患有多种疾病，需要治疗。

宋霭龄按孔祥熙的意见到了南美，她开始把财产向那里转移，霭龄在巴西购买了大量企业股票，有石油、采矿、航运等产业，发展前景看好，向这里投资能够取得丰厚的利润。并在圣保罗的银行里存进了巨额现金。

不能把所有的鸡蛋放在一个篮子里，始终是孔祥熙的理财准则。宋霭龄在巴西安顿一番后，又飞到委内瑞拉首都加拉加斯、阿根廷首都布宜诺斯艾利斯，以及秘鲁、智利等南美洲各地，把巨款分散存进银行，购置了日后有利可图的财产。

在国内抗战正炽的紧要关头，他们三人这一去，竟是整整一年之久。

蒋介石心里明白，姐妹俩和孔祥熙这一离开，就等于缴了他们的械，前胸后背只能任人拳打脚踹了。

这场斗争的结果对四大家族的每个人都产生了重大影响。以往一直对蒋介石唯命是从的孔祥熙从此一蹶不振，在政界再无立足之地。陈家兄弟虽一时得志，但后来蒋介石在清算大陆失败之责时又反过来指责某些人对孔祥熙造谣中伤，致使他失去理财专家，导致经济混乱，使二陈背上了黑锅，也被迫退出政界。蒋介石本人因为不断揭露的孔祥熙贪污黑幕，被看做是腐败政权的祸首，终于失去人心，被赶出了大陆。宋子文虽然暂时恢复了多年前被孔祥熙替代的职务，但宋氏家族的再次分裂已不能形成有效的力量，他孤掌难鸣，也在大陆失败时被蒋介石一脚踢开。至于这次立了大功的戴笠，则在两年后乘飞机从青岛飞往南京时，莫明其妙地出现了飞机“失事”而丧生。实际上这场内部大决斗没有胜利者，美国作家斯特林·西格雷夫认为，蒋家王朝的垮台在宋家失势的内讧中已经注定了。

催还垫款，招致美国人痛恨

善于玩弄权术的蒋介石不动声色地派孔祥熙去办一件费力不落好的两难事情。

1944 年 6 月，国际货币基金会议和橡树团会议在美国举行。孔祥熙以中国国民政府行政院副院长兼财政部长及中央银行总裁身份，前往出席。临行前，蒋介石笑嘻嘻地又委任了他一个金亮的头衔：“中华民国政府主席蒋中正私人全权代表”，交给他一项特殊的使命——向美国政府催还垫款。

这项垫款的由来是这样的：

1941 年 12 月 8 日，太平洋战争爆发，美国被日本拖入了战争。美国陆空军来华人员日益增多。美国派驻欧洲、北非等地军队的食品补给，都是美国从本土运去的。中国为了谋求美国多运军火、弹药、汽油等军用物品到中国来，孔祥熙提出建议，美军在中国所需的食品及某些生活必需品，由中国政府负责供给，不必再远涉重洋从美国运来。美国为了轰炸日本本土列岛，控制制空权，又在我国昆明、成都等地修建了 7 个供远程轰炸机起降的飞机场。修建费用，按照中美协定，由中国先供给美方修建机场所需的人力物力，用记账的方式赊欠，待战后再行结算。中国因供应美军军需及修建机场两项，共垫付 6 亿美元左右。在开罗会议上，蒋介石曾向罗斯福总统要求贷款 10 亿美元，罗斯福不肯答应，因而中国国内经济出现严重困难。蒋介石一方面发出要停止美军军需供应的威胁，以向美国讨价还价，继续要求美国提供贷款；一方面要求孔祥熙在美国加紧活动，尽快让美国拨还垫款，以解国内燃眉之急。

为了与美国人交涉方便，孔祥熙带着蒋介石的亲笔信，面谒罗斯福。蒋介石为了要钱，在信中大捧孔祥熙，说什么孔祥熙"对于中国政治、经济和财政方面的情形，充分明了"，希望罗斯福对孔祥熙给予充分信任，与之开诚商讨。

这时，日本正对中国加紧扩大侵略，想一举压垮中国抵抗力量，再抽出兵力对付太平洋战场。美国政府对蒋介石军队使用了大量美援却不努力对日作战十分不满，加上一些美国驻华人员提供情况说国民党政府官员从美援中贪污，使罗斯福总统不愿意再提供贷款。孔祥熙费尽心思争取蒋介石曾经提出的 10 亿美元贷款时，被罗斯福痛痛快快地回绝了。但是对于偿还中国的垫款，罗斯福却无法拒绝，只好原则上表示同意，具体细则则由孔祥熙找美国财政部、国防部磋商。

孔祥熙明知蒋介石这次派给的催还垫款差事，是一个大苦瓜，可他还幻想着能够通过催还垫款的成功，重新博得蒋介石的好感，维持财政部长的宝座。所以在这次同美国人的交涉上格外用力，甚至不惜得罪多年的美国朋友。

美国财政部长摩根索虽然同意拨还中国垫款，但是他却想付得越少越好。因此他不同意孔祥熙提出的按中国官方汇率，即法币 20 元折兑 1 美元计算，而提出要按中国黑市价格，200 元法币折 1 美元。

“什么，按中国黑市价格？你们美国人在中国所需物资人力什么时候按黑市价格计算过？哪一样不是按中国官方汇率兑换的？我们给你们时按官方汇率，你们还账时却要用黑市价格，世界上哪有这样的事？”孔祥熙言辞激烈。

摩根索没想到一贯好说话的孔祥熙竟然如此力争，怔了半天，才说：“反正今年你们的法币对美元只有黑市价格，官方汇率有价无市，你要有美元，肯去按官方汇率兑换 20 元法币吗？”

孔祥熙以一种从未有过的勇气继续争辩说：“好，我算你说的对一次，那么我国给你们的垫款是随时支付的，并非今年一次垫付的，这一点没有错吧？”

摩根索只好点点头表示认账。

孔祥熙说：“那么，我妥协一下，按我们每次垫付时的同期市价分别计算好了。请你提出我们每一笔垫付款时市价，以便计算。”

“每一笔垫付款时的市价？”

“对呀，从 1941 年 12 月起，这种垫付款就开始了，我不难为你，不要求精确到每一天，大略一下计算到月份好了，1941 年 12 月美元对法币的黑市价格是多少？1942 年 1 月呢，2 月，3 月，及至现在的这个月，上个月，请你拿出黑市汇率清单。只要提供得准确，我们吃多大亏也认了。”孔祥熙真像一个无畏的斗士。

摩根索耸肩摊手，无可奈何：“中国的黑市价格美国财政部无法精确掌握，何况你要逐月的。没有没有，没有办法。”

“那就按我们的官方价格结算吧。”孔祥熙紧逼不舍。

摩根索急了眼：“孔博士，我们一向私交甚好，你今天表现太反常了，何必为了国家公事与我死争，把感情都伤了？”

“宁可因公害私，绝不因私害公，这是我的老祖宗孔夫子孔圣人传下来的道德观，我不敢稍有违背！”孔祥熙看来真有点瞎子害眼——豁出去了。

摩根索夹起皮包："我们明天再谈如何？"

孔祥熙摘下眼镜擦着："不要指望明天我的立场会有什么变化。"

为了少付给中国钱，摩根索通过美国政府向蒋介石发出要挟。蒋介石本想借此看孔祥熙的好看，美国人一要挟，他又因无法解释，怕美国人怀疑自己在背后给孔祥熙撑腰，把对孔祥熙的不满转移到自己头上，只好赶紧发电给孔祥熙，要他不必过于坚持己见，以免伤了和气，损害两国关系。

但孔祥熙有自己的考虑。他不肯退让太多，更不允许一味按美国人不讲理的办法算账。

经过多次谈判，反复磋商，中美两国最后在外汇折合率问题上取得了比较一致的谅解：所有驻华美军使用的中国法币，分先后两次结算，第一次按中国官方的意见，以中央银行结汇官定价格核算。第二次稍微折衷，另订汇率结算。这样孔祥熙孤注一掷，总算为蒋介石挖出了1亿多美元的现钞，其余等战后结算。

孔祥熙为蒋介石索回外汇，暂时解决了国民党政府的财政困难，立下了汗马功劳，蒋介石发电褒扬有加，可是他却为自己埋下了一个更深的祸根——深深得罪了美国人。宋子文的老朋友们——一批美国人已经开始下决心要从政府中清除他了。

在国外干得红火，在国内连丢要职

孔祥熙在美国干得红红火火。

他除了为蒋介石争回大笔外汇外，还应美国国会邀请，到国会山作了演讲。在整个二次世界大战期间，被邀请到美国国会演讲的只有荷兰女王、英国首相丘吉尔、中国"第一夫人"宋美龄等少数几个国家元首和政界要人。孔祥熙能被邀请到那里讲演一番，也算是美国人对他维持战时财政的一种承认。孔祥熙在演讲中，首先强调了中美友谊历史悠久，对美国在抗战中对中国提供的援助表示感谢，最后介绍说："中国自七七抗战以来，独撑战局，艰苦备尝，前后方军民，为抗战壮烈殉国，受祸之惨，非他国所能比拟。"呼吁美国在中国抗战进入关键时刻时，扩大对中国的军事经济援助。

孔祥熙还从美国购买了3亿美元的黄金，这也是孔祥熙经过仔细计算提出来的。当时国民党发行的法币，缺少黄金准备，通货膨胀严重，急需黄金储备。更重要的是，当时美国市场黄金价格比中国便宜很多。美国黄金官方价格为1英两35美元，而中国市场是1英两法币3万元。即使按中国黑市法币200元兑换1美元算，在美国买1两黄金也只需200元×35＝7000元。在中国买1两黄金是3万元，在美国买1两是7000元，相差4倍还多。不要说精明的孔祥熙，就是再没有经济头脑的人也能算出在美国购买的便宜，但是能想到这一点却不是每个人都能做到的。美国人也不傻，这么便宜的黄金让中国一下子买走那么多，他们并不乐意。为此孔祥熙多次拜访罗斯福，详陈中国对此是多么需要。最后罗斯福出于希望中国能拖住日本而不致垮台的考虑，同意了孔祥熙的要求，还安排美国用飞机把这批黄金运到重庆。蒋介石看到这批买一送三的黄金，乐得大嘴都咧到耳朵根子上了。

但是，孔祥熙在国外所做的一切努力，都不能改变蒋介石从政府名单中拿掉他的决心。

乘孔祥熙在国外没有还手之机，蒋介石展开了对孔祥熙的攻击。但是阴险的蒋介石严格控制着对孔祥熙攻击的分寸，涉及参与政变阴谋的怀疑一丝不许露风，至于其他方面，那就由众人八仙过海、各显其能了。

先是陈果夫陈立夫兄弟，跳出来大叫"孔祥熙权力太大"，于是孔祥熙被迫提出辞去行政院副院长、财政部长之职，蒋介石发表了一通对孔祥熙赞扬的官样文章，"照准"了其辞职"请求"。接着美国人对孔祥熙的种种指责不胫而走，以往这类消息是严格保密的，现在却成了借刀杀人者求之不得的宝贝。

"哎，你听说了吗？罗斯福总统的私人代表居里来重庆住了不长时间就发现了孔祥熙许多劣迹。有一次居里当众说：'中国要人的子女有170

多人在战争期间逃避兵役，在美国过着花天酒地的生活。'他说的这里边最主要的就是孔祥熙和他手下红人徐堪的子女。”

“嗯，美国人早就看出老孔不是好东西。那次美国人想在中国物色一人担任燕京大学校长，孔祥熙办铭贤学校尝到了甜头，想这是既捞名声又得实惠的好差使，就托司徒雷登为自己活动，结果美国政府来电说，孔祥熙政声不好，一口回绝了他，闹了个疥蛤蟆过门槛——墩屁股擦脸，哈哈！”

“美国情报局早在美国公布过一份材料，1942 年孔祥熙动用两亿美元的美国贷款，在上海向商人购买货物，结果你猜他购买的是谁的货？”

“谁的货？”

“他购买的是自己老婆的货！你想这还有好吗？那两亿美元公款不叫他黑掉一半才怪呢！”

“听说罗斯福早就向蒋委员长施加压力，要他撤掉孔祥熙的财政部长职务，可委员长一直不肯。这一次，孔祥熙的丑事都抖出来了，我看委员长非大义灭亲不可了，要不他也要受牵连了。”

“嗨，别信那个，老孔和宋霭龄对蒋委员长可是有大恩，你不拿出过硬的东西来，一般的事可别想让委员长下这个手。”

蒋介石这一手玩得确实高明，许多人根本想不到是蒋介石故意抛出了孔祥熙，还真以为老孔是经济上犯了事没法保了呢。

蒋介石当然清楚，对孔祥熙这样从南京政府一成立就任部长，以后一直是副院长、院长的大人物，仅搬出几件小事就让他下台，势必引起怀疑，还可能使他日后东山再起，非端出件大事搞得沸沸扬扬，让他彻底臭了才行。

像孔祥熙这样的人物，要端他的事当然有的是，但远的不行，那样人家会说早干什么去了，为什么现在才往外抖，要端就得端近的。蒋介石主意打定，就从孔祥熙私分美元公债开刀。一来这事数额巨大，必能激起公愤；二来涉及美国，可以把美国人对国民政府腐败的指责转移到一个人身上。

爆出美元公债案，蒋介石借机表态：庸之只好辞职

蒋介石决定端出的美元公债事件是这样的：

太平洋战争爆发后，为了使中国能在大陆拖住日本，美国政府给了蒋介石国民政府5亿美元的贷款。孔祥熙同财政部和中央银行的助手们研究后，决定用3亿美元向美国购买黄金，1亿美元购买军火，1亿美元作为发行美元公债的储备。当时按官价汇率是法币20元兑换1美元，但开始这笔公债却没有人肯买，因为国民党发行的公债太多了，人们以为这次又是骗钱花招。后来风声透了出来，这次的公债确有美元准备，于是公债迅速成了最抢手的紧俏货。买到公债的人把它拿到黑市立即就可以以100元法币脱手。一看美元公债奇货可居，宋霭龄立即问还有多少没卖出去，孔祥熙估计售出的还不到一半，霭龄说，"好，公开销售就到此为止，剩下的我全要了。"孔祥熙感到这样恐怕要惹麻烦，突然停止销售民众可能闹事。霭龄一指头点到老孔额上："闹什么事？卖完了谁有办法？想要早干什么去了？"孔祥熙心领神会，指示国库局长吕咸和业务局长郭景琨等，要留部分公债慰劳办理公债的有功人员，要他们分头去办。于是第二天报纸上发出一则消息称：民众积极支持抗战，购买公债空前踊跃，全部公债可望周内售罄。第二天是星期五，报纸一出，各办事处来买公债的更是人山人海，办事人员得到指示，一是尽量少卖，二是延长办公时间。结果人挤得多，卖出的速度却很慢，一直持续到晚上5点钟，各办事处同时挂出牌子："公债售完"，实际剩下还有整整一半——5000万美元的公债。

郭景琨等人把没卖出的公债押解回库后，只分给办事人员一个区区小数，局长级的人大约分得两成，其余的就全进了霭龄的公司，跑到黑市场上兴风作浪了。仅这一次孔家就赚了近30亿法币。这件事当时就有人告发，蒋介石曾派人去查，事实确凿，但当时老蒋只把它当做一张底牌放了起来，没事就永远压着，有事么，那就抖出来，足以让老孔吃不了兜着走。

1945年初，国民党召开国民参政会，孔祥熙鲸吞美元公债事突然在会上传开，一时搞得沸沸扬扬，参政员们平时对孔祥熙宋霭龄的不择手段

敛财就有一肚子意见，只是过去每次都被老蒋压住，这次他们感到抓到了把柄，立即写了提案，准备在会上讨论通过，将孔祥熙交政府严办。

参政会主席团成员王世杰出面为老孔解围，他说，案情性质尚属嫌疑，若政府调查与事实有出入，恐对提案人和大会信誉都有损，请自动撤销提案另行设法处理。

王世杰这一激，参政员们劲头反而更大了，许多人签名联署。而且拿出了确凿证据。

监察院长于右任也提出了对孔祥熙的弹劾案。

陈布雷把这事向蒋介石作了报告，本以为老蒋会像往常一样大动肝火，不想蒋介石听了，叹口气说："这件事情，安，很糟糕，庸之只好辞职了。所吞美券只好分期吐出。"

陈布雷一时还摸不着头脑，蒋介石停了一会儿又说："嗯，只是此事一列入提案公开，将会对政府造成极坏影响，让美、英、苏等友邦认为我们是一个贪污舞弊的国度，将对我们抗战不予继续支持。这样吧，布雷先生，你找他们谈谈，说清这种利害关系，就将大会提案改成书面检举，直接送我办好了。"

经陈布雷做工作，虽未用大会提案方式，但这一改动惊动了更多的人，比作为提案掀起的波澜还大，不少人会上会下大喊大叫，要"除权相"，要"杀晁错以谢国人"，孔祥熙的名声更臭了。

有些人觉得还不够劲，开会时又提出了一个"质询"案，要孔祥熙亲自来大会上说说清楚。这样直接栽老孔的面子，老蒋怕物极必反，反而惹出其他是非来，就派人取走质询案。

但经过这样几番折腾，孔祥熙贪污舞弊的事闹得满城风雨，威信扫地，名声一落千丈，孔祥熙只好在辞去行政院副院长和财政部长之后又相继"辞"去了中央银行总裁、中国农民银行董事长、四行总处副主席等职务。这样孔祥熙出国开会一年，共辞去了 5 个最重要的职务。他在国外干了不少漂亮事，为蒋介石立下了汗马功劳，可等他回国时，却只剩下了中国银行董事长、国府委员和国民党中央执行委员这几个有名无实的空头衔，好不凄惨！

第三十三章　诀别大陆

本人欲进立法院，川人要求孔去主政，蒋介石摁住统统不行

抗日战争胜利的锣鼓，没有给孔祥熙带来什么欢乐。

虽然迁回了南京故宅，却已物是人非，昔日车水马龙的旧居，已门可罗雀。

出国一年的孔祥熙，感受到了离国期间政界风浪的余波，他总觉得就这样退出历史舞台实在窝囊。经过一个时期的察言观色，决定要再挣一挣，即使不能东山再起，起码也要挽一挽面子。

孔祥熙怂恿霭龄找到蒋介石，向他历数自1927年支持他成立南京政府，拉回子文，向武汉政府釜底抽薪，与美龄一起为他拉拢美国、争取外援的功绩；历数了孔祥熙多年来唯蒋之命是从，特别是主管财政以来，为保证蒋介石的军费需求和积累官僚资本所作的努力；历数了多年来为蒋个人增殖财富所给予的特殊照顾。宋霭龄对蒋介石过河拆桥、卸磨杀驴的恶劣行径深表不满，她要蒋说清楚，为什么这样对待自己和孔祥熙。

蒋介石不想作任何解释，也不想改变主意。他静静听完，冷冷说道："下面揭出那么多丑事，究竟是真是假？庸之兄身为国家要人，应该多替政府着想！只知一味贪财，多少能够满足？事到如今，老孔职也辞了，年岁也大了，我不会忘记你们的功劳，以后用适当方式，为老孔多说些好话，你们安度晚年吧。"

"谢谢！"霭龄阴阴地说过，就告辞出来。她此行的目的并不指望蒋介石能够发什么善心，而是要探探这一年来他老蒋又有什么新花花点子。她达到了目的，看出了蒋介石对他们的仇恨并没有新的增加，只要不再对蒋的古怪行为干涉，基本可以相安无事。

孔祥熙决定出国定居,不在蒋介石眼皮底下惹烦。但是算来算去,如果这样走,只怕还走不利索,难免又生枝节,溃退之时被人再追杀一阵出国也不安宁,于是宋霭龄为孔祥熙又制定了一个以攻为守、佯进实退的方略。

孔祥熙听到霭龄要他继续在政界活动,手摆得像拨浪鼓:"子文早说过给老蒋当部长和当一条狗没什么两样,我过去还不以为然,现在感到这家伙说得还真透。我早已心灰意冷,你就不要再耍弄我了,行政院长都辞了,还争别的什么玩意儿,岂不惹人笑话?"

"嘻!亏你还是什么博士,孔圣人的子孙,中国的文化权术一样没吃透!孙子兵法上说,善战者胜而不败,败而不亡,亡而不死,我们现在败也败了,亡也要亡(逃亡),只剩亡而不死了,这一条再做不到,就连命也没有了。"

孔祥熙这才算过账来,"还是夫人……"事情到这个地步,那高明二字到了口边他说不出来了。

蒋介石的伪国大开会时,代表们注意到了一个奇怪的现象:已连辞5个要职的孔祥熙,竟忽然相中了立法院这块风水宝地,他利用自己的山西祖籍大做文章,积极联络冯玉祥、阎锡山等北方出身的代表,对一些下层人士请吃饭送礼品,和他们套近乎,摆出一副要竞选立法院院长或副院长的姿态。别看孔祥熙在台上时许多人说三道四、要除要杀的,现在真被拉下马了,不少人又感到老孔混到这个局面也太惨了点儿,毕竟为政多年,没有功劳也有苦劳,没有苦劳也有疲劳吧,一时竟然颇受同情,竞选呼声很高。

立法院历来是CC系和政学系的后院,陈家兄弟和政学系首脑张群一看孔祥熙攻势不小,怕他真被选上来,那样民选结果就不好动他了,急忙小会动员、私下串联,双方联手一致抵制,才使孔祥熙的活动没有奏效。

霭龄为孔祥熙制定的这一套策略还真管用,孔祥熙虽然落选,但总算是显示了败而不亡,还有活动力量,令人不敢轻易攻讦。夫妇二人从容收拢清理财产,准备出国事宜。

不久忽然冒出一件始料不及的事,使人大费脑筋。

蒋介石的政府离开重庆返回南京后，四川尹昌衡、刘存厚、田颂尧等60多人，联名给蒋介石写了一封呈文，要求派孔祥熙到四川任省长，“主持川政”。

这封呈文堪称天下第一奇文，文中说，据四川民意测验结果，四川人民一致渴望派庸公来川主政。说孔氏致力革命，劳绩素著，而尤以抗战八年各方奔走不遗余力，全国的妇女小孩人人皆知。要想让战后的四川交通便利，农业进步，工矿发达，救老百姓于水深火热之中，非孔祥熙不行。文中还引用古语“千军易得，一将难求”。建设四川，是“舍孔氏其谁?”以往四川主政之人，只知剜肉补疮，各种投资有名无实，以致失了人心，无人相信政府。说现在四川人盼孔祥熙，就像大旱之中盼甘霖一样。只有孔祥熙来了，以往“天下未乱蜀先乱，天下已治蜀后治”的老例才能改观。孔庸之公一来，四川幸甚，中国幸甚！

刘存厚等人向蒋介石递上这封呈文的同时，还把一份副本送到了孔祥熙手上，恳求他救救四川人民。孔祥熙看了这纸呈文，顿时热血沸腾。参政多年，虽受过不少褒奖，但还没有一次像这张呈文说得这么肉麻兮兮，自己简直就是救世主一般，老孔一时高兴得就有些手舞足蹈。他想想这一年多没有职务处处受冷落的惨相，忆起以往门前车水马龙，走到哪里均受盛情接待的奢华，感到在中国还是当官最好。再想想过去看到的那些地方大员，一个个简直就是土皇帝，中央离他们十万八千里，哪里能事事管着，还不是为所欲为，作威作福，连中央要人也有许多不及之处。要不中国有句老话叫“宁做鸡头，不做凤尾”呢。想到这里就有些动心，哼哼唧唧说了句半截话：“我孔某对四川有感情哩，果得人民信任，自是义不容辞，只是……委员长那里……啊，等等看吧。”刘存厚听这话，立即一躬到地，“只要庸公有意，委员长那里，我们定会极力争取，您就听好消息吧。”

谁知刘存厚一走，霭龄仔细看了呈文，向孔祥熙兜头泼了一盆冷水。

霭龄一句句剖析呈文，分析形势，她说：“瞧瞧，民意测验结果，咱国民政府何时搞过真正的民意测验？政府何时代表过民意？老蒋上台是民意吗？你老孔过去当部长当院长是民意吗？子文这次代你而任财长院长是民意吗？现在台上的这些人哪一个是民意，怎么到了这次要你到四川去就抬出了个民意？就是真有这个民意，也不如老蒋一个主意。你再别让人捧晕了头。中国真的除了你孔圣人没有人适合到四川主政吗？没有人愿意到四川吃这块肥肉吗？你看看这里对四川以往主管的攻击，就该知道不是没人，而是人太多了，这里面大有名堂，是争不过来，是要弄手腕。你没看过《三国》吗？看过就该记得一段故事，叫死诸葛吓走活仲达。"

孔祥熙嘿嘿一笑，不就是诸葛亮死后，曹魏的大兵又来了，姜维没有办法，只好把诸葛亮的尸首放在小车上，推到阵前，司马懿一见，立即吓破了胆。连忙撤兵逃跑了嘛。

霭龄瞟他一眼，"光知道故事不会用顶什么用？说穿了，刘存厚玩的这一套，不过是把你当诸葛亮的死尸用而已。蒋介石和四川军阀历来矛盾很深，四川军阀内部也是派系林立，现在抬出你来，不过是为了压制其他人，压那些不合他们意又没有正当理由来反对的人，绝不是真心欢迎你去，一旦你答应去，马上就会生出别的枝节，我们到这地步，千万不能干为别人火中取栗的傻事，是不是？"一席话说得个孔祥熙后背发凉，喃喃说道："这个，这个，俄还真没想到咯……"

孔祥熙为避免被动，主动请人给蒋介石捎话，自己无意担任新职，四川之地更不愿前往。蒋介石也很给"面子"，立即"照准"。孔祥熙的一方诸侯之梦也就烟消云散了。

重返太谷辞别祖宗，第一次向霭龄吐露幼年家境真情

离开祖国之前，孔祥熙回首大半生的足迹，不禁百感交集。想自己当初是一个怎样有志有为、精明干练的青年！向往革命，谋刺慈禧，真个是气吞万里如虎！及至出国留学，多次拜访中山先生，指望得到明确指导，改革中国社会。辛亥风云之中，以一乡村校长之身，拉动武装，发动起义，保卫县城，巧退清兵，是多么义不顾身，志向高远！可自从跟老蒋搭上手，虽然换来了地位日见显赫，又积累了万贯家财，但榨取百姓，坑害国家，装糊涂卖傻，逆来顺受，又有多少情趣？求荣取辱，几度沉浮，历尽沧桑，泯

灭了心性,麻木了同情,落得个天怒人怨,连父母之邦都无立足之地,到头来好凄惨。

外界都说自己是什么"哈哈孔",似乎就会哼哼哈哈。本来字为庸之,是孔夫子主张的中庸之道的"庸之",多么文雅而富含哲理的名字,却又被丑化成"庸俗之人"的庸之,连自己也因名字觉脸上无光。蒋介石忘恩负义,心狠手辣,小肚鸡肠,玩弄权术,今日抬甲压乙,明日拉乙挤甲,使各派攻斗不已,可惜多少人还执迷不悟。就连内弟子文也悟不透,受外人挑唆,与亲姐夫视若寇仇……难道,孔氏家族就这样被一击而溃、风雨飘零了吗?

啊,不!孔祥熙走了,孔家还有二虎一凤!蒋介石总不能连子侄辈也妄加罪名吧?宋霭龄这个宋家大姐走了,美龄暂时受些冷落,但蒋介石终究要靠美龄与美国保持联系,蒋介石没有美国的支持一天也无法维持,而在美国人的眼里,美龄的形象才代表中国,美国人只接受这个除了脸型其他方面完全同他们一样的中国人。美国支持中国其实是支持美龄,蒋介石最终不能不靠美龄。假如有一天美龄接了老蒋的班,那天下还是在宋霭龄掌握之中,只是目前有个蒋经国,虎视眈眈,要设法让自己的后辈全力扶助美龄,那样,将来之天下,姓什么还很难说……

想到这里,孔祥熙忽然一扫悲凄哀怨,两眼又闪出火焰般的光,他把孔令侃、孔令俊、孔令杰召集到一起,留下了 3 条锦囊妙计,要他们如此这般这般……

一切安排停当,孔祥熙夫妇一起再次重返太谷。

祭扫先人之墓,是出国前不可或缺的科目。但是他们并不曾预料这一去之后,蒋介石在大陆兵败如山倒,两年后也屁滚尿流地逃往台湾,祖先陵墓所在之桑梓,竟只能在梦中相见了。

宋霭龄眼前又浮现出第一次跟随孔祥熙到太谷时的情景——秋风萧瑟,遍地枯叶中,突然响起喜庆的唢呐和鼓钹,16 人抬的大花轿,每到一处欢迎的酒宴,太谷城里的鞭炮,围观看热闹的乡亲,孔家长辈怜惜的眼神话语,淳朴乡风中的补办婚礼……而这一次,春和景明,绿草茵茵,却没有一丝的喜庆气氛,官僚乡绅们打着客气而敷衍的哈哈,邻里乡亲冷漠地远远注视，没有人上前招呼，没有人指指划划——霭龄心里明白，对地方官僚，他们是塌台人物，没有任何巴结奉迎的价值；对普通百姓，他们依然是“党政大员”(孔祥熙还是国府委员、中央执行委员)，简直如同动物界里非禽非兽的蝙蝠，两个阶层都不把他们看作同类，受此无言的冷落自是理所当然……霭龄想来，真不如一直和祥熙留在太谷，做个山野村民，也许心里并没有如今沉重的失落。但时间不能倒流，人的一生只能有一次关键的选择，悔和怨都是没用的。

和 32 年前第一眼看到的太谷相比，霭龄最明显的感觉，是黄土高原更贫瘠更残破了，人们的衣衫更加破烂，脸上的菜色更重了，对此惨景，孔祥熙再不会说出“纽约不如太谷”的豪言也罢幽默也罢的话语了。对此情景，霭龄也能理解人们没有以往的热情的深层缘由了。孔祥熙担任政府要职 20 年，光是财政部长(莫论院长副院长)就是十几年，可给老百姓究竟带来了什么？把国家治理成这个样子，确实于心有愧啊。

临近家门时，迎面来了一人，蓬头垢面，上身穿件破对襟褂子，下身却极不相宜地依旧捂着一条龇牙咧嘴的缅腰棉裤。霭龄心里一激灵，刚想厌恶地背过头去，却一下子认出了这就是当年闹洞房时想往自己身上压的二赖子。二赖子显然已认出他们，可他早已没有当年的活泼和激情，更没有那种不知高下的淳朴和友善。二赖子定定地剜了他们一眼，表情木然地靠墙站住，给他们让路。霭龄忽然生出一种同情，她想给二赖子打个招呼，增加一点乡情人情味儿。她堆出笑来，故意大声地说：“哎，这不是二赖……啊，这不是二弟吗？走，到家里坐坐吧！”

“我？到你们家坐？”二赖子下意识地摸摸满是窟窿的大棉裤，眼睛先是闪出一丝羞惭，紧接着又露出一种敌意，攥住拳头别过了身去。

霭龄停住脚步，一时竟不知该如何动作。

“先回家吧。”孔祥熙无奈地拉了霭龄一把。

孔祥熙在父母墓前摆了时鲜水果和酒水点心，孔家老坟里的每座墓前都供了丰盛的祭品。霭龄和孔祥熙并排站在一大堆兄弟子侄的最前面，孔祥熙甩了两下袖子，一群人呼啦跪倒，孔祥熙点着了香烛纸马，随即一股小旋风裹着纸灰在坟前升起，身后的小孙子欢快地叫起来：“老爷爷来拿钱了,老爷爷来拿钱喽!”

离开老家的前一天,孔祥熙把霭龄带到了太谷城西 5 里远的程家庄。进了井儿院,他第一次动情地给她讲了自己的身世和少年贫困生活的真相,指给了霭龄自己出生的西厢房土炕。

霭龄吃惊了。

“你不是一直讲生于山西首富之家吗?怎么老院会是这种样子?幼年怎么至于去捡煤渣?”

“霭龄,我对你隐瞒了幼年家贫的历史,一生也从未给任何人吐露过家庭情景的真相。我这样做,开始是为了面子,以便借此抬高身价。后来担任政府要职,就更要这样讲了,目的是为了证明现在的财产大部分是祖传的,并非在官职上舞弊所得。第一条我成功了,第二条却没有奏效,到头来还是给我加了个贪污的臭名……”

“怪不得有人说你表面平庸,实则老谋深算赛过千年狐狸。你这一套,居然连我都骗了一辈子……”

“平庸也罢,狡猾也罢,到头来还不是让你那贤妹夫给坑了……"

“跟他的账还要慢慢算!”霭龄牙根都咬出了声音。

“完了,我们输完了,我 67 岁了,来日无多,没有机会了!”孔祥熙重重地叹了口气。

“出息!姜子牙 80 遇文王,还开创周朝 800 年基业呢!”

“虽有贤相,恨无明君啊!”

“哼!”霭龄气咻咻地走出了井儿院。

回城路上,只见田野里绿草盖住了黄土,田埂上开满了白色粉红色小花,路旁小树抽出了嫩绿的新枝,一片春和景明气象。霭龄又想起终生难忘的太谷第一印象,对孔祥熙说:“看见这绿树红花,我忽然想起一句古诗:昔我往矣,杨柳依依;今我来思,雨雪霏霏。不知怎样改一下才符合眼前的情景?”

“噢,”心事重重的孔祥熙望一眼西下的夕阳,“我想起的古诗只有一句,‘日暮乡关何处是,烟波江上使人愁’。”

“愁愁愁!不说出口来行不行?”其实,霭龄的心里更烦闷。

领受世态炎凉，愤而骂娘后匆匆赴美

离开太谷，孔祥熙夫妇一起来到北平，拜会昔日的朋友，官场上对这位失去行政院副院长、财政部长实权，而只有国府委员、国民党中央执行委员空衔大人物的接待，是客气中透着冷漠，礼貌中藏着轻视。倒是那些官位不高又没有受过孔祥熙什么好处的几位旧交，显得情真意挚，热情非常。孔祥熙得势时，很少想到他们，对他们偶尔提出的一两个小小要求，很不在意。面对此情，孔祥熙曾愤愤不平地第一次骂了娘。

霭龄瞪圆眼睛，呵斥老孔："有什么不平的？富在深山有远亲，贫居闹市无人问，这是咱中国人几千年的传统了，有什么可抱怨的？要骂应该骂你自己，你自己在这方面做得如何？"孔祥熙又一次发出了一番高论："我骂所有的人，骂那些得过我好处而今疏远、冷淡我的人，也骂那些没得过我好处而今对我热情的人，他们这是挖苦我、讥讽我，他们越对我好我越难受！也骂我自己，过去真是瞎了眼，好人没好待，待好的没好人！要再给我一次机会，哼，看我不……"

"再给你十次机会你也还这德性。台上的孔祥熙和台下的孔祥熙压根儿不是一个人，里里外外都不是！"

"我不信！"

"信不信由你，不光你孔祥熙，连你遇到的这些人，在你得意失意时都不是一个人。"

"怎么会这样呢？"孔祥熙不想争辩了，他感到了疑惑。

"这就是中国人！中国人虽不全都是连你在内的这三种人，可这三种人确实都是中国人。要想不生这闷气，除非你以后不与中国人打交道。"

"对！不与中国人打交道！走，咱们上青岛，那儿有外国人等着我呢。"

青岛，当年孔祥熙步入政界的发祥之地。旧地重游，感慨良多。孔祥熙不由自主地到了当年鲁案公署的衙门，回忆了那段时间不长却烙印极深的坐办生涯。想起潘益民当初相面给自己带来的虎气和动力，孔祥熙不禁又热乎乎的。但很快他又犯了疑，潘的相术的确很高明很灵验，自己确实达到了那时连想也不敢想的一人之下、万人之上的高位，但他没说自己最终结局如何，目前这一段经历究竟是一生中的一“劫”呢，还是自己最后的命运？出国定居是将老死异国呢，还是一条东山再起的终南捷径？孔祥熙疑疑惑惑，可惜潘益民不在身边，不能问个明白。再一想，就是在身边，他会说真话吗？他真的能预测人生未来吉凶祸福吗？

孔祥熙把这种想法说给霭龄，霭龄倒是干巴脆：“相面那一套，还不都是察言观色，连蒙带唬。孔圣人都不相信的事，你还那么认真。”

“可潘益民说得还真对呢?”

“说得对，是因为你本来有这种条件，加上一激励，你更有了动力，成功的希望就大了。假如，你听了有那种可能，躺倒等着，还有这么灵吗？我是从来不相信命运，只相信奋进、竞争！只要拼命去争，许多情况就会出现意想不到的结果。”

孔祥熙默然了。他有一句话无法说出：拼争有时有好结果，有时，比如现在，唉，还不如……

比较起来，同美国太平洋舰队司令柯克上将的谈话倒使孔祥熙获得一些安慰，因为这场谈话事关他们到美国后居留生活的一系列根本问题。霭龄为这次会见做了精心安排，她不是像对待瓦加斯那样送他一些古董文物，外加一些廉价的吹捧，而是提供了一些美国军方感兴趣的东西。比如在未来中国可能发生的变化中，让柯克将军能够有所预料，能够处于比美国同行更有利的位置，知道各种力量的真正底数，特别是宋家和孔家能够发挥的作用。她努力使柯克上将相信，宋家和孔家仍然是对中国以后发展趋势有操作能力的势力，是保证美国在华利益的可靠伙伴。

在青岛海滨的洋房别墅里，柯克将军盛情款待了孔宋夫妇，进行了坦率的交谈，孔祥熙的努力没有白费，柯克将军明确保证他们在美国居留时将受到友好对待。

宋霭龄先期到了美国，为他们的生活做出安排。

秋天，孔祥熙接到霭龄的电报，说她身染重病，需要孔祥熙前往陪伴治疗。孔祥熙以这封电报为由，匆匆离开中国，踏上了美国的土地。

在人民解放军彻底摧毁蒋家王朝的最后的岁月，孔祥熙已从国民党政治舞台上消失了。

随着青天白日旗在大陆的落地，孔祥熙曾经积极效力的腐朽政权一溃难收，他重返大陆东山再起的好梦再也圆不了了。

胸怀博大的中国共产党和人民政府始终向一切愿意回国的人敞开着大门，但是他没有回来。

孔祥熙这番出国，与当年到美留学时感受截然不同，那时的他每天都看到新的太阳升起。而这一次，看到的却总是日暮西山的景象。黄昏的离愁像影子一样追逼着他，密西西比河水日夜滔滔，流不尽他去国怀乡情……

第三十四章 因祸得福

霭龄要他读“水宽山远”，他却跑出去“黄鹤楼上看翻船”

孔祥熙以宋霭龄患病为由请假赴美，又遭到一些人的种种阻挠，最后，还是美国大使馆出面调停，蒋介石才恩准他暂时出国“探亲”。

孔祥熙一到美国，就住进了早已购好的里弗代尔别墅。

政治上的失意使孔祥熙心情郁闷难于排遣，整日愁容盖面，再没了那种以往慈眉善目的弥勒佛形象。

宋霭龄怕老孔憋出病来，特地派人把曾国藩的一副对联用楠木雕刻，挂在了卧室堂前。

“庸之，每天早晚，你要把曾公这副对联吟诵一遍。”

“水宽山远烟霞回，天淡云轻古今同。”

“水宽山远烟霞回，天淡云轻古今同。”

孔祥熙听从夫人指示，摇头晃脑，一字一句认真吟诵，但不是一遍，而是每天两次，每次两遍。

她挂这副对联就是要提醒孔祥熙静心养身，宽心处事，先忘掉那些不愉快的事情。她始终相信留得青山在，不怕没柴烧。

孔祥熙虽是孔子子孙，却远没有孔老夫子的豁达，他的不平也不是霭龄一副对联所能排遣得了的。

在美国闲待一阵后，孔祥熙又溜回香港，办了一份报纸，密切注视着国内动态，准备一旦时机相宜，再度出马。毕竟当国民党的官，前呼后拥，作威作福，比在完全不买账的美国经商或当寓公，有滋有味多了。

他等来了什么呢？

首先看到的是四大家族的第三次分裂。

如果把1927年宋庆龄反对蒋介石背叛孙中山革命理想，反对美龄嫁蒋，反对霭龄、祥熙和子文拥蒋，毅然树起反对蒋介石新军阀的旗帜，看作四大家族的第一次分裂的话，毫无疑问，孔祥熙受二陈攻击，被蒋介石免职，宋霭龄再不能支配宋子文，则是四大家族的第二次分裂。当然这两次分裂不能同日而语。庆龄从家族中冲杀出来，那是在历史转折的关键时刻，革命和反革命、正义与非正义的原则之争。而孔祥熙宋霭龄这次被逐，则纯属争权夺利的撕咬中上风下风之分。第三次分裂当然仍是此种性质，但也让孔祥熙高兴了一阵子。

1933年，孔祥熙在蒋介石宋子文闹翻后，欣喜地从宋子文手上接过了副院长兼财长的肥差，12年后，蒋介石又从孔祥熙手上夺过副院长兼财长的职位，重交宋子文。不久宋子文再升至行政院长宝座，但到了1947年初，宋子文又遭到孔祥熙同样命运，也在短期内接连被免去“行政院长”、“最高经济委员会委员长”、“行政院绥靖区政务委员会主任委员”、“四银行联合办事处理事会副主席”四大要职，只剩下“国府委员”、“中央执行委员”，与孔祥熙一模一样。所不同的是，孔祥熙被邀主持川政而未去，宋子文后来被任命为广东省长却乐滋滋地上任了，年底他再被委任为“广东绥靖公署主任、军管区司令”，继续为蒋介石政权卖命，而终于被人民解放军列为仅次于蒋介石的第二号战犯。

接着，孔祥熙看到的是蒋介石的日子也不好过了。

辽沈一仗，东北失守；平津战役，傅作义献出了北平；淮海决战，蒋介石半壁江山尽失。人民解放军再接再厉，百万雄师过大江，蒋介石连老巢南京也丢了，他像个丧家之犬，只好灰溜溜地逃到台湾苟延残喘。看到这里，孔祥熙心理平衡了，他虽没了再度在大陆出山的希望，但蒋介石也不再是能够呼风唤雨的“主子”了。

孔祥熙“黄鹤楼上看翻船”，看到了宋子文翻船，看到了蒋介石翻船，国民党在中国统治的船整个翻了。他怀着看了一肚子笑话的好心情，飞到了美国。

“嗨，你猜我现在心情如何？光念你那‘水宽山远’不行，我这一趟山景观下来，才真信了‘天淡云轻’。霭龄哎，你抬头看，真个是天淡云轻咯!”

“别人倒霉你高兴,劣根未除!”霭龄故意绷着脸。

“他们倒霉你不喜?”孔祥熙有些纳闷。

“你如果把这种事当做喜,我还有大喜告诉你呢。”

“什么喜,快讲快讲。”孔祥熙一副迫不及待的样子。“喏,刚送来的,你自己看去。”霭龄的情报渠道依然畅通着。

孔祥熙急忙接过密报细看起来。

陈立夫到美国养鸡,孔祥熙借给他 8000 元;马军长上门借款,宋霭龄送给他 2 万元

蒋介石败逃台湾,为了自己牢牢控制住这块弹丸之地,他又向过去倚靠的“重臣”“元老”一一开刀了,孔祥熙看到的正是这些昔日“英雄”的悲惨下场。

——宋子文逃离了老蒋快沉的船,也怀着一腔怨气到了美国,而到台湾的要员们则吵着要把他“开除”;

——四大家族彻底分裂,二陈失势,到台湾后失去了对秘密警察的控制,往日的威风扫尽;

——何应钦丢了军权,成了名义上的“战略委员会主任委员”,后来又成了“道德重整会”的“专家”,实际上被“冷冻”了;

——大陆时最后一任“行政院长”阎锡山,到台湾后被夺权,打发到台北附近的一座什么山上,去当“理论家”写反共文章了;

——白崇禧和薛岳更惨,被蒋介石怀疑搞阴谋,蒋经国带人到家搜查,翻箱倒柜,连地板都被刨开了。

孔祥熙咧嘴笑了,向我放箭的时候,一个个都是力大无穷,气壮如牛,到头来下场比我还惨。还不如我及早撤出,早营造安乐窝,现在既不看蒋介石脸色,更不用受蒋经国的窝囊气。自己现在有钱有房,自成一统,豪华日子照过,要不是先一步下台,哪有这等安闲舒适。

“我这是丢官保财，因祸得福呀！”孔祥熙心里彻底平衡了。

从此，孔祥熙心平气和，除了陪霭龄看病，就隔天到中国银行上班，照料他的财产。

一天，孔祥熙接到一个电话，先是吃惊，继而精神大振。为何？打这个电话的不是别人，就是当年的四大家族之一、在大陆时期赫赫有名的国民党 CC 系巨头陈立夫。“蒋家天下陈家党，宋家兄妹孔家财”，这一概括无人不知。当年陈家兄弟控制着全国的国民党组织，控制着通天的道路，声势之盛，几人能及？孔祥熙倒台，就是由陈家兄弟先跳出来大叫大嚷的。可今天陈立夫在电话里向孔祥熙说什么？这可是孔祥熙做梦也想不到的。原来，陈立夫说：“庸之兄，我该向你祝贺呀。你功成身退，极富先见之明哪！据我观察，你恐怕是我们那一伙人中，财产未受损失。悉数转移出来的唯一一人哪……”

孔祥熙口含讥讽地说：“哪里是什么我有先见之明！还不是因为人家说我的权力太大(当初二陈攻击孔祥熙的第一个借口)，逼得我不得不狼狈先逃罢了，哪比得上你们……”

陈立夫说：“好了庸之兄，过去的事情就甭提了，我们还不都是人家棋盘上的棋子？我今天倒霉才惨呢，台湾已没了我的容身之地，甚至连吃饭都成了问题。我现在已经到了美国的新泽西，想在这里以养鸡为生……”

“什么？你要以养鸡为生？至于这样吗？”孔祥熙简直不敢相信自己的耳朵。

“好吧，我直话直说吧。我昨天看了几个养鸡场，已经谈妥了购买其中最便宜的一个，但还是需要 47000 美元。尽管只需先付人家 2 万美元，剩下的分 10 年付清，可我还是没有这个财力呀。我给你交个实底，我只有 4000 美元，想向你借贷，能不能借我一点钱，让我先把鸡场买下来？哦，我以我的名誉担保，一定会按时还账的……”

听到这里，孔祥熙心情好极了：“哈哈哈！陈先生真会说笑话。好了，别的不讲了，不是借钱吗？你知道我现在也是个穷人哪！可我不会不帮助老朋友。你刚才说买鸡场需要 2 万美元，你只有 4000 美元，那就是说还缺 16000 美元，这个账不错吧？嗯，咱们穷帮穷吧，我借给你一半，8000

美元。款子汇到什么地方，我马上办！”

孔祥熙果真把8000美元钱汇到了陈立夫手上，陈立夫又求人借到其余的款子后，也就当真买下了那个养鸡场，在新泽西和夫人一同经营起养鸡大业来。多年以后，陈立夫写书披露此事，还直夸孔祥熙慷慨大方，够朋友。当然，那是后话。

却说几天以后，孔祥熙正在硕大的老板台后翻阅当天的报纸，领班进来报告说，有一人自称是孔院长的老部下，在门口求见。孔祥熙看了名片，见上面印着“曼哈顿房屋发展公司总经理”头衔，看名字却是原山东韩复榘部下的一个团长。那一年老孔用李毓万之计，从韩复榘手中骗回税收大权时，此人曾暗中帮忙，出过大力。韩复榘因丢弃山东被蒋介石处决后，孔祥熙对老蒋托出这段隐情，此人得以继续率领部队，而且为稳住原韩的部下，此人又被连连提职。到抗战胜利，已成兵强马壮的一军之长。在接收日伪财产这一千载难逢的发财机会中，已下台的孔祥熙眼看“行政院长”宋子文独吞果实，于心不甘，经霭龄提醒，召来此位将军，暗中令他到福建“抢收”，所得一分为四，一份上交，其余三份由霭龄、美龄和他本人瓜分。结果每人发了一笔。后来孔宋赴美，已不知此人消息。现在突然也在美国出现，况且变成了什么“经理”，老孔一时不知其意欲何为，拿不定主意见还是不见。

孔祥熙问：“他来找我要办什么事有没有透出口风？”

领班说：“他只说见你，我问他何事他说是您老部下，特来问安的。这就什么也没法问了。”

孔说：“能不能打听一下此人现在的住处、真实的身份，我们也好对他的来意有所预料？”

“哎呀，这可比不得国内，暗中查访他弄不好警察会找麻烦。不行干脆告诉他您不在，打发走算啦。”

孔祥熙摇摇头：“你告诉他我今天正有重要客人，明天再来吧。”

“明天？明天您不来上班的呀？”

“就这么说吧。”

第二天上午10点，这位昔日的马军长、今天的马总经理忽然来到里弗代尔孔祥熙住处门外，直嚷着要给孔院长贺喜，看来此人把一切情况都摸透了，根本没到银行，而直奔家里来了。

孔祥熙再躲不过，只好出来。

马军长一看到老孔，就双拳紧抱，直喊“恭喜恭喜”，并叫人抬上来一个大花篮。

孔祥熙莫明其妙：“喜从何来？”

“哎呀，孔院长当初洞察局势，不恋栈位，及时退步抽身，所有家产悉数转移出来，丝毫未受损失，这不是天大喜事吗？”

孔祥熙一听，原来还是说这陈糠烂谷子的事呀，心里没大好气，只说道：“哪里是我先见之明，受人逼迫，不得已如此，你来看我笑话吗？”

“岂敢岂敢！孔院长，我这是效仿古人，事出有因啊。唐朝韩愈老先生写过一篇有名的《贺失火书》，说那位官吏原先总被人攻击做官不廉，家财万贯，却无以自明。家中火起，众人去救时，才看到家里并没有什么财产。一场火烧出了一个清官名声，从此将会仕途得意，所以失火可贺。孔院长虽然提前退下，但财产都保全了。现在大陆丢了，咱们这些人后半生还不得靠钱生活吗？可是看看政府里军队里那些一直在位大大小小的人物，最后哪个不是仓皇逃走，财产都丢给共军了，大都落个一贫如洗，您是财产未受损失的唯一一人哪！两相比较之下，我才敢来给院长贺喜呀”

“因祸得福哪”，孔祥熙算把这句话记牢了，不过他马上又教导姓马的，“我这院长也早下台了，你呀就别再给我戴这高帽，给我惹烦了。你还是叫我老孔好了。”

“是！院长。我还想把当初对不住你的人最近的惨相给你说说，您就知道我这喜贺得有道理了。”

孔祥熙听到这儿，不由一阵高兴，这才把姓马的请进客厅，亮开嗓门高喊一声“看茶！”

孔祥熙自下台以后，最爱听的就是别人倒霉。他让姓马的详细谈谈，那些曾经攻击自己嗓门最大的人最后如何丢财舍业的。姓马的这下得以发挥，添油加醋，把那些人一个个贬了个狼狈不堪。孔祥熙听到生动处，不由连道：“报应，报应呀！”

马军长说着说着，不知何时扯到了自己身上，他说，“我呀，也是真傻，眼看共军占领了江北，还尽信老蒋说的长江天险，固若金汤，划江而治，伺机反攻的鬼话。结果，嗨，我只把孩子老婆和一点金银细软送到了国外，那些企业房产，一点没顾上处理，那天听说解放军要过江，我想怎么也得守个一年半年的，就想赶紧处理还来得及，刚想找人谈，那天早上一觉醒来，说解放军来了，我还说扰乱军心，就是神兵也没这么快呀，没容我反应，城外已经响起了枪声，电话也断了，结果哪，别说处理财产，就连部队也没集合起来，我们就完了，瞧，到现在，也就只剩这条命了。我到这里，看中了一处房子，一家人也得有个窝呀，可，财产都丢了，钱一时凑不齐，院长能否看在过去的交情上，帮我一把……”

孔祥熙吃了一惊，“你不是房地产公司经理吗？怎么自己还没安顿好？”

姓马的苦笑一下：“幌子，要不我怕没人肯见我呀！”

孔祥熙还沉浸在听别人笑话的快乐中，没想姓马的说话技巧这么高，没容他反应过来，已经把皮球踢出来了，孔祥熙一直庆幸自己没受损失，这一下怎么办？想哭穷装蒜也拐不过弯了。他沉吟了半晌才说：“我的财产是转移出来一些，可我大都用于投资了，这在国外做生意，咱们一时还真没经验，赔得多呀！”“瘦死的骆驼比马大，您拔根汗毛比我腰粗，大观园里刘姥姥说得不错。我听说您刚在纽约附近又买了高级住宅，160 万美金呀！纽约最繁华的百老汇路还租了房，一天就是 150 美元。我就要点贷款，只要我的生意开张，还本付息是不成问题的，您总不忍心看我一家去住贫民窟，给咱中国人丢脸吧？”马军长显然对老孔的情况摸得很透，想蒙哄他不容易。

孔祥熙还在沉吟，霭龄早从里边转了出来，她亲热地跟马军长打过招呼，把一张两万美元的支票塞到了他手上：“初来乍到，生活上定有许多不便处，这钱你先用着，以后有什么困难尽管说，老朋友了嘛，不要客气哟！”

马军长忙不迭说：“我写借据，我写借据。”霭龄严肃起来：“你要借钱还是到美国银行去。咱们是老朋友，互相帮忙是应该的，哪一天你发了财，说不定我还得求你。你要跟我们认真，那以后可就不好相见喽！”

马军长见霭龄如此说话，只好一躬到地："那我就代表全家谢院长和夫人了！"

孔祥熙急忙转弯："何必客气！啊，就在这里吃饭，咱们边吃边聊吧？"

马军长急忙起身："谢谢了谢谢了，我今天还有急事，以后再来叨扰。"

姓马的一走，霭龄给老孔说："这种知道我们根底的人不能得罪，可你要借钱给他，以后他还会常来。给他一笔钱，都是有脸面的人，他以后就不好再开口了。以后再有这种人，还是这样打发，有过几个，别人就不好来了，以后要注意在美国多交朋友，特别是政界有希望的朋友，而慢慢避开从国内逃出来的人，中国人中只在我们圈内的人当中活动，方可保证安全。财产的事，以后再不要讲因祸得福、丢官保财的话了，搞不好会招来大麻烦的。"

孔祥熙连连称是，但不久他们的财产还是招来一场大风波。

第三十五章　另辟蹊径

结交尼克松,身价倍增

孔祥熙善于敛钱,也很会用钱。

他到美国后用很大精力研究美国的政治形势,逐渐筛选出了一批要全力结交的政治家,初出茅庐的尼克松就是有代表性的一个。

他派儿子孔令侃去和尼克松交朋友,在他需要的时候,不惜代价地给予资助,并且经常邀请他到自己新购的一所豪华别墅里做客。这所新房位于纽约长岛洛卡斯特谷菲克斯巷。那里风景优美,是全世界最有钱的人聚居的宝地。

尼克松年轻英俊,是强硬的反共派,孔祥熙认为他日后会大有发展,必在政界占有位置。可是在美国要在政界出头离不开金钱,尼克松缺乏活动经费。

尼克松想在政界出头但苦于没钱,孔祥熙有钱需要寻找美国政界靠山,双方一拍即合,很快成了密友。

1950 年美国参议员选举,孔祥熙拿出了 100 万美元,打发小儿子孔令杰跑到洛杉矶,捐给尼克松做竞选活动经费。他还亲自出谋划策,动员了加利福尼亚州的华侨都来投尼克松的票,尼克松顺利地当选为参议员,成为孔祥熙在美国政界的一位代言人。

才华横溢的尼克松在政界平步青云,孔祥熙喜滋滋地看着自己的投资正在产生效益。有了这样的王牌,他在美国的居留有了可靠保障,在败逃台湾的国民党人中也日渐重新抬高了身价。

青天白日旗在南京的总统府被解放军大炮轰落了,蒋介石又把它挂在了台湾的总督府上,总督府被改成了又一个总统府。200 多万人涌入台湾，这个只有3万多平方公里的岛屿一下子热闹起来。由于陈诚的苦心经营，台湾已没有原四大家族中宋孔陈三家的市场，其他什么桂系、奉系、川军、滇军各地方势力也由于在大陆被老蒋推到前线，部队基本被歼，失掉了与老蒋对抗的本钱。已经下野的蒋介石又腰粗气壮起来，未经任何手续就宣布自己又成了总统。他声称这个小岛就是中华民国，并发誓要从这里出发，重新去收复大陆。

蒋介石忘记了，他此时不仅是中国政府通缉的战犯，而且国民党内也还有许多人不承认他的地位，甚至连过去长期支持他的美国人也没有把他看成一个政权的头目。

罗斯福总统由于卓越贡献和正处于世界大战期间，1944年打破美国宪法规定的一个人只能连任两届总统的惯例，第四次当选。但是没几个月他就病逝在任期内，副总统杜鲁门按规定继任总统。杜鲁门虽然仍然支持国民党政权，但却不支持蒋介石。他认为蒋介石独裁腐败，不符合美国民主政治的要求。蒋介石在台湾宣传自己在战争最后期间下台已经不算数的时候，杜鲁门仍然只承认李宗仁是民国总统。

当蒋介石好不容易把孔祥熙和宋子文都挤出执政的核心圈，使宋家只剩下一个宋美龄在身边的时候，他看出了自己其实是离不开宋家的。只有在美国受过教育的宋家兄妹能和美国人搞好关系，只在日本军校混过的自己和美国人经常是格格不入。没有了宋家就没有了美国的支持，在与中共对峙的情况下，失去了美国支持就无法生存。算清了账的蒋介石开始重新调整对宋家的关系。

蒋介石和美龄早已修好。他们年事已高，又处境不妙，不允许再闹离婚风波，况且多年的生活使他们都清楚除了感情以外，对方那里还有自己需要的东西，命运和利益已经把他们紧紧地捆在了一起。

自大陆溃退之后，失败的责任问题已经远远超过了其他内部的纷争，只要霭龄和祥熙不再直接威胁自己，蒋介石愿意借他们去压迫其他派系。这就出现了一个奇怪的局面——被蒋介石逼下台的孔祥熙又不断受到蒋介石吹捧，成了他开脱自己责任的招牌和打击他人的石头。

蒋介石对孔祥熙重新评价，委以“资政”头衔

忠心耿耿的陈诚已经把总督府修葺一新，并且辟地修建了江南水乡式的精致花园，好让心情灰暗的蒋介石尽量有一个仍在南京统治全国的幻觉。

1949 年 11 月底，宋希濂兵团全军覆没，胡宗南 40 万大军土崩瓦解，卢汉 12 月 9 日在云南起义，白崇禧的几十万部队在广西被歼……美龄发现蒋介石突然变老了，步履蹒跚，腰也弓了，头上的白发是那么刺眼，盛气凌人、动辄发怒的乖戾脾气也变了，变得死气沉沉，经常一人向隅呆坐，很爱自言自语，不时咕噜几句谁也听不明白的话。

美龄感到必须给蒋介石一些鼓舞，使他从失败的沮丧中振作起来。

“老头子，杜鲁门虽然不喜欢我们，但隔着一个海峡，共产党没有强大的海军，一时总不会打过来，海峡两岸可能有相当长的对峙时间，我们现在除了加强金门、马祖等前沿岛屿的防卫，我看我们要加紧发展经济。只要人们丰衣足食，不再像大陆时期那样很多人饥寒交迫，我们就能争取人心，站稳了脚再图反攻……”

“发展经济？我们有从大陆运来的几百万两黄金，有从上海搬来的工厂设备，足以维持了。现在党内人心不齐，美国佬也不知哪天会抛弃我们，现在用很大力气搞经济，难解燃眉之急啊？”蒋介石另有想法。

“美国的态度确实令人头疼，但对这个杜鲁门我觉得还是没有什么好办法。噢，对了，大姐现在美国结交了一批政界朋友，已经形成一股势力，有些人还很有希望不久后在美国掌权，这可是改变台湾目前处境的一线希望。可是……你……以前，对大姐和她那个孔圣人也太那个了，如果借用的话，恐怕还得……”美龄说到这里就不往下说了。

“嗯，说下去说下去！”蒋介石眼睛里有了光彩。

“这主要是看你的了。”

“大姐过去对我帮过许多忙，这次一定还会帮忙。嗯，庸之先生是理财好手，主持抗战财政很有成绩，我过去几次破例表彰，后来嘛，嗯，后来嘛主要是有些人挑拨，对大姐和庸之兄造谣中伤，我是完全不信的。唉，

要是仍旧由孔先生主持财政，我就不会被共产党打得这么惨，这仗主要输在经济上啊！这都是党内那些不负责任的混账东西为争私利来回搅和搞坏的，我对他们是没有一点成见、非常信任的，你可以把我的这个意思转达一下，总归是一家人，还要同舟共济啊！"蒋介石脑瓜转得很快，听说霭龄有用得着之处，一反上次与霭龄谈话时的仇视、冷漠和绝情。

"达令，你能这样想真是太好了！多年的事实证明，蒋家和宋家，和则两利，分则两伤。你的这些话最好公开讲出去，先作一个姿态，也是对那段历史的一次澄清，对大姐也是一种安慰。"美龄抓住机会就不肯放过。

"好的好的，只要他们不回台湾跟我捣乱，怎么说都可以。后天有一个大陆失败检讨会，在会上我就着重讲讲这一条：孔先生被迫辞职，使我们财政一片混乱，是导致失败的重要原因。还可以借此压一压那帮老家伙，嗯，是不是？"

"很好，这是一个好的思路，省得那些人老是说军事指挥失误，那样说来说去，还不把账都算在你头上？不过，也不要忘了给共产党算上一笔，就说孔先生去职，是共产党的反间计。"

"好啊，我的达令！你到底想问题角度刁。"蒋介石一扫脸上的阴云，腰竟挺直了不少。

"什么'我的达令'，达令是英文'亲爱的'，跟中文搅在一起说可是不中不洋、不伦不类噢。"美龄一脸娇嗔。

"好的好的，表达意思嘛！"蒋介石眉开眼笑了。

"报告！顾大使急电。"二人正说得来劲，一个毕恭毕敬的侍卫官站在了门口。蒋介石接过电报，原来是驻美大使顾维钧拍来的。一看之下，蒋介石脸上的愁云又堆了起来，压得两条眉毛直往外突，嘴唇发抖，竟一句话也说不出来了。

美龄接过来一看，顿时也怔住了，停了一下，她把电文啪地往桌上一拍，嚷道："李宗仁也太过分了，明知你已经复正大位，他还想以总统身份去见杜鲁门，他现在还有什么东西能撑得起这个总统？"

"夫人，这不仅是栽我的面子，还关系台湾的前途，你马上到美国去，想尽一切办法阻止他！阻止他！"蒋介石竹节般的手指在空中伸着、抖着。

“达令，我马上准备动身，不过……”美龄欲言又止。

“需要带什么，你讲你讲。”

“别的都暂时不要。只是此去必然离不开大姐协助，我们刚才议的事情要马上办才好。”美龄盯着蒋介石的眼睛，生怕他又变卦。

“你快去准备，马上走，马上走！我明天就发表孔祥熙先生为总统府资政，刚才议的意思还是放在后天的正式会议上讲，那样庄重、有分量，你该放心了吧？”蒋介石似乎有些不耐烦。

“这‘资政’是一个什么头衔？”美龄还是第一次听说这名词。

“反正是好大好大的官呗，总不成还叫他来当院长吧？”蒋介石又有些激动的前兆。

“我也没有那个意思啊。不过要人出力，总是要让人有那个心情。”

“好啦好啦，我懂！庸之兄是好说话的。哪像……”蒋介石把后半截话又咽了回去。

孔祥熙不服气：“既然承认过去对我不公，就该恢复我的职务！”

宋美龄星夜兼程赶到美国，一下飞机就去医院看望李宗仁。

李宗仁是去海南岛视察时，突患胃出血病倒的，他当时明知蒋介石在台湾宣布了复出，飞往美国做手术时却明令行政院长阎锡山以责任内阁立场处理国政，不许蒋介石插手。

美龄给李宗仁送上一大束鲜花和一堆高级补品，做出一副对李宗仁健康无比关切的神情说：“德公，你刚刚动过手术，一定要安心静养啊！一钻进政治活动的漩涡，恐怕要老病复发的呀！”

李宗仁自然明白美龄的意思，他苦笑了一下说：“夫人，我何尝不想安心养病，可杜鲁门总统来请，我硬顶着不去恐怕有失礼貌吧？”

美龄往沙发上一躺：“噢，杜鲁门怎么说的呢？”李宗仁从枕头底下摸出一封信，递给宋美龄：“这是艾奇逊国务卿写来的。你看看吧。”美龄接过来，只见上面写道：

总统先生阁下：

欣闻贵体于动手术之后日趋康复。迅速复原，早庆勿药，实所至祷！如贵恙痊可后，杜鲁门总统切盼能来华府一行，为贵我两国之相互利益，拜晤一叙也。

艾奇逊

美龄看到这封确实把李宗仁称作总统的信，手指不由微微发抖，但她仍强打精神说："德公，你是党国德高望重的元老，希望能以大局为重。蒋先生已在全国军民拥戴下，复任总统之职。这是举世皆知的事，如仍以总统身份前往会见外国首脑，岂不是我民国有天出二日、分裂不和之象？因此蒋先生建议你以副总统身份，做他的专使，去同杜鲁门会见，这样我看是比较妥当的，你说呢？"

李宗仁听到这里，不由从床上坐了起来，义正词严地说："蒋夫人，按我国宪法第 49 条规定，总统缺位时由副总统继任。正副总统均缺位时由行政院长代行权力，并由立法院长在 3 个月内召集国民大会，补选总统。蒋公在国家最危难时，卸任而去，把一个行将崩溃的摊子撂下不管，我按宪法规定继任总统，这是名正言顺、人人皆知的事实。现在蒋先生要复任总统，根据的是宪法哪一条？这国家首脑，怎么成了他不想当时就由别人顶着，他想当了别人就得随时让位，宪法岂不成了儿戏？别人岂不成了木偶？我想提醒你，我的总统是受之于宪法的，并非蒋先生私相传授也。"

一席话说得宋美龄脸红到脖子根，她没有想到李宗仁竟这样硬气，搬出宪法来作对。因为一时实在找不出像样的理由给予辩驳，只好唔唔两声，嘱咐安心养病之类，匆匆离去。

美龄找到驻美大使顾维钧商议对策。她说："我想马上见到杜鲁门总统或艾奇逊国务卿，要他们放弃会见李宗仁的想法，他的桂系部队已经在广西被共军全歼，撤到台湾的部队都是蒋公的嫡系，李宗仁已成光杆一条，没有任何力量了。我要警告这些目光短浅的美国佬，他们如果放弃蒋介石，在中国就没有任何人可以代表他们的利益，蒋介石的完蛋就是美国利益的完蛋，就是美国的失败和耻辱，就是美国多年来对华政策的破产！”

美龄越说越激动，似乎她面对的就是杜鲁门而不是顾维钧。

等她说够了，顾维钧才嗫嚅着说：“夫人，这些话很好，很有分量，但一定要当面给美国人说才行。我是绝对忠于蒋总统的，我一定设法周旋，让杜鲁门早日会见您。”

“好吧，我等着你的消息。”美龄已经有气无力了。

美龄住进了里弗代尔霭龄的寓邸，见一向好说话的孔老爹并不热情，便赶紧把和蒋介石达成的协议说了一遍。霭龄说：“老孔任职不任职是小事，关键是要对过去的事有个说法，姓蒋的听信一面之词，冤枉无辜，这要坏我们百年名声，他要把这件事说清楚，究竟是谁打的小报告，居心何在，我们到底是什么人，对他姓蒋的怎样，把这些说清了我们才好和解，才好合作。”

美龄说：“啊呀，事情过去这么长时间了，涉及别人的事就不要再追究了，把别人端出来并没有多少好处。只要他公开重新评价孔先生的贡献和业绩，就是对那些人的否定，也就是承认他自己听信谗言的错误，你们的名誉就正式恢复了，这不就很好了吗？”

孔祥熙说：“既然承认过去对我不公，就应该恢复我的职务，只给一个资政的虚衔，拿谁当小孩子哄呢！”

美龄说：“好了好了，现在他也遇到了大难处，杜鲁门连他的总统地位还不承认呢，我们要齐心协力帮他渡过难关，他的地位巩固了，你的问题才好解决啊。”

霭龄说：“也好，我帮他，我要让他看看我们到美国并不是避难行乞的，我们有实力，有发展，在这里比那些守在他身边的人作用并不小。”

美龄赶紧说：“那是那是，我从小就最佩服大姐，大姐从来都是有办法的人。”

一句话把霭龄说乐了：“我最佩服的倒是你那张小甜嘴，用着人的时候，一脸皱纹能说成一脸双眼皮。”

孔祥熙扑哧一笑，天大的事情就算化解了。

第二天，孔令侃带来一位英俊的美国青年。孔令侃介绍说：“姨妈，这位是美国参议员尼克松先生，他是美国院外援华集团的骨干成员。过去为争取美国对华援助出过大力。尼克松先生很欣赏注重实力的蒋总统。愿意为台湾的前途献计献策。”

尼克松向美龄鞠躬致敬，说了一通恭维奉承的话。美龄非常高兴，请尼克松坐下来畅谈，想听听他对目前这件事的主意。

尼克松说：“我过去听过你的演说，加深了我对中国的印象。我认为中国是一个伟大的国家，人民很勤奋很勇敢也很聪明，中美两国应该携起手来，在世界上发挥重要作用。我不赞成杜鲁门总统目前的做法。但可惜我没有权，不过我可以呼吁新闻界人士和议员先生们向杜鲁门发难，多一个人就多一份力量。如果有一天我掌了权，我会改变现行的对华政策，采取有利于中国的措施。”

一席话说得美龄热乎乎的。她连连称赞说：“尼克松先生，你真是年轻有为，远见卓识，前途不可限量啊！今后我们一定全力支持你，为你的政界崛起提供后援。”

此后尼克松上升很快。在当选副总统后，曾秘密到台湾访问，并在朝鲜战争爆发后参与了向台湾派驻美军的决策。1972 年，在总统任期内，到大陆访问，与毛泽东主席和周恩来总理进行会谈，承认中华人民共和国为中国唯一合法政府。承认只有一个中国，为实现中美关系正常化做出了贡献。不过这是后话，暂且不表。

美龄刚把尼克松送走，顾维钧匆匆赶来了，美龄一看他那垂头丧气的样子，就知道情况不妙。但还是赶紧问道：“维钧，怎么样？”

顾大使摇摇头，叹了一口长气说：“杜鲁门根本不见我，艾奇逊虽然接见了我，却说，要把台湾建成一个民主政治的示范区，靠蒋先生是根本不行的。今日的蒋先生已经成了贪官污吏、反动政治的代名词。你瞧瞧，这……”

“太过分了，太过分了……”美龄用手揉着太阳穴，努力不使自己晕过去。半晌才喃喃自语说：“难道真到了山穷水尽的地步了吗？”

一直默默不语的霭龄突然问：“杜鲁门要见李宗仁，要算两国总统会见，那么外交上应该通过什么途径？”

迷惑不解的顾维钧望着霭龄:“在外交礼节上应该通过大使馆呀!”

“那你愿意给李宗仁当这个踏板了?”霭龄不紧不慢地说。

“哎呀,我怎么会为他效劳? 天人可鉴,天人可鉴!”顾维钧还以为霭龄要挑剔自己,赶忙表白。

“呵呵,不是那个意思。”霭龄一乐,接着又神秘地一笑说,“既然两国首脑会见要通过大使馆,我们不妨——”

霭龄一卖关子,美龄和顾维钧赶紧伸过来耳朵,催促说:“怎么样,你快说呀!”

霭龄却不说了,只是神秘地笑着。美龄一下子明白了:“噢,大姐的意思是说,让顾大使躲开,抽掉了踏板,他们暂时就不好相见了,是吧?”

霭龄还是不言语,顾维钧连忙说:“好主意! 好主意! 对,我明天就走,看他们怎么办!”

美龄说:“不,你今天晚上就走! 让我们看看李宗仁这出戏怎么唱!”

顾维钧一走,美龄暂时松了一口气。她嘱咐孔令侃去买通记者,大造舆论,阻止杜鲁门会见李宗仁,同时派人密切注视李宗仁的一举一动。

第三十六章　再助老蒋

孔祥熙要给台湾提提意见，宋美龄却顾不上细听

杜鲁门刚从白宫出来，就遇到了一大群记者的包围。一个记者抢上前问道："请问总统先生，你认为台湾的出路在哪里？"

杜鲁门本是对付记者的老手，这种场面经得多了。他摆出一副胸有成竹的姿势，挥挥手说："台湾唯一的出路，是建成一个民主政治的示范区，与大陆的极权政治形成对照，以争取既失的民心，从而为中国的民主政体打下基础。对于国民党来说，这是万分绝望中的唯一希望，如果国民党人不能在这方面做出努力，台湾就毫无希望！"

这些被孔令侃买来的记者本来是要突然袭击杜鲁门，专等挑他说话的毛病，好在报纸上喝倒彩的，不想杜鲁门讲得很精彩，一些记者竟不由自主地为他鼓起了掌。

倒是一个女记者不忘使命。她先妩媚地一笑，然后提出了一个十分尖刻的问题："请问，中华民国总统蒋中正先生已经在台湾复正大位，可是我听说你却准备以总统之礼会见李宗仁先生，一个国家怎么可能出现两个总统呢？你这样做会不会被说成是对中国内政的干涉呢？"

杜鲁门盯着女记者仔细看了一会儿，才说："李宗仁的总统地位是按照宪法继任的。蒋介石先生的总统职位是怎么来的？我从国务院得到的报告，中华民国只有一个总统，那就是李宗仁先生。我倒要请问记者小姐，你说蒋介石是总统根据是什么呢？"

女记者潇洒地甩了一下披肩长发说："啊呀！这个情况台湾方面早就公布了，看来国务院运转不灵，把这么重要的情况都漏报了。"

一句话把艾奇逊惹恼了，他往前一站说："如果有一个神经病明天在

纽约宣布他是美国总统,那么你是不是就准备把他当总统来宣传?我看不是国务院运转不灵,倒是有人可能得了钱,忘记了新闻职业道德。"

这一句话又像捅了马蜂窝,记者们乱嚷起来。杜鲁门和艾奇逊赶紧钻进轿车开走了。

孔令侃看这里没戏,又去找盯着李宗仁的人,不想一去就听到一个新情况,又慌慌张张地赶回家。

美龄嘴叼一支莫合女士香烟,正在窗前悠闲地抽着。孔令侃跑进来就嚷:"姨妈,不好了,我们失算了!我妈那个主意根本不行,倒让人钻了空子了!"

美龄嗔他一眼:"小孩子家家不要这样说话,怎么回事你慢慢说。"

孔令侃这才喘口气说:"李宗仁借口顾大使不在,要派他的私人代表甘介侯直接与美国政府交涉。你瞧。这不是弄巧成拙了吗?"

美龄一下子把烟掉在了地上,她缓了一会儿说:"不是我们的主意不好,是李宗仁太不知深浅了。好吧,快发电报让顾大使回来,这样好歹对李宗仁还有个牵制。"

1950 年 3 月 2 日,李宗仁乘车从纽约抵达华盛顿。顾维钧早已等在白宫门口,艾奇逊叮嘱顾维钧:"一定要以总统身份介绍李先生,否则就降低了我国总统的身份!"

顾维钧左右为难,既不能有负蒋夫人托付的使命,又不能得罪美国老爷。最后想出一个折衷办法,用代总统的身份向杜鲁门介绍李宗仁,杜鲁门皱了皱眉,没有说什么。

午宴以后,杜鲁门和李宗仁边走边谈,进了一间大客厅,顾维钧寸步不离地紧紧跟随。谁知大客厅里面还套着小客厅,杜鲁门和李宗仁一边说着,竟穿过大厅又进了小客厅,顾维钧刚想跟进去,艾奇逊却拉住他在大厅里坐下。随李宗仁来的甘介侯也准备在大厅坐下,国防部长约翰逊却推了他一下,甘介侯心领神会,赶紧跟了进去。顾维钧眼睁睁看着小客厅的电动闸门落地关严,里面的情况一点儿也不知道了。艾奇逊和约翰逊夹着顾维钧东拉西扯,顾维钧急得直想哭。

见到美龄,顾维钧真的哭了:"夫人,这不是对我个人的侮辱,是对中华民国的轻视啊！”

美龄气得咬牙切齿：“杜鲁门，咱们骑驴看唱本——走着瞧，早晚我要你的好看！”她转身对蔼龄说：“大姐，你可得再帮我一把，咱们要想办法把杜鲁门拉下台！”

蔼龄却不愠不火：“咱们不愿意美国人干涉中国的事，我看咱也不要管美国人的事，何必交这个仇敌呢？”

美龄倒急了：“大姐，我想不到你会变成这个样子，难道你没看见杜鲁门给我的难堪吗？我们怎么能忍受这口气？”

蔼龄说：“匹夫见辱，拔剑而起，挺身而斗，此不足为勇也。天下有大勇者，当善待时机，伺机而动，不作无用之功啊。何况我现在是老弱病残，样样俱全，身心交瘁，怎比年少之时！”

美龄不满地说：“大姐老了，我还年轻。那你就当旁观者，看我怎么跟他斗吧。”

孔祥熙这时插上来一句：“蒋先生这个人哪，不是我老孔说风凉话，确是毛病不少，现在把国家弄成这个样子，怎么能让人看重？他要真想奋发图强，我倒考虑过几条意见，谁知有没有人听呢？”

美龄心里不顺，说话也没好气：“你先好好想着，等需要的时候定来向你请教！”说完就要打道回台北去。蔼龄和祥熙互相看了一眼，同时摇摇头，也不再强作挽留。

宋美龄借孔宅会见尼克松，商议密计

自从蒋介石发表了赞扬孔祥熙战时功劳和理财手段以及对国民党一片忠心的谈话后，孔祥熙感到浑身轻松了许多，年轻了不少。他对自己的寓邸又特意进行了装修。里里外外不仅显出一种豪华富丽，也透出一种喜庆的色彩。特别是中国企业界人士赠送的一对大石头狮子，他把它们从二门里面搬到了大门口，更显出一种雄壮威仪。这对狮子不像一般府邸门前镇宅驱邪的狮子那样死气沉沉，而是一副仰天怒吼之态，特别富有生气。

孔祥熙指挥人把它们安放妥当，又仔细欣赏了一阵。石狮角上刻着“睡狮已醒”4个大字，下面又有一行是“赠给为唤醒中国商业之狮作出最大贡献的孔祥熙先生”，再下面是赠送人的落款。孔祥熙感到这些字题得略有些美中不足，如果仅仅题“睡狮已醒”4个字就好了，那样适用面更宽。不仅是对老孔过去功绩的肯定，还寓有未来更加辉煌的意思。但这没有办法，不可更改。孔祥熙从心里希望今天把它摆出来就具有预示前程锦绣的意义，因为它的位置比原来靠前了嘛。

孔祥熙又想起潘益民来，也不知他现在在什么地方，虽然他现在不能为自己再测吉凶了，但那一套东西已经深入头脑，时不时就要想到吉凶的预兆，总想着某种预兆给自己带来好运。

果然，孔祥熙刚进去，就有人来通报，美国客人来访。他对着镜子略作整理，来到客厅，美国朋友山姆已经进来了。孔祥熙格外高兴，他大声地问好后，就开门见山说：“嗨，老朋友，我相信你今天定给我带来了好消息！”

山姆大吃一惊：“孔先生难道有神机妙算？”

孔祥熙自得地一笑：“中国文化，博大精深，预知祸福，推测未来。”

“孔先生是否真正掌握了这种预测术，还有待于看事情发展来确定啊。”山姆不无幽默地说。

“好好，请告诉我今天带来的消息吧。”

“尼克松先生明天下午想来府上拜访。”

“啊，尼克松是我们的老朋友了，但是自从担任副总统以来，难得来我们这里做客了。这次能来我非常欢迎，欢迎啊！”孔祥熙激动起来。

“副总统这次来，一是看望你们，二是在这里顺便会见一下蒋夫人，有些事情需要大家私下谈谈。届时请孔先生和孔夫人一起谈，如何？”

孔祥熙回过味来，敢情不是为了看我们，而是借这块地方和宋美龄会晤，嘴上不便明说，只说：“尼克松先生刚访问过台湾，在那里什么不好谈，怎么又要在这里谈呢？”

山姆说：“到时你就知道了。”

第二天上午，美龄由台北匆匆飞来，她照例把孔家作为自己的下榻处。

尼克松来了，孔祥熙夫妇和美龄都到门口迎接。他们热情寒暄过后，尼克松首先向美龄表示祝贺说："美国强大的第七舰队已经进驻台湾海峡，在台湾的空军基地也在大规模扩建，还将有地面部队到那里驻扎，台湾的安全有了绝对保障。如果中共要进攻台湾，首先遇到的就是同美国的关系，蒋先生现在可以睡安稳觉喽！"

美龄高兴地说："谢谢，谢谢！你们美国人还是够朋友的。不过，你们要把台湾抛弃，对美国在世界上的形象也不利呀！人家会说美国人靠不住的。"

尼克松一笑："是啊，美国人中确实有靠不住的，这个你也是知道的。"

霭龄插话说："这些变化还不是因为朝鲜战争的爆发，美国的做法也是为了牵制中共，使他们不能把更多的军队投入朝鲜罢了。"

"反正对台湾有利，是吧，蒋夫人？"尼克松把头转向美龄。

美龄愉快地笑笑："也祝贺你们呀，副总统先生，你们在朝鲜进展顺利，听说马上就打到鸭绿江了。"

"夫人，这正是我们今天要谈的主题。"尼克松换了一副神情。

"许多人只听杜鲁门在广播里吹牛了，你们哪里知道，真实的情况是，彭德怀的部队已经突破三八线，飞渡汉江，直指汉城，我们快被赶下海了！"

"有这么糟糕？"美龄顿时泄了气，半天才说，"我们愿意出兵朝鲜，但是在解决朝鲜以后，要从那里向东北推进，帮助我们收复大陆。"

尼克松做了一个有力的手势："不！问题不在兵多少，最根本的是决策人不行，政策不对头。要在朝鲜取胜，必须把杜鲁门赶下台，把杜鲁门的亲信麦克阿瑟赶下台。"

美龄一听来了兴趣："杜鲁门对我们很不友好，能让他下台最好了，可，这是你们美国人的事，我们怎么帮忙呢？"

"当然能帮忙，夫人！"尼克松眼睛里闪出光来，"我们可揭露朝鲜战争失败的真相，先把麦克阿瑟拉下马来。然后，换上我们的朋友——二次大战的英雄艾森豪威尔元帅。只要麦克阿瑟下马，杜鲁门也就失去台柱了。”

“可你并没有说我们能做什么呀？”美龄还是不解。

“噢，夫人，我听过你的演说，二战时期，你的演说倾倒了多少美国人。他们为你的言辞所打动，情绪随你的手势而变换，你的见解精辟深刻，语言艺术炉火纯青。还有，就是你的仪容完美漂亮，也令人着迷呀！夫人，为了台湾的前途，为了我们共同的利益，你再出一次马吧！”尼克松期待地望着美龄。

“这……”美龄摸把旗袍的领子，“10年了，我老了。只怕难收其效啊！”

“夫人，西方有一句名言，你认为自己了不起，别人也就会以为你了不起！对于夫人，我充满信心。”

美龄明白尼克松在利用自己，但一想到杜鲁门当初给自己的冷遇，就决心干一把了。但她还是有些犹豫地问：“仅仅这样做能行吗？”

“不，夫人，”尼克松看攻下了一关，语调更有力了，“我们会从多方面展开攻势，美国的事情我们美国人当然会用更大力气。对，还有，”尼克松把头转向孔祥熙，“我也希望得到中国财团的大力支持。孔先生和孔夫人一向在这方面是深明大义的，这次还望能带个好头。”

孔祥熙一听，好啊，不仅要用我的地方，还要让我出钱，这结果怎样还很难说，万一搞不成，我等于花了钱请人赶我离开美国。这一算计，就显出一副为难的样子：“我，我们现在没有什么号召力啊，只怕有负副总统先生的重托。”

尼克松大度地笑笑：“孔先生，这次行动我们有必胜的把握，这是一笔利润丰厚的投资啊！”

霭龄适时地插进话来：“从长计议，咱们从长计议吧。”

尼克松听不懂这种模棱两可的中国式语言，又给美龄上了一把发条：“蒋夫人，我祝你旗开得胜！”说完就告辞走了，把一团乱麻疙瘩甩给姐妹俩自己去解了。

孔祥熙为美龄在美国的活动提供了3000万元，宋子文却一个子儿也不肯给

美龄到处找人谈话，搜集材料，积极准备她到各地的演说。她想到这样的活动需要大笔经费，就向霭龄开口了："大姐，这次行动我想请你再捐助这个数！"美龄伸出了3个指头。

"300万？"霭龄说。

"不，3000万。"

霭龄皱起了眉头："这对我们可不是一个小数。你知道，在美国我们失去了过去在国内经营的许多优势，现在经营状况并不是很好，要这样下去总有一天我们会住进救济院去的。"

美龄把头一扭："这个话你给小孩子说去，我不要听。"

霭龄撇开这个话题："小妹，你知道这次行动的本质吗？我觉得这一次跟以往不同，不是我们在利用美国人，而是美国人在利用我们。卷入一场外国人争权夺利的斗争漩涡，我们在财产和人身安全方面都要冒很大风险，这件事还需要认真考虑。"

"大姐，这不是你的性格！只有投入战斗的人才能分享胜利的果实，这个道理你不是不懂。我看你就是舍不得钱，有钱不用，死了能带进棺材吗？"美龄说话尖刻起来。

"这不光是钱的问题，主要是这次行动的意义如何。"霭龄努力克制着自己。

"就是钱的问题，就是钱的问题！我真不明白一个深明大义的人，上了点岁数，怎么就成了守财奴呢！"美龄爱激动和强烈的征服欲又冒了出来，看来她不达到目的是不肯善罢甘休的。

爱和稀泥的孔老爹最不喜欢这种场面。他赶忙说："好了好了，3000万就3000万吧。不过——"

美龄一看有人答应，马上换了副笑脸："大姐夫、大姐，我真谢谢你们了，支票现在就给我签了吧。"

孔祥熙翻了翻眼珠："我话还没说完呢。"

美龄说："你说你说，答应的事可不能变卦。"

"钱我们可以出，但这次行动并不是为了你我，那些丢了大陆发了财的人也该作点贡献，将功补过才好。"孔祥熙对自己下台的那场变故中居然重新被重用的宋子文一直耿耿于怀。

"这个好说。你把支票给我拿着，我绝不会让他出的少于这个数。"美龄是逮住的就不松手。

看着美龄拿了支票去榨宋子文，孔祥熙眯着眼笑了："让 TV 也出点血吧。"

"没那么简单，我看她一分钱也要不出来，没几个人像你这么好说话的。"霭龄拿白眼斜着老孔。

"花钱买路嘛，说不定我们以后还要到台湾去。叶落归根，我们总还是中国人。"

"台湾会要你？这几个钱能管用？我看你是做梦娶媳妇——想得美！"

"我要娶媳妇就在白天醒着娶，才不要在梦里娶呢。"

霭龄哼了一声，去给在巴西经管财产的总经理打电话去了。

美龄一进宋子文家，嫂子张乐怡就热情招呼，唤女仆端上可口可乐。像父亲查理一样矮胖身材的子文却窝在沙发里不肯起身，只用挑衅性的语气说："小妹，花生派你来干什么呀？是不是又遇到难题了？"

美龄对哥哥竟然效法史迪威对丈夫这样称呼很不满意，但今天是来要钱的，只好暂且忍着，把这次行动需要他资助的意思说了一遍。

"国民党是个厕所，不管怎么冲洗也除不尽它的臭味，我已对它失去了任何兴趣，不要指望我会为你们做什么事。"宋子文的怨气显然还没有消除。

"即使抛开你几十年官高名显的政治生涯不说，就是你今天能在美国过安稳生活，还不是靠国民党执政时发的财？做人也该讲点良心。"美龄不得不反驳了。"良心？你倒要我讲良心？真要讲良心，我当初就该坚决顶住，不让你跟那个野心家结合！现在要讲良心，我就该拉住你，再不让你回到那个失尽人心的独裁者身边。"

“我不跟你辩论。我只要说，这次行动非常重要，对台湾前途，对我们这些人的未来都会产生影响，大姐可是出了3000万，你到底肯出多少?”美龄压着火，把孔祥熙刚刚签发的支票拍到桌子上。

子文一看是孔祥熙的签字，一下子从沙发里跳起来:“他出3000万，他30亿也应该！他本不过是黄土高原上一个土财主，居然在政府里爬上那么高位！把我为国家经济所做的努力全破坏了，他究竟捞走多少?”宋子文越说越气，“孔祥熙，蒋介石，这些家伙，自从沾了我们宋家的边，一个一个全发了，全成了大财主、大股东、暴发户，哼，我这个宋家长子，一心为国，倒被挤对得无容身之地，无一天安宁！好了，需要多少钱你再找他要去，我这里一个子儿也没有!”

美龄踉踉跄跄回到大姐家，她重新洗脸化妆，点燃一支香烟。正考虑今天的事怎么跟大姐说，孔令侃风风火火回到家里，一见美龄就说:“姨妈，我刚才得到消息，TV可能正参与一个阴谋……”

霭龄、美龄、祥熙、令侃几颗脑袋凑在一起。

第三十七章　财产之谜

｜　杜鲁门不相信孔家的财产是中国1920年前一个财主所能拥有的

孔祥熙一生究竟积聚了多少财产，一直是许多人感兴趣而又不得要领的问题。

当初宋美龄与杜鲁门斗法，惹恼了这位粗声大气的美国总统。当他得知美龄的活动受到孔祥熙的钱财支持时，立即命令美国联邦调查局查清孔祥熙财产的来源和数量。

美龄的演说进一步刺痛总统时，杜鲁门跳脚大骂："他们全都是贼，他妈的，没有一个不是贼……他们从我们送给蒋介石的38亿美元中偷了7.5亿美元。他们偷了这些钱，把它投资在圣保罗的房地产中，有些就投资在纽约这里！"

孔祥熙坚持每周3天坐最豪华的轿车到华尔街的银行上班。当杜鲁门激烈的言辞传到他耳中时，他开始了到美国朋友家里串门的活动。这些朋友有参议员、众议员，有大公司的老板，有美国驻外大使。孔祥熙一遍又一遍地向美国朋友解释，自己的财产都是步入政界以前，在山西老家经商积攒下来的。他请这些朋友帮他们澄清财产来源的误解，适当时提醒杜鲁门注意说话的根据和分寸。

这些话传入杜鲁门耳中时，杜鲁门轻蔑地一笑，向这些人出示了联邦调查局的材料：

孔祥熙从政之前虽然很会赚钱，在义和团运动以后取得了山西全境的壳牌石油经销全权，同时还经营肥皂之类的小日用品，但由于本钱小和时间短，所得十分有限。材料说，孔祥熙和所有山西人一样，喜欢保值的银子，同时也为了防盗，积到一定数目，就铸成一个大锭，称之为“莫奈何”。孔祥熙当年经营所得，一共只铸了3个1000两银子的大锭，也就是3000两银子。这与他和霭龄今日拥有的财富相差何止千百万倍。

一些人看到这些材料后耸耸肩走了，但一位红衣主教则坚持说，现在中国大陆已落入共产党之手，联邦调查局不可能深入大陆地区把这些年代久远的事实查清，他对这些材料表示怀疑。

杜鲁门说，今天大家都能看到的孔、宋的财产，也不是1920年的中国一个普通的财主所能拥有的，甚至就是一个满清王爷也不可能有这样巨大的财力。但主教威胁说，对私人财产的这种调查，是违反美国法律的，总统如果坚持这种观点，他就要将这种违法的调查公之于众。杜鲁门只好转入更秘密的调查，以掌握确实的材料。

联邦调查局报回新的材料：1943年时，宋霭龄在美国花旗银行的存款是8000万美元，宋子文有7000万美元，美龄则是1.5亿美元。

这是10年前一个银行的数字，那么现在他们一共有多少财产呢？

一些银行界人士告诉杜鲁门，宋家和孔家确有20亿美元存在曼哈顿。

杜鲁门愤愤不平地到处谈论蒋介石政府里的“贪官和坏蛋”，但是20亿美元的确切情况他无法查到。

杜鲁门犯了一个错误。他向孔祥熙的朋友出示材料暴露了他正在进行的调查，孔祥熙已经警觉起来，他们展开了保护自己财产秘密的反调查活动。

联邦调查局掌握了孔祥熙在大通国民银行、花旗银行、西雅图和波士顿银行都有巨额存款的线索，但是他们无法进一步核实具体数目。

胡佛向联邦调查局在美国全国各地的机构发出指示，说“联邦调查局希望立即了解所表明的个人以及他们所控制的工业、公司或企业的国内银行户头的钱数”。各地银行做出了回答，有的说“我们根本没有同宋家打过任何交道”，有的开始同意在“十分审慎和严格保密的基础上”进行合作，透露了宋家一些户头。但是当几天后调查局前往具体了解时，这些银行却采取了完全相反的态度。对于每一个问题，银行方面都回答以“无可奉告”。银行的理由是如果他们泄漏存户存款的秘密，那些大户们就会由于担心而取走存款，银行就将无法生存。而联邦调查局如果非要银行提供情况则必须出示传票。但是这样就有公开透露总统调查意图的危险，而杜鲁门是严格禁止这样做的。特别是如果院外援华集团抓住把柄，就会引起政治反应。

有人提供情况，孔祥熙在纽约的中国银行有大量存款，而且这些存款常常被用作向美国政界人士的政治捐款。但这更是一个无法进行调查的地方，因为中国银行就掌握在孔祥熙自己手里，就像旧金山的广东银行就是宋子文个人的一样，到那里去调查岂不是自讨没趣？

专栏作家皮尔逊自孔宋流亡美国后一直在追踪他们的活动，这时他提醒说，中国银行是“院外援华集团的神经中枢”，那里是万万碰不得的。

杜鲁门的调查眼看以失败告终，皮尔逊及时发出报道进行总结：“孔博士对美国政坛的了解之深不亚于他对中国财政的了解，在路易斯·约翰逊参加杜鲁门的内阁以前很久，孔曾挑选他做他的私人律师。约翰逊当上国防部长的时候，最坚决主张美国支持台湾……孔博士是声望很高的新罕布什尔州参议员斯泰尔斯·布里奇斯的座上客……

“布里奇斯在1948年竞选连任的时候，曾经列举纽约的艾弗雷德·科尔伯格在竞选中提供2000美元的捐款。科尔伯格是院外援华集团的头面人物，是孔博士的朋友。

“布里奇斯不仅投票和发表讲话支持院外援华集团的政策，而且让孔宋王朝得到极大的好处……

“布里奇斯从科尔伯格那里得到院外援华集团捐款那一年，布里奇斯任命爱达荷州前参议员克拉克为参议院拨款委员会的公正代表……布里奇斯占有拨款委员会主席的重要职位。”

皮尔逊说，这些人中有一部分是领着国民党的津贴的，有些甚至受到孔祥熙的资助，因而他们在执行一种能使孔祥熙的财产得到保护并不断增殖的政策……

皮尔逊还提供材料，说宋家的人在朝鲜战争爆发前几个星期购买了大量的大豆，朝鲜战争一爆发，大豆价格立即猛涨，他们抛出这批大豆就赚了3000万美元……显然他们做这笔生意是从美国某重要部门得到绝密情报的。

他接着说，宋子良的儿子宋尤金和孔祥熙的儿子孔令杰把大量珍贵的锡卖给了大陆共产党人……

孔祥熙在美国政府中有那么多铁杆的朋友，他们顶住了杜鲁门总统的私下调查，杜鲁门没有直接抓到他们贪污美国贷款的证据，也无法核实他们的财产，当然无法对他们进行打击。至于皮尔逊的报道，美国是新闻自由的国家，在报纸上说说可以，但要说因此就定下个为了赚钱而卖战略物资给共产党的罪名，还差十万八千里。

美国财政部为孔祥熙的贫穷作证

自以为能干的联邦调查局不愿意就此罢手，他们继续对孔家的财产进行侦察。

孔家的公寓——里弗代尔独立大道4904号周围出现了一些形迹可疑的人，清洁工、修鞋匠、乞丐，他们日夜在周围活动。但是结果证明孔祥熙比他们有远见得多，当初购买和修建这些房子时，他就在这方面用了心计——地方极其偏僻，行人稀少，没有几个人有正当理由长期待在这里；树木茂密，视野受限；楼房都隐藏在树丛之中，彼此相隔很远，从远处的观察基本上不起作用。对孔家住宅的监视没有取得成效。

但是在其他方面的侦察却有意外收获。他们查到从东海岸到西海岸许多城市有孔祥熙及其子女的公寓大楼和办公大楼。在洛杉矶郊区范奈斯一个偏僻的私人机场，发现了孔宋从中国运去的大量黄金。

杜鲁门可以肯定孔祥熙拥有数额庞大的财产，虽然具体数目无法查实。

美国《镜报》发表了一篇文章，披露了孔家财产的大约数目，立即引起了美国朝野人士的兴趣。

孔祥熙自到美国后，一直躲着那些爱寻根问底的记者。但是一天他从医院出来时，一群记者却堵在他的轿车前。一个大鼻头的记者说话瓮声瓮气："孔先生，你的小姨子在美国一再呼吁美国国会和民众，必须协助蒋介石防守台湾，否则台湾就会落入共产党之手，你认为是否有这种必要呢？"

孔祥熙只点点头，算是做了回答。

大鼻头跨前一步："求人莫如求己。我认为中国人首先应该自救，孔先生为什么对台湾局势袖手旁观呢？"

"我是爱国的。"孔祥熙既是驳斥又是回答。

"那么，能否请孔先生首先捐出 3 亿美元，购买先进武器加强台湾防守，以解台湾之急呢？"

孔祥熙额头上沁出了汗珠，随即又掉下了眼泪："我是落魄流亡美国的难民，看病、生活都非常困难，怎么可能有 3 亿美元的钱捐出来呢？"

记者们一片乱嚷："孔先生是世界知名的大富豪，捐出 3 亿元也不过一小半……"

"请问孔先生，你说自己拥有的财产到底是多少？"

"范奈斯的黄金，圣保罗的房地产，俄亥俄州的石油，不都是你的财产吗？"

孔祥熙一边往车前挤，一边说："你们在场的每一个人，都比我更富有……"

回到家，宋霭龄还没开口，孔祥熙就讲起了自己被记者纠缠的经过。不一会儿，孔令侃进门，把一张报纸摔到桌上："瞧瞧，什么布郎的狗屁文章，瞧，就这儿：'美国多数民众及国会议员，认为必须协助国民政府防守台湾，以免落入共产党手中，不过在此危急存亡之秋，中国人应先行自救。何以素称爱国而富有如孔宋者，尚袖手旁观，坐视不救呢？'瞧瞧，这可是打到门上了，怎么办吧？"

孔祥熙叹口气："防民之口，甚于防川，难哪！"接着把头歪一边，发愁去了。

霭龄缓缓地说："看来再装聋作哑或者被动应付是不行了，必须想一个根本解决的办法……"

孔祥熙请美国朋友到家做客，向他们诉苦。一位“美中文化交流协会”副主席无意中说：“你们到底有多少财产，自己都说不清，难怪外界胡乱猜疑……”

孔祥熙恍然大悟：“你是说因为情况不明而产生猜疑——”

“是的！”

“那么，可否请人出个证明之类的东西？”

“律师事务所出具证明是要先调查的，对他们的调查无法隐瞒事实！”

孔祥熙搓了一会儿手，忽然笑逐颜开。他们一起谈了些轻松的话题，然后请“副主席”在府上用餐。

孔祥熙心里最清楚，官场比律师的话更有权威，但却好说话得多。何况杜鲁门总统已经下台，艾森豪威尔时代来临了。

不久，美国参议院外交委员会和财政部公布了一个华人在美资产的材料。这个材料说，全部华侨连同各银行在内，所有在美国银行的存款，不超过5000万元。其中最大的存户，只有100多万元。而且这些存户中，大部分是侨居美国经营商业的华侨，且都在美国居住年代很久。

这里面虽然没有单独提到孔祥熙，却包括着孔祥熙。虽然不是一个简单的证明，却比什么证明都有力。

材料公布后，多年来一直设法躲避记者的孔祥熙在华尔街一家酒店召开了记者招待会。他出示了这份材料，请这些“有正义感、客观公正”的记者们为他澄清以往的谣传。他说：“我的祖上在中国经营商业，被推为山西首富，家产是有一些的。后来我把它投资在发展中国的工商业上，随着大陆沦陷于共产党之手，这些财产都丢失了。现在我只靠少量的积蓄维持最低水平的生活。美国财政部公布的这份材料，给我做了最好的证明。请你们主持正义，再不要听任那些居心叵测者，往一个落难者身上泼污水了。”

孔祥熙讲完，有的记者提了几个无关痛痒的问题，孔祥熙作了回答。然后由孔令侃向每位记者送了一个“装有有关材料”的袋子，这些记者就高高兴兴地回去发报道了。

报刊广播开始出现“孔博士丢掉大陆财产，来美后生活拮据”的报道，善良的人们不忍心再去打扰一个塌台人物贫困潦倒的生活，一段时间来唉声叹气、度日如年的孔府里又传出了得意的欢笑。

孔家举行了盛大的招待会，向每一位有功者表示感谢。中美朋友济济一堂，一片欢声笑语。

孔令杰修建1800万美元的防空避难所，孔家财产扑朔迷离

孔祥熙的身体时好时坏，最后他下决心搬到了纽约长岛洛卡斯特谷的新房子，因为据孔祥熙研究，新房子的风水更好些，而且这里到纽约长老会医院治病更方便些。

纽约长老会医院的设备是世界一流的，许多新的科技成果已在这里得到运用。孔祥熙进行了一次彻底的检查，他的身体器官并无大的毛病，医生认为他长年感到不适的一个主要原因是精神紧张造成的，进行了一个时期的理疗后，他明显感到浑身轻松了许多，他雇用了一位懂得中医经络学说并且善于按摩的私人医生，早晚做些保健性的治疗。

霭龄又恢复了昔日的雄心。她衣着华贵，染黑了两鬓的白发，看上去比实际年龄要年轻十几岁。在保镖、医生的护卫下，她又一次踏上了南美的土地，视察她的财产。在圣保罗，在圣地亚哥，在里约热内卢，她亲眼目睹了自己的财产在正常运转，不断增值。兴奋之余，她向教会医院和孤儿院捐赠了一笔现款。她感谢仁慈的基督的保佑，她要用上帝恩赐的财产帮助那些需要帮助的人，像她年轻时所做的一样，她获得了“慈善家”的声誉。

回到美国，她又参加了路易斯安那州新油田的开钻仪式。她不顾别人劝阻，坚持登上井架平台，极目远眺。几十个巍峨的井架已耸然竖立，只等一声炮响就全部开钻。埋藏地底几千万年的石油就要喷涌而出，变成一沓沓崭新的美元滚滚而来……忽然，一个骑马放牧的牛仔出现于井架之间，她要过望远镜，镜筒里出现了一个高鼻子卷曲头发的美国小伙，她一下子注意到了这儿是美国的土地，美国的石油最终还是供应美国人

使用，究竟是自己开采了美国石油赚了美国人的钱，还是自己替美国人开采了石油，让美国人使用了自己的投资？她有些模糊起来。霭龄眼睛湿润了，自己小时候玩耍的上海地底下有没有石油？生活了几年的黄土连天的太谷地下有没有石油？查理父亲出生的海南文昌椰树林下有没有石油？她不能往下想了，她招招手，下令在自己站立的这个井架顶上挂一面红旗。所有的人都惊呆了：

“夫人，红旗可是共产党的旗，在这里挂合适吗？”

孔令杰疑惑地问：“妈，你，你想……大陆……”

“不，这是中国人一种传统的做法，无论什么工程，都要在最高处挂一块红布，它的含意是‘姜太公在此，诸神退位’，保佑平安吉祥的意思。”

“夫人没有别的用意？”

“红布避邪，使妖魔鬼怪不敢来犯。挂吧！”霭龄用不容置疑的口气下了令。

井架上的红旗迎着猎猎西风舞动起来，鲜艳火红。一声炮响，几十台钻机同时开动，草原上一片轰鸣。

孔祥熙把孔令杰叫来，口授了一个包括美国政界、军界、新闻界几十位要人在内的名单，让令杰分头去请他们对油田开发入股，条件是如果赔钱，保证他们的投资分文不少地送还；如果赚钱，他们就可以按股分红。

孔令杰抬起头：“这也太便宜他们了……世界上恐怕再也找不出这样不冒风险只赚钱的好事了……”

“马上去办吧，这是我多年成功的经验之一。”孔祥熙毫不犹豫地说。

1959 年，孔祥熙来到他曾就读的欧柏林大学参加纪念会，会上孔祥熙宣布捐出 50 万美元设立一项奖学金。与会者热烈鼓掌后，一名记者又站出来问他前些年盛传的拥有巨额财产的情况是否属实，孔祥熙摇摇头，一脸沮丧，把前几年记者招待会上的话又重复了一遍。这名记者发出一篇报道，称赞孔祥熙积蓄微薄而不忘母校云云，令许多读者摸不着头脑。

60 年代，赫鲁晓夫脱下皮鞋敲击联合国桌子，孔祥熙害怕苏美爆发核大战，愁得吃不下饭睡不着觉。孔令杰安慰说：“没关系，我已经在休斯敦选好地皮，建一座躲避核武器的防空避难所……”

孔祥熙说："那玩意儿靠得住吗？1943 年，日本飞机在重庆轰炸，市民们都躲进防空洞。由于这次轰炸持续时间长，结果飞机没炸死多少人，倒是防空洞里的人因缺氧窒息死了几百个，光尸体就拉了几十卡车，最后把重庆市长也撤了……"

孔令杰说："二老放心，我这个防空避难所……嗯，等着瞧，绝不会出现那样的问题。"

数年后，孔令杰在得克萨斯州的这个防空避难所忽被曝光。报道说这个避难所共有上下两层，比希特勒在柏林国会大厦底层的地下室还要大。里面有 3 套供电系统，3 套灭火系统，500 多个床位，几十间双人卧室和卫生间，还有诊室、娱乐室、健身房、餐厅。避难所上面是特意修建的人工湖，因为孔令杰认为湖水有防止中子穿透的作用。避难所入口处修有炮楼，大门上装着钢甲，可以防止坦克进攻。地面上还有 4 架飞机，一队卡迪拉克装甲车，有一连武装守卫。其余不论，而仅仅这个怪物般的避难所，造价就高达 1800 万美元。

孔祥熙一家究竟有多少财产，这一来更加令人扑朔迷离，连认为最知底细的美国朋友议论时也口齿不清了。

第三十八章　异国孤魂

丨　孔祥熙想叶落归根，蒋介石要预选墓地

随着年龄的增长，孔祥熙越来越感到一种异域独处的寂寞和孤独。吃过早饭，就把身子蜷在沙发里，歪着头在那里叹气。霭龄提醒几次，今天是该去银行上班的日子，孔祥熙照样一动不动。

“怎么了，是不是身上不舒服？”霭龄关切地问。

“不，我梦见我在井儿院把半筐捡回的煤渣倒在灶前，奶奶瘪着的嘴露出了微笑；后来又梦见在铭贤学校给学生讲矿产开发课，学生们嚷着要我带他们去搞实践……唉，都是梦！要是时光能够倒流，我后半生决不到政府做官……我要另选一种生活。”孔祥熙说着眼角滴出了浑浊的泪水。

霭龄也伤感起来：“我最近也老是做梦，都是童年的事，都是与父母弟妹在一起的事，每次醒来半天心口堵得慌……”

两个人都不吭声了。

“我听说人老想过去是老年的特征，我们真的老了吗？”霭龄还是先开了口。

“老了——”孔祥熙伸出干枯的手去挠花白的头发。

“老了……”霭龄喃喃地说，“我准备在父亲逝世30周年时好好祭奠一下，可这么多年我没能到父亲墓前去看过一次，父亲给了我多少慈爱……”

两个人无言，一会儿都嘤嘤啜泣起来。

孔祥熙忽然坐正了：“霭龄，你想家，想祖国？”

霭龄瞪圆闪着泪光的眼：“是的！”

“我们——回去？”孔祥熙试探着说。

“回哪里?”

“大陆——”

“啊!”霭龄浑身一哆嗦,“自从 1927 年我们把宝押在蒋介石身上,到 1947 年整整 20 年啊,共产党能饶了我们吗?”

“我们把财产都送上,算是折罪……”

“不行,不行!”

“杜聿明、卫立煌都放出来了。连沈醉也开始当起了文史研究员,我们回去总不致比他们还差吧?”孔祥熙认真起来。

“他们,哼! 我可是听说共产党给人都划了成分,我们回去还不是地主、资本家? 监督劳动、改造! 不行! 你别说了!”

“树高千丈,叶落归根。眼看我们都是快入土的人了,难道要落外丧,当野鬼?”

“要不,到台湾看看,不管怎么说,那儿总还是中国。”

“对,到台湾看看!”

孔祥熙飞到了台湾,蒋介石还算给面子,派蒋经国到机场迎接,接着一起吃饭、叙旧。接连多少天,过去的老相识都来看望叙谈。一下子活动在中国人的圈子里,听到的是中国方言,看到的是黄种人面孔,孔祥熙感到比在美国多年说洋话看大鼻子心里舒坦多了。他给霭龄发去了电报,请她到台湾来。

霭龄悄悄飞抵台湾,孔祥熙和二小姐孔令俊迎接了她,美龄在草山给她安排了住处。姐妹俩自然抒发些感慨,接着美龄请了些朋友给霭龄接风,大家说了些彼此想念之类的话,一时倒也热热闹闹。

孔祥熙本为怀旧而来,在台湾住久了,渐渐感到些不满足。台湾的气候风光与他熟悉的山西太谷差别不小,再说小岛弹丸之地,三转两转就没什么看头了。但是最主要的,他接触的多数是从大陆撤到台湾的老年人,老年人谈论的话题无非是两个,一是儿童时代的往事,一是死和死后的问题。

一次,蒋介石请孔宋两家的人和儿孙辈一起到一个地方春游,汽车开出台北 60 公里,来到一个山明水秀的地方,霭龄一阵兴奋,感到这个地方似曾相识，只觉青山叠翠，湖水如镜，一座四合小院掩映在红花绿树之中，大不同于台湾当地民居，倒像是大陆某个地方。

蒋介石还未说话，孔祥熙先开了口："哎呀，宝地宝地！"蒋介石赶忙凑过来问："亚兄，你说什么宝地，怎么个宝地法啦？"

孔祥熙喉间咕噜了两下："风水宝地！"

一行人在山水间游览一番，在绿草地上进行了野餐。乘着饭后的兴致，蒋介石带大家进了四合小院。暗红色围墙，楠木画廊，室内是明清式家具，还有袅袅香烟从明堂飘出。

霭龄马上返身折出了小院。

美龄追了出来："大姐，你……"

"噢，没什么，我只是觉得这地方，像是佛堂，或者是祠堂——"

蒋介石跟了出来："嗯，大姐好眼力。唉，都老了！这地方——今天乘着大家都在，我干脆说明了吧。三年前我第一次到这里散心，就发现这儿很像我的故乡浙江奉化溪口镇。庸之兄，那山，像不像四明山？像！我今生只怕回不了大陆，今天我对着大家宣布一条，算是遗嘱之一。我死后，灵柩就先停在这里。但我的最终愿望，是把我安葬于南京紫金山下总理的脚边……经儿，纬儿，你们要争取能回到大陆，不管什么方式……唉，我，亡国之君啊！"

蒋介石说完，颓然坐地，埋头沉思去了。上午游览时的热闹气氛一扫而空，所有的人都怔怔的，不知道说什么好。

蒋介石为孔祥熙之死发布《褒扬令》，功过是非难以定论

"大姐，你们真要走了？"美龄站着，看霭龄匆匆收拾东西。

"走吧，在这里，干什么呢？"霭龄怅然望着窗外。

"大姐，我们老了，有些东西要看得轻些……我们姐妹在一起，总可以说说话，彼此有个安慰……你一走，我感到孤单单的……"美龄说着，用手绢擦起了眼角。

前几天，美龄听说孔祥熙发牢骚，嫌蒋介石给的“中央评议委员”是无用的虚衔，美龄以为他们决定走是为了这件事。

“不，小妹，我们到了这把年纪，还有什么看轻看重的事？太伤感了——前几天，又听见于右任老先生吟诗——‘仰望高山兮，怀我故乡’，台湾，老人太多了，怀旧气氛太浓，大家聚在一起，总是怀乡怀乡，就连那些老兵也是这个调。我担心待在这里，心脏受不了，还不如离开……”

霭龄说着，已经有些哽咽了。

美龄停了一会儿说：“大姐，过两年，我找你去……”

蒋经国、蒋纬国及财政界的老部下到机场给孔祥熙夫妇送行，87 岁的孔祥熙挺着身子和他们握手，脸上依然是一种满足的笑容。

国民党中央社发了一条消息，说前行政院长孔祥熙博士飞美做健康检查，在美治疗后仍将返回台湾。

霭龄从广播中听到这条消息，翘起嘴角摇摇头：“老蒋还要这个面子……”

孔祥熙倒喜滋滋的：“我在政治上还有分量，他们还需要用我的名声来支撑台面……”

但是孔祥熙心中并没有再回台湾的打算了。他一到美国，仍旧忙着照料他的财产。

1967 年 7 月 22 日，88 岁身板还一直硬朗的孔祥熙忽感不适，送到纽约医院后，虽经全力抢救，终于不治去世。

霭龄没有哭，不仅是因为基督教的规矩，而且因为这一生该经历的都经过了，家族分裂，亲人反目；官场沉浮，世态炎凉；国共分裂，大荣大辱；日寇入侵，抵御外侮；钩心斗角，争财夺利；少年留洋，老来流亡；转移财产，有国难投……斗智斗力，结恩结怨，大悲大喜，什么都经历了。人既然是哭着来到这个世上的，想必在这个世上有许多不顺心的地方，那么就让他安安静静去吧。何况自己病得也不轻，不留他了，不久自己也将追随而去……

孔祥熙去世的消息报到了宋子文那里，宋子文没有任何表示，他既不想到灵前吊唁，也不想发表什么评论。在最后的岁月里，他和孔祥熙没有任何往来，两人之间的成见仍如海深。

美龄带了一个5人的护旗队，和蒋纬国从台湾赶来，给葬礼增添了庄重肃穆的气氛。她还随身带来了一个蒋介石签名的《褒扬令》。宋霭龄展开细读，只见褒扬令说：

> 总统府资政孔祥熙，性行敦笃，器识恢弘。早岁负笈美邦，志存匡济，追随国父，奔走革命，宣力效忠。北伐以来，翊赞中枢，历任实业部长、工商部长、国民政府委员、中央银行总裁、行政院副院长兼财政部长、行政院长等职，多所建树。万以财政金融制度，擘画兴革，克臻统一，八年抗战，长期戡乱，而军需民食，未曾匮乏，其汁谟勋业，自足千古。况时值政府戮力安攘，乃以外交军务，或承命以驱驰，或排难而弭乱。在艰弥励，益懋勋猷。综其生平，为国尽瘁，不矜不伐，当兹复兴之际，方翼老成匡辅，遽闻溘谢，震悼殊深。应予明令褒扬，并将生平事迹宣付国史馆，以示政府崇报耆勋之至意也，此令。

霭龄艰难地笑了一下："老蒋还是有心计的，这也算一个平反昭雪式的盖棺论定吧。"

孔令侃张罗着："快，快，找人用大字抄出来，挂在灵前。我爸在天之灵可以安息了！"

刚说完，孔令杰又拿了一纸电传匆匆进来："妈，老蒋还写了个东西。"

原来蒋介石在《褒扬令》之外，又亲自写了一个2500字的《孔庸之先生事略》，对孔祥熙又加一番吹捧。但到最后，却"猪八戒耍把式——倒打一耙"，把逼迫孔祥熙下台的那场纯内部的争斗栽到了共产党头上：

> 乃至第二次世界大战告终，即我抗战结束之初，共党乃千方百计，造谣惑众，动摇中外舆论，企图推倒我国民政府者，必先推倒我财政当局之阴谋，于是其矛头乃集准于庸之先生之一人，使其无法久安于位，而不得不出于辞职之一途。

霭龄一把把电传纸扔到了地上:“什么狗屁文章!你爸被逼下台是共产党动摇中外舆论的结果吗?谁不知道共产党骂得最多的是他蒋介石?‘独夫民贼’说的谁?‘美帝走狗’说的谁?若以共产党的舆论,第一个应该下台的是蒋介石,第一个应该砍头的是蒋介石,他蒋介石为什么不下台,为什么不自毙以谢国人?真正是黑白颠倒,欲盖弥彰!”

霭龄倒身在红木太师椅里,头歪在一边喘粗气。孔令杰捡起电传纸,小心翼翼地说:“妈,这下边还有话呢。”霭龄眼也不睁,恶声恶气地说了声:“念!”孔令杰颤抖着声音念起来:

> 然当其辞职以后,国家之财政经济与金融事业,竟皆由此江河日下,一落千丈,卒至不可收拾。于是未及三年,共匪之阴谋达成,而我们国家与民族至今竟蒙此空前之浩劫,政府与人民且遭此奇耻大辱,更足证明孔前院长在其任职期间,自北伐剿共至抗战胜利为止二十年中,不辞劳怨,不辩枉屈,而一心竭智尽瘁,报效党国。

孔二小姐赶紧说:“妈,你听这一段说得还不错吧?”

霭龄说:“哼,说对了现象,可没抓住本质。蒋介石能维持那么多年统治,还不全靠你爸在财政上给他支撑着?把你爸逼下台,他不完蛋才怪呢!可话说回来,他完蛋仅仅是你爸辞职的结果吗?他那么多混账措施就不该负一点责任吗?他为什么不检讨自己,把责任都算到别人头上?”

孔令仪劝慰说:“妈你这会儿心情不好,甭跟他计较了。他能说出这些,实际上已经是在承认错误。我姨夫这人你一辈子了还不清楚吗?他能自己说自己的过错吗?我看这就算他认错了。你再往下听听吧……”

宋霭龄挥挥手:“念吧念吧!”

孔令杰的声音又响了起来:

> 在庸之先生功成身退之时……

霭龄又发脾气:“什么功成身退……”孔令仪劝慰道:“妈你听他念完

再说吧，我们都在这儿。”孔令杰又念起来：

> 在庸之先生功成身退之时，虽遭中外诽谤，所谓中国政府贪污无能之共匪谣诼。社会之中，亦竟有受此影响而多存怀疑之心者，至此当可以事实证明，其为贪污乎？其为清廉乎？其为无能乎？其为有能乎？自不待明辨而晓然矣！

“屁话，屁话！”霭龄激动、狂躁，“说政府贪污无能，首先是指他老蒋！事过多年还扯这一番屁话，明是为你爸辩冤，实是旧事重提，含沙影射！生怕后人不知你爸当初下台缘由。从死人身上捞稻草，也就是姓蒋的能做出这种事来……”

“妈，你冷静些，我看他不见得就是你说的那个意思。”孔令仪为霭龄捶着背。

“不是，怎么不是？”霭龄越说越气。

“别说了，妈，我姨妈就在外间，她听了会不高兴的。”孔二小姐也来相劝。

“叫她听，叫她听！”霭龄一下子背过了气，屋内顿时乱作一团。

孔祥熙的葬礼在纽约 5 号大街的马尔布尔学院教堂举行，他的四个子女全部在侧守灵致哀。由于宋美龄和蒋纬国的来到，在美的一些国民党头面人物也前来参加，葬礼还是很隆重排场的。

孔令侃差人收集了一些报刊对孔祥熙的评价，想编纂起来作为对孔祥熙永久的纪念。他收集到最新的一篇是《纽约时报》刚刚刊登出来的——

《纽约时报》原本打算把孔祥熙作为一位政界重要人物好好评价一下，但记者写到后来却只发出了一个不偏不倚的结论：

> 孔先生是一位有争议的人物。他以前的一位下属最近说：他是一个很难相处的人。他喜欢闲谈，但是他从来不愿意发出明确的指示。至于他的能力，他像所有山西银行家一样，是一位精明的办事

员。但是，他不是一位有政治家风度的理财家。

孔令侃摇摇头，这一篇显然不好收录。接着从图书馆等处收集到的评论逐渐汇集起来，一一看去——

国民党财政界后辈严家淦：

（孔祥熙）以宽厚仁慈之禀赋，光风霁月之襟怀，其宽和大度，休休有容，凡与接触者，莫不受其涵濡，而潜移默化。

“嗯，这篇不错嘛！”孔令侃笑了。再往下看——台湾国民党官员徐柏园也有一篇：

（他）为人肫诚仁厚，识度宏远，历膺艰巨，辅弼中枢，凡大政张弛，当时人或以为不然，但久而始知其正确。他遇事持大体，能果断从容规划，条理精密，对人则推诚相与，望之蔼然，祥和之气，使人对之自然生出如坐春风之感。他的人德服人，所以人也乐为所用。

“好！这样的文章才说得中肯，越多越好！”再往下看，是这样说的：

他不计个人毁誉，不屑自我宣传，这种伟大崇高的精神，实在是我们所当永远效法的。

“太好了！”

再下看，孔令侃却皱起了眉头——

他胖墩墩的，脸庞松弛，下巴垂着一嘟噜肉，是漫画家一见就乐的对象。

孔祥熙亦官亦商，聚敛了巨额资财，在四大家族中居于首位，是旧中国的巨富。孔在从政前虽也有些资产，但真正发迹还是在参加南京政府之后。孔利用所掌握的国家财政金融大权，在使买办的封建的国家垄断资本不断膨胀起来的同时，也使其私产迅速增长。孔家的资本以商业为主，他的金融机构只是其商业资本的保姆，工业资本则多半是他人依附或偶尔为之。

孔令侃起身踱步："这、这，这集子不好编呐！"

宋霭龄听了说："人呐，各有自己的人生轨迹。只要努力，总有辉煌；皆非圣贤，难免过失。所以走这上这条路而不是那条路，当中有自己的选择，也有天意和机会。能够家人团聚，寿终正寝，这已是不小的福分了。至于别人评价，仁者见仁，智者见智，哪能强求统一？你编个东西出来，都是说好或都是说坏都不全面，这个评价，还是留给后人去做吧！"

六年以后，宋霭龄女士在纽约病逝。他们的子女依然在大洋彼岸经营着他们的事业。他们像孔祥熙初到美国定居时一样，很少和圈外的中国人接触。对于他们，至今还有许多未解之谜。在太谷孔祥熙的老家，他出生的井儿院还受到当地政府和群众的保护，依然保留着当年风貌。

尾章　花蕊飘零

1994年1月，某新闻社发出一篇报道《四大家族油尽灯枯，孔宋子孙异域飘零》。报道说，蒋纬国的重病和孔二小姐的绝症缠身，使人想到旧中国的蒋宋孔陈四大家族，已是油尽灯枯。目前他们的第一代在世的只有宋美龄和陈立夫。第二代已泰半步入风烛残年之地。

蒋纬国不久前到纽约探望美龄，向记者介绍美龄的身体"上上下下"，亦即时好时坏。事实上，将近100岁（生于1897年）的宋美龄，比77岁的蒋纬国还要健康。现在她大部分时间住在曼哈顿的公寓，理由是到哥伦比亚大学附属医院看病比较方便。美龄唯一的消遣是阅读书报，听听秘书和台北访客报告台湾政情。

宋家6个兄妹中，老幺宋子安最早去世，他1969年2月死于香港，终年63岁；长子宋子文1971年4月死在旧金山，终年74岁；长女霭龄1973年10月病逝纽约，终年83岁；次女宋庆龄1981年5月在北京去世，终年88岁；次子宋子良80年代中死于纽约，终年80余岁。

宋氏三姐妹中，美龄因早年在美国做了输卵管结扎手术，终生未育。

庆龄1922年曾有过一次怀孕，6月陈炯明叛乱炮轰总统府，庆龄为掩护孙中山转移亲自殿后，在过被叛军封锁的栈桥时，因炮火所惊流产。那是她一生唯一的一次怀孕，所以也没有留下子女。

霭龄所生四个子女，亦即孔家的第二代，长子孔令侃1992年8月死在纽约，终年75岁；次子孔令杰，50年代台湾有意组建海防队时，蒋介石原想叫他当司令，孔令杰予以拒绝，但表示愿意当驻爱尔兰公使，后来公使没有当上，却在台湾驻美国大使馆中作威作福，连顾维钧大使都畏他三分。孔令杰一生有两件事上过美国报纸的花边新闻，一是与好莱坞二流明星黛布拉·佩吉特演过电影《折箭为盟》、《大神秘》，二就是在休斯敦耗资 1800 万元兴建防核弹的“地下宫殿”一事了。

孔家的几个子女先后迁往美国，只有孔二小姐继续追随干妈宋美龄，在蒋介石从大陆败退时又跟到了台湾。她仍然是孤身一人，只不过 20 多年里再不抛头露面，默默充当着宋美龄私人管家的角色。几乎没有人知道她在哪里，在干什么。1975 年 4 月，她目遮墨镜，搀扶美龄，出现在蒋介石的葬礼上。这是她到台湾后第一次公开亮相，许多人感到突然和吃惊。

宋美龄出走美国后，孔二小姐却在台湾留了下来，开始公开经营一个奇特的公司。

孔二小姐的一家饭店坐落在台北近郊，名叫圆山大饭店。它的资产总额达 23 亿元，过去由士林官邸出面贷款而建，非公非私。孔二小姐是这座饭店的实际负责人。随着年龄的增长，她已不再疯疯癫癫，而恢复了女装。此后人们在圆山饭店有时可以看到这个身着西装的中年妇女。无情的岁月销蚀了她以往锋芒毕露、盛气凌人的傲态，只是对饭店的主要业务进行着实际的控制和管理。一次曝光轰动之后，她也成为一个普通人。不再引人注目了。

不料 1988 年七八月间，孔二小姐又成了人们议论纷纷的话题。台北市面上忽然传开一条消息，说孔二小姐在圆山大饭店私藏了许多故宫国宝，伺机运往国外。消息传开，顿时沸沸扬扬，舆论反应强烈。民进党籍监察委员林纯子自告奋勇，主动申请前往调查。

8 月 18 日，林纯子带领一干人马来到圆山大饭店，经理徐润勋出面接待。这些人即根据传闻所说珍宝藏匿的地方，突袭 3 楼 329 室。进得 329 室，果见有许多铁箱子，一些人情绪高涨，跃跃欲试。从中挑选一个，当众打开查验，结果都是破衣服、旧毛毯之类，哪有什么“宝物”的影子？林纯子大失所望，也不及检查其余铁箱，带上人马匆匆撤出。内幕究竟如何，外人不得而知，倒是经此一查，传言失掉支撑，“东风无力”了。

有人估计，早年蒋介石常在圆山饭店举行“国宴”，款待外国政要，宴会之前，往往要向外国首脑赠送礼物，有可能一批故宫珍宝寄存在圆山饭店内。也有人认为，以前从无孔二小姐参与故宫盗宝的说法，也可能是宋美龄的一批宝物。蒋经国在台湾掌权后，宋美龄移居美国，宝物一时不好出境，寄存于圆山饭店。但不论哪种说法，终归是传言和猜测，没有铁证，只能不了了之。

孔二小姐目前正缠绵病榻，来日无多。日前孔家长女孔令仪曾到台湾探视她的病情。

宋子文与张乐怡(1988 年病逝纽约，终年 79 岁)共生了 3 个女儿：长女宋琼颐，嫁冯彦达；次女宋曼颐，嫁余经鹏；幺女宋瑞颐，嫁杨成竹，皆住美国东西两海岸。1993 年 1 月，纽约“华美协进社”举办末代皇帝生平文物展，向北京商借了一批溥仪使用过的文物，幕后推动这项特展的人就是宋子文的长女宋琼颐。

落户美洲新大陆的孔宋家族第二代殊少与中国人来往，他们以“白华”自视，要在中国人的眼中保持永恒的神秘色彩，以显示他们与一般中国人“实在不一样”。

在邓小平“一国两制”思想的引导下，香港、澳门已经回归祖国，台湾海峡两岸也将最终走向统一，四大家族的第二代、第三代如能为祖国统一作出贡献，人民将会诚挚欢迎，历史也将给他们以新的评价。

人们期待着。

附录:本书征引参考书目、资料

埃米莉·哈恩著:《宋氏家族》,新华出版社 1985 年 1 月版。

斯特林·西格雷夫著:《宋家王朝》,(澳门)星光书店 1985 年版。

古屋奎二著:《蒋介石秘录》,(台湾)国防研究部 1961 年 8 月版。

宋平著:《蒋介石生平》,吉林人民出版社 1987 年 8 月版。

唐人著:《金陵春梦》,北京出版社 1981 年 3 月版。

刘红著:《蒋介石和他的助手们》,河北人民出版社 1993 年 7 月版。

杨耀建著:《宋氏姐妹在重庆》,中国文联出版公司 1986 年 12 月版。

伊斯雷尔·爱泼斯坦著:《宋庆龄》,人民出版社 1992 年版。

汪承武:《民国一怪人》,《名人传记》,1994 年第 2 期。

芜影山、侯新书著:《孔二小姐》,红旗出版社 1996 年 3 月版。

寿充一编:《孔祥熙其人其事》,中国文史出版社 1987 年 8 月版。

王松、蒋仕民、饶方虎著:《孔祥熙和宋霭龄》,河南人民出版社 1992 年 5 月版。

〔美〕布赖恩·克罗泽著:封长虹译《蒋介石》,内蒙古人民出版社 1995 年 7 月版。

李健编著:《金陵新传》,华文出版社 1995 年 11 月版。

《中央日报》,1938 年~1949 年 4 月。

《民权报》,1949 年 1~6 月。

《国闻周报》,1927 年 7 月~1932 年 2 月。

《毛泽东传》

[英]菲力普·肖特 著

定价:49.00 元

迄今为止西方最新、最具深度的一部毛泽东全传。本书不仅向读者介绍了一位伟大舵手光辉、平易近人的一面,同时也展示了 20 世纪动荡中国的全景。

《蒋介石传》

[英] 乔纳森·芬比 著

定价:45.00 元

本书是近 30 年以来第一部完整的英文版的蒋介石传记。作者运用其广泛搜集的来自中国两岸三地、美国、英国、澳大利亚、法国等地的档案资料和最新研究成果,许多细节以前从未披露。权威、真实、客观。

《陈其美》

贾鸿彬 著

定价:39.00 元

他是孙中山的左右手,是袁世凯的死对头,是蒋介石的引路人,辛亥革命时期的风云人物。这本书,写热血飞扬的革命,写生死缠绵的爱情,情节曲折,引人入胜,展示了一代仁人志士的青春、理想、信仰、奉献和奋斗。

《抗日第一枪:马占山和江桥抗战》

张港 著

定价:48.00 元

江桥抗战是九一八事变后中国军队有组织、有领导抗击日本帝国主义侵略的第一枪,也是世界反法西斯战争的第一枪。本书以马占山为人物主线,全景式地展示了江桥抗战的历史。

《冰心全传》

陈恕　著

定价:45.00 元

本书作者陈恕是冰心的女婿。作者以大量鲜为人知的资料和珍贵照片全面反映了冰心的一生和冰心生活的时代。

《东北教父》

贾鸿彬　著

定价:33.00 元

张景惠是个扛豆腐盘子走街串巷的小贩，最后却扛起了上将肩章,当上了伪满洲国总理,一当就是十年,把对手一一整掉,成为“不倒翁”。战场、情场、官场,看似路路皆通,最终却难逃死于战犯管理所的命运。

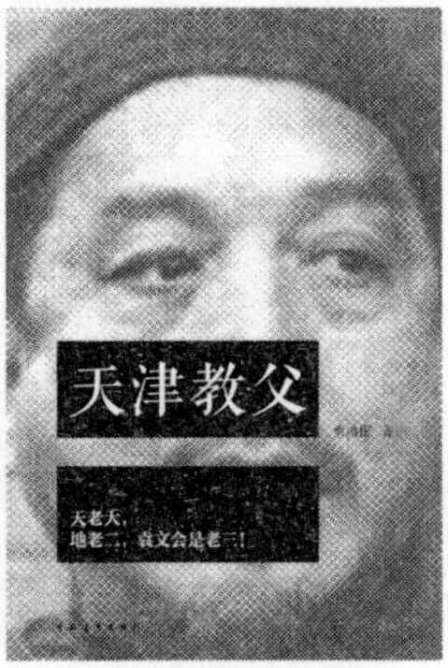

《天津教父》

贾鸿彬　著

定价:31.00 元

这是一部描写黑道人物袁文会曲折命运的小说。津门恶霸袁文会的奋斗和毁灭:穷小子暗恋大小姐,引发了一段生死情缘;黑社会尔虞我诈、弱肉强食,上演了一幕幕惊心动魄的故事;汉奸恶霸认贼作父,难逃正义的审判。

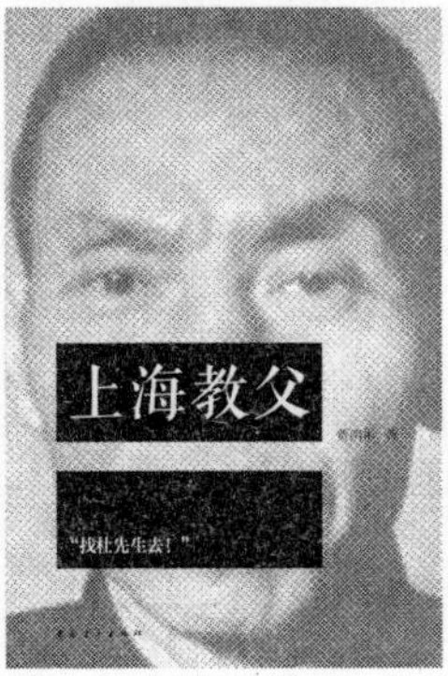

《上海教父》

贾鸿彬　著

定价:38.00 元

杜月笙,上海滩一个响当当的名字。“找杜先生去”成为上海滩一个时期解决问题的“终南捷径”:法国人要给他面子,日本人要看他脸色,政界要拉拢他,商界要仰仗他。本书揭示了“上海大亨”是怎样炼成的。